AutoSketch 6
Arbeitsbuch

Werner Sommer

AutoSketch 6
Arbeitsbuch

Markt&Technik
Buch- und Software-Verlag GmbH

Die Deutsche Bibliothek – CIP-Einheitsaufnahme

AutoSketch 6 [Medienkombination] :
Arbeitsbuch / Werner Sommer. –
München : Markt und Technik, Buch- und Software-Verl.
ISBN 3-8272-5530-9

Buch. – 1999

CD-ROM. – 1999

Die Informationen in diesem Produkt werden ohne Rücksicht auf einen
eventuellen Patentschutz veröffentlicht.
Warennamen werden ohne Gewährleistung der freien Verwendbarkeit benutzt.
Bei der Zusammenstellung von Texten und Abbildungen wurde mit größter
Sorgfalt vorgegangen.
Trotzdem können Fehler nicht vollständig aus-geschlossen werden.
Verlag, Herausgeber und Autoren können für fehlerhafte Angaben
und deren Folgen weder eine juristische Verantwortung noch
irgendeine Haftung übernehmen.
Für Verbesserungsvorschläge und Hinweise auf Fehler sind Verlag und
Herausgeber dankbar.

Alle Rechte vorbehalten, auch die der fotomechanischen Wiedergabe und der
Speicherung in elektronischen Medien.
Die gewerbliche Nutzung der in diesem Produkt gezeigten Modelle und Arbeiten
ist nicht zulässig.

Fast alle Hardware- und Softwarebezeichnungen, die in diesem Buch erwähnt werden,
sind gleichzeitig auch eingetragene Warenzeichen oder sollten als solche betrachtet -werden.

Umwelthinweis:
Dieses Buch wurde auf chlorfrei gebleichtem Papier gedruckt.
Die Einschrumpffolie – zum Schutz vor Verschmutzung – ist aus umweltverträglichem
und recyclingfähigem PE-Material.

10 9 8 7 6 5 4 3 2 1

03 02 01 00 99

ISBN 3-8272-5530-9

© 1999 by Markt&Technik Buch- und Software-Verlag GmbH,
A PEARSON EDUCATION COMPANY
Martin-Kollar-Straße 10-12, 81829 München/Germany
Alle Rechte vorbehalten
Einbandgestaltung: helfer grafik design, München
Lektorat: Rainer Fuchs, rfuchs@pearson.de
Herstellung: Anna Plenk, aplenk@pearson.de
Satz: text&form, Fürstenfeldbruck
Druck und Verarbeitung: Kösel Druck, Kempten
Printed in Germany

Inhaltsverzeichnis

Vorwort		11

Teil I	AutoSketch 6 kennenlernen	13

1	Einführung und Voraussetzungen	15
1.1	Was finden Sie in diesem Buch?	16
1.2	Wie ist das Buch gegliedert?	17
1.3	Was Sie auf der CD zum Buch finden	18
1.4	Die Voraussetzungen für AutoSketch 6	19
2	AutoSketch 6, die Bedienelemente	23
2.1	AutoSketch 6 starten	24
2.2	Der AutoSketch-6-Bildschirm	26
2.3	Die Symbolleisten	31
2.4	Zeichnungen öffnen	36
2.5	Zoom- und Pan-Befehle	43
2.6	Zoom und Pan mit der Microsoft »IntelliMouse«	49
2.7	Aufteilung des Bildschirms	49
2.8	Mehrere Zeichnungen auf dem Bildschirm	51
2.9	Die Hilfe-Funktionen	55
2.10	Zeichnungen schließen und Programm beenden	60

Teil II	Zeichnen mit AutoSketch 6	63

3	Die erste Zeichnung	65
3.1	Eine neue Zeichnung beginnen	66
3.2	Einstellung des Rasterfangs	69
3.3	Zeichnen mit dem Rasterfang	72
3.4	Elementare Zeichenbefehle	73
3.5	Elementare Editierbefehle	79
3.6	Editierbefehle mit Objektwahl	87
3.7	Objekte auswählen	93
3.8	Objektgriffe	96
3.9	Texte	99
3.10	Speichern von Zeichnungen	108

4	**Struktur der Zeichnung und Zeichenmethoden**	**111**
4.1	Die Eigenschaften eines Objekts	112
4.2	Eigenschaften von Objekten ändern	118
4.3	Zeichnen auf Layern	122
4.4	Arbeiten mit Vorlagen	128
4.5	Zeichnen mit Koordinaten	133
4.6	Zeichnen mit dem Objektfang	140
4.7	Punkte fixieren	146
5	**Zeichnen, Editieren und Bemaßen in CAD-Präzision**	**149**
5.1	Kreise und Linien mit Koordinaten und Fang gezeichnet	150
5.2	Mehr Funktionen zum Stutzen	155
5.3	Lineare Maße in der Zeichnung	166
5.4	Winkelmaße	178
5.5	Radius und Durchmessermaße	179
5.6	Maße bearbeiten	181
5.7	Abfragebefehle	185
6	**Drucken von Zeichnungen und Maßstäbe**	**195**
6.1	Die Seite einrichten	196
6.2	Einheiten und Maßstab	202
6.3	Drucken der Zeichnung	208
7	**Diagramme zeichnen und die Arbeit mit Symbolen**	**217**
7.1	Eine neue Zeichnung mit einem Assistenten beginnen	218
7.2	Symbole in eine Zeichnung einfügen	222
7.3	Markierungen in eine Zeichnung einfügen	227
7.4	Markierungsrahmen und Streckbefehl	231
7.5	Befehle zum Transformieren	235
7.6	Arbeiten mit dem Symbolmanager	245
7.7	Symbole auflösen	250
7.8	Eigene Symbole definieren	251
7.9	Diagramme automatisch erstellen	254
8	**Das Eigenheim planen**	**263**
8.1	Der Assistent für Bauzeichnungen	264
8.2	Polylinien zeichnen	271
8.3	Scheitelpunkte an Objekten	274
8.4	Umwandlung von Objekten in Polylinien	278
8.5	Weitere Polylinien-Befehle	279
8.6	Türen, Fenster und Möbel einsetzen	286

9	**Die Zeichnung als Karteikasten**	**291**
9.1	Datenbankfelder festlegen	292
9.2	Datenbankfeldern Werte zuweisen	297
9.3	Datenbankfelder anzeigen und ausblenden	301
9.4	Datenexport	303
9.5	Berichte	306
9.6	Hyperlinks in der Zeichnung	313
10	**3D-Effekte**	**317**
10.1	Isometrische Darstellungen	318
10.2	Isometrische Transformationen	321
10.3	Das isometrische Fangraster	325
10.4	Koordinateneingabe im isometrischen Fangraster	329
10.5	Konstruieren in der Isometrie	332
10.6	Zeichnen auf den isometrischen Ebenen	335
10.7	3D-Effekte durch Extrusionen	338

Teil III	**Weitere Befehle in AutoSketch 6**	**343**

11	**Zeichenbefehle**	**345**
11.1	Linienbefehle	346
11.2	Bogenbefehle	350
11.3	Kreisbefehle	355
11.4	Polylinien- und Kurvenbefehle	360
11.5	Kurven bearbeiten und umwandeln	365
11.6	Zeichnen von Polygonen	370
12	**Regelmäßige Anordnungen**	**377**
12.1	Gruppieren von Objekten	378
12.2	Rechteckige Anordnungen	380
12.3	Kreisförmige Anordnungen	383
12.4	Kopierte Objekte anordnen	387
12.5	Symbolanordnung	391
13	**Schraffuren und gefüllte Flächen**	**393**
13.1	Füllen und Schraffieren von geschlossenen Flächen	394
13.2	Zeichnen von gefüllten Flächen und Schraffuren	397
13.3	Ändern von gefüllten Flächen und Schraffuren	400
13.4	Anordnen von gefüllten Flächen	402

14	**Verknüpfungen mit Polygonen und Nischen**	**405**
14.1	Verknüpfungen mit Polygonen	406
14.2	Konstruktion eines Zahnrads	410
14.3	Nischen anbringen	414
15	**Ansichten, Detailansichten und Bilder**	**417**
15.1	Speichern und Aufrufen von Ansichten	418
15.2	Erstellen von Detailansichten	421
15.3	Bilder in der Zeichnung	424
15.4	Zeichnungen in der Zeichnung	432
16	**Zeichnen mit Führungslinien**	**435**
16.1	Führungslinien in der Zeichnung	436
16.2	Führungslinien erstellen	437
16.3	Zeichnen und Konstruieren mit Führungslinien	440
17	**Bemaßen und numerische Ausdrücke**	**447**
17.1	Koordinatenbemaßung	448
17.2	Führungen anbringen	450
17.3	Numerische Ausdrücke	452

Teil IV	**Einstellungen, Datenaustausch, Anpassungen**	**457**

18	**Bemaßungseinstellungen**	**459**
18.1	Format ändern	460
18.2	Registerkarte Maßlinie	462
18.3	Registerkarte Hilfslinie	463
18.4	Registerkarte Maßtext	465
18.5	Registerkarte Toleranz	467
18.6	Mehrere Maße auf einmal ändern	468
19	**Einstellungen fürs Zeichnen**	**471**
19.1	Dialogfeld für die Grafikoptionen	472
19.2	Dialogfeld für die Zeichenoptionen	476
19.3	Dialogfeld für die Ansichtsoptionen	485
20	**Datenaustausch und Internet**	**491**
20.1	Datenaustausch mit anderen CAD- Programmen	492
20.2	DWF-Dateien im Browser anzeigen	495
20.3	Zeichnungen im Web veröffentlichen	501
20.4	Drag&Drop	503
20.5	Die Zwischenablage in AutoSketch	506
20.6	AutoSketch-Objekte in anderen Programmen	509

21	**OLE-Operationen**	**511**
21.1	Was ist OLE?	512
21.2	OLE-Objekte einbetten und verknüpfen	514
21.3	Änderungen an OLE-Objekten	518
22	**Anpassen von Befehlen und Symbolleisten**	**523**
22.1	Befehle anpassen	524
22.2	Symbolleisten anpassen	529
23	**Eigene Stiftstile und Schraffurmuster**	**537**
23.1	Stiftstile definieren	538
23.2	Schraffurmuster definieren	541

Teil V	**Anhang**	**547**
A1	Tastaturkürzel	548
A2	Symbolleisten	552
A3	Installationsanleitung	559
A4	Zusatzprogramme	566
	Stichwortverzeichnis	**569**

Vorwort

Die erste Version von AutoSketch kam 1986 auf den Markt. Der Hersteller, die amerikanische Softwarefirma Autodesk, war schon damals führend bei CAD-Programmen für PCs. Als Ableger von AutoCAD war es das erste »Billig-CAD-Programm«, mit dem sich kleinere Skizzen und Zeichnungen in CAD-Präzision erstellen ließen. Der Befehlsumfang und die Bedienung waren an AutoCAD angelehnt, und das Programm lief unter dem Betriebssystem MS-DOS. Früher als bei AutoCAD selbst gab es eine Windows-Version. Inzwischen hat sich das Programm zu einem universellen Programm für Skizzen, kleinere Konstruktionszeichnungen, Diagramme, Einrichtungsplanungen und technische Illustrationen gemausert. Die Version 6 ist seit Januar 1999 zu haben. Sie bietet einen wesentlich erweiterten Funktionsumfang, der in dieser Preisklasse einmalig ist.

Ob Sie eine einfache Einrichtungsskizze für ihr Büro zeichnen wollen oder einen maßstäblichen Grundriß für das neue Eigenheim, eine Werkstattskizze oder eine Konstruktionszeichnung mit Maßen und Schraffuren, ein Organisationsdiagramm oder einen elektronischen Schaltplan – mit AutoSketch haben Sie immer das richtige Werkzeug auf Ihrem PC.

Das Programm bietet Ihnen vielfältige Zeichen- und Bearbeitungsbefehle, die Sie sowohl für einfache Freihandskizzen als auch zum maßstäblichen Zeichnen verwenden können. Selbst als Einsteiger in das Zeichnen am Computer kommen Sie sehr schnell zu Ihrem Plan, Ihrer Skizze oder Ihrer Zeichnung.

Das Programm beschränkt sich beim Zeichnen auf zwei Dimensionen. Neu in der Version 6 sind die 3D-Effekte, mit denen Sie auch räumliche Darstellungen erstellen und so Ihren Plänen mehr Effekt verleihen können. Zudem können Sie mit gefüllten Flächen zeichnen, Objekte überlagern, Bilddateien übernehmen, Texte in einem Texteditor beliebig formatieren und anordnen und so mit dem Programm auch technische Illustrationen erstellen.

Das vorliegende AutoSketch-6-Arbeitsbuch wendet sich sowohl an Einsteiger ins Zeichnen am Computer als auch an Anwender früherer AutoSketch-Versionen, die sich schnell in die neuen Funktionen des Programms einarbeiten wollen.

In den ersten Kapiteln des Buches lernen Sie an zahlreichen Beispielen die Arbeitsweise mit dem Programm kennen. In einem weiteren Teil erlernen Sie alle weiteren Befehle des Programms. An vorbereiteten Beispielzeichnungen können Sie die vielfältigen Möglichkeiten ausprobieren und üben. Hier findet der fortgeschrittene Anwender Tips und Tricks für den effektiven Einsatz des Programms.

Danach finden Sie die Spezialfunktionen: die Anpassung von Symbolleisten und die Erstellung von neuen Symbolleisten, den Datenaustausch mit anderen Programmen und anderes mehr.

Ich wünsche Ihnen einen erfolgreichen Einstieg in AutoSketch 6 und viel Spaß beim Zeichnen und Experimentieren mit diesem vielseitigen Programm.

Werner Sommer

Für die Unterstützung bei der Arbeit an diesem Buch danke ich meiner Frau Doris für ihre Beratung und Korrekturarbeiten, meinen Kindern Philipp, Friederike und Greta, die mich wieder für einige Zeit nur am Computer sahen, der Firma Autodesk, insbesondere Bettina Müller, für die freundliche Unterstützung, Philipp Sommer für seine Korrekturarbeiten, Werner Klink für das fachliche Lektorat und Dr. Rainer Fuchs, meinem Lektor beim Verlag Markt&Technik, für die gute und erfolgreiche Zusammenarbeit.

Teil I

AutoSketch 6 kennenlernen

Kapitel 1

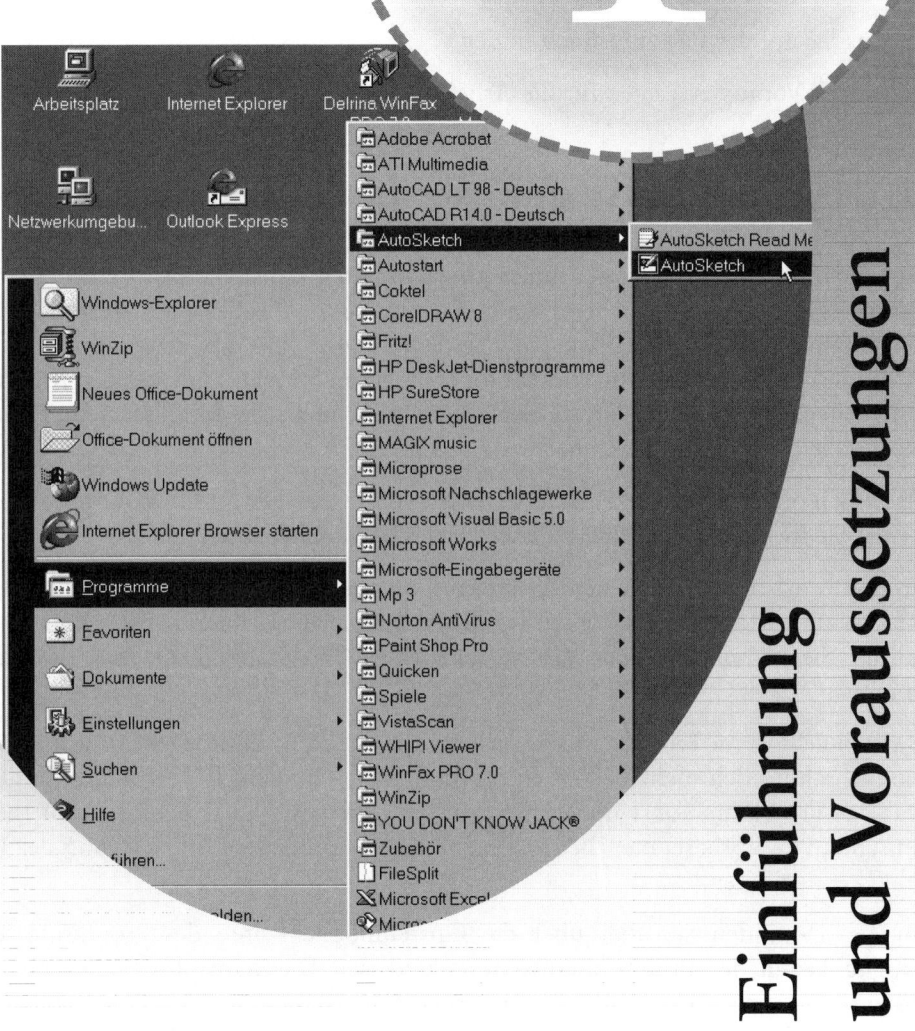

Einführung und Voraussetzungen

Herzlichen Glückwunsch zu Ihrem neuen AutoSketch 6! Sie haben damit ein universelles Werkzeug zur Erstellung von Skizzen, Plänen, Diagrammen, technischen Zeichnungen und technischen Illustrationen. Gegenüber der Vorgängerversion 5, die nur sehr kurz auf dem Markt war, ist das Programm noch einmal um viele Funktionen erweitert und verbessert worden. Haben Sie aber bisher mit der älteren Version 2.1 gearbeitet, dann haben Sie jetzt ein fast komplett neues Programm vor sich. Doch lassen Sie sich überraschen, die Möglichkeiten, die Sie mit diesem Programm haben, sind enorm.

In diesem Kapitel erfahren Sie,

- wie dieses Buch aufgebaut ist

- was Sie auf der CD zum Buch finden

- welche Voraussetzungen für die Arbeit mit AutoSketch 6 gegeben sein müssen

1.1 Was finden Sie in diesem Buch?

Sie sind Einsteiger in das Zeichnen am Computer, Umsteiger von einer älteren AutoSketch-Version oder haben schon Kenntnisse in AutoSketch 6. Im vorliegenden Buch *AutoSketch 6 Arbeitsbuch* finden Sie alles, um das Programm effektiv zu nutzen. Haben Sie schon Vorkenntnisse, werden Sie sich in den ersten Kapiteln langweilen. Überblättern Sie sie aber nicht zu schnell; sie enthalten jede Menge Neuigkeiten von AutoSketch 6.

Das Buch gliedert sich in fünf Teile. Arbeiten Sie das erste Mal mit AutoSketch, lernen Sie im Teil I des Buches alle wichtigen Bedienelemente kennen.

Im Teil II arbeiten Sie mit dem Programm an verschiedenen Übungszeichnungen und trainieren dabei die Befehle des Programms. Ohne theoretischen Ballast erfahren Sie so einiges über die verschiedenen Einsatzmöglichkeiten des Programms.

Danach geht es im Teil III systematisch an alle Zeichen- und Bearbeitungsbefehle, die bis dahin noch nicht behandelt wurden, ans Bemaßen, Beschriften und alles, was das Programm sonst noch zu bieten hat. Aber auch hier geht es nicht theoretisch zu; an vorbereiteten Beispielzeichnungen können Sie die Wirkung der Befehle kennenlernen.

Im Teil IV finden Sie alles über die Einstellmöglichkeiten des Programm, die Möglichkeiten der Programmanpassung und den Datenaustausch mit anderen Programmen sowie den Einsatz im Internet, kurz alles, was über den alltäglichen Einsatz in der Zeichenpraxis hinaus geht. Wie Sie sich eigene Symbolleisten für ihre meist gebrauchten Befehle selbst erstellen und wie Sie AutoSketch-Zeichnungen ins Internet stellen können, sind nur zwei Beispiele der Themen in diesem Teil.

Im Teil V, dem Anhang, finden Sie die Anleitung zur Installation des Programms, die Tastaturkürzel, Symbolleisten und deren Funktionen im Überblick. Zudem können Sie sich über die verfügbaren Zusatzprogramme und Symbolbibliotheken zu AutoSketch informieren.

1.2 Wie ist das Buch gegliedert?

Beim Durcharbeiten dieses Buches werden Sie vor allem lernen, mit welchem Befehl welche Aufgabe ausgeführt werden kann. Doch was nützt der beste Befehl, wenn Sie ihn nicht finden! Das ist in AutoSketch auf verschiedene Arten möglich, und diese werden in diesem Buch beschrieben. Zur besseren Orientierung im Text werden Befehlsbezeichnungen und Bedienelemente, wie Symbolleisten, Abrollmenüs, Menüeinträge, Schaltflächen in Dialogfeldern usw., im Buch immer in Kapitälchen gesetzt, zum Beispiel: Befehl MEHRFACHLINIE, Abrollmenü ZEICHNEN, Symbolleiste EIGENSCHAFTEN, Schaltfläche ÖFFNEN usw.

 Fast alle Befehle können Sie auch per Symbol aus den Symbolleisten wählen. Wo dies der Fall ist, finden Sie eine Abbildung des entsprechenden Symbols.

Bei den meisten Befehlen wird in der Statuszeile ein Anfragetext angezeigt. Dieser wird im Buch in einer speziellen Schriftart und kursiv gedruckt. Eingaben, die Sie dann im Verlauf der Übungen machen sollten, und die Erläuterungen dazu sind zudem fett gesetzt, zum Beispiel:

> *[Mehrfachlinie] Startpunkt eingeben*
> **Klicken Sie den Punkt 60.00mm,50.00mm an.**
> *[Mehrfachlinie] Endpunkt eingeben ([Strg] Verschieben)*
> **Klicken Sie den Punkt 100.00mm,90.00mm an.**

Arbeitsanleitungen sind im Text mit der Standardschrift kursiv gesetzt, zum Beispiel:

- *Wählen Sie jetzt den Befehl NEU aus dem Abrollmenü DATEI*
- *Wählen Sie im Dialogfeld ZEICHENOPTIONEN die Registerkarte RASTER.*

Weitere Markierungen im Text:

 *Zeichnen von Kreisen*

Erläuterungen zur Ausführung eines Befehls finden Sie nach einer solchen Überschrift.

 *Starten mit einer Vorlage*

Übungsbeispiele mit ausführlicher Arbeitsanleitung finden Sie nach dieser Überschrift.

 *Tip*

Hier finden Sie spezielle Tips für einfachere oder erweiterte Möglichkeiten und schnellere Bedienung.

 *Fehler*

Unter dieser Überschrift finden Sie spezielle Hinweise, um Fehler von vornherein zu vermeiden.

1.3 Was Sie auf der CD zum Buch finden

Auf der CD, die dem Buch beiliegt, haben Sie alle Zeichnungen, Dateien und Bilder, die Sie benötigen, um die Beispiele bearbeiten zu können. Auch alle Lösungen finden Sie dort. So können Sie Ihr Ergebnis mit der gespeicherten Musterlösung vergleichen.

Darüber hinaus enthält die CD Demoprogramme von anderen Autodesk-Produkten, Beispielzeichnungen und Bilder. Weitere Informationen zum Inhalt der CD finden Sie in der Datei *README.TXT* auf der CD.

 *Kopieren der Beispiele auf die Festplatte*

- Zunächst benötigen Sie für die Arbeit mit diesem Buch nur die Beispiele aus einem Ordner der CD. Kopieren Sie diese auf Ihre Festplatte.
- Starten Sie den Windows Explorer.
- Erstellen Sie auf Ihrer Festplatte einen Ordner *Aufgaben*.
- Legen Sie die CD ins Laufwerk ein.
- Im Ordner *Aufgaben* finden Sie alle Beispieldateien. Die Datei *AUFGABEN.EXE* enthält alle Dateien nochmal in gepackter Form. Dabei handelt es sich um eine Programmdatei, die sich beim Start selbst entpackt.
- Kopieren Sie nur die Datei *AUFGABEN.EXE* aus dem Ordner *Aufgaben* der CD in den Ordner *Aufgaben* auf Ihrer Festplatte.
- Starten Sie die Programmdatei *AUFGABEN.EXE* auf Ihrer Festplatte durch einen Doppelklick im Explorer. Die Beispieldateien werden entpackt.
- Löschen Sie danach die Datei *AUFGABEN.EXE* wieder auf der Festplatte.

1.4 Die Voraussetzungen für AutoSketch 6

Hard- und Software-Voraussetzungen

Um mit AutoSketch 6 sinnvoll arbeiten zu können, müssen folgende Hardware-Voraussetzungen erfüllt sein:

- Personalcomputer mit mindestens 486er-Prozessor, empfohlen ab Pentium 90 MHz, besser eine höhere Taktfrequenz
- 16 Mbyte Arbeitsspeicher besser 32 Mbyte
- ca. 40 Mbyte auf der Festplatte
- Grafikkarte mit einer Auflösung von mindestens 800 x 600 Punkten, besser 1280 x 1024 Punkten
- Farbbildschirm mit 43 cm (17 Zoll) Bildschirmdiagonale
- CD-ROM-Laufwerk für die Programminstallation
- Maus, eventuell mit Radtaste, z. B.: Microsoft IntelliMouse
- Windows 95, Windows 98 oder Windows NT 4.0 (auf Intel-Plattform).

Ausgabegeräte

Jeder grafikfähige Drucker, der von Windows unterstützt oder mit einem Windows-Treiber geliefert wird, kann als Ausgabegerät für Zeichnungen aus AutoSketch verwendet werden. Meist sind die normalen Bürodrucker auf das A4-Format begrenzt. Zeichnungen müssen aber oft auch in größeren Formaten ausgegeben werden können. Sie haben die Auswahl unter folgenden Druckertypen:

Nadeldrucker

Die meisten Nadeldrucker sind grafikfähig. Die Nachteile von Nadeldruckern liegen in der hohen Geräuschentwicklung, der ungleichmäßigen Schwärzung bei gefüllten Flächen und der geringen Ausgabegeschwindigkeit im Grafikmodus. Sie sind im allgemeinen deshalb für die Ausgabe von Zeichnungen nicht geeignet.

Tintenstrahldrucker

Tintenstrahldrucker sind leise, schneller als Nadeldrucker und bringen auch größere Flächen in der nötigen Schwärzung aufs Papier. Außerdem ist eine Farbausgabe möglich. Sie verarbeiten die unterschiedlichsten Papierarten (Normal- und Transparentpapier sowie Folien). Sie sind preiswert im A4-Format erhältlich, es gibt aber auch Geräte für das A3- und A2-Format.

Laserdrucker

Laserdrucker sind schnell und leise im Ausdruck und erzeugen randscharfe Konturen. Sie sind auch preiswert für das Format A4 zu haben. A3-Laserdrucker werden inzwischen auch von einigen Herstellern angeboten, sie sind aber wesentlich teurer. Mit Laserdruckern sind in der Regel nur monochrome Ausgaben möglich. Inzwischen gibt es auch Farblaserdrucker, allerdings erst ab Preise um 5.000 DM.

Stiftplotter

Stiftplotter zeichnen mit einem Tuschestift, Filzschreiber, Kugelschreiber oder auch Bleistift auf dem Papier. Mit den unterschiedlichen Stiften lassen sich alle Papierarten verwenden. Die Geräte sind meist als Trommelplotter ausgelegt. Der Stift wird in Y-Richtung über das Papier bewegt. In X-Richtung wird das Papier über eine Trommel bewegt.

Mit Stiftplottern lassen sich auf den unterschiedlichsten Papierarten präzise Zeichnungen in schwarz oder farbig erstellen. Großformatige Ausgaben bis A0 oder auch in Überlänge sind möglich. Die Nachteile liegen in der hohen Geräuschentwicklung, der niedrigen Ausgabegeschwindigkeit und der hohen Störanfälligkeit der Stifte. Deshalb werden Stiftplotter inzwischen nicht mehr hergestellt. Sollten Sie noch einen Stiftplotter haben, dann ist zuerst zu prüfen, ob dafür ein

Treiber für Windows vorhanden ist. Nur dann kann das Gerät mit AutoSketch verwendet werden.

Tintenstrahlplotter

Tintenstrahlplotter sind vom Druckverfahren her großformatige Tintenstrahldrucker. Es gibt sie bis zur Größe A0, meist noch in Überlänge, schwarz oder in Farbe. Sie zeichnen sich durch ihre hohe Ausgabegeschwindigkeit selbst bei großen Zeichnungen aus. Ein A0-Blatt wird von den meisten Geräten in weniger als 10 Minuten ausgegeben, unabhängig vom Inhalt. Sind großformatige Zeichnungen erforderlich, erhält man mit einem Tintenstrahlplotter ein optimales Preis-Leistungs-Verhältnis. Sie haben sich in den letzten Jahren zum Standardausgabegerät herausgebildet.

Kapitel 2

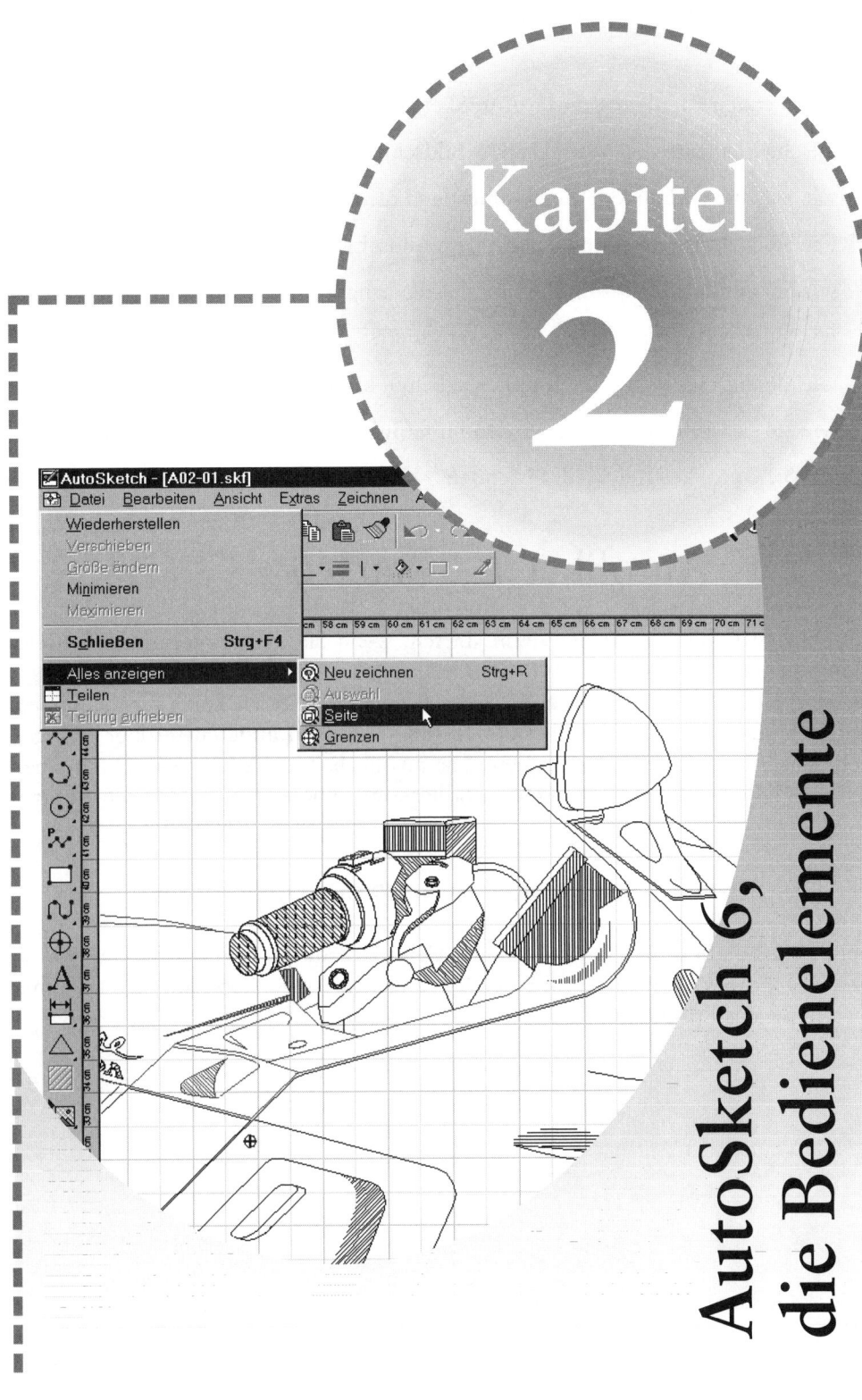

AutoSketch 6, die Bedienelemente

In einem ersten Rundgang durch AutoSketch lernen Sie,

- welche Elemente der AutoSketch 6 Bildschirm enthält
- wie Sie eine vorhandene Zeichnungsdatei öffnen
- wie Sie mehrere Zeichnungen auf dem Bildschirm anordnen können
- wie Sie mit den Menüs und Symbolleisten arbeiten
- wie Sie den Zeichnungsausschnitt verändern
- wie Sie mit mehreren Zeichnungen arbeiten können
- wie Sie sich Informationen aus den Hilfefunktionen anzeigen lassen können
- wie Sie AutoSketch 6 wieder beenden

2.1 AutoSketch 6 starten

AutoSketch 6 können Sie nur dann starten, wenn Sie das Programm auf Ihrem Computer installiert haben. Alle erforderlichen Dateien sind dann auf der Festplatte im Ordner *\Programme\AutoSketch* und in weiteren Unterverzeichnissen gespeichert, außer Sie haben bei der Installation einen anderen Ordner angegeben. Wie Sie AutoSketch 6 installieren, ist ausführlich im Teil V dieses Buches beschrieben. Haben Sie es noch nicht installiert, informieren Sie sich zunächst dort.

 *AutoSketch 6 aus dem Menü PROGRAMME starten*

Bei der Installation wird ein Eintrag im Menü PROGRAMME von Windows 95/98 bzw. Windows NT 4.0 für AutoSketch 6 angelegt (siehe Abbildung 2.1). Damit starten Sie das Programm.

AutoSketch 6 starten

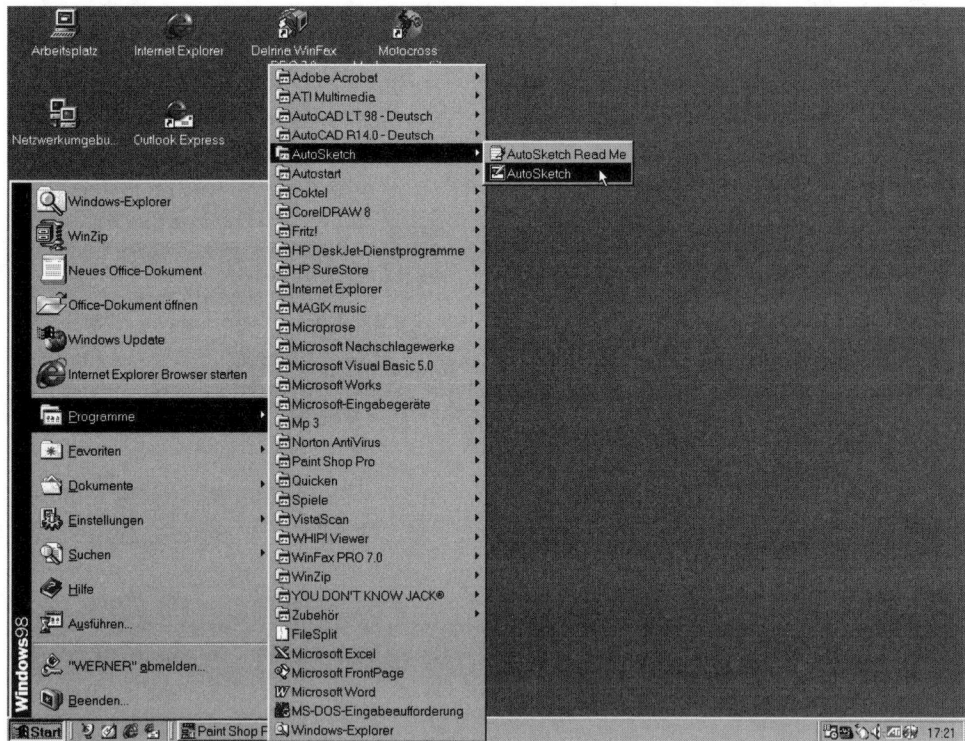

Abbildung 2.1: Das Startmenü mit dem Eintrag für AutoSketch 6

Bei der Installation wird außerdem eine Verknüpfung auf dem Desktop angelegt. Mit einem Doppelklick auf das Symbol (siehe Abbildung 2.2) können Sie AutoSketch 6 ebenfalls starten.

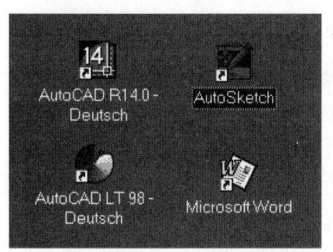

Abbildung 2.2:
Symbol auf dem
Desktop zum Start
von AutoSketch 6

 *Starten von AutoSketch 6*

- *Aktivieren Sie das Menü* START *und darin das Menü* PROGRAMME.
- *Klicken Sie dann die Gruppe* AUTOSKETCH *an und darin wiederum den Eintrag* AUTOSKETCH. *Das Programm wird gestartet.*
- *Sie können aber auch das Symbol für AutoSketch auf dem Desktop doppelt anklicken.*

2.2 Der AutoSketch-6-Bildschirm

Nachdem AutoSketch 6 geladen ist, erscheint die Programmoberfläche mit dem Dialogfeld START (siehe Abbildung 2.3).

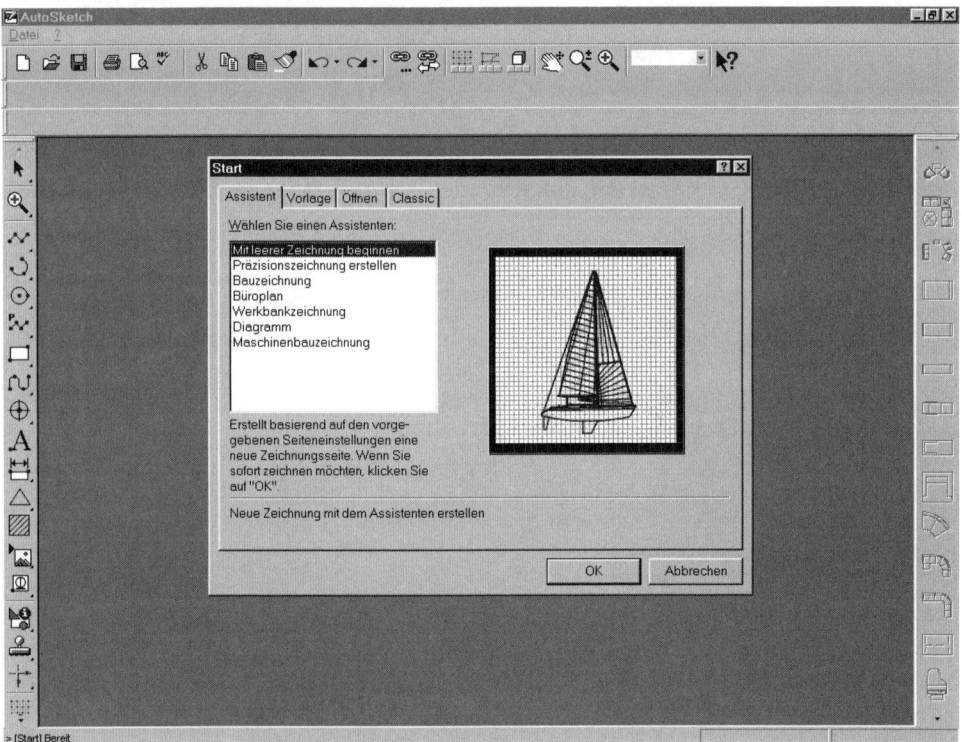

Abbildung 2.3: AutoSketch 6 nach dem Start

Das Dialogfeld hat vier Registerkarten, mit denen Sie die weiteren Aktionen wählen können:

Assistent: Start einer neuen Zeichnung mit einem der unten aufgelisteten Assistenten.

Vorlage: Start einer neuen Zeichnung mit einer gespeicherten Vorlage (Standardvorlagen oder selbst erstellte Vorlage) oder mit den Standardeinstellungen.

Öffnen: Öffnen einer bereits gespeicherten Zeichnung.

Classic: Umschalten der Benutzeroberfläche zwischen AutoSketch Classic und der Microsoft-Office-97-kompatiblen Oberfläche.

Die Funktionen der Registerkarten finden Sie in den nächsten Kapiteln detailliert beschrieben. Lassen Sie zunächst die Karte ASSISTENT aktiv. In der Liste ist der Eintrag MIT LEERER ZEICHNUNG BEGINNEN markiert. Ändern Sie auch daran nichts, und klicken Sie auf die Schaltfläche OK. Sie bekommen ein leeres Zeichenblatt auf den Bildschirm (siehe Abbildung 2.4).

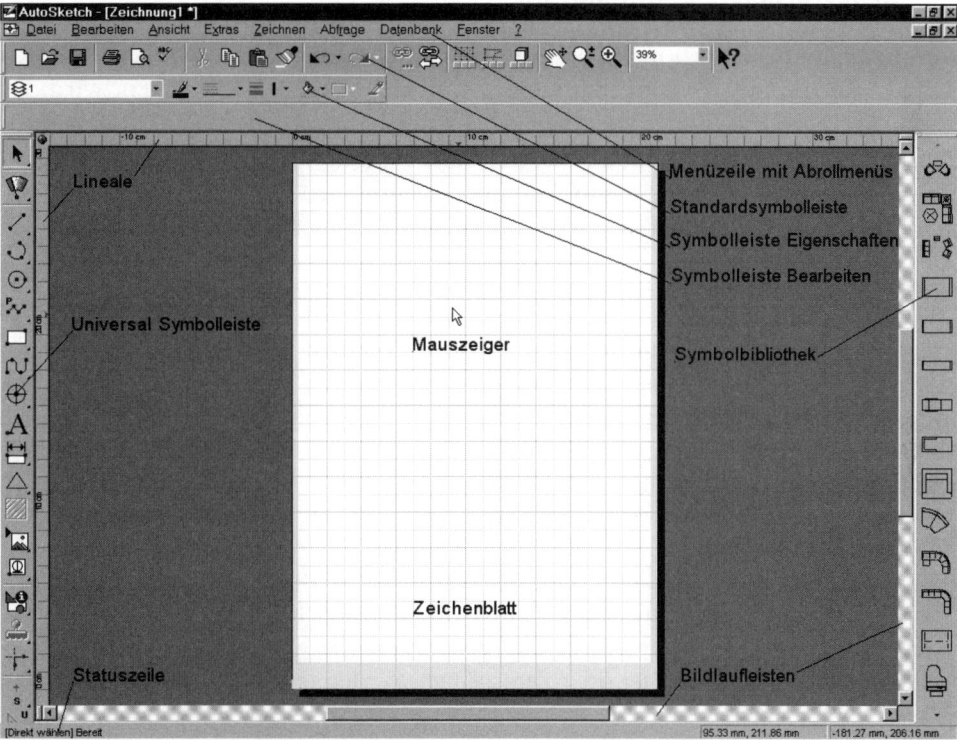

Abbildung 2.4: Der AutoSketch-6-Arbeitsplatz

Folgende Elemente finden Sie auf Ihrem Arbeitsplatz:

Das Zeichenblatt auf der Arbeitsfläche

Auf der grauen Arbeitsfläche finden Sie Ihr Zeichenblatt, auf dem die Zeichnung entstehen soll. Sie können aber auch auf der Arbeitsfläche neben dem Blatt zeichnen, Hilfskonstruktionen erstellen oder Objekte der Zeichnung dort vorübergehend ablegen. Die Größe entspricht dem Vorgabeformat Ihres Windows-Standarddruckers.

Der Mauszeiger

Die Eingabeposition beim Zeichnen wird Ihnen vom Mauszeiger angezeigt. Je nach Aktion, die Sie gerade ausführen, kann der Mauszeiger auch andere Formen annehmen. Zum Beispiel erscheint bei Zeichenbefehlen ein kleines Fadenkreuz oder bei den meisten Bearbeitungsbefehlen ein kleines Quadrat mit abgerundeten Ecken usw.

Die Menüzeile mit den Abrollmenüs

Alle Befehle und Funktionen von AutoSketch können Sie aus den Abrollmenüs wählen. Sobald Sie mit dem Mauszeiger auf einen Menüpunkt klicken, wird das Menü aktiviert. Die Einträge in den Abrollmenüs haben zusätzliche Markierungen. Vor jedem Eintrag finden Sie dasselbe Symbol wie in den Symbolleisten. Damit können Sie sich die Symbole schneller einprägen und mit der Zeit die Befehle auf die schnellere Art aus den Symbolleisten wählen (siehe unten).

Finden Sie drei Punkte hinter einem Eintrag im Menü, zum Beispiel beim Befehl ÖFFNEN... im Abrollmenü Datei, weisen diese darauf hin, dass Sie mit dieser Auswahl ein Dialogfeld auf den Bildschirm bekommen. Steht hinter dem Menüeintrag das Zeichen >, bedeutet das, dass Sie mit dieser Auswahl ein weiteres Menü öffnen (siehe Abbildung 2.5).

Die Standard-Symbolleiste

Wichtige Befehle wie das Öffnen und Speichern von Zeichnungen, Befehle zurücknehmen usw. können Sie mit Symbolen in der Standard-Symbolleiste (unter der Menüzeile) anwählen. Viele der Symbole sind identisch mit denen der Microsoft Office Programme. Die Standard Symbolleiste kann wie alle Symbolleisten aus- und eingeschaltet oder verschoben werden (siehe Kapitel 2.3).

Der AutoSketch-6-Bildschirm 29

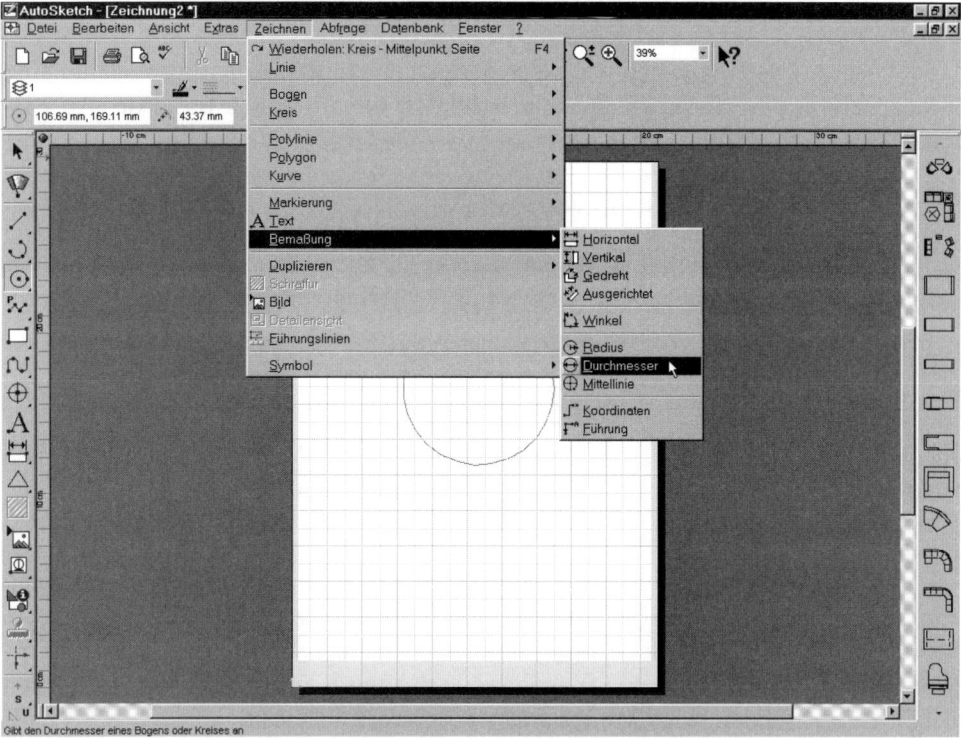

Abbildung 2.5: Verzweigende Abrollmenüs

Die Symbolleiste EIGENSCHAFTEN

Wichtige Zeichnungseinstellungen können Sie ebenfalls mit Symbolen und Abrollmenüs in einer zweiten Symbolleiste, der Symbolleiste EIGENSCHAFTEN unter der Standard-Symbolleiste vornehmen.

Die Symbolleiste BEARBEITEN

Da die Zeichenfläche noch leer ist und Sie auch noch keinen Befehl angewählt haben, ist die Symbolleiste BEARBEITEN leer. Sie befindet sich unter den anderen beiden Leisten. Wenn Sie einen Zeichenbefehl wählen oder ein Objekt in der Zeichnung markieren, finden Sie in dieser Leiste Symbole und Eingabefelder, um die Objekte zu bearbeiten.

Die Universal-Symbolleiste

Eine Zusammenstellung der wichtigsten Zeichen- und Bearbeitungsbefehle sind in der Universal-Symbolleiste zusammengefasst, die am linken Rand der Arbeitsfläche senkrecht angeordnet ist.

Die Symbolleiste für die Symbolbibliotheken

Objekte aus den Symbolbibliotheken lassen sich ebenfalls aus einer Symbolleiste wählen. Diese finden Sie am rechten Rand der Arbeitsfläche, ebenfalls senkrecht angeordnet.

Die Bildlaufleisten

An den Bildlaufleisten am unteren und rechten Rand der Zeichenfläche können Sie das Zeichenblatt bzw. den Zeichnungsausschnitt verschieben (siehe unten).

Die Statuszeile

Am unteren Rand der Arbeitsfläche unterhalb der waagrechten Bildlaufleiste befindet sich die Statuszeile. Auf der linken Seite finden Sie die Anfragen des Programms, wenn von Ihnen eine Eingabe erwartet wird, zum Beispiel wenn Sie den Befehl zum Zeichnen eines Kreises angewählt haben:

> [Kreis - Mittelpunkt, Seite] Punkt eingeben

In den eckigen Klammern wird der Befehl angezeigt, den Sie ausgewählt haben, dahinter die Eingabe, die von ihnen erwartet wird. Es lohnt sich also, während der Arbeit mit AutoSketch diese Zeile immer im Auge zu behalten.

In der rechten Hälfte der Statuszeile sind zwei Koordinatenanzeigen, deren Funktionen wir uns später genauer betrachten wollen.

Die Dialogfelder

Eine ganze Reihe von Befehlen bringen Dialogfelder auf den Bildschirm. Darin lassen sich meist eine ganze Reihe von Einstellungen in Listen, Abrollmenüs, Auswahlfeldern oder mit Schaltflächen vornehmen. Oft sind die Dialogfelder noch in Registerkarten gegliedert. Wie bei einem Karteikasten befinden sich Register am oberen Rand. Klickt man ein solches Register an, kommt die zugehörige Karte mit ihren Einstellmöglichkeiten in den Vordergrund. Abbildung 2.6 zeigt das Dialogfeld GRAFIKOPTIONEN mit seinen drei Registerkarten.

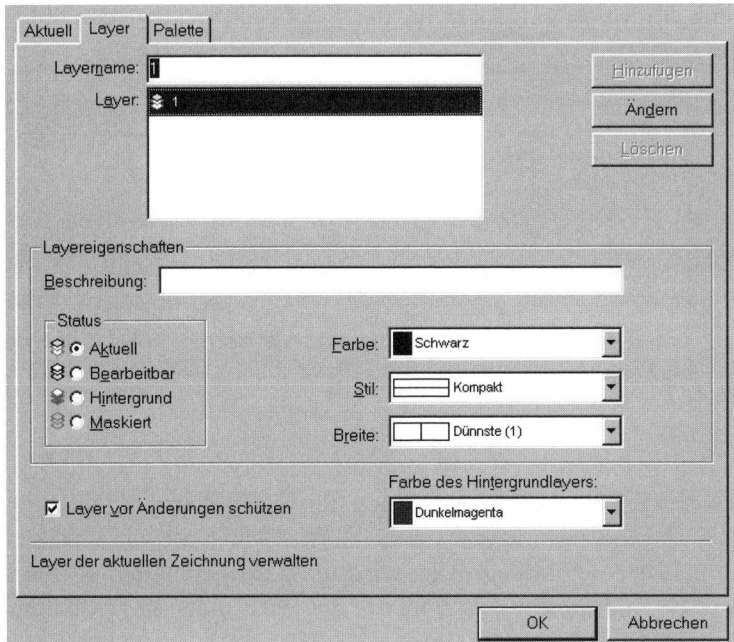

*Abbildung 2.6:
Dialogfeld mit
Registerkarten*

2.3 Die Symbolleisten

Neben den Abrollmenüs haben Sie, wie oben schon erwähnt, die Symbolleisten als wichtigste Bedienelemente zur Verfügung. Neben den oben beschriebenen gibt es noch eine ganze Reihe weiterer. Alle Befehle und Funktionen von AutoSketch lassen sich mit Symbolen aus diesen Leisten anwählen. Wenn Sie die Symbole erst einmal kennen, geht die Bedienung darüber wesentlich schneller als über die Abrollmenüs.

Symbolleisten können Sie ein- und ausschalten und an verschiedenen Stellen auf der Zeichenfläche plazieren oder am Rand der Zeichenfläche »verankern«. Nach der Installation von AutoSketch 6 haben Sie auf Ihrem Bildschirm die fünf oben beschriebenen Symbolleisten.

 ### Symbolleisten ein- und ausschalten

Sie können die Symbolleisten aus- oder auch wieder einschalten. Gehen Sie dazu wie folgt vor:

Aktivieren Sie die Funktion mit einem Klick auf die rechte Maustaste, wenn der Mauszeiger auf eine Symbolleiste zeigt

Sie bekommen ein Pop-up-Menü zur Auswahl der Symbolleisten auf den Bildschirm (siehe Abbildung 2.7).

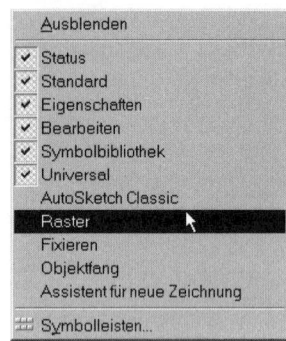

Abbildung 2.7:
Pop-up-Menü
zur Auswahl
der Symbolleisten

Im Pop-up-Menü erhalten Sie eine Liste der wichtigsten Symbolleisten. Die aktivierten Symbolleisten sind mit einem Häkchen markiert. Klicken Sie ein markiertes Feld oder den Namen der Symbolleiste an, wird diese ausgeschaltet. Klicken Sie den Namen einer nicht markierten Symbolleiste an, wird diese eingeschaltet. Zudem haben Sie weitere Möglichkeiten:

AUSBLENDEN: Mit dieser Menüfunktion schalten Sie die Symbolleiste aus, auf die Sie mit dem Mauszeiger gezeigt haben.

AUTOSKETCH CLASSIC: Damit wird die Symbolleiste der Vorgängerversion AutoSketch 2.1 zugeschaltet. Falls Sie bisher mit dieser Version gearbeitet haben, finden Sie die ihnen bekannte Symbolleiste am rechten Rand der Arbeitsfläche.

SYMBOLLEISTEN...: Wählen Sie diese Funktion aus dem Pop-up-Menü, erhalten Sie ein Dialogfeld, in dem Sie aus allen vorhandenen Symbolleisten wählen können (siehe Abbildung 2.8).

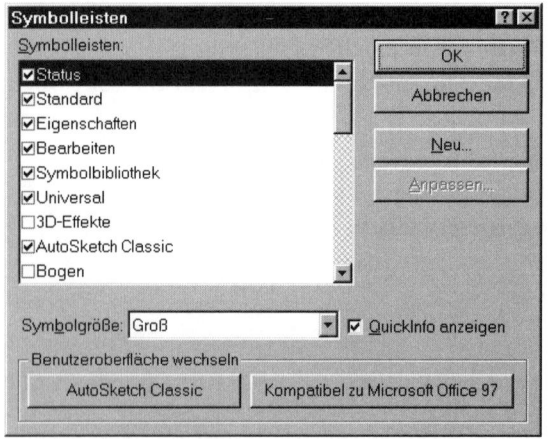

Abbildung 2.8:
Dialogfeld zur
Auswahl der
Symbolleisten

Dieses Dialogfeld bekommen Sie auch auf den Bildschirm wenn Sie im Abrollmenü ANSICHT den Befehl SYMBOLLEISTEN... wählen.

Auch in diesem Dialogfeld können Sie Symbolleisten ein- und ausschalten. In der Liste finden Sie alle Symbolleisten, die es in AutoSketch 6 gibt. Mit einem Mausklick in das Kästchen vor dem Namen können Sie die Symbolleiste ein- oder ausschalten, ebenso mit einem Doppelklick auf den Namen. Weitere Funktionen, die Ihnen hier zur Verfügung stehen, sind:

SYMBOLGRÖSSE: Aus einem Abrollmenü können Sie hier die Größe der Symbole in den Symbolleisten einstellen. Mögliche Einstellungen sind KLEIN, GROß, KLEIN DOPPELT oder GROß DOPPELT.

QUICKINFO ANZEIGEN: Ist der Schalter eingeschaltet, wird am Mauszeiger eine Information zu dem Befehl angezeigt, das sogenannte Quickinfo, wenn man mit dem Mauszeiger ca. eine Sekunde auf einem Symbol bleibt.

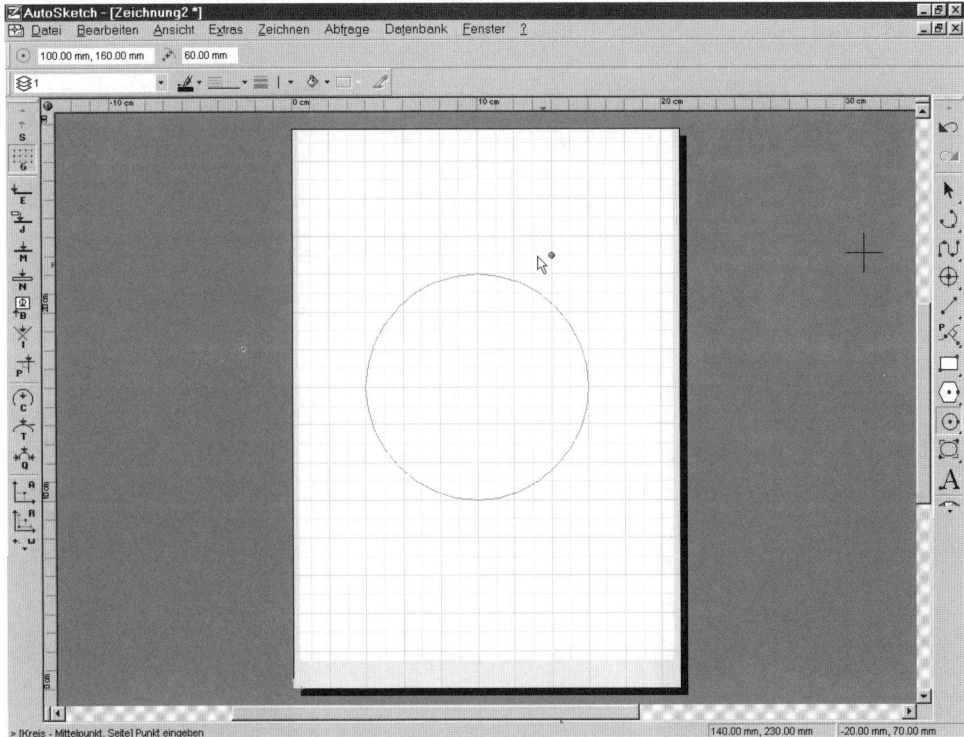

Abbildung 2.9: Die Oberfläche AUTOSKETCH CLASSIC

AUTOSKETCH CLASSIC...: Schaltet auf die Oberfläche um, die dem Benutzer von AutoSketch 2.1 vertraut ist. Trotzdem ist es besser, sich mit der neuen Oberfläche der Version 6 möglichst rasch vertraut zu machen. Sonst besteht die Gefahr, dass Sie die neuen Möglichkeiten nicht nutzen, da Sie nur in den Menüs, nicht aber in den Symbolleisten zu finden sind. Abbildung 2.9 zeigt die Oberfläche AUTO-SKETCH CLASSIC.

KOMPATIBEL ZU MICROSOFT OFFICE 97: Umschaltung auf die Bedienoberfläche der Version 6 von AutoSketch, die kompatibel zur Microsoft-Office-97-Oberfläche ist, die Standardoberfläche von AutoSketch 6, die auch in diesem Buch beschrieben wird.

NEU... UND ANPASSEN...: Mit diesen Schaltflächen lassen sich neue Symbolleisten erstellen oder bestehende anpassen. Nähere Informationen zu diesen Funktionen finden Sie im Teil IV dieses Buches.

 *Symbolleisten plazieren*

Symbolleisten können Sie auf verschiedene Arten am Bildschirm anordnen: Sie können Sie fest am Rand der Zeichenfläche »verankern« oder frei auf der Zeichenfläche plazieren (siehe Abbildung 2.10).

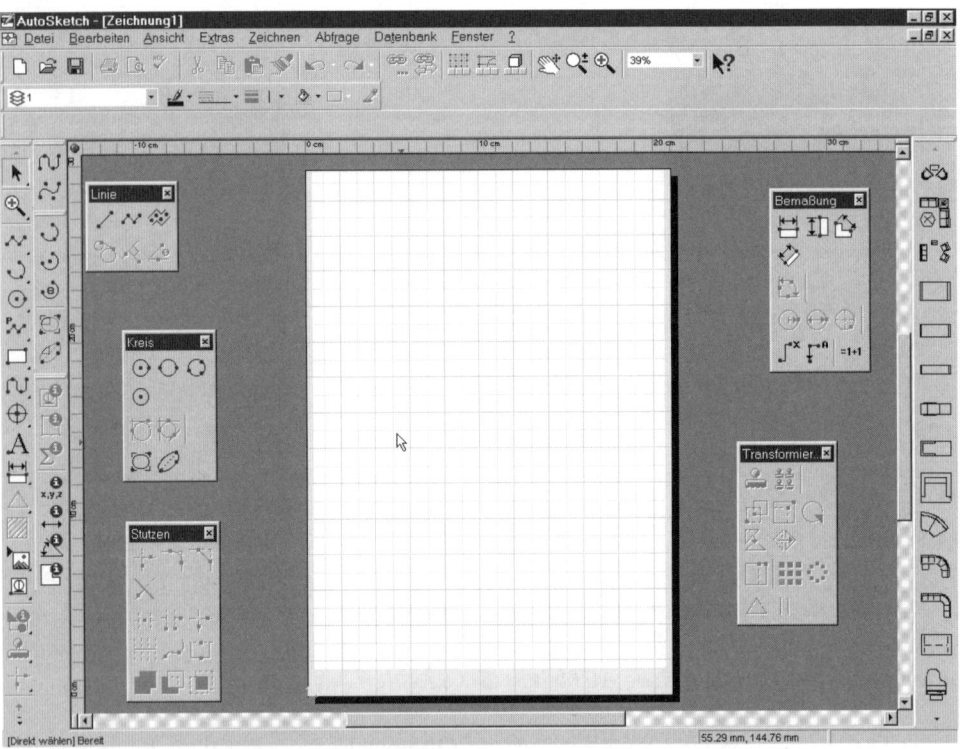

Abbildung 2.10: Symbolleisten verankert und frei plaziert

Frei platzierbare Symbolleisten können Sie verschieben, indem Sie auf die Titelleiste klicken und mit gedrückter Maustaste die Symbolleiste an die gewünschte Stelle ziehen. Kommen Sie dabei in die Nähe des Bildschirmrandes, rastet die Symbolleiste automatisch ein; sie bleibt fest an dieser Position und läßt sich dann auch nicht mehr verschieben. Die Zeichenfläche verkleinert sich entsprechend, die Symbolleiste ist »verankert«. Wenn Sie die Taste [Strg] beim Verschieben drücken, läßt sich das automatische Verankern verhindern.

Ziehen Sie den linken, rechten oder unteren Rand einer frei platzierbaren Symbolleiste mit gedrückter Maustaste, ändert sich deren Form. Durch einen Klick in der linken oberen Ecke wird eine Symbolleiste geschlossen. Sie verschwindet von der Zeichenfläche. Bei einer verankerten Symbolleiste ist das nicht möglich. Sie müssen zuerst wieder eine frei platzierbare daraus machen. Klicken Sie dazu an den Rand der Symbolleiste, und ziehen Sie sie mit gedrückter Maustaste auf die Zeichenfläche. Erst dann können Sie sie ausschalten. Natürlich können Sie sie auch mit dem Befehl SYMBOLLEISTEN... im Abrollmenü ANSICHT mit dem Dialogfeld (siehe oben) ausschalten, egal ob sie verankert oder frei platzierbar ist. Klicken Sie sie in der Liste an, und das Häkchen (siehe Abbildung 2.8) verschwindet und damit auch die Symbolleiste auf dem Bildschirm.

Befehle aus den Symbolleisten wählen

Klicken Sie auf ein Symbol in einer Symbolleiste, wird der hinterlegte Befehl ausgeführt. Bleiben Sie mit dem Mauszeiger auf einem Symbol stehen, ohne eine Taste zu drücken, wird Ihnen nach kurzer Zeit am Mauszeiger eine Erläuterung zum Befehl angezeigt, das sogenannte QUICKINFO (siehe Abbildung 2.11). Gleichzeitig erscheint in der Statuszeile am unteren Bildschirmrand ein zusätzlicher Hilfetext mit einer Kurzbeschreibung des Befehls.

Abbildung 2.11:
QUICKINFO *auf einem Symbol*

In den Symbolleisten finden Sie auch Symbole, die mit dem Zeichen > gekennzeichnet sind, sogenannte Flyout-Menüs. Halten Sie beim Anklicken dieser Symbole die Maustaste gedrückt, wird eine Leiste mit weiteren Symbolen ausgefahren (siehe Abbildung 2.12). Fahren Sie jetzt mit gedrückter Maustaste auf das gewünschte Symbol und lassen dort los, wird dieser Befehl ausgeführt. Danach liegt bei dem Flyout-Menü das Symbol, das Sie zuletzt gewählt haben, oben.

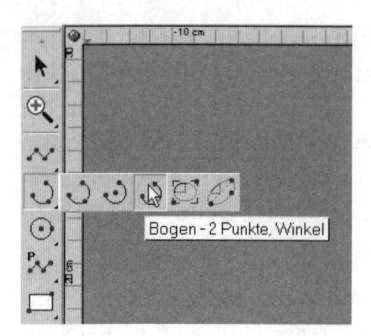

Abbildung 2.12:
Flyout-Menü in einer Symbolleiste

Anordnung der Symbolleisten

- Schalten Sie die standardmäßig eingeschalteten Symbolleisten nicht aus.
- Schalten Sie zusätzliche Symbolleisten nur ein, wenn Sie sie brauchen, und anschließend wieder aus.
- Verankern Sie Symbolleisten nur dann, wenn Sie sie ständig brauchen. Verwenden Sie zum Verankern freien Platz neben bereits vorhandenen Symbolleisten.
- Die Anordnung der Symbolleisten wird gespeichert und ist bei der nächsten Sitzung so wieder vorhanden.

2.4 Zeichnungen öffnen

Damit Sie sehen, wie sich die Arbeitsfläche aufteilen läßt und wie man in einer Zeichnung den gewünschten Ausschnitt auf den Bildschirm bringt, öffnen Sie zunächst einmal vorhandene Zeichnungen.

Abrollmenü DATEI aktivieren

Klicken Sie in der Menüzeile den Eintrag DATEI an, wird das Abrollmenü aktiviert. In der Menüzeile ist bei jedem Menü ein Buchstabe unterstrichen. Wenn Sie die Taste [Alt] drücken und festhalten und den unterstrichenen Buchstaben eingeben, wird das Menü ebenfalls aktiviert. Das Abrollmenü DATEI können Sie also auch mit [Alt] + [D] aktivieren.

Im Abrollmenü wählen Sie den gewünschten Menüpunkt ebenfalls durch Anklicken oder durch Eingabe des unterstrichenen Buchstabens. Bei dem Befehl ÖFFNEN... ist es beispielsweise die Taste [F].

Verschiedene Menüeinträge sind am rechten Rand des Menüs mit einer Tastenkombination gekennzeichnet. Damit können Sie die Befehle aktivieren, ohne vorher das Menü aufblättern zu müssen. Im Abrollmenü DATEI finden Sie solche Einträge, zum Beispiel [Strg] + [N] für den Befehl NEU..., [Strg] + [O] für die Funktion ÖFFNEN... usw.

Befehl ÖFFNEN

Um eine bestehende Zeichnung auf den Bildschirm zu holen, verwenden Sie den Befehl ÖFFNEN. Wählen Sie diesen durch:

- Aktivierung des Abrollmenüs DATEI und Anklicken des Befehls ÖFFNEN...
- Anklicken des Symbols in der Standard-Symbolleiste

Danach erscheint das eigentliche Dialogfeld dieses Befehls auf dem Bildschirm (siehe Abbildung 2.13). Dort wählen Sie die Datei aus, die Sie zur Bearbeitung auf den Bildschirm holen wollen.

Die Zeichnungen, an denen Sie zuletzt gearbeitet haben, werden im unteren Bereich des Abrollmenüs DATEI angezeigt. Einfaches Anklicken eines Eintrages bringt diese Zeichnung ohne Dialogfeld auf den Bildschirm.

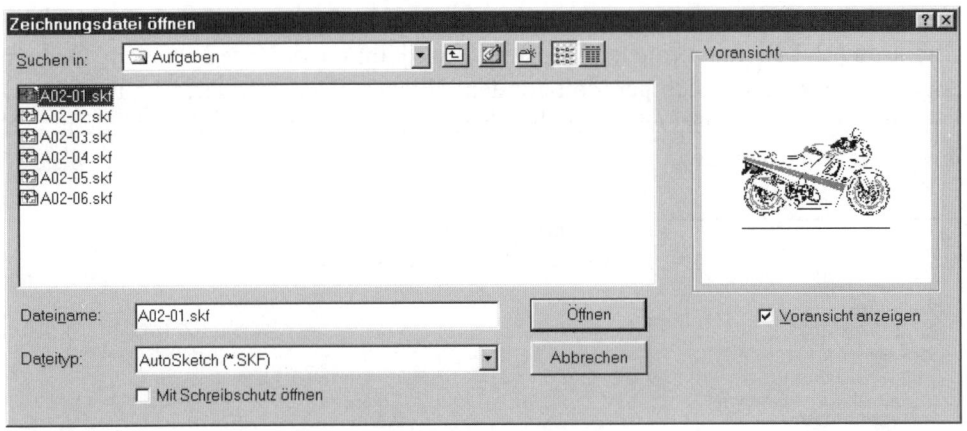

Abbildung 2.13: Dialogfeld zum Öffnen einer Zeichnung

Funktion im Dialogfeld

Um Ihre Zeichnung zu suchen, haben Sie folgende Möglichkeiten, das gewünschte Laufwerk und den Ordner zu wählen:

Laufwerk bzw. Ordner wechseln

Im linken großen Fenster werden alle AutoSketch-6-Zeichnungen aufgelistet, die sich in dem gerade aktuellen Ordner befinden. Sie erkennen Zeichnungsdateien an ihrem Symbol vor dem Namen und an der Dateierweiterung *.SKF*.

Rechts neben dem Auswahlmenü SUCHEN IN: finden Sie ein Symbol. Durch einfaches Anklicken wechseln Sie in den darüberliegenden Ordner.

Wieder ein Symbol weiter rechts davon wechselt auf den Desktop von Windows. Jetzt können Sie sich durch die ganze Hierarchie blättern: Klicken Sie beispielsweise doppelt auf den Eintrag ARBEITSPLATZ und dann auf das gewünschte Laufwerk.

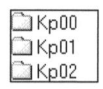

Haben Sie ein Laufwerk gewählt, beginnt die Liste immer mit den Ordnersymbolen. Mit einem Doppelklick auf einen Ordner, wechseln Sie in diesen Ordner, und die Liste zeigt weitere Unterordner und die AutoSketch-Zeichnungen in dem Ordner an.

Wollen Sie das Laufwerk wechseln, um dort eine Zeichnungsdatei zu suchen, können Sie auch in das Auswahlmenü SUCHEN IN: oder auf den Pfeil am rechten Rand klicken. Im Auswahlmenü werden die Laufwerke Ihres PC aufgelistet (siehe Abbildung 2.14). Im aktuellen Laufwerk wird Ihnen der Pfad zu dem Ordner angezeigt, in dem Sie sich gerade befinden. Klicken Sie ein anderes Laufwerk an, können Sie dort wieder, wie oben beschrieben, den Ordner öffnen, in dem sich ihre Zeichnung befindet.

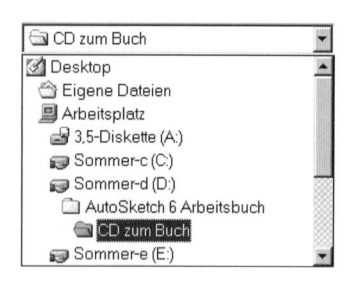

Abbildung 2.14:
Auswahl des Laufwerks

Weitere Funktionen im Dialogfeld

Eine Reihe weiterer Funktionen steht Ihnen in diesem wie in allen anderen Dialogfeldern zum Öffnen oder Speichern von Dateien zur Verfügung.

Mit einem Klick auf das Symbol rechts neben dem Desktop-Symbol wird ein neuer Ordner angelegt. Er bekommt den Namen *Neuer Ordner*. Der Name ist markiert, und Sie können ihn mit einem anderen Namen überschreiben. Mit einem Klick in das Namensfeld setzen Sie den Cursor an diese Stelle. Dann können Sie den Namen ändern. Mit den Pfeiltasten können Sie den Cursor an die Stelle bringen, an der Sie ändern wollen.

Die beiden Symbole ganz rechts schalten die Anzeige in der Liste um. Ist das linke Symbol gedrückt, erscheinen nur die Namen, beim rechten dagegen eine Tabelle, in der außer den Namen weitere Details angezeigt werden: GRÖSSE, TYP und GEÄNDERT AM.

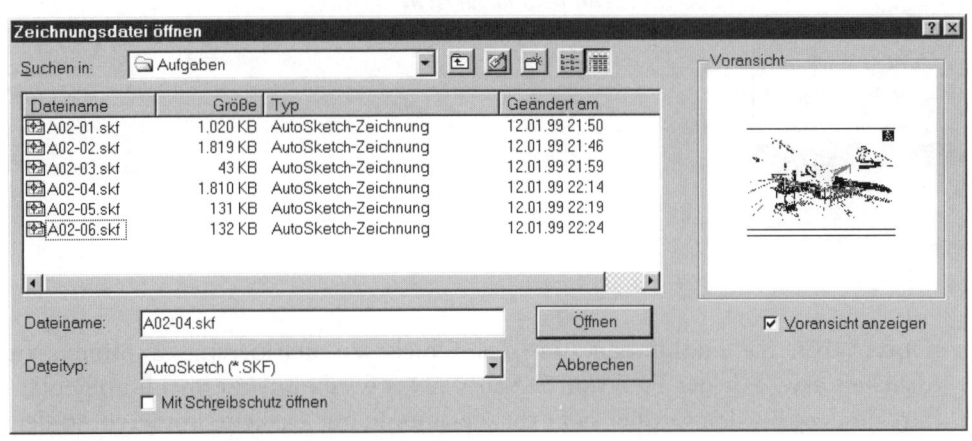

Abbildung 2.15: Dateiliste mit Detailanzeige

Funktionen in der Dateiliste

Innerhalb der Dateiliste stehen Ihnen weitere Funktionen zur Verfügung:

- Ziehen Sie eine Zeichnung an ihrem Symbol auf einen Ordner, wird sie dorthin verschoben.
- Markieren Sie eine Zeichnung oder einen Ordner durch einen Mausklick, und drücken Sie die Taste (Entf), wird das markierte Objekt gelöscht.

- Klicken Sie auf einen Namen, können Sie, wie oben beim Ordner beschrieben, diesen ändern.

- Haben Sie die Detailanzeige gewählt, können Sie durch einen Klick in das Titelfeld einer Spalte bestimmen, dass die Liste nach den Einträgen dieser Spalte sortiert wird. Ein weiterer Klick in dieselbe Spalte sortiert die Liste in absteigender Reihenfolge. Klicken Sie in das Titelfeld einer anderen Spalte, wird nach den Einträgen dieser Spalte sortiert.

- Zeigen Sie mit dem Mauszeiger in der Titelzeile auf die Trennstelle zwischen den Spalten, erscheinen ein senkrechter Strich und ein Doppelpfeil. Ziehen Sie mit gedrückter Maustaste die Trennstelle, wird die Spaltenbreite geändert. Wenn Sie dagegen an dieser Stelle doppelt klicken, wird die optimale Spaltenbreite eingestellt.

- Markieren Sie eine Zeichnung oder einen Ordner, und drücken Sie die rechte Maustaste; es erscheint ein Pop-up-Menü (siehe Abbildung 2.16).

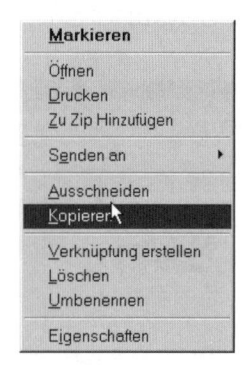

Abbildung 2.16:
Pop-up-Menü bei markiertem Objekt

Dort haben Sie Funktionen, um das Objekt zu markieren, zu öffnen, zu drucken usw. Mit der Funktion SENDEN AN > wird ein Untermenü aufgeblättert, in dem Sie den Ordner oder die Zeichnung auf Diskette kopieren, in den Aktenkoffer legen oder als E-Mail verschicken können, je nachdem, welche Komponenten in Ihrem PC zur Verfügung stehen. Außerdem stehen Funktionen zum Kopieren, Ausschneiden, Löschen und Umbenennen zur Verfügung. Mit der Funktion EIGENSCHAFTEN erhalten Sie eine Registerkarte mit allen Informationen zu dem Objekt.

- Haben Sie kein Objekt in der Liste markiert, erscheint ein anderes Pop-up-Menü (siehe Abbildung 2.17), wenn Sie die rechte Maustaste drücken.

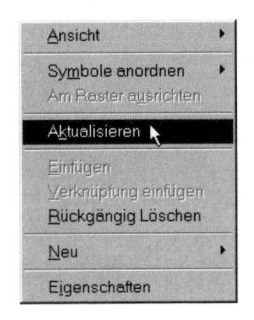

*Abbildung 2.17:
Pop-up-Menü,
wenn kein Objekt
markiert ist*

- Hier haben Sie die Möglichkeit, im Untermenü ANSICHT > die Anzeige auf große oder kleine Symbole (siehe Abbildung 2.18), die standardmäßige Listenanzeige oder auf Detailanzeige (siehe oben) umzustellen. In einem weiteren Untermenü SYMBOLE ANORDNEN > können Sie die Sortierung wählen (nach Name, Typ, Größe oder Datum). Außerdem können Sie kopierte oder ausgeschnittene Objekte (siehe oben) in den Ordner einfügen, Verknüpfungen einfügen oder neue Ordner oder Verknüpfungen erstellen. Mit dem Menüpunkt EIGENSCHAFTEN können Sie sich hier auch Informationen anzeigen lassen, diesmal aber zum gesamten Ordner.

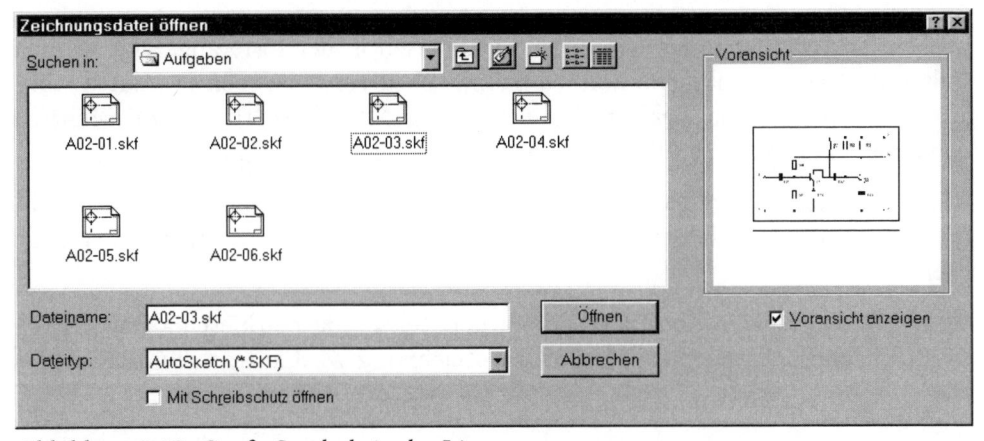

Abbildung 2.18: Große Symbole in der Liste

- Immer dann, wenn eine Liste nicht komplett ins Fenster paßt, erscheint am Rand des Fensters eine Schiebeleiste. Damit haben Sie folgende Möglichkeiten: Ein Klick auf die Taste mit dem Pfeil nach oben schiebt die Liste um eine Zeile nach unten und umgekehrt. In der Schiebeleiste markiert ein Rechteck die Position in der Liste. Ziehen Sie das Rechteck an eine andere Position, wird der entsprechende Ausschnitt der Liste angezeigt. Mit einem Klick über oder unter das Rechteck springt die Liste eine ganze Seite weiter.

Zeichnung auswählen

Wenn Sie den gewünschten Ordner geöffnet haben, klicken Sie die Zeichnung an, die Sie öffnen wollen. Der Zeichnungsname wird in das Feld DATEINAME: übernommen. Im Fenster VORANSICHT, rechts neben der Liste, wird das Voransichtsbild, das mit jeder Zeichnungsdatei gespeichert ist, angezeigt (siehe Abbildung 2.19). Die Voransicht können Sie mit dem Schalter VORANSICHT ANZEIGEN ein- und ausschalten.

Abbildung 2.19: Voransicht der Zeichnung

Im Feld DATEITYP: wählen Sie, welche Dateiarten in der Liste angezeigt werden sollen. In einem Abrollmenü können Sie zwischen verschiedenen Formaten wählen. Belassen Sie es bei der Standardeinstellung AUTOSKETCH (*.SKF). Mehr zu den anderen Formaten erfahren Sie später beim Datenaustausch.

Klicken Sie den Schalter MIT SCHREIBSCHUTZ ÖFFNEN an, können Sie die Zeichnung zwar öffnen und bearbeiten, aber die geänderte Version nicht mehr speichern.

Wenn Sie den Namen oder das Symbol der Zeichnung markiert haben, klicken Sie die Schaltfläche ÖFFNEN an, und die Zeichnung wird auf den Bildschirm geholt.

Zeichnung öffnen

- *Wählen Sie den Befehl ÖFFNEN.*
- *Suchen Sie im Ordner C:\AUFGABEN die Zeichnung A02-01.SKF.*
- *Öffnen Sie die Datei.*

2.5 Zoom- und Pan-Befehle

Ist die Zeichnung erst einmal auf dem Bildschirm, steht Ihnen eine ganze Reihe von Möglichkeiten zur Verfügung, den Bildausschnitt zu bestimmen.

Die Befehle ZOOMEN IN ECHTZEIT *und* PAN IN ECHTZEIT

Die flexibelste Methode, den Bildausschnitt zu bestimmen, ist der Befehl ZOOMEN IN ECHTZEIT. Diesen Befehl wählen Sie wie folgt:

- Abrollmenü ANSICHT, Befehl ZOOMEN IN ECHTZEIT
- Symbol in der Standard-Symbolleiste

Sie erhalten auf der Zeichenfläche statt des Mauszeigers einen Cursor in Form einer Lupe mit den Zeichen »+« und »-« daneben.

Bewegen Sie die Lupe mit gedrückter Maustaste nach oben, wird die Anzeige stufenlos vergrößert. Bewegen Sie die Lupe dagegen mit gedrückter Maustaste nach unten, wird stufenlos verkleinert. Haben Sie die richtige Vergrößerung auf diese Weise eingestellt, drücken Sie die Taste [Esc] auf der Tastatur, der Befehl wird beendet und die momentane Vergrößerung übernommen.

Drücken Sie dagegen die rechte Maustaste, erscheint ein Pop-up-Menü, in dem Sie weitere Befehle anwählen können (siehe Abbildung 2.20).

Abbildung 2.20:
Pop-up-Menü beim
Zoomen in Echtzeit

Wenn Sie in diesem Menü den Befehl PAN IN ECHTZEIT anklicken, können Sie den Ausschnitt verschieben. Dazu erscheint auf der Zeichenfläche statt der Lupe eine Hand.

Jetzt können Sie die Hand samt der Zeichnung kontinuierlich bei gedrückter Maustaste in die gewünschte Richtung verschieben. Mit der Taste [Esc] wird der Befehl beendet und der momentane Ausschnitt übernommen. Auch aus diesem Befehl kommen Sie mit der rechten Maustaste wieder in das Pop-up-Menü (siehe Abbildung 2.20).

Sie können aber auch direkt den Befehl PAN IN ECHTZEIT wählen:

- Abrollmenü ANSICHT, Befehl PAN IN ECHTZEIT
- Symbol in der Standard-Symbolleiste

Auch hieraus kommen Sie mit der rechten Maustaste in das Pop-up-Menü.

Befehle im Pop-up-Menü

VERGRÖSSERN:

Wählen Sie diesen Befehl im Pop-up-Menü, erscheint eine Lupe mit einem »+«-Zeichen auf der Zeichenfläche. Klicken Sie in die Zeichnung, wird die Zeichnung um den Faktor 2 vergrößert. Der angeklickte Punkt wird der Mittelpunkt des neuen Ausschnitts.

Klicken Sie jedoch einen Punkt an und halten die Maustaste fest, können Sie ein Rechteck auf dem Bildschirm aufziehen. Lassen Sie die Maustaste los, wird der Inhalt dieses Rechtecks formatfüllend auf den Bildschirm gebracht.

AUSWAHL:

Bringt die markierten Objekte formatfüllend auf den Bildschirm. Wie und warum Sie Objekte markieren, erfahren Sie in den nächsten Kapiteln.

SEITE:

Bringt die komplette Seite, also das Zeichenblatt, auf den Bildschirm.

GRENZEN:

Bringt die Objekte, die sich momentan auf dem Zeichenblatt befinden, formatfüllend auf den Bildschirm.

LETZTE:

Schaltet auf den letzten Bildausschnitt zurück.

ABBRECHEN:

Beendet den Befehl und übernimmt den momentanen Ausschnitt. Das gleiche Ergebnis bekommen Sie, wenn Sie die Taste [Esc] drücken.

Zoom-Faktor einstellen

In der Standard-Symbolleiste finden Sie am rechten Rand ein Abrollmenü, in dem Sie den Vergrößerungsfaktor der Zeichnung einstellen können (siehe Abbildung 2.21).

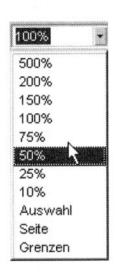

Abbildung 2.21:
Abrollmenü zur Wahl
des Zoom-Faktors

Tragen Sie einen Vergrößerungsfaktor in das Feld ein, und bestätigen Sie diesen mit ⏎, oder wählen Sie einen der vorgegebenen Faktoren aus dem Menü aus. Bei dem Faktor handelt es sich um eine Prozentangabe, die die Vergrößerung bestimmt.

In dem Abrollmenü finden Sie außerdem die gleichen Befehle wie im Pop-up-Menü der Echtzeitfunktionen: AUSWAHL, SEITE und GRENZEN.

Befehl VERGRÖSSERN

Den Befehl VERGRÖSSERN, den Sie auch schon im Pop-up-Menü vorgefunden haben (siehe oben), können Sie auch auf andere Arten wählen:

- Abrollmenü ANSICHT, Befehl VERGRÖSSERN
- Symbol in der Standard-Symbolleiste

Befehle im Abrollmenü ANSICHT

Weitere und bereits bekannte Befehle für die Einstellung des Bildausschnitts finden Sie im Abrollmenü ANSICHT (siehe Abbildung 2.22):

NEU ZEICHNEN:

Zeichnet den Bildschirm neu, ohne daß dabei die Vergrößerung oder der Bildausschnitt verändert wird.

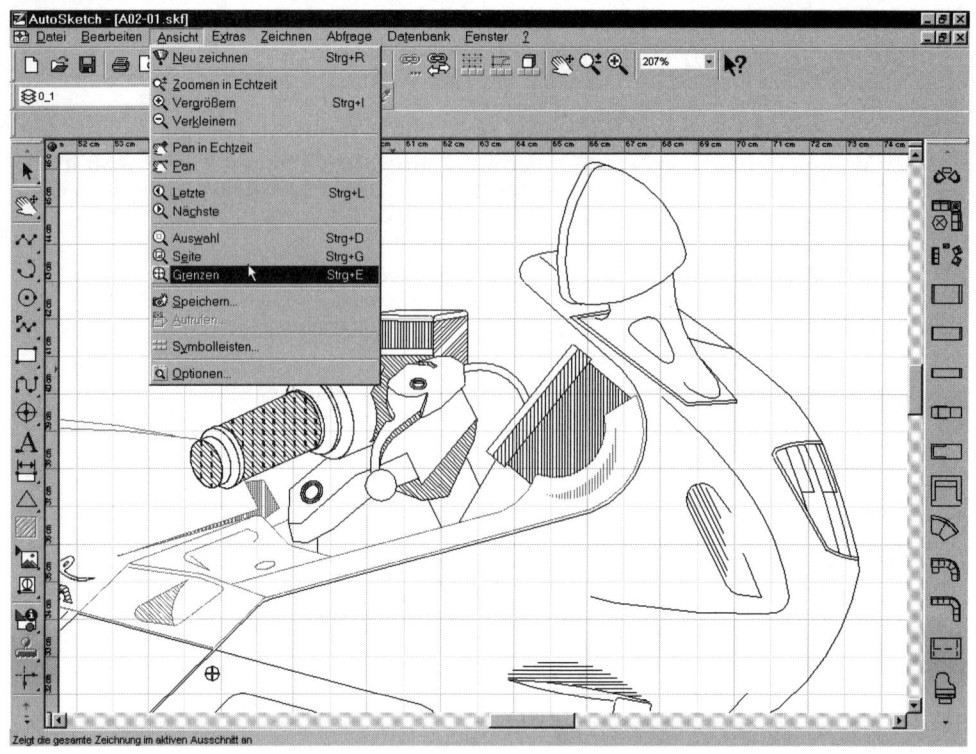

Abbildung 2.22: Abrollmenü ANSICHT *mit den Zoom- und Pan-Befehlen*

VERKLEINERN:

Mit diesem Befehl erscheint eine Lupe mit einem »-«-Zeichen auf der Zeichenfläche. Klicken Sie in die Zeichnung, wird die Zeichnung um den Faktor 2 verkleinert. Der angeklickte Punkt wird der Mittelpunkt des neuen Ausschnitts.

PAN:

Mit diesem Befehl wird der Ausschnitt, nicht aber die Vergrößerung gewechselt. Sie erhalten hiermit ebenfalls eine Hand als Cursor. Klicken Sie in die Zeichnung, wird dieser Punkt Mittelpunkt des neuen Bildausschnitts. Klicken Sie dagegen in die Zeichnung und halten die Maustaste fest, können Sie an eine andere Stelle in der Zeichnung fahren und die Maustaste dann loslassen. Die Zeichnung wird um diese Strecke verschoben.

LETZTE und NÄCHSTE:

Schaltet zum letzten bzw. dann wieder zum nächsten Bildausschnitt um.

Zoomen in Echtzeit, Vergrössern, Pan in Echtzeit, Auswahl, Seite und Grenzen:

Siehe oben

Befehle aus der Symbolleiste Ansicht wählen

Alle oben beschriebenen Befehle finden Sie auch in der Symbolleiste Ansicht (siehe Abbildung 2.23) oder in einem Flyout-Menü der Universal-Symbolleiste.

Abbildung 2.23:
Zoom- und Pan-Befehle aus der Symbolleiste Ansicht

Von links nach rechts haben Sie folgende Befehle in der Symbolleiste: Neu Zeichnen, Zoomen in Echtzeit, Vergrössern, Verkleinern, Pan in Echtzeit, Pan, Letzte Ansicht, Nächste Ansicht, Auswahl, Seite und Grenzen (Beschreibung siehe oben). Die beiden Symbole rechts werden wir uns später genauer ansehen.

Zoom-Befehle im Systemmenü der Zeichnung

Im Systemmenü der Zeichnung finden Sie ebenfalls noch einige der Zoom-Befehle (siehe Abbildung 2.24). Das ist das Menü, das Sie links oben an der Menüzeile finden. Wählen Sie dort:

- Untermenü Alles Anzeigen und den entsprechenden Zoom-Befehl

Neu Zeichnen, Auswahl, Seite und Grenzen:

Siehe oben

Ausschnitt bestimmen mit Bildlaufleisten oder Pfeiltasten

Am unteren und rechten Rand der Arbeitsfläche finden Sie die Bildlaufleisten. Mit diesen Leisten können Sie ebenfalls den Bildausschnitt verschieben. Folgende Möglichkeiten haben Sie:

- Klicken Sie auf eine der Pfeiltasten an den Enden der Bildlaufleisten, und die Arbeitsfläche wird um einen Schritt in die andere Richtung verschoben. Sie bekommen den Bereich aus der Richtung, in die der Pfeil zeigt, auf den Bildschirm.

48 *AutoSketch 6, die Bedienelemente*

- Klicken Sie zwischen den Pfeil und den markierten Balken, das Bildlauffeld, dann wird der Ausschnitt in größeren Schritten verschoben.
- Klicken Sie auf das Bildlauffeld und halten die Maustaste gedrückt, können Sie das Bildlauffeld in die gewünscht Richtung verschieben. Die Arbeitsfläche wird entsprechend verschoben.
- Mit den Tasten ←, ↑, → und ↓ sowie Bild↑ und Bild↓ können Sie den Bildausschnitt ebenfalls verschieben. Auch hier gilt: Der Pfeil nach oben bringt den Platz oberhalb des momentanen Ausschnitts auf den Bildschirm, die Arbeitsfläche wird also nach unten verschoben.

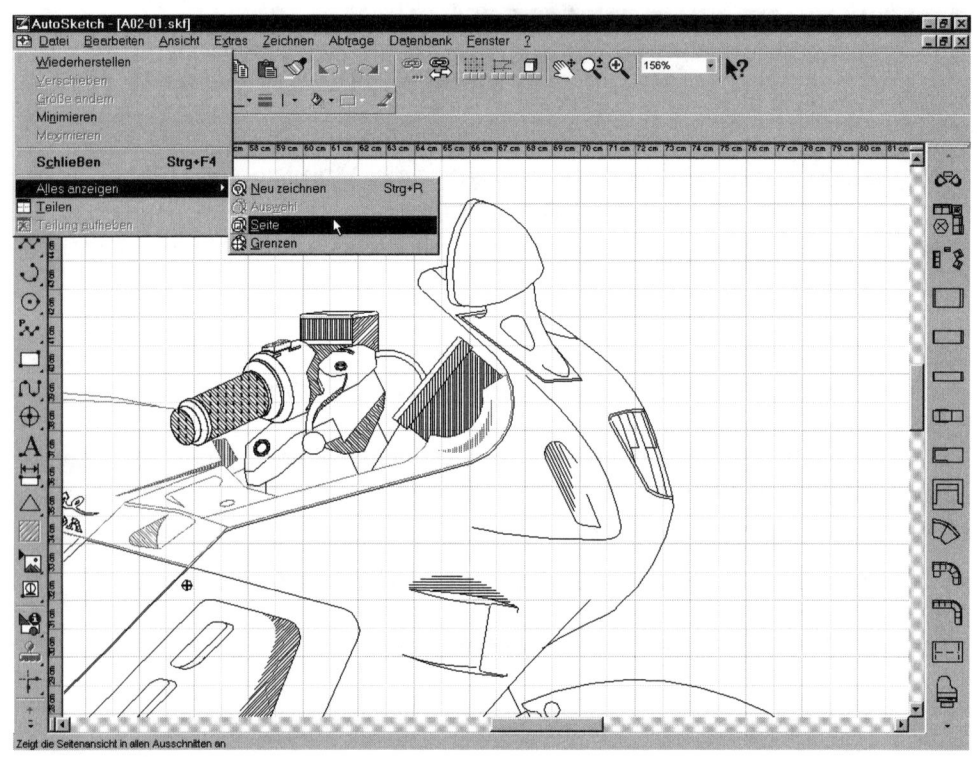

Abbildung 2.24: Systemmenü der Zeichnung mit Zoom-Befehlen

Zoom- und Pan-Befehle

- *Machen Sie sich mit den Zoom- und Pan-Befehlen vertraut*
- *Verwenden Sie die Echtzeit-Befehle, das Abrollmenü in der Standard-Symbolleiste, die Bildlaufleisten und die Befehle im Abrollmenü* ANSICHT.

2.6 Zoom und Pan mit der Microsoft »IntelliMouse«

Die Microsoft »IntelliMouse« hat zwischen den beiden Maustasten ein Rad. Das Rad kann gedreht werden, um damit beispielsweise im Explorer zu scrollen. Wird es gedrückt, wird die sogenannte Radtaste betätigt. Diese entspricht der mittleren Taste einer 3-Tasten-Maus. In AutoSketch 6 werden Rad und Radtaste für weitere Zoom- und Pan-Funktionen verwendet.

Zoomen mit dem Rad

Drehen Sie das Rad zu sich her, wird die Zeichnung auf dem Bildschirm verkleinert, drehen Sie es von sich weg, wird die Zeichnung vergrößert.

Pan mit der Radtaste

Wenn Sie das Rad nach unten drücken, wird die Radtaste betätigt. Drücken Sie die Radtaste auf der Zeichenfläche und halten sie gedrückt, erscheint als Cursor wieder die Hand wie beim Befehl PAN. Wenn Sie die Maus bewegen, bewegt sich die Arbeitsfläche in die Richtung der Maus.

2.7 Aufteilung des Bildschirms

Auch wenn Sie im Moment nur eine Zeichnung auf der Arbeitsfläche haben, können Sie den Bildschirm in mehrere Flächen aufteilen. So können Sie verschiedene Ausschnitte einer großen Zeichnung in vier Fenstern vergrößert darstellen. Gehen Sie wie folgt vor:

- Systemmenü der Zeichnung, Befehl TEILEN
- Der Bildschirm wird in vier gleich großen Fenstern dargestellt. Jetzt können Sie die oben beschriebenen Zoom- und Pan-Befehle in allen vier Fenstern anwenden. Auch die Bildlaufleisten und Lineale finden Sie am Rand jedes Fensters (siehe Abbildung 2.25).

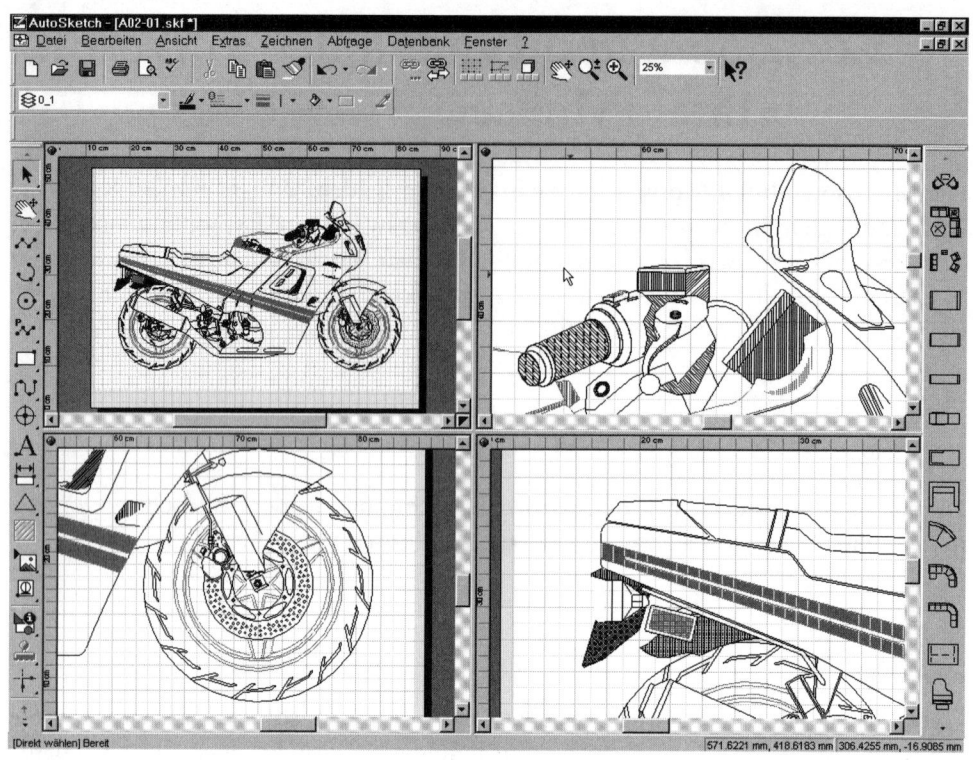

Abbildung 2.25: Zeichnung in vier Fenster aufgeteilt

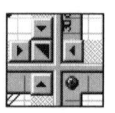

- Befehle wie ZOOM SEITE oder ZOOM GRENZEN, bei denen keine weiteren Eingaben notwendig sind, wirken immer auf das aktive Fenster. Das aktive Fenster ist das Fenster, auf das der Pfeil an der Grenze der Fenster zeigt. Klicken Sie auf den Pfeil, zeigt er auf das nächste Fenster.
- Zeigen Sie auf die Trennlinie zwischen den Fenstern, bekommen Sie einen Cursor mit zwei parallelen Linien und Pfeilen. Sie können dann mit gedrückter Maustaste die Trennlinie verschieben und damit die Fenstergröße verändern.
- Zeigen Sie auf die Kreuzungsstelle der Fenster, bekommen Sie einen Cursor mit vier Pfeilen. An der Stelle können Sie die Größe aller vier Fenster verändern. Dazu ziehen Sie diesen Punkt mit gedrückter Maustaste an die gewünschte Stelle.
- Mit einem Doppelklick auf eine Trennlinie wird diese entfernt, und die angrenzenden Fenster werden miteinander verbunden.
- Wollen Sie die Teilung ganz aufheben, wählen Sie im Systemmenü den Befehl TEILUNG AUFHEBEN.

- Die Teilung ist nur auf dem Bildschirm vorhanden, sie wird nicht mit der Zeichnung gespeichert. Wenn Sie ihre Zeichnung das nächste Mal wieder auf den Bildschirm holen, erscheint das Zeichenblatt wieder auf dem ganzen Bildschirm.

Bildschirm aufteilen

- *Teilen Sie Ihren Bildschirm in vier Fenster.*
- *Testen Sie die Zoom- und Pan-Befehle in den einzelnen Fenstern. Wechseln Sie dabei auch das aktive Fenster.*
- *Verändern Sie die Größe der Fenster. Entfernen Sie dann die waagrechte Trennlinie. Heben Sie danach die Teilung wieder auf, und lassen Sie sich die komplette Zeichnung anzeigen.*

2.8 Mehrere Zeichnungen auf dem Bildschirm

In AutoSketch 6 können Sie an mehreren Zeichnungen gleichzeitig arbeiten und diese auch auf der Arbeitsfläche anordnen. Wie in allen Office-kompatiblen Programmen kann man in AutoSketch 6 mit mehreren Zeichnungsfenstern arbeiten. Standardmäßig nimmt das Zeichnungsfenster den kompletten Arbeitsbereich ein.

- Am rechten Rand der Menüleiste haben Sie, wie in jedem Windows-Programm, drei quadratische Schaltelemente. Wenn Sie auf das mittlere klicken, die Funktion WIEDERHERSTELLEN, wird das Fenster verkleinert. Es bekommt eine Titelleiste und einen Rand. Das Systemmenü und die Schaltelemente verschwinden aus der Menüzeile und werden in der Titelleiste des Zeichnungsfensters angezeigt (siehe Abbildung 2.26).
- An den Rändern können Sie das Zeichnungsfenster mit gedrückter Maustaste größer und kleiner ziehen. An den Eckpunkten können Sie die Größe diagonal verändern.
- In der Titelleiste können Sie das Fenster mit gedrückter Maustaste verschieben.

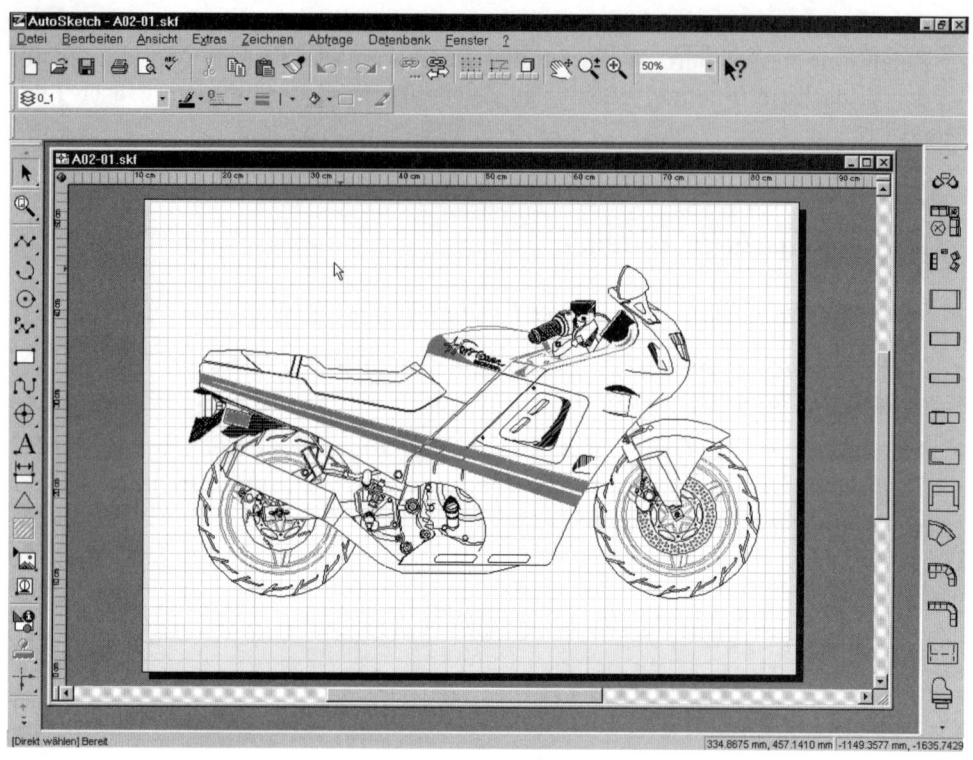

Abbildung 2.26: Zeichnung in verkleinertem Zeichnungsfenster

- Klicken Sie wieder auf das mittlere Schaltelement am rechten Rand der Titelleiste, die Funktion MAXIMIEREN, wird das Zeichnungsfenster wieder in voller Größe dargestellt.

- Klicken Sie dagegen auf das linke Schaltfeld, die Funktion MINIMIEREN, wird das Fenster als Symbol am unteren Rand der Arbeitsfläche abgelegt (siehe Abbildung 2.27).

- Mit dem rechten Schaltelement, der Funktion SCHLIESSEN, beenden Sie die Arbeit an dieser Zeichnung (siehe dazu weiter unten in diesem Kapitel).

- Wenn Sie ihre Zeichnung maximiert haben und mit dem Befehl ÖFFNEN eine weitere Zeichnung auf den Bildschirm holen, wird diese angezeigt. Die andere Zeichnung wird nicht geschlossen, sie wird nur nach hinten verschoben. Sie können auch weitere öffnen; die zuletzt geöffnete bleibt vorne. Im Abrollmenü FENSTER finden Sie die Namen der geöffneten Zeichnungen. Mit der Tastenkombination [Strg] + [⇆] können Sie sich durch die geöffneten Zeichnungen blättern. Klicken Sie einfach die an, die Sie bearbeiten wollen, und sie kommt nach vorne.

Abbildung 2.27: Zeichnungsfenster minimiert

- Klicken Sie auf das Schaltelement WIEDERHERSTELLEN, wird das Zeichnungsfenster wie oben beschrieben verkleinert, und Sie können die anderen Zeichnungsfenster dahinter sehen. Klicken Sie auf ein Fenster, kommt dieses nach vorne.

- Im Abrollmenü FENSTER können Sie zudem die Anordnung der Fenster wählen. Mit dem Befehl HORIZONTAL ANORDNEN werden die Zeichnungsfenster übereinander angeordnet, und mit dem Befehl VERTIKAL ANORDNEN werden sie nebeneinander angeordnet. Haben Sie mehr als drei Zeichnungen geöffnet, wird die Arbeitsfläche immer horizontal und vertikal unterteilt. Ein Fenster ist immer das aktuelle, an dem gearbeitet wird. Sie erkennen es an der farblich hervorgehobenen Titelleiste.

- Der Befehl ÜBERLAPPEND legt die Fenster versetzt übereinander.

- Haben Sie die Fenster minimiert, können Sie die Symbole am unteren Rand der Arbeitsfläche mit dem Befehl SYMBOLE ANORDNEN nebeneinander ablegen.

- Mit dem Befehl NEUES FENSTER wird der Inhalt des gerade aktuellen Zeichnungsfensters in ein neues Fenster kopiert. Beide Fenster behalten auch bei Änderungen in einem Fenster den gleichen Inhalt.

- Der Befehl ALLE SCHLIESSEN beendet alle geöffneten Zeichnungen.

Mehrere Zeichnungsfenster

- Öffnen Sie auch noch die Zeichnungen A02-02.SKF und A02-03.SKF.
- Lassen Sie sich die Fenster auf verschiedene Arten (überlappend, horizontal oder vertikal) auf der Arbeitsfläche anordnen.
- Öffnen Sie noch eine Zeichnung, A02-04.SKF, und ordnen Sie die Fenster wieder horizontal und vertikal an. Das Ergebnis ist gleich; Sie bekommen immer eine Anordnung mit zwei Zeilen und Spalten.

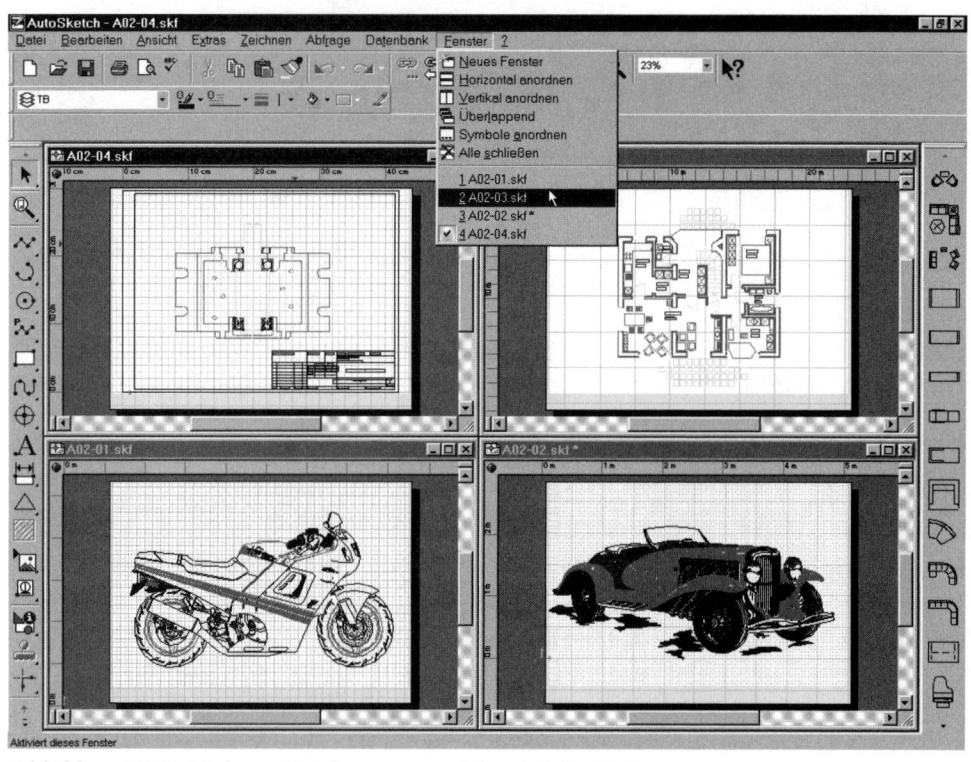

Abbildung 2.28: Mehrere Zeichnungen auf der Arbeitsfläche

2.9 Die Hilfe-Funktionen

AutoSketch 6 stellt Ihnen ein umfangreiches Hilfesystem zur Verfügung. Am schnellsten ist aber meist die Direkthilfe, die Sie zu jeder Funktion aufrufen können.

Befehl DIREKTHILFE

Gehen Sie wie folgt vor:

- Wählen Sie im Abrollmenü ? den Befehl DIREKTHILFE, oder
- klicken Sie das Symbol in der Standard-Symbolleiste an.
- Klicken Sie dann den Eintrag im Abrollmenü oder das Symbol in der Symbolleiste an, zu dem Sie Hilfe benötigen, und Sie bekommen in einem gelben Rahmen eine kurze Erläuterung angezeigt (siehe Abbildung 2.29).

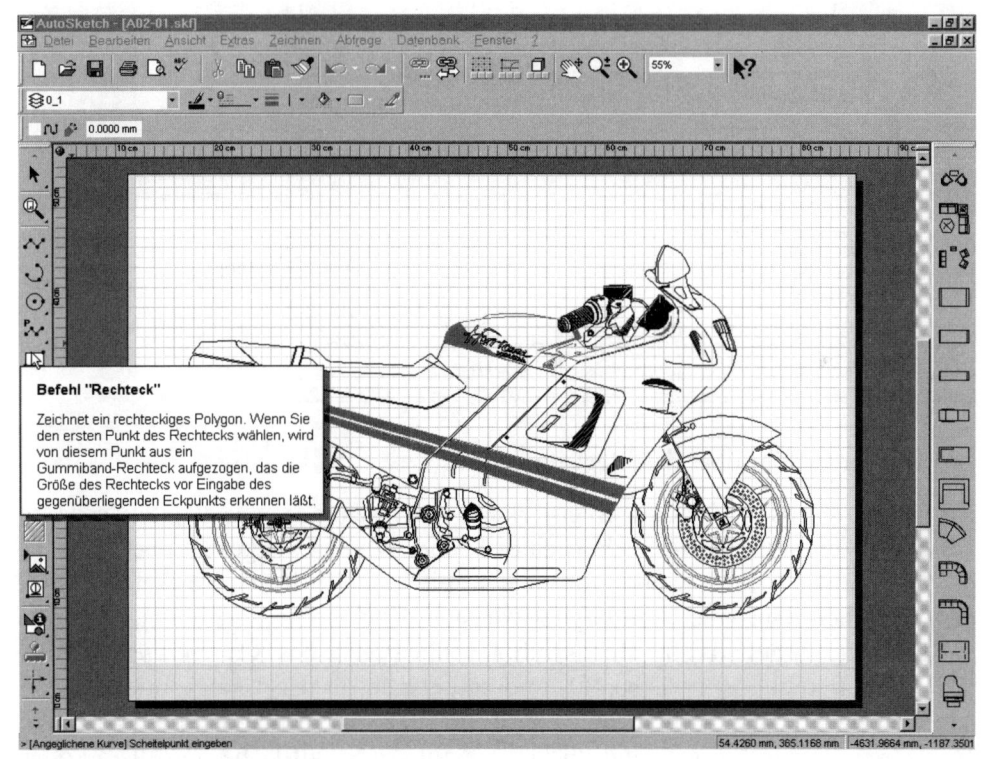

Abbildung 2.29: Direkthilfe zu einem Befehl

Befehl AUTOSKETCH-HILFE

Zusätzlich steht ihnen auch die ausführliche AUTOSKETCH-HILFE zur Verfügung, die weitaus mehr Informationen enthält.

Wählen Sie im Abrollmenü ? den Befehl AUTOSKETCH HILFE, oder drücken Sie die Funktionstaste F1.

Sie bekommen in einem eigenen Programmfenster die AutoSketch-Hilfe, mit der Sie Erklärungen zur Programmbedienung und zu jedem Befehl erhalten (siehe Abbildung 2.30).

Abbildung 2.30: Hilfe-Fenster in AutoSketch

Das Fenster verfügt über drei Registerkarten:

Registerkarte INHALT: Ist diese Registerkarte aktiv, sehen Sie alle Kapitel der Hilfe vor sich. Wie im Inhaltsverzeichnis eines Buches können Sie per Doppelklick mit der Maus auf das Buchsymbol vor einer Kapitelüberschrift ein Kapitel aufschlagen. Sie sehen dann alle Unterkapitel vor sich. Klicken Sie noch einmal doppelt auf das jetzt aufgeschlagene Buchsymbol, schließt sich das Kapitel wieder. Auch die Unterkapitel können Sie so auf- und zuschlagen. In den Unterkapiteln finden Sie die eigentlichen Hilfethemen mit einem Fragezeichen-Symbol versehen. Markieren Sie den Eintrag, und klicken Sie auf die Schaltfläche ANZEIGEN, oder klicken Sie doppelt auf den Eintrag, dann öffnet sich in einem weiteren Fenster der Hilfetext (siehe unten).

Registerkarte INDEX: In dieser Registerkarte bekommen Sie, wie in einem Buch, den Index aufgelistet. Geben Sie in der ersten Zeile einen Begriff oder die ersten Buchstaben eines Begriffs ein, werden ihnen in der Liste darunter alle Themen zu diesem Begriff angezeigt (siehe Abbildung 2.31). Markieren Sie ein Thema, und klicken Sie auf die Schaltfläche ANZEIGEN, oder öffnen Sie es mit einem Doppelklick.

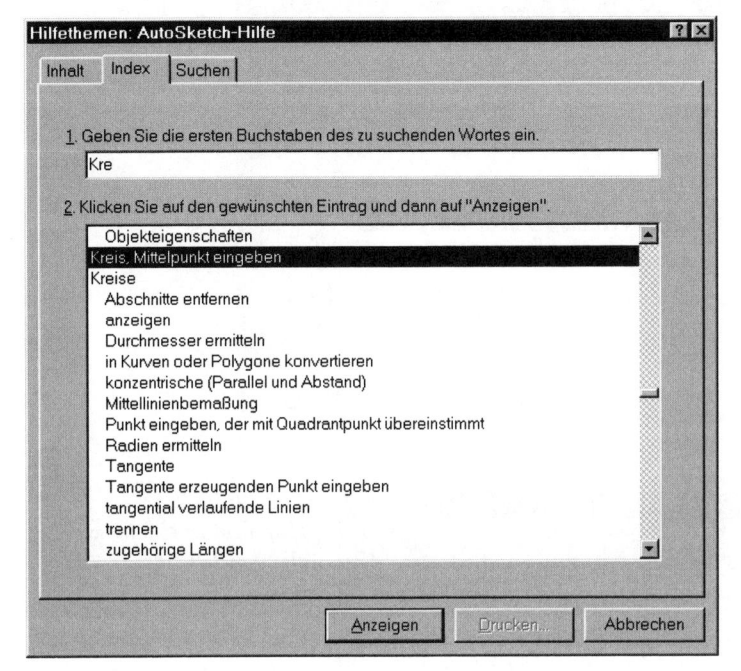

Abbildung 2.31: Zugriff auf die Hilfe über den Index

Registerkarte SUCHEN: In der letzten Registerkarte kann der ganze Hilfetext nach einem Begriff durchsucht werden. Tragen Sie in die oberste Zeile den Begriff oder den Anfang davon ein. In der Liste darunter werden alle Begriffe angezeigt, in denen der Suchbegriff vorkommt. Hier können Sie den Suchbegriff weiter eingrenzen, indem Sie nur die Begriffe markieren, nach denen tatsächlich gesucht werden soll. In der untersten Liste werden dann die Hilfethemen angezeigt, in denen der Begriff vorkommt (siehe Abbildung 2.32). Öffnen Sie das Thema mit einem Doppelklick oder der Schaltfläche ANZEIGEN.

Fenster mit dem Hilfetext: Egal wie Sie das Hilfethema gefunden haben, der Hilfetext erscheint wieder in einem neuen Fenster. Darin finden Sie die Erläuterungen zum gewählten Thema (siehe Abbildung 2.33).

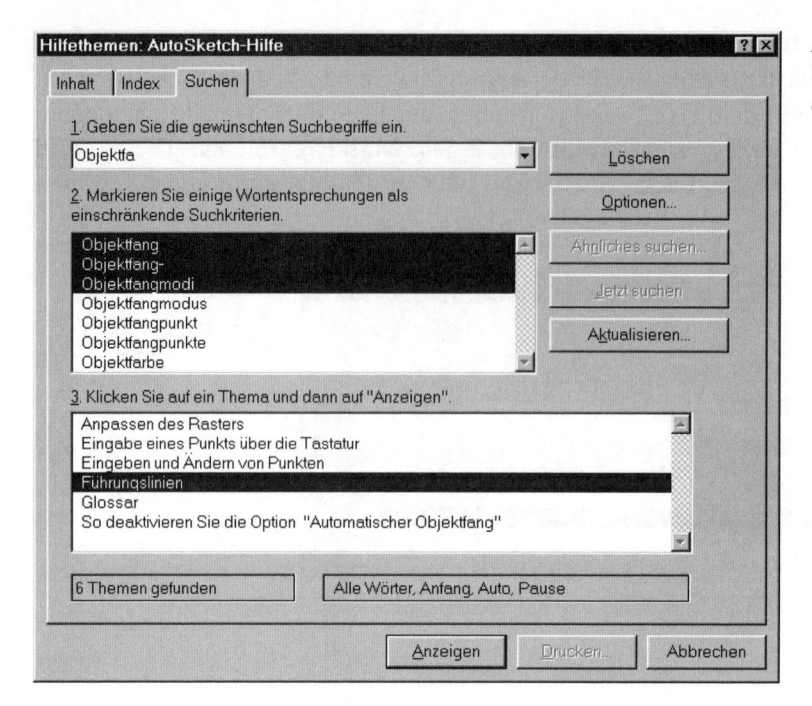

Abbildung 2.32:
Textsuche in
der Hilfe

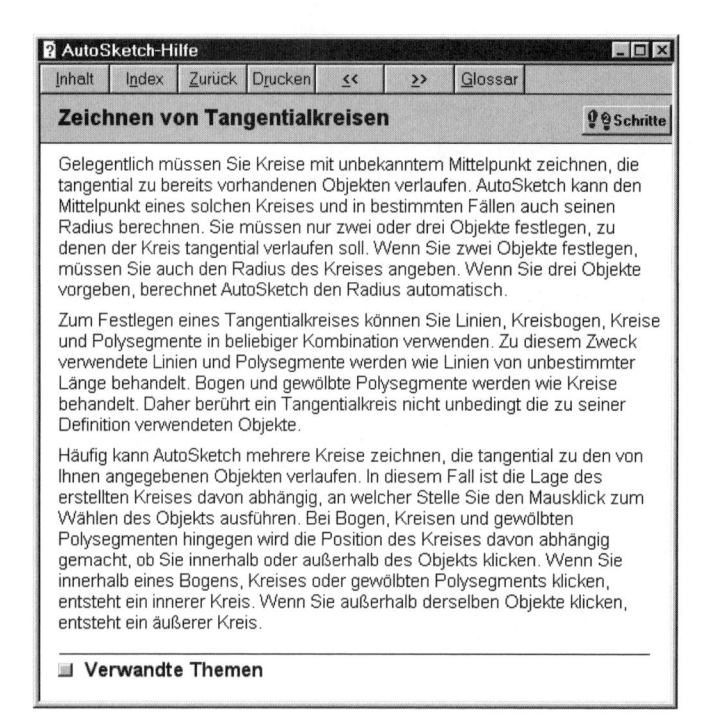

Abbildung 2.33:
Hilfetext in einem
eigenen Fenster

Mit den Schaltflächen unter der Titelleiste kommen Sie wieder zum Hilfe-Fenster (Registerkarte INHALT oder INDEX), zurück zum letzten Fenster, zum Glossar oder eine Seite im Hilfetext vor bzw. zurück. Zudem können Sie den Text drukken.

In manchen Fenstern finden Sie die Schaltfläche SCHRITTE oder den Begriff VERWANDTE THEMEN. Klicken Sie auf eine dieser Schaltflächen, bekommen Sie eine weitere Liste mit Hilfethemen.

Weitere Funktionen im Abrollmenü ?

Im Abrollmenü ? finden Sie noch weitere Funktionen:

TIPS UND TRICKS:

In einem Fenster bekommen Sie Tips und Tricks zur Programmbedienung angezeigt (siehe Abbildung 2.34). Mit der Schaltfläche NÄCHSTER TIP können Sie weiterblättern. Haben Sie den Schalter TIPS BEIM START ANZEIGEN eingeschaltet, wird bei jedem Programmstart ein Tip angezeigt.

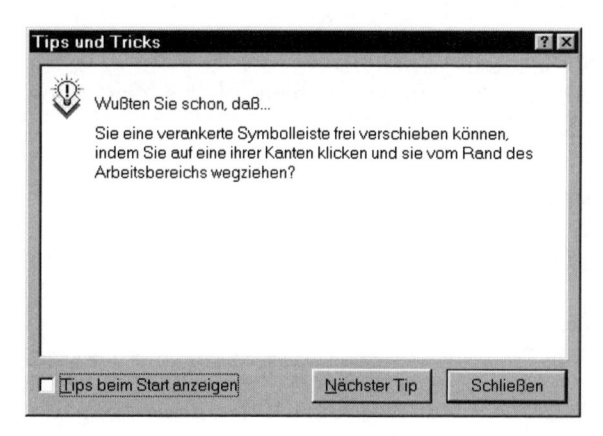

*Abbildung 2.34:
Fenster mit
Tips und Tricks*

README:

Zeigt die Datei *README.WRI* an. Sie enthält letzte Informationen, die Sie nicht im Handbuch finden.

OFFICE 97 COMPATIBLE:

Hilfethemen zur Kompatibilität mit Microsoft Office 97.

INFO ÜBER AUTOSKETCH 6...:

Zeigt das Startlogo mit Informationen zur Programmversion an.

2.10 Zeichnungen schließen und Programm beenden

Wenn Sie fürs Erste genug gesehen haben, können Sie sowohl einzelne Zeichnungen schließen als auch das Programm komplett beenden.

Zeichnungen schließen

Wenn Sie die Arbeit an einer Zeichnung beenden wollen, wählen Sie:

- Abrollmenü DATEI, Befehl SCHLIESSEN
- Systemmenü der Zeichnung, Befehl SCHLIESSEN
- Tastenkombination [Strg] + [F4]

Wenn Sie an der aktuellen Zeichnung irgendwelche Änderungen vorgenommen haben, erscheint eine Warnmeldung, und Sie können wählen, ob die Zeichnung gesichert werden soll oder nicht (siehe Abbildung 2.35).

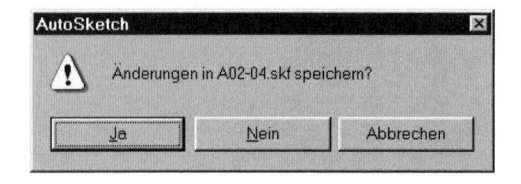

Abbildung 2.35: Warnmeldung beim Schließen

Wählen Sie NEIN, werden alle Änderungen verworfen. Ist die Zeichnung geschlossen, kommt die nächste geöffnete auf die Arbeitsfläche. Wenn alle geschlossen sind, haben Sie nur noch eine graue Arbeitsfläche vor sich, und in der Menüzeile haben Sie nur noch die Menüs DATEI und ?.

Programm beenden

Wenn Sie die Arbeit mit AutoSketch vorerst einstellen wollen, wählen Sie:

- Abrollmenü DATEI, Befehl BEENDEN
- Systemmenü des Programms, Befehl SCHLIESSEN
- Tastenkombination [Alt] + [F4]

Bei den geöffneten Zeichnungen, an denen Sie Änderungen vorgenommen haben, erscheint auch hier die Warnmeldung, und Sie können wählen, ob diese Zeichnung gesichert werden soll oder nicht (siehe Abbildung 2.35).

Teil II

Zeichnen mit AutoSketch 6

Kapitel 3

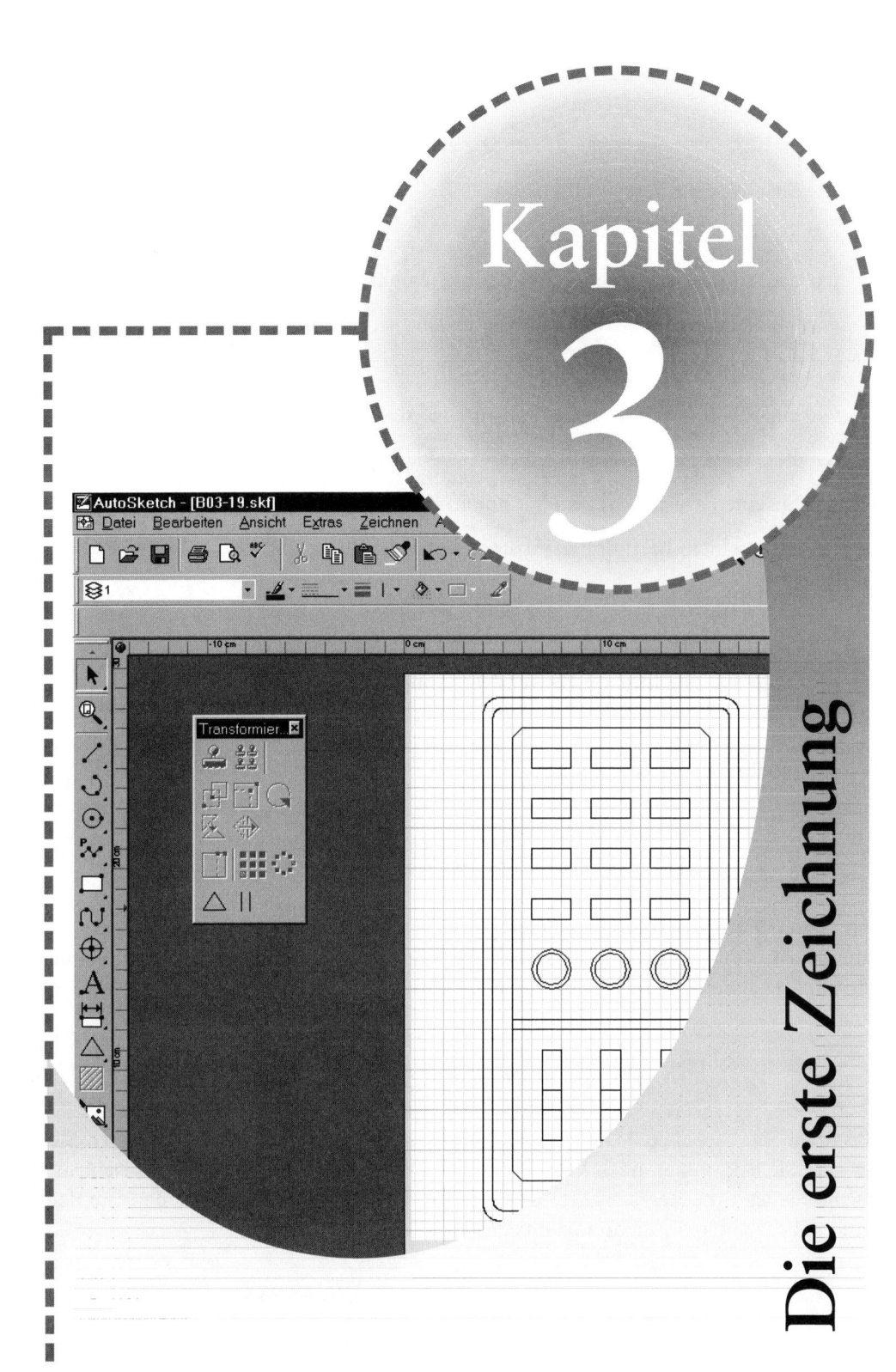

Die erste Zeichnung

Die erste Zeichnung

In diesem Kapitel werden Sie ihre erste Zeichnung erstellen. Dabei lernen Sie,

- wie Sie eine neue Zeichnung beginnen
- wie Sie den Rasterfang einstellen
- wie Sie mit dem Rasterfang und der Koordinatenanzeige zeichnen
- was absolute und relative Koordinaten sind
- wie Sie elementare geometrische Figuren zeichnen
- wie einfache Editierbefehle ausgeführt werden
- wie Befehle rückgängig gemacht und wiederhergestellt werden können
- wie Sie eine Parallele erzeugen können
- wie Sie in einem bestimmten Abstand versetzen können
- wie Sie Objekte kopieren, löschen und auflösen
- was eine Auswahl ist und wie sie gebildet werden kann,
- wozu Sie die Objektgriffe verwenden können
- wie Sie Text eingeben
- wie Sie Ihre Zeichnung speichern

3.1 Eine neue Zeichnung beginnen

Im letzten Kapitel haben Sie gelernt, wie Sie eine bereits gespeicherte Zeichnung zur Bearbeitung auf den Bildschirm holen können. Diesmal wollen wir eine neue Zeichnung erstellen. Doch zunächst noch eine Ergänzung zum Befehl ÖFFNEN.

Zeichnungen aus vorherigen Sitzungen

Beenden Sie AutoSketch, falls Sie das Programm geöffnet haben, und starten Sie es neu. Sie bekommen nach kurzer Zeit das Dialogfeld START auf den Bildschirm. Wenn Sie jetzt die Registerkarte ÖFFNEN anwählen, bekommen Sie eine Liste der zuletzt bearbeiteten Zeichnungen (siehe Abbildung 3.1).

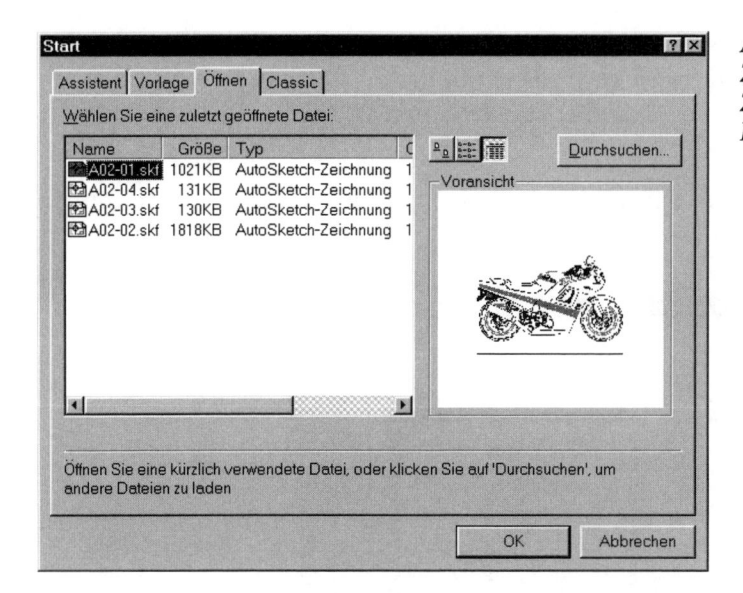

Abbildung 3.1:
Zuletzt bearbeitete Zeichnungen im Dialogfeld START

Markieren Sie eine Zeichnung, und Sie bekommen die Voransicht im rechten Fenster angezeigt. Klicken Sie auf OK, oder klicken Sie eine Zeichnung doppelt an, wird diese geöffnet.

Mit der Schaltfläche DURCHSUCHEN kommen Sie zum Dialogfeld des Befehls ÖFFNEN, das Sie im letzten Kapitel kennengelernt haben.

Mit den Symbolen rechts neben der Liste der Zeichnungen können Sie die Anzeige in der Liste verändern. Das linke Symbol zeigt Ihnen große Symbole in der Liste an, das mittlere kleine Symbole und das rechte die Detailangaben zu den Zeichnungen.

Neue Zeichnung beginnen

Wir wollen aber eine neue Zeichnung beginnen. Klicken Sie deshalb auf die Registerkarte ASSISTENT. Mit dem Assistenten für eine neue Zeichnung haben Sie die Möglichkeit, eine neue Zeichnung mit verschiedenen Vorgaben zu beginnen. Wir wollen bei unserer ersten Zeichnung mit einem leeren Blatt beginnen. Lassen Sie deshalb den Eintrag in der Liste MIT LEERER ZEICHNUNG BEGINNEN markiert, und klicken Sie auf die Schaltfläche OK. Die anderen Assistenten werden wir uns bei den nächsten Zeichnungen genauer ansehen.

Falls Sie ihr Programm nicht neu gestartet haben, verwenden Sie den Befehl NEU, um eine neue Zeichnung zu erstellen. Sie finden den Befehl wie folgt:

- Abrollmenü DATEI, Befehl NEU
- Symbol in der Standard-Symbolleiste

Die erste Zeichnung

Bei diesem Befehl unterscheiden sich die beiden Methoden. Wählen Sie den Befehl aus dem Abrollmenü, wird das Fenster mit den Assistenten gestartet; diesmal erscheint das Dialogfenster ohne die Registerkarten ÖFFNEN und CLASSIC (siehe Abbildung 3.2).

Starten Sie das Programm aus der Symbolleiste, wird mit einer leeren Zeichnung begonnen, also genau so wie oben beschrieben.

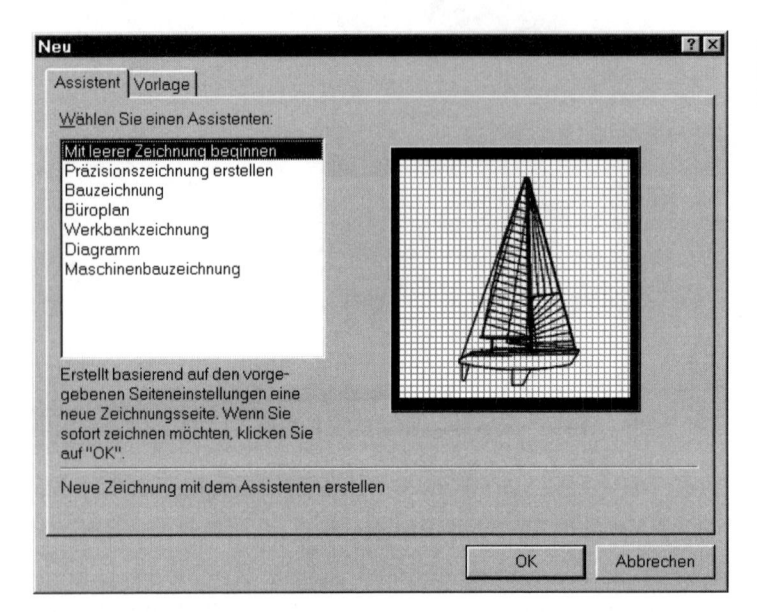

Abbildung 3.2: Dialogfeld Befehl NEU

Eine neue Zeichnung hat zunächst den Namen *Zeichnung1*. Der wird in der Titelleiste angezeigt. Starten Sie mit dem Befehl NEU eine weitere Zeichnung, bekommt diese den Namen *Zeichnung2* usw.

Das Format der neuen Zeichnung entspricht der Seiteneinstellung des Standarddruckers in Windows. Die Abmessungen können Sie an den Linealen am linken und oberen Rand der Arbeitsfläche überprüfen.

Neue Zeichnung beginnen

- Starten Sie eine neue Zeichnung mit einer der oben beschriebenen Methoden.

3.2 Einstellung des Rasterfangs

Unsere erste Zeichnung wollen wir nun mit Hilfe des Rasterfangs erstellen. Rasterlinien sollen uns bei der Orientierung helfen.

Befehl RASTER BEARBEITEN

Die einfachste Methode präzise zu zeichnen ist die, dass Sie der Zeichnung einen Rasterfang unterlegen. Alle Punkte beim Zeichnen lassen sich dann nur noch auf diesen Fangpunkten platzieren. Zusätzlich können Sie auf dem Zeichenblatt Rasterlinien anzeigen lassen, wie wenn Sie auf kariertem Papier oder Millimeterpapier zeichnen würden. Diese Linien dienen nur der Orientierung beim Zeichnen. Sie werden nicht ausgedruckt. Den Rasterfang und die Rasterlinien stellen Sie mit dem Befehl RASTER BEARBEITEN ein. Wählen Sie diesen:

- Symbol in der Standard-Symbolleiste

Wenn Sie den Befehl anwählen, bekommen Sie in der Symbolleiste BEARBEITEN eine Reihe von Einstellmöglichkeiten (siehe Abbildung 3.3).

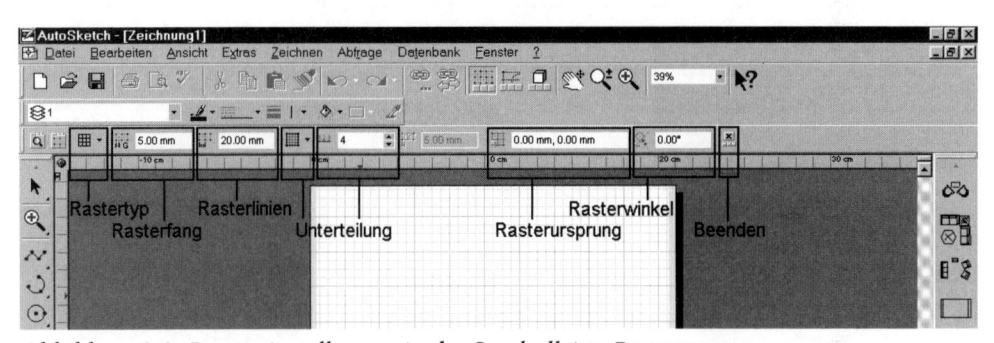

Abbildung 3.3: Rastereinstellungen in der Symbolleiste BEARBEITEN

RASTERTYP:

RECHTECKIGES RASTER: Die Rasterpunkte haben definierte X- und Y-Abstände.

KREISFÖRMIGES RASTER: Die Rasterpunkte haben definierte Abstände und Winkel von einem Zentrumspunkt.

ISOMETRISCH OBEN, LINKS, RECHTS: Das Raster ist in einer oder beiden Richtungen verschoben, entsprechend den Ebenen einer isometrischen Darstellung.

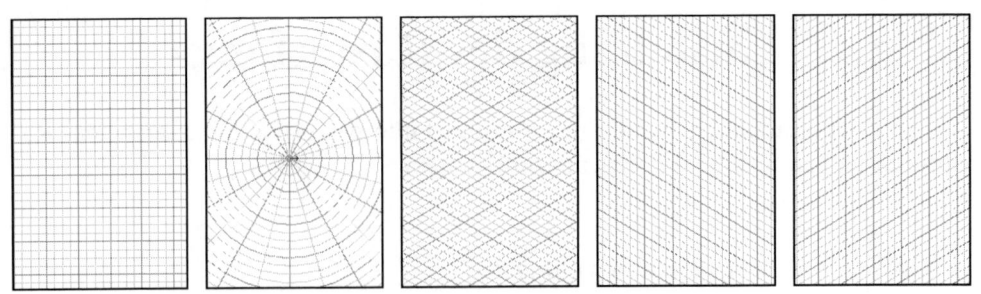

Abbildung 3.4: Die verschiedenen Rastertypen: rechteckig, kreisförmig, isometrisch oben, links, rechts (von links nach rechts)

RASTERFANG: Abstand der Fangpunkte zueinander in horizontaler und vertikaler Richtung. Zur Änderung können Sie einen neuen Wert eingeben und mit E bestätigen.

RASTERLINIEN: Zusätzlich zu dem Fangraster werden Linien auf dem Zeichenblatt dargestellt, die Ihnen die Eingabe erleichtern. Dieser Wert gibt den Abstand der Rasterlinien in horizontaler und vertikaler Richtung an. Auch hier können Sie einen neuen Wert eingeben und mit E bestätigen.

UNTERTEILUNG: Im Abrollmenü können Sie den Unterteilungstyp wählen. Damit legen Sie fest, ob die Rasterlinien nicht weiter unterteilt, mit einer vorgegebenen Zahl von Linien regelmäßig unterteilt oder in einem vorgegebenen Abstand eine Parallele gezeichnet werden soll (siehe Abbildung 3.5). Tragen Sie im Feld dahinter die Zahl der Unterteilungslinien oder den Abstand ein.

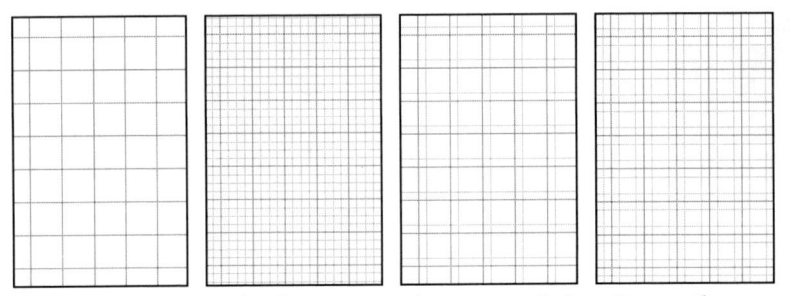

Abbildung 3.5: Verschiedene Unterteilungsarten: keine, Unterteilung, Abstand, doppelter Abstand (von links nach rechts)

RASTERURSPRUNG: Normalerweise hat das Raster seinen Ursprung am linken unteren Punkt der Seite. Hier können Sie das Raster an einen neuen Ursprungspunkt setzen.

RASTERWINKEL: In diesem Einstellfeld können Sie das Raster um den Nullpunkt um einen bestimmten Winkel drehen.

BEENDEN: Beendet die Einstellung, die Symbolleiste BEARBEITEN wird wieder leer dargestellt. Solange die Einstellungen vorgenommen werden, kann auf der Zeichenfläche nicht gearbeitet werden. Als Hinweis erscheint als Cursor eine Maus mit Einstellsymbolen und markierter rechter Maustaste. Sie können die Einstellung auch mit der rechten Maustaste beenden. Auch dann wird die Symbolleiste BEARBEITEN wieder leer dargestellt.

Raster einstellen

- *Wählen Sie als Rastertyp rechteckig*
- *Stellen Sie den Rasterfang auf 5 und den Abstand der Rasterlinien auf 20*
- *Wählen Sie eine regelmäßige Unterteilung mit vier Unterteilungen*
- *Verändern Sie den Rasterursprung nicht, und lassen Sie den Rasterwinkel bei 0°. Wenn Sie alle Einstellungen gemacht haben, klicken Sie auf das Symbol BEENDEN. Sie können auch die rechte Maustaste oder die Taste* Esc *verwenden. Ihr Zeichenblatt sieht dann wie in Abbildung 3.6 aus.*

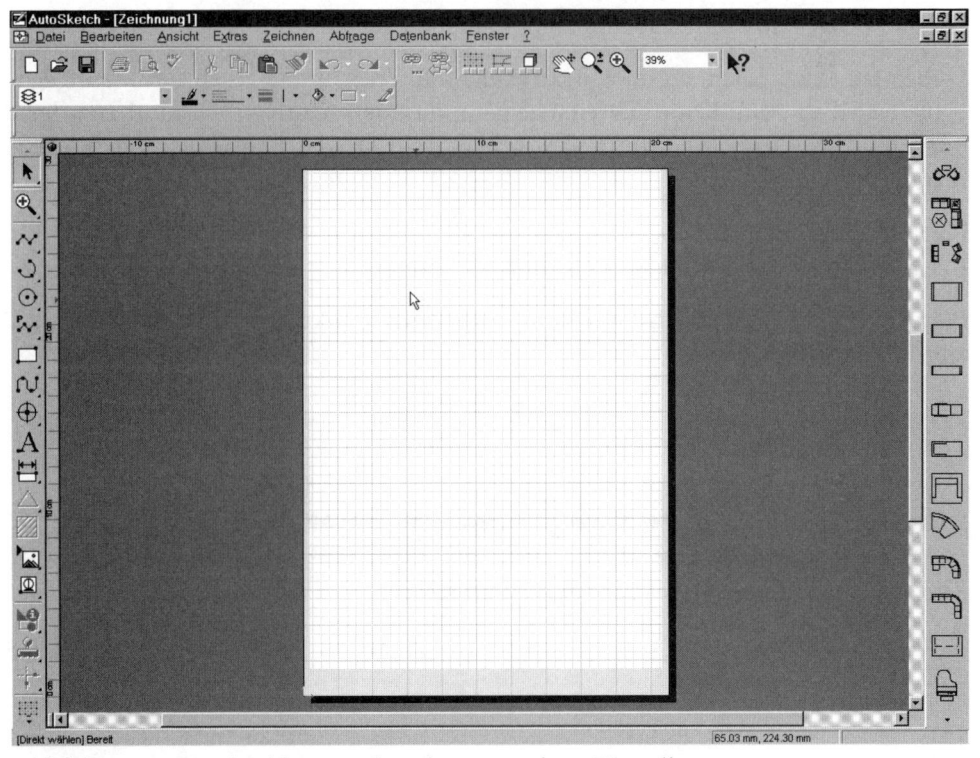

Abbildung 3.6: Zeichenblatt mit den oben gemachten Einstellungen

3.3 Zeichnen mit dem Rasterfang

Nun haben Sie das leere Blatt vor sich. Aber wo anfangen? Damit beim Zeichnen jeder Punkt seinen eindeutigen Platz erhält, liegt der Zeichnung ein Koordinatensystem zugrunde. Jeder Punkt in der Zeichnung ist durch seinen Abstand vom Koordinatenursprung in X- und Y-Richtung bestimmt. Der Ursprung liegt an der linken unteren Ecke des Zeichenblattes.

Koordinaten beim Zeichnen

Wenn Sie den Mauszeiger auf der Zeichenfläche bewegen, laufen in der Statuszeile zwei Koordinatenanzeigen mit (siehe Abbildung 3.7). Die linke zeigt ihnen die momentane Position des Mauszeigers in Bezug auf den Koordinatenursprung an. Diese sogenannten **absoluten Koordinaten** haben in AutoSketch immer das Format:

Format: X,Y
Beispiel: 70mm,120mm oder 25,25mm,–79,40mm

X- und Y-Wert sind durch Komma getrennt.

Haben Sie beim Zeichnen oder Bearbeiten einer Zeichnung einen Punkt eingegeben, zeigt die zweite Koordinatenanzeige immer den relativen Abstand zum letzten Punkt an. Diese sogenannten **relativen Koordinaten** haben das gleiche Format:

Format: dx,dy
Beispiel: 70mm,120mm oder 25,25mm,–79,40mm

Hierbei gibt dx den X-Abstand zum vorherigen Punkt und dy den Y-Abstand zum vorherigen Punkt an.

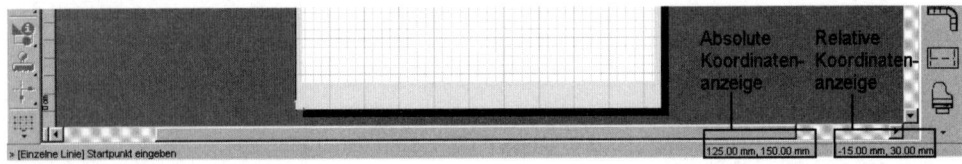

Abbildung 3.7: Koordinatenanzeige in der Statuszeile

Zeichnen auf Rasterpunkten

Wählen Sie einen Zeichen- oder Bearbeitungsbefehl, können Sie jeden Punkt auf der Arbeitsfläche anklicken. Dadurch kann es natürlich passieren, dass Sie den Punkt 101,457mm,49,125mm statt 100mm,50mm eingeben. Wenn Sie jedoch den Rasterfang aktivieren, treffen Sie den Rasterpunkt exakt, und Sie können an der Koordinatenanzeige ablesen, auf welchem Punkt Sie sich gerade befinden.

Das Zeichnen mit dem Rasterfang ist die einfachste Methode, präzise Zeichnungen zu erstellen. Dazu benötigen Sie keine numerische Koordinateneingabe und keine weiteren Fangmethoden. Doch wie wird der Rasterfang aktiviert? Geben Sie ein:

- Die Taste ⒮ zum Zeichnen auf beliebigen Koordinaten
- Die Taste ⒢, um nur auf Punkten des Rasterfangs eine Eingabe zuzulassen
- Symbol KEIN FANG bzw. FANG-RASTERPUNKT in einem Flyout-Menü der Universal-Symbolleiste
- Symbol KEIN FANG bzw. FANG-RASTERPUNKT in der Symbolleiste OBJEKTFANG

Sie können jederzeit zwischen den einzelnen Fangmodi während des Zeichnens umschalten. Haben Sie die Einstellung KEIN FANG gewählt, erscheint beim Zeichnen ein kleines Fadenkreuz auf der Zeichenfläche mit dem Zusatz »SU«. Klicken Sie einen Punkt auf der Zeichenfläche an, wird die momentane Position des Fadenkreuzes übernommen.

Haben Sie den Fang-Rasterpunkt aktiv, sehen Sie beim Zeichnen ebenfalls wieder das Fadenkreuz mit dem Zusatz »GU«. Zusätzlich bekommen Sie aber auf dem nächstgelegenen Fangpunkt einen roten Punkt. Klicken Sie einen Punkt auf der Zeichenfläche an, wird die Position des Punktes übernommen und nicht die Position des Fadenkreuzes. Auch die Koordinatenanzeige zeigt die Position des Punktes an.

3.4 Elementare Zeichenbefehle

Unsere erste Zeichenaufgabe soll eine einfache Fernbedienung sein (siehe Abbildung 3.8). Dazu wollen wir mit den elementaren Zeichenbefehlen beginnen: RECHTECK, LINIE und KREIS.

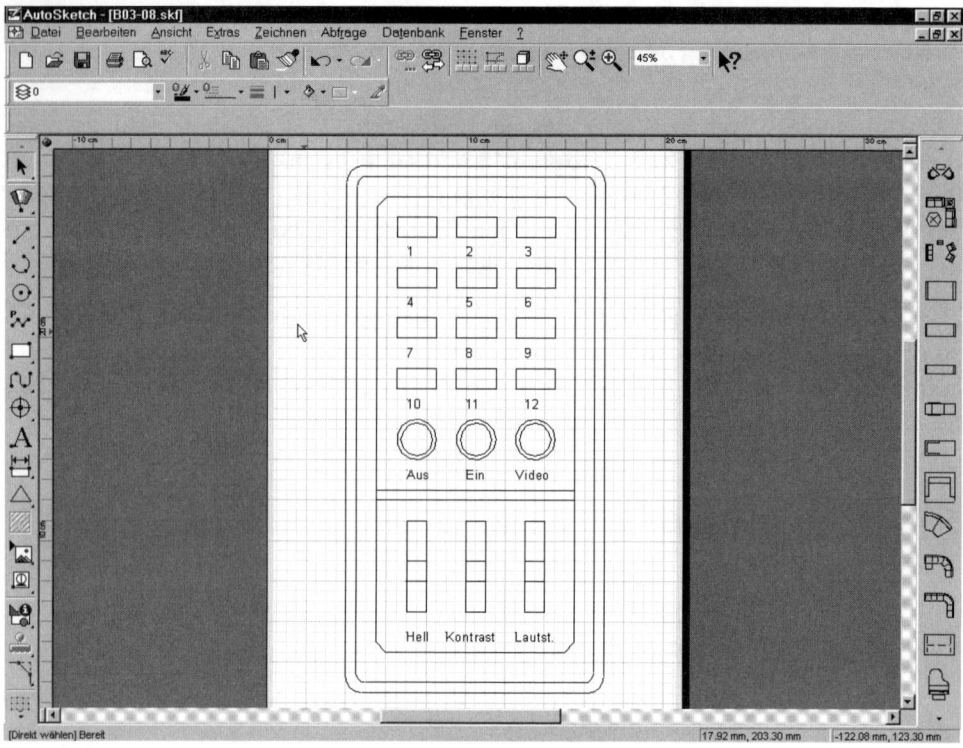

Abbildung 3.8: Die fertige Fernbedienung

Rechtecke zeichnen

Mit dem Befehl RECHTECK lassen sich Rechtecke durch die Eingabe zweier Eckpunkte zeichnen. Sie finden den Befehl wie folgt:

- Abrollmenü ZEICHNEN, Untermenü POLYGON, Funktion RECHTECK
- Symbol in einem Flyout-Menü der Universal-Symbolleiste
- Symbol in der Symbolleiste POLYGON

Wie bei allen Zeichen- und Bearbeitungsbefehlen finden Sie die Befehlsanfragen in der Statuszeile. Lesen Sie dort immer nach, wenn Sie nicht wissen, welche Eingabe gerade erforderlich ist.

```
> [Rechteck] Ecke des Rechtecks eingeben ( ⇧ : Proportional)
> [Rechteck] Ecke des Rechtecks eingeben ( ⇧ : Proportional)
```

Sie können jetzt nacheinander die beiden Eckpunkte des Rechtecks anklicken. Nach dem ersten Punkt wird es dynamisch aufgezogen. Drücken Sie dabei die Taste ⇧, wird ein Quadrat gezeichnet. Nachdem Sie die beiden Punkte eingegeben haben, wird das Rechteck gezeichnet. Der Befehl, wie übrigens alle Befehle in AutoSketch, bleibt im Wiederholmodus. Sie können gleich das nächste Rechteck zeichnen, und zwar so lange, bis Sie einen neuen Befehl anwählen. Ist ein Rechteck gezeichnet, wird es rot dargestellt. Solange es rot ist, können Sie in der Symbolleiste BEARBEITEN noch Änderungen an dem Rechteck vornehmen (siehe Abbildung 3.9).

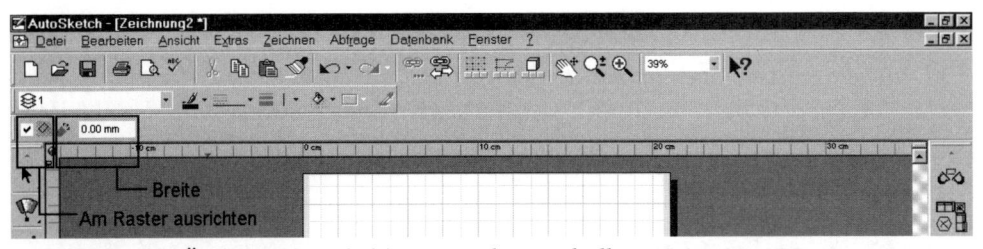

Abbildung 3.9: Änderungsmöglichkeiten in der Symbolleiste BEARBEITEN

Rechtecke werden immer horizontal gezeichnet. Haben Sie einen gedrehten Rasterfang eingestellt, können Sie in der Symbolleiste einstellen, dass das Rechteck am Raster ausgerichtet wird. Im zweiten Feld können Sie eine Breite einstellen. Die Breite 0 zeichnet das Rechteck mit der dünnsten Linie, der sogenannten Haarlinie.

Rechtecke zeichnen

- Zeichnen Sie drei Rechtecke.

> [Rechteck] Ecke des Rechtecks eingeben (⇧: Proportional)
> Drücken Sie die G für den Rasterfang, positionieren Sie das Fadenkreuz auf der absoluten Koordinate 45mm,30mm, und drücken Sie die linke Maustaste, der erste Punkt des Rechtecks ist festgelegt.
> [Rechteck] Ecke des Rechtecks eingeben (⇧: Proportional)
> Fahren Sie mit dem Cursor so weit, bis die relative Anzeige 120mm,250mm anzeigt, und klicken Sie diesen Punkt mit der linken Maustaste an. Das Rechteck wird dann 120mm breit und 250mm hoch.
> [Rechteck] Ecke des Rechtecks eingeben (⇧: Proportional)
> Positionieren Sie das Fadenkreuz auf der absoluten Koordinate 55mm,45mm, und drücken Sie die linke Maustaste

> [Rechteck] Ecke des Rechtecks eingeben (⇧): Proportional)
  Fahren Sie so weit, bis die relative Anzeige 100mm,225mm anzeigt,
  und klicken Sie diesen Punkt an
> [Rechteck] Ecke des Rechtecks eingeben (⇧): Proportional)
  Geben Sie den absoluten Punkt 65mm,250mm ein
> [Rechteck] Ecke des Rechtecks eingeben (⇧): Proportional)
  Geben Sie den relativen Punkt 20mm,10mm ein
> [Rechteck] Ecke des Rechtecks eingeben (⇧): Proportional)
  Geben Sie den absoluten Punkt 70mm,65mm ein
> [Rechteck] Ecke des Rechtecks eingeben (⇧): Proportional)
  Geben Sie den relativen Punkt 10mm,45mm ein

- Drücken Sie zweimal die rechte Maustaste oder zweimal die Taste Esc, und Sie haben den Befehl DIREKT WÄHLEN aktiviert, den Standard-Befehl. Den brauchen wir aber jetzt nicht. Wir wollen als nächstes eine Linie zeichnen.

Einzelne Linien zeichnen

Linien können Sie auf verschiedene Arten zeichnen. Wir wollen uns zuerst den Befehl EINZELNE LINIE anschauen, damit können Sie ein Liniensegment durch Angabe von Start und Endpunkt zeichnen. Sie finden den Befehl wie folgt:

- Abrollmenü ZEICHNEN, Untermenü LINIE, Funktion EINZELN
- Symbol in einem Flyout-Menü der Universal-Symbolleiste
- Symbol in der Symbolleiste LINIE

In der Statuszeile finden Sie die Anfrage:

> [Einzelne Linie] Startpunkt eingeben
> [Einzelne Linie] Endpunkt eingeben

Geben Sie die beiden Punkte ein, und die Linie wird gezeichnet. Auch bei diesem Befehl bekommen Sie in der Symbolleiste BEARBEITEN die Änderungsmöglichkeiten angezeigt. Solange Sie nichts anderes machen, können Sie die Linie dort noch bearbeiten. Abbildung 3.10 zeigt ihnen die Bearbeitungsmöglichkeiten. Sie können Anfangspunkt, Endpunkt, Länge und Winkel ändern, solange die Linie rot dargestellt ist.

Elementare Zeichenbefehle 77

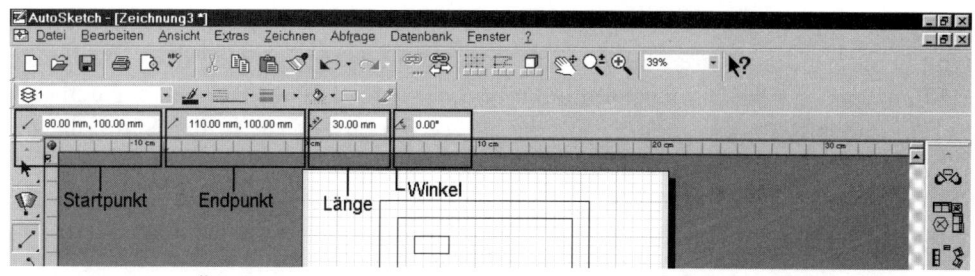

Abbildung 3.10: Änderungsmöglichkeiten bei einer einzelnen Linie

Einzelne Linien zeichnen

- Zeichnen Sie einzelne Linien.

> [Einzelne Linie] Startpunkt eingeben
  Geben Sie den absoluten Punkt 55mm,120mm ein
> [Einzelne Linie] Endpunkt eingeben
  Geben Sie den relativen Punkt 100mm,0mm ein
> [Einzelne Linie] Startpunkt eingeben
  Geben Sie den absoluten Punkt 70mm,90mm ein
> [Einzelne Linie] Endpunkt eingeben
  Geben Sie den relativen Punkt 10mm,0mm ein

- Drücken Sie zweimal die rechte Maustaste oder zweimal die Taste [Esc], und Sie haben wieder den Befehl DIREKT WÄHLEN aktiviert.

Kreise zeichnen

Auch zum Zeichnen von Kreisen gibt es verschiedene Befehle. Wir wollen uns zuerst den einfachsten genauer betrachten: KREIS – MITTELPUNKT, SEITE. Sie finden den Befehl wie folgt:

- Abrollmenü ZEICHNEN, Untermenü KREIS, Funktion MITTELPUNKT, SEITE
- Symbol in einem Flyout-Menü der Universal-Symbolleiste
- Symbol in der Symbolleiste KREIS

Folgende Angaben sind erforderlich:

> [Kreis - Mittelpunkt, Seite] Punkt eingeben
> [Einzelne Linie] Seitenpunkt eingeben ([Strg]: Mittelpunkt eingeben)

Die erste Zeichnung

Geben Sie zuerst den Mittelpunkt ein und dann einen Punkt auf der Kreislinie. Halten Sie bei der zweiten Eingabe die Taste [Strg] gedrückt, wird der erste Punkt als Punkt auf der Kreislinie genommen und der zweite als Mittelpunkt. Auch den Kreis können Sie noch ändern, solange er rot dargestellt ist. In der Symbolleiste BEARBEITEN können Sie den Mittelpunkt und den Radius ändern.

Kreis zeichnen

- Zeichnen Sie einen Kreis.

> [Kreis - Mittelpunkt, Seite] Punkt eingeben
> Klicken Sie bei dem Punkt mit den absoluten Koordinaten 75mm,150mm.
> [Einzelne Linie] Seitenpunkt eingeben ([Strg]: Mittelpunkt eingeben)
> Klicken Sie bei dem Punkt mit den relativen Koordinaten 10mm,0mm.

- Drücken Sie auch jetzt wieder zweimal die rechte Maustaste oder die zweimal Taste [Esc], und Sie haben wieder den Befehl DIREKT WÄHLEN. Ihre Zeichnung sollte jetzt wie in Abbildung 3.11 aussehen.

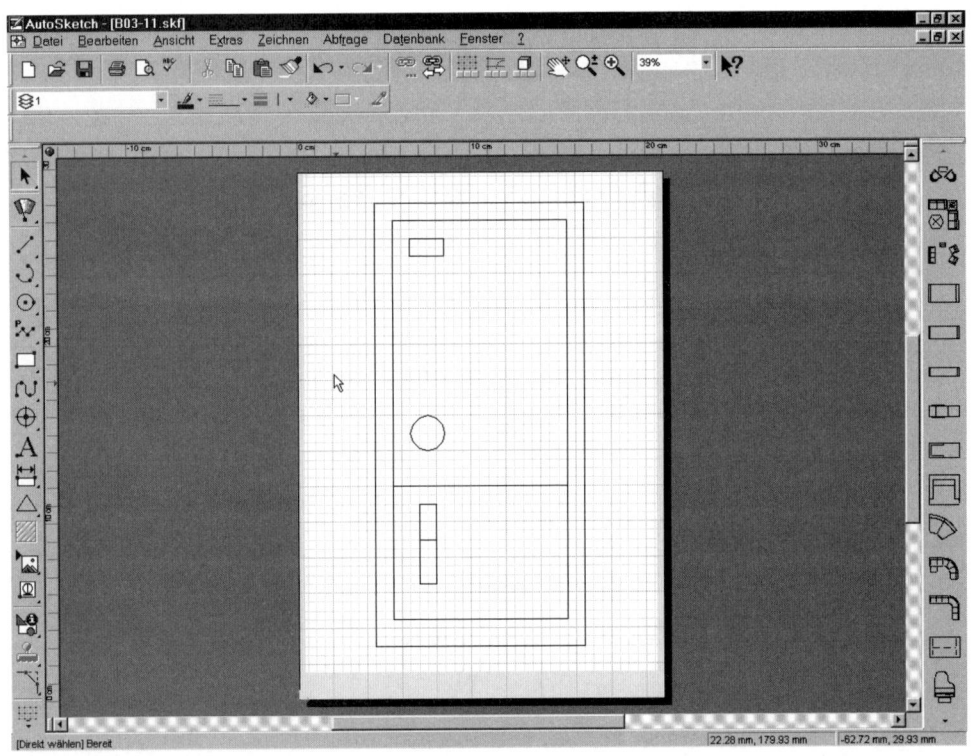

Abbildung 3.11: Der Stand Ihrer Zeichnung

3.5 Elementare Editierbefehle

Sie werden bald sehen, dass Zeichnen immer aufwendig ist. Das klingt zwar paradox für ein Zeichenprogramm, doch was sich durch Editierung aus bestehenden Objekten erstellen läßt, geht meist schneller und einfacher als das, was neu gezeichnet werden muß. Deshalb wollen wir uns schon jetzt auch die Editierbefehle anschauen.

Wenn Sie sich Abbildung 3.8 noch einmal anschauen, sehen Sie, dass beim inneren großen Rechteck die Ecken abgeschrägt sind und beim äußeren abgerundet. Dafür haben Sie in AutoSketch die entsprechenden Befehle.

Kanten abschrägen

In AutoSketch haben Sie den Befehl ABSCHRÄGUNG, mit dem Sie Kanten von Objekten abschrägen können. Sie finden den Befehl wie folgt:

- Abrollmenü BEARBEITEN, Untermenü STUTZEN, Funktion ABSCHRÄGUNG
- Symbol in einem Flyout-Menü der Universal-Symbolleiste
- Symbol in der Symbolleiste STUTZEN

Wenn Sie den Befehl angewählt haben, müssen Sie zunächst in der Symbolleiste BEARBEITEN das Maß für die Abschrägung eintragen. Ist das Häkchen im ersten Feld gesetzt, wird eine symmetrische Abschrägung gezeichnet. Sie können dann im Feld dahinter nur ein Maß eintragen. Wird kein Häkchen angezeigt, können Sie zwei Werte für die Abschrägung eintragen. Nachdem die Einstellungen gemacht sind, können Sie die Objekte wählen. Dabei ist es übrigens egal, ob Sie den Rasterfang oder sonst eine Fangfunktion eingeschaltet haben oder nicht:

> [Stutzen - Abschrägung] 1. Linie auswählen
> [Stutzen - Abschrägung] 2. Linie auswählen

Folgende Regel gilt dann: Der erste Wert wird am zuerst gewählten Objekt abgetragen, der zweite an dem danach gewählten Objekt. Haben Sie gleiche Werte, ist die Reihenfolge der Auswahl gleichgültig.

Sie erhalten statt dem Mauszeiger ein kleines Quadrat mit angerundeten Ecken, die Auswahlbox. Wählen Sie damit die Linien an, die Sie abrunden wollen, und der Befehl wird ausgeführt.

Befehl ABSCHRÄGUNG

- Schrägen Sie das innere Rechteck an den Kanten mit 5 ab. Wählen Sie den Befehl, und schalten Sie auf gleichmäßige Abschrägung, tragen Sie 5mm ein und wählen dann:

> [Stutzen - Abschrägung] 1. Linie auswählen
  Klicken Sie die linke senkrechte Linie an.
> [Stutzen - Abschrägung] 2. Linie auswählen
  Klicken Sie die obere waagrechte Linie an.

- Machen Sie es bei den anderen Kanten genauso, und das Rechteck ist abgeschrägt (siehe Abbildung 3.12). Wenn Sie den Befehl beenden wollen, drücken Sie die rechte Maustaste oder die Taste [Esc].

Kanten abrunden

Analog zum vorherigen Befehl arbeitet der Befehl ABRUNDUNG. Damit lassen sich Objekte in der Zeichnung miteinander verrunden. Sie finden den Befehl wie folgt:

- Abrollmenü BEARBEITEN, Untermenü STUTZEN, Funktion ABRUNDUNG
- Symbol in einem Flyout-Menü der Universal-Symbolleiste
- Symbol in der Symbolleiste STUTZEN

Auch bei diesem Befehl müssen Sie die Einstellung vorher machen. Tragen Sie in die Symbolleiste BEARBEITEN den Radius für die Abrundung ein. Nachdem Sie die Einstellung gemacht haben, können Sie Linien, Kreise oder Bögen miteinander verrunden:

> [Stutzen - Abrundung] 1. Linie/Bogen/Kreis auswählen
> [Stutzen - Abrundung] 2. Linie/Bogen/Kreis auswählen

Nachdem Sie zwei Objekte mit der Auswahlbox gewählt haben, werden diese mit einem Radius verbunden.

Befehl ABRUNDUNG

- Runden Sie das äußere Rechteck an den Kanten mit 5 ab. Wählen Sie den Befehl, und tragen Sie 5mm für den Radius ein. Wählen Sie dann:

> [Stutzen - Abrundung] 1. Linie/Bogen/Kreis auswählen
  Klicken Sie die linke senkrechte Linie an.
> [Stutzen - Abrundung] 2. Linie/Bogen/Kreis auswählen
  Klicken Sie die obere waagrechte Linie an.

- Machen Sie es bei den anderen Kanten genauso, und das Rechteck ist abgerundet (siehe Abbildung 3.12). Beenden Sie auch diesen Befehl, indem Sie die rechte Maustaste oder die Taste [Esc] drücken.

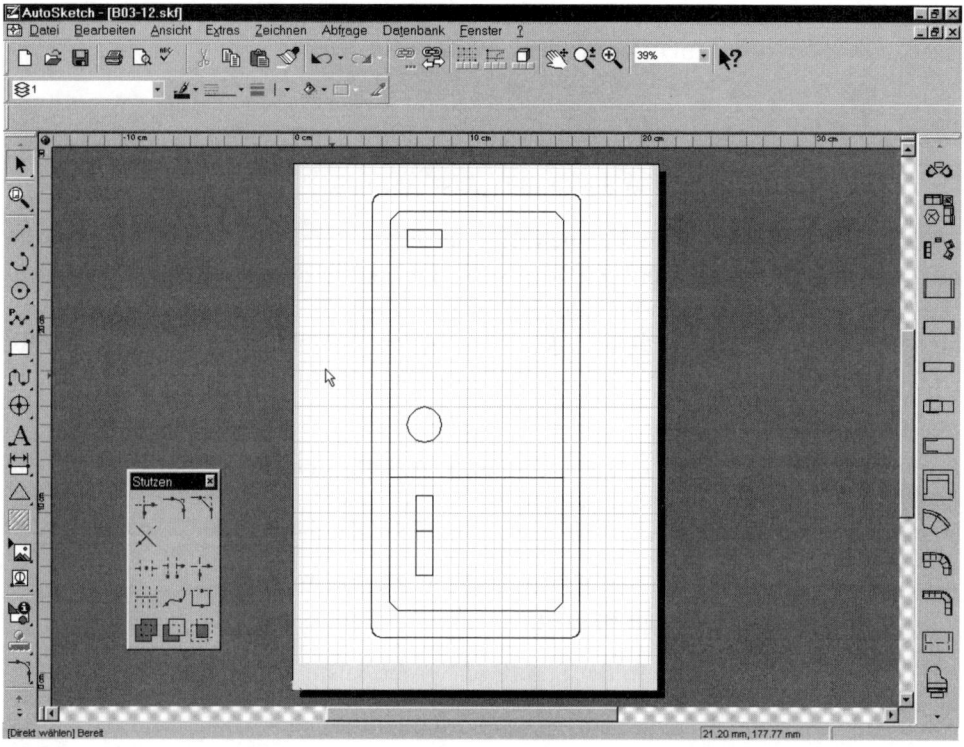

Abbildung 3.12: Kanten abgeschrägt und abgerundet

Tips zur Abschrägung und Abrundung

- Die gewählten Objekte werden abgeschrägt oder abgerundet und bis zur Schräge oder Rundung gekürzt.
- Treffen sich die Objekte nicht, werden sie bis zur Schräge oder Rundung verlängert.

Befehle zurücknehmen und wiederherstellen

Bestimmt haben Sie sich bei ihren Aktionen schon einmal vertan. In AutoSketch haben Sie die Möglichkeit, einen Befehl auf einfache Art mit dem Befehl RÜCKGÄNGIG wieder rückgängig zu machen. Wählen Sie dazu:

- Abrollmenü BEARBEITEN, Funktion RÜCKGÄNGIG: (LETZTER BEFEHL)
- Symbol in der Standard-Symbolleiste

Im Abrollmenü ist bei dem Menüeintrag der letzte Befehl aufgelistet, und Sie sehen, was Sie mit dem Befehl RÜCKGÄNGIG zurücknehmen. Mit dem Befehl können Sie beliebig viele Aktionen rückgängig machen. Beachten Sie, der Befehl ist kein Löschbefehl. War die letzte Aktion ein Zeichenbefehl, wird das erstellte Objekt gelöscht. War dagegen die letzte Aktion ein Löschbefehl, wird das Löschen rückgängig gemacht.

Kaum haben Sie einen Befehl rückgängig gemacht, stellen Sie fest, dass Sie ihn doch gebraucht hätten. Aber auch das ist kein Problem. Mit dem Befehl WIEDERHERSTELLEN stellen Sie ihn wieder her. Wählen Sie dazu:

- Abrollmenü BEARBEITEN, Funktion WIEDERHERSTELLEN: (LETZTER BEFEHL)
- Symbol in der Standard-Symbolleiste

Auch hier wird im Abrollmenü bei dem Menüeintrag der letzte Befehl, den Sie rückgängig gemacht haben, aufgelistet, und Sie sehen, was Sie wiederherstellen. Diesen Befehl können Sie so oft wiederholen, wie Sie zuvor Befehle zurückgenommen haben.

Mehrere Befehle im Abrollmenü zurücknehmen und wiederherstellen

Haben Sie sich gründlich vertan und wollen gleich eine ganze Serie von Befehlen zurücknehmen, klicken Sie auf den Pfeil neben dem Symbol für den Befehl RÜCKGÄNGIG in der Standard-Symbolleiste. In einem Abrollmenü können Sie alle Befehle markieren, die Sie zurücknehmen wollen. Dazu müssen Sie nur mit dem Mauszeiger die Stelle im Befehlsablauf anklicken, bis zu der Sie die Befehle zurücknehmen wollen (siehe Abbildung 3.13).

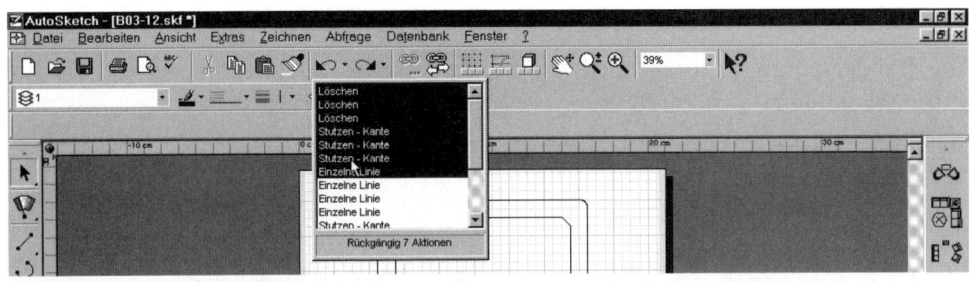

Abbildung 3.13: Mehrere Befehle im Abrollmenü zurücknehmen

Haben Sie mehrere Befehle zu viel zurückgenommen, können Sie im Abrollmenü rechts daneben auch wieder eine ganze Serie von Befehlen wiederherstellen. Klicken Sie hierzu auf den Pfeil neben dem Symbol für den Befehl WIEDERHERSTELLEN in der Standard-Symbolleiste. In einem Abrollmenü finden Sie alle Befehle, die Sie zurückgenommen haben. Markieren Sie alle Befehle, die Sie wiederherstellen wollen, und klicken Sie auf den letzten wiederherzustellenden Befehl. Alle markierten Befehle werden wiederhergestellt (siehe Abbildung 3.14).

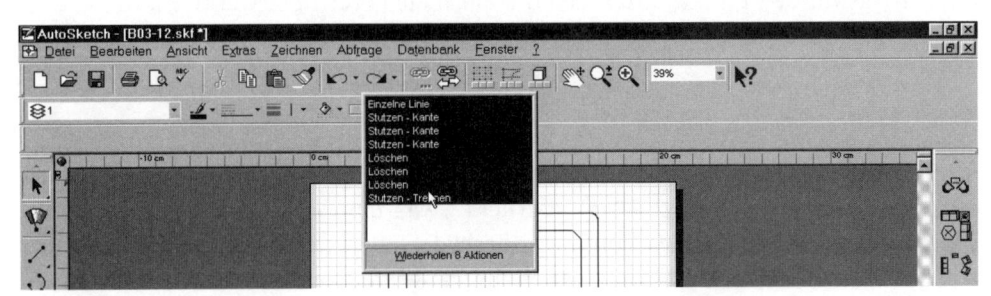

Abbildung 3.14: Mehrere Befehle im Abrollmenü wiederherstellen

Befehle wiederholen

Wie Sie gesehen haben, arbeiten in AutoSketch die Befehle normalerweise im Wiederholmodus. Haben Sie aber einmal die rechte Maustaste oder die Taste `Esc` gedrückt, wird der Wiederholmodus abgebrochen. Trotzdem müssen Sie nicht wieder erneut in den Menüs suchen, wenn Sie den letzten Bearbeitungsbefehl noch einmal verwenden möchten. Wählen Sie dazu:

- Abrollmenü BEARBEITEN, Funktion WIEDERHOLEN:
  (LETZTER BEARBEITUNGSBEFEHL)

- Funktionstaste `F3`

Die Wiederholfunktion läßt sich nur für Editierbefehle einsetzen, nicht aber für Zeichenbefehle.

Befehl PARALLEL

Häufig benötigt man beim Zeichnen und Konstruieren Parallelen zu einem vorhandenen Objekt. Mit dem Befehl PARALLEL können Sie diese ganz einfach erzeugen. Sie finden den Befehl wie folgt:

- Abrollmenü ZEICHNEN, Untermenü DUPLIZIEREN, Funktion PARALLEL

- Symbol in einem Flyout-Menü der Universal-Symbolleiste

Wenn Sie den Befehl gewählt haben, klicken Sie ein Objekt in der Zeichnung mit der Auswahlbox an. Ziehen Sie es parallel in die gewünschte Richtung, und klicken Sie auf den Punkt, durch den die Parallele gezeichnet werden soll.

```
> [Parallel] Linie, Bogen oder Kreis auswählen (`Strg`): Einzelnes
  Polyliniensegment)
> [Parallel] Punkt eingeben
```

Wollen Sie nur ein Segment einer Polylinie verschieben, halten Sie bei der Auswahl des Objekts die Taste `Strg` gedrückt. Was eine Polylinie ist, erfahren Sie später. Bei der Auswahl des Punktes, durch den die Parallele gezeichnet werden soll, können Sie selbstverständlich auch die Fangfunktionen verwenden.

Befehl PARALLEL

- Versetzen Sie das äußere abgerundete Rechteck nach außen (siehe Abbildung 3.15). Wählen Sie dazu den Befehl PARALLEL:

> [Parallel] Linie, Bogen oder Kreis auswählen ([Strg]: Einzelnes Polyliniensegment) äußeres abgerundetes Rechteck mit der Auswahlbox anklicken
> [Parallel] Punkt eingeben Fahren Sie mit dem Fadenkreuz nach außen weg, drücken Sie die Taste [G] für den Rasterfang, und klicken Sie dann, wenn Sie 5 mm nach außen gefahren sind. Kontrollieren Sie dies an der relativen Koordinatenanzeige.

- Kopieren Sie auf diese Art die waagrechte Linie ebenfalls um 5 mm nach oben (siehe Abbildung 3.15).
- Drücken Sie zweimal die rechte Maustaste oder zweimal die Taste [Esc], und Sie haben wieder den Befehl DIREKT WÄHLEN.

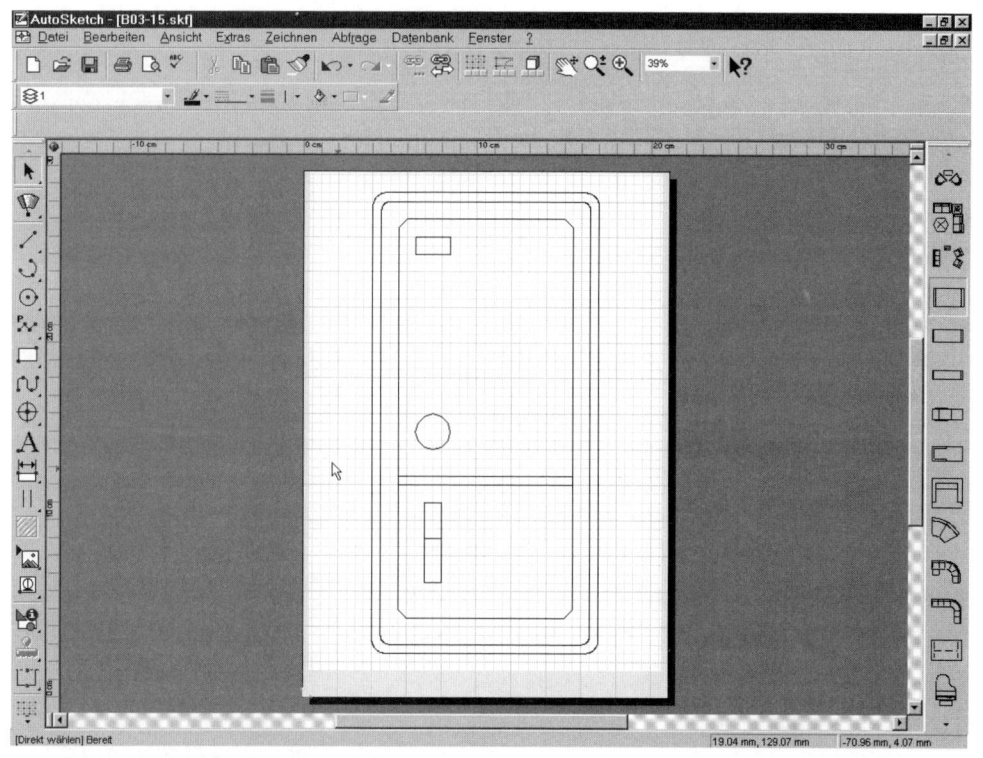

Abbildung 3.15: Parallelen gezeichnet

Befehl ABSTAND

Ganz ähnlich arbeitet der Befehl ABSTAND. Auch damit können Sie eine Parallele erzeugen. Nur dass Sie dabei den Abstand vorgeben und nur noch auf die Seite klicken, auf die die Parallele gezeichnet werden soll. Sie finden den Befehl wie folgt:

- Abrollmenü ZEICHNEN, Untermenü DUPLIZIEREN, Funktion ABSTAND
- Symbol in einem Flyout-Menü der Universal-Symbolleiste

Stellen Sie bei diesem Befehl zuerst in der Symbolleiste BEARBEITEN den Abstand ein.

> [Abstand] Linie, Polylinie, Bogen oder Kreis auswählen (`Strg`): Einzelnes Polyliniensegment)

Wählen Sie das zu versetzende Objekt mit der Auswahlbox auf der Seite an, auf die es versetzt werden soll. Bevor Sie klicken, wird angezeigt, auf welche Seite versetzt wird.

Wollen Sie nur ein Segment einer Polylinie verschieben, halten Sie auch bei diesem Befehl bei der Auswahl des Objekts die Taste `Strg` gedrückt.

Befehl ABSTAND

- *Versetzen Sie den Kreis um 2 mm nach innen (siehe Abbildung 3.16). Wählen Sie den Befehl an, und tragen Sie den Abstand ein. Gehen Sie dann wie folgt vor:*

> [Abstand] Linie, Polylinie, Bogen oder Kreis auswählen (`Strg`): Einzelnes Polyliniensegment)
> Klicken Sie den Kreis an, achten Sie darauf, dass beim Anklicken die Auswahlbox etwas innerhalb des Kreises positioniert ist.

- *Versetzen Sie die Linie in dem schmalen Rechteck um 10 mm nach unten (siehe Abbildung 3.16). Tragen Sie den Abstand ein.*

> [Abstand] Linie, Polylinie, Bogen oder Kreis auswählen (`Strg`): Einzelnes Polyliniensegment)
> Klicken Sie die Linie an, achten Sie darauf, dass beim Anklicken die Auswahlbox etwas unterhalb der Linie positioniert ist.

- *Drücken Sie auch nach dieser Aktion zweimal die rechte Maustaste oder zweimal die Taste `Esc`, und Sie sind wieder im Befehl DIREKT WÄHLEN.*

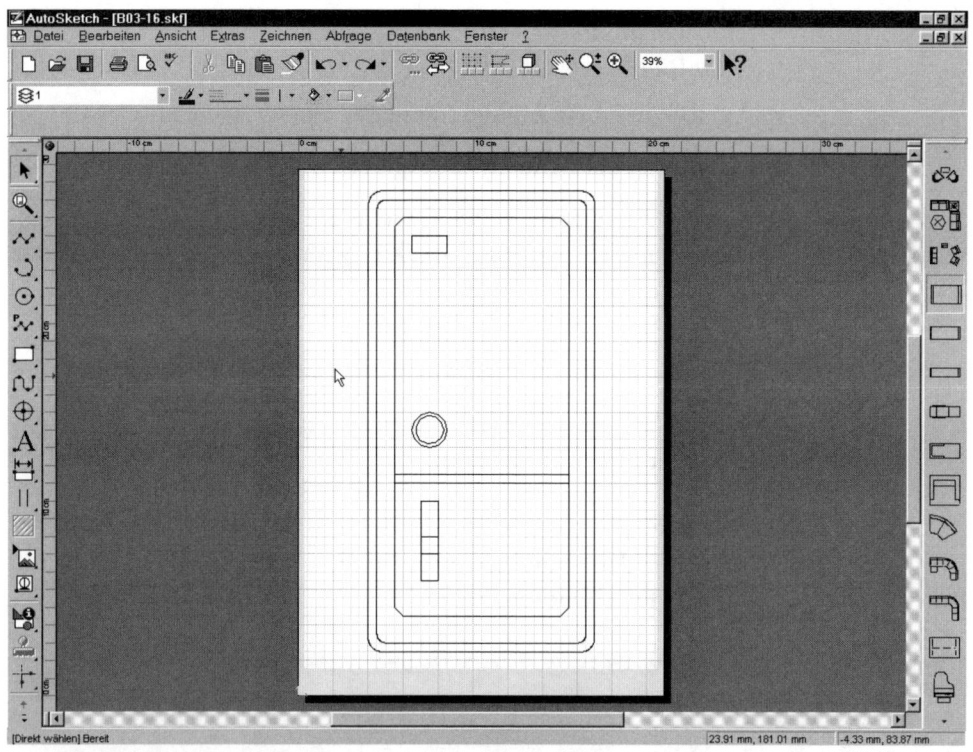

Abbildung 3.16: Parallelen im vorgewählten Abstand

3.6 Editierbefehle mit Objektwahl

Bei den Editierbefehlen in diesem Abschnitt werden immer die Objekte bearbeitet, die sich in einer Auswahl befinden. Bevor ein Befehl verwendet werden kann, der eine Auswahl benötigt, muß immer vorher die Auswahl gebildet werden.

Befehl MEHRFACH KOPIEREN und Befehl DIREKT WÄHLEN

Was es schon in der Zeichnung gibt, braucht nicht mehr neu gezeichnet zu werden. Dazu gibt es Kopierbefehle. Sie können direkt in der AutoSketch-Zeichnung den Befehl MEHRFACH KOPIEREN verwenden. Zudem steht Ihnen in jedem Windows-Programm die Windows-Zwischenablage zur Verfügung. Diese ist vor allem dazu gedacht, Objekte von einer Zeichnung zur anderen oder in andere Programme zu kopieren. Bleiben Sie mit ihren Kopien innerhalb einer Zeichnung, verwenden Sie besser den Befehl MEHRFACH KOPIEREN. Sie finden ihn:

Die erste Zeichnung

- Abrollmenü BEARBEITEN, Untermenü TRANSFORMIEREN, Funktion MEHRFACH KOPIEREN
- Symbol in einem Flyout-Menü der Universal-Symbolleiste
- Symbol in der Symbolleiste TRANSFORMIEREN

Sie können den Befehl aber nur dann wählen, wenn Sie zuvor das Objekt ausgewählt haben, das Sie kopieren wollen. Objekte wählen Sie mit dem Befehl DIREKT WÄHLEN. Der ist immer dann aktiv, wenn Sie einen Befehl beendet haben (zweimal rechte Maustaste oder zweimal Taste [Esc]).

- Sie können ihn aber auch in der Universal-Symbolleiste wählen.

Folgende Anfrage erscheint in der Statuszeile:

(Direkt wählen) Bereit

Klicken Sie das Objekt mit dem Mauszeiger an, und es wird rot dargestellt und bekommt Objektgriffe (siehe Abbildung 3.17).

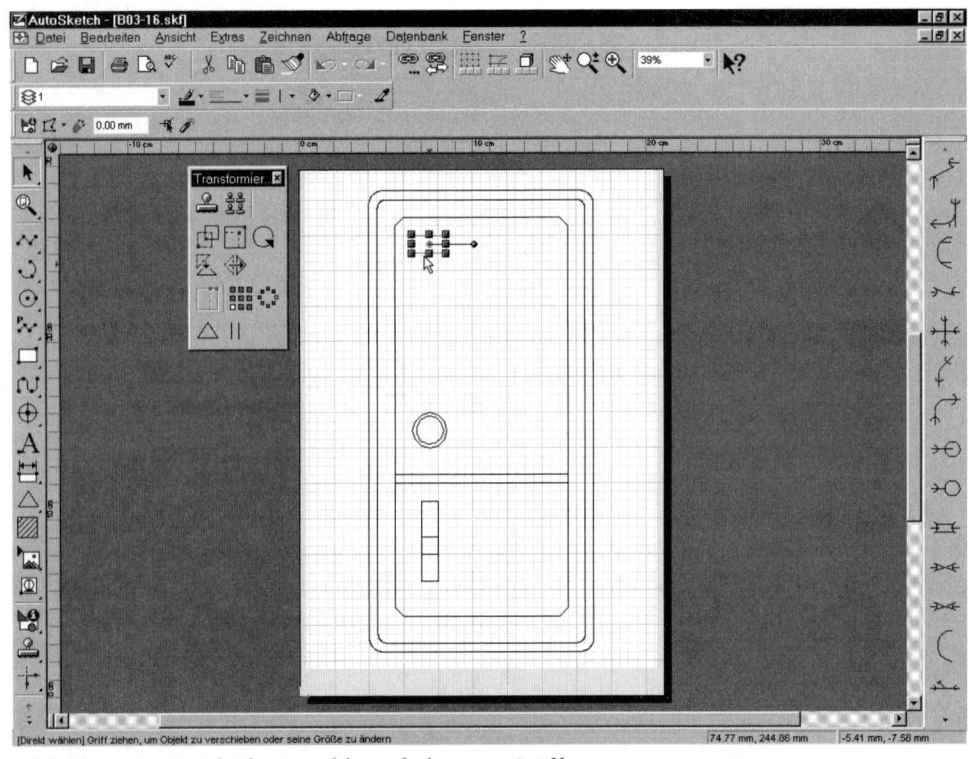

Abbildung 3.17: Objekt gewählt, es bekommt Griffe

Zu den Griffen erfahren Sie im nächsten Abschnitt mehr. Bleiben wir beim Kopieren. Wenn Sie jetzt den Befehl MEHRFACH KOPIEREN anwählen, erscheint in der Statuszeile der Dialog:

> [Mehrfach kopieren] Basispunkt eingeben ([Strg]: Ausrichtung an 2 Punkten)

Jedesmal wenn Sie einen Punkt in der Zeichnung anklicken, wird dorthin eine Kopie gesetzt. Drücken Sie die Taste [Strg] bei der Eingabe des Basispunktes, können Sie zwei Punkte eingeben. Die Kopie wird dann an den beiden Punkten ausgerichtet. Der Basispunkt liegt normalerweise in der Mitte des Objekts, also bei einer Linie auf dem Mittelpunkt, bei einem Kreis oder Rechteck im Zentrum usw.

In der Symbolleiste BEARBEITEN haben Sie die Möglichkeit, in das erste Feld von links einen Skalierfaktor für die Kopie einzugeben. Werte größer eins vergrößern die Kopie, Werte kleiner eins verkleinern sie. Ist das Häkchen vor dem Eingabefeld nicht gesetzt, kann der Faktor auch für X und Y unterschiedlich eingegeben werden. Damit entstehen verzerrte Kopien. In das Eingabefeld dahinter können Sie den Winkel für die Kopie eingeben.

Befehl MEHFACH KOPIEREN

- *Klicken Sie die rechteckige Taste der Fernbedienung in der Zeichnung links oben an, und wählen Sie dann den Befehl* MEHRFACH KOPIEREN.

> [Mehrfach kopieren] Basispunkt eingeben ([Strg]: Ausrichtung an zwei Punkten)
> *Drücken Sie die Taste [G], um den Rasterfang einzuschalten. Fahren Sie dann mit der Maus nach rechts, bis die relative Koordinatenanzeige 30mm,0mm anzeigt, und klicken Sie diesen Punkt an.*
> [Mehrfach kopieren] Basispunkt eingeben ([Strg]: Ausrichtung an zwei Punkten)
> *Fahren Sie nochmals mit der Maus nach rechts, bis die relative Koordinatenanzeige wieder 30mm,0mm anzeigt, und klicken Sie auch diesen Punkt an.*

- *Zwei Kopien sind gezeichnet. Drücken Sie zweimal die rechte Maustaste oder zweimal die Taste [Esc], und der Befehl ist beendet; alle Markierungen sind wieder entfernt.*

- *Klicken Sie jetzt noch mal das linke Rechteck an. Halten Sie die Taste [⇧] gedrückt, und klicken Sie auch die beiden anderen an. Jetzt bekommen die drei Rechtecke gemeinsame Griffe. Wählen Sie jetzt wieder den Befehl* MEHRFACH KOPIEREN.

> [Mehrfach kopieren] Basispunkt eingeben (`Strg`: Ausrichtung an zwei
> Punkten)
> Fahren Sie mit der Maus nach unten, und klicken Sie den relativen
> Punkt 0mm,-25mm an; der Rasterfang sollte auch hierzu eingeschaltet sein.

- Geben Sie noch drei Punkte mit den gleichen relativen Abständen ein. Brechen Sie wieder mit der rechten Maustaste oder `Esc` ab.

- Klicken Sie jetzt links unterhalb der beiden konzentrischen Kreise ins Leere, halten Sie die Maustaste gedrückt, ziehen Sie ein Fenster auf, und nehmen Sie beide Kreise ganz ins Fenster. Lassen Sie die Maustaste los, und Sie haben wieder die Griffe. Kopieren Sie die Auswahl zweimal, jeweils um die relative Koordinate 30mm,0mm, und brechen Sie dann wieder ab.

- Wenn Sie das Gleiche auch bei dem länglichen Rechteck links unten versuchen, haben Sie kein Glück. Die Kopien werden versetzt. Sie können den Rasterfang natürlich auch ausschalten. Dann sitzt die Kopie aber nicht exakt an der richtigen Stelle. Ein Griff sitzt genau in der Mitte, und der wird beim Kopieren an die neue Koordinate gesetzt. Da die Mitte aber nicht auf einem Punkt des Rasterfangs sitzt, verschiebt sich die Kopie. Aber auch da können Sie Abhilfe schaffen.

- Klicken Sie links unterhalb des Rechtecks, und ziehen Sie ein Fenster auf, das die Figur komplett umschließt. Zeigen Sie mit dem Mauszeiger genau auf den Punkt in die Mitte; ein Vierfachpfeil wird statt des Mauszeigers angezeigt. Drücken Sie die rechte Maustaste, ein Pop-up-Menü erscheint (siehe Abbildung 3.18).

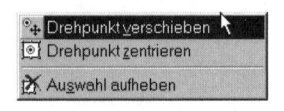

Abbildung 3.18:
Pop-up-Menü zur
Bearbeitung von Griffen

- Wählen Sie die Funktion DREHPUNKT VERSCHIEBEN aus dem Menü, und schieben Sie den Punkt auf den linken oder rechten unteren Eckpunkt. Achten Sie darauf, dass der Rasterfang eingeschaltet ist. Drücken Sie eventuell die Taste `G`, um ihn einzuschalten.

- Jetzt können Sie den Befehl MEHRFACH KOPIEREN anwählen und die Objekte zweimal um die relative Koordinate 30mm,0mm verschieben. Brechen Sie dann den Befehl ab. Ihre Zeichnung sieht jetzt wie in Abbildung 3.19 aus.

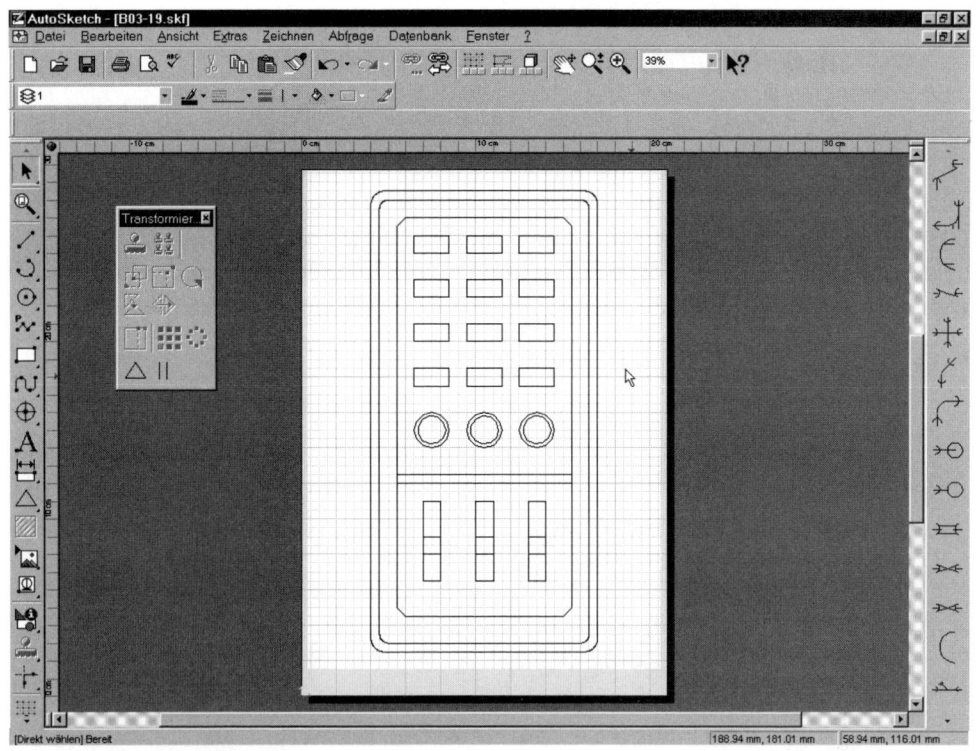

Abbildung 3.19: Mehrfachkopien erstellt

Befehl LÖSCHEN

Fehler beim Zeichnen können Sie zwar mit dem Befehl RÜCKGÄNGIG wieder beseitigen. Wenn Sie aber später ein Objekt löschen wollen, können Sie nicht alles rückgängig machen, was Sie seit dem Fehler gemacht haben. Gezielt löschen können Sie mit dem Befehl LÖSCHEN. Auch zum Löschen muß das Objekt oder müssen die Objekte vorher ausgewählt werden. Sie finden den Befehl wie folgt:

- Abrollmenü BEARBEITEN, Funktion LÖSCHEN
- oder drücken Sie einfach die Taste [Entf]

Auch das Löschen können Sie natürlich mit dem Befehl RÜCKGÄNGIG aufheben.

Befehl AUFLÖSEN

Rechtecke, so wie Sie sie anfangs gezeichnet haben, sind zusammenhängende Objekte, sogenannte unregelmäßige Polygone, die insgesamt bearbeitet werden können. In AutoSketch gibt es mehrere solche Objekte. Mit dem Befehl AUF-LÖSEN lassen sie sich in elementare Objekte, (Linien und Bögen) zerlegen, die dann auch einzeln bearbeitet werden können. Sie können den Befehl nur wählen, wenn Sie vorher die Objekte ausgewählt haben. Sie finden den Befehl wie folgt:

- Abrollmenü BEARBEITEN, Funktion AUFLÖSEN

Befehl AUFLÖSEN

- Wählen Sie den Befehl DIREKT WÄHLEN, oder drücken Sie zweimal die rechte Maustaste oder zweimal die Taste Esc.

- Klicken Sie das äußerste abgerundete Rechteck an, und wählen Sie dann im Abrollmenü BEARBEITEN den Befehl AUFLÖSEN. Der Rahmen ist in Linien und Bögen zerlegt. Sie können es prüfen, wenn Sie es noch mal anklicken. Nur die angeklickte Linie wird jetzt markiert.

- Machen Sie das Gleiche mit dem nächstkleineren Rahmen weiter innen.

- Beim dritten Rahmen mit den abgeschrägten Kanten verwenden Sie eine andere Methode. Wählen Sie den Rahmen an, und zeigen Sie mit der Maus auf das Objekt, aber nicht auf einen Griff. Es erscheint wieder der vierfache Pfeil. Drücken Sie dann die rechte Maustaste, und Sie bekommen ein Pop-up-Menü auf den Bildschirm (siehe Abbildung 3.20).

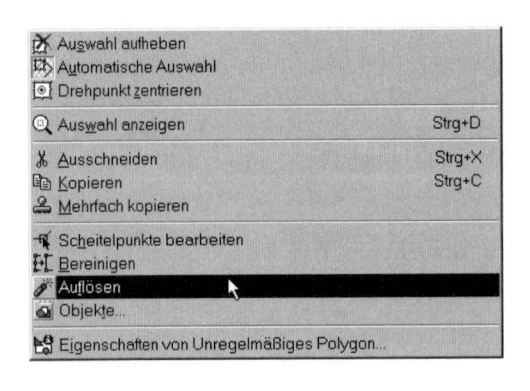

Abbildung 3.20:
Pop-up-Menü beim
Objektmittelpunkt

- Wählen Sie dort die Funktion AUFLÖSEN, wird das Objekt ebenfalls aufgelöst. Dort finden Sie noch eine ganze Reihe weiterer Funktionen, so auch den Befehl MEHRFACH KOPIEREN, den wir weiter oben schon verwendet haben.

3.7 Objekte auswählen

Wie Sie gesehen haben, müssen Sie bei den zuletzt behandelten Editierbefehlen immer eine Auswahl treffen, bevor Sie mit dem Befehl arbeiten können. Es gibt noch eine ganze Reihe weiterer Befehle, bei denen dies ebenso erforderlich ist.

Möglichkeiten bei der Objektwahl

Ausgewählt werden kann immer nur dann, wenn der Befehl DIREKT WÄHLEN aktiv ist. Das ist dann der Fall, wenn Sie das Symbol in der Universal-Symbolleiste anwählen oder wenn Sie einen Befehl abbrechen (zweimal rechte Maustaste oder zweimal Taste Esc). Verschiedene Auswahlmöglichkeiten stehen Ihnen zur Verfügung.

Anklicken

Klicken Sie das Objekt mit dem Mauszeiger an.

Anklicken mit gedrückter Taste ⇧

Haben Sie ein Objekt gewählt und klicken ein weiteres mit gedrückter Taste ⇧ an, wird dieses mit in die Auswahl aufgenommen. Klicken Sie dabei ein Objekt an, das bereits in der Auswahl ist, wird es wieder entfernt. Sobald Sie aber ein Objekt anklicken oder ins Leere klicken und Sie haben die Taste ⇧ nicht mehr gedrückt, werden alle vorher gewählten Objekte verworfen.

Fenster mit gedrückter Maustaste aufziehen

Klicken Sie ins Leere und halten die Maustaste fest, können Sie ein Fenster aufziehen, und zwar so lange, bis Sie die Maustaste loslassen. Dann gilt:

- Wird das Fenster von **links nach rechts** aufgezogen, werden nur die Objekte ausgewählt, die sich **vollständig im Fenster** befinden.

- Wird das Fenster von **rechts nach links** aufgezogen, werden die Objekte ausgewählt, die sich **vollständig oder nur teilweise im Fenster** befinden.

Beachten Sie dabei, dass beim Fenster von rechts nach links auch ein Rechteck gewählt wird, das den Bereich des Fensters umschließt.

Alles wählen

Mit dem Befehl ALLES können Sie alle Objekte in der Zeichnung auf einmal wählen. Das ist dann sinnvoll, wenn Sie alles kopieren oder verschieben wollen. Sie finden den Befehl

- Abrollmenü BEARBEITEN, Untermenü WÄHLEN, Funktion ALLES
- Symbol in einem Flyout-Menü der Universal-Symbolleiste
- Symbol in der Symbolleiste AUSWÄHLEN

Auswahl aufheben

Mit dem Befehl AUSWAHL AUFHEBEN können Sie alle gewählten Objekte wieder abwählen; dazu können Sie aber auch an eine leere Stelle klicken. Sie finden den Befehl wie folgt:

- Abrollmenü BEARBEITEN, Untermenü WÄHLEN, Funktion AUSWAHL AUFHEBEN oder im
- Symbol in einem Flyout-Menü der Universal-Symbolleiste
- Symbol in der Symbolleiste AUSWÄHLEN
- Pop-up-Menü bei einem gewählten Objekt (siehe Abbildung 3.20)

Zaun

Mit dem Befehl ZAUN können Sie einen Linienzug über die Objekte zeichnen, die Sie wählen möchten (siehe Abbildung 3.21). Alle Objekte, die von dem Zaun geschnitten werden, kommen in die Auswahl. Sie finden den Befehl wie folgt:

- Abrollmenü BEARBEITEN, Untermenü WÄHLEN, Funktion ZAUN
- Symbol in einem Flyout-Menü der Universal-Symbolleiste
- Symbol in der Symbolleiste AUSWÄHLEN

Folgende Anfragen werden gestellt:

```
>[Fläche eingeben] Scheitelpunkt eingeben
>[Fläche eingeben] Scheitelpunkt eingeben ( Entf : Letzten Scheitelpunkt
löschen)
```

Falsch gesetzte Punkte können Sie entfernen. Drücken Sie dazu die Taste Entf. Die Taste kann mehrmals gedrückt werden, jedesmal wird ein Punkt entfernt.

Mit der rechten Maustaste beenden Sie den Befehl ZAUN, und die Auswahl wird angezeigt.

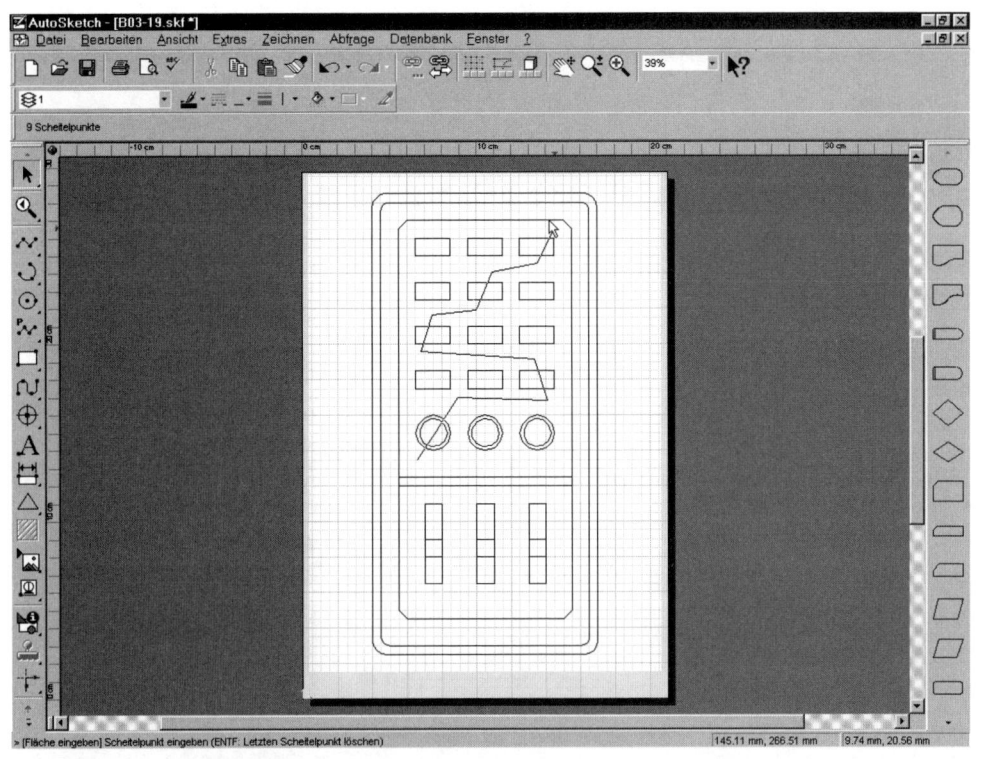

Abbildung 3.21: Objektauswahl mit dem Befehl ZAUN

In Polygon

Zu guter Letzt noch der Befehl IN POLYGON, mit dem Sie ein unregelmäßiges Polygon aufziehen können. Alle Objekte, die ganz im Polygon liegen, kommen in die Auswahl (siehe Abbildung 3.22). Sie finden den Befehl wie folgt:

- Abrollmenü BEARBEITEN, Untermenü WÄHLEN, Funktion IN POLYGON
- Symbol in einem Flyout-Menü der Universal-Symbolleiste
- Symbol in der Symbolleiste AUSWÄHLEN

Folgende Anfrage wird gestellt:

```
>[Fläche eingeben] Scheitelpunkt eingeben
>[Fläche eingeben] Scheitelpunkt eingeben ( Entf : Letzten Scheitelpunkt
löschen)
```

Wie bei dem Befehl ZAUN können Sie auch hier falsch gesetzte Punkte mit der Taste [Entf] löschen. Mit der rechten Maustaste beenden Sie die Eingabe, und die Auswahl wird angezeigt.

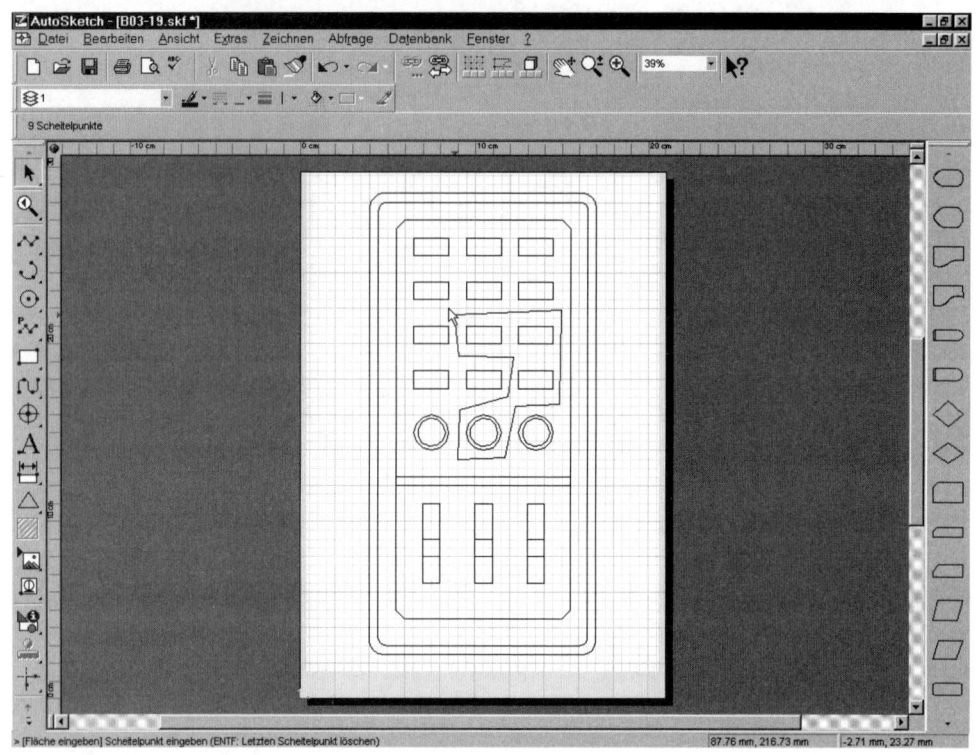

Abbildung 3.22: Objektauswahl mit dem Befehl IN POLYGON

Auswählen

- Testen Sie die verschiedenen Auswahlmethoden. Löschen Sie zur Kontrolle die Objekte mit der Taste [Entf]. Holen Sie sie aber wieder mit dem Befehl RÜCKGÄNGIG zurück.

3.8 Objektgriffe

Nachdem Sie schon einige Male auf die Griffe gestoßen sind, stellt sich die Frage, was man damit anfangen kann.

Objekte an Griffen bearbeiten

Immer dann, wenn kein Befehl aktiv ist (bzw. der Befehl DIREKT WÄHLEN) und Sie ein Objekt in der Zeichnung anklicken, bekommt es Griffe. Die Griffe befinden sich an allen vier Ecken, an den Mitten der Kanten, in der Mitte des Objekts und am Endpunkt des »Drehhebels«. Auch eine schräge Linie oder ein Kreis hat diese Griffe. Sie befinden sich an den Ecken und den Mitten der Kanten des Rechtecks, das das Objekt umschließt (siehe Abbildung 3.23). Folgende Bearbeitungsmöglichkeiten haben Sie:

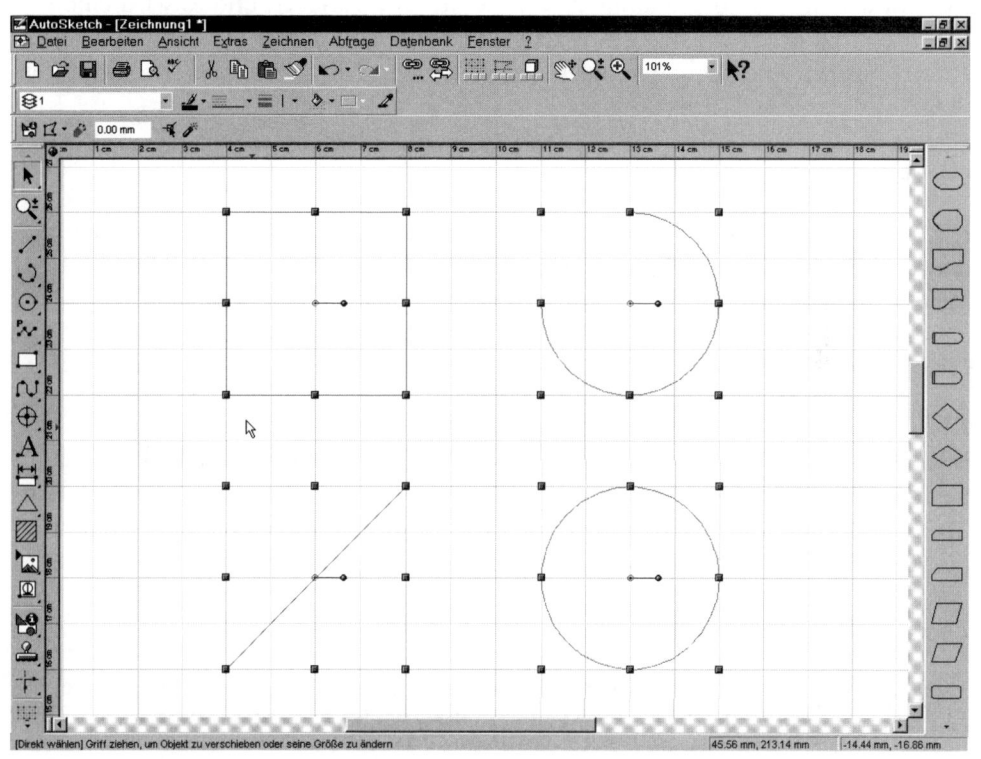

Abbildung 3.23: Griffe an verschiedenen Objekten

Objekt in X- oder Y-Richtung dehnen oder stauchen

Klicken Sie mit dem Mauszeiger an den Griff in der Mitte einer Kante, und halten Sie die Maustaste gedrückt. Sie bekommen einen Doppelpfeil. Ziehen Sie mit gedrückter Maus das Objekt in der Pfeilrichtung auseinander oder zusammen. Lassen Sie am gewünschten Punkt die Maustaste los, und das Objekt wird in diesen Abmessungen gezeichnet. Drücken Sie beim Ziehen die Taste (Strg), wird das Originalobjekt unverändert belassen und eine Kopie in den neuen Abmessungen erzeugt. Kreise und Bögen werden nicht verzerrt. Sie werden immer in X-

und Y-Richtung gleich vergrößert, auch wenn es während des Ziehens so aussieht.

Objekt diagonal skalieren

Klicken Sie einen Griff an einem Eckpunkt an und halten die Maustaste gedrückt, bekommen Sie einen Doppelpfeil in diagonaler Richtung. Ziehen Sie den Griff in diagonaler Richtung, wird das Objekt proportional (in X- und Y-Richtung gleichmäßig) vergrößert bzw. verkleinert, wenn Sie nach innen ziehen. Drücken Sie beim Ziehen des Griffes die Taste ⇧, wird das Objekt unproportional vergrößert bzw. verkleinert. Auch hier können Sie beim Ziehen die Taste Strg drücken. Das Originalobjekt bleibt dann unverändert, und es wird eine Kopie in den neuen Abmessungen erzeugt. Sie können auch beide Tasten drücken. Es wird dann eine nicht proportional vergrößerte bzw. verkleinerte Kopie erzeugt.

Objekt verschieben

Klicken Sie einen Punkt innerhalb der Griffe an und halten die Maustaste gedrückt, können Sie das Objekt an eine neue Stelle schieben. Drücken Sie die Taste Strg beim Schieben, wird eine Kopie in der Originalgröße erzeugt.

Objekt drehen

Klicken Sie den Griff an, der am Ende der Linie liegt, die vom Mittelpunkt ausgeht. Halten Sie die Maustaste gedrückt, und drehen Sie das Objekt. Gedreht werden kann nur in 45°-Schritten. Drücken Sie beim Drehen die Taste ⇧, können Sie kontinuierlich drehen. Mit der Taste Strg bleibt auch bei dieser Funktion das Originalobjekt unverändert; es entsteht eine gedrehte Kopie.

Pop-up-Menü aktivieren

Wie oben schon gesehen, bekommen Sie ein Pop-up-Menü, wenn Sie die rechte Maustaste auf dem Punkt in der Mitte drücken (siehe Abbildung 3.24).

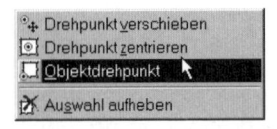

Abbildung 3.24:
Pop-up-Menü beim Objektmittelpunkt

Mit den Funktionen dieses Menüs können Sie den Drehpunkt verändern. Mit der Funktion OBJEKTDREHPUNKT VERSCHIEBEN können Sie den Drehpunkt an eine beliebige Stelle verschieben, die auch außerhalb des Objekts liegen kann. Um diesen Punkt kann die Auswahl dann gedreht werden. Mit der Funktion OB-

JEKTDREHPUNKT wird er wieder auf die Vorgabeposition gesetzt. Die Funktion DREHPUNKT ZENTRIEREN setzt ihn wieder auf die Mitte einer Auswahl.

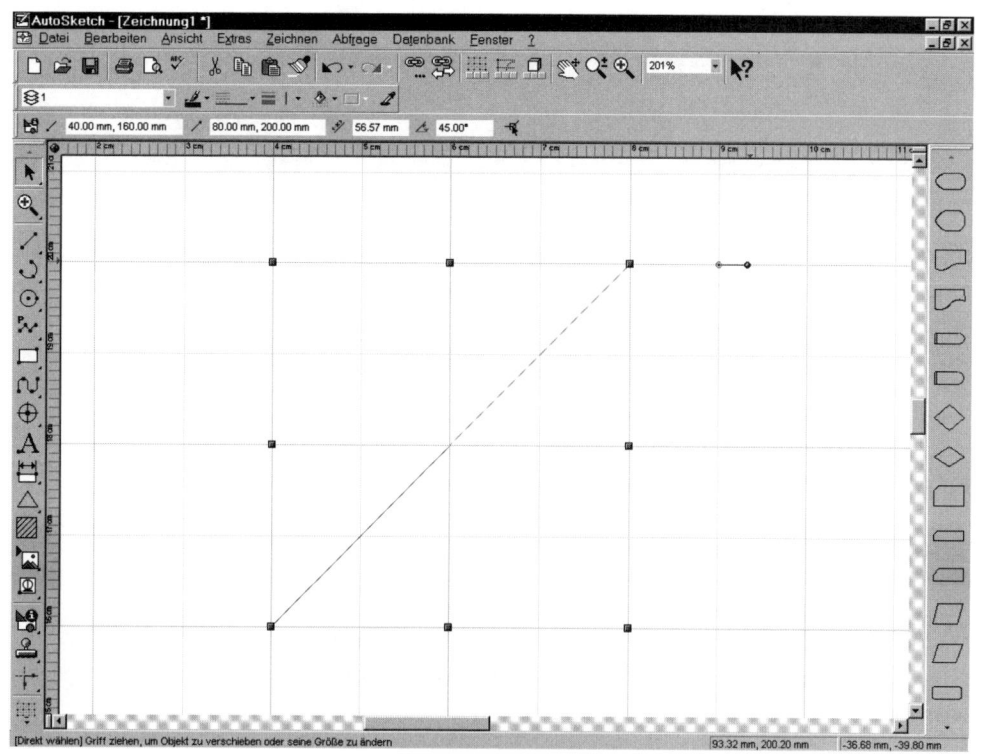

Abbildung 3.25: Objektdrehpunkt verschoben

3.9 Texte

Zum Schluss sollen Sie die Bedienelemente der Fernbedienung noch beschriften. Dabei lernen Sie den Beschriftungsbefehl kennen.

Text in der Zeichnung

Mit dem Befehl TEXT AN PUNKT können Sie einen Text in der Zeichnung platzieren. Wählen Sie den Befehl:

- Abrollmenü ZEICHNEN, Funktion TEXT
- Symbol in der Universal-Symbolleiste

Wenn Sie den Befehl angewählt haben, sollten Sie sich zunächst einmal die Symbolleiste BEARBEITEN anschauen und die Einstellungen für den Text vornehmen (siehe Abbildung 3.26).

Abbildung 3.26: Einstellungen für den Text in der Symbolleiste BEARBEITEN

Folgende Einstellungen können Sie vornehmen:

SCHRIFTART

Wählen Sie aus dem Abrollmenü die Schriftart, die Sie für den Text haben wollen. Sie finden darin alle Schriften, die Sie in Windows installiert haben, einschließlich derer, die bei der AutoSketch Installation in Windows übernommen wurden.

TEXTHÖHE

Tragen Sie hier die Texthöhe ein.

TEXTEINFÜGEWINKEL

Tragen Sie hier den Winkel ein, den die Textgrundlinie einnehmen soll.

TEXTAUSRICHTUNG

In einem weiteren Abrollmenü können Sie wählen, an welchem Punkt der Text ausgerichtet werden soll. Beim Befehl TEXT AN PUNKT geben Sie einen Punkt vor. Hier wählen Sie, ob dies der Punkt links oben oder rechts unten am Text sein soll oder irgendein anderer aus der Liste.

FORMEL AUSWERTEN

Geben Sie hier vor, ob Formeln im Text ausgewertet werden sollen. Näheres zu Formeln bei der Texteingabe (siehe unten).

Haben Sie alle Voreinstellungen gemacht, gehen Sie nach den Anweisungen in der Statuszeile vor:

> [Text an Punkt] Startpunkt eingeben ([Strg]: Ausrichtung an 2 Punkten)

Texteingabefenster

Geben Sie den Einfügepunkt für den Text vor. Der Text wird dann entsprechend den vorher gemachten Einstellungen an diesem Punkt ausgerichtet. Drücken Sie die Taste [Strg] bei der Punkteingabe, können Sie einen weiteren Punkt eingeben, und die Textgrundlinie richtet sich nach diesen beiden Punkten aus. So können Sie beispielsweise einen Text an einer Linie ausrichten, ohne vorher den Winkel in die Symbolleiste BEARBEITEN eingeben zu müssen.

Wenn Sie den Punkt eingegeben haben, erscheint das Eingabefenster für den Text auf dem Bildschirm (siehe Abbildung 3.27). Tragen Sie dort den Text ein, der an diesen Punkt gesetzt werden soll.

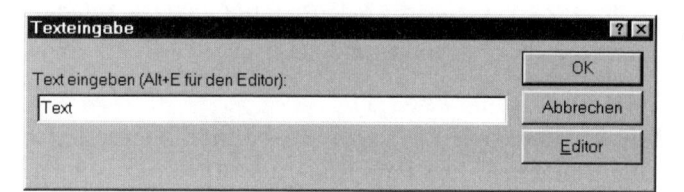

Abbildung 3.27: Texteingabefenster

Geben Sie den Text ein, und klicken Sie auf OK, um den Text so in die Zeichnung zu übernehmen. Der Text wird mit den vorher gemachten Einstellungen in die Zeichnung übernommen. Der Text bleibt markiert, und Sie können in der Symbolleiste BEARBEITUNGEN noch Änderungen vornehmen, die sich sofort auf den markierten Text auswirken.

Klicken Sie im Texteingabefenster auf die Schaltfläche EDITOR oder geben die Tastenkombination [Alt] + [E] ein, wird der Texteditor gestartet. Dort haben Sie mehr Möglichkeiten zur Formatierung des Textes (siehe Abbildung 3.28).

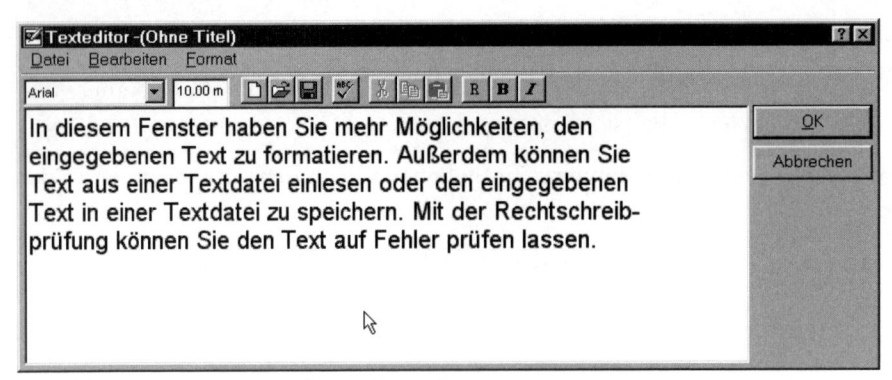

Abbildung 3.28: Texteingabe im Texteditor

Texteditor

Geben Sie den Text in den Texteditor ein. Zudem haben Sie drei Abrollmenüs und eine Symbolleiste zur Bearbeitung des Textes zur Verfügung:

Abrollmemü DATEI: Wählen Sie hier, ob Sie einen neuen Text beginnen (Funktion NEU), eine bereits gespeicherte Textdatei öffnen (Funktion ÖFFNEN...) oder den Text aus einer bereits gespeicherten Textdatei an der momentanen Cursorposition in einen Text im Editor einfügen wollen (Funktion EINBINDEN...). Haben Sie einen längeren Text eingetippt, können Sie diesen auch für eine spätere Wiederverwendung in einer Textdatei speichern (Funktion SPEICHERN UNTER... bzw. SPEICHERN).

Abrollmemü BEARBEITEN: Mit der Funktion RÜCKGÄNGIG können Sie die letzte Aktion im Texteditor rückgängig machen. Die Funktion AUSSCHNEIDEN schneidet den Text, den Sie im Editor markiert haben, aus und überträgt ihn in die Windows-Zwischenablage. Die Funktion KOPIEREN kopiert den markierten Text in die Zwischenablage. Um den Text aus der Zwischenablage an die Cursorposition zu kopieren, wählen Sie die Funktion EINFÜGEN. Die Funktion LÖSCHEN löscht den markierten Text. Dazu können Sie aber auch die Taste [Entf] verwenden. Die Funktion ALLE WÄHLEN markiert den ganzen Text im Editor. Wollen Sie ihren Text auf Fehler überprüfen, verwenden Sie die Funktion RECHTSCHREIBUNG. Dazu weiter unten mehr.

Abrollmemü FORMAT: Wählen Sie in diesem Menü den Schriftstil: STANDARD, FETT, KURSIV, UNTERSTRICHEN und DURCHGESTRICHEN. Die gewählten Eigenschaften sind mit einem Häkchen markiert. Es können natürlich auch mehrere Eigenschaften gewählt werden z.B.: kursiv, fett und unterstrichen. Leider kann immer nur der ganze Text gleich formatiert werden.

Symbolleiste: In der Symbolleiste kann in einem Abrollmenü die Schriftart und in einem weiteren die Schrifthöhe eingestellt werden. Auch diese beiden Einstellungen gelten für den kompletten Text. Die Symbole entsprechen den Funktionen in den Abrollmenüs (von links nach rechts: NEU, ÖFFNEN, SPEICHERN – RECHTSCHREIBPRÜFUNG – AUSSCHNEIDEN, KOPIEREN, EINFÜGEN – STANDARD, FETT, KURSIV).

Formeln im Text: Im Text können Sie Formeln einsetzen und damit bewirken, dass in den Text Variablenwerte eingesetzt und auch automatisch aktualisiert werden. Der Begriff »Formel« ist deshalb etwas missverständlich, es handelt sich eigentlich um Variablen. Diese werden im Text zwischen die Zeichen < > gesetzt. Haben Sie in der Symbolleiste BEARBEITEN beim Text den Schalter FORMELN AUSWERTEN eingeschaltet, werden die Texte zwischen < > ausgewertet und der entsprechende Variablenwert eingesetzt.

Vier Arten von Formeln können Sie in den Text einfügen:

<%date>	fügt das aktuelle Datum ein.
<%time>	fügt die aktuelle Uhrzeit ein.
<%scale>	fügt den aktuellen Maßstab ein.
<%getdata(Variable)>	fügt Informationen über die Zeichnungsdatei oder über die Installation ein. Dabei handelt es sich um AutoSketch-Variablen, deren Wert in den Text eingesetzt wird.

Geben Sie beispielsweise folgenden Text in den Texteditor ein:

Ausgedruckt am: <%date> um: <%time> im Maßstab: <%scale>

Dann erscheint in der Zeichnung der Text:

Ausgedruckt am: 22.01.1999 um: 15.30 im Maßstab: 1mm:2mm

RECHTSCHREIBPRÜFUNG

Die Rechtschreibprüfung können Sie im Texteditor verwenden, oder Sie können die komplette Zeichnung auf Schreibfehler überprüfen lassen. In beiden Fällen sind die Funktionen gleich. Wenn Sie die Funktion RECHTSCHREIBPRÜFUNG wählen, werden fehlerhafte Wörter oder Wörter, die nicht im Wörterbuch enthalten sind, in einem Dialogfeld angezeigt (siehe Abbildung 3.29).

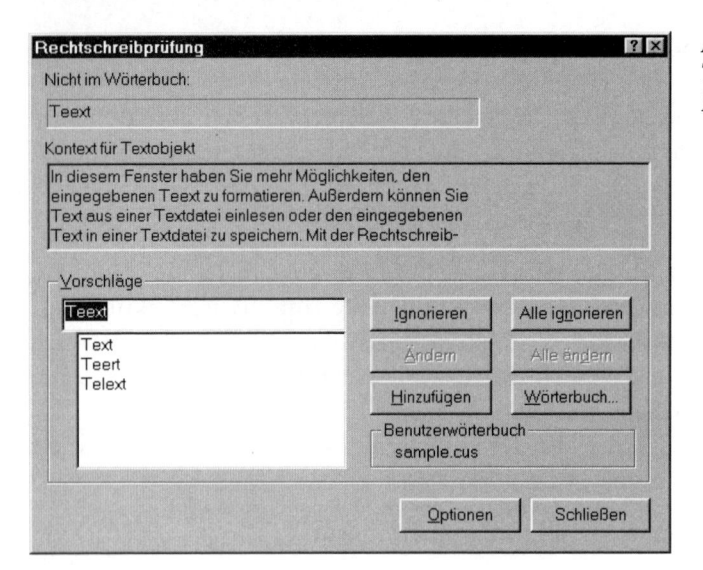

Abbildung 3.29:
Textkorrektur mit der Rechtschreibprüfung

In der obersten Zeile wird das Wort angezeigt, das nicht im Wörterbuch ist, darunter der Kontext, in dem das Wort zu finden ist. Im Feld VORSCHLÄGE finden Sie das Wort markiert wieder und darunter eine Reihe von Korrekturvorschlägen. Falls dort das richtige Wort steht, markieren Sie dieses und klicken auf die Schaltfläche ÄNDERN oder ALLE ÄNDERN. Mit der Schaltfläche ALLE ÄNDERN wird das Wort im ganzen Text durch das markierte ersetzt. Klicken Sie dagegen auf die Schaltfläche IGNORIEREN, wird das Wort nicht korrigiert und mit der Prüfung fortgefahren. Mit der Schaltfläche ALLE IGNORIEREN wird das Wort im ganzen Text nicht mehr angefragt. Ist das angefragte Wort richtig und wird trotzdem angefragt (z. B.: Eigennamen, Fachbegriffe usw.), ist es nicht im Wörterbuch enthalten. Klicken Sie auf die Schaltfläche HINZUFÜGEN, wird es ins Benutzer-Wörterbuch aufgenommen.

Mit der Schaltfläche OPTIONEN bekommen Sie ein weiteres Dialogfeld auf den Bildschirm. Wenn Sie die Rechtschreibprüfung über die ganze Zeichnung laufen lassen, können Sie hier wählen, ob die Rechtschreibprüfung auch Texte in Bemaßungen und Datenbankfeldern (dazu später mehr) prüfen soll. Ebenso können Sie großgeschriebene Wörter (GRND, VCC usw.) oder Wörter mit Zahlen (Inp1, P1 usw.) von der Prüfung ausnehmen, da solche Wörter ja nicht im Wörterbuch enthalten sein können.

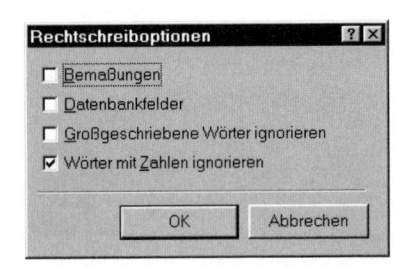

Abbildung 3.30:
Optionen für die
Rechtschreibprüfung

Mit der Schaltfläche WÖRTERBUCH... bekommen Sie den Inhalt des Benutzerwörterbuchs in einem Dialogfeld angezeigt (siehe Abbildung 3.31).

Abbildung 3.31:
Dialogfeld des
Benutzerwörterbuchs

In AutoSketch gibt es ein Hauptwörterbuch, das mit dem Programm geliefert wird. Sie können umschalten, mit welchem Hauptwörterbuch Sie arbeiten wollen. Bei deutschsprachigem Text wird noch unterschieden zwischen der Schreibweise mit ß (Einstellung GERMAN SCHARFES S) und der mit ss (Einstellung GERMAN DOPPEL S).

Daneben gibt es sogenannte Benutzerwörterbücher. Dort werden die Wörter eingetragen, die Sie aufnehmen wollen. Im Feld WÖRTER finden Sie die Einträge des Benutzerwörterbuches. Tragen Sie ins obere Feld ein Wort ein, und klicken Sie auf die Schaltfläche HINZUFÜGEN; das Wort wird ins Wörterbuch übernommen. Sie können auch ein Wort in der unteren Liste markieren und mit der Schaltfläche LÖSCHEN wieder aus dem Wörterbuch entfernen.

Text ändern

Haben Sie Ihren Text eingegeben, bleibt er farblich hervorgehoben und kann in der Symbolleiste BEARBEITEN noch bearbeitet werden. Sie können ihn aber auch später mit dem Befehl DIREKT WÄHLEN anklicken. Auch dann kann er in der Symbolleiste geändert werden.

Zwei zusätzliche Bedienelemente finden Sie jetzt in der Symbolleiste (siehe Abbildung 3.32).

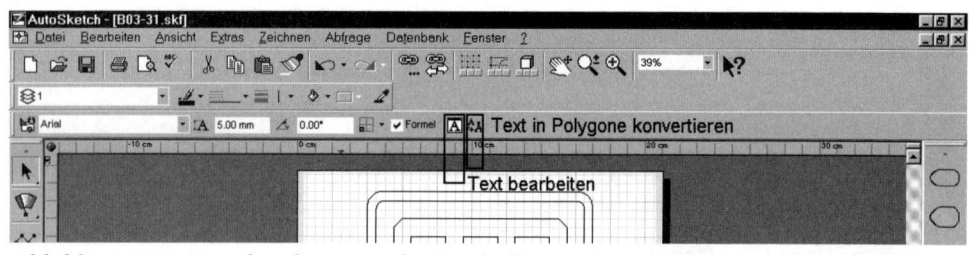

Abbildung 3.32: Text bearbeiten in der Symbolleiste BEARBEITEN

TEXT BEARBEITEN: Klicken Sie auf dieses Symbol, wird der Text in den Texteditor übernommen und kann dort bearbeitet werden. Dasselbe erreichen Sie, wenn sie auf einen Text in der Zeichnung doppelklicken.

TEXT IN POLYGONE KONVERTIEREN: Mit diesem Befehl wird der Text in Polygone und damit in geometrische Elemente umgewandelt. Die Textgeometrie können Sie dann mit den Editierbefehlen ändern. Diese Funktion eignet sich dazu, spezielle Schriftzüge zu erstellen, die Sie mit den vorhandenen Schriften nicht bekommen. Danach kann der Schriftzug aber nicht mehr mit den Textfunktionen bearbeitet werden.

Beide Funktionen bekommen Sie auch dann zur Auswahl, wenn Sie einen Text markiert haben und dann die rechte Maustaste drücken. Im Pop-up-Menü finden Sie die Funktionen, um den Text zu bearbeiten (siehe Abbildung 3.33).

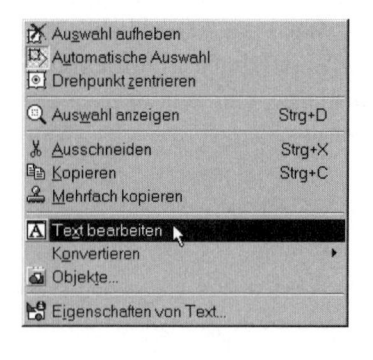

Abbildung 3.33: Funktionen zur Textbearbeitung im Pop-up-Menü

Befehl RECHTSCHREIBUNG

Wie bei der Texteingabe beschrieben, können Sie auch die komplette Zeichnung mit dem Befehl RECHTSCHREIBUNG überprüfen. Sie finden den Befehl wie folgt:

- Abrollmenü EXTRAS, Funktion RECHTSCHREIBUNG
- Symbol in der Standard-Symbolleiste
- Funktionstaste F7

Der Befehl arbeitet wie die oben beschriebene Funktion im Texteditor. Wenn Sie sie aber hier anwählen, werden alle Texte in der Zeichnung geprüft. Wenn Sie die Optionen entsprechend einstellen, werden auch Texte in Bemaßungen und in Datenbankfeldern geprüft.

Zeichnung beschriften

- *Beschriften Sie die Zeichnung wie in Abbildung 3.34. Verwenden Sie die Schrift Arial mit der Höhe 5 mm.*

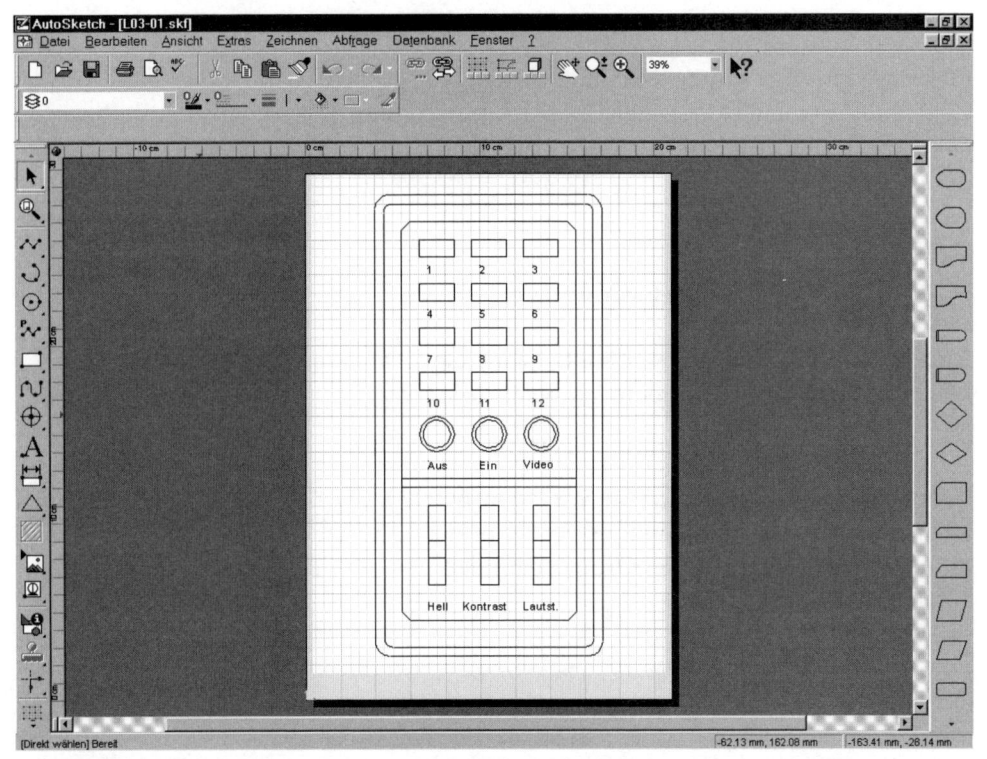

Abbildung 3.34: Die fertige Zeichnung der Fernbedienung

- Setzen Sie nur wenige Texte, und kopieren Sie diese. Ändern Sie die Kopien, und tragen Sie im Texteditor den richtigen Text ein.
- Unsere erste Zeichnung ist fertig. Sie finden auch eine fertige Beispiellösung in ihrem Übungsordner, die Zeichnung L03-01.SKF.

3.10 Speichern von Zeichnungen

Wollen Sie Ihr erstes Werk festhalten, sollten Sie es speichern. Während der Arbeit hatte die Zeichnung den Namen *Zeichnung1* bzw. *Zeichnung2, Zeichnung3* usw., je nachdem wie viele neue Zeichnungen Sie begonnen haben. Sobald Sie die Zeichnung aber speichern wollen, benötigt sie ihren endgültigen Namen.

Befehl SPEICHERN

Mit dem Befehl SPEICHERN wird die Zeichnung unter ihrem Namen gespeichert. Sie finden den Befehl wie folgt:

- Abrollmenü DATEI, Funktion SPEICHERN
- Symbol in der Standard-Symbolleiste

Ohne weitere Rückfrage wird die Zeichnung gespeichert. Haben Sie aber die Zeichnung noch nie gespeichert (Zeichnungsname *Zeichnung1* usw.), benötigt der Befehl die gleichen Angaben wie der Befehl SPEICHERN UNTER... (siehe unten).

Befehl SPEICHERN UNTER

Mit dem Befehl SPEICHERN UNTER... wird die Zeichnung unter einem wählbaren Namen gespeichert. Sie finden den Befehl wie folgt:

- Abrollmenü DATEI, Funktion SPEICHERN UNTER...

In einem Dialogfeld können Sie wie beim Befehl ÖFFNEN das Laufwerk und den Ordner wählen (siehe Abbildung 3.35). In der Liste finden Sie alle Zeichnungen, die sich schon im gewählten Ordner befinden.

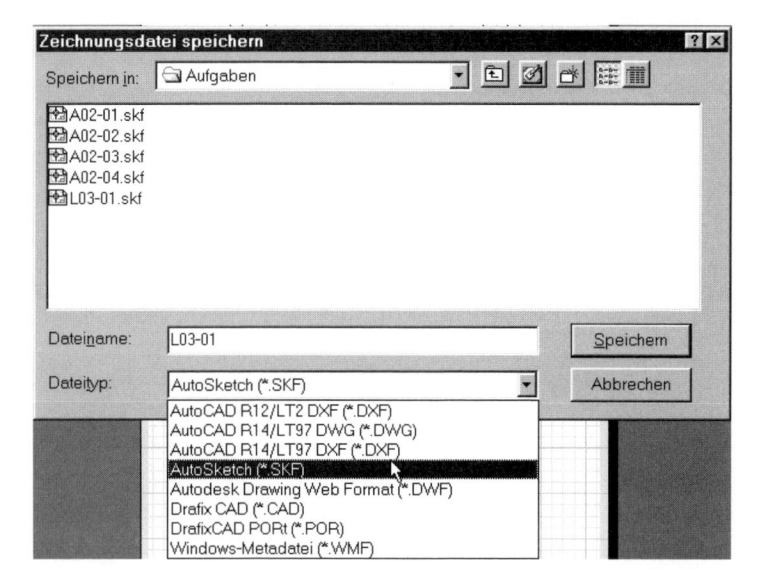

Abbildung 3.35: Dialogfeld zum Speichern der Zeichnung

Im Abrollmenü DATEITYP können Sie wählen, in welchem Format Sie die Zeichnung speichern wollen. Normalerweise werden Sie das AutoSketch-eigene Format nicht ändern. Belassen Sie es also bei der Einstellung AUTOSKETCH (*.SKF). Wollen Sie aber mit anderen CAD-Programmen Daten austauschen, können Sie den Dateityp wechseln. Näheres zu den unterschiedlichen Formaten finden Sie im Kapitel zum Datenaustausch.

Zeichnung speichern

- Speichern Sie Ihre Zeichnung im Ordner \Aufgaben, wenn Sie später noch weiter an ihr arbeiten wollen. Geben Sie ihr einen eindeutigen Namen.

Kapitel 4

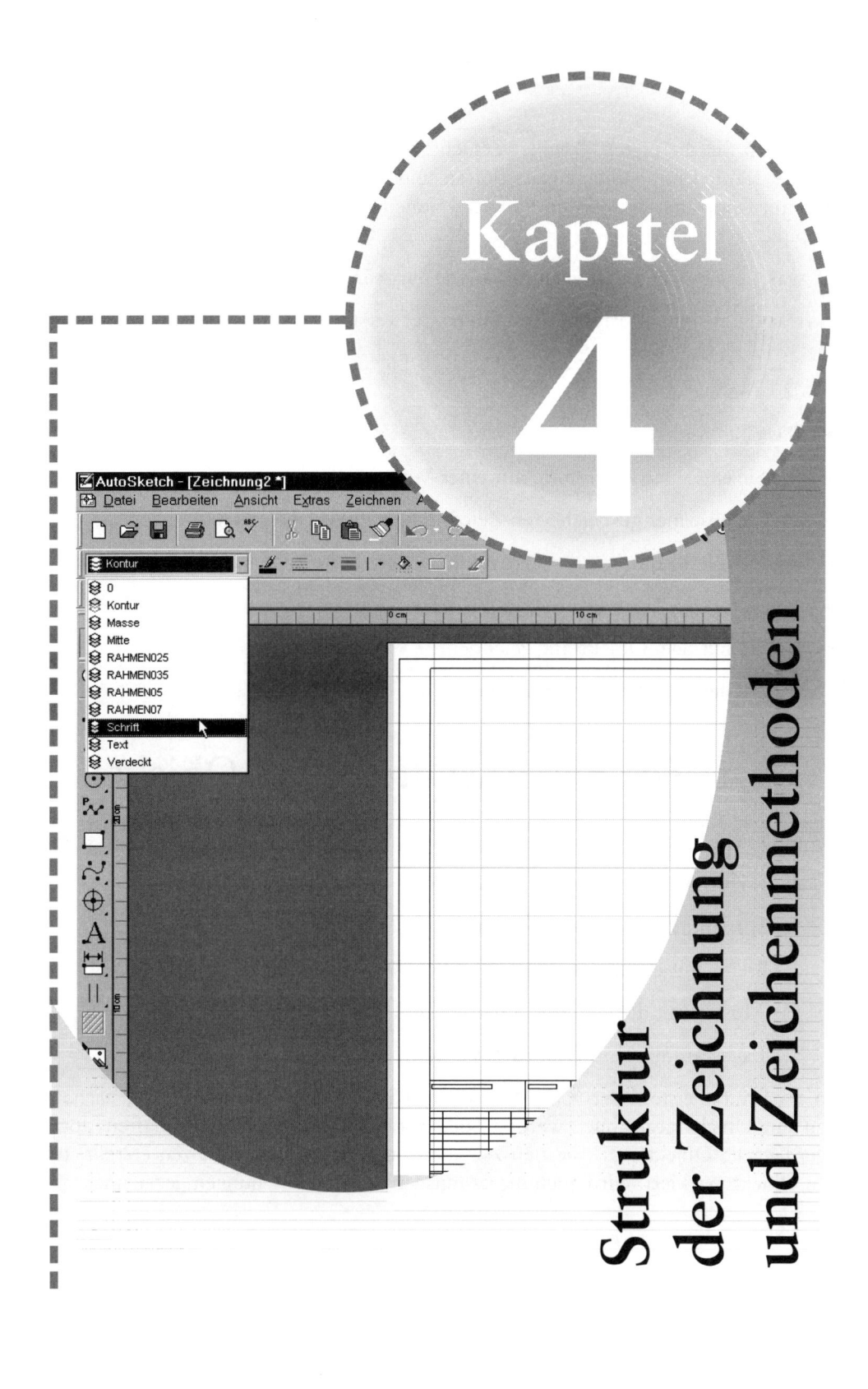

Struktur der Zeichnung und Zeichenmethoden

Nachdem Sie die ersten Zeichenversuche hinter sich haben, werden wir uns in diesem Kapitel mit Objekteigenschaften und Layern sowie dem präzisen Zeichnen mit Koordinaten und den Fangfunktionen beschäftigen. Sie lernen in diesem Kapitel,

- was Objekteigenschaften sind und wie Sie geändert werden
- warum es sinnvoll ist, eine Zeichnung auf verschiedenen Layern zu erstellen
- wie Layer angelegt werden und welche Eigenschaften ihnen zugeordnet werden können
- was eine Vorlage ist
- wie Sie eine neue Zeichnung mit einer Vorlage beginnen
- wie Sie aus einer gespeicherten Zeichnung eine Vorlage machen
- wie Sie mit absoluten und relativen Koordinaten zeichnen können
- was Polarkoordinaten sind und wie sie eingegeben werden
- wie Sie mit dem Objektfang zeichnen
- wie Sie die Eingabe fixieren können

4.1 Die Eigenschaften eines Objekts

Jedes Objekt, das Sie in AutoSketch erstellen, hat seine Eigenschaften. Diese sind:

- die Farbe, mit dem es gezeichnet wurde
- der Stil, mit dem es gezeichnet wurde
- die Breite, mit der es gezeichnet wurde
- das Muster, mit dem es gezeichnet wurde
- der Layer, auf dem es gezeichnet wurde

In der Symbolleiste EIGENSCHAFTEN können Sie wählen, mit welchen Eigenschaften ein Objekt gezeichnet werden soll. Verändern Sie die Eigenschaften dort, werden alle Objekte, die Sie neu zeichnen, mit diesen Eigenschaften erstellt. Ist ein Objekt markiert, wird auch dieses mit den neuen Einstellungen gezeichnet.

Farbe eines Objekts

Objekte in der Zeichnung können mit verschiedenen Farben gezeichnet werden. Eine Eigenschaft eines Objekts ist seine Farbe. Die aktuelle Farbe stellen Sie in der Symbolleiste EIGENSCHAFTEN ein (siehe Abbildung 4.1).

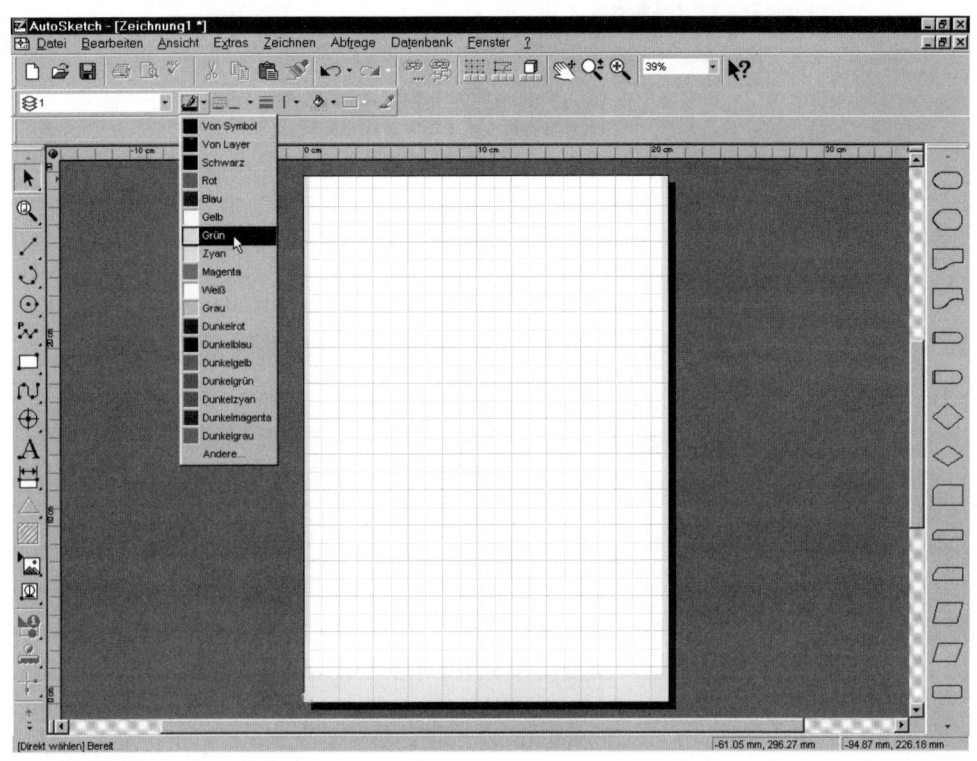

Abbildung 4.1: Aktuelle Farbe einstellen

Klicken Sie auf den Pfeil neben dem Symbol mit dem Pinsel, und Sie bekommen in einem Abrollmenü die Standardfarben angezeigt. Das sind jedoch noch lange nicht alle Farben, mit denen Sie zeichnen können. Mit dem Menüeintrag AN-DERE... holen Sie sich ein Dialogfeld auf den Bildschirm, in dem Sie weitere Farben wählen können (siehe Abbildung 4.2).

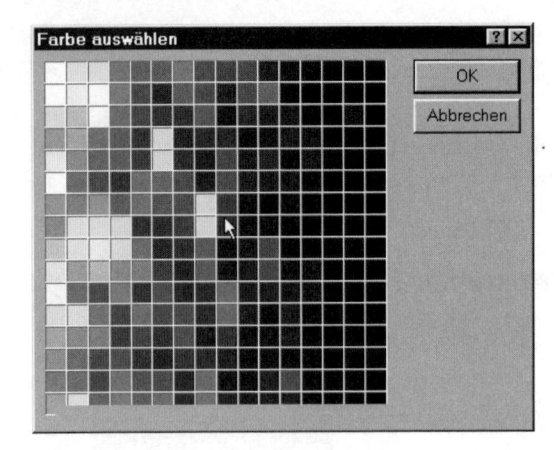

Abbildung 4.2:
Auswahl weiterer
Farben im
Dialogfeld

Alle Objekte, die Sie nach einer Änderung der Farbeinstellung zeichnen, werden in der neuen Farbe dargestellt. Ist ein Objekt bei der Änderung der Farbeinstellung markiert, wird auch dieses in der neuen Farbe dargestellt. Vorher gezeichnete Objekte werden nicht geändert.

Stil eines Objekts

Objekte in der Zeichnung können mit verschiedenen Linienarten gezeichnet werden. Eine weitere Eigenschaft eines Objekts ist seine Linienart. In AutoSketch wird dies als Stil bzw. Stiftstil bezeichnet. Den aktuellen Stil stellen Sie ebenfalls in der Symbolleiste EIGENSCHAFTEN ein (siehe Abbildung 4.3).

Klicken Sie auf den Pfeil neben dem Symbol mit den verschiedenen Linienarten, und Sie bekommen in einem Abrollmenü die verschiedenen Stiftstile angezeigt. *Kompakt* bezeichnet eine ausgezogene Volllinie. Gestrichelte Linien, Mittellinien usw. finden Sie dort ebenfalls. Die Stiftstile, die mit der Bezeichnung *ACAD* beginnen, stammen aus AutoCAD und können in AutoSketch ebenfalls verwendet werden. Unter diesen Einträgen kommen weitere Stiftstile aus AutoCAD: *Getrennt, Gestrennt2, GetrennX2, Mitte, Mitte2* usw. Für die AutoSketch-Stiftstile (vor denen mit der Bezeichnung *ACAD*) gilt eine Besonderheit. Wenn wir später mit unterschiedlichen Maßstäben zeichnen, werden diese Stile automatisch so angepaßt, dass die Strichelung auf dem Papier immer gleich lang erscheint, egal welchen Maßstab Sie gewählt haben. Bei den anderen müssen Sie die Länge der Strichelung mit Skalierfaktoren festlegen. Normalerweise werden wir deshalb in AutoSketch die ersten verwenden.

Alle Objekte, die Sie nach einer Änderung des Stils zeichnen, werden mit der neuen Linienart dargestellt. Auch hier ist es so, dass, wenn ein Objekt bei der Änderung des Stils markiert ist, dieses im neuen Stil dargestellt wird. Vorher gezeichnete Objekte bleiben unverändert.

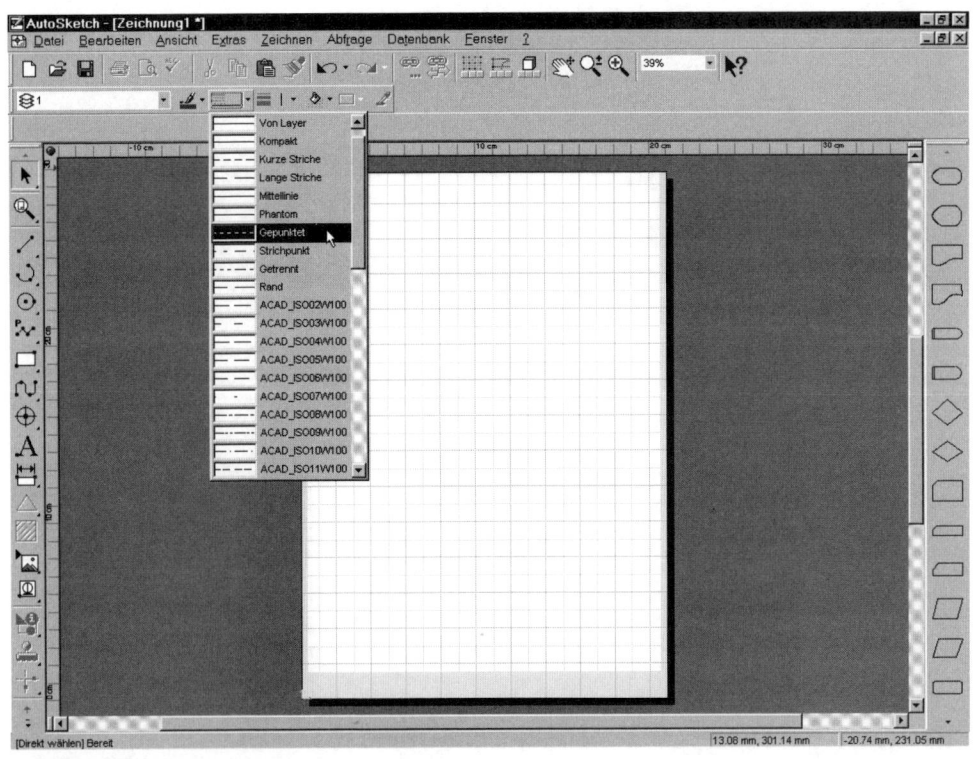

Abbildung 4.3: Aktuellen Stil einstellen

Breite eines Objekts

Objekte in der Zeichnung können in verschiedenen Strichbreiten gezeichnet werden. Die Breite ist eine weitere Eigenschaft eines Objekts. Auch diese können Sie in der Symbolleiste EIGENSCHAFTEN (siehe Abbildung 4.4) einstellen.

Klicken Sie auf den Pfeil neben dem Symbol mit den verschieden breiten Liniensymbolen, und Sie bekommen in einem Abrollmenü die verschiedenen Breiten angezeigt. Sie können wählen zwischen *Dünnste*, *Dünn*, *Dick*, *Dicker* und *Dickste*. Die Zahl hinter dem jeweiligen Eintrag gibt an, mit wie vielen Pixeln das Objekt am Bildschirm dargestellt wird. Pixel sind die einzelnen Punkte, die Ihre Grafikkarte zum Aufbau der Bildschirmdarstellung verwendet. Für die Druckausgabe wird die Breite als Anzahl der Pixel angegeben, die zum Erzeugen des gedruckten Bilds verwendet werden. Druckerpixel sind normalerweise wesentlich feiner als Bildschirmpixel. Bei Stiftplottern entspricht die Stiftbreite der Breite eines einzelnen Strichs des Plotterstifts.

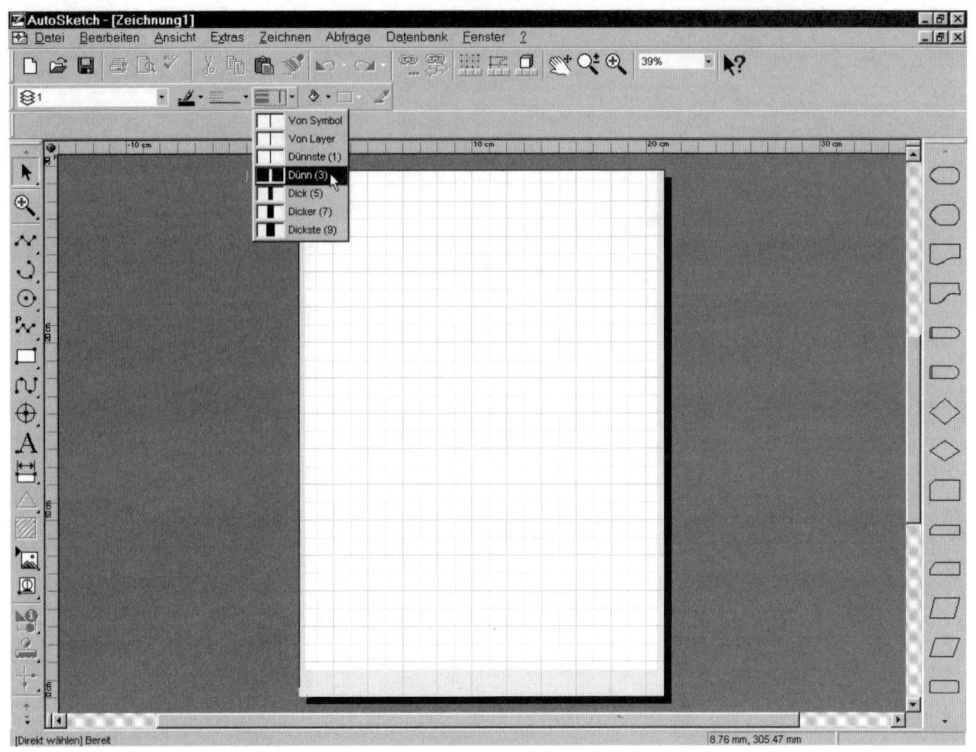

Abbildung 4.4: Aktuelle Breite einstellen

Alle Objekte, die markiert sind oder die Sie nach einer Änderung der Breite zeichnen, werden mit der neuen Breite dargestellt. Vorher gezeichnete Objekte bleiben unverändert.

Tip

Die Stiftbreite ist unabhängig von der Breiteneinstellung für Polylinien- und Polygonobjekte. Stellen Sie bei diesen Objekten eine Breite ein, gilt die allgemeine Breiteneinstellung dafür nicht.

Muster eines Objekts

Eine weitere Eigenschaft ist das Muster eines Objekts. Polygone und geschlossene Kurven können mit einem Schraffurmuster oder mit einer kompakten Farbe gefüllt werden. Informationen zu den Mustern bekommen Sie später, wenn wir uns Schraffuren und gefüllte Flächen anschauen.

Layer eines Objekts

Die letzte Eigenschaft eines Objekts ist der Layer, auf dem ein Objekt gezeichnet wurde. Alle Informationen zu Layern und deren Verwendung finden Sie weiter unten in diesem Kapitel.

Aktuelle Einstellungen mit der Pipette setzen

Arbeiten Sie in einer komplexen Zeichnung ständig mit unterschiedlichen Einstellungen, kann es sehr aufwendig werden, diese ständig beim Zeichnen zu ändern. Mit dem Befehl PIPETTE können Sie die Eigenschaften von einem Objekt abgreifen und als aktuelle Einstellungen übernehmen. Wählen Sie den Befehl:

- Symbol in der Symbolleiste EIGENSCHAFTEN

Gehen Sie wie folgt vor:

- Wählen Sie mit dem Befehl DIREKT WÄHLEN das Objekt, dessen Eigenschaften Sie als aktuelle Einstellungen übernehmen möchten.
- Wählen Sie dann den Befehl PIPETTE in der Symbolleiste.
- Klicken Sie in der Symbolleiste BEARBEITEN die Symbole für die Eigenschaften an, die Sie als aktuelle Einstellungen übernehmen möchten (von links nach rechts: Layer, Farbe, Stil und Breite).
- Beenden Sie den Befehl mit der rechten Maustaste oder mit der Taste Esc.

Die aktuellen Einstellungen festlegen

- Beginnen Sie eine neue Zeichnung. Zeichnen Sie Linien, Kreise und Rechtecke frei Hand.
- Ändern Sie zwischendurch die Objekteigenschaften, und achten Sie auf die Veränderungen (siehe Abbildung 4.5).

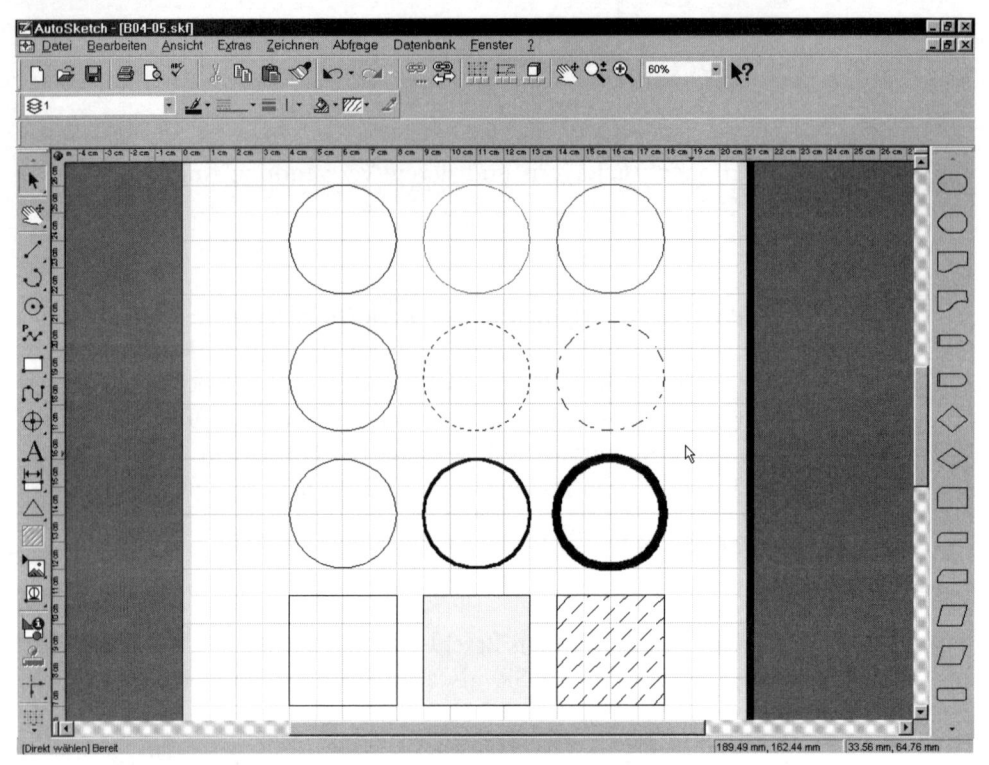

Abbildung 4.5: Zeichnen mit unterschiedlichen Eigenschaften

4.2 Eigenschaften von Objekten ändern

Ist ein Objekt einmal mit bestimmten Eigenschaften gezeichnet worden, so können diese auch schnell wieder geändert werden. Eine Methode haben Sie schon kennengelernt.

Markierte Objekte in der Symbolleiste EIGENSCHAFTEN ändern

Wie oben schon erwähnt, können Sie ein oder mehrere Objekte markieren und dann in der Symbolleiste EIGENSCHAFTEN die gewünschten Einstellungen wählen. Die markierten Objekte werden geändert. Es wird nur die Eigenschaft geändert, an der Sie Änderungen vornehmen. Sind beispielsweise die gewählten Objekte in verschiedenen Farben und mit verschiedenen Breiten gezeichnet und Sie wählen nur eine neue Breite, dann haben die Objekte nachher weiterhin verschiedene Farben, unabhängig von der aktuellen Farbeinstellung. Sie haben aber die gleiche Breite, weil diese geändert wurde, als die Objekte gewählt waren.

Beachten Sie aber, dass dabei auch gleichzeitig die aktuellen Einstellungen geändert werden. Alle Objekte, die Sie danach zeichnen, werden mit diesen Einstellungen erstellt.

Befehl OBJEKTE BEARBEITEN

Eine weitere Methode steht Ihnen zur Verfügung, um die Eigenschaften einer Auswahl von Objekten zu ändern. Haben Sie ein oder mehrere Objekte mit dem Befehl DIREKT WÄHLEN ausgewählt, können Sie den Befehl OBJEKT BEARBEITEN wählen. Sie finden ihn:

- Abrollmenü BEARBEITEN, Funktion OBJEKTE...
- Symbol in der Symbolleiste BEARBEITEN (nur dann, wenn Sie mehrere Objekte gewählt haben)
- Pop-up-Menü mit der rechten Maustaste bei markiertem Objekt, Funktion OBJEKTE... (siehe Abbildung 4.6).

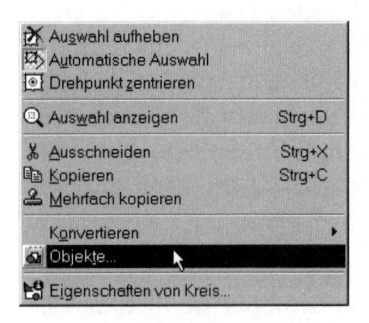

Abbildung 4.6:
Pop-up-Menü mit der Funktion OBJEKTE...

In einem Dialogfeld können Sie die Eigenschaften und die Geometrie für die gewählten Objekte bearbeiten (siehe Abbildung 4.7).

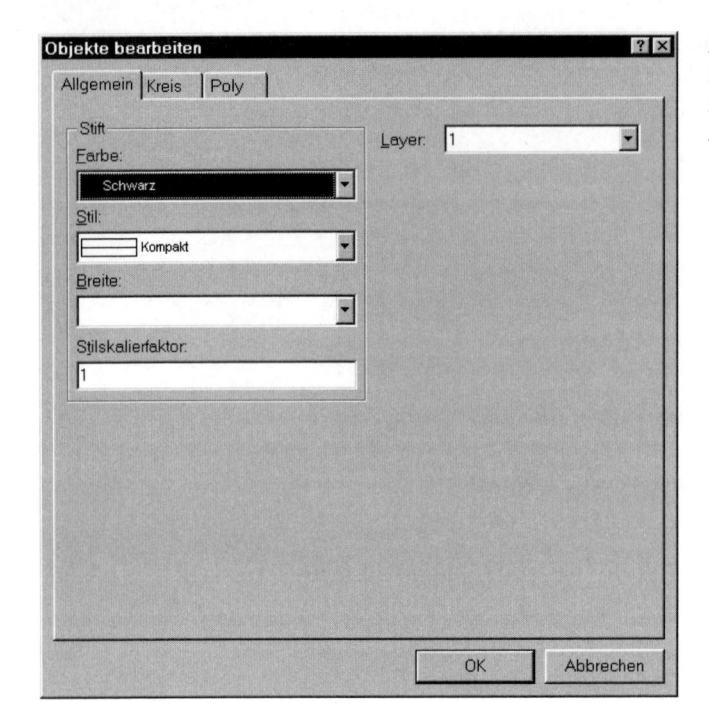

Abbildung 4.7:
Dialogfeld OBJEKT
BEARBEITEN, Register
ALLGEMEIN

Im Register ALLGEMEIN stellen Sie die Eigenschaften ein. Die bisherigen werden angezeigt. Haben Sie mehrere Objekte gewählt, wird in den Feldern nichts angezeigt, bei denen unterschiedliche Werte vorliegen. Die gewählten Objekte in Abbildung 4.7 haben alle die Farbe *Schwarz* und sind mit dem Stil *Kompakt* gezeichnet. Die Breite ist aber unterschiedlich. Wählen Sie in den Abrollmenüs einen neuen gemeinsamen Wert für Farbe, Stil, Breite und Stilskalierfaktor (ohne Bedeutung bei den Standardstilen). Auch die Layerzugehörigkeit kann geändert werden; doch dazu mehr im nächsten Abschnitt.

In den weiteren Registern können Sie die Geometrie der Objekte bearbeiten. Hier finden Sie die gleichen Einstellmöglichkeiten wie in der Symbolleiste BEARBEITEN. Haben Sie mehrere Objektarten angewählt, gibt es zu jeder ein Register, in Abbildung 4.8 sehen Sie im Dialogfeld die Register KREIS und POLY, wobei das Register KREIS im Vordergrund ist. Wollen Sie jedoch die Geometrie mehrerer Objekte ändern, ist es nicht sinnvoll, diese gemeinsam zu wählen. In Abbildung 4.8 wurden mehrere Kreise mit dem Radius 20 gewählt. Bei den Mittelpunktkoordinaten wird kein Wert angezeigt, da sie unterschiedliche Mitten haben. Tragen Sie hier einen Wert ein, werden sie alle auf die gleiche Mitte gesetzt, was aber nicht unbedingt sinnvoll ist. Sie können aber bei allen den Radius auf einen anderen Wert setzen.

Eigenschaften von Objekten ändern

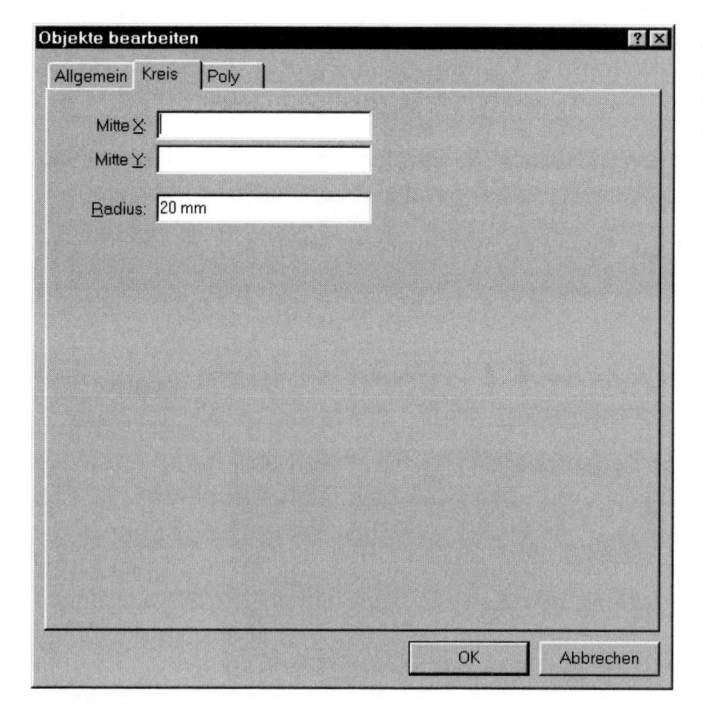

Abbildung 4.8:
Dialogfeld OBJEKT
BEARBEITEN, Register
KREIS

Befehl EIGENSCHAFTEN ANWENDEN

Arbeiten Sie an einer komplexen Zeichnung, wissen Sie unter Umständen mit der Zeit nicht mehr, welche Eigenschaften ein Objekt haben muss. Sie wissen aber, dass es die gleichen Eigenschaften wie ein bereits vorhandenes Objekt haben soll. Mit dem Befehl EIGENSCHAFTEN ANWENDEN können Sie die Eigenschaften eines Objekts auf ein oder mehrere andere kopieren. Sie finden den Befehl wie folgt:

- Symbol in der Standard-Symbolleiste

Wählen Sie den Befehl, und gehen Sie wie folgt vor:

> [Eigenschaften anwenden] Quellobjekt auswählen

- Wählen Sie das Objekt, dessen Eigenschaften Sie auf andere übertragen wollen, das sogenannte Quellobjekt.

- Aktivieren Sie in der Symbolleiste BEARBEITEN die Kontrollkästchen der Eigenschaften, die Sie auf die Zielobjekte übertragen möchten (von links nach rechts: Layer, Farbe, Stil und Breite).

> [Eigenschaften anwenden] Zielobjekt auswählen (Ziehen, um Bereich auszuwählen)

- Wählen Sie die Zielobjekte, auf die Sie die Eigenschaften übertragen möchten. Sie können auch ein Fenster mit der Maus aufziehen und so eine Auswahl bestimmen. Die Eigenschaften des Quellobjekts werden übertragen.
- Wenn Sie die rechte Maustaste drücken, können Sie ein neues Quellobjekt wählen und auch dessen Eigenschaften auf andere übertragen.
- Beenden Sie den Befehl mit der rechten Maustaste (eventuell zweimal) oder mit der Taste Esc.

4.3 Zeichnen auf Layern

Damit Sie nicht bei jedem andersartigen Objekt Farbe, Stil und Breite umstellen müssen, können Sie in AutoSketch mit Layern arbeiten. Darunter können Sie sich verschiedene plan aufeinanderliegende Folien vorstellen. Jedem Layer können Sie eine Farbe, einen Stil und eine Breite zuordnen, so dass Sie nur noch den Layer wechseln müssen und die gewünschten Einstellungen haben. Auch Änderungen lassen sich so wesentlich leichter ausführen. So kann beispielsweise die Breite aller Objekte auf einem Layer mit einer Einstellung geändert werden.

Zu welchem Layer ein Objekt gehört, ist eine weitere Eigenschaft eines Objekts, die mit den oben beschriebenen Methoden auch geändert werden kann.

Zudem können Sie mit Layern ihrer Zeichnung eine Struktur geben, indem Sie die jeweils inhaltlich zusammengehörende Teile der Zeichnung auf dem gleichen Layer erstellen. So haben Sie es einfacher, wenn Sie bestimmte Objekte in der Zeichnung ändern wollen.

Wenn Sie verschiedene Baugruppen in einer Zeichnung darstellen wollen, können Sie diese auf unterschiedlichen Layern erstellen. So ist es jederzeit möglich, Baugruppen auszublenden und separat zu plotten.

Hilfslinien, Konstruktionshinweise, Zusatzinformationen können Sie ebenfalls in der Zeichnung ablegen. Erzeugen Sie dazu spezielle Layer, die Sie später ausblenden können.

Arbeiten mit Layern

- In einer Zeichnung lassen sich beliebig viele Layer anlegen.

- Layer werden mit Namen versehen, die bis zu 30 Zeichen lang sein dürfen und sich aus Buchstaben, Ziffern und Sonderzeichen zusammensetzen können. Außerdem kann zu jedem Layer ein beschreibender Text (maximal 63 Zeichen) gespeichert werden.

- Der Layername sollte einen Bezug zum Inhalt haben, einfaches Durchnummerieren ist nicht sinnvoll.

- Inhaltlich zusammengehörige Teile sollten auf einem Layer gezeichnet werden, zum Beispiel alle Konturen, alle Mittellinien, alle Objekte einer Baugruppe usw.

- Der Layer 1 ist in jeder Zeichnung angelegt. In einer neuen Zeichnung existiert nur dieser Layer, es sei denn, in der Vorlage oder einem eingefügten Schriftfeld sind schon Layer angelegt worden.

- Ein Layer muß immer der aktuelle Layer sein. Objekte, die Sie neu zeichnen, werden immer auf dem aktuellen Layer abgelegt.

- Objekte auf bearbeitbaren Layern können Sie normal bearbeiten, ohne dass Sie ihn zum aktuellen Layer machen. Kopien von Objekten werden immer auf dem gleichen Layer abgelegt wie das Originalobjekt, egal ob der Layer der aktuelle Layer ist oder nur ein bearbeitbarer Layer.

- Layer können zu Hintergrundlayern gemacht werden. Objekte auf Hintergrundlayern werden angezeigt, können aber nicht geändert werden. Objekte auf diesen Layern lassen sich auch nicht kopieren. Punkte auf diesen Objekten können aber mit dem Objektfang (siehe weiter unten in diesem Kapitel) gefangen werden. Außerdem können Sie zu diesen Objekten Parallelen mit den Befehlen PARALLEL und ABSTAND erzeugen. Wird ein Layer zum Hintergrundlayer gemacht, werden die Objekte auf diesem Layer in einer speziellen Farbe angezeigt.

- Layer können maskiert werden. Die Objekte auf maskierten Layern werden nicht angezeigt und nicht gedruckt.

- In der Symbolleiste EIGENSCHAFTEN kann der aktuelle Layer in einem Abrollmenü gewechselt werden. Hintergrundlayer und maskierte Layer können nicht zum aktuellen Layer gemacht werden (siehe Abbildung 4.9).

- Jedem Layer sind eine Farbe, ein Stil und eine Breite zugeordnet. Objekte erhalten die Farbe, den Stil und die Breite des Layers, auf dem sie abgelegt sind. Dazu müssen aber die aktuellen Einstellungen für Farbe, Stil und Breite auf den Wert *Von Layer* gesetzt werden. Die Einstellungen auf den Wert

Struktur der Zeichnung und Zeichenmethoden

Von Layer werden bei den Symbolen in der Symbolleiste EIGENSCHAFTEN mit einem kleinen Zusatzsymbol angezeigt.

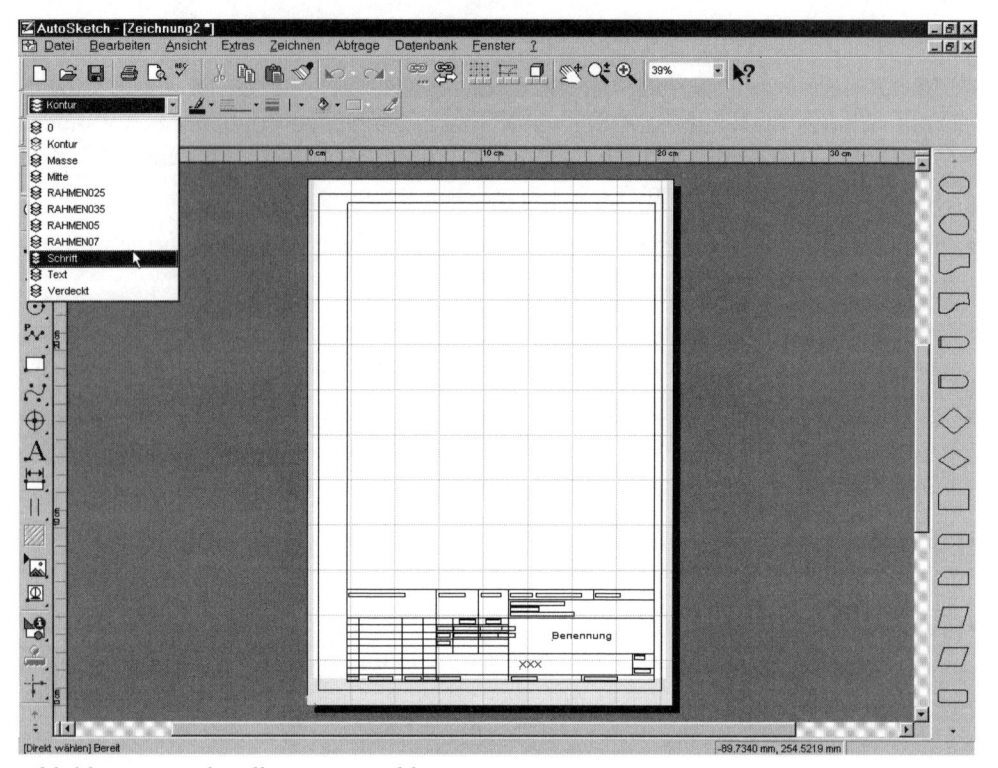

Abbildung 4.9: Aktuellen Layer wählen

Tips

- Überlegen Sie sich ein Layerkonzept für Ihre Anwendungen. Legen Sie die Layernamen fest, und ordnen Sie Farben, Stile und Breiten zu. Speichern Sie die Einstellungen in der Vorlagen, und Sie haben die Layer in jeder neuen Zeichnung sofort parat.

- Benötigen Sie verschiedene Sätze von Layern für verschiedene Arten von Zeichnungen, machen Sie sich verschiedene Vorlagen.

- Sie erfahren gleich, was Vorlagen sind und wie man mit diesen eine neue Zeichnung anlegt. Wenn Sie wissen wollen, wie Sie eigene Vorlagen erstellen, müssen Sie sich noch etwas gedulden.

Dialogfeld GRAFIKOPTIONEN

Neue Layer anlegen und die Einstellungen und den Status dafür festlegen können Sie mit dem Befehl GRAFIKOPTIONEN... Wählen Sie diesen Befehl mit:

Abrollmenü EXTRAS, Funktion GRAFIKOPTIONEN...

Rechte Maustaste im Layerfeld in der Symbolleiste EIGENSCHAFTEN und Auswahl der Funktion LAYEREIGENSCHAFTEN... aus dem Pop-up-Menü (siehe Abbildung 4.10).

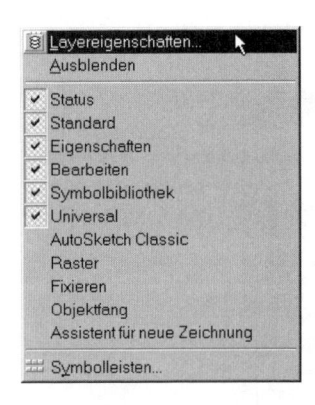

Abbildung 4.10: Befehl LAYEREIGENSCHAFTEN... im Pop-up-Menü

Sie erhalten ein Dialogfeld mit drei Registerkarten (siehe Abbildung 4.11).

Registerkarte LAYER

Alle Einstellungen zu den Layern nehmen Sie in der Registerkarte LAYER vor. Haben Sie den Befehl aus dem Pop-up-Menü gewählt, ist diese Registerkarte schon aktiv (siehe Abbildung 4.11).

Neuen Layer anlegen: Tragen Sie den Namen für den neuen Layer in das Feld LAYERNAME und eine Beschreibung (optional) in das Feld BESCHREIBUNG ein. Wählen Sie im Bereich LAYEREIGENSCHAFTEN den Layerstatus und in der rechten Hälfte dieses Feldes die Farbe, den Stil und die Breite, die für diesen Layer gelten soll. Klicken Sie dann auf die Schaltfläche HINZUFÜGEN, und der neue Layer erscheint in der Layerliste.

Layereigenschaften ändern: Markieren Sie den Layer, den Sie bearbeiten möchten, in der Layerliste. Ändern Sie seinen Namen, seine Beschreibung, seinen Status oder Farbe, Stil und Breite. Klicken Sie dann auf die Schaltfläche ÄNDERN, und die neuen Layereigenschaften werden gespeichert. Auf diese Art können Sie natürlich auch einen Layer zum aktuellen Layer machen. Das geht aber wesentlich schneller im Abrollmenü in der Symbolleiste EIGENSCHAFTEN (siehe Abbildung 4.9). Wenn Sie mehrere Layer gleichzeitig bearbeiten möchten, drücken Sie beim Markieren in der Layerliste die Taste ⇧ oder Strg.

Layer löschen: Markieren Sie den Layer, den Sie löschen möchten, in der Layerliste. Klicken Sie auf die Schaltfläche LÖSCHEN. Danach erscheint eine Sicherheitsabfrage auf dem Bildschirm, in der Sie das Löschen noch einmal bestätigen müssen. Beachten Sie aber, dass alle Objekte, die Sie auf diesem Layer gezeichnet haben, aus der Zeichnung gelöscht werden.

Weitere Einstellungen: In einem weiteren Abrollmenü können Sie die Farbe der Hintergrundlayer bestimmen. Die Objekte auf den Layern, die Sie zu Hintergrundlayern gemacht haben, werden in dieser Farbe dargestellt. Wenn Sie die Einstellung *Objektfarbe* wählen, wird die Darstellung nicht geändert.

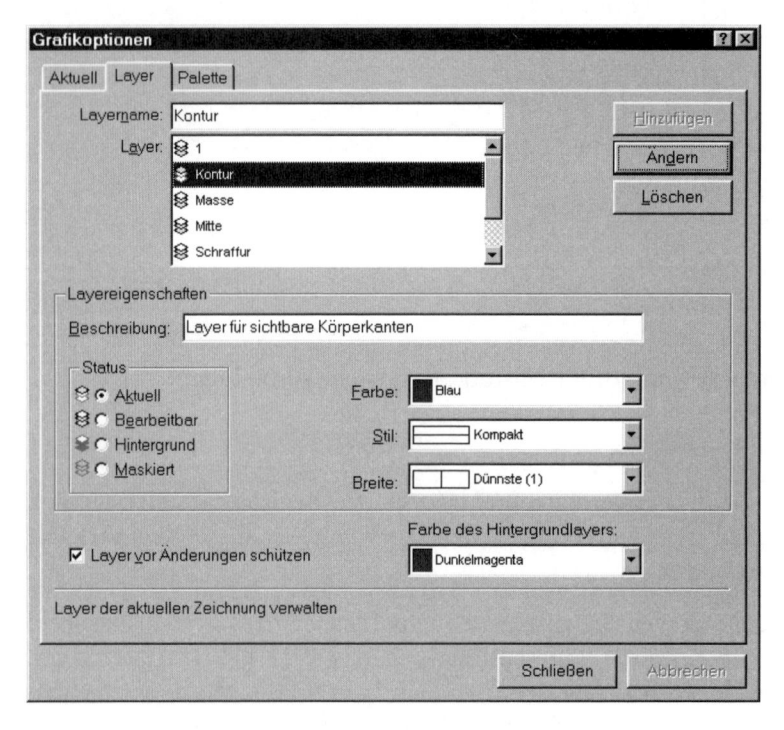

Abbildung 4.11: Registerkarte LAYER des Befehls GRAFIKOPTIONEN...

Registerkarte AKTUELL

In der Registerkarte AKTUELL können Sie, wie in der Symbolleiste EIGENSCHAFTEN, die aktuellen Einstellungen wählen. Informationen zu den Mustereinstellungen finden Sie in Kapitel 13.

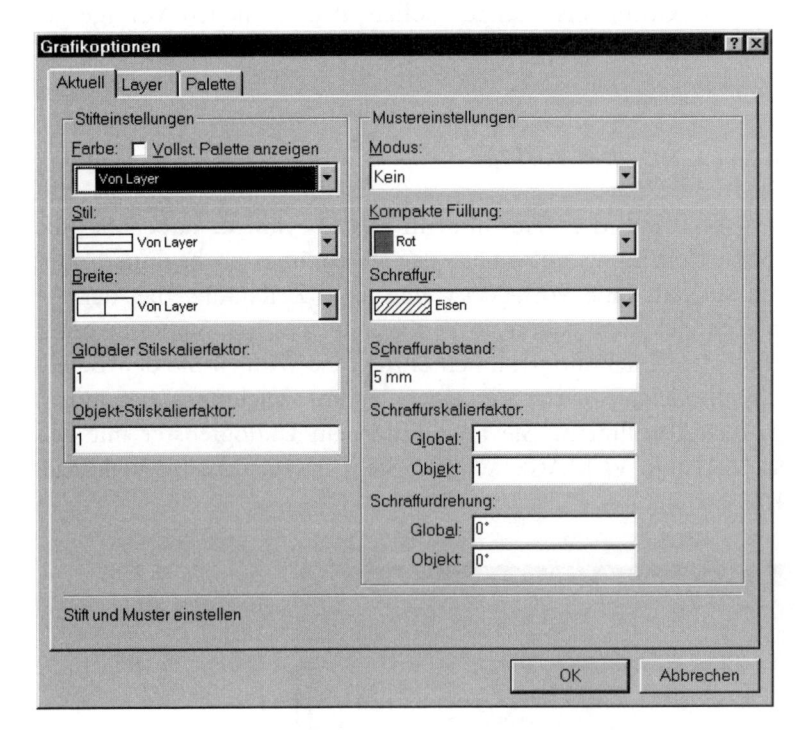

Abbildung 4.12: Registerkarte AKTUELL des Befehls GRAFIKOPTIONEN...

WICHTIG: Wenn Sie mit Layern arbeiten, sollten Sie unbedingt die Stifteinstellungen für Farbe, Stil und Breite auf den Wert *Von Layer* stellen. Nur dann wird mit der Farbe, dem Stil und der Breite gezeichnet, die dem aktuellen Layer zugeordnet ist.

Registerkarte PALETTE

Was Sie mit dem Register PALETTE machen können, finden Sie im Kapitel 19 bei den Einstellmöglichkeiten zu AutoSketch.

4.4 Arbeiten mit Vorlagen

Nun wollen wir eine neue Zeichnung beginnen und dabei eine Vorlage verwenden. In dieser Zeichnung wollen wir dann die Layer für unsere Konstruktionszeichnung anlegen. Diese Grundeinstellungen sollen in einer neuen Vorlage gesichert werden.

Neue Zeichnung mit Vorlage

Wenn Sie den Befehl NEU aus dem Abrollmenü DATEI wählen, haben Sie die Möglichkeit, eine neue Zeichnung mit einem der Assistenten zu beginnen oder mit einer Vorlage zu starten. Eine Vorlage ist eine leere Zeichnung, bei der die Grundeinstellungen fürs Zeichnen schon vorgenommen wurden. Sie kann unter Umständen auch noch den Zeichnungsrahmen enthalten. Wählen Sie den Befehl aus der Standard-Symbolleiste, wird mit einer leeren Zeichnung begonnen. Verwenden Sie also das Abrollmenü. Sie bekommen ein Dialogfenster mit den Registerkarten ASSISTENT und VORLAGE. Wählen Sie die Registerkarte VORLAGE (siehe Abbildung 4.13).

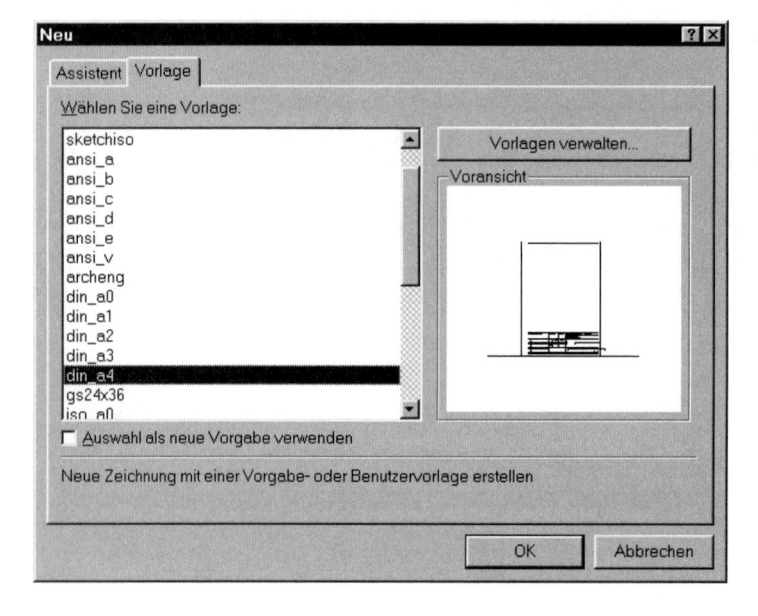

Abbildung 4.13: Registerkarte VORLAGE im Dialogfeld des Befehls NEU

Wählen Sie aus der Liste die gewünschte Vorlage. Der erste Eintrag *(Leere Standardzeichnung)* bringt ein leeres Blatt auf den Bildschirm in der Größe des Standard-Papierformats ihres Druckers im Maßstab 1:1. Dabei wird der Drucker verwendet, den Sie in Windows als Standard-Drucker gewählt haben.

Zudem haben Sie die Wahlmöglichkeit zwischen *sketch* oder *sketchiso*, zwischen einer Zeichnung mit Zoll oder einer Zeichnung mit cm als Zeicheneinheit. Die restlichen Vorlagen sind schon mit einem Zeichnungsrahmen versehen. Für Rahmen in den DIN-Formaten wählen Sie zwischen *din_a0* bis *din_a4*. Im Feld VORANSICHT bekommen Sie den Inhalt der Vorlage angezeigt.

Tips

- Klicken Sie den Schalter AUSWAHL ALS NEUE VORGABE VERWENDEN an, wird die zuletzt gewählte Vorlage als Standard-Vorlage genommen. Wählen Sie danach den Befehl NEU im Abrollmenü oder in der Registerkarte ASSISTENT die Einstellung *Mit leerer Zeichnung beginnen*, dann wird jede neue Zeichnung mit dieser Vorlage begonnen. Das erfolgt so lange, bis Sie eine andere als Vorgabe setzen. Danach starten Sie auch mit dieser Vorlage, wenn Sie das Symbol für den Befehl NEU in der Standard-Symbolleiste anklicken.

- Vorlagen sind eigene Dateien, die im Ordner *\Programme\AutoSketch \Templates* gespeichert sind. Vorlagen haben die Dateierweiterung *.SKT*.

Zeichnung mit Vorlage beginnen

- *Wählen Sie den Befehl NEU aus dem Abrollmenü, und aktivieren Sie die Registerkarte VORLAGE.*

- *Wählen Sie die Vorlage din_a4, und klicken Sie auf OK. Eine neue Zeichnung mit einem Zeichnungsrahmen im DIN-A4-Format wird auf den Bildschirm geholt (siehe Abbildung 4.14). Wenn Sie das Schriftfeld etwas größer herauszoomen, werden Sie sehen, dass die Rechtecke Text darstellen sollen, der in dieser Vergrößerung nicht mehr lesbar am Bildschirm dargestellt werden kann. AutoSketch zeigt dann ein Rechteck in der Größe des Textes an.*

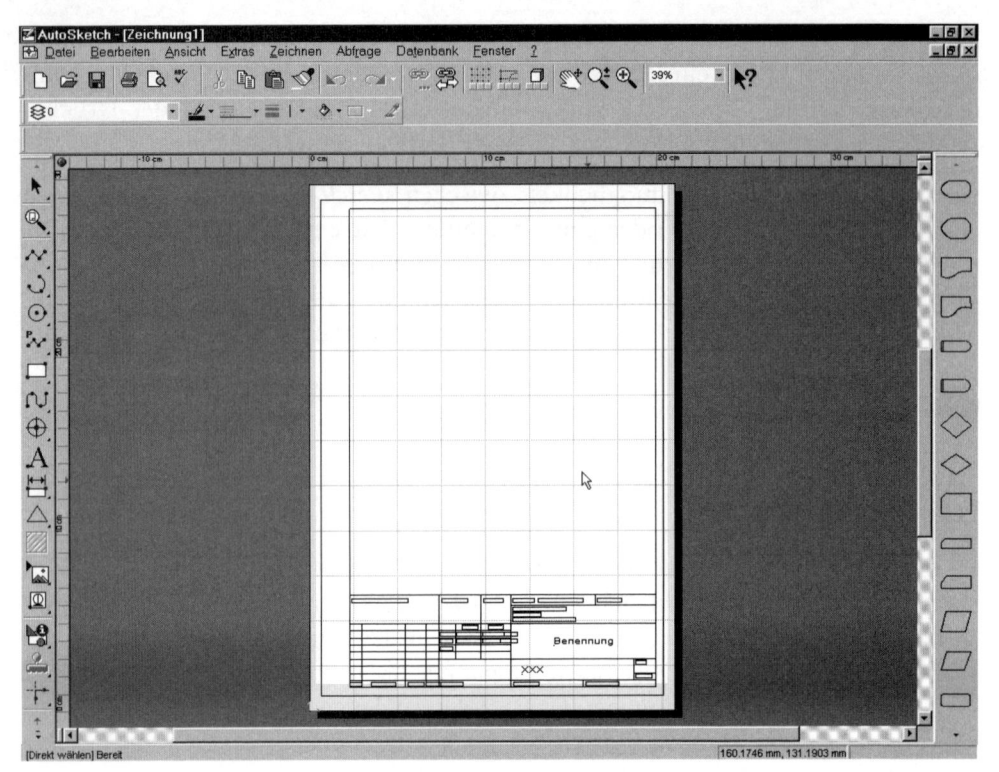

Abbildung 4.14: Neue Zeichnung mit der Vorlage din_a4

Layer für die neue Zeichnung anlegen

- Wählen Sie den Befehl GRAFIKOPTIONEN aus dem Abrollmenü EXTRAS.

- Schalten Sie im Dialogfeld auf die Registerkarte LAYER um. Sie sehen, dass in der Zeichnung schon eine Reihe von Layern vorhanden ist. Diese wurden mit dem Zeichnungsrahmen eingefügt.

- Schalten Sie den Layer 0 als Hintergrundlayer. Auf dem Layer 0 liegen die Objekte des Zeichnungsrahmens. Dadurch bleibt der Zeichnungsrahmen auf dem Bildschirm. Er kann aber nicht bearbeitet, verschoben oder gelöscht werden. Klicken Sie auf OK, und der Rahmen wird in der Farbe des Hintergrundlayers dargestellt, normalerweise Dunkelmagenta.

- Auf den Layern Rahmen025, Rahmen035, Rahmen05 und Rahmen07 befindet sich nichts; Sie können diese Layer löschen.

- Für unsere Konstruktionszeichnung benötigen wir verschiedene Layer, die Sie jetzt anlegen sollten.

Layername	Beschreibung	Farbe	Stil	Breite
Kontur	Sichtbare Kanten	Rot	Kompakt	Dünn
Masse	Bemaßungen	Grün	Kompakt	Dünnste
Mitten	Mittellinien	Blau	Mittellinie	Dünnste
Schraffur	Schraffurlinien	Zyan	Kompakt	Dünnste
Schrift	Beschriftungen	Dunkelrot	Kompakt	Dünnste
Verdeckt	Unsichtbare Kanten	Magenta	Kurze Striche	Dünnste

- Machen Sie den Layer Kontur zum aktuellen Layer.
- Wechseln Sie jetzt zur Registerkarte AKTUELL, und stellen Sie die Werte für Farbe, Stil und Breite auf Von Layer.

Tip

Benötigen Sie dicke Linien, sollten Sie diese beim Zeichnen noch nicht so einstellen. Die Linien erscheinen auf dem Bildschirm meist viel zu dick, da die Linienbreite in Bildschirm-Pixeln festgelegt ist. Erst kurz vor dem Drucken sollten Sie die richtigen Breiten einstellen. Auf dem Ausdruck erscheint die Breite anders. Sie wird in Druckerpixeln ausgegeben, die immer kleiner als die des Bildschirms sind.

Vorlage erstellen

Wenn Sie eine Zeichnung als Vorlage verwenden wollen, wählen Sie den Befehl NEU aus dem Abrollmenü DATEI. Im Dialogfeld wählen Sie die Registerkarte VORLAGE. Klicken Sie auf die Schaltfläche VORLAGEN VERWALTEN, und Sie bekommen ein weiteres Dialogfeld auf den Bildschirm (siehe Abbildung 4.15).

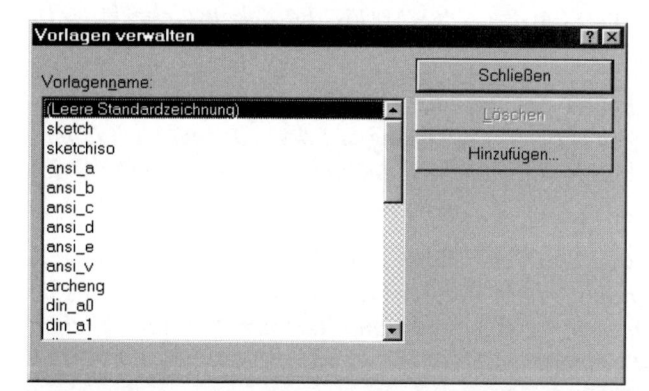

Abbildung 4.15: Dialogfeld zur Verwaltung der Vorlagen

LÖSCHEN: Markieren Sie eine Vorlage in der Liste, und klicken Sie auf die Schaltfläche LÖSCHEN, dann wird diese Vorlage aus der Liste entfernt.

HINZUFÜGEN: Klicken Sie auf die Schaltfläche HINZUFÜGEN, und Sie bekommen ein weiteres Dialogfeld (siehe Abbildung 4.16).

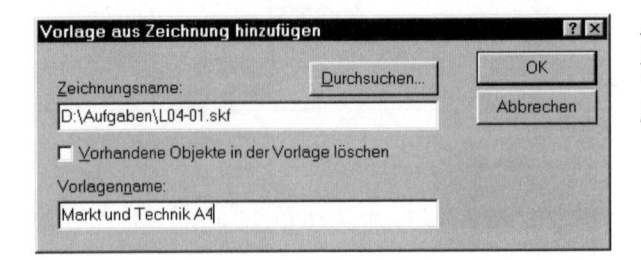

Abbildung 4.16: Dialogfeld um Vorlagen hinzuzufügen

In dem Feld ZEICHNUNGSNAME können Sie den Namen der Zeichnung eintragen, die zur Vorlage gemacht werden soll. Die Zeichnung muß schon einmal gespeichert worden sein. Klicken Sie auf den Schalter DURCHSUCHEN..., dann können Sie die Zeichnung in einem Dialogfeld aussuchen. Ist der Schalter VORHANDENE OBJEKTE IN DER VORLAGE LÖSCHEN eingeschaltet, dann werden nur die Zeichnungseinstellungen in der Vorlage gespeichert, nicht jedoch die gezeichneten Objekte. Nur wenn er aus ist, wird die Zeichnung komplett in eine Vorlage umgewandelt. Den Namen, den Sie im Feld VORLAGENNAME eintragen, wird in der Vorlagenliste angezeigt.

Zeichnung als Vorlage speichern

- Speichern Sie den jetzigen Stand Ihrer Zeichnung im Ordner Aufgaben ab.
- Wählen Sie den Befehl NEU aus dem Abrollmenü DATEI.
- Gehen Sie auf die Registerkarte VORLAGE, und wählen Sie die Schaltfläche VORLAGEN VERWALTEN...
- Wählen Sie im Dialogfeld VORLAGEN VERWALTEN die Schaltfläche HINZUFÜGEN...
- Im nächsten Dialogfeld klicken Sie auf die Schaltfläche DURCHSUCHEN.... Wählen Sie ihre vorher abgespeicherte Zeichnung aus dem Ordner \Aufgaben. Sie können auch die Zeichnung L04-01.SKF wählen, die sich ebenfalls im Ordner \Aufgaben befindet.
- Schalten Sie den Schalter VORHANDENE OBJEKTE IN DER VORLAGE LÖSCHEN aus, da der Zeichnungsrahmen mit in die Vorlage kommen soll. Tragen Sie einen Namen für die Vorlage ein (z. B.: Markt und Technik A4), und klicken Sie auf OK. Die Vorlage ist gespeichert.

- *Zur Probe: Schließen Sie alle Zeichnungen. Wählen Sie den Befehl* NEU *aus dem Abrollmenü* DATEI. *Klicken Sie auf die Registerkarte* VORLAGEN, *wählen Sie aus der Liste den Namen der gerade gespeicherten Vorlage, und klicken Sie auf OK.*

- *Die neue Zeichnung hat den Zeichnungsrahmen und alle Layer, die Sie vorher angelegt haben.*

4.5 Zeichnen mit Koordinaten

Bei Ihrer ersten Zeichnung haben Sie nur mit dem Rasterfang gearbeitet. Alle Punkte haben Sie mit der Maus und der Koordinatenanzeige platziert. Das ging deshalb noch relativ einfach, weil sich alle Punkte der Zeichnung auf einem Raster von 5 mm befunden haben. Haben Sie keinen solchen Spezialfall oder ist das Raster zu eng, dann wird es schwierig oder gar unmöglich, exakt zu zeichnen. Es ist bei komplexeren Zeichnungen meist einfacher, die gewünschte Koordinate einzugeben, statt das Fadenkreuz mühsam an die richtige Position zu bringen und im letzten Moment doch noch die Eingabe zu verwackeln. Deshalb haben Sie in AutoSketch die Möglichkeit, Punkte dadurch zu setzen, dass Sie die Koordinaten nummerisch in ein Dialogfeld eingeben.

Koordinaten numerisch eingeben

Was absolute Koordinaten sind, haben Sie im letzten Kapitel gelernt. Sie geben den Abstand in X- und Y-Richtung eines Punktes vom Koordinatenursprung an. Normalerweise liegt dieser am linken unteren Eckpunkt des Zeichenblattes. Relative Koordinaten geben den Abstand eines Punktes zum zuletzt eingegebenen Punkt ein. Auch hierbei ist ein Abstand in X- und Y-Richtung erforderlich.

Sie können auf der Tastatur eingeben:

- [S] KEIN FANG: für das Zeichnen ohne Fang (siehe Kapitel 3),

- [G] FANG – RASTERPUNKT: für das Zeichnen mit dem Rasterfang (siehe Kapitel 3),

- [A] FANG – ABSOLUT: für das Zeichnen mit absoluten Koordinaten

- [R] FANG – RELATIV: für das Zeichnen mit relativen Koordinaten.

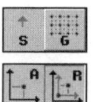

- Statt der Tastaturkürzel können Sie auch die Symbole in der Symbolleiste OBJEKTFANG oder die Symbole in einem Flyout-Menü der Universal-Symbolleiste verwenden.

Haben Sie vor oder während des Zeichnens die Taste A gedrückt, erscheint bei einer Punktanfrage das Dialogfeld zur Eingabe der absoluten Koordinatenwerte (siehe Abbildung 4.17).

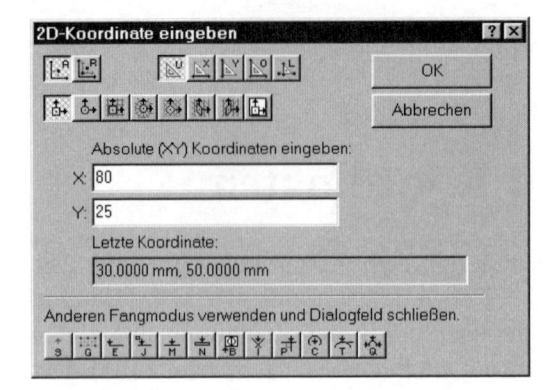

Abbildung 4.17:
Dialogfeld zur
Eingabe absoluter
Koordinaten

Haben Sie dagegen die Taste R gedrückt, erscheint bei der Punktanfrage das Dialogfeld zur Eingabe der relativen Koordinatenwerte (siehe Abbildung 4.18).

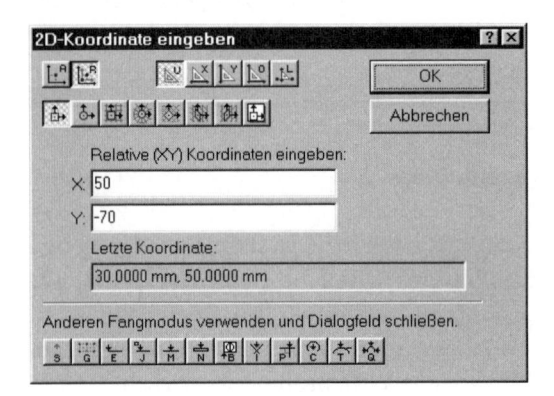

Abbildung 4.18:
Dialogfeld zur
Eingabe relativer
Koordinaten

Tragen Sie die Werte für den gewünschten Punkt ein, und klicken Sie auf OK. Das Dialogfeld bleibt auf dem Bildschirm, und Sie können einen neuen Wert eintragen. Unter den Eingabefeldern bekommen Sie immer die zuletzt eingegebene Koordinate angezeigt. Eine relative Eingabe bezieht sich auf diesen Punkt.

Um zwischen absoluter und relativer Eingabe umzuschalten, klicken Sie auf die gleichen Symbole im Dialogfeld, wie Sie sie schon in der Symbolleiste gehabt haben: A zum Umschalten auf die absolute Eingabe und R für die relative Eingabe.

Mit den Symbolen in der untersten Symbolleiste im Dialogfeld können Sie umschalten zum Zeichnen ohne Fang (ganz links) und zum Zeichnen mit dem Rasterfang (rechts daneben). Das Dialogfeld zur Koordinateneingabe verschwindet, aber der Zeichenbefehl wird nicht abgebrochen. Die anderen Symbole in dieser Leiste sind für den Objektfang, doch dazu erfahren Sie weiter unten in diesem Kapitel mehr.

Mehrfachlinie zeichnen

Um das Zeichnen mit Koordinateneingaben testen zu können, wollen wir uns zuerst noch einen Zeichenbefehl anschauen, den Befehl MEHRFACHLINIE. Damit können Sie einen Linienzug zeichnen. Dazu müssen Sie nur nacheinander die Stützpunkte eingeben. Trotzdem bleiben die einzelnen Liniensegmente einzelne Objekte, die auch separat bearbeitet werden können. Sie finden den Befehl wie folgt:

- Abrollmenü ZEICHNEN, Untermenü LINIE, Funktion MEHRFACH
- Symbol in einem Flyout-Menü der Universal-Symbolleiste
- Symbol in der Symbolleiste LINIE

In der Statuszeile finden Sie die Anfrage:

> [Mehrfachlinie] Startpunkt eingeben
> [Mehrfachlinie] Endpunkt eingeben ([Strg]: Verschieben)

Geben Sie nacheinander die Stützpunkte für den Linienzug ein. Während der Eingabe können Sie in der Symbolleiste BEARBEITEN die Koordinaten der Segmente noch bearbeiten (Anfangspunkt, Endpunkt, Länge und Winkel). Drücken Sie bei der Anfrage nach einem Endpunkt die Taste [Strg], können Sie den Startpunkt für das gerade gezeichnete Segment neu bestimmen:

> [Mehrfachlinie] Neuen Startpunkt eingeben

Geben Sie den Startpunkt für dieses Segment neu ein und danach wieder einen Endpunkt:

> [Mehrfachlinie] Endpunkt eingeben ([Strg]: Verschieben)

Geben Sie weitere Endpunkte ein, und beenden Sie den Befehl, indem Sie zweimal die rechte Maustaste oder zweimal die Taste [Esc] drücken.

Zeichnen eines Linienzuges mit Koordinateneingaben

- *Ein ganz einfaches Beispiel: Zeichnen Sie ein Rechteck mit einem Linienzug. Es soll bei der absoluten Koordinate 50mm,130mm beginnen, 120 mm breit und 70 mm hoch sein.*

- Wählen Sie den Befehl MEHRFACHLINIE.

> [Mehrfachlinie] Startpunkt eingeben

- Drücken Sie die Taste A, tragen Sie im Dialogfeld die absoluten Koordinaten 50 (für X) und 130 (für Y) ein, und klicken Sie auf OK (oder Taste ⏎).

- Schalten Sie auf relative Eingabe um, tragen Sie 120 (für X) und 0 (für Y) ein, und klicken Sie auf OK. Das waagrechte Liniensegment wird gezeichnet.

- Tragen Sie jetzt 0 (für X) und 70 (für Y) ein, und klicken Sie auf OK. Ein Liniensegment senkrecht nach oben wird gezeichnet.

- Tragen Sie –120 (für X) und 0 (für Y) ein, und klicken Sie auf OK. Ein Liniensegment waagrecht nach links wird gezeichnet.

- Tragen Sie zum Schluß 0 (für X) und –70 (für Y) ein, und klicken Sie auf OK. Ein Liniensegment senkrecht nach unten wird gezeichnet. Der Linienzug ist fertig (siehe Abbildung 4.19), klicken Sie auf die Schaltfläche ABBRECHEN, und der Befehl ist beendet.

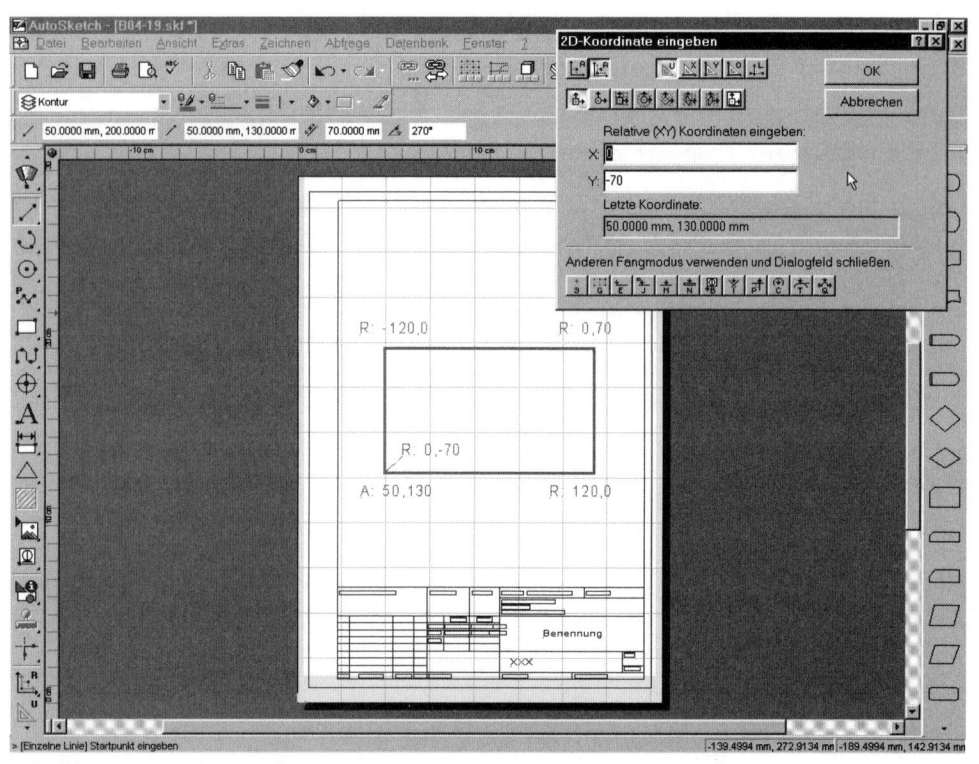

Abbildung 4.19: Rechteck mit Koordinateneingabe gezeichnet

Polare Koordinaten eingeben

Koordinaten können Sie nicht nur mit Ihren X- und Y-Werten eingeben. Sie haben außerdem die Möglichkeit, Punkte durch Ihren Abstand vom Nullpunkt und Ihren Winkel zum Nullpunkt anzugeben, sogenannte Polarkoordinaten. Der Winkel wird zur X-Achse des Koordinatensystems gemessen, und er ist positiv, wenn er entgegen dem Uhrzeigersinn gemessen wird.

Auch die Polarkoordinaten können als **absolute Polarkoordinaten**, also in Bezug zum Nullpunkt des Koordinatensystems, oder relativ zum zuletzt gezeichneten Punkt als **relative Polarkoordinaten** angegeben werden.

Format: A,W
Beispiel: 70mm,45° oder 75,5mm,–22,5°

Haben Sie beim Zeichnen oder Bearbeiten einen Punkt eingegeben, dann legt die relative Polarkoordinate den Abstand und den Winkel zum letzten Punkt fest.

Format: A,W
Beispiel: 70mm,-45° oder 120,75mm,25°

Bei der Koordinateneingabe gehen Sie gleich wie vorher beschrieben vor: Wählen Sie vor dem Zeichenbefehl oder während des Zeichnens die Funktion zur absoluten oder relativen Koordinateneingabe. Das Dialogfeld kommt auf den Bildschirm (Abbildung 4.20 bzw. 4.21).

Schalten Sie mit den linken beiden Symbolen in der zweiten Symbolleiste zwischen X,Y-Koordinaten und polaren Koordinaten um. Das Symbol für die polaren Koordinaten ist das zweite von links.

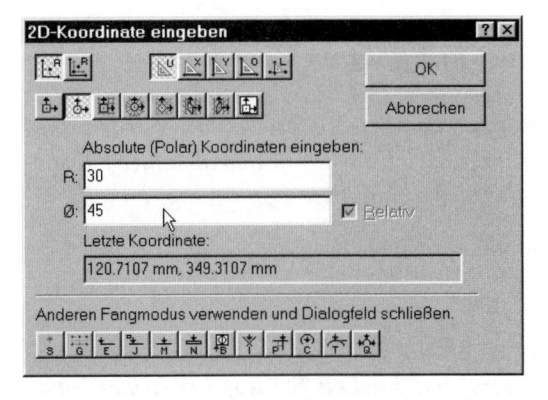

*Abbildung 4.20:
Dialogfeld zur
Eingabe absoluter
polarer Koordinaten*

Haben Sie dagegen die Taste R gedrückt oder auf die relative Eingabe umgeschaltet, können Sie relative Werte eingeben (siehe Abbildung 4.21).

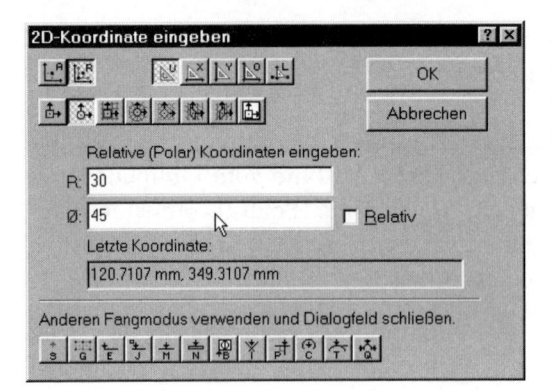

Abbildung 4.21:
Dialogfeld zur Eingabe relativer polarer Koordinaten

Ist der Schalter RELATIV hinter dem Winkeleingabefeld ausgeschaltet, wird der Winkel zur X-Achse gemessen, ist er dagegen eingeschaltet, wird der Winkel relativ zur letzten Koordinateneingabe genommen.

Zum Beispiel: Bei einem Linienzug haben Sie die erste Koordinate auf die absolute X,Y-Koordinate 50,120 gesetzt. Danach haben Sie eine relative Polarkoordinate eingegeben: 70,45. Es wird eine Linie gezeichnet, die 70 mm lang ist und unter 45° verläuft. Geben Sie eine weitere relative Polarkoordinate mit 20,90 ein, wird ein weiteres Segment mit 20 mm Länge und einem Winkel von 90° gezeichnet. Hätten Sie bei der letzten Eingabe den Schalter RELATIV beim Winkel eingeschaltet, dann würde die Linie zwar ebenfalls 20 mm lang werden, sie würde aber unter dem Winkel 135° (45° + 90°) verlaufen.

Im Dialogfeld können Sie jederzeit umschalten zwischen absoluter und relativer Eingabe und zwischen X,Y-Koordinaten und Polarkoordinaten. Selbstverständlich können Sie auch wieder auf die Eingabe ohne Fang und auf die Eingabe mit Rasterfang wie oben beschrieben umschalten.

Zeichnen eines Linienzuges mit polaren Koordinaten

- Wieder ein einfaches Beispiel: Löschen Sie das Rechteck von vorher, und zeichnen Sie eine Raute mit einem Linienzug. Es soll bei der absoluten Koordinate 110mm,130mm beginnen und eine Kantenlänge von 60 mm haben.

- Wählen Sie den Befehl MEHRFACHLINIE.

> [Mehrfachlinie] Startpunkt eingeben

- Drücken Sie die Taste [A], tragen Sie im Dialogfeld die absoluten X,Y-Koordinaten 110 (für X) und 130 (für Y) ein, und klicken Sie auf OK (oder Taste [↵]).

Zeichnen mit Koordinaten

- *Schalten Sie auf relative und polare Eingabe um, tragen Sie 60 (für den Abstand) und 45 (für den Winkel) ein, und klicken Sie auf OK. Das erste Liniensegment wird unter 45° gezeichnet.*

- *Tragen Sie jetzt 60 (für den Abstand) und 135 (für den Winkel) ein, und klicken Sie auf OK. Das zweite Liniensegment wird unter 135° gezeichnet.*

- *Tragen Sie wieder 60 (für den Abstand) und diesmal 90 (für den Winkel) ein, und schalten Sie den Schalter RELATIV hinter dem Winkel ein. Klicken Sie dann auf OK, und das Liniensegment wird unter 90° relativ zum letzten Segment gezeichnet. Wäre der Schalter RELATIV aus gewesen, hätten Sie 225 (für den Winkel) eingeben müssen, um das gleiche Ergebnis zu bekommen.*

- *Tragen Sie zum Schluß noch einmal 60 (für den Abstand) und 315 (für den Winkel, Schalter RELATIV aus) oder 90 (für den Winkel, Schalter RELATIV ein) ein, und klicken Sie auf OK. Das letzte Liniensegment wird gezeichnet und die Raute geschlossen (siehe Abbildung 4.22). Klicken Sie auf die Schaltfläche ABBRECHEN, und der Befehl ist beendet.*

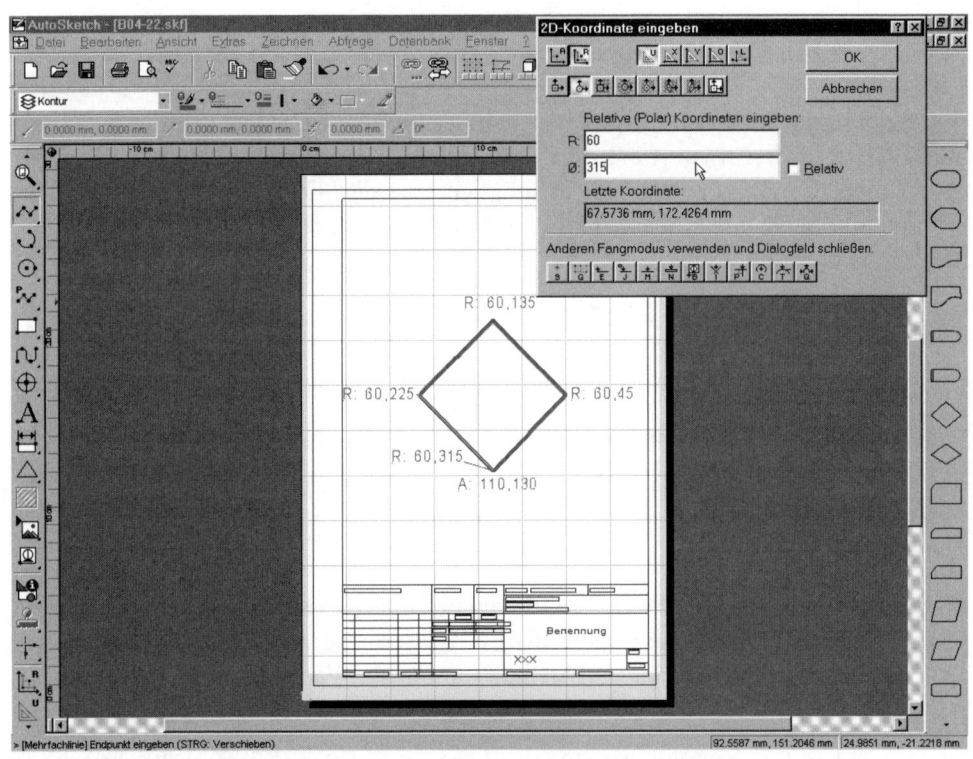

Abbildung 4.22: Raute mit polarer Koordinateneingabe gezeichnet

Tip

Wird der Winkel negativ eingegeben, wird er im Uhrzeigersinn gemessen. Die relative polare Koordinateneingabe von 60,315 und 60,–45 würde zum gleichen Ergebnis führen.

4.6 Zeichnen mit dem Objektfang

Je mehr Objekte Sie in der Zeichnung haben, desto häufiger kommt es beim Zeichnen vor, dass Sie neue Objekte an Punkte auf bereits gezeichneten Objekte setzen müssen. In AutoSketch haben Sie neben dem Rasterfang auch die Möglichkeit, bestehende Punkte auf Objekten zu fangen.

Objektfang verwenden

Wie Sie im letzten Abschnitt gesehen haben, können Sie jederzeit vom Zeichnen ohne Fang auf den Rasterfang oder auf die verschiedenen Koordinateneingaben umschalten. Genauso einfach ist es möglich, auf den Objektfang umzuschalten. Wählen Sie, bevor Sie einen Befehl eingeben oder während der Arbeit mit einem Befehl:

- Symbole in einem Flyout-Menü der Universal-Smbolleiste

- Symbole in der Symbolleiste OBJEKTFANG

- Jede Fangfunktion kann außerdem mit einem Tastaturkürzel aktiviert werden, so zum Beispiel die Taste [E] für den Endpunkt, die Taste [M] für den Mittelpunkt usw. Das ist meist die schnellste Methode.

- Zudem haben Sie im Dialogfeld für die nummerische Koordinateneingabe am unteren Rand die gleiche Symbolleiste. Klicken Sie dort ein Symbol an, verschwindet das Dialogfeld, und Sie können mit der Fangfunktion arbeiten.

Ist ein Objektfang aktiv, haben Sie in der Mitte des Fadenkreuzes einen kleinen Kreis, mit dem Sie das Objekt anklicken können, auf dem Sie einen Punkt fangen wollen. Rechts unterhalb des Fadenkreuzes steht das Buchstabenkürzel für den Fang. Der zweite Buchstabe steht für die Fixierungsart. Dazu mehr im nächsten Abschnitt.

Kommen Sie in die Nähe eines Objekts, das einen Punkt enthält, den Sie mit der Fangfunktion gewählt haben, wird der Punkt mit einem ausgefüllten roten Kreis markiert. Klicken Sie auf die linke Maustaste, wird der Punkt gefangen, egal wo sich das Fadenkreuz gerade befindet. Wird jedoch kein Fangpunkt gefunden, nimmt AutoSketch keinen anderen Punkt an, egal wie oft Sie die linke Maustaste drücken.

Die verschiedenen Fangfunktionen

Doch welche Fangfunktionen stehen nun zur Verfügung? Die ersten beiden Funktionen haben Sie schon im vorherigen Kapitel kennengelernt. Sie gehören eigentlich nicht zum Objektfang, befinden sich aber in den Symbolleisten zum Objektfang.

KEIN FANG, Taste S: Fangfunktionen ausschalten, das Fadenkreuz lässt sich ohne Einschränkungen frei positionieren.

RASTERFANG, Taste G **(von engl. Grid):** Umschalten zum Rasterfang (siehe Kapitel 3).

ENDPUNKT, Taste E: Fängt den nächsten Endpunkt einer Linie, eines Bogens, eines Polylinien- oder Polygonsegments.

ABSTANDSFANG, Taste J: Fängt einen Punkt, der in einem bestimmten Abstand zum Endpunkt einer Linie, eines Bogens, einer Polylinie oder eines Polygons auf dem betreffenden Objekt liegt. Sie können den Abstand als Maß oder als Prozentsatz der Objektlänge eingeben. Die Abstandseinstellung können Sie in einem Dialogfeld vornehmen (siehe Abbildung 4.23).

Abbildung 4.23:
Dialogfeld zur
Abstandseinstellung

MITTELPUNKT, Taste M: Fängt den Mittelpunkt einer Linie, eines Bogens, eines Polylinien- oder Polygonsegments.

NÄCHSTER, Taste N: Fängt einen Punkt auf einem Objekt. Dabei handelt es sich nicht um einen definierten Punkt; es wird nur der dem Fadenkreuz am nächsten liegende gefangen. So können Sie erreichen, dass beispielsweise eine Linie exakt an einer anderen endet, ohne dass ein Abstand bleibt oder die Objekte sich überschneiden.

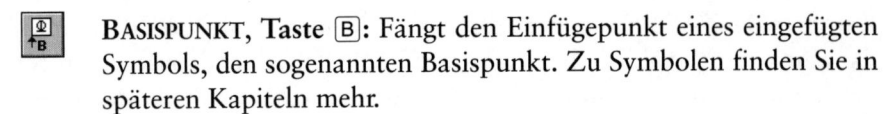

BASISPUNKT, Taste B : Fängt den Einfügepunkt eines eingefügten Symbols, den sogenannten Basispunkt. Zu Symbolen finden Sie in späteren Kapiteln mehr.

SCHNITTPUNKT, Taste I (von engl. **Intersection**): Fängt den Schnittpunkt zweier Objekte. Dies können Linien, Bogen, Kreise, Polygon- oder Poliniensegmente sein. Der Schnittpunkt muß auf keinem der beiden Objekte liegen. Wenn die Verlängerung beider Objekte zu einem Schnittpunkt führt, wird dieser gefangen. Wenn Sie das erste Objekt anklicken, wird eine gestrichelte Hilfslinie in der Richtung des Objekts gezeichnet. Fahren Sie mit dem Fadenkreuz über das zweite Objekt, dann wird ein möglicher Schnittpunkt mit dem roten Kreis markiert. Klicken Sie auf das Objekt, über dem das Fadenkreuz steht, wird der markierte Punkt gefangen.

Bogen oder Kreise können sich an mehreren Punkten überschneiden. Ist dies der Fall, wird der Schnittpunkt gefangen, der der Stelle am nächsten ist, auf die Sie geklickt haben.

SENKRECHT, Taste P (oder Lot, P von engl. **Perpendicular**): Fängt einen Punkt beim Zeichnen einer Linie, die senkrecht zu einer bestehenden Linie, einem Polylinien- oder Polygonsegment verläuft. Bei Verwendung mit einem Bogen, Kreis oder einem bogenförmigen Polyliniensegment können Sie eine Linie erstellen, die radial nach außen oder innen verläuft.

ZENTRUM, Taste C (von engl. **Center**): Fängt den Mittelpunkt eines Bogens oder Kreises. Wenn Sie mit dem Fadenkreuz über eine Kreis- oder Bogenlinie fahren, wird die rote Markierung auf dem Zentrumspunkt angezeigt. Wenn Sie dann klicken, wird der Punkt gefangen.

TANGENTE, Taste T : Fängt einen Tangentenpunkt an einem Bogen oder Kreis. Wenn Sie mit dem Fadenkreuz über eine Kreis- oder Bogenlinie fahren, wird die rote Markierung auf dem Tangentenpunkt angezeigt. Wenn Sie dann klicken, wird der Punkt gefangen.

QUADRANT, Taste Q : Fängt einen Qaudrantenpunkt an einem Bogen oder Kreis. Quadrantenpunkte sind die Punkte bei 0°, 90°, 180° und 270°. Sie können aber auch in den Zeichnungseinstellungen (siehe dort) wählen, dass auch Punkte in anderen Winkelabständen gefangen werden. Wenn Sie mit dem Fadenkreuz über eine Kreis- oder Bogenlinie fahren, wird die rote Markierung auf dem nächsten Quadrantenpunkt angezeigt. Wenn Sie dann klicken, wird der Punkt gefangen.

Zeichnen mit dem Objektfang

- *Auch dazu ein einfaches Beispiel. Verbinden Sie bei der Raute aus dem letzten Beispiel die Eckpunkte und die Seitenmittelpunkte mit einzelnen Linien (siehe Abbildung 4.24).*

- *Wählen Sie den Befehl* EINZELNE LINIE. *Drücken Sie dann die Taste* E *(für* ENDPUNKT), *und verbinden Sie die Endpunkte mit einer waagrechten und einer senkrechten Linie.*

- *Drücken Sie dann die Taste* M *(für* MITTELPUNKT), *und verbinden Sie die Mittelpunkte der Seiten mit diagonalen Linien.*

- *Wählen Sie dann den Befehl* KREIS – MITTELPUNKT, Seite. *Drücken Sie die Taste* I *(für Schnittpunkt), und klicken Sie nacheinander zwei der Linien an, die sich im Zentrum schneiden; der Schnittpunkt wird für das Zentrum des Kreises gefangen. Klicken Sie dann zwei der Seiten der Raute an, und die Kreislinie wird durch diesen Punkt gezeichnet. Die Raute sieht jetzt wie in Abbildung 4.24 aus.*

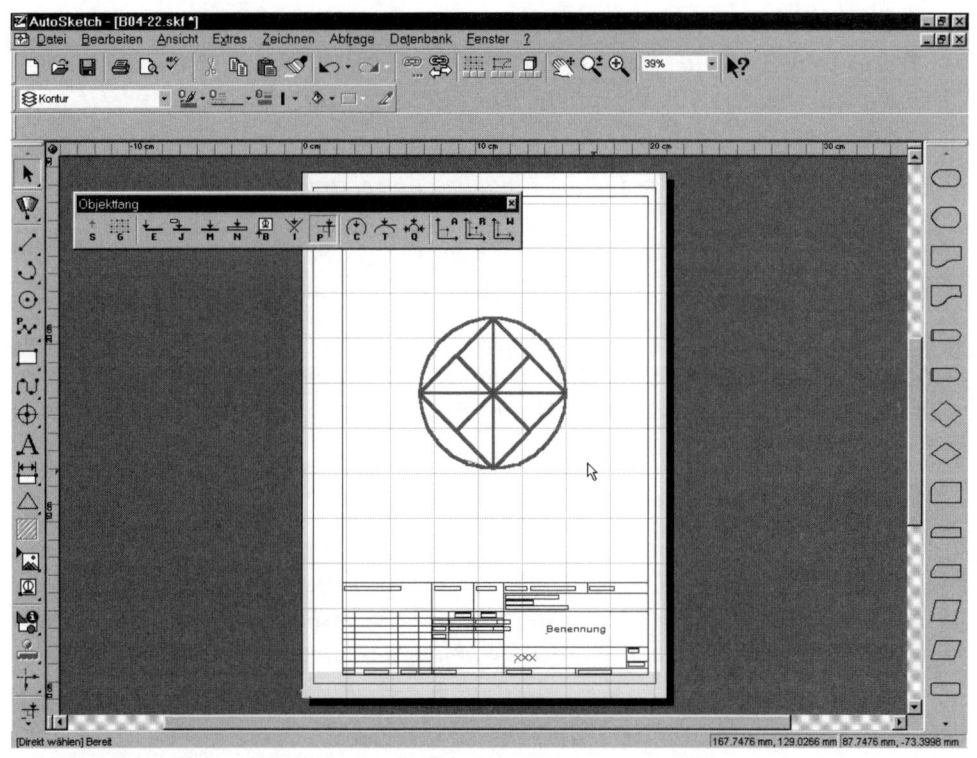

Abbildung 4.24: Linien und Kreis mit dem Objektfang gezeichnet

Funktion Fang LETZTER PUNKT

Beim ersten Mal etwas kompliziert, aber ganz praktisch beim Zeichnen ist der Fang LETZTER PUNKT. Er kann in Kombination von Fangpunkten und nummerischer Eingabe verwendet werden. Stellen Sie sich vor, Sie benötigen einen Punkt, der einen bestimmten Abstand zu einem geometrischen Punkt in der Zeichnung haben soll. Genau dann brauchen Sie diesen Fang.

Sie finden ihn in den Symbolleisten der anderen Fangfunktionen. Mit der Taste W können Sie ihn ebenfalls aktivieren.

Funktion Fang LETZTER PUNKT

- *Diese Funktion lernen Sie am besten an einem Beispiel kennen. Zeichnen Sie Kreise, die jeweils 15 mm vom Eckpunkt der Raute entfernt sind und einen Radius von 15 mm haben (siehe Abbildung 4.26).*

- *Wählen Sie den Befehl KREIS – MITTELPUNKT, SEITE. Drücken Sie die Taste W für den Fang LETZTER PUNKT.*

- *Drücken Sie dann die Taste E für den Fang ENDPUNKT, und klicken Sie beispielsweise den oberen Eckpunkt der Raute an. Der Punkt wird jetzt noch nicht gesetzt.*

- *Drücken Sie die Taste R für die Eingabe von relativen Koordinaten. Schalten Sie im Dialogfeld auf X,Y-Koordinaten um, tragen Sie für den X-Wert 0 und für den Y-Wert 15 ein, und klicken Sie auf OK (siehe Abbildung 4.25). Damit haben Sie den relativen Abstand des Zentrums von dem Eckpunkt festgelegt.*

- *Drücken Sie die Taste E für den Fang ENDPUNKT oder das entsprechende Symbol in der Symbolleiste. Das Dialogfeld verschwindet, und Sie können den Eckpunkt der Raute anklicken. Der Kreis wird durch diesen Punkt gezeichnet.*

- *Machen Sie das Gleiche bei den anderen drei Ecken. Beachten Sie aber, dass die Koordinateneingaben dann andere Werte haben.*

- *Noch ein Beispiel für den Objektfang. Drücken Sie die Taste T für den Fang TANGENTE. Wählen Sie den Befehl EINZELNE LINIE, und verbinden Sie die äußeren Kreise mit Tangenten. Meist kann beim ersten Punkt einer Linie kein Tangentenpunkt gefunden werden. Wählen Sie dann den Objektfang NÄCHSTER mit der Taste N, und schätzen Sie die Position. Nehmen Sie aber dann beim zweiten Punkt den Objektfang TANGENTE.*

- *Falls Sie es geschafft haben, sollte ihre Zeichnung wie in Abbildung 4.26 aussehen.*

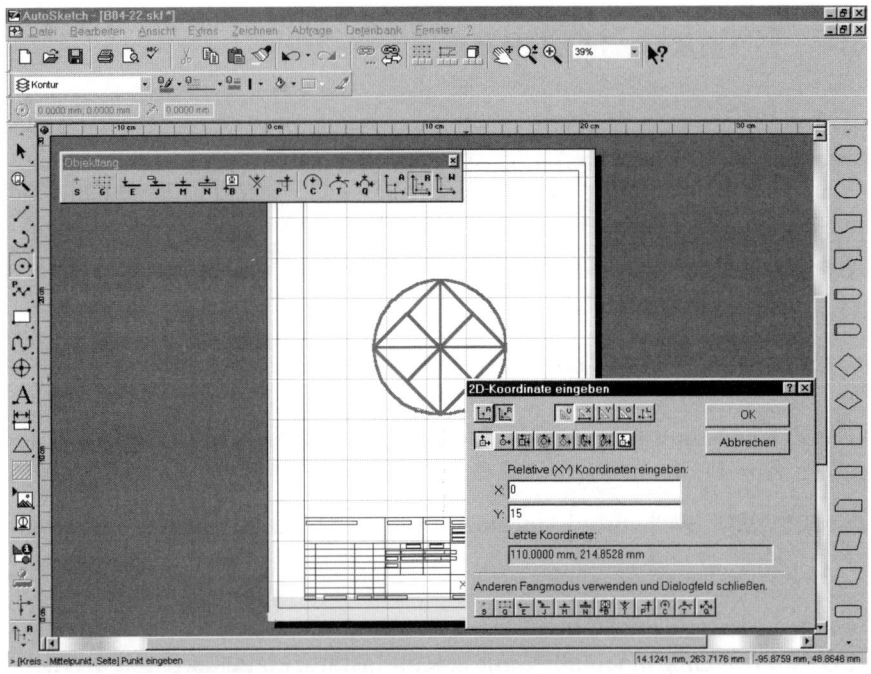

Abbildung 4.25: Relativen Abstand vom Endpunkt einstellen

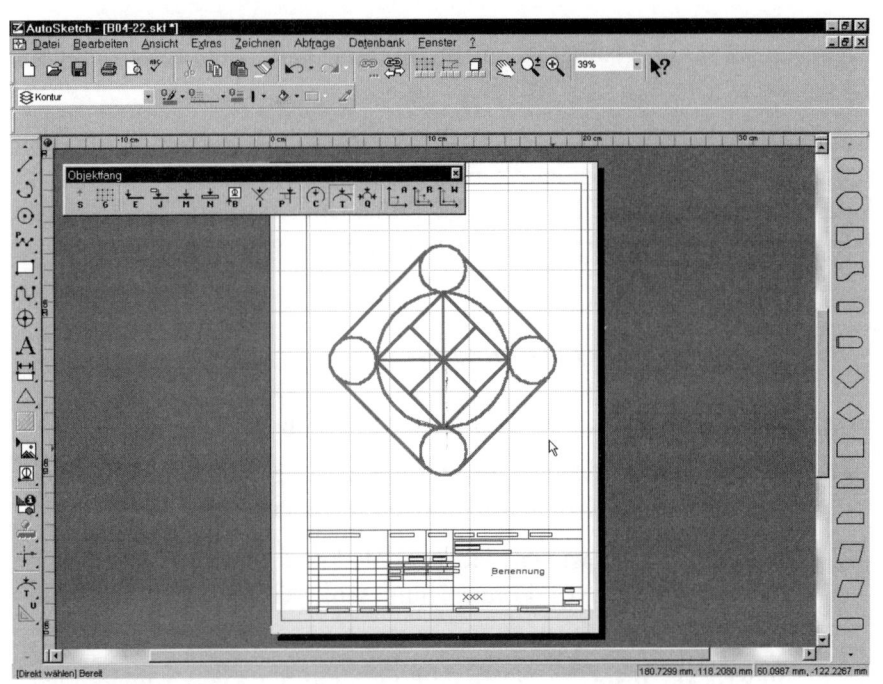

Abbildung 4.26: Kreise und Tangenten an den Eckpunkten gezeichnet

4.7 Punkte fixieren

In technischen Zeichnungen kommt es oft vor, dass nur waagrecht oder senkrecht gezeichnet werden muß, sei es bei Grundrissen, Schemaplänen oder Maschinenbauzeichnungen. Mit der Funktion PUNKTE FIXIEREN haben Sie die Möglichkeit, nur horizontal oder vertikal zu zeichnen, zu verschieben, zu kopieren usw., egal welchen Punkt Sie anklicken oder mit dem Objektfang einfangen.

Befehle zum Fixieren

Wenn Sie die Zeichen- und Editiermöglichkeiten einschränken wollen, wählen Sie die Funktionen zum Fixieren. Sie finden diese:

- Symbole in einem Flyout-Menü der Universal-Smbolleiste

- Symbole in der Symbolleiste FIXIEREN

- Die Fixierfunktionen können auch mit einem Tastaturkürzel aktiviert werden, zum Beispiel die Taste [X] für die vertikale oder [Y] für die horizontale Fixierung.

- Außerdem haben Sie im Dialogfeld für die nummerische Koordinateneingabe oben rechts die gleiche Symbolleiste.

Die Fixierung wird rechts unterhalb des Fadenkreuzes mit dem zweiten Buchstabenkürzel angezeigt. Da nicht der Punkt am Fadenkreuz bei der Eingabe verwendet wird, zeigt ein roter Kreis die mögliche Eingabeposition an. Egal welchen Punkt Sie anklicken, die Eingabe wird auf den roten Kreis gesetzt.

Die verschiedenen Fixierungen

Folgende Fixierungsmöglichkeiten stehen Ihnen zur Verfügung:

FIXIERUNG AUFHEBEN, Taste [U]: Fixierung ausschalten; Sie können wieder in beliebige Richtungen zeichnen.

HORIZONTAL, Taste [Y]: Horizontale Fixierung; die Y-Koordinate bleibt konstant, es können nur senkrechte Linien gezeichnet werden.

VERTIKAL, Taste [X]: Vertikale Fixierung; die X-Koordinate bleibt konstant, es können nur waagrechte Linien gezeichnet werden.

ORTHOGONAL, Taste O: Orthogonale Fixierung; es kann waagrecht und senkrecht gezeichnet werden. Ist der X-Abstand vom letzten Punkt zum Fadenkreuz größer als der Y-Abstand, wird waagrecht gezeichnet, ansonsten senkrecht.

NORMAL, Taste L: Normale Fixierung; es kann nur im rechten Winkel zu den beiden zuletzt eingegebenen beiden Punkten gezeichnet werden. Damit läßt sich abwechselnd waagrecht und senkrecht zeichnen. Mit jedem neuen Punkt wird die Richtung gewechselt. Diese Variante eignet sich zum Erstellen von Schemaplänen.

Punkte fixieren

- *Auch diese Funktion wollen wir uns noch an einem Beispiel ansehen. Um die Raute wollen wir noch ein Quadrat zeichnen (siehe Abbildung 4.27).*

- *Wählen Sie den Befehl* MEHRFACHLINIE. *Drücken Sie die Taste* Q *für den Objektfang* QUADRANT, *und klicken Sie den äußeren Quadrantenpunkt am linken Kreis an.*

- *Drücken Sie die Taste* Y, *um die Linie in horizontaler Richtung zu fixieren. Klicken Sie den oberen Quadrantenpunkt am oberen Kreis an. Das erste Segment wird gezeichnet.*

- *Drücken Sie dann die Taste* X *für die vertikale Fixierung. Klicken Sie den rechten Quadrantenpunkt am rechten Kreis an. Eine waagrechte Linie wird gezeichnet.*

- *Drücken Sie dann wieder die Taste* Y, *und klicken Sie den unteren Quadrantenpunkt am unteren Kreis an. Die Linie wird senkrecht nach unten gezeichnet.*

- *Drücken Sie noch einmal die Taste* X, *und klicken Sie danach den linken Quadrantenpunkt am linken Kreis an. Eine Linie wird waagrecht nach links gezeichnet.*

- *Drücken Sie die Taste* U, *um die Fixierung auszuschalten, falls sie sich nicht automatisch nach jedem Punkt wieder ausschaltet. Dies ist normalerweise als Vorgabe so eingestellt.*

- *Klicken Sie jetzt noch den Startpunkt am linken Quadrantenpunkt des linken Kreises an, und beenden Sie den Befehl. Der Linienzug ist fertig. Er sollte wie in Abbildung 4.27 aussehen.*

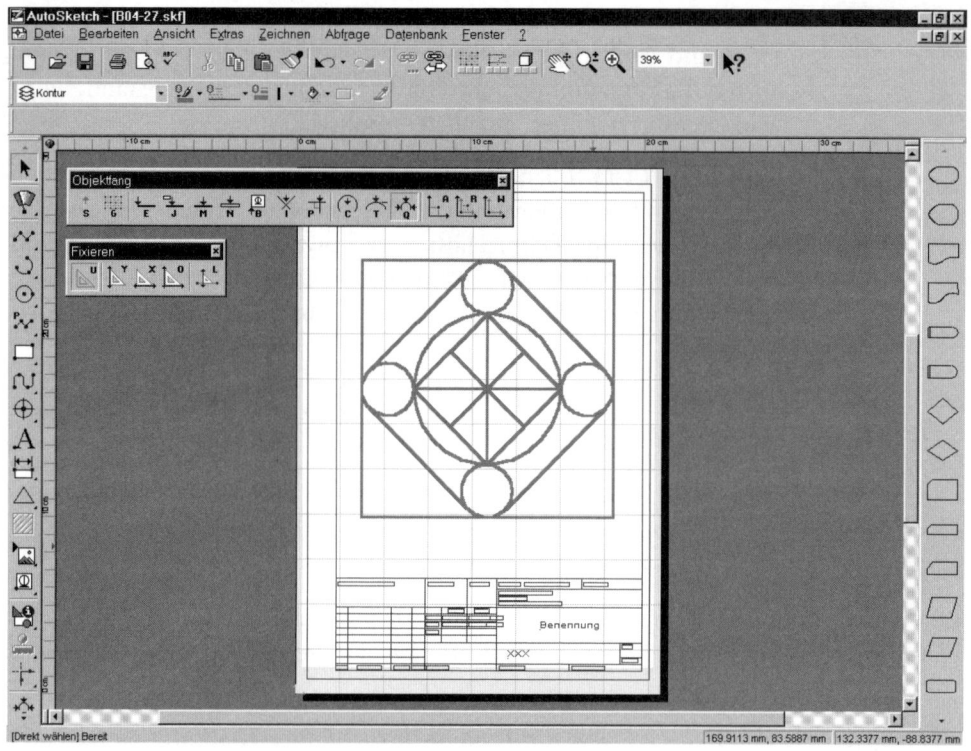

148 *Struktur der Zeichnung und Zeichenmethoden*

Abbildung 4.27: Quadrat mit der Fixierung gezeichnet

- *Speichern Sie die Zeichnung, wenn Sie wollen, im Ordner \Aufgaben. Dort finden Sie auch eine Musterlösung. Sie hat den Namen L04-02.SKF.*

Kapitel 5

Zeichnen, Editieren und Bemaßen in CAD-Präzision

Im letzten Kapitel haben Sie alle Werkzeuge kennengelernt, um einer Zeichnung mit Layern eine Struktur zu geben und mit Koordinaten und Fangfunktionen präzise Zeichnungen zu erstellen. In diesem Kapitel wollen wir diese Funktionen anwenden und dabei eine Reihe neuer Zeichen- und Editierbefehle kennenlernen. Sie lernen,

- wie Sie Kreise und Linien mit Koordinateneingaben und den Fangfunktionen exakt positionieren können
- welche Befehle es zum Stutzen noch gibt
- wie Sie Mittelinienkreuze zeichnen
- wie Sie die Grundeinstellungen für die Bemaßung ändern
- wie Sie lineare Maße in die Zeichnung bringen
- wie Winkel bemaßt werden
- wie Sie Radius und Durchmessermaße erstellen
- wie Sie sich die verschiedensten Informationen aus der Zeichnung anzeigen lassen

5.1 Kreise und Linien mit Koordinaten und Fang gezeichnet

Schließen Sie eventuelle geöffnete Zeichnungen, die Sie nicht mehr benötigen, und beginnen Sie eine neue Zeichnung mit der Vorlage, die Sie im letzten Kapitel erstellt haben.

In diesem Kapitel wollen wir ein mechanisches Teil zeichnen, das wir dann im folgenden Kapitel bemaßen, beschriften und dann auch drucken wollen. Damit Sie wissen, was dabei herauskommen soll, sehen Sie in Abbildung 5.1 das Ergebnis.

Zunächst beginnen Sie mit bereits bekannten Befehlen, jetzt aber in Kombination mit den Zeichenfunktionen aus dem letzten Kapitel. Zuerst aber eine Variante des Kreises.

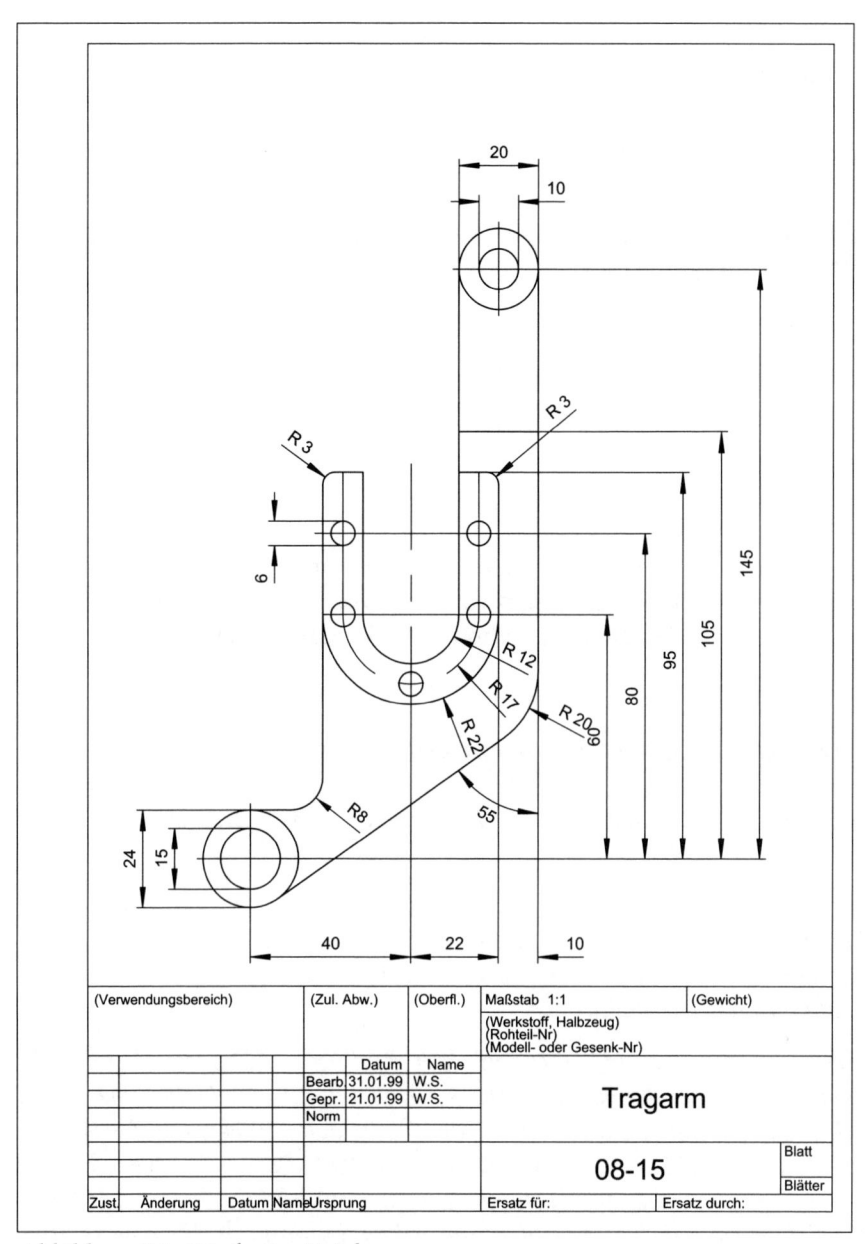

Abbildung 5.1: Die fertige Zeichnung

Befehl KREIS – MITTELPUNKT, RADIUS

Mit dem Befehl KREIS – MITTELPUNKT, RADIUS können Sie Kreise mit festem Radius zeichnen. Sie finden den Befehl wie folgt:

- Abrollmenü ZEICHNEN, Untermenü KREIS, Funktion MITTELPUNKT, RADIUS
- Symbol in einem Flyout-Menü der Universal-Symbolleiste
- Symbol in der Symbolleiste KREIS

Bei dem Befehl geben Sie nur den Mittelpunkt des Kreises auf der Zeichenfläche ein.

> [Kreis - Mittelpunkt, Radius] Mittelpunkt eingeben

Den Radius tragen Sie im Eingabefeld in die Symbolleiste BEARBEITEN ein. Kreise werden im Wiederholmodus mit diesem Radius gezeichnet. Den Radius können Sie in dem Eingabefeld jederzeit auch während der Eingabe ändern.

Die Kreise zur ersten Orientierung

- Falls der Layer Kontur nicht schon der aktuelle Layer ist, machen Sie ihn aktuell.
- Zeichnen Sie einen Kreis an der absoluten Koordinate 65,100 mit dem Radius 12. Wählen Sie dazu den Befehl KREIS – MITTELPUNKT, RADIUS, tragen Sie 12 in das Eingabefeld ein. Drücken Sie dann die Taste [A], und tragen Sie die Koordinate im Dialogfeld ein.
- Zeichnen Sie einen zweiten Kreis mit dem Radius 22. Dessen Mittelpunkt bestimmen Sie mit der Funktion FANG – LETZTER PUNKT. Gehen Sie genau nach Fahrplan vor: Drücken Sie die Taste [C] für den Objektfang ZENTRUM. Wählen Sie den Befehl KREIS – MITTELPUNKT, RADIUS neu. Tragen Sie den Radius ein. Drücken Sie die Taste [W] für die Funktion FANG – LETZTER PUNKT. Klicken Sie auf die Kreislinie, und geben Sie dann [R] für eine relative Koordinateneingabe ein. Tragen Sie 40 für X und 60 für Y ein. Der Kreis wird gezeichnet.
- Gehen Sie wieder vom ersten Kreis aus, und zeichnen Sie den oberen rechten Kreis. Er hat einen Abstand von 62 in X-Richtung und 145 in Y-Richtung und einen Radius von 10. Verfahren Sie genau gleich wie beim letzten Kreis.
- Versetzen Sie den linken unteren Kreis um 4.5 nach innen, den mittleren zweimal um 5 nach innen und den oberen rechten einmal um 5 nach innen.

Drücken Sie zuerst die Taste S, *damit der Fang ausgeschaltet wird. Wählen Sie dann den Befehl* ABSTAND *aus der Universal-Symbolleiste oder aus dem Abrollmenü* ZEICHNEN, *Untermenü* DUPLIZIEREN, *Funktion* ABSTAND. *Tragen Sie den ersten Abstand in die Symbolleiste* BEARBEITEN *ein. Klicken Sie den Kreis innen an, so dass der konzentrische Kreis innen gezeichnet wird. Machen Sie es bei den anderen Kreisen ebenso, stellen Sie aber vorher den neuen Abstand ein. Das Ergebnis sieht wie in Abbildung 5.2 aus.*

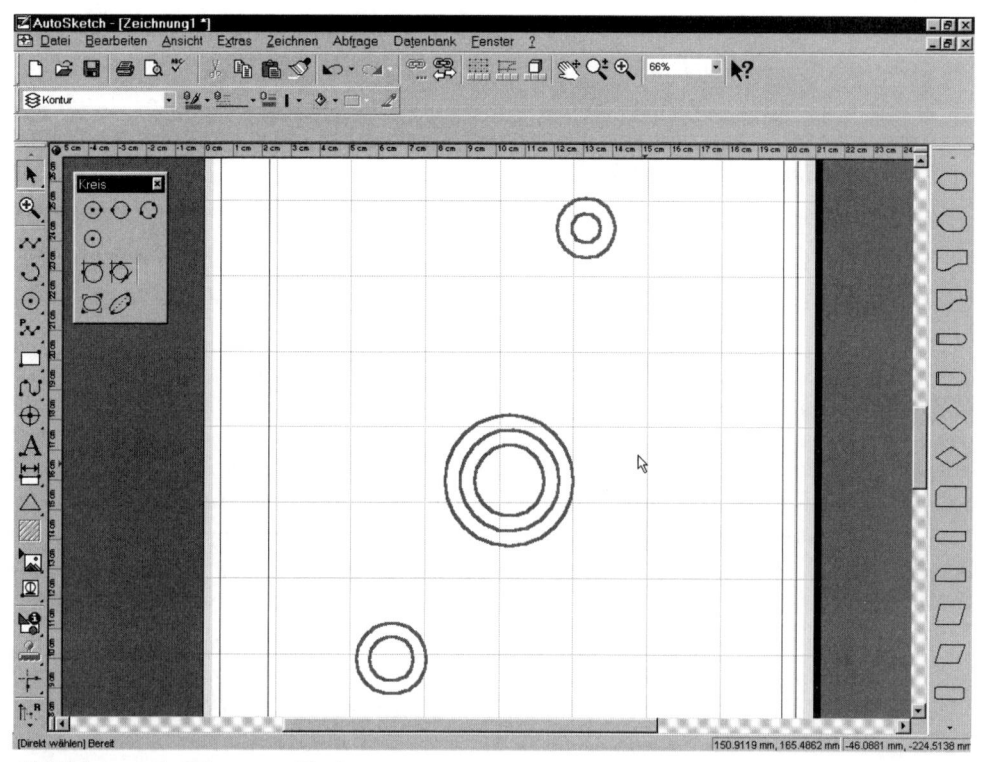

Abbildung 5.2: Die ersten Kreise

Tips

- Zoomen Sie immer so weit in die Zeichnung wie möglich.
- Schalten Sie eventuell beim Layer *Kontur* wieder auf die dünnste Breite, vor allem dann, wenn Ihr Bildschirm keine hohe Auflösung hat.

Verbindungslinien zeichnen

- *Drücken Sie die Taste* Q *für den Objektfang* QUADRANT.

- *Zeichnen Sie mit dem Befehl* EINZELNE LINIE *eine Verbindungslinie vom linken Quadrant am Kreis oben rechts zum mittleren Kreis (siehe Abbildung 5.3).*

- *Zeichnen Sie eine weitere Linie vom rechten Quadrant am oberen rechten Kreis, senkrecht nach unten. Wenn Sie den Punkt am Kreis gesetzt haben, drücken Sie die Taste* S *um den Fang auszuschalten, und die Taste* Y*, um die Linie senkrecht nach unten zu zeichnen. Klicken Sie einen Punkt an beliebiger Stelle an (siehe Abbildung 5.3).*

- *Drücken Sie jetzt wieder die Taste* Q*, und klicken Sie den oberen Quadranten am linken unteren Kreis an. Drücken Sie dann* S*, um den Fang auszuschalten, und* X*, um waagrecht zu zeichnen. Klicken Sie einen beliebigen Punkt an.*

- *Ziehen Sie auf die gleiche Art eine Linie vom linken Quadrant des größten Kreises in der Mitte senkrecht nach unten.*

- *Von dem linken unteren Kreis sollte eine Linie tangential unter 35° nach oben gezeichnet werden. Leider ist dies nicht so ohne weiteres möglich. Wir verwenden einen Trick. Zeichnen Sie die Linie vom Zentrum, versetzen Sie sie dann nach außen, und löschen Sie die zuerst gezeichnete. Gehen Sie nach Anleitung vor: Wählen Sie wieder den Befehl* EINZELNE LINIE*. Drücken Sie die Taste* C *für den Objektfang* ZENTRUM*. Klicken Sie die Kreislinie an. Drücken Sie dann die Taste* R *für relative Koordinateneingabe. Schalten Sie im Dialogfeld auf polare Koordinaten um, und tragen Sie 100 für den Radius und 35 für den Winkel ein. Wählen Sie jetzt den Befehl* ABSTAND*, und tragen Sie in der Symbolleiste* BEARBEITEN *den Abstand 12 ein. Klicken Sie die Linie etwas unterhalb an, und die Parallele wird durch den Tangentenpunkt gezeichnet. Löschen Sie die ursprüngliche Linie wieder heraus.*

- *Zeichnen Sie an den Quadranten an den Kreisen in der Mitte drei Linien senkrecht nach oben. Auf die exakte Länge kommt es auch hier nicht an.*

- *Zeichnen Sie eine Linie waagrecht durch die mittleren Kreise von Quadrant zu Quadrant. Erzeugen Sie eine Parallele mit dem Befehl* ABSTAND UM 35 NACH OBEN*. Ihre Zeichnung sieht dann wie in Abbildung 5.3 aus.*

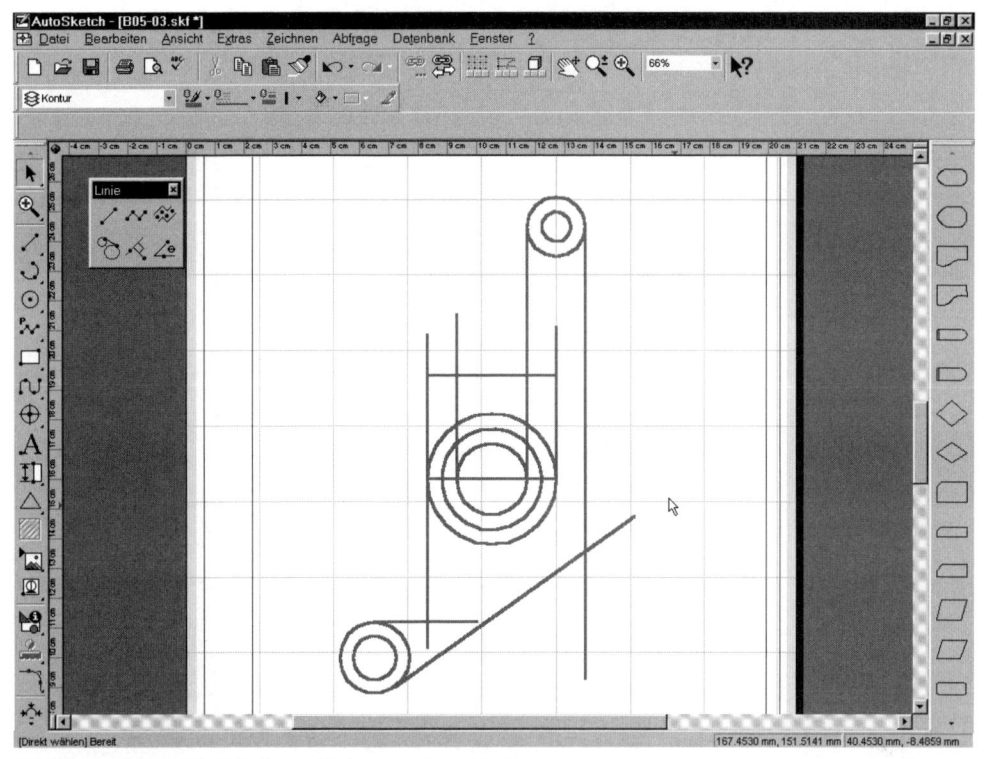

Abbildung 5.3: Verbindungslinien an den Kreisen

5.2 Mehr Funktionen zum Stutzen

Wie Sie schon bemerkt haben, werden beim Zeichnen und Konstruieren Befehle zum Stutzen häufig benötigt. Wir haben schon den Befehl STUTZEN – ABRUNDUNG kennengelernt. Aber es gibt noch eine ganze Reihe weiterer.

Linien abrunden

- Schalten Sie mit der Taste ⑤ einen eventuell noch eingeschalteten Fang aus.
- Wählen Sie den Befehl STUTZEN – ABRUNDUNG aus dem Flyout-Menü der Universal-Symbolleiste. Stellen Sie den Radius 8 ein, und runden Sie links unten. Runden Sie rechts darüber mit dem Radius 20 (siehe Abbildung 5.4).
- Runden Sie am Ende des linken kürzeren Arms außen mit dem Radius 3 und auf der anderen Seite genauso (siehe Abbildung 5.4).

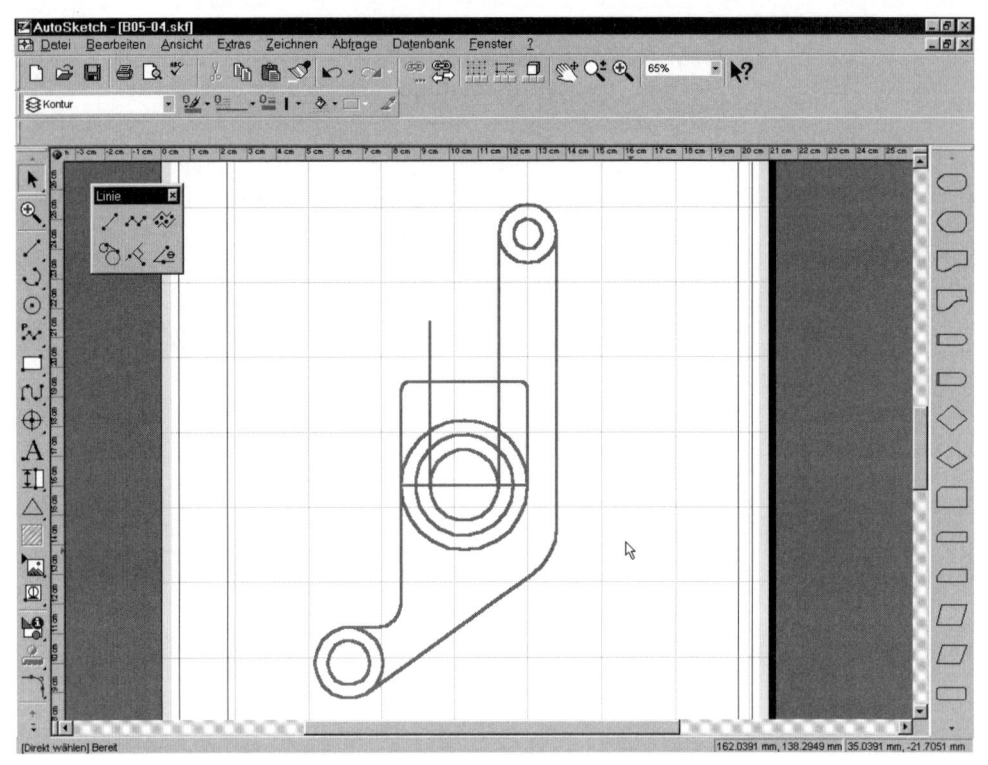

Abbildung 5.4: Linien abgerundet

Stutzen und Verlängern bis zu einer Kante

Neben dem Befehl STUTZEN – ABRUNDUNG stehen Ihnen noch weitere zur Verfügung. Genau so wichtig ist der Befehl STUTZEN – KANTE. Sie finden ihn:

- Abrollmenü BEARBEITEN, Untermenü STUTZEN, Funktion KANTE
- Symbol in einem Flyout-Menü der Universal-Symbolleiste
- Symbol in der Symbolleiste STUTZEN

Bei dem Befehl wählen Sie zunächst eine Kante, an der ein anderes Objekt abgetrennt werden soll:

```
> [Stutzen - Kante] Kante auswählen, auf die gestutzt werden soll
(Linie/Bogen/Kreis)
```

Danach wählen Sie die Objekte, die an dieser Kante gestutzt werden sollen, und zwar auf der Seite, die in der Zeichnung bleiben soll:

```
> [Stutzen - Kante] zu stutzende Kante (Linie/Bogen) auswählen
```

Sie können nacheinander alle Objekte wählen, die an dieser Kante gestutzt werden sollen. Der Befehl kann auch verwendet werden, wenn ein Objekt bis zu einer Kante verlängert werden soll. Die Bedienung erfolgt dann gleich. Drücken Sie die Taste [Esc] oder die rechte Maustaste, wenn Sie eine andere Kante für den Befehl wählen wollen.

Stutzen an zwei Kanten

Wollen Sie ein Objekt zwischen zwei Kanten heraustrennen, benötigen Sie den Befehl STUTZEN – KANAL LEGEN. Sie finden den Befehl wie folgt:

- Abrollmenü BEARBEITEN, Untermenü STUTZEN, Funktion KANAL LEGEN
- Symbol in einem Flyout-Menü der Universal-Symbolleiste
- Symbol in der Symbolleiste STUTZEN

Wählen Sie bei diesem Befehl zwei Punkte zur Definition des Kanals. Der Kanal ist der Bereich, in dem die Objekte herausgetrennt werden sollen:

> *[Stutzen - Kanal legen] Zwei Punkte zur Definition des Kanals eingeben*
Ersten Punkt eingeben.
> *[Stutzen - Kanal legen] Zwei Punkte zur Definition des Kanals eingeben*
Zweiten Punkt eingeben.

Danach wählen Sie das Objekt an der Stelle, die entfernt werden soll:

> *[Stutzen - Kanal legen] Linie, Polylinie, Bogen oder Kreis auswählen*

Klicken Sie die Objekte der Reihe nach an, und sie werden herausgetrennt.

Stutzen einer Ecke

Wollen Sie zwei Objekte an einer Ecke stutzen, ohne sie mit einem Radius zu versehen, verwenden Sie den Befehl STUTZEN – ECKE. Sie finden den Befehl wie folgt:

- Abrollmenü BEARBEITEN, Untermenü STUTZEN, Funktion ECKE
- Symbol in einem Flyout-Menü der Universal-Symbolleiste
- Symbol in der Symbolleiste STUTZEN

Wählen Sie zwei Objekte an den Stellen, die in der Zeichnung bleiben sollen:

```
> [Stutzen - Ecke] 1. Linie, Bogen oder Kreis auswählen
> [Stutzen - Ecke] 2. Linie, Bogen oder Kreis auswählen
```

Die Objekte müssen sich nicht an der Ecke treffen, sie können sich auch überschneiden. In beiden Fällen bleibt eine Kante.

Trennen an einem Schnittpunkt

Mit dem Befehl STUTZEN – TRENNEN können Sie ein oder zwei Objekte an ihrem Schnittpunkt trennen. Sie wählen den Befehl:

- Abrollmenü BEARBEITEN, Untermenü STUTZEN, Funktion TRENNEN
- Symbol in einem Flyout-Menü der Universal-Symbolleiste
- Symbol in der Symbolleiste STUTZEN

Wählen Sie zwei Objekte, die sich an beliebigen Stellen überschneiden:

```
> [Stutzen - Trennen] 1. Linie/Bogen/Kreis auswählen ([Strg]: Nur 1.)
> [Stutzen - Trennen] 2. Linie/Bogen/Kreis auswählen
```

Die Objekte werden an ihrem gemeinsamen Schnittpunkt in zwei Objekte geteilt. Dabei entsteht keine Lücke, Sie haben nur nachher separate Objekte. Drücken Sie bei der Wahl des ersten Objekts die Taste [Strg], wird nur das zuerst gewählte Objekt an dem gemeinsamen Schnittpunkt getrennt.

Teil aus einem Objekt herausbrechen

Mit dem Befehl STUTZEN – BRUCH können Sie an einer wählbaren Stelle einen Teile eines Objekts heraustrennen. Sie finden den Befehl wie folgt:

- Abrollmenü BEARBEITEN, Untermenü STUTZEN, Funktion BRUCH
- Symbol in einem Flyout-Menü der Universal-Symbolleiste
- Symbol in der Symbolleiste STUTZEN

Klicken Sie das Objekt, aus dem Sie einen Bereich heraustrennen wollen, an einer beliebigen Stelle an:

```
> [Stutzen - Bruch] Linie, Polylinie, Bogen oder Kreis auswählen
```

Tragen Sie dann in der Symbolleiste BEARBEITEN im Feld LÜCKENBREITE die Breite ein, die aus dem gewählten Objekt ausgeschnitten werden soll. Der eingetragene Wert wird als Linie in dieser Länge am Fadenkreuz angezeigt.

`[Stutzen - Bruch] Bruchpunkt eingeben`

Der Punkt, den Sie eingeben, bildet die Mitte der Lücke. Danach können Sie einen neues Objekt wählen und dabei auch die Lückenbreite ändern.

Objekte stutzen

- Schalten Sie mit der Taste [S] einen eventuell noch eingeschalteten Fang aus.
- Stutzen Sie die senkrecht überstehende Linie mit dem Befehl STUTZEN – KANTE an der waagrechten Kante (siehe Abbildung 5.5).

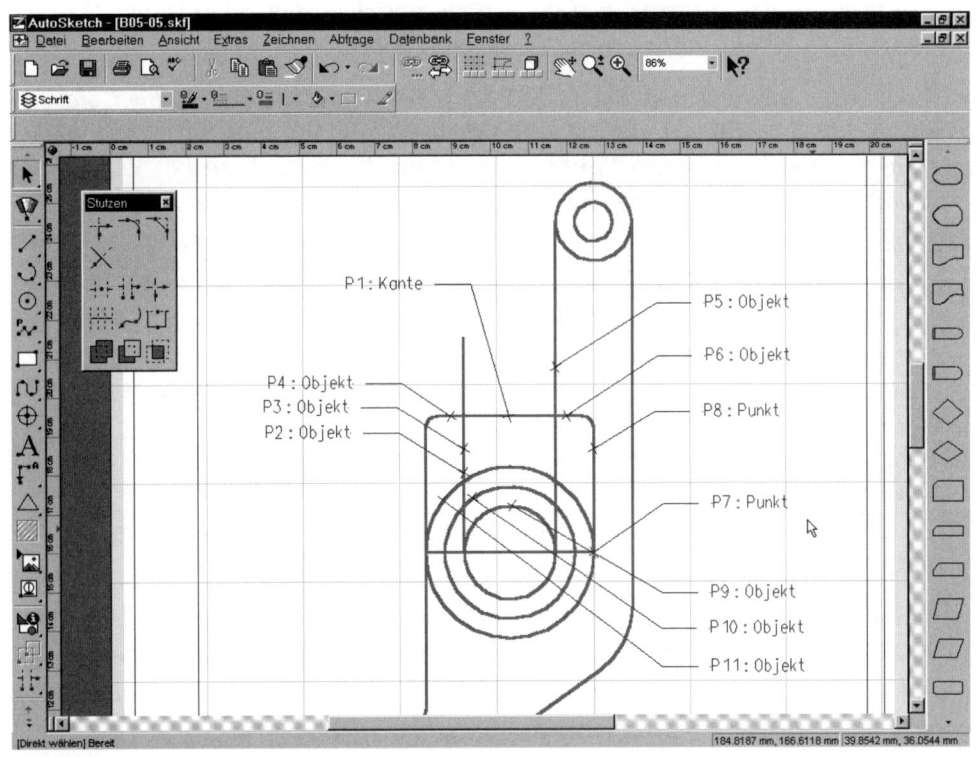

Abbildung 5.5: Bearbeiten mit den Stutzen-Befehlen

> [Stutzen - Kante] Kante auswählen, auf die gestutzt werden soll
  (Linie/Bogen/Kreis) **Kante an P1 anklicken.**
> [Stutzen - Kante] zu stutzende Kante (Linie/Bogen) auswählen
  Objekt an P2 anklicken.

- Trennen Sie jetzt die überkreuzten Linien an P3 und P4 sowie an P5 und P6 (siehe Abbildung 5.5) mit dem Befehl STUTZEN – TRENNEN.

> [Stutzen - Trennen] 1. Linie/Bogen/Kreis auswählen (Strg: Nur 1.)
  Objekt an P3 anklicken.
> [Stutzen - Trennen] 2. Linie/Bogen/Kreis auswählen
  Objekt an P4 anklicken.
> [Stutzen - Trennen] 1. Linie/Bogen/Kreis auswählen (Strg: Nur 1.)
  Objekt an P5 anklicken.
> [Stutzen - Trennen] 2. Linie/Bogen/Kreis auswählen
  Objekt an P6 anklicken.

- Löschen Sie das waagrechte Linienstück zwischen den senkrechten Begrenzungslinien heraus, nachdem Sie es getrennt haben.

- Verwenden Sie jetzt den Befehl STUTZEN – KANAL LEGEN. Wählen Sie den Kanal mit dem Objektfang QUADRANT am Punkt P7 und mit dem Objektfang NÄCHSTER an einem Punkt oberhalb der Kreise, z.B. an P8. Wählen Sie dann nacheinander die drei Kreise an den Punkten P9, P10 und P11.

> [Stutzen - Kanal legen] Zwei Punkte zur Definition des Kanals eingeben
  Taste Q drücken und Punkt P7 eingeben.
> [Stutzen - Kanal legen] Zwei Punkte zur Definition des Kanals eingeben
  Taste N drücken und Punkt P8 eingeben.
> [Stutzen - Kanal legen] Linie, Polylinie, Bogen oder Kreis auswählen
  Taste S drücken und Punkt P9 eingeben.
> [Stutzen - Kanal legen] Linie, Polylinie, Bogen oder Kreis auswählen
  Punkt P10 eingeben.
> [Stutzen - Kanal legen] Linie, Polylinie, Bogen oder Kreis auswählen
  Punkt P11 eingeben.

- Wählen Sie den Befehl ABSTAND, und tragen Sie in die Symbolleiste BEARBEITEN den Abstand 10 ein. Klicken Sie das Linienstück rechts in der Mitte am Punkt 6 an, so dass es nach oben versetzt wird.

- Verlängern Sie das Linienstück mit dem Befehl STUTZEN – KANTE bis zur senkrechten Kante.

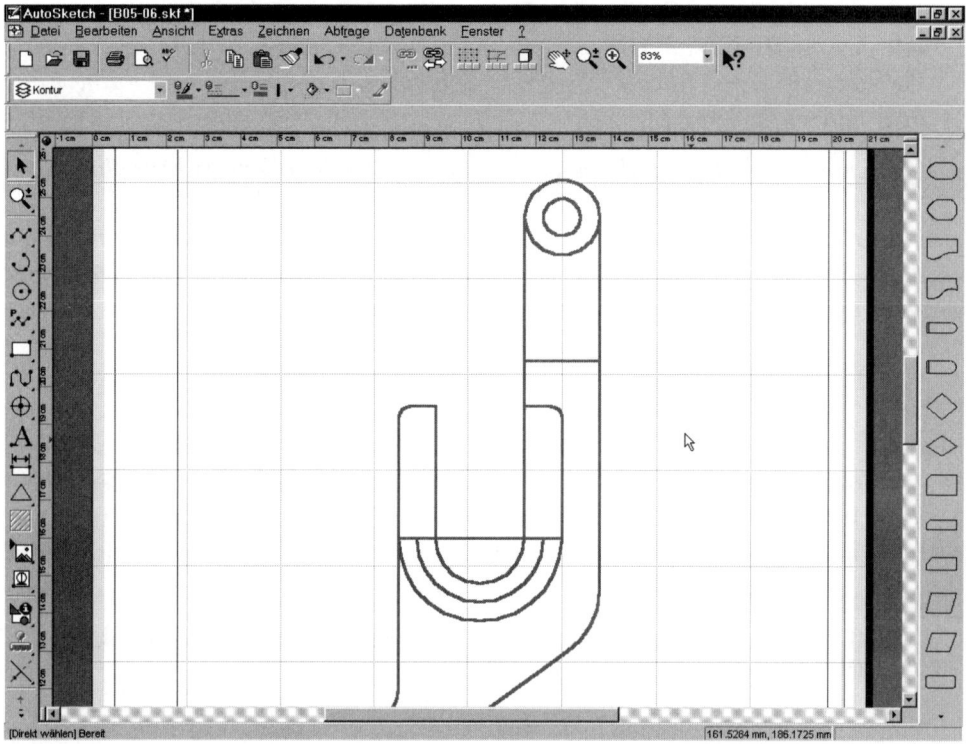

- Das Ergebnis sieht bzw. sollte dann wie in Abbildung 5.6 aussehen.

Abbildung 5.6: Die Zeichnung nach dem Stutzen

- Der Rest ist Wiederholung von Befehlen, die Sie schon kennen. Zeichnen Sie von den Endpunkten des inneren Halbkreises im Bügel Linien bis zum Ende des Bügels. Drücken Sie jeweils beim unteren Punkt die Taste E für den Fang ENDPUNKT und bei den oberen Punkten die Taste P für den Fang LOT. Verwenden Sie den Befehl EINZELNE LINIE.

- Versetzen Sie die waagrechten Linien am oberen Ende der Halbkreise mit dem Befehl ABSTAND um 20 nach oben.

- Drücken Sie die Taste I für den Fang SCHNITTPUNKT. Zeichnen Sie Kreise mit dem Befehl KREIS – MITTELPUNKT, RADIUS an die Schnittpunkte innerhalb des Bügels. Tragen Sie vorher den Radius 3 ein. Bei der Wahl des Schnittpunkts müssen Sie beide Linien nacheinander anklicken. Zur Wahl des Mittelpunkts des unteren Kreises drücken Sie die Taste Q für den Objektfang QUADRANT.

- Zeichnen Sie eine Linie von dem unteren Quadranten des äußeren Halbkreises des Bügels. Drücken Sie dazu die Taste ⒬. Schalten Sie den Fang aus, indem Sie die Taste Ⓢ drücken. Dann sollten Sie den Objektfang ENDPUNKT mit der Taste Ⓔ einschalten und zusätzlich die Taste Ⓞ fürs orthogonale Zeichnen drücken. Klicken Sie einen Eckpunkt in der Höhe an, wo die Linie in Y enden soll.

- Die Linien und der Halbkreis innerhalb des Bügels sollen als Mittellinien gezeichnet werden, ebenso die waagrechten Linien. Markieren Sie die Linien, indem Sie sie nacheinander bei gedrückter Taste ⇧ anklicken. Wählen Sie dann im Layer-Abrollmenü in der Symbolleiste EIGENSCHAFTEN den Layer MITTEN. Der Layer wird dabei zum aktuellen Layer.

Mittellinienkreuze bei Kreisen zeichnen

Um Kreise mit Mittellinien zu versehen, gibt es einen speziellen Befehl, den Befehl MITTELLINIENBEMASSUNG. Sein Name weist auf eine Bemaßungsfunktion hin, und Sie finden ihn auch bei den Bemaßungsbefehlen, obwohl er eigentlich mit Bemaßung nichts zu tun hat.

- Abrollmenü ZEICHNEN, Untermenü BEMASSUNG, Funktion MITTELLINIE
- Symbol in einem Flyout-Menü der Universal-Symbolleiste
- Symbol in der Symbolleiste BEMASSUNG

> [Mittellinienbemaßung] Kreis/Bogen auswählen

Wählen Sie einen Kreis oder Bogen aus, und es wird ein Mittellinienkreuz auf das gewählte Objekt gesetzt. Die Linien bekommen automatisch einen Überstand über die Kreis- bzw. Bogenlinie. Die Linien werden mit dem Stil *Mittellinie* gezeichnet, egal welcher Layer aktiv ist. Arbeiten Sie in der Zeichnung mit Layern, sollten Sie aber trotzdem den Layer für die Mittellinien aktuell machen.

Schriftfeld im Zeichnungsrahmen ausfüllen

Das Schriftfeld im Zeichnungsrahmen kam über die Vorlage in die Zeichnung. In dieser Vorlage wird die Möglichkeit von AutoSketch, Datenbankfelder in der Zeichnung zu definieren, genützt, die wir uns später in diesem Buch genauer anschauen werden. Diese Felder werden in AutoSketch als Objektfelder bezeichnet. Diese Möglichkeit läßt sich für die Erstellung von Stücklisten verwenden, aber auch um beispielsweise ein Schriftfeld automatisch ausfüllen zu lassen. Im Schriftfeld dieser Vorlage wurden Objektfelder eingefügt, die mit dem Befehl OBJEKTFELDER BEARBEITEN geändert werden können. Sie finden den Befehl wie folgt:

- Abrollmenü DATENBANK, Funktion OBJEKTFELDER BEARBEITEN
- Symbol in der Symbolleiste DATENBANK

Wenn Sie den Befehl gewählt haben, klicken Sie nur das Objekt an, in dem sich Objektfelder befinden, und Sie erhalten ein Dialogfeld auf dem Bildschirm, in dem Sie die Felder ändern können (siehe Abbildung 5.7).

Mittellinienkreuze und Zeichnungsrahmen

- *Wählen Sie den Befehl MITTELLINIENBEMASSUNG, und klicken Sie den unteren linken und den oberen Kreis an; die Mittellinienkreuze werden gezeichnet.*

- *Der Layer 0 ist momentan als Hintergrundlayer gesetzt. Er kann deshalb nicht bearbeitet werden. Setzen Sie ihn auf den Status Bearbeitbar. Machen Sie einen Rechtsklick im Layer-Abrollmenü in der Symbolleiste Eigenschaften. Markieren Sie in der Layerliste des Dialogfelds den Layer 0, und schalten Sie ihn auf den gewünschten Status. Beenden Sie das Dialogfeld.*

- *Wählen Sie den Befehl OBJEKTFELDER BEARBEITEN, und klicken Sie ein beliebiges Objekt im Zeichnungsrahmen oder dem Schriftfeld an, nicht den Text im Schriftfeld. Sie bekommen ein Dialogfeld auf den Bildschirm, in dem Sie die Felder ändern können (siehe Abbildung 5.7).*

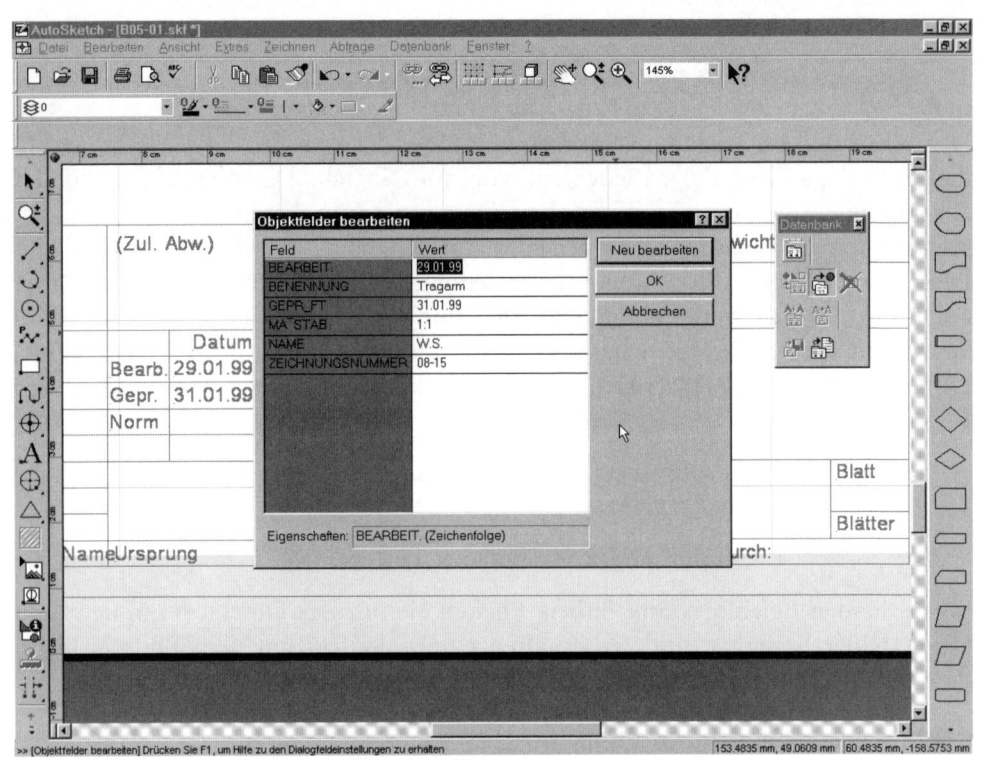

Abbildung 5.7: Bearbeitung der Schriftfeldeinträge

- Klicken Sie auf OK, wenn Sie alle Felder geändert haben. Schalten Sie dann den Layer 0 wieder als Hintergrundlayer, damit Sie ihn bei der weiteren Arbeit nicht versehentlich ändern können. Machen Sie den Layer Masse zum aktuellen Layer, den benötigen wir als Nächstes.

- Ihre Zeichnung enthält alle Konturen und Mittellinien. Sie sollte jetzt wie in Abbildung 5.8 aussehen. Speichern Sie sie im Ordner Aufgaben ab. Falls Sie nicht mitgezeichnet haben, finden Sie den jetzigen Stand der Zeichnung in Ihrem Übungsordner unter dem Namen L05-02.SKF. Sie können dann im nächsten Abschnitt auch damit weiterzeichnen.

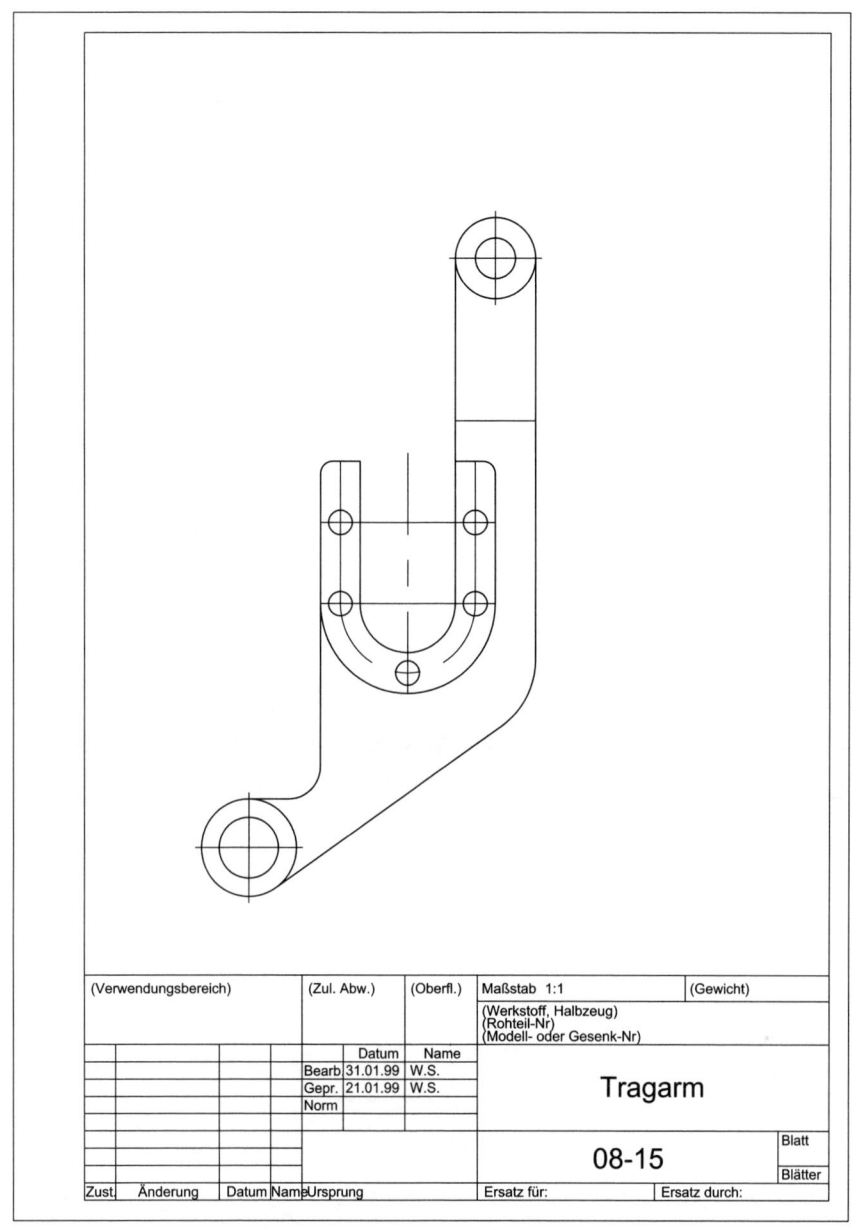

Abbildung 5.8: Die fertige Kontur mit Mittellinien

5.3 Lineare Maße in der Zeichnung

Technische Zeichnungen müssen in der Regel auch bemaßt werden. Auch dafür stellt Ihnen AutoSketch Befehle zur Verfügung. Sie können Objekte in der Zeichnung auf verschiedene Arten bemaßen. Maße haben folgende Eigenschaften:

- Die Werte für das Maß werden aus der Zeichnung heraus gemessen. Es wird der tatsächliche Wert eingetragen.
- Zur Erstellung des Maßes müssen nur die Maßpunkte und der Standort des Maßes vorgegeben werden, das Maß mit Mallinien, Hilfslinien, Pfeilen und Maßtext wird automatisch erstellt.
- Das Format der Maße kann den benötigten Normen entsprechend weitgehend angepaßt werden.
- Maße sind zusammenhängende Einheiten, einzelne Objekte im Maß können nicht geändert werden. Es können jedoch das Format und der Maßtext von jedem Maß geändert werden.
- Maße in der Zeichnung sind assoziativ, das heißt, wenn die Kontur in der Zeichnung geändert wird, ändern sich die Maße mit.

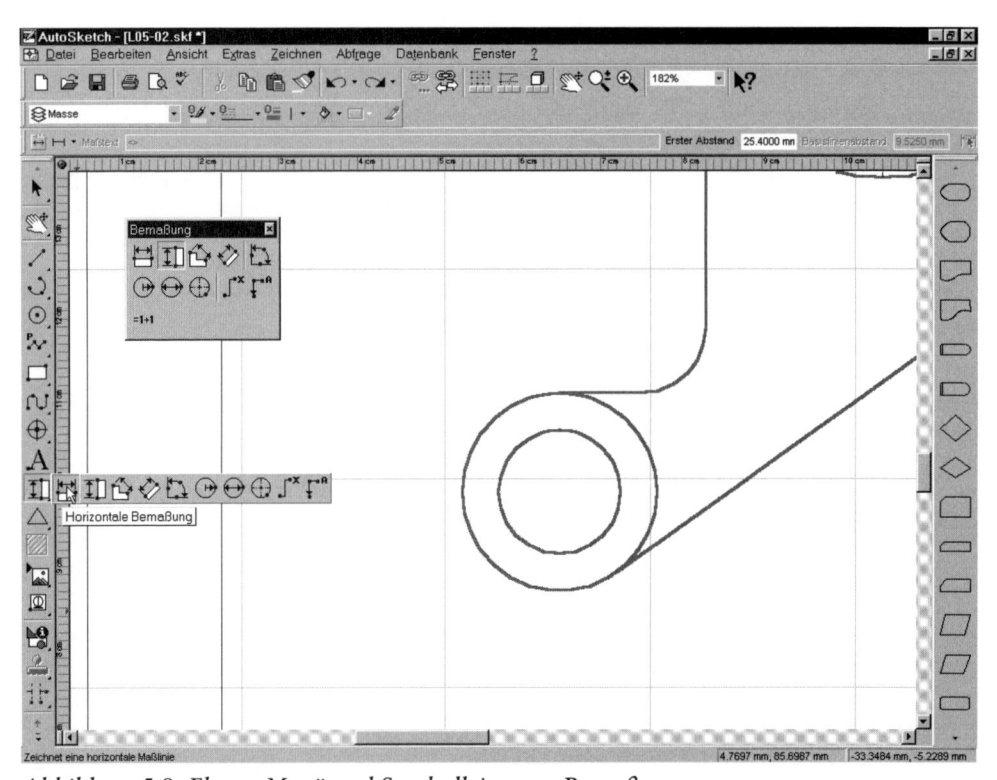

Abbildung 5.9: Flyout-Menü und Symbolleiste zur Bemaßung

Alle Bemaßungsbefehle finden Sie wie folgt:

- Abrollmenü ZEICHNEN, Untermenü BEMASSUNG
- Symbol in einem Flyout-Menü der Universal-Symbolleiste
- Symbol in der Symbolleiste BEMASSUNG

Vertikale Bemaßungen

Fangen wir mit der vertikalen Bemaßung an. Wählen Sie dafür den Befehl VERTIKALE BEMASSUNG:

- Abrollmenü ZEICHNEN, Untermenü BEMASSUNG, Funktion VERTIKAL
- Symbol in einem Flyout-Menü der Universal-Symbolleiste
- Symbol in der Symbolleiste BEMASSUNG

Nachdem Sie den Befehl angewählt haben, finden Sie in der Symbolleiste BEARBEITEN eine Reihe von Einstellungsmöglichkeiten, die zum Teil jetzt noch anwählbar sind (siehe Abbildung 5.10).

Abbildung 5.10: Symbolleiste BEARBEITEN bei Maßen

Folgende Einstellungen stehen Ihnen in der Symbolleiste zur Verfügung:

BEMASSUNGSFORMAT ÄNDERN: Klicken Sie auf dieses Symbol, können Sie das Format für die Bemaßung ändern. Auf diese Möglichkeit müssen wir gleich zurückgreifen.

BEMASSUNGSMETHODE: In einem Abrollmenü haben Sie drei Möglichkeiten zur Auswahl. EINZELN setzt jedes Maß einzeln, VERKETTET setzt die Maße als Kettenmaße aneinander, und BASISLINIE setzt die Maße auf eine Bezugslinie.

MASSTEXT: Haben Sie ein Maß gesetzt, können Sie in diesem Feld den Maßtext ändern und damit entweder den gemessenen Wert ändern oder einen Zusatz anhängen.

ERSTER ABSTAND: Diese Einstellung legt fest, wie weit die Maßlinie von den Maßpunkten entfernt sein soll.

Vertikales Maß zeichnen

- Schauen wir es uns an einem Beispiel an. Vergrößern Sie den Bereich links unten in der Zeichnung mit dem Tragarm. Drücken Sie die Taste [Q] für den Objektfang QUADRANT. Machen Sie den Layer Masse zum aktuellen Layer. Wählen Sie den Befehl VERTIKALE BEMASSUNG, und verwenden Sie diesen ohne weitere Änderungen (siehe Abbildung 5.11).

> [Vertikale Bemaßung] Ersten Punkt eingeben
> Klicken Sie auf den unteren Quadrantenpunkt des äußeren Kreises.
> [Vertikale Bemaßung] Zweiten Punkt eingeben ([Strg]: Umkehren)
> Klicken Sie auf den oberen Quadrantenpunkt des äußeren Kreises.

- Solange das Maß noch markiert ist, können Sie den Maßtext und den Abstand der Maßlinie zu den Maßpunkten noch ändern.

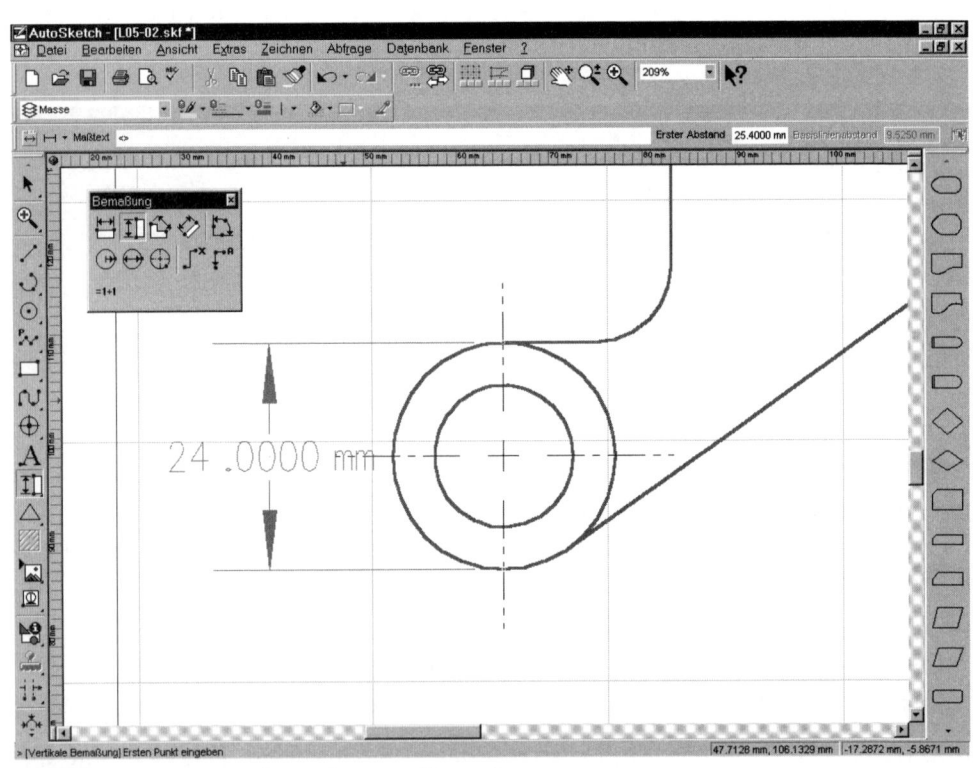

Abbildung 5.11: Bemaßung, der erste Versuch

Das Ergebnis ist enttäuschend, so haben Sie es sich nicht vorgestellt. Das liegt an den Grundeinstellungen für die Bemaßung. Da gibt es noch etwas zu tun, bis wir eine normgerechte Bemaßung erhalten.

Tips

- Hätten Sie zuerst den oberen Punkt angeklickt, wäre das Maß auf die rechte Seite gezeichnet worden.

- In einem solchen Fall können Sie bei der Eingabe des zweiten Punktes die Taste [Strg] drücken, und das Maß wird auf die andere Seite gesetzt.

- Nach der Eingabe des ersten Punktes wird die Seite angezeigt, und Sie können an dieser Stelle noch ändern.

- Haben Sie das Maß fertig, steht im Feld MASSTEXT in der Symbolleiste BEARBEITEN der Wert <>. Dieser Eintrag steht immer für das gemessene Maß, und wenn Sie maßstäblich gezeichnet haben, sollten Sie daran auch nichts ändern. Wollen Sie einen Zusatz haben, dann können Sie ihn dort eintragen. Verändern Sie aber den Eintrag <> nicht. Wollen Sie beispielsweise in der Zeichnung den Maßtext *Länge = 10.0000 mm* haben, dann ergänzen Sie den Maßtext: *Länge = <>*. Nur wenn Sie nicht maßstäblich gezeichnet haben, tragen Sie dort einen anderen Wert ein.

Änderung des Bemaßungsformats

Solange das erste Maß noch markiert ist, können Sie das Bemaßungsformat für dieses Maß und bei Bedarf auch für alle weiteren Maße ändern. Haben Sie kein Maß mehr markiert oder noch gar keines gezeichnet und nur den Befehl angewählt, dann wirken sich Änderungen am Bemaßungsformat auf alle weiteren Maße aus. Bereits gezeichnete Maße ändern sich nicht.

Mit dem Symbol in der Symbolleiste BEARBEITEN (siehe Abbildung 5.10) bekommen Sie ein Dialogfeld mit allen Einstellmöglichkeiten auf den Bildschirm (siehe Abbildung 5.12).

Das Dialogfeld hat vier Registerkarten für die einzelnen Elemente eines Maßes: MASSLINIE, HILFSLINIE, MASSTEXT und TOLERANZ. Eine detaillierte Beschreibung der Einstellungen für alle Bemaßungsarten finden Sie im dritten Teil dieses Buches. Jetzt sollen nur die wichtigsten Einstellungen für normgerechte Maße vorgenommen werden.

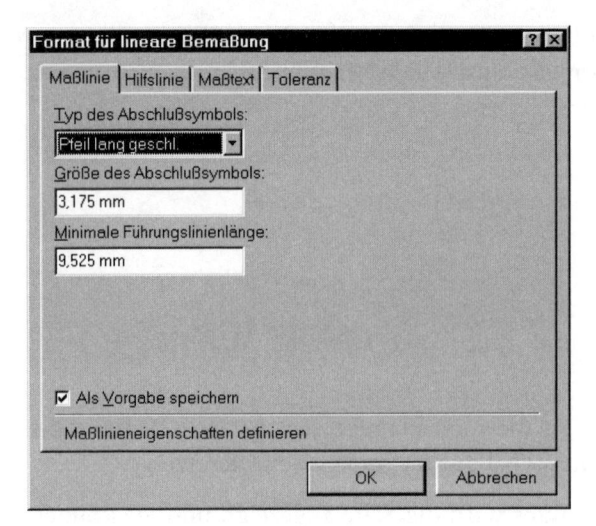

Abbildung 5.12:
Dialogfeld zur Einstellung des Bemaßungsformats

Bemaßungsformat einstellen

- Klicken Sie das Maß in der Zeichnung an, falls es nicht mehr markiert ist. Wählen Sie dann das Symbol für die Einstellung des Bemaßungsformats. Stellen Sie im Register MASSLINIE 2,5 mm für die Pfeillänge ein. Die minimale Führungslinienlänge gibt die Länge an, die AutoSketch bei Maßlinien zuläßt, die innerhalb der Hilfslinien gesetzt werden. Ist der Platz zwischen den Hilfslinien geringer, wird die Maßlinie nach außen gesetzt. Stellen Sie 7 mm ein (siehe Abbildung 5.13), werden Pfeile und Maßlinie nach außen gesetzt, wenn die Maßlinie zwischen den Pfeilen kürzer als 7 mm werden würde.

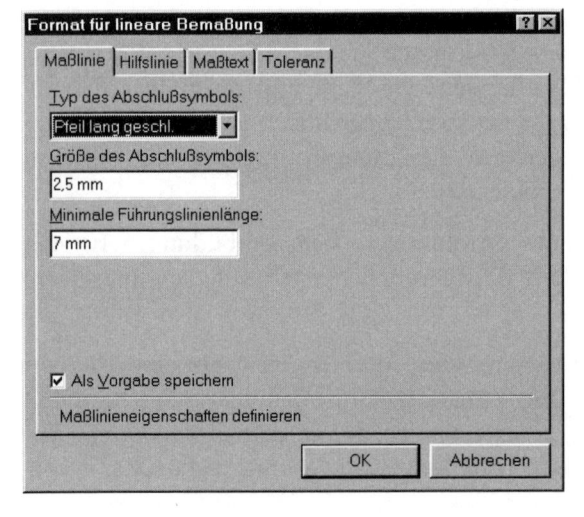

Abbildung 5.13:
Einstellung im Register MASSLINIE

- Wechseln Sie zur Registerkarte HILFSLINIEN. Stellen Sie hier ein, welchen Abstand die Hilfslinie von dem Ausgangspunkt des Maßes haben soll. Geben Sie 0 ein, wird die Hilfslinie bis zum Punkt gezeichnet. Das Maß für die Verlängerung gibt an, wie weit die Hilfslinie über die Maßlinie hinausgehen soll. Geben Sie hierfür 1,5 mm ein (siehe Abbildung 5.14).

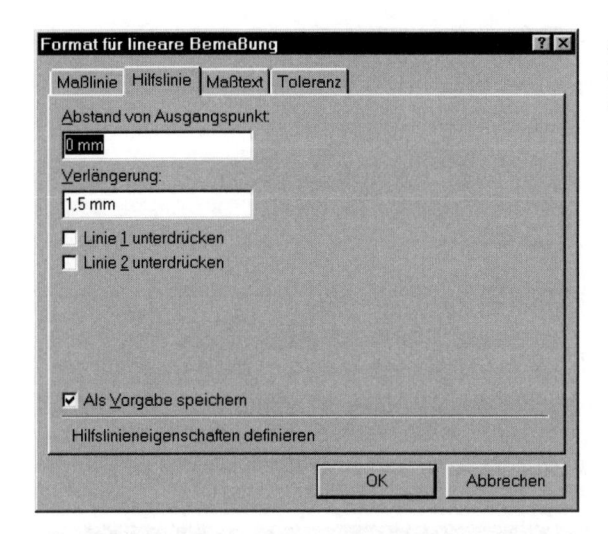

Abbildung 5.14:
Einstellung des Registers HILFSLINIE

- Blenden Sie die Registerkarte MASSTEXT in den Vordergrund. Stellen Sie als Schriftart für den Maßtext die Schrift Arial ein. Wählen Sie als Texthöhe 3 mm. Bei der AUSRICHTUNG geben Sie an, dass der Text auf die Maßlinie gesetzt werden soll. Wählen Sie im Abrollmenü AUSRICHTUNG die Einstellung TEXT OBERHALB. Für die Genauigkeit der Bemaßung benötigen wir bei dieser Zeichnung nur ganze Zahlen. Wählen Sie also den entsprechenden Wert im Abrollmenü GENAUIGKEIT. Ist der Schalter EINHEITEN ANZEIGEN ein, wird das Maß mit einer Einheitenangabe gezeichnet. Ist er aus, wird nur die Zahl angezeigt. Schalten Sie den Schalter aus (siehe Abbildung 5.15).

- Toleranzangaben bei den Maßen benötigen wir in dieser Zeichnung nicht. In der Registerkarte Toleranz müssen Sie deshalb keine Änderungen vornehmen. In jeder Registerkarte finden Sie unten den Schalter ALS VORGABE SPEICHERN. Ist er eingeschaltet, werden die Einstellungen, die Sie gerade gemacht haben, für alle weiteren Maße verwendet. Ist er aus, gelten die Einstellungen nur für das gerade markierte Maß. Lassen Sie ihn eingeschaltet. Klicken Sie jetzt auf OK, dann ändert sich das Maß entsprechend den neuen Vorgaben (siehe Abbildung 5.16).

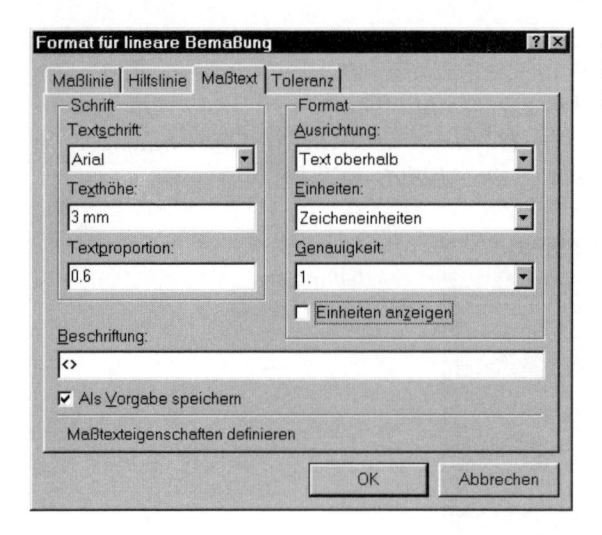

Abbildung 5.15:
Einstellung des
Registers MASSTEXT

- Bemaßen Sie jetzt den inneren Kreis ebenfalls mit einem vertikalen Maß, und verwenden Sie dabei auch den Objektfang QUADRANT. Stellen Sie aber vorher in der Symbolleiste BEARBEITEN im Feld ERSTER ABSTAND den Wert 20 ein. Sonst würde das neue Maß direkt auf das vorherige gesetzt.

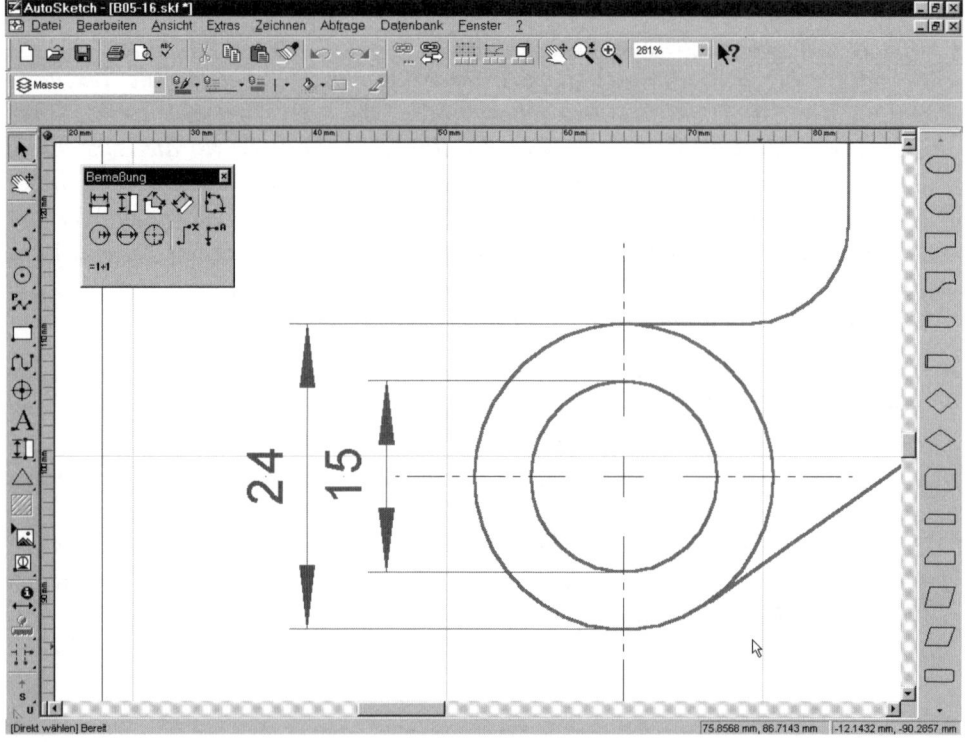

Abbildung 5.16: Maße mit den neuen Einstellungen

Horizontale Bemaßungen

Genau wie die vertikale Bemaßung läuft auch die horizontale, nur dass, wie schon der Name sagt, das horizontale Maß gezeichnet wird. Sie finden den Befehl HORIZONTALE BEMASSUNG wie folgt:

- Abrollmenü ZEICHNEN, Untermenü BEMASSUNG, Funktion HORIZONTAL
- Symbol in einem Flyout-Menü der Universal-Symbolleiste
- Symbol in der Symbolleiste BEMASSUNG

Horizontale Maße zeichnen

- *Zoomen Sie die beiden oberen Kreise groß heraus; wir wollen dort horizontal bemaßen.*
- *Schalten Sie den Objektfang QUADRANT mit der Taste Q ein, falls Sie ihn zwischenzeitlich ausgeschaltet haben.*
- *Wählen Sie den Befehl HORIZONTALE BEMASSUNG und tragen Sie im Feld ERSTER ABSTAND in die Symbolleiste BEARBEITEN den Wert 16 ein, und bemaßen Sie horizontal:*

> [Horizontale Bemaßung] Ersten Punkt eingeben
> Klicken Sie auf den linken Quadrantenpunkt des inneren Kreises.
> [Horizontale Bemaßung] Zweiten Punkt eingeben (Strg: Umkehren)
> Klicken Sie auf den rechten Quadrantenpunkt des inneren Kreises.

- *Ändern Sie den ersten Abstand auf 25, und machen Sie es mit dem äußeren Kreis genauso. Das Ergebnis sehen Sie in Abbildung 5.17.*

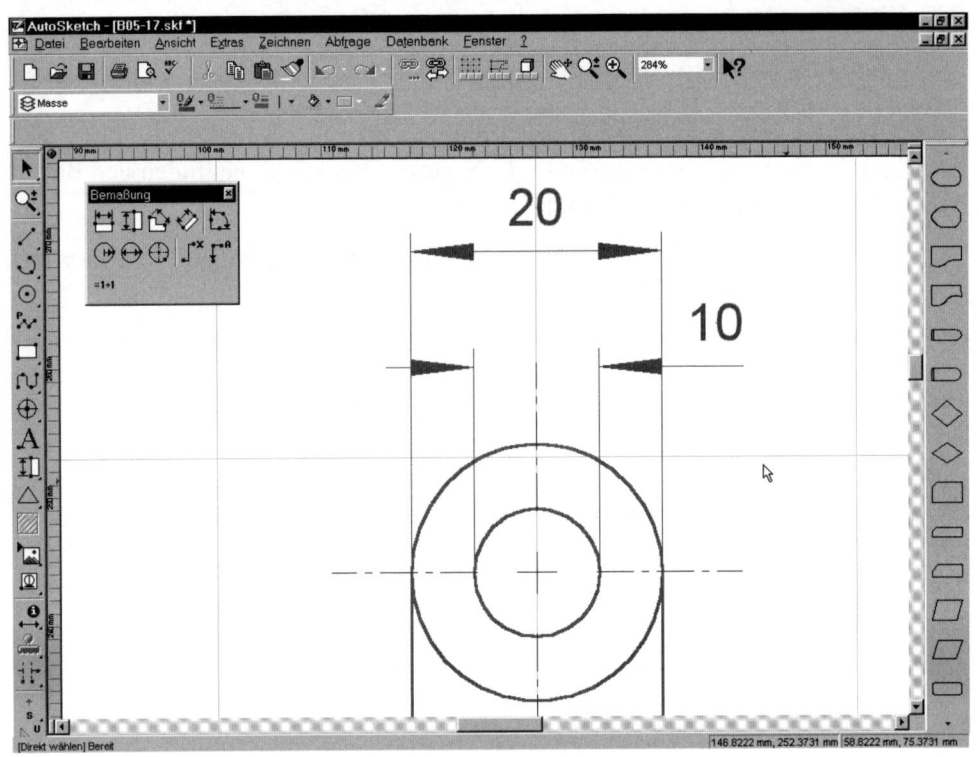

Abbildung 5.17: Horizontale Maße

Kettenmaße zeichnen

- Wie oben schon erwähnt, können Sie sowohl horizontale als auch vertikale Maße als Kettenmaß zeichnen.
- Wählen Sie den Befehl HORIZONTALE BEMASSUNG, und tragen Sie im Feld ERSTER ABSTAND in die Symbolleiste BEARBEITEN den Wert 12 ein. Aktivieren Sie den Objektfang Quadrant wieder mit der Taste Q.
- Im Abrollmenü BEMASSUNGSMETHODE wählen Sie die Einstellung VERKETTET und bemaßen wie in Abbildung 5.18.

> [Horizontale Bemaßung] Ersten Punkt eingeben
> Klicken Sie auf den unteren Quadrantenpunkt des äußeren Kreises.
> [Horizontale Bemaßung] Zweiten Punkt eingeben (Strg: Umkehren)
> Halten Sie die Taste Strg gedrückt, und klicken Sie auf den unteren Quadrantenpunkt der Bohrung in dem Bügel.
> [Horizontale Bemaßung] Zweiten Punkt eingeben
> Drücken Sie die Taste E für den Objektfang Endpunkt, und wählen Sie den rechten Endpunkt des äußeren Halbkreises.

> [Horizontale Bemaßung] Zweiten Punkt eingeben
> Wählen Sie den rechten Endpunkt des Bogens.

- Jeder weitere Punkt setzt ein Maß an die Kette. Unsere Maßkette ist fertig. Das Ergebnis sollte wie in Abbildung 5.18 aussehen.

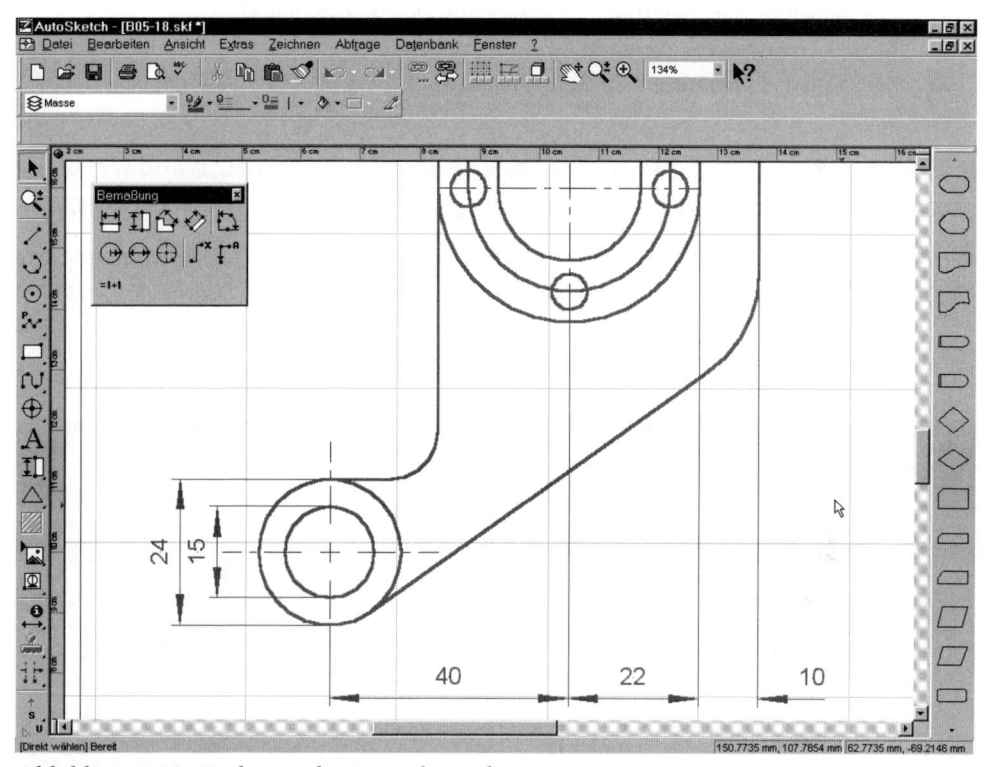

Abbildung 5.18: Verkettete horizontale Maße

Basislinienmaße zeichnen

- Auf die gleiche Art können Sie auch Bezugsmaße zeichnen, sogenannte Basislinienmaße.

- Wählen Sie dazu den Befehl VERTIKALE BEMASSUNG, und aktivieren Sie im Abrollmenü BEMASSUNGSMETHODE die Einstellung BASISLINIE.

- Tragen Sie in das Feld ERSTER ABSTAND den Wert 25 und in das Feld BASISLINIENABSTAND den Wert 10 ein. Dieses Feld ist nur dann aktiv, wenn Sie diese Bemaßungsmethode gewählt haben. Bemaßen Sie wie in Abbildung 5.19.

> [Vertikale Bemaßung] Ersten Punkt eingeben
> Klicken Sie auf den rechten Quadrantenpunkt des unteren äußeren Kreises, verwenden Sie den Objektfang QUADRANT.
> [Horizontale Bemaßung] Zweiten Punkt eingeben ([Strg]: Umkehren)
> Halten Sie die Taste [Strg] gedrückt, und klicken Sie auf den äußeren Quadrantenpunkt der rechten unteren Bohrung in dem Bügel.
> [Horizontale Bemaßung] Zweiten Punkt eingeben
> Klicken Sie auf den äußeren Quadrantenpunkt der rechten oberen Bohrung in dem Bügel.

- Drücken Sie jetzt die Taste [E] für den Objektfang ENDPUNKT, und setzen Sie die restlichen drei Maße wie in Abbildung 5.19. Beenden Sie dann den Befehl.

- Wählen Sie die vertikale Bemaßung noch einmal, diesmal aber wieder mit der Methode EINZELN. Stellen Sie den ersten Abstand auf 16, und bemaßen Sie mit dem Objektfang QUADRANT die linke obere Bohrung im Bügel. Das Ergebnis sieht dann wie in Abbildung 5.19 aus:

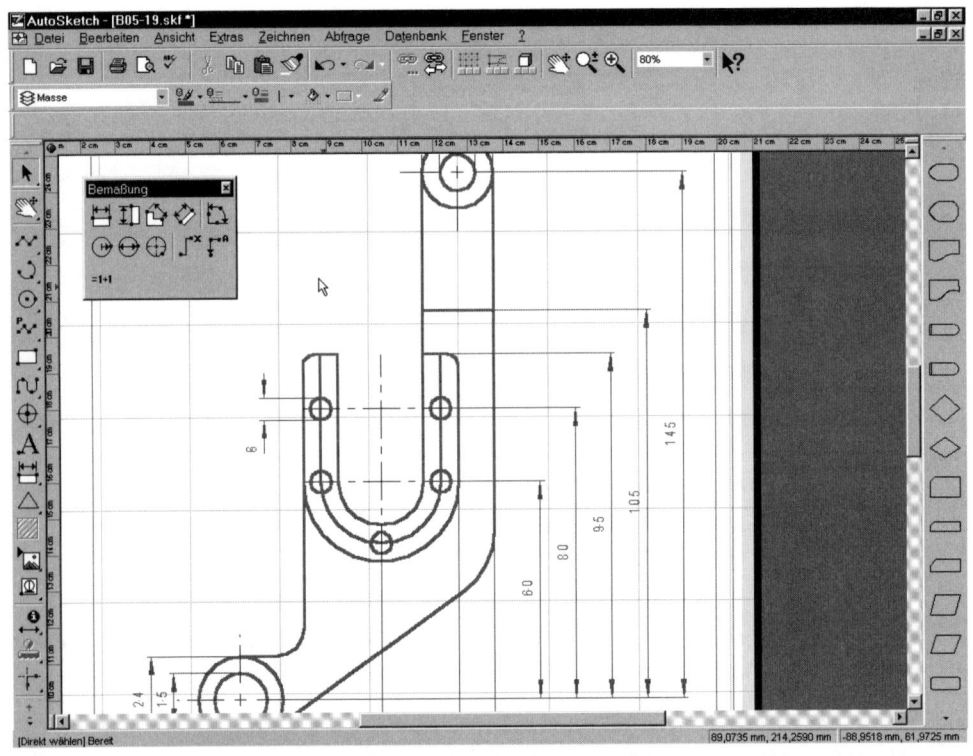

Abbildung 5.19: Basislinienbemaßung und einzelne Bemaßung

Gedrehte und ausgerichtete Bemaßungen

Neben den vertikalen und horizontalen Maßen gibt es in AutoSketch zwei weitere lineare Maße: gedrehte und ausgerichtete Maße. Sie werden gleich erstellt wie die bereits behandelten und können ebenfalls als einzelnes Maß, als verkettete Maße oder als Basislinienmaße verwendet werden.

Befehl: BEMASSUNG – GEDREHT

Mit dem Befehl BEMASSUNG – GEDREHT erstellen Sie ein Maß, dessen Maßlinie in einem vorgegebenen Winkel platziert werden kann. Sie finden den Befehl wie folgt:

- Abrollmenü ZEICHNEN, Untermenü BEMASSUNG, Funktion GEDREHT
- Symbol in einem Flyout-Menü der Universal-Symbolleiste
- Symbol in der Symbolleiste BEMASSUNG

In die Symbolleiste BEARBEITEN können Sie den Winkel eintragen, unter der die Maßlinie gezeichnet wird. Alles weitere ist identisch mit den vorhergehenden Befehlen.

Befehl: BEMASSUNG – AUSGERICHTET

Den Befehl BEMASSUNG – AUSGERICHTET verwenden Sie, wenn Sie ein Maß erstellen wollen, das parallel zu den Bemaßungspunkten gezeichnet werden soll. Sie finden den Befehl wie folgt:

- Abrollmenü ZEICHNEN, Untermenü BEMASSUNG, Funktion AUSGERICHTET
- Symbol in einem Flyout-Menü der Universal-Symbolleiste
- Symbol in der Symbolleiste BEMASSUNG

Geben Sie die Maßpunkte vor, und das Maß wird im eingestellten Abstand parallel zu den Punkten gezeichnet.

5.4 Winkelmaße

Winkel können Sie in AutoSketch dann bemaßen, wenn sie von zwei nicht parallelen Linien oder Polyliniensegmenten in der Zeichnung gebildet werden.

Winkel bemaßen

Für die Bemaßung von Winkeln haben Sie den Befehl WINKELBEMASSUNG. Sie finden ihn:

- Abrollmenü ZEICHNEN, Untermenü BEMASSUNG, Funktion WINKEL
- Symbol in einem Flyout-Menü der Universal-Symbolleiste
- Symbol in der Symbolleiste BEMASSUNG

Mit der Auswahlbox können Sie die beiden zu bemaßenden Linien anklicken:

> [Winkelbemaßung] 1. Linie auswählen
> [Winkelbemaßung] 2. Linie auswählen

Haben Sie die beiden Linien gewählt, können Sie die Maßlinie an die Stelle ziehen, durch die der Maßbogen gezeichnet werden soll. Dabei wird der Maßbogen dynamisch mitgezogen.

> [Winkelbemaßung] zu bemaßenden Winkel wählen

Es werden nur Winkel bis maximal 180° gezeichnet. Auf diese Weise ergeben sich bis zu 4 Winkel, je nachdem wo Sie den Maßbogen setzen. Das Winkelmaß und die erforderlichen Hilfslinien werden automatisch gezeichnet.

Winkelmaße zeichnen

- *Wählen Sie den Befehl, und klicken Sie die Linien an der Schräge rechts unten an (siehe Abbildung 5.20).*

> [Winkelbemaßung] 1. Linie auswählen
  Erste Linie an Punkt P1 anklicken.
> [Winkelbemaßung] 2. Linie auswählen
  Zweite Linie an Punkt P2 anklicken.
> [Winkelbemaßung] zu bemaßenden Winkel wählen
  Maßbogen an P3 positionieren.

- *Das Winkelmaß sollte dann wie in Abbildung 5.20 aussehen.*

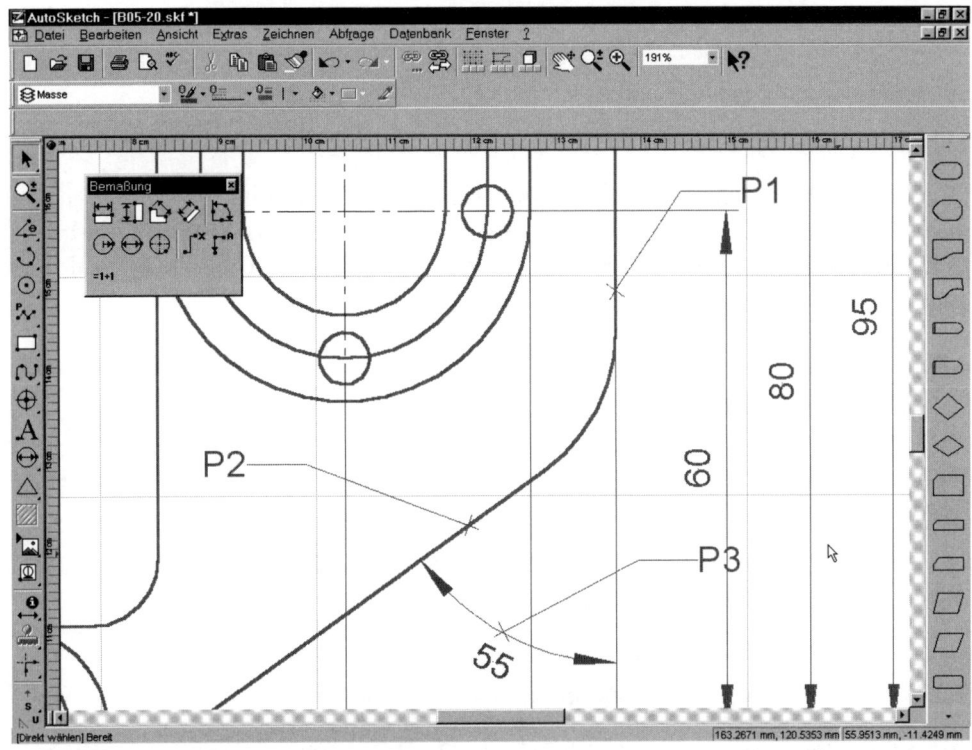

Abbildung 5.20: Winkelmaß mit Hilfslinien

5.5 Radius und Durchmessermaße

Selbstverständlich stehen Ihnen auch Befehle zur Radius- und Durchmesserbemaßung zur Verfügung.

Befehl RADIUSBEMASSUNG

Mit dem Befehl RADIUSBEMASSUNG können Sie einen Kreis oder Bogen bemaßen. Sie finden den Befehl wie folgt:

- Abrollmenü ZEICHNEN, Untermenü BEMASSUNG, Funktion RADIUS
- Symbol in einem Flyout-Menü der Universal-Symbolleiste
- Symbol in der Symbolleiste BEMASSUNG

Klicken Sie den Kreis oder Bogen an der Stelle an, an der das Maß angesetzt werden soll. Klicken Sie etwas weiter nach außen, wird das Maß außen angetragen, ansonsten kommt es nach innen.

> [Radiusbemaßung] Kreis oder Bogen auswählen (`Strg`: Langer Stil)

Drücken Sie beim Anklicken die Taste `Strg`, wird die Maßlinie bis zum Mittelpunkt gezogen und der Pfeil von innen gezeichnet. Wird das Maß innerhalb gezeichnet, geht die Maßlinie über den Mittelpunkt hinaus, und der Text wird dort angebracht.

Befehl DURCHMESSERBEMASSUNG

Wollen Sie statt dessen den Durchmesser bemaßen, verwenden Sie den Befehl DURCHMESSERBEMASSUNG. Sie finden den Befehl wie folgt:

- Abrollmenü ZEICHNEN, Untermenü BEMASSUNG, Funktion DURCHMESSER
- Symbol in einem Flyout-Menü der Universal-Symbolleiste
- Symbol in der Symbolleiste BEMASSUNG

Das Maß wird dort angebracht, wo Sie den Kreis oder Bogen anklicken. Klicken Sie etwas außerhalb, wird das Maß außen angesetzt. Klicken Sie dagegen innerhalb, wird das Maß durch den Kreis gezogen.

> [Radiusbemaßung] Kreis/Bogen auswählen (`Strg`: Eine Führungslinie)

Wenn Sie den Kreis oder Bogen innen anklicken, dann hat die Taste `Strg` keine Funktion. Klicken Sie aber außen, wird der Pfeil von beiden Seiten gezeichnet.

Radiusmaße zeichnen

- *Setzen Sie die Radiusmaße wie in Abbildung 5.21.*

> [Radiusbemaßung] Kreis oder Bogen auswählen (`Strg`: Langer Stil)

- *Klicken Sie die Bögen nacheinander an. Achten Sie dabei darauf, dass Sie das Auswahlfenster auf die Seite setzen, an der Sie den Maßpfeil haben wollen.*

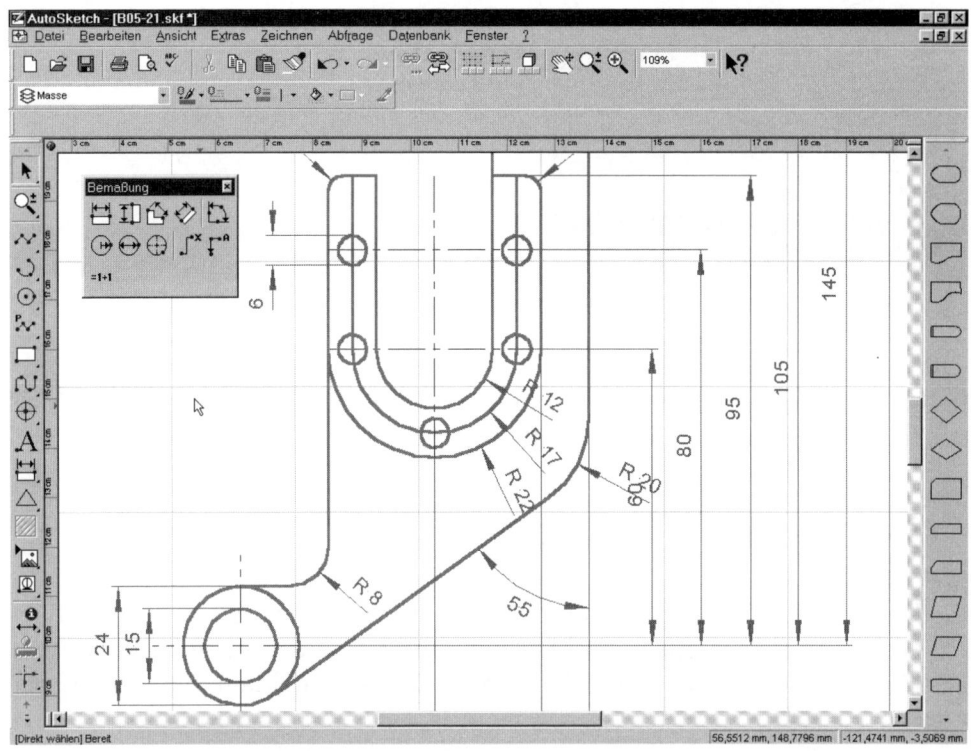

Abbildung 5.21: Radiusmaße in der Zeichnung

5.6 Maße bearbeiten

Maße können auch nachher noch geändert werden. Dazu stehen Ihnen mehrere Möglichkeiten zur Verfügung, je nachdem was geändert werden soll.

Bemaßungsformat ändern

Wie anfangs schon gezeigt, können Sie ein oder mehrere Maße anklicken und in der Symbolleiste BEARBEITEN das Symbol für den Befehl BEMASSUNGSFORMAT ÄNDERN wählen. Sie können aber auch die rechte Maustaste drücken, nachdem Sie die Maße markiert haben. In einem Pop-up-Menü können Sie ebenfalls die Funktion BEMASSUNGSFORMAT ÄNDERN wählen (siehe Abbildung 5.22).

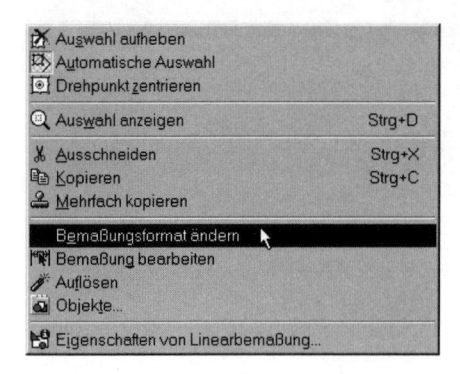

Abbildung 5.22:
Pop-up-Menü
mit Funktionen
für die Bemaßung

Im Dialogfeld stellen Sie in den Registerkarten das Format für das gewählte Maß ein. In den anderen Feldern werden die aktuellen Einstellungen angezeigt.

Bemaßung bearbeiten

Wollen Sie nicht das Format, sondern die Geometrie des Maßes ändern, markieren Sie das Maß ebenfalls und drücken die rechte Maustaste. Wählen Sie dann aus dem Pop-up-Menü (siehe Abbildung 5.22) die Funktion BEMASSUNG BEARBEITEN.

Die Funktion können Sie auch mit einem Symbol in der Symbolleiste BEARBEITEN bei markiertem Maß anwählen.

Klicken Sie dann auf das Element des Maßes, das Sie verändern wollen. Halten Sie die Maustaste gedrückt, und schieben Sie es an eine andere Stelle. Ändern Sie so:

- Einen Ausgangspunkt der Maßlinie an eine andere Stelle ziehen.
- Die Maßlinie mit dem Text an eine andere Stelle ziehen; bei gedrückter Taste [Strg] wird der Maßtext an seine Vorgabeposition gesetzt.
- Den Maßtext an eine andere Stelle ziehen, die Maßlinie geht dabei mit.
- Den Maßtext mit gedrückter Taste [Strg] an eine andere Stelle ziehen, nur der Maßtext wird verschoben.

Bemaßung auflösen

Wollen Sie Maße in Ihre Bestandteile zerlegen, benötigen Sie den Befehl AUFLÖSEN. Aus einem Maß bekommen Sie Linien, Pfeile, Zahlen usw., die Sie dann beliebig bearbeiten können, aber Sie haben kein Maß mehr und keine Möglichkeiten, Format oder Geometrie auf einfache Art zu ändern. Wählen Sie den Befehl:

- Abrollmenü BEARBEITEN, Funktion AUFLÖSEN
- Symbol in der Symbolleiste BEARBEITEN bei markiertem Maß anwählen.

Bemaßungen bearbeiten

- Ändern Sie die Radiusmaße. Ziehen Sie die Texte mit den Maßlinien etwas nach außen (siehe Abbildung 5.23).
- Die Zeichnung ist fertig. Sie sollte wie in Abbildung 5.23 aussehen. Um zu vergleichen, können Sie auch eine Beispiellösung, die Zeichnung L05-03.SKF aus dem Ordner \Aufgaben, laden. Speichern Sie aber ihre Zeichnung für alle Fälle ab.

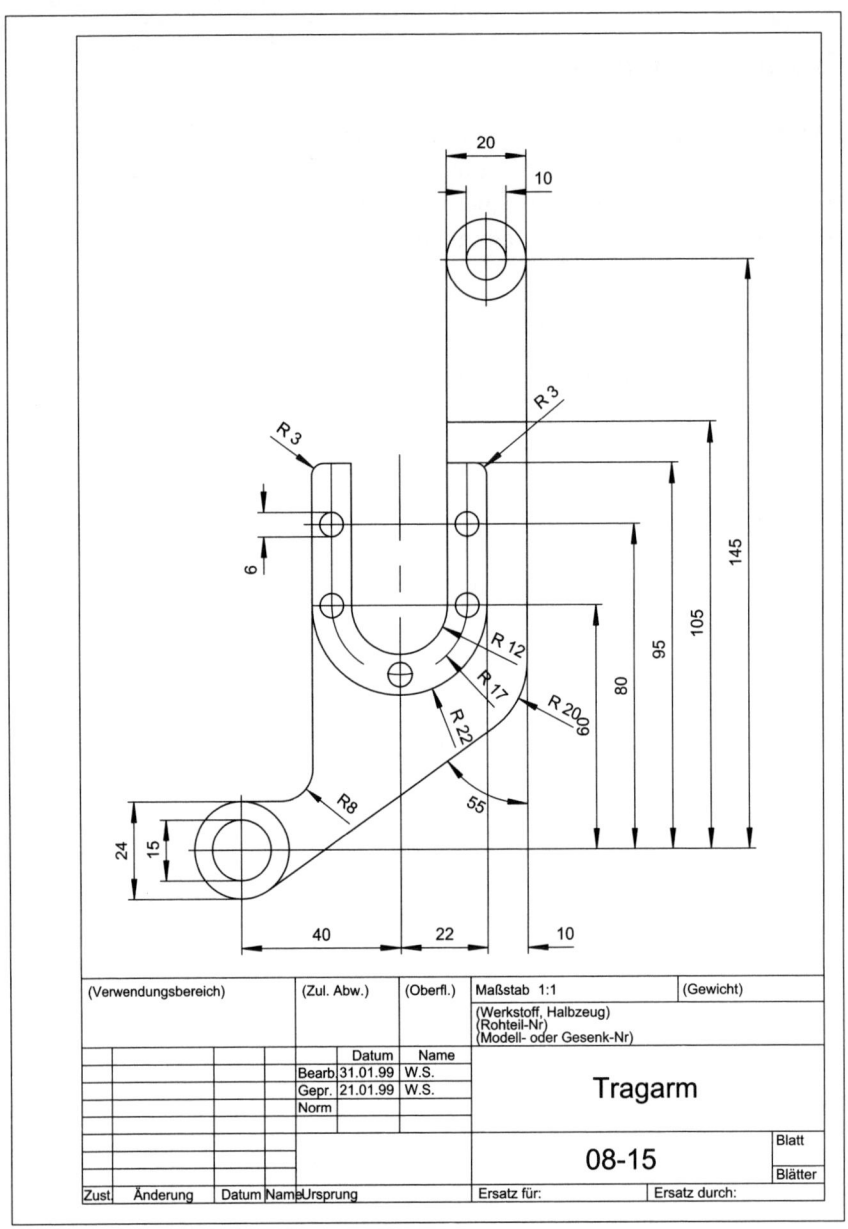

Abbildung 5.23: Die fertige Zeichnung

5.7 Abfragebefehle

Beim Erstellen einer Zeichnung kommt es häufig vor, dass Sie den Abstand zweier Punkte wissen wollen, ohne dazu gleich die Zeichnung bemaßen zu müssen. Dazu haben Sie eine ganze Reihe von Abfragebefehle zur Verfügung, mit denen Sie die verschiedensten Informationen aus der Zeichnung entnehmen können.

Befehl ABFRAGE – KOORDINATE

Mit dem Befehl ABFRAGE – KOORDINATE können Sie sich die Koordinate eines beliebigen Punktes in der Zeichnung anzeigen lassen. Sie finden den Befehl wie folgt:

- Abrollmenü ABFRAGE, Funktion KOORDINATE
- Symbol in einem Flyout-Menü der Universal-Symbolleiste
- Symbol in der Symbolleiste ABFRAGE

> [Abfrage - Koordinate] Punkt eingeben

Klicken Sie einen Punkt in der Zeichnung an. Selbstverständlich sollten Sie dabei eine Fangfunktion verwenden, um den Punkt exakt zu treffen. Das Ergebnis der Messung wird in einem Dialogfeld angezeigt (siehe Abbildung 5.24).

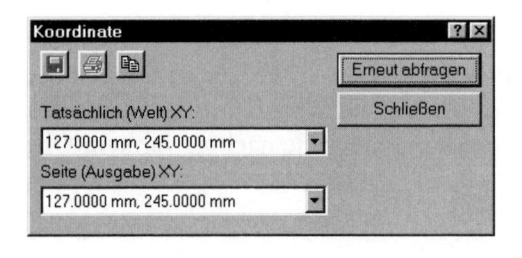

Abbildung 5.24: Abfrage einer Koordinate

Das Ergebnis wird im tatsächlichen Koordinatensystem und im Seitenkoordinatensystem angezeigt. Wir haben bisher immer im Seitenkoordinatensystem gearbeitet. Den Unterschied zwischen diesen beiden Systemen lernen Sie im nächsten Kapitel kennen. In den Abrollmenüs bei den beiden Anzeigen können Sie die Einheiten der Anzeige umschalten (mm, cm, m, Fuß und Zoll).

Klicken Sie auf die Schaltfläche ERNEUT ABFRAGEN, wenn Sie weitere Werte benötigen, oder auf SCHLIESSEN, wenn Sie die Abfrage beenden wollen.

Befehl ABFRAGE – ABSTAND

Benötigen Sie den Abstand zwischen zwei Punkten, verwenden Sie den Befehl ABFRAGE – ABSTAND. Sie finden den Befehl wie folgt:

- Abrollmenü ABFRAGE, Funktion ABSTAND
- Symbol in einem Flyout-Menü der Universal-Symbolleiste
- Symbol in der Symbolleiste ABFRAGE

> [Abfrage - Abstand] 1. Punkt eingeben ([=]: Tastatur, [⇧]: Objekt)
> [Abfrage - Abstand] Zweiten Punkt eingeben

Bei diesem Befehl können Sie zwei Punkte anklicken. Im Dialogfeld werden der direkte Abstand, der X-Abstand und der Y-Abstand angezeigt (siehe Abbildung 5.25). Die anderen Funktionen im Dialogfeld sind identisch mit denen des Befehls ABFRAGE – KOORDINATE.

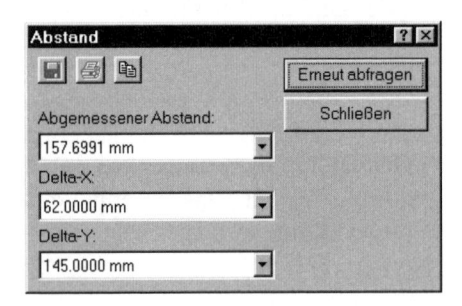

Abbildung 5.25: Abfrage eines Abstands

Halten Sie bei der Wahl des ersten Punktes die Taste [⇧] gedrückt, können Sie ein Objekt in der Zeichnung anwählen. Im Dialogfeld wird dann die Größe des Objekts angezeigt. Dabei erhalten Sie folgende Angaben, je nach gewähltem Objekt:

Linie	Länge
Bogen oder Kreis	Radius
Ellipse	Länge der Hauptachse
Polylinie oder Polygon	Länge des ausgewählten Segments
Text	Höhe

Geben Sie statt des ersten Punktes auf der Tastatur [=] ein, bekommen Sie einen Taschenrechner. Geben Sie in dem Dialogfeld (siehe Abbildung 5.26) einen mathematischen Ausdruck zur Berechnung ein und klicken auf OK, wird Ihnen im nächsten Dialogfeld (siehe Abbildung 5.27) das Ergebnis angezeigt.

Abbildung 5.26:
Eingabe einer
Berechnung

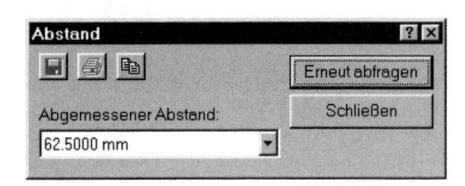

Abbildung 5.27:
Anzeige des
Ergebnisses

Wenn Sie den errechneten Wert bei der Zeichenarbeit benötigen, müssen Sie diesen nicht abschreiben und später wieder eintippen. Klicken Sie auf das Symbol KOPIEREN (rechtes Symbol in der Symbolleiste, Abbildung 5.27), und der Wert wird in die Windows-Zwischenablage kopiert. In jedem anderen Dialogfeld kann der Wert mit der Tastenkombination [Strg] und [V] in das gerade aktive Eingabefeld eingefügt werden.

Tip

- Sie können in jedem Dialogfeld, in dem ein nummerischer Wert abgefragt wird, einen mathematischen Ausdruck zur Berechnung eingeben. Das Ergebnis wird übernommen. Abbildung 5.28 zeigt das Dialogfeld für eine absolute Koordinateneingabe. Die Werte für X und Y werden aus den eingegebenen Ausdrücken berechnet. Der Punkt wird bei dieser Eingabe auf die Koordinate 25,60 gesetzt.

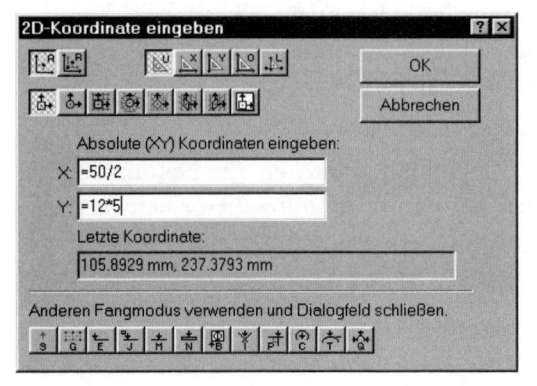

Abbildung 5.28:
Mathematische
Ausdrücke in
Eingabefeldern

Befehl ABFRAGE – WINKEL

Wollen Sie einen Winkel in der Zeichnung messen, verwenden Sie den Befehl ABFRAGE – WINKEL. Sie finden den Befehl wie folgt:

- Abrollmenü ABFRAGE, Funktion WINKEL
- Symbol in einem Flyout-Menü der Universal-Symbolleiste
- Symbol in der Symbolleiste ABFRAGE

```
> [Abfrage - Winkel] Mittelpunkt eingeben ([=]: Tastatur, [⇧]: Objekt,
[Strg]: 2-Punkt)
> [Abfrage - Winkel] Startpunkt eingeben
> [Abfrage - Winkel] Endpunkt eingeben
```

Klicken Sie den Mittelpunkt (Scheitelpunkt) des Winkels an, den Startpunkt und den Endpunkt. Den Winkel, der aus diesen drei Punkten gebildet wird, bekommen Sie in einem Dialogfeld angezeigt (siehe Abbildung 5.29). Der Winkel wird vom Startpunkt zum Endpunkt entgegen dem Uhrzeigersinn gemessen.

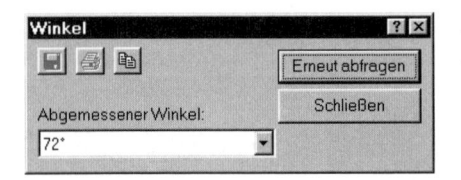

Abbildung 5.29: Abfrage eines Winkels

Auch hier können Sie mit der Taste [=] einen mathematischen Ausdruck in ein Dialogfeld eingeben, und Sie bekommen das Ergebnis in einem weiteren Dialogfeld angezeigt.

Halten Sie bei der Abfrage nach dem Mittelpunkt die Taste [⇧] gedrückt, können Sie ein Linienobjekt in der Zeichnung mit der Auswahlbox anklicken. Sie bekommen dann den Winkel angezeigt, unter dem die gewählte Linie verläuft, gemessen entgegen dem Uhrzeigersinn zur X-Achse.

Halten Sie dagegen bei der Abfrage nach dem Mittelpunkt die Taste [Strg] gedrückt, können Sie zwei Punkte in der Zeichnung anklicken. Sie bekommen den Winkel im Dialogfeld angezeigt, der sich aus der Verbindung dieser beiden Punkte, gemessen entgegen dem Uhrzeigersinn zur X-Achse, ergibt.

Befehl ABFRAGE – FLÄCHE

Wollen Sie die Fläche messen, haben Sie es etwas schwerer. Mit dem Befehl ABFRAGE – FLÄCHE müssen Sie alle Eckpunkte eingeben, die die Fläche begrenzen. Sie finden den Befehl wie folgt:

- Abrollmenü ABFRAGE, Funktion FLÄCHE UND UMFANG
- Symbol in einem Flyout-Menü der Universal-Symbolleiste
- Symbol in der Symbolleiste ABFRAGE

> [Abfrage - Fläche] Scheitelpunkt eingeben
> [Abfrage - Fläche] Scheitelpunkt eingeben ([Entf]: Letzten Scheitelpunkt löschen)
> [Abfrage - Fläche] Scheitelpunkt eingeben ([Entf]: Letzten Scheitelpunkt löschen)

Fahren Sie alle Scheitelpunkte in der Zeichnung ab, die die gewünschte Fläche umschließen, selbstverständlich wieder mit einer Fangfunktion. Haben Sie einen Scheitelpunkt falsch gesetzt, können Sie ihn mit der Taste [Entf] wieder löschen und neu bestimmen. Wenn Sie die rechte Maustaste drücken, werden Ihnen die Fläche und der Umfang der umfahrenen Fläche angezeigt (siehe Abbildung 5.30). Enthält die Fläche Bogensegmente, kommen Sie mit dieser Methode nicht zum Ziel.

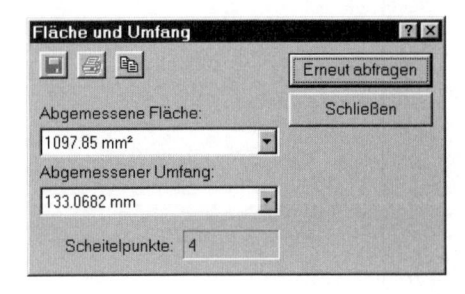

Abbildung 5.30: Abfrage von Fläche und Umfang

Befehl ABFRAGE – OBJEKT

Immer dann, wenn Sie ein Objekt in der Zeichnung markiert haben, bekommen Sie in der Symbolleiste BEARBEITEN ganz links das Symbol des Befehls ABFRAGE – OBJEKT, mit dem Sie das Objekt abfragen können. Sie finden den Befehl außerdem folgendermaßen:

- Abrollmenü ABFRAGE, Funktion OBJEKTEIGENSCHAFTEN
- Symbol in der Symbolleiste BEARBEITEN
- Symbol in einem Flyout-Menü der Universal-Symbolleiste
- Pop-up-Menü mit rechter Maustaste, Funktion EIGENSCHAFTEN VON...

Wählen Sie den Befehl aus dem Abrollmenü, und klicken Sie das Objekt an, oder klicken Sie zuerst das Objekt an, und wählen Sie dann das Symbol in der Leiste BEARBEITEN. In beiden Fällen bekommen Sie ein Dialogfeld, das alle Informationen zu dem Objekt enthält. Bei geschlossenen Objekten werden noch die Fläche und der Umfang angezeigt (siehe Abbildung 5.31 für einen Kreis).

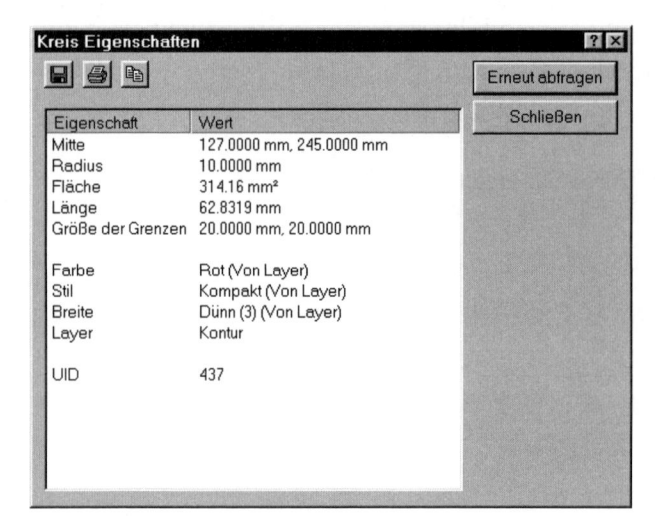

Abbildung 5.31: Abfrage der Objekteigenschaften

Befehl ABFRAGE – AUSWAHL

Haben Sie mehrere Objekte in der Zeichnung markiert, können Sie den Befehl ABFRAGE – AUSWAHL verwenden. Dann finden Sie in der Symbolleiste BEARBEITEN ganz links das Symbol für diesen Befehl. Sie können den Befehl aber auch noch auf andere Arten wählen:

- Abrollmenü ABFRAGE, Funktion AUSWAHLEIGENSCHAFTEN
- Symbol in der Symbolleiste BEARBEITEN
- Symbol in einem Flyout-Menü der Universal-Symbolleiste
- SYMBOL IN DER SYMBOLLEISTE ABFRAGE
- Pop-up-Menü mit rechter Maustaste, Funktion AUSWAHL-EIGENSCHAFTEN

In einem Dialogfeld bekommen Sie die Abmessungen der Objekte angezeigt sowie die Objektarten und deren Anzahl (siehe Abbildung 5.32).

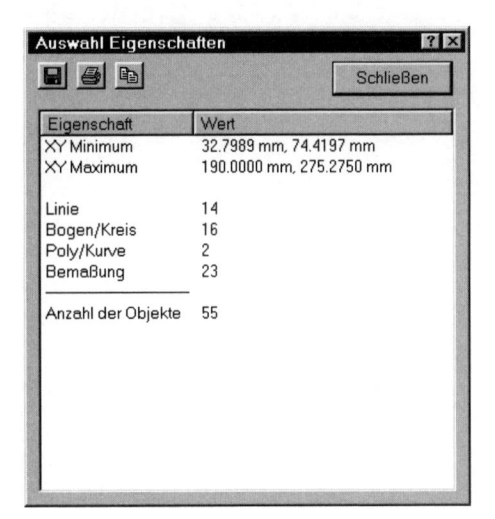

*Abbildung 5.32:
Abfrage der Auswahl-
eigenschaften*

Befehl ABFRAGE – ZEICHNUNG

Wollen Sie Informationen zur kompletten Zeichnung, wählen Sie den Befehl ABFRAGE – ZEICHNUNG. Sie finden ihn:

- Abrollmenü ABFRAGE, Funktion ZEICHNUNGSEIGENSCHAFTEN...
- Symbol in einem Flyout-Menü der Universal-Symbolleiste
- Symbol in der Symbolleiste ABFRAGE

In einem Dialogfeld bekommen Sie die Abmessungen der kompletten Zeichnung und eine Auflistung der verwendeten Objekte (siehe Abbildung 5.33).

Eigenschaft	Wert
XY Minimum	6.0872 mm, 8.6091 mm
XY Maximum	215.2035 mm, 288.3909 mm
Linie	14
Bogen/Kreis	16
Poly/Kurve	2
Bemaßung	23
Symbol	1
Anzahl der Objekte	56
Symboldefinitionen	1

Abbildung 5.33:
Abfrage der Zeichnungseigenschaften

Befehl ABFRAGE – SYMBOLANZAHL

Mit dem letzten Befehl in dieser Serie können Sie im Moment noch nicht viel anfangen. Der Befehl ABFRAGE – SYMBOLANZAHL zeigt die verwendeten Symbole in der Zeichnung an. Unsere Zeichnung enthält außer dem Zeichnungsrahmen noch keine weiteren Symbole. Sie finden den Befehl wie folgt:

- Abrollmenü ABFRAGE, Funktion SYMBOLANZAHL...
- Symbol in einem Flyout-Menü der Universal-Symbolleiste
- Symbol in der Symbolleiste ABFRAGE

Das Dialogfeld zeigt ihnen an, welche Symbole Sie wie oft verwendet haben (siehe Abbildung 5.34).

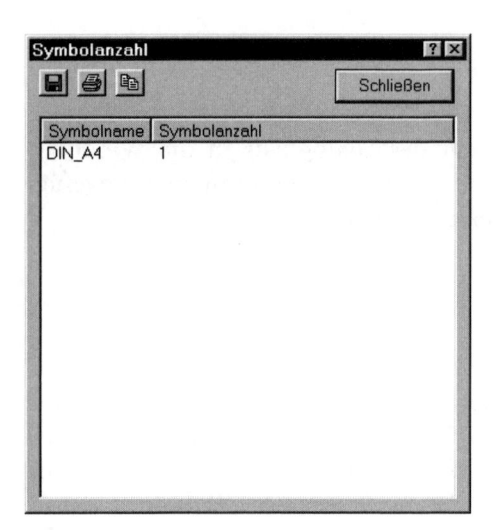

Abbildung 5.34: Abfrage der Symbolanzahl

Tips

- In den Dialogfeldern der letzten vier Befehle haben Sie am oberen Rand eine Symbolleiste. Mit dem linken Symbol können Sie die angezeigten Werte aus dem Dialogfeld in einer Datenbankdatei speichern, die Sie beispielsweise in Microsoft Excel zur weiteren Auswertung einlesen können.
- Wenn Sie auf das Druckersymbol klicken, können Sie vom Inhalt des Dialogfelds einen Bericht ausdrucken. In einem weiteren Dialogfeld legen Sie das Format für den Bericht fest (siehe Abbildung 5.35).

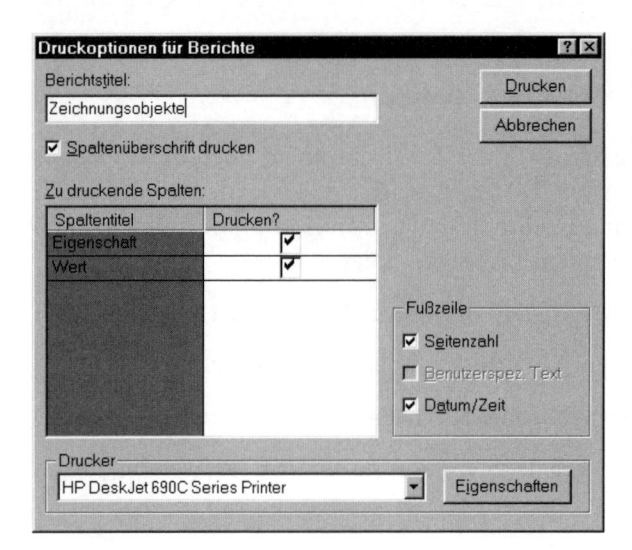

Abbildung 5.35:
Inhalt der Abfrage
DIALOGFELDER ALS
BERICHT AUSGEBEN

- Geben Sie eine Überschrift ein, und wählen Sie die Felder, die Sie in dem Bericht haben wollen.

- Mit dem rechten Symbol wird der Inhalt des Dialogfelds in die Windows-Zwischenablage kopiert und kann somit in anderen Programmen eingefügt werden, zum Beispiel in ein Textverarbeitungsprogramm.

Abfragen in der Zeichnung

- Testen Sie die Abfragebefehle in der Zeichnung. Fragen Sie beispielsweise die Koordinaten der Bohrungen ab. Fragen Sie den Abstand der beiden großen Bohrungen ab. Fragen Sie den Winkel der Schräge ab. Lassen Sie sich die Objekteigenschaften einzelner Objekte oder des kompletten Teils ohne Zeichnungsrahmen und Maße anzeigen.

Kapitel 6

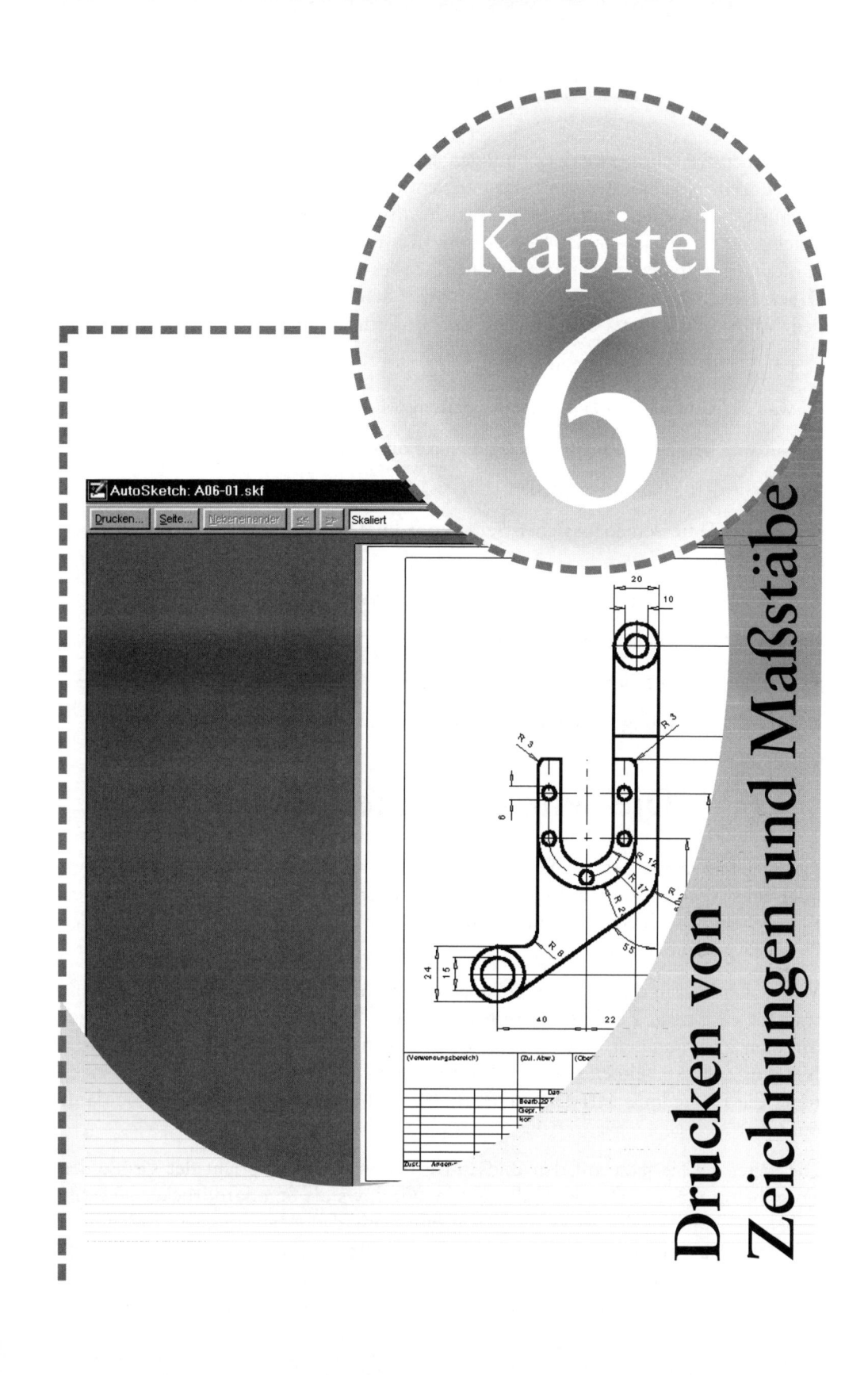

Drucken von Zeichnungen und Maßstäbe

Nun haben Sie schon zwei Zeichnungen erstellt; es wird Zeit, dass Sie diese auch ausdrucken. Normalerweise ist das ganz einfach: Sie haben einen Befehl für eine Voransicht und einen Befehl zum Drucken. Etwas schwieriger wird es, wenn die Zeichnung größer ist als das Seitenformat des Druckers. Deshalb wollen wir uns in diesem Kapitel etwas genauer ansehen, was es mit der Zeichnungsseite und der Druckseite, dem Zeichnungsmaßstab sowie dem Seitenkoordinatensystem und dem Weltkoordinatensystem auf sich hat. Sie lernen,

- wie Sie die Seite einrichten
- was der Unterschied zwischen der Seitengröße und der Druckseite ist
- mit welchen Maßeinheiten Sie zeichnen können und wie Sie diese einstellen
- wie Sie den Maßstab einstellen
- was der Unterschied zwischen Seitenkoordinaten und tatsächlichen Koordinaten ist
- wozu Sie beim Drucken einen Seitenrahmen verwenden können
- wie Sie die Druckparameter einstellen
- wie Sie sich eine Voransicht anzeigen lassen
- wie die Zeichnung dann auf das Papier kommt

6.1 Die Seite einrichten

Bis jetzt haben wir eine neue Zeichnung immer mit den Standardeinstellungen oder einer Vorlage begonnen. AutoSketch ist aber wesentlich flexibler. Sie können Ihre Seitengröße beliebig wählen, auch ein Format, das größer ist, als es der Drucker ausdrucken kann.

Wir wollen uns in diesem Kapitel zunächst anschauen, wie Sie Format und Maßstab für eine neue Zeichnung festlegen können. Schließen Sie also alle noch geöffneten Zeichnungen, und beginnen Sie eine neue Zeichnung mit dem Befehl NEU aus dem Abrollmenü DATEI. Wählen Sie im Assistenten für eine neue Zeichnung die Einstellung MIT LEERER ZEICHNUNG BEGINNEN, und klicken Sie dann auf OK.

Die Seite, die Sie jetzt auf den Bildschirm bekommen, entspricht der Größe des Vorgabeformats des Druckers, den Sie in Windows als Standarddrucker gewählt haben. Normalerweise ist es das A4-Format mit den Abmessungen 297 mm x 210 mm. Da kein Drucker bis zum äußersten Rand des Papiers drucken kann, haben Sie an den Rändern graue Bereiche (siehe Abbildung 6.1). Diese entsprechen den nicht bedruckbaren Bereichen Ihres Druckers. Alles, was Sie dort zeichnen, kann nicht gedruckt werden, wenn Sie die komplette Seite in Originalgröße drucken.

Der nicht bedruckbare Bereich ist von Drucker zu Drucker unterschiedlich. Bei Laserdruckern ist er gleichmäßig auf allen Seiten ca. 5 mm. Bei Tintenstrahldruckern ist er etwas geringer, dafür haben Sie aber unten einen Rand von ca. 15 mm.

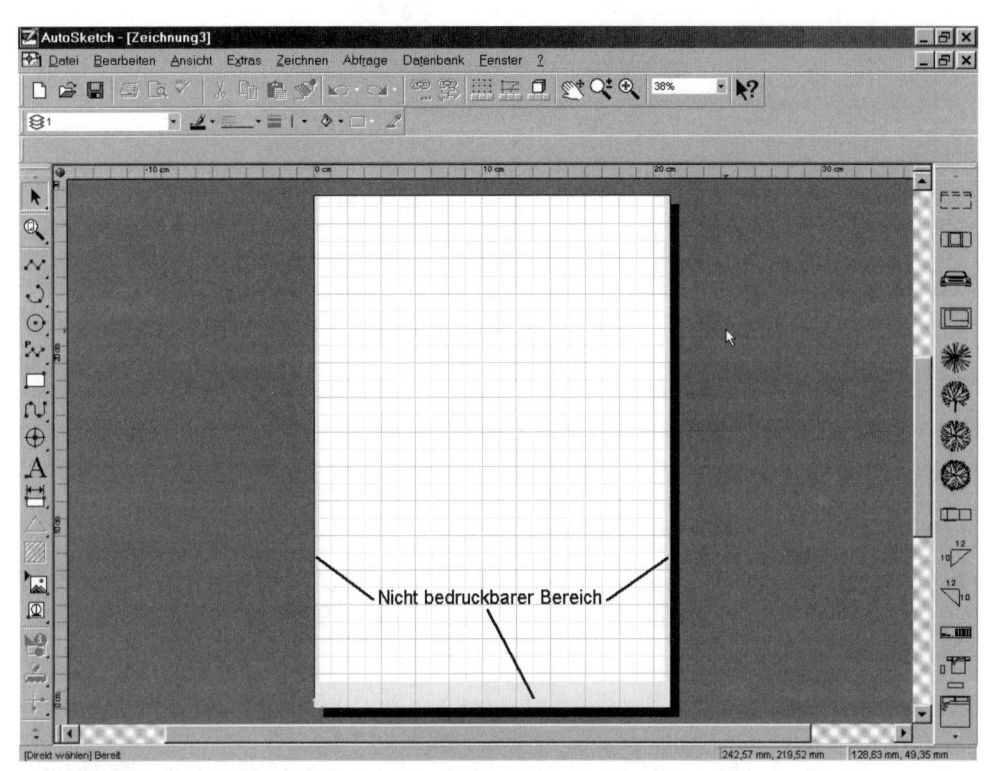

Abbildung 6.1: Die Druckseite mit dem nicht bedruckbaren Bereich

Befehl SEITE EINRICHTEN

Mit dem Befehl SEITE EINRICHTEN können Sie die Seite für Ihre Zeichnung festlegen. Sie finden den Befehl wie folgt:

- Abrollmenü DATEI, Funktion SEITE EINRICHTEN...

Alle Einstellungen für den Befehl können Sie in einem Dialogfeld vornehmen (siehe Abbildung 6.2).

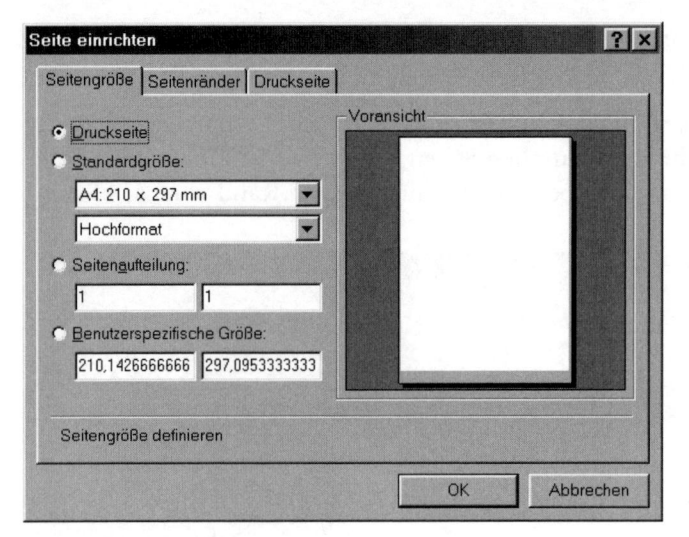

Abbildung 6.2:
Seite einrichten,
Registerkarte
SEITENGRÖSSE

Registerkarte SEITENGRÖSSE

Zweierlei Dinge müssen unterschieden werden, die Seitengröße und die Druckseite. Die Seitengröße ist in AutoSketch die Größe der Zeichnung. Diese stellen Sie in der Registerkarte SEITENGRÖSSE (siehe Abbildung 6.2) ein. Sie haben die Auswahl zwischen folgenden Möglichkeiten:

DRUCKSEITE: Die Zeichnung hat die gleiche Größe wie die Standard-Seitengröße des Druckers. Diese Einstellung ist die Vorgabe, wenn Sie mit einer leeren Zeichnung beginnen.

STANDARDGRÖSSE: Haben Sie diese Option gewählt, können Sie im Abrollmenü darunter aus den verfügbaren Standardformaten (A4 bis A0) Ihr Zeichnungsformat auswählen. In einem weiteren Abrollmenü können Sie die Seitenausrichtung bestimmen: Hoch- oder Querformat. Haben Sie ein Format, das größer ist als die Druckseite, wird in der Voransicht angezeigt, wie viele Druckseiten erforderlich sind, um diese Zeichnung aufs Papier zu bringen (siehe Abbildung 6.3). Beim Plotten wird die Zeichnung dann auf dieser Anzahl von Seiten verteilt. Zusätzlich werden Schneidmarken ausgedruckt, damit Sie die einzelnen Blätter zuschneiden und zusammensetzen können.

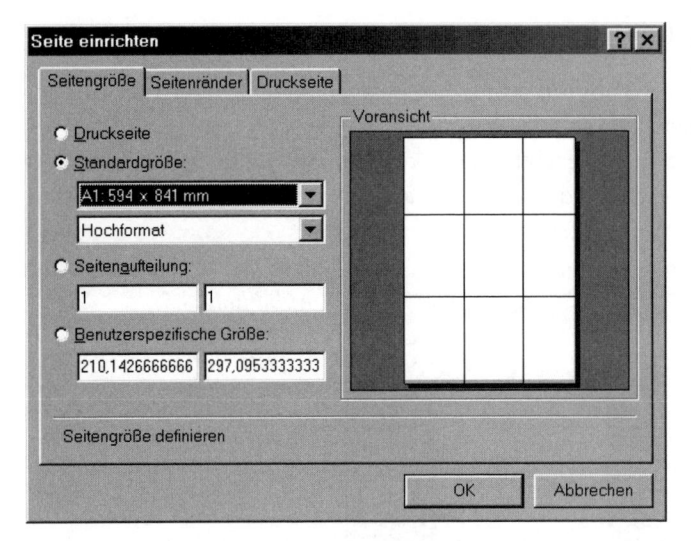

*Abbildung 6.3:
Seitengröße der
Zeichnung größer
als die Druckseite*

SEITENAUFTEILUNG: Sie können aber auch bestimmen, aus wie vielen Druckseiten Ihre Zeichnung bestehen soll. Die linke Zahl gibt an, wie viele Seiten nebeneinandergelegt werden. Die rechte Zahl entspricht den Seiten übereinander.

BENUTZERSPEZIFISCHE GRÖSSE: Sie können aber auch ein beliebiges Format für Ihre Seite festlegen; tragen Sie dann die Maße in diese Felder ein.

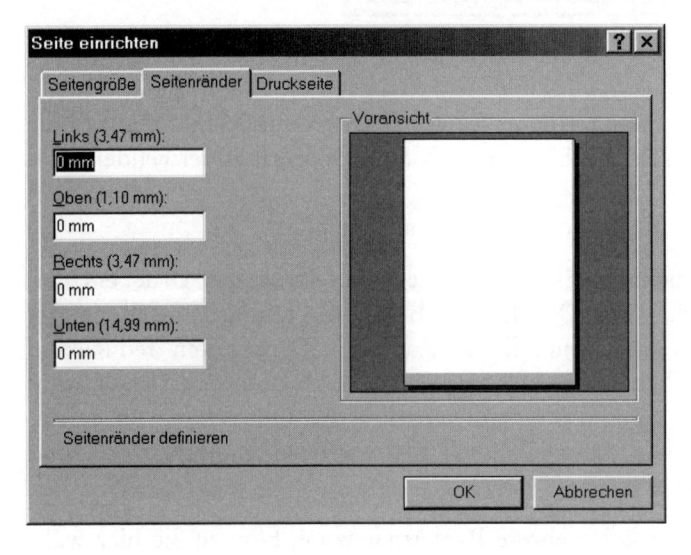

*Abbildung 6.4:
Seite einrichten,
Registerkarte
SEITENRÄNDER*

Registerkarte SEITENRÄNDER

In dieser Registerkarte (siehe Abbildung 6.4) können Sie Seitenränder bestimmen, die nicht bedruckt werden sollen. Die Seitenränder, die der Drucker nicht bedrucken kann, werden Ihnen angezeigt; diese können Sie nicht verändern. Ein Seitenrand von 5 mm bedeutet, dass Sie zusätzlich zum nicht bedruckbaren Bereich einen Rand von 5 mm vorgeben.

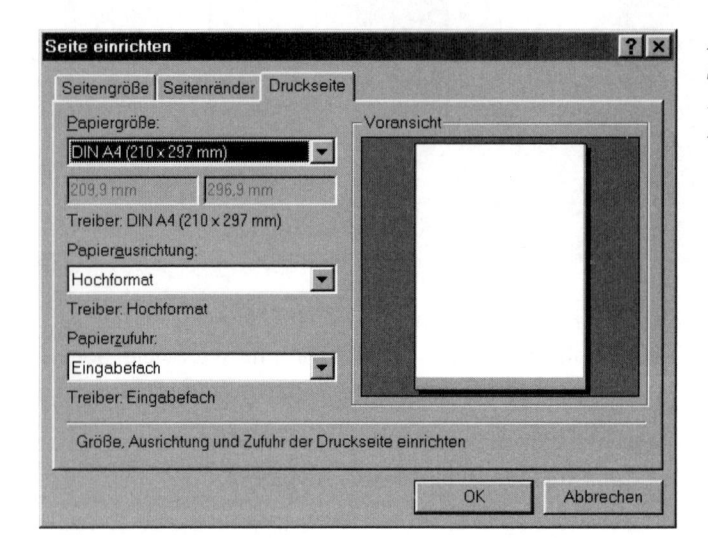

Abbildung 6.5: Seite einrichten, Registerkarte DRUCKSEITE

Registerkarte DRUCKSEITE

PAPIERGRÖSSE: Wählen Sie dann in dieser Registerkarte (siehe Abbildung 6.5) die Papiergröße Ihres Druckers, wenn Sie nicht das Standardformat verwenden wollen. Im Abrollmenü PAPIERGRÖSSE können Sie aus den verfügbaren Formaten wählen. Die Maße werden in der Zeile darunter angezeigt.

PAPIERAUSRICHTUNG: Zudem ist hier die Papierausrichtung des Druckers einstellbar; wählen Sie Hoch- oder Querformat bzw. die Standardeinstellung des Treibers. Hiermit können Sie eventuell die Zahl der Druckseiten reduzieren. Haben Sie bei der Seitengröße A3 im Hochformat gewählt und Ihr Drucker kann nur A4-Seiten bedrucken, können Sie beim Drucker das Querformat einstellen. Zum Ausdruck brauchen Sie dann eventuell nur zwei Seiten. Im Hochformat wären es in jedem Fall vier Seiten.

PAPIERZUFUHR: Hat ihr Drucker mehrere Papiermagazine, können Sie hier wählen, welches verwendet werden soll.

Seite einrichten

- Stellen Sie verschiedene Seitengrößen ein, und verwenden Sie das Format A4 zum Ausdruck. Schauen Sie sich die Druckaufteilung in der Voransicht an. Versuchen Sie den Papierverbrauch zu minimieren.

- Geben Sie eine Seitenaufteilung von 4 x 6 Seiten ein bei einer A4-Druckseite. Bestätigen Sie die Einstellungen, und schauen Sie sich die Zeichnungsmaße an den Seitenlinealen an.

- Richten Sie dann eine A3-Seite im Querformat für Ihre Zeichnung ein. Wählen Sie bei der Druckseite das DIN-A4-Format im Hochformat. In der Voransicht sehen Sie, dass Sie zum Ausdruck dieser Zeichnung zwei volle Seiten und einen kleinen Streifen benötigen, also effektiv drei Seiten. Dieser Streifen ergibt sich dadurch, dass sich die nicht bedruckbaren Ränder der beiden Seiten addieren und so zwei Seiten nicht ausreichen. Wenn Sie das Format nicht in voller Größe benötigen, können Sie auch ein benutzerdefiniertes Format von beispielsweise 412 x 297 eingeben (siehe Abbildung 6.6). Dann reichen zwei Seiten zum Ausdruck der Zeichnung. Machen Sie die Einstellungen wie in Abbildung 6.6.

- Mit dieser leeren Zeichnung wollen wir im nächsten Abschnitt weitere Einstellungen vornehmen.

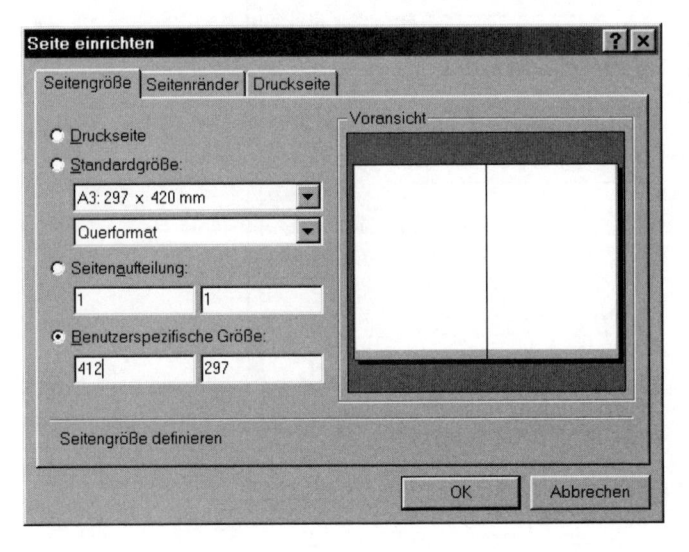

Abbildung 6.6:
Beispiel für die
Einrichtung der Seite

6.2 Einheiten und Maßstab

Nicht alles, was Sie in AutoSketch zeichnen, passt auf ein Blatt Papier, und es wäre auch etwas unhandlich, einen Grundriß in Originalgröße zu zeichnen. Wenn Sie am Zeichenbrett arbeiten, rechnen Sie die Originalgröße mit dem verwendeten Maßstab auf die Papiergrößen um. In AutoSketch haben Sie es wesentlich einfacher. Sie arbeiten in Originaleinheiten und -maßen. Dazu müssen Sie diese aber zuerst einstellen.

Befehl ZEICHENOPTIONEN, *Maßeinheiten festlegen*

Mit dem Befehl ZEICHENOPTIONEN können Sie alle Einstellungen für die Zeichnung in einem Dialogfeld mit verschiedenen Registerkarten und Unterregistern vornehmen. Sie finden den Befehl wie folgt:

- Abrollmenü EXTRAS, Funktion ZEICHENOPTIONEN...

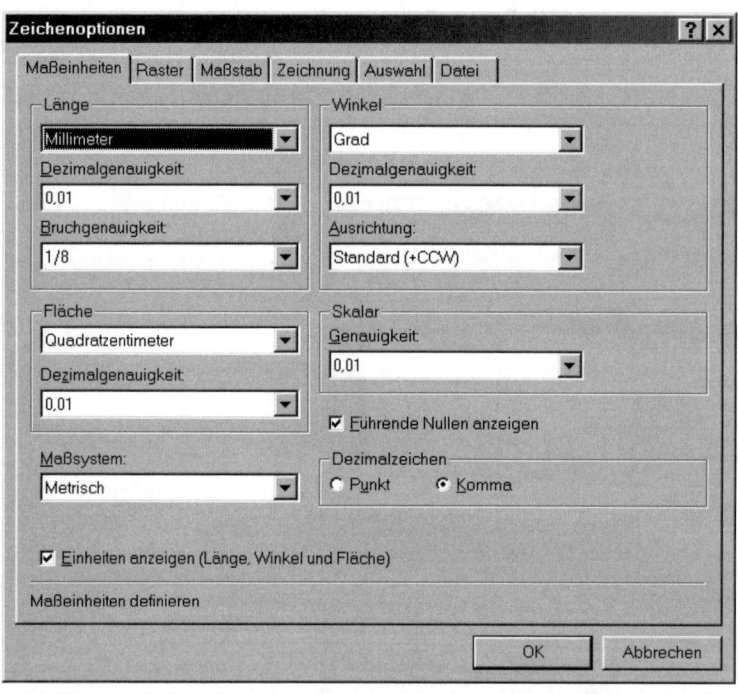

Abbildung 6.7: Zeichenoptionen, Registerkarte MASSEINHEITEN

Registerkarte MASSEINHEITEN

Bestimmen Sie zunächst, welche Maßeinheiten Sie zum Zeichnen verwenden wollen. Die Einstellungen die Sie hier vornehmen (siehe Abbildung 6.7), wirken sich auf die Seitenlineale, die Anzeigen in der Statuszeile, in der Symbolleiste BEARBEITEN und auf die Anzeige in den Abfragebefehlen aus.

LÄNGE: Geben Sie hier die Einheiten für Längen in der Zeichnung an. Wählen Sie aus dem Abrollmenü Meter, Zentimeter, Millimeter oder die verschiedenen Möglichkeiten im amerikanischen Einheitensystem. Darunter geben Sie vor, mit wie vielen Stellen Genauigkeit die Maße in der Statuszeile und in der Symbolleiste BEARBEITEN angezeigt werden sollen. Mit der BRUCHGENAUIGKEIT wählen Sie die Genauigkeit im amerikanischen Maßsystem.

FLÄCHE: Geben Sie hier die Einheiten und die Genauigkeit an, in denen Flächen bei den Abfragebefehlen angezeigt werden.

MASSSYSTEM: In AutoSketch kann zwischen dem metrischen und dem britischen Maßsystem (Fuß und Zoll) gewählt werden. Im Abrollmenü können Sie das Maßsystem wählen.

WINKEL: Geben Sie hier die Einheiten und die Genauigkeit an, mit denen Winkel in der Zeichnung angezeigt und mit den Abfragebefehlen ausgegeben werden. Zudem kann die Winkelausrichtung bestimmt werden. Vorgabe ist die mathematische Ausrichtung entgegen dem Uhrzeigersinn, 0° Richtung nach Osten.

SKALAR: Geben Sie hier die Genauigkeit für lineare Werte ein, zum Beispiel für Polylinienbreiten, Polylinienwölbungen usw.

FÜHRENDE NULLEN ANZEIGEN: Geben Sie hier an, ob Sie in den Anzeigen führende Nullen dargestellt haben wollen. Ist diese Option ausgeschaltet, werden führende Nullen unterdrückt, statt 0,5 wird dann ,5 angezeigt.

DEZIMALZEICHEN: Geben Sie hier ein, ob Sie »,« oder ».« als Dezimaltrennzeichen in den Anzeigen haben wollen. Entsprechend diesen Einstellungen müssen Sie dann auch die Eingaben in den Eingabefeldern machen.

Maßeinheiten einstellen

- Wählen Sie in der vorher angelegten Zeichnung als Maßeinheiten Zentimeter und Quadratzentimeter. Stellen Sie für alle Werte die Genauigkeit auf 0,1. Als Dezimaltrennzeichen soll ein Komma verwendet werden.

Befehl ZEICHENOPTIONEN, *Maßstab festlegen*

Mit dem gleichen Befehl können Sie auch den Maßstab der Zeichnung einstellen. Dazu wählen Sie die Registerkarte MASSSTAB (siehe Abbildung 6.8).

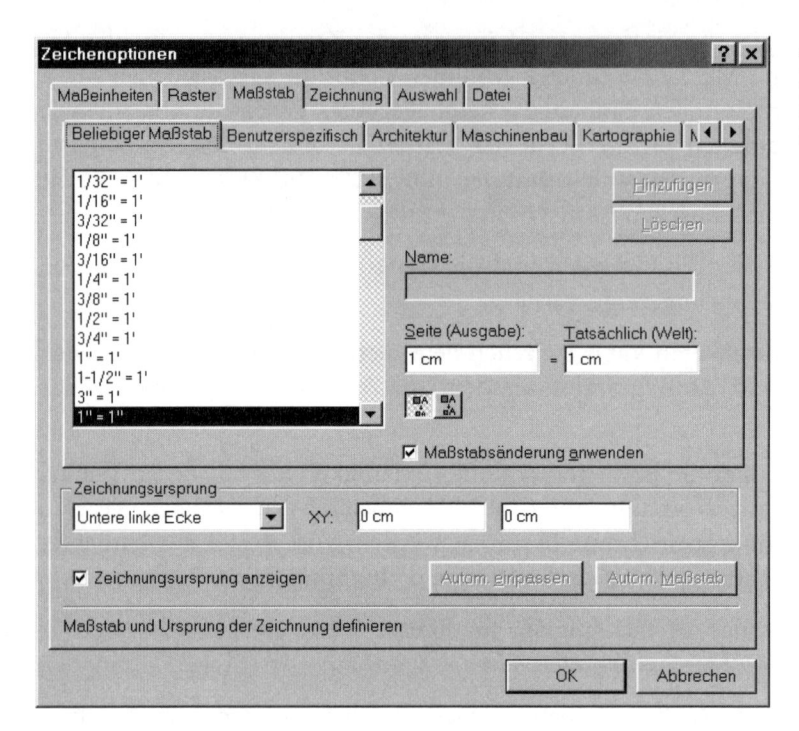

Abbildung 6.8: Zeichenoptionen, Registerkarte MASSSTAB

In dieser Registerkarte finden Sie eine ganze Reihe von Unterregistern für die verschiedenen Einheitensysteme. In den Registern BELIEBIGER MASSSTAB, ARCHITEKTUR, MASCHINENBAU und KARTOGRAPHIE können Sie Maßstäbe im amerikanischen Einheitensystem wählen. Im Register BENUTZERSPEZIFISCH können Sie einen beliebigen Maßstab in einem beliebigen Einheitensystem festlegen. Für die Arbeit in metrischen Einheiten ist das Register METRISCH zuständig (siehe Abbildung 6.9). Wählen Sie also dieses, wenn Sie den Maßstab einstellen wollen.

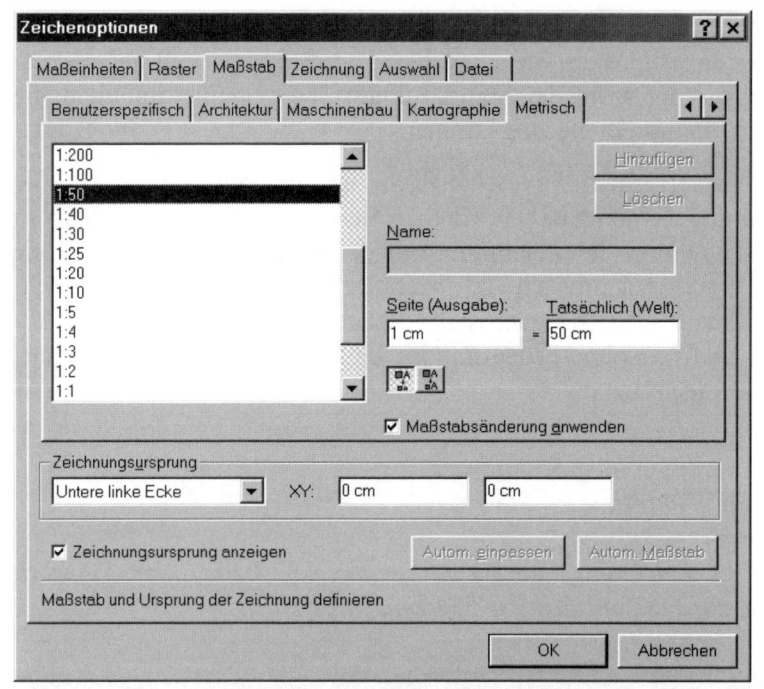

Abbildung 6.9: Zeichenoptionen, Registerkarte MASSSTAB, *Unterregister* METRISCH

Registerkarte MASSSTAB, Unterregister METRISCH

STANDARD-MASSSTÄBE: In der Liste der Maßstäbe können Sie einen Standardmaßstab auswählen. In den Feldern rechts daneben werden die Größenverhältnisse angezeigt: Das Feld SEITE (AUSGABE) gibt die Größe auf dem Papier an, das Feld TATSÄCHLICH (WELT) die Größe in der Zeichnung. Tragen Sie in diese Felder selbst Werte ein, wechselt automatisch die Markierung in der Liste zum Eintrag BENUTZERSPEZIFISCHER MASSSTAB. Entsprechen die Einträge einem Standardmaßstab, wird dieser in der Liste markiert.

ZEICHNUNGSURSPRUNG: Wählen Sie im Abrollmenü, ob der Zeichnungsursprung an der linken unteren Ecke der Seite liegen soll, in der Mitte der Zeichnung oder ob Sie nach Anklicken von OK den Ursprung in der Zeichnung bestimmen wollen. Sie können aber auch die Koordinaten des Zeichnungsursprungs in die Felder rechts daneben eintragen. In diesem Fall wechselt die Anzeige im Abrollmenü auf BENUTZERSPEZIFISCH. Beachten Sie, wenn die Zeichnung schon Objekte enthält und Sie den Ursprung verschieben, verschieben sich die Objekte der Zeichnung entsprechend mit. Sie behalten ihre Koordinaten in Bezug zum Ursprung bei und ändern deshalb ihre Position auf dem Blatt.

ZEICHNUNGSURSPRUNG ANZEIGEN: Ist dieser Schalter eingeschaltet, wird am Koordinatenursprung ein Symbol angezeigt.

AUTOMATISCHER MASSSTAB: Diese Schaltfläche ist nur aktiv, wenn Ihre Zeichnung schon Objekte enthält. Wenn Sie sie wählen, wird automatisch der nächstmögliche Maßstab aus der Liste der Standardmaßstäbe gewählt, mit dem die Objekte auf der Seite dargestellt werden können.

AUTOMATISCH EINPASSEN: Auch diese Schaltfläche ist nur dann aktiv, wenn Sie schon Objekte in Ihrer Zeichnung haben. Klicken Sie sie an, wird der Maßstab so gewählt, dass die Objekte in der Zeichnung auf der Seite in maximaler Größe dargestellt werden. Dadurch kann sich ein ungerader Wert ergeben, der für technische Zeichnungen meist nicht geeignet ist. Lediglich bei Diagrammen oder Ablaufplänen, wo der Maßstab ohne Bedeutung ist, kann die Zeichnung so formatfüllend eingepasst werden.

Maßstab einstellen

- *Wählen Sie für die Zeichnung, die Sie vorher angelegt haben, den Maßstab 1:50. Klicken Sie auf OK, um sich das Ergebnis anzusehen.*

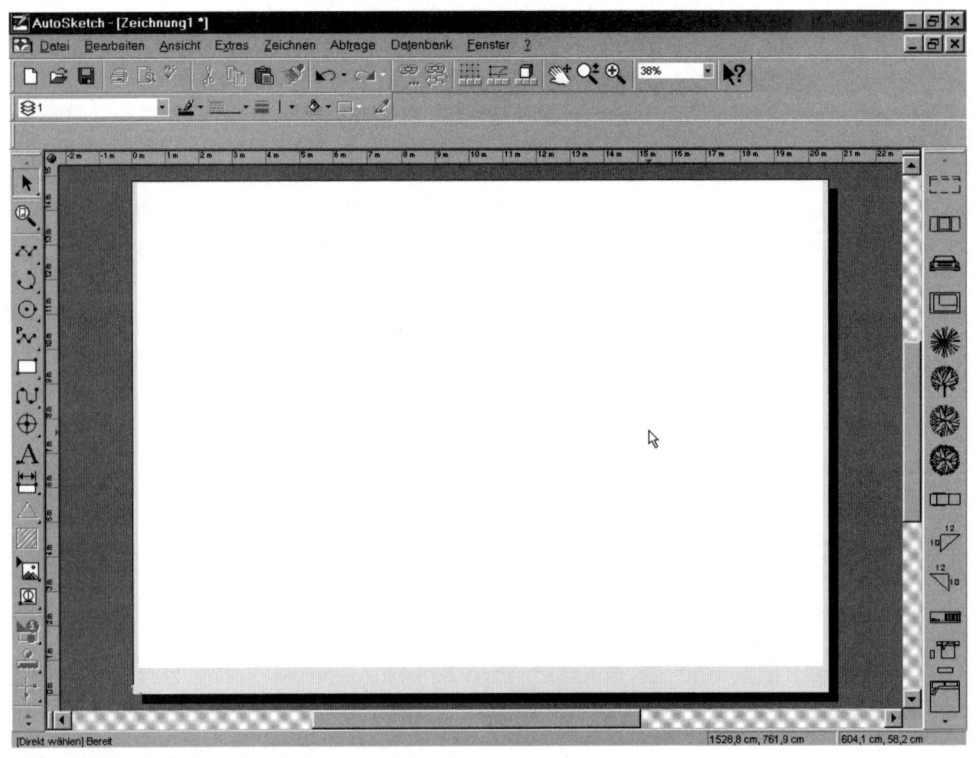

Abbildung 6.10: Zeichenblatt im Maßstab 1:50

- *Sie haben jetzt Ihr Zeichenblatt auf dem Bildschirm (siehe Abbildung 6.10). Ausgegangen sind Sie von einer Blattgröße von 412 mm x 297 mm bzw. 41,2 cm x 29,7 cm. Als Maßstab haben Sie eingestellt, dass 1 cm auf der Seite 50 cm der tatsächlichen Größe entsprechen soll. Somit haben Sie einen Zeichenbereich von 2060 cm x 1485 cm bzw. 20,60 m x 14,85 m zur Verfügung. An den Seitenlinealen können Sie diese Größen ablesen.*

Seitenkoordinaten und tatsächliche Koordinaten

In AutoSketch wird zwischen Seitenkoordinaten und tatsächlichen Koordinaten unterschieden:

SEITENKOORDINATEN: Die Seitenkoordinaten bzw. Ausgabekoordinaten geben die Größen auf dem Papier an. Tragen Sie einen Text in die Zeichnung ein oder bemaßen Sie die Zeichnung, dann wollen Sie Texthöhen oder Pfeillängen so eingeben, dass Sie auf dem Papier in dieser Größe erscheinen. Diese Größen werden in AutoSketch automatisch als Seitenkoordinaten interpretiert.

TATSÄCHLICHE KOORDINATEN: Die tatsächlichen Koordinaten bzw. Weltkoordinaten geben die Größen in der Zeichnung an. In der Zeichnung wollen Sie ja nicht in Papiergrößen arbeiten. Sie müßten sonst alle Größen mit dem Zeichnungsmaßstab umrechnen. Deshalb können Sie in AutoSketch beim Zeichnen immer die tatsächlichen Koordinaten angeben.

Umschalten der Koordinatenanzeige: Die Anzeige in den Seitenlinealen und die Koordinatenanzeigen in der Statuszeile lassen sich von Weltkoordinaten auf Seitenkoordinaten umstellen. Klicken Sie dazu auf das Weltkugelsymbol an der Stelle, an der die beiden Lineale zusammentreffen. Die Weltkugel verschwindet, und ein Seitensymbol erscheint. Jetzt haben Sie die Anzeigen in Seitenkoordinaten. Klicken Sie wieder auf die gleiche Stelle, haben Sie wieder Weltkoordinaten (siehe Abbildung 6.11 und 6.12).

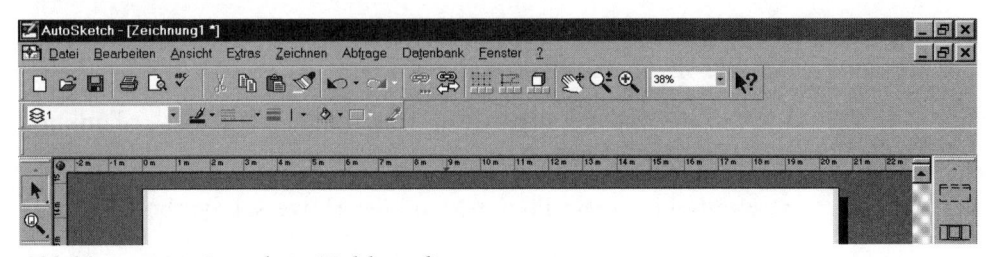

Abbildung 6.11: Lineale in Weltkoordinaten

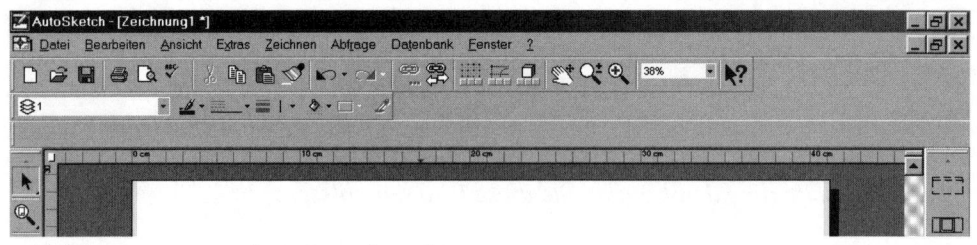

Abbildung 6.12: Lineale in Seitenkoordinaten

6.3 Drucken der Zeichnung

Bevor wir uns mit dem eigentlichen Druckbefehl beschäftigen, wollen wir uns anschauen, wie in der Zeichnung ein Markierungsrahmen gesetzt wird. Den brauchen Sie immer dann, wenn Sie einen Ausschnitt der Zeichnung drucken wollen. Außerdem wird er beim Befehl STRECKEN benötigt. Dazu mehr in Kapitel 7.

Markierungsrahmen setzen und löschen

Mit dem Befehl MARKIERUNGSRAHMEN geben Sie ein Fenster in die Zeichnung ein. Sie wählen den Befehl:

- Abrollmenü BEARBEITEN, Untermenü WÄHLEN, Funktion MARKIERUNGSRAHMEN
- Symbol in einem Flyout-Menü der Universal-Symbolleiste
- Symbol in der Symbolleiste AUSWÄHLEN

Geben Sie die zwei Eckpunkte für den Rahmen ein, der dann in der Zeichnung gestrichelt dargestellt wird. Er bleibt so lange in der Zeichnung, bis er gelöscht oder an anderer Stelle ein neuer aufgezogen wird.

Mit dem Befehl MARKIERUNGSRAHMEN LÖSCHEN löschen Sie den Rahmen wieder aus der Zeichnung. Sie finden den Befehl wie folgt:

- Abrollmenü BEARBEITEN, Untermenü WÄHLEN, Funktion MARKIERUNGSRAHMEN LÖSCHEN
- Symbol in einem Flyout-Menü der Universal-Symbolleiste
- Symbol in der Symbolleiste AUSWÄHLEN

Der Markierungsrahmen wird gelöscht.

Markierungsrahmen zum Drucken

- Laden Sie die Zeichnung A06-01.SKF aus Ihrem Ordner \Aufgaben. Es ist die Zeichnung, die Sie in Kapitel 5 erstellt haben. Sie können auch Ihr eigenes Exemplar verwenden.
- Ziehen Sie einen Markierungsrahmen um den mittleren Teil der Zeichnung (siehe Abbildung 6.13). Diesen wollen wir nachher als Ausschnitt drucken.

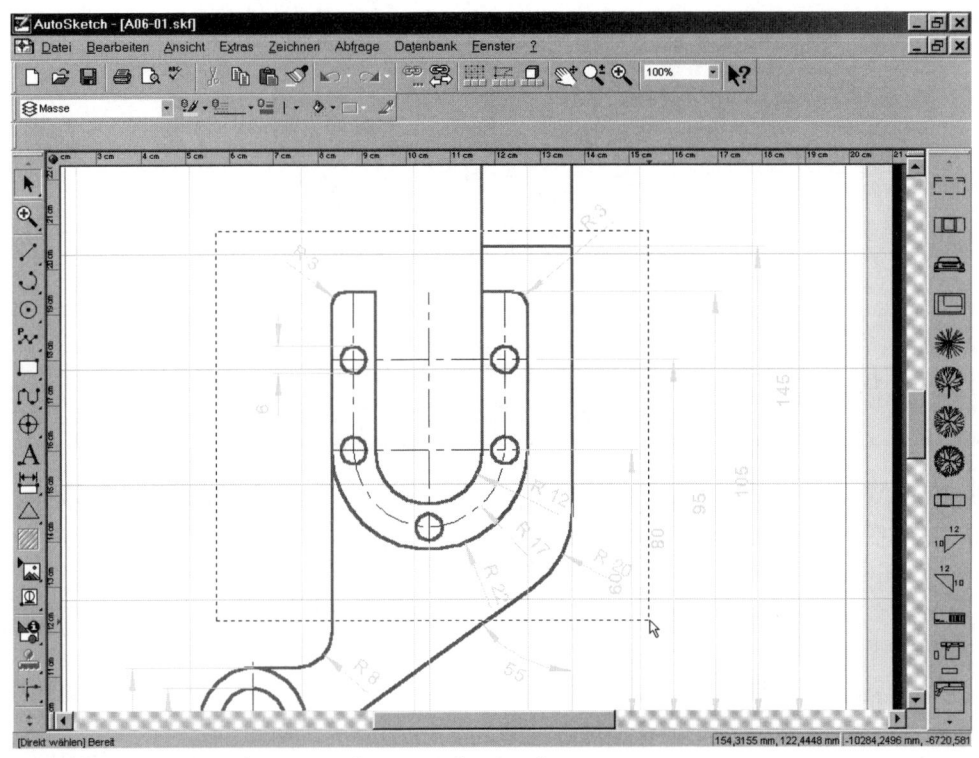

Abbildung 6.13: Markierungsrahmen in der Zeichnung

Befehl DRUCKEN

Mit dem Befehl DRUCKEN können Sie die Zeichnung ausdrucken. Sie wählen den Befehl:

- Abrollmenü DATEI, Funktion DRUCKEN...
- Symbol in der Standard-Symbolleiste

Wenn Sie den Befehl in der Standard-Symbolleiste wählen, wird der Befehl ohne weitere Anfragen sofort ausgeführt. Die aktuelle Zeichnung wird mit den gleichen Einstellungen gedruckt, die Sie beim letzten Drucken verwendet haben. Wählen Sie den Befehl dagegen aus dem Abrollmenü, können Sie die Einstellungen für die Ausgabe in einem Dialogfeld vornehmen (siehe Abbildung 6.14).

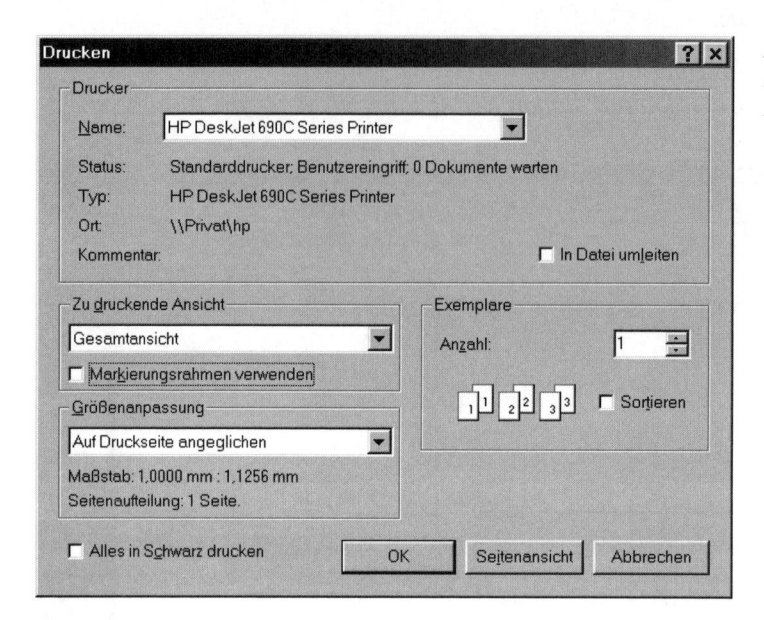

Abbildung 6.14: Dialogfeld des Befehls DRUCKEN

Wählen Sie im Abrollmenü DRUCKER das Gerät aus, mit dem Sie Ihre Zeichnung ausdrucken wollen. Dort erscheinen alle Drucker, die Sie in Windows konfiguriert haben. Haben Sie den Schalter IN DATEI UMLEITEN eingeschaltet, wird die Ausgabe in einer Datei gespeichert, die dann später an den Drucker übertragen werden kann.

ZU DRUCKENDE ANSICHT

In diesem Abrollmenü wählen Sie den Bereich, der auf dem Drucker ausgegeben werden soll. Folgende Möglichkeiten stehen zur Auswahl:

AKTUELLE ANSICHT: Ausdruck des Ausschnitts, der gerade auf dem Bildschirm angezeigt wird. Haben Sie eine vergrößerte Darstellung auf dem Bildschirm, können Sie diese so zu Papier bringen. Befindet sich aber die ganze Seite auf dem Bildschirm, vielleicht noch in verkleinerter Darstellung, wird der graue Bereich um das Zeichenblatt mit ausgegeben, auch wenn sich keine Objekte darauf befinden.

MARKIERUNGSANSICHT: Ausdruck des Ausschnitts, der durch den Markierungsrahmen begrenzt ist.

SEITENANSICHT: Ausdruck der kompletten Zeichnungsseite. Diese können Sie sich am Bildschirm mit dem Befehl ZOOM SEITE anzeigen lassen.

GESAMTANSICHT: Ausdruck aller Objekte in der Zeichnung. Haben Sie nur wenige Objekte auf ihrem Zeichenblatt, können Sie diese formatfüllend ausdrucken. Haben Sie dagegen über die Seite hinaus gezeichnet, werden auch diese Objekte noch gedruckt.

GESPEICHERTER AUSSCHNITT: Ansichten der Zeichnung lassen sich in AutoSketch unter einem Namen speichern. So ist es möglich, diesen Bildausschnitt später genau so wieder auf den Bildschirm zu holen (mehr dazu in Kapitel 15). Haben Sie in der Zeichnung solche Ausschnitte gespeichert, können Sie diese im Abrollmenü ebenfalls auswählen.

GRÖSSENANPASSUNG

In einem weiteren Menü wählen Sie, wie der Ausschnitt, den Sie gerade bestimmt haben, an den Druckbereich angepaßt werden soll. Folgende Möglichkeiten stehen zur Auswahl:

AUF DRUCKSEITE ANGEGLICHEN: Der gewählte Ausschnitt wird so skaliert, dass er auf eine Seite des Druckers paßt.

SKALIERT: Die gewählte Ausschnitt wird im eingestellten Zeichnungsmaßstab auf der Seite ausgegeben. Wollen Sie die komplette Zeichnung maßstabsgerecht im eingestellten Zeichnungsmaßstab ausgeben, dann wählen Sie diese Einstellung. Im Abrollmenü ANSICHT sollten Sie dann SEITENANSICHT einstellen.

AUF SEITE ANGEGLICHEN: Der gewählte Ausschnitt wird auf die Seitengröße der Zeichnung skaliert. So können Sie einen Ausschnitt der Zeichnung auf die volle Seitengröße bringen.

ALLES IN SCHWARZ DRUCKEN: Haben Sie einen Farbdrucker ausgewählt, wollen Ihre Zeichnung aber in Schwarz ausdrucken, können Sie das mit diesem Schalter wählen.

Seitenansicht anzeigen

Klicken Sie auf die Schaltfläche SEITENANSICHT, und Sie bekommen die Druckansicht mit der Seitenaufteilung auf den Bildschirm (siehe Abbildung 6.15).

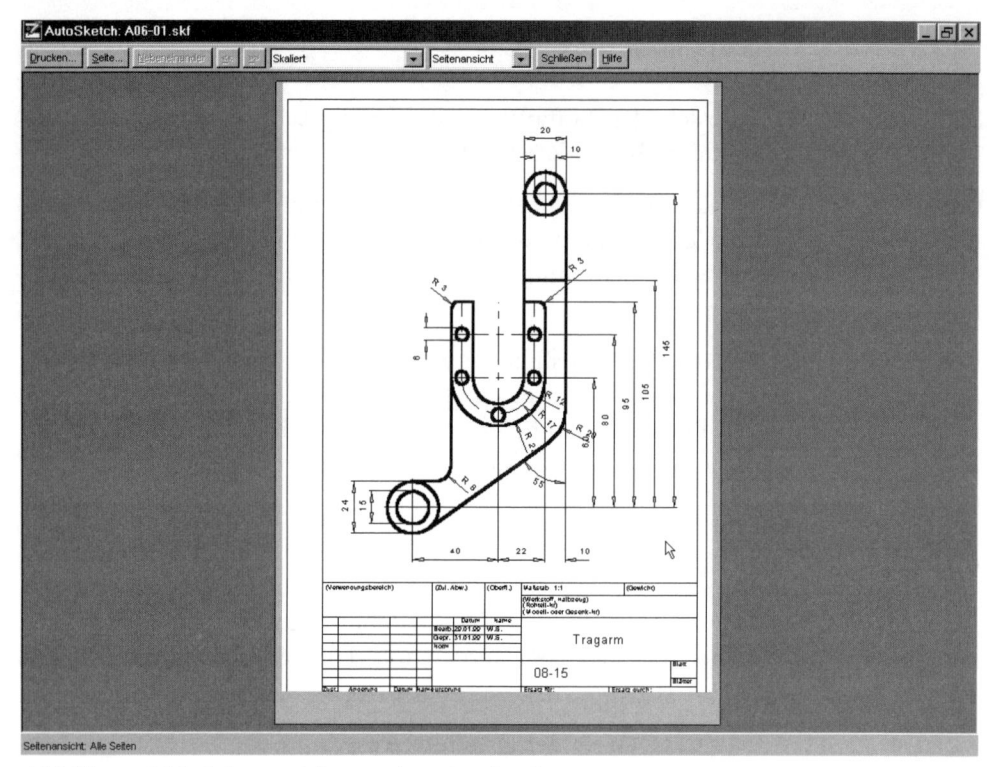

Abbildung 6.15: Seitenansicht vor dem Ausdruck

Folgende Schaltflächen und Bedienelemente finden Sie unter der Titelleiste:

DRUCKEN: Beendet die Voransicht und geht zum Dialogfeld DRUCKEN.

SEITE: Umschaltung zum Dialogfeld für die Seiteneinrichtung (siehe oben, Befehl SEITE EINRICHTEN).

NEBENEINANDER: Benötigt der Ausdruck Ihrer Zeichnung mehrere Druckseiten, dann können Sie sich mit dieser Schaltfläche alle nebeneinander anzeigen lassen.

<< bzw. >>: Wird nur eine Druckseite angezeigt, können Sie mit diesen Schaltern die Seiten durchblättern.

EINE: Haben Sie alle Druckseiten nebeneinander in der Voransicht, können Sie mit dieser Schaltfläche wieder eine einzelne Seite auf den Bildschirm holen.

SCHLIESSEN: Beendet die Voransicht.

Daneben haben Sie die gleichen Abrollmenüs wie im Dialogfeld für den Befehl DRUCKEN, das Abrollmenü, um die zu druckende Ansicht festzulegen, und das Abrollmenü, mit dem Sie die Seitenanpassung bestimmen.

Drucken der Zeichnung

- Wählen Sie den Befehl DRUCKEN. Stellen Sie im Abrollmenü ZU DRUCKENDE ANSICHT die Einstellung SEITENANSICHT und im Abrollmenü GRÖSSENANPASSUNG die Einstellung SEITENANSICHT ein. So bekommen Sie die Zeichnung im Maßstab 1:1 auf die Druckseite.

- Wählen Sie die Seitenansicht, und Sie sehen, dass die Zeichnung zwar auf das Papier passt, der untere Bereich der Zeichnung aber in den nicht bedruckbaren Bereich fällt. Beenden Sie erst einmal das Dialogfeld, und richten Sie die Seite neu aus.

- Wählen Sie dazu im Abrollmenü EXTRAS die Funktion ZEICHENOPTIONEN. Aktivieren Sie das Register MASSSTAB und dort das Unterregister METRISCH. Tragen Sie beim Zeichnungsursprung 7 mm beim Y-Wert ein (siehe Abbildung 6.16).

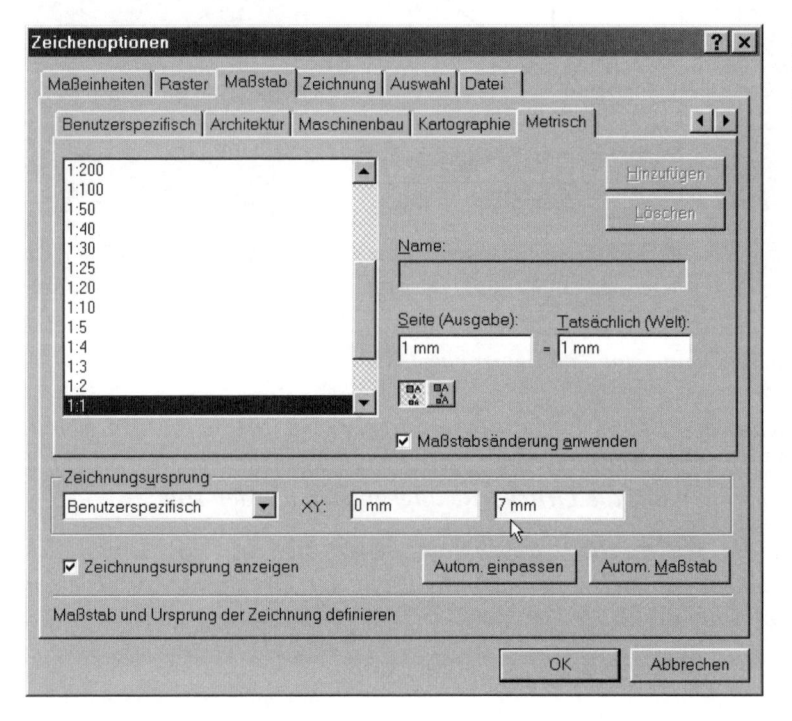

Abbildung 6.16: Ursprungsverschiebung in Y-Richtung

- Wählen Sie dann wieder den Befehl DRUCKEN. Ändern Sie nichts an den Einstellungen, und gehen Sie gleich zur Voransicht. Jetzt haben Sie die Zeichnung ganz im bedruckbaren Bereich. Klicken Sie auf die Schaltfläche DRUCKEN, und die Zeichnung wird im Maßstab 1:1 gedruckt.

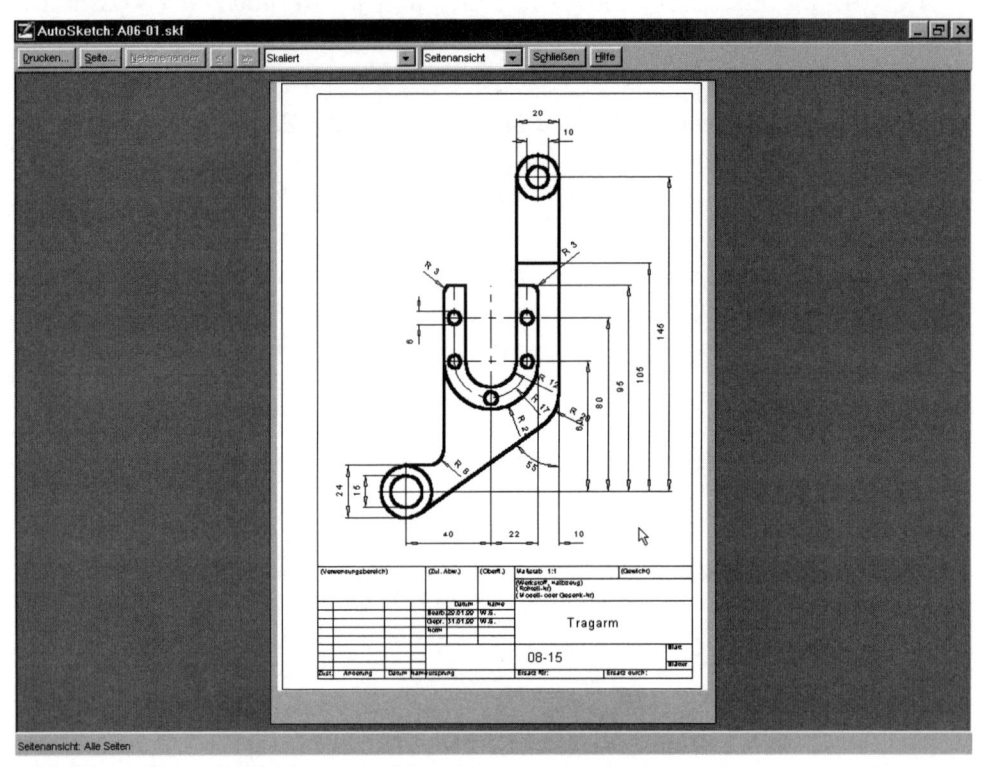

Abbildung 6.17: Die Zeichnung auf dem Papier eingepasst

- Wählen Sie wieder den Befehl DRUCKEN, und geben Sie für die zu druckende Ansicht den Markierungsrahmen ein. Bei der GRÖSSENANPASSUNG wählen Sie, dass die Zeichnung auf die Druckseite angeglichen werden soll.

- Wenn Sie jetzt die Seitenansicht anschauen, sehen Sie, dass der Inhalt des Markierungsrahmens möglichst formatfüllend auf der Druckseite ausgegeben wird (siehe Abbildung 6.18).

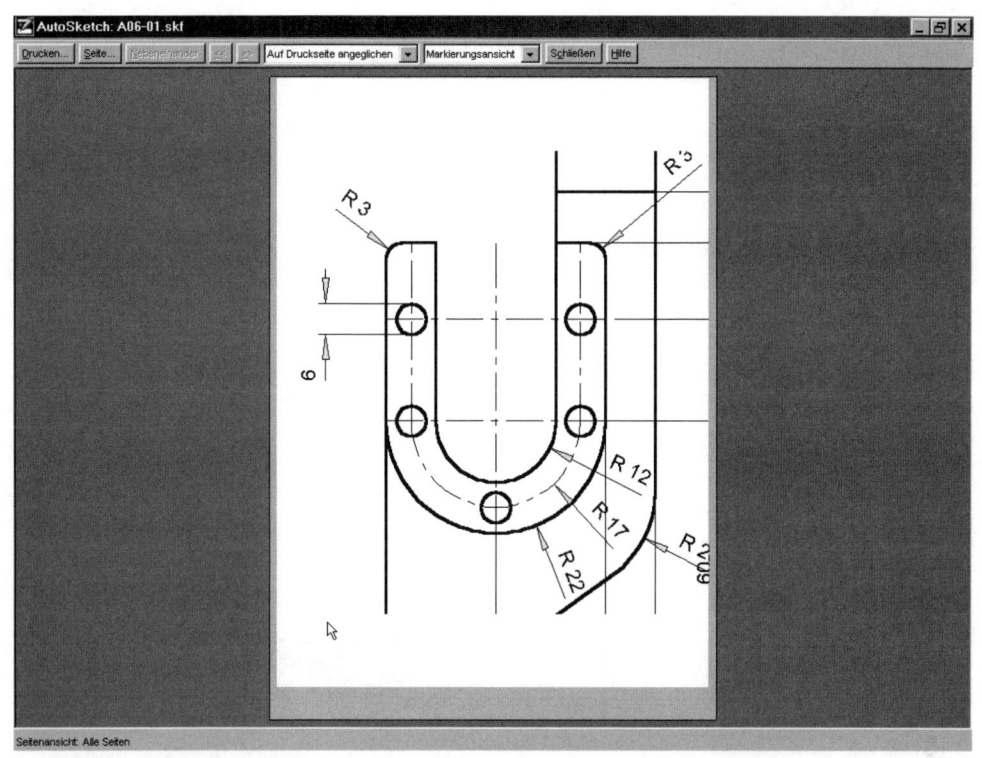

Abbildung 6.18: Markierungsrahmen auf die Druckseite angeglichen

- Laden Sie jetzt die Zeichnung A06-02.SKF aus Ihrem Aufgabenordner, eine leere Zeichnung im Format A2. Diese soll maßstäblich auf den A4-Druckseiten ausgegeben werden.

- Auch hier sehen Sie schon nach dem Laden der Zeichnung, dass der untere Teil wieder im nicht bedruckbaren Bereich liegt. Ziehen Sie diesmal einen Markierungsrahmen um den ganzen Zeichnungsrahmen.

- Wählen Sie den Befehl DRUCKEN und für die zu druckende Ansicht den MARKIERUNGSRAHMEN. Die GRÖSSENANPASSUNG soll skaliert sein.

- Wählen Sie die Schaltfläche SEITENANSICHT, und Sie sehen, dass die A2-Zeichnung auf sechs Seiten ausgedruckt werden kann (siehe Abbildung 6.19).

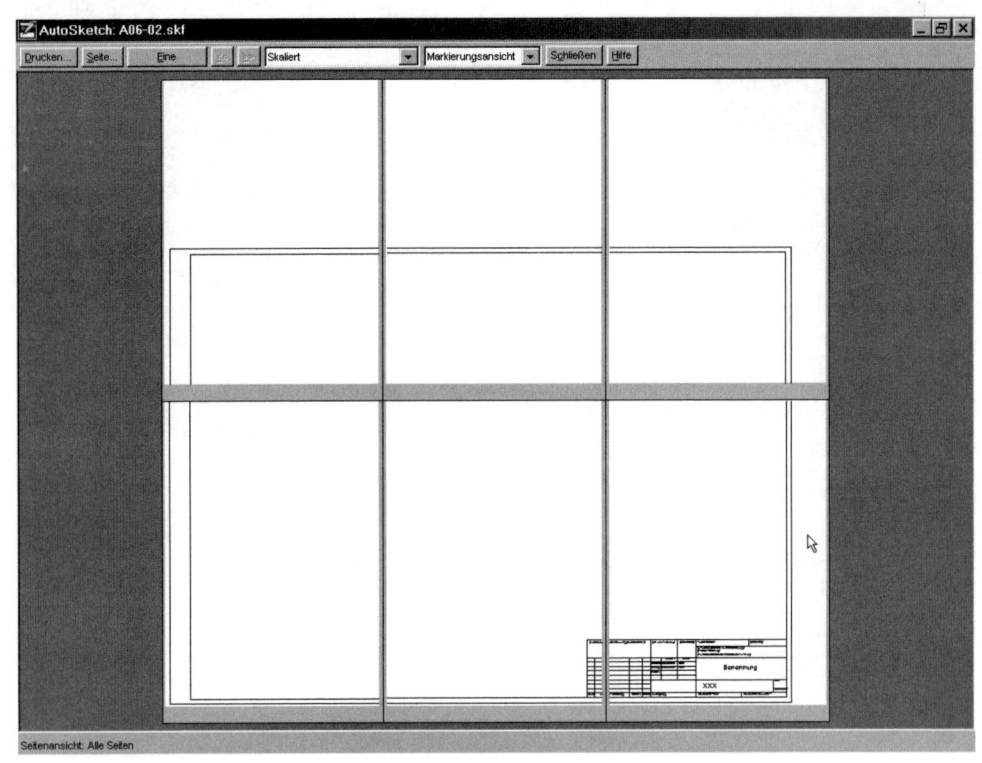

Abbildung 6.19: A2-Zeichnung auf sechs A4-Druckseiten ausgegeben

Befehl SEITENANSICHT

Mit dem Befehl SEITENANSICHT können Sie direkt die Seitenansicht starten, ohne den Umweg über den Befehl DRUCKEN. Sie wählen den Befehl:

- Abrollmenü DATEI, Funktion SEITENANSICHT...
- Symbol in der Standard-Symbolleiste

Die Funktionen sind identisch mit den oben beschriebenen.

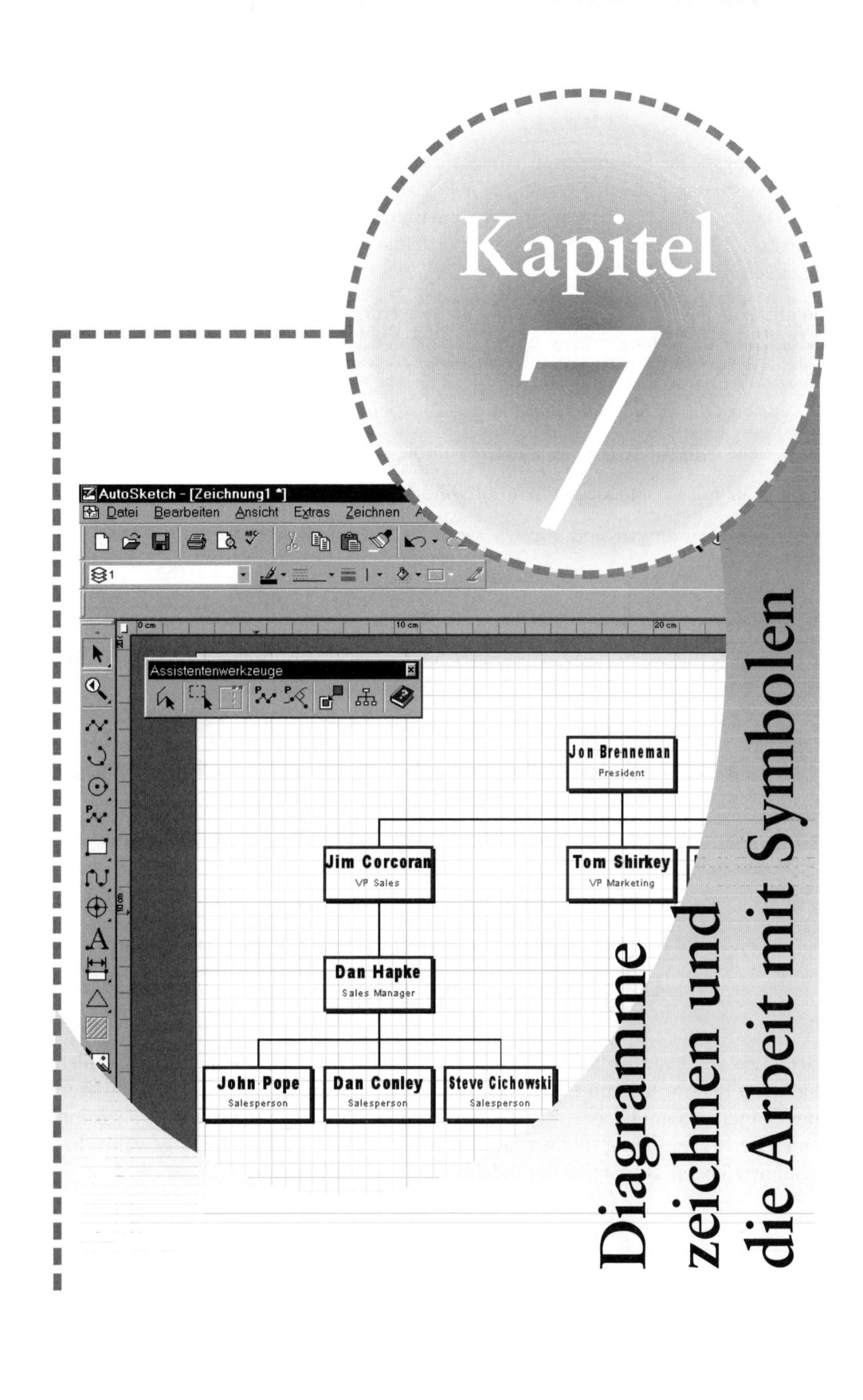

Kapitel 7

Diagramme zeichnen und die Arbeit mit Symbolen

Keine Angst, das Schwierigste haben Sie hinter sich, jetzt wird es einfacher. Mit den Assistenten können Sie sehr schnell Standardzeichnungen anlegen, ohne viel von Maßstäben und Koordinatensystemen zu wissen. Mit den Assistentenwerkzeugen in der Zeichnung haben Sie gleich die passenden Werkzeuge zur Verfügung.

In diesem und in den nächsten Kapiteln werden wir uns aus der Vielzahl der Möglichkeiten zwei Beispiele herausnehmen und Zeichnungen mit den Assistenten erstellen. In diesem Kapitel beginnen wir mit einem Diagramm. Sie lernen,

- wie Sie eine neue Zeichnung mit den Assistenten beginnen
- welche Möglichkeiten Sie haben, Symbole in der Zeichnung zu platzieren
- wie Sie mit verschiedenen Symbolbibliotheken arbeiten können
- was Markierungen sind und wie sie in die Zeichnung kommen
- wozu Sie den Markierungsrahmen noch verwenden können
- wie Sie Zeichnungen strecken
- wie Sie Objekte in der Zeichnung schieben, skalieren, drehen, ausrichten und spiegeln
- wie Sie den Symbolmanager verwenden
- wie Sie eigene Symbole definieren können und diese in den Symbolmanager aufnehmen können
- wie Sie mit dem Assistenten Organisationsdiagramme weitgehend automatisch zeichnen lassen können

7.1 Eine neue Zeichnung mit einem Assistenten beginnen

Beginnen wir neu: Schließen Sie alle noch geöffneten Zeichnungen, und wählen Sie dann im Abrollmenü DATEI den Befehl NEU. Wählen Sie den Befehl nicht in der Standard-Symbolleiste, denn dann beginnen Sie ohne weitere Anfragen mit einer leeren Zeichnung. Haben Sie den Befehl aus dem Abrollmenü gewählt, bekommen Sie das Dialogfeld des Befehls NEU (siehe Abbildung 7.1).

Abbildung 7.1:
Dialogfeld des
Befehls NEU

Bisher haben Sie mit einer leeren Zeichnung oder mit einer Vorlage begonnen. Jetzt wollen wir uns die Assistenten näher betrachten. Folgende Möglichkeiten haben Sie zur Auswahl:

PRÄZISIONSZEICHNUNG ERSTELLEN: Dieser Assistent hilft Ihnen beim Erstellen einer branchenneutralen Zeichnung. Es werden sämtliche Parameter der Zeichnung im Dialog abgefragt: Zeichnungsname und Projekt, Seitengröße und Maßstab, Zeichnungseinheiten, Objektgröße, Raster, Layer und Datenbankfelder. Besondere Assistentenwerkzeuge stehen hier nicht zur Verfügung.

BAUZEICHNUNG: Assistent zum Zeichnen von Grundrissen. Sie können die grobe Außenform des Grundrisses mit den Maßen vorgeben, können verschiedene Datenbankberichte auswählen, die Sie später aus der Zeichnung ausgeben können, bestimmen Layer und Datenbankfelder, die Sie in der Zeichnung haben wollen, und wählen die Seitenausrichtung. In der Zeichnung haben Sie eine Symbolleiste mit den Assistentenwerkzeugen. Dieser enthält Funktionen zum Bearbeiten von Wänden und Symbole für die Bibliotheken, die zur Erstellung eines Grundrisses erforderlich sind.

BÜROPLAN: Der Assistent für die Büroplanung entspricht dem für die Bauzeichnung; lediglich im Assistentenwerkzeugkasten können Sie auf andere Bibliotheken zugreifen.

WERKBANKZEICHNUNG: Dieser Assistent hilft Ihnen bei der Planung einer Werkstattskizze. Sie geben die Papierausrichtung vor, Einheiten und Genauigkeit für lineare Einheiten, Flächen und Winkel, die Größe des zu zeichnenden Objekts, den Fang, die Layer und Datenbankfelder sowie die Symbolleisten, die Sie auf ihrem Arbeitsplatz haben wollen. In der Symbolleiste mit den Assistentenwerkzeugen finden Sie hauptsächlich Symbole für die verschiedenen Bibliotheken: Schrauben, Stifte, Nieten, Scheiben, Profile, Bearbeitungssymbole usw.

DIAGRAMM: Mit diesem Assistenten können Sie die verschiedensten Diagramme erstellen. Da wir diesen Assistenten als erstes benützen, gleich mehr dazu.

MASCHINENBAUZEICHNUNG: Dieser Assistent macht dieselben Einstellungen wie der für die Werkbankzeichnung. Zusätzlich legen Sie damit die Grundeinstellungen für verschiedene Befehle, für Text und Führungslinien fest.

Eine der häufigsten Anwendungen für ein Zeichenprogramm wie AutoSketch ist die Erstellung jeglicher Art von Diagrammen. Deshalb wollen wir uns in diesem Kapitel ausführlich mit Diagrammen und Symbolbibliotheken beschäftigen. Klikken Sie also in der Assistentenliste auf den Eintrag DIAGRAMM und auf die Schaltfläche OK. Sie bekommen ein weiteres Dialogfeld auf den Bildschirm, in dem Sie angeben können, welche Art von Diagramm Sie erstellen wollen (siehe Abbildung 7.2).

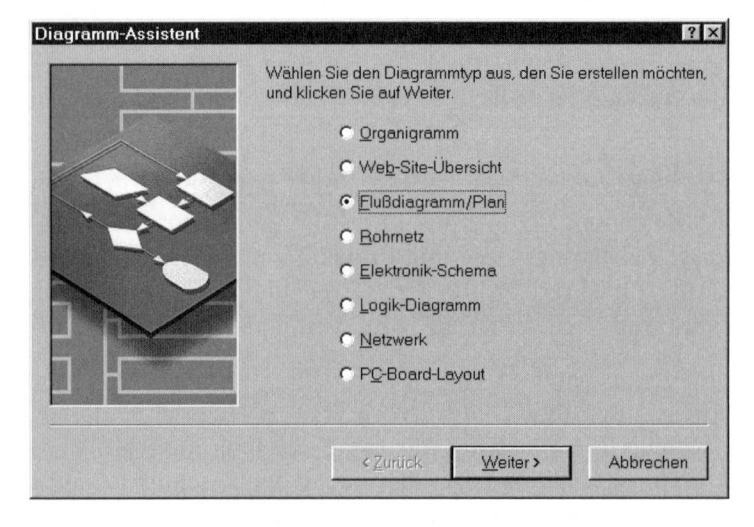

Abbildung 7.2: Diagrammassistent, Auswahl des Diagrammtyps

Wählen Sie aus, ob Sie ein Organigramm, die Übersicht über eine WEB-Seite, ein Flußdiagramm, ein Rohrnetz, einen elektronischen Schaltplan, einen Logikplan, den Plan einer Computervernetzung oder das Layout einer elektronischen Leiterplatte zeichnen wollen.

In diesem Kapitel sollen Sie ein Flußdiagramm zeichnen. Wählen Sie also den Eintrag FLUSSDIAGRAMM/PLAN, und klicken Sie dann auf die Schaltfläche WEITER. In einem weiteren Dialogfeld wählen Sie, ob Sie den Plan im Hoch- oder Querformat aufs Papier bringen möchten (siehe Abbildung 7.3).

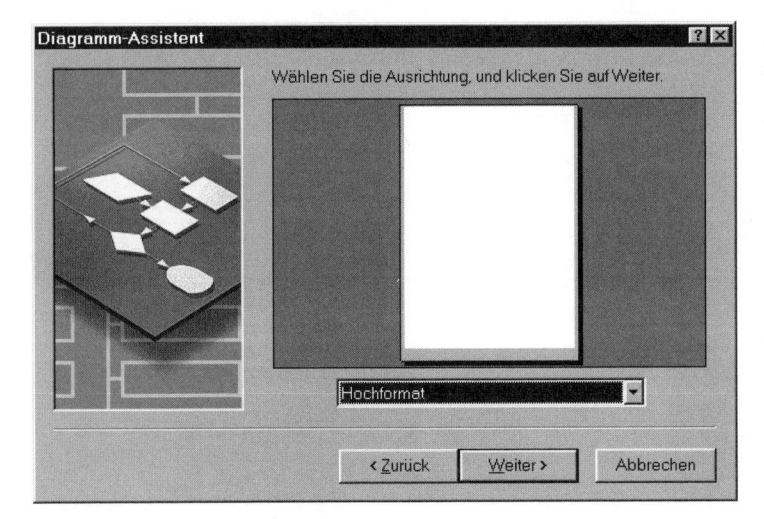

*Abbildung 7.3:
Diagrammassistent,
Wahl der Papierausrichtung*

Belassen Sie es beim Hochformat, und klicken Sie auf die Schaltfläche WEITER. Im letzten Dialogfeld des Assistenten können Sie noch wählen, welche Symbolleisten Sie auf der Arbeitsfläche haben wollen. Zur Verfügung stehen die Symbolleiste mit den Assistenten für eine neue Zeichnung und die Symbolleiste mit den Symbolbibliotheken für die Diagrammerstellung, die sogenannten Assistentenwerkzeuge. Zudem können Sie wählen, ob Sie das Hilfe-Fenster zuschalten wollen.

Klicken Sie beide Symbolleisten ein, schalten Sie das Hilfe-Fenster zu, und klicken Sie auf OK. Ihr Arbeitsplatz mit dem leeren Zeichenblatt in der Mitte sieht dann wie in Abbildung 7.4 aus.

Links oben haben Sie die Symbolleiste für eine neue Zeichnung. Da wir zunächst an dieser Zeichnung arbeiten wollen, können Sie diese Symbolleiste erst einmal abschalten. Klicken Sie dazu auf das Symbol rechts oben in der Titelleiste. Auch das Hilfe-Fenster können Sie erst einmal abschalten.

Rechts unten finden Sie die Symbolleiste mit den Assistentenwerkzeugen. Dort haben Sie die wichtigsten Befehle für die Erstellung des Flußdiagramms. Mit dem Symbol ganz rechts können Sie sich das Hilfe-Fenster für die Assistentenwerkzeuge bei Bedarf wieder zuschalten.

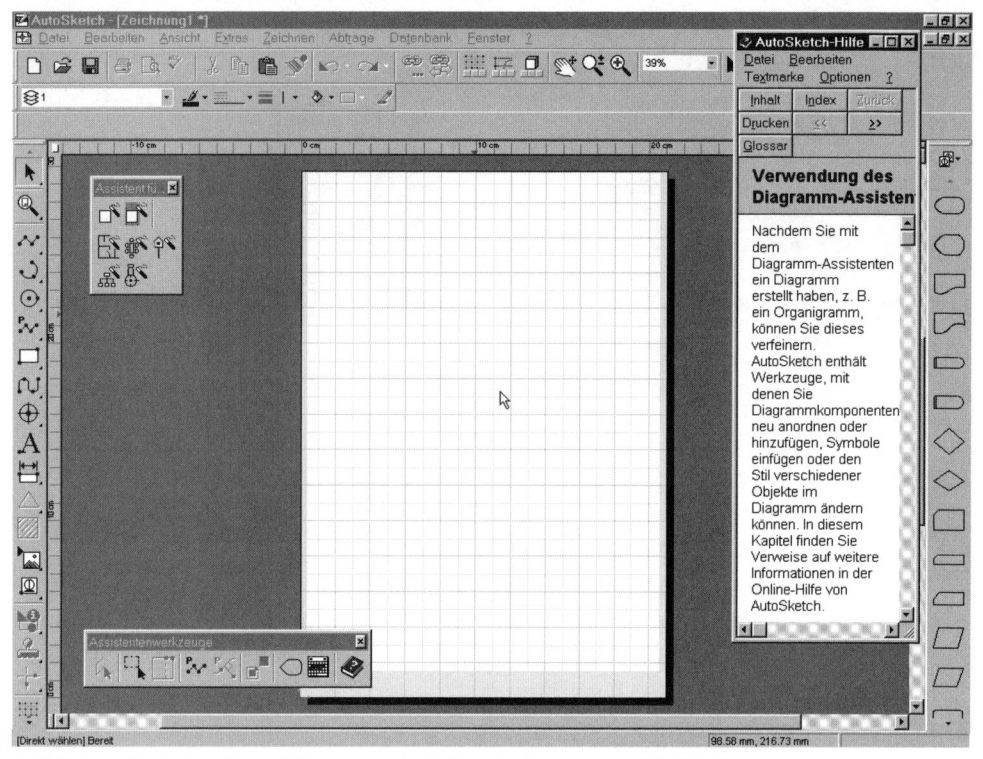

222 | *Diagramme zeichnen und die Arbeit mit Symbolen*

Abbildung 7.4: Das leere Diagramm mit Symbolleisten und Hilfe-Fenster

7.2 Symbole in eine Zeichnung einfügen

Diagramme bestehen im wesentlichen aus Symbolen und Verbindungslinien. Eine der Hauptaufgaben beim Erstellen von Diagrammen ist das Platzieren von Symbolen. Deshalb wollen wir uns zuerst anschauen, wie Symbole in der Zeichnung platziert werden.

Symbol an einem Punkt einfügen

Mit dem Befehl SYMBOL AN PUNKT kann ein Symbol aus der aktuellen Symbolbibliothek in die Zeichnung eingefügt werden. Sie wählen den Befehl:

- Abrollmenü ZEICHNEN, Untermenü SYMBOL, Funktion PUNKT
- Symbol in einem Flyout-Menü der Universal-Symbolleiste
- Symbol in der Symbolleiste SYMBOL

Haben Sie den Befehl angewählt, können Sie alle Parameter für das Symbol in der Symbolleiste BEARBEITEN einstellen (siehe Abbildung 7.5).

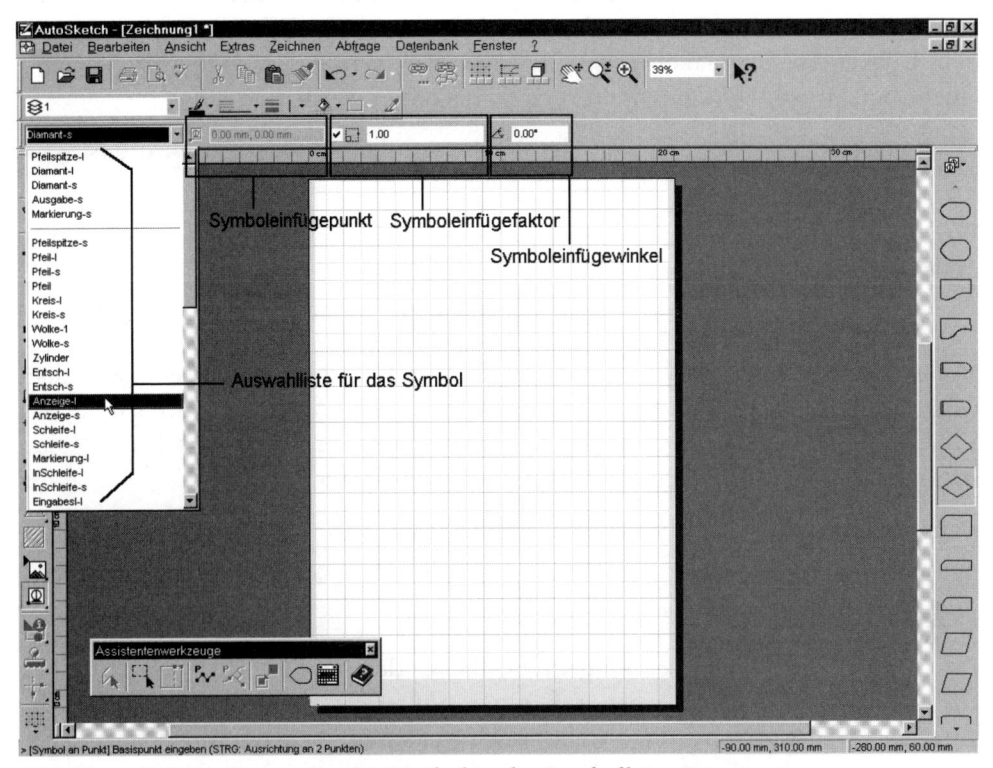

Abbildung 7.5: Parameter für das Symbol in der Symbolleiste BEARBEITEN

Folgende Einstellungen können Sie in der Symbolleiste vornehmen:

AKTUELLES SYMBOL: In einem Abrollmenü können Sie das Symbol wählen, das Sie in die Zeichnung einfügen wollen. Im oberen Teil finden Sie die Symbole, die sich bereits in die Zeichnung eingefügt haben. Ganz oben steht das aktuelle Symbol; das ist das Symbol, das Sie zuletzt in der Zeichnung verwendet haben. Unterhalb des Trennstrichs finden Sie alle Symbole aus der aktuellen Symbolbibliothek.

SYMBOLEINFÜGEPUNKT: Jedes Symbol hat einen Basispunkt. Das ist der Punkt, an dem das Symbol in der Zeichnung platziert wird. Tragen Sie in dieses Feld die Basispunktkoordinate ein; das ist die Koordinate, an der der Basispunkt des Symbols in der Zeichnung eingefügt werden soll. Zunächst ist dieses Feld gesperrt. Sie können das Symbol mit dem Fadenkreuz in der Zeichnung platzieren. Erst wenn Sie das Symbol platziert haben, können Sie in diesem Feld ändern und damit die Position noch korrigieren.

SYMBOLEINFÜGEFAKTOR: In diesem Feld können Sie einen Skalierfaktor für das Symbol eintragen. Werte größer 1 bewirken, dass das Symbol vergrößert eingefügt wird. Bei einem Faktor kleiner 1 wird das Symbol verkleinert eingefügt. Ist das Häkchen vor dem Eingabefeld gesetzt, kann nur ein Faktor eingegeben werden. Klicken Sie das Häkchen weg, können Sie einen Skalierfaktor für X und Y eingeben. Das Symbol kann dann verzerrt eingefügt werden.

SYMBOLEINFÜGEWINKEL: Tragen Sie hier einen Winkel ein, dann wird das Symbol unter diesem Winkel in der Zeichnung platziert.

Wenn Sie das Symbol gewählt haben, hängt es am Fadenkreuz, und Sie können es in der Zeichnung platzieren.

> *[Symbol an Punkt] Basispunkt eingeben (*Strg*: Ausrichtung an 2 Punkten)*

Mit den Tasten F5 oder + kann das Symbol in Schritten von 45° entgegen dem Uhrzeigersinn gedreht werden. Mit den Tasten ⇧ + F5 oder – drehen Sie das Symbol um 45° entgegen dem Uhrzeigersinn. Die Größe der Drehschritte lassen sich in den Zeichenoptionen einstellen; doch dazu später mehr.

Drücken Sie bei der Eingabe des Punktes die Taste Strg, können Sie danach einen zweiten Punkt eingeben.

> *[Symbol an Punkt] Winkelpunkt eingeben (*Strg* + *⇧*: Skalieren)*

Das Symbol wird dynamisch mitgedreht, bis Sie den Punkt eingegeben haben. Es wird an den beiden eingegebenen Punkten ausgerichtet. Drücken Sie dabei die Tasten ⇧ + Strg, wird das Symbol auch dynamisch skaliert. Je nachdem, wie weit Sie vom ersten Punkt wegfahren, wird es vergrößert.

Symbol aus der Bibliotheksleiste auswählen

Der Nachteil an der oben beschriebenen Methode ist, dass das Symbol mit seiner Bezeichnung ausgewählt werden muß. Einfacher ist es, das Symbol mit seinem Voransichtsbild aus der Symbolbibliotheksleiste am rechten Rand der Arbeitsfläche auszuwählen. Diese zeigt den Inhalt der aktuellen Symbolbibliothek an. Jedes Symbol wird mit einem Voransichtsbild in dieser Leiste angezeigt.

Zum Einfügen eines Symbols aus der Leiste müssen Sie nur das Symbol anklicken, mit dem Fadenkreuz in die Zeichnung fahren und das Symbol dort platzieren. Klicken Sie den Punkt an, an dem das Symbol eingefügt werden soll. Die Einstellungen in der Symbolleiste BEARBEITEN gelten auch für diese Einfügemethode.

Da es in einer Symbolbibliothek meist mehr Symbole gibt, als in der Leiste dargestellt werden können, finden Sie am oberen und unteren Ende der Bibliotheksleiste Schaltflächen mit Pfeilen. Mit diesen können Sie die Symbolleiste durchblättern.

Symbolbibliothek wechseln

Im Abrollmenü in der Symbolleiste BEARBEITEN und in der Symbolbibliotheksleiste wird die aktuelle Symbolbibliothek angezeigt. Diese können Sie bei Bedarf wechseln; damit haben Sie neue Symbole zur Verfügung. So wechseln Sie die Symbolbibliothek:

- Abrollmenü ZEICHNEN, Untermenü SYMBOL, Untermenü BIBLIOTHEK ÄNDERN...
- Symbol in der Symbolleiste SYMBOL
- Rechtsklick auf ein beliebiges Symbol in der Symbolbibliotheksleiste, im Pop-up-Menü die Funktion BIBLIOTHEK ÄNDERN... wählen

In den letzten beiden Fällen erhalten Sie ein weiteres Menü, in dem die zuletzt verwendeten Symbolbibliotheken angezeigt werden. Klicken Sie eine dieser Bibliotheken an, und Sie bekommen die Inhalte dieser Bibliothek im Abrollmenü in der Symbolleiste BEARBEITEN und in der Symbolbibliotheksleiste angezeigt. Sie können auch den Eintrag ÖFFNEN... anklicken. Im Dateiwähler können Sie sich die Symbolbibliothek auswählen, die Sie für Ihre Zeichnung benötigen (siehe Abbildung 7.6).

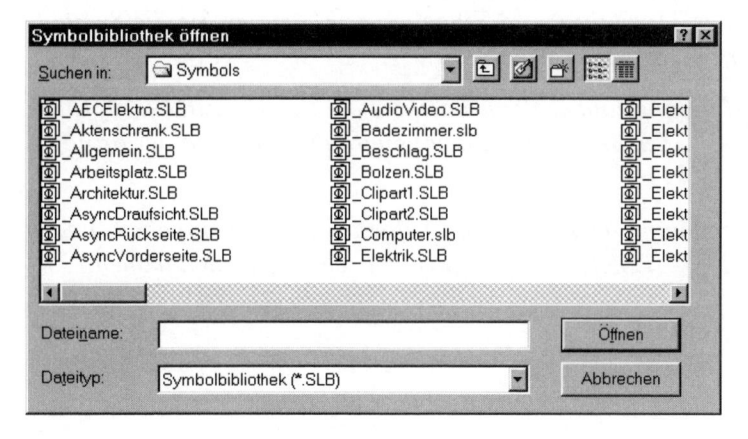

Abbildung 7.6: Auswahl einer Symbolbibliothek

Die mit AutoSketch gelieferten Symbolbibliotheken befinden sich im Ordner *\Programme\AutoSketch\Symbols*. Haben Sie in einem anderen Ordner ebenfalls noch Symbolbibliotheken, können Sie den Ordner wechseln und dort ihre Symbolbibliothek auswählen. Wenn Sie eine Symbolbibliothek öffnen, wird diese zur aktuellen Symbolbibliothek.

Symbolbibliothek mit den Assistentenwerkzeugen wechseln

In der Symbolleiste mit den Assistentenwerkzeugen können Sie auf die Symbolbibliotheken für die aktuelle Anwendung wechseln. Da wir im Diagrammassistenten die Erstellung eines Flußdiagramms gewählt haben, stehen ihnen dort zwei Symbolbibliotheken zur Verfügung.

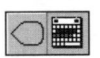

- Symbole in der Symbolleiste ASSISTENTENWERKZEUGE

Bei den Assistentenwerkzeugen können Sie mit dem dritten Symbol von rechts die Symbolbibliothek für Flußdiagramme zuschalten und mit dem zweiten Symbol von rechts die Symbolbibliothek für Ablaufsteuerungen. Je nach gewähltem Assistent und Diagrammart finden Sie dort die entsprechenden Symbolbibliotheken zur Auswahl.

Symbole einfügen

- Wählen Sie zuerst aus der Symbolleiste ASSISTENTENWERKZEUGE *die Symbolbibliothek Flußdiagramme (drittes Symbol von rechts).*
- *Zeichnen Sie ein einfaches Flußdiagramm. Verwenden Sie die Symbole Entsch-s, Rechteck-n, Diamant-s und Eingabesl-s. Platzieren Sie die Symbole am Raster. Beschriften Sie wie in Abbildung 7.7.*
- *Ziehen Sie die Verbindungslinien. Verwenden Sie die Befehle* EINZELNE LINIE *und* MEHRFACHLINIE*. Zeichnen Sie mit den Fangfunktionen und der orthogonalen Fixierung.*
- *Sie finden diese Zeichnung auch in Ihrem Aufgabenordner \Aufgaben. Laden Sie die Zeichnung L07-01.SKF, wenn Sie sie nicht selber zeichnen wollen.*

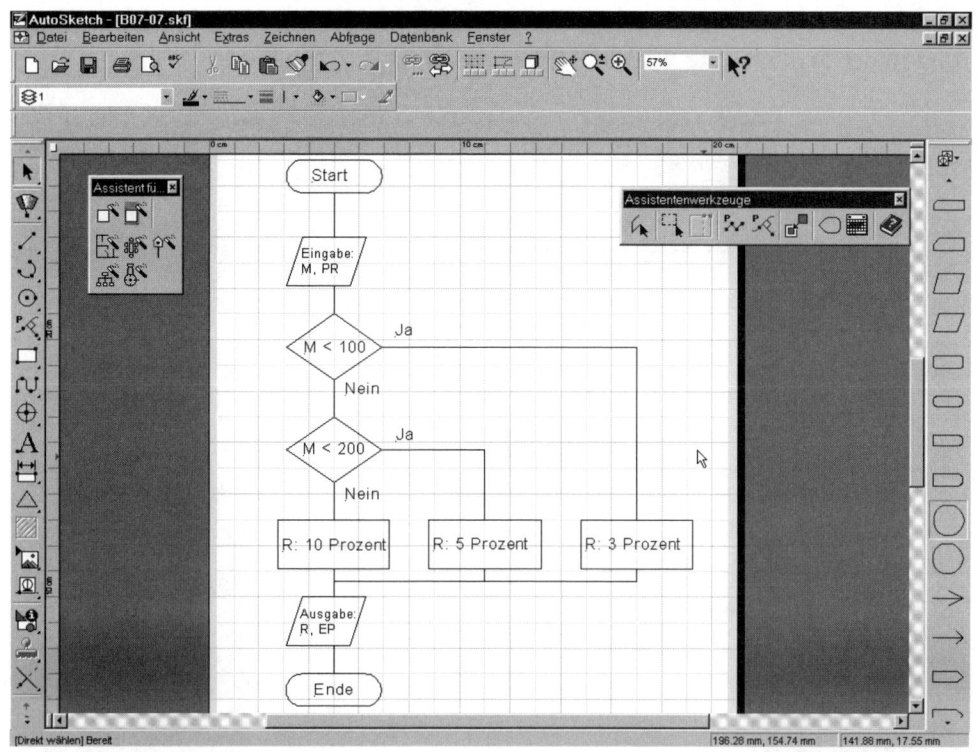

Abbildung 7.7: Flußdiagramm

7.3 Markierungen in eine Zeichnung einfügen

Eine weitere Möglichkeit, Diagramme optisch zu gestalten, sind die Markierungen. Pfeile, gefüllte Kreise, Kreuze, Quadrate, Rauten usw. müssen Sie nicht zeichnen, Sie platzieren einfach eine Markierung.

Markierung einfügen

Mit dem Befehl PUNKTMARKIERUNG können Sie eine Markierung in die Zeichnung einfügen. Sie wählen den Befehl:

- Abrollmenü ZEICHNEN, Untermenü MARKIERUNG, Funktion PUNKT
- Symbol in einem Flyout-Menü der Universal-Symbolleiste
- Symbol in der Symbolleiste MARKIERUNG

Diagramme zeichnen und die Arbeit mit Symbolen

Wenn Sie den Befehl gewählt haben, können Sie die Parameter für die Markierung in der Symbolleiste BEARBEITEN einstellen (siehe Abbildung 7.8).

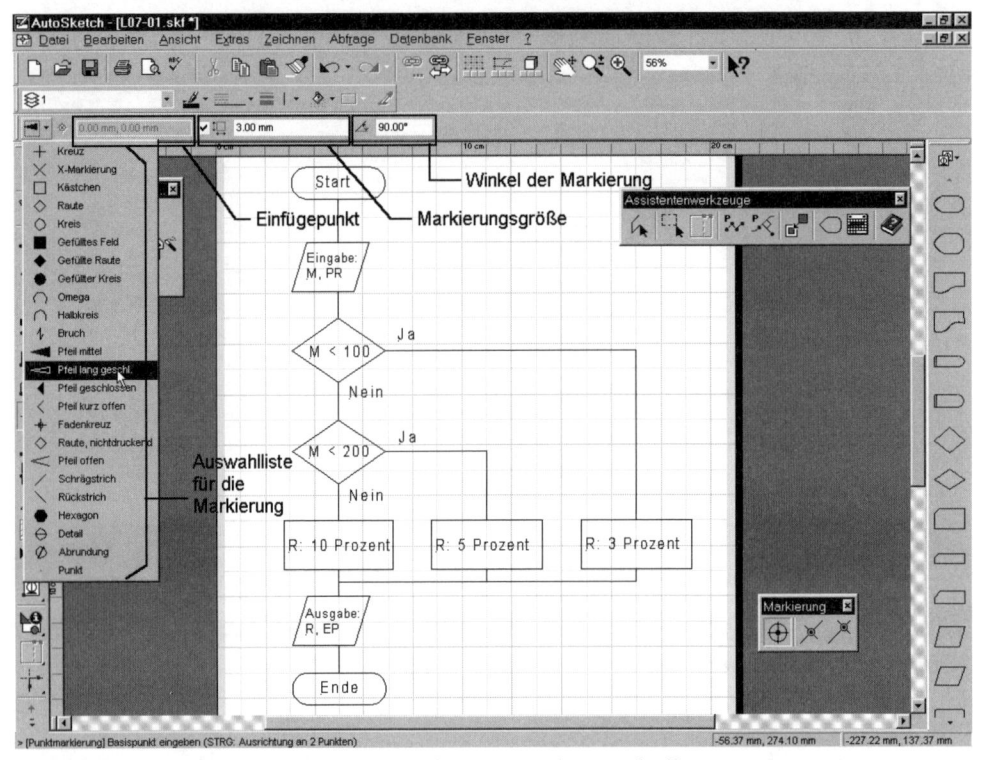

Abbildung 7.8: Parameter für eine Markierung in der Symbolleiste BEARBEITEN

Folgende Einstellungen können Sie in der Symbolleiste vornehmen, die identisch mit denen bei Symbolen sind (siehe oben):

MARKIERUNGSTYPEN: Auswahl des Markierungssymbols.

EINFÜGEPUNKT: Auch eine Markierung hat einen Basispunkt. In dem Feld können Sie nach der Platzierung die Basispunktkoordinate ändern.

MARKIERUNGSGRÖSSE: Skalierfaktor für die Markierung. Ist das Häkchen vor dem Eingabefeld gesetzt, kann nur ein Faktor eingegeben werden. Klicken Sie das Häkchen weg, dann können Sie einen Skalierfaktor für X und Y eingeben. Die Markierung kann dann verzerrt eingefügt werden.

WINKEL DER MARKIERUNG: Tragen Sie hier den Winkel ein, unter dem die Markierung in die Zeichnung eingefügt werden soll.

Wenn Sie das Symbol gewählt haben, hängt es am Fadenkreuz, und Sie können es in der Zeichnung platzieren.

> *[Punktmarkierung] Basispunkt eingeben (*`Strg`*: Ausrichtung an 2 Punkten)*

Wie beim Symbol können Sie auch die Markierung schrittweise beim Platzieren drehen. Mit den Tasten [F5] oder [+] drehen Sie in Schritten von 45° entgegen dem Uhrzeigersinn. Mit den Tasten [⇧] + [F5] oder [-] drehen Sie das Symbol um 45° entgegen dem Uhrzeigersinn. Auch die Taste [Strg] ist bei der Markierung wirksam. Drücken Sie diese bei der Eingabe des ersten Punkts, können Sie einen zweiten eingeben, und die Markierung wird an diesen beiden Punkten ausgerichtet.

> [Punktmarkierung] ausgerichteten Winkel eingeben ([Strg] + [⇧]: Skalieren)

Das Markierung wird dynamisch gedreht, bis Sie den Punkt eingegeben haben. Es wird an den beiden Punkten ausgerichtet.

Markierung auf einem Objekt einfügen

Noch hilfreicher ist der Befehl MARKIERUNG AM OBJEKT. Damit können Sie eine Markierung auf einem Objekt in der Zeichnung platzieren, und die Markierung wird an der Linie, dem Kreis, dem Bogen usw. ausgerichtet. Sie wählen den Befehl:

- Abrollmenü ZEICHNEN, Untermenü MARKIERUNG, Funktion AN OBJEKT AUSRICHTEN
- Symbol in einem Flyout-Menü der Universal-Symbolleiste
- Symbol in der Symbolleiste MARKIERUNG

> [Markierung an Objekt] Objekt auswählen

Wählen Sie das Objekt mit dem Auswahlfenster, und die Markierung wird an dieser Stelle auf dem Objekt platziert und mit diesem ausgerichtet. Die Markierung und die Parameter für die Einfügung können Sie auch bei diesem Befehl in der Symbolleiste BEARBEITEN einstellen.

Markierung am Endpunkt eines Objekts einfügen

Wenn Sie die Markierung genau am Endpunkt eines Objekts einfügen wollen, haben Sie dafür einen weiteren Befehl: MARKIERUNG AM ENDPUNKT. Sie wählen den Befehl:

- Abrollmenü ZEICHNEN, Untermenü MARKIERUNG, Funktion AN ENDPUNKT AUSRICHTEN
- Symbol in einem Flyout-Menü der Universal-Symbolleiste
- Symbol in der Symbolleiste MARKIERUNG

> [Markierung am Endpunkt] Objekt auswählen

Wählen Sie das Objekt mit dem Auswahlfenster in der Nähe des Endpunkts, an dem die Markierung eingefügt werden soll.

Markierungen einfügen

- *Aktivieren Sie den Befehl MARKIERUNG AM ENDPUNKT. Wählen Sie im Abrollmenü der Symbolleiste BEARBEITEN die Markierung Pfeil mittel. Stellen Sie bei der Markierungsgröße 3 ein.*
- *Platzieren Sie den Pfeil an den Endpunkten der Linien (siehe Abbildung 7.9).*
- *Wählen Sie dann die Markierung Gefüllter Kreis, und lassen Sie die Markierungsgröße auf 3. Platzieren Sie die Markierung an den Verbindungspunkten (siehe Abbildung 7.9).*

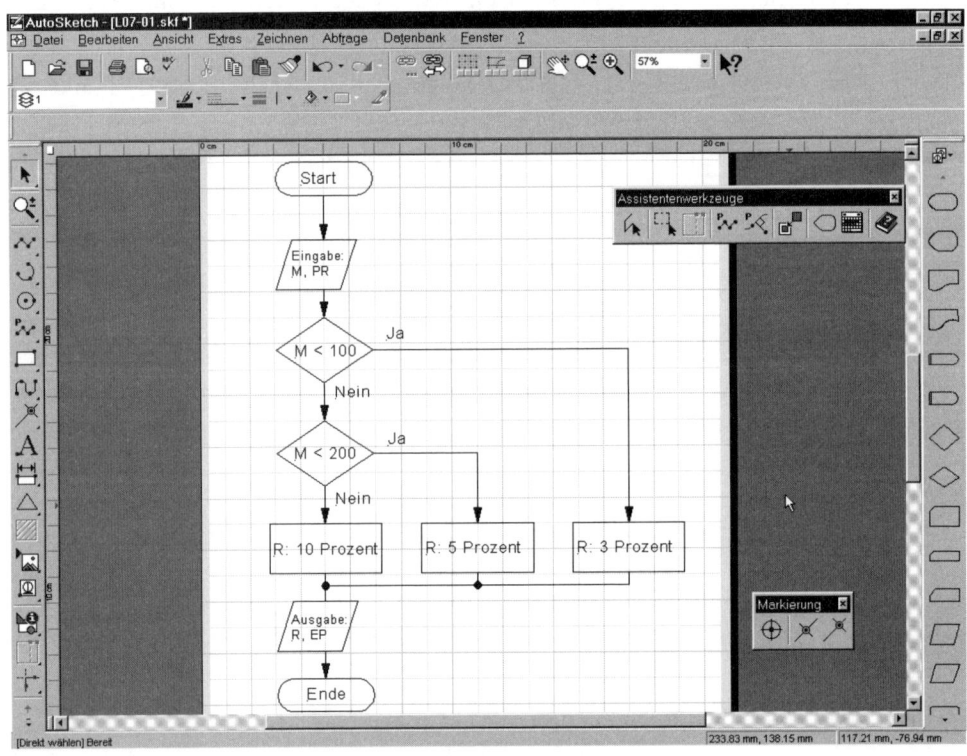

Abbildung 7.9: Markierung in die Zeichnung einfügen

7.4 Markierungsrahmen und Streckbefehl

Bei Änderungen an Diagrammen haben Sie häufig das Problem, dass Sie ein Symbol oder einen ganzen Bereich verschieben müssen. Die Verbindungslinien sollten aber dabei mitgenommen werden. Dafür haben Sie in AutoSketch den Befehl STRECKEN. Bevor Sie diesen aber verwenden können, benötigen Sie wieder den Markierungsrahmen. Alles was sich in diesem Rahmen befindet, wird mit dem Befehl bearbeitet.

Den Markierungsrahmen benötigen Sie auch noch bei anderen Funktionen. Die häufigste Anwendung ist jedoch beim Befehl STRECKEN.

Markierungsrahmen setzen

Einen Markierungsrahmen können Sie mit dem gleichnamigen Befehl erstellen. Sie wählen den Befehl MARKIERUNGSRAHMEN:

- Abrollmenü BEARBEITEN, Untermenü WÄHLEN, Funktion MARKIERUNGSRAHMEN
- Symbol in einem Flyout-Menü der Universal-Symbolleiste
- Symbol in der Symbolleiste AUSWÄHLEN
- Symbol in der Symbolleiste mit den ASSISTENTENWERKZEUGEN

Wenn Sie den Befehl gewählt haben, können Sie wie bei den Auswahlfunktionen ein Fenster aufziehen:

> [Koordinate eingeben] Auswahl mit Markierungsrahmen
> [Koordinate eingeben] Auswahl mit Markierungsrahmen

Geben Sie die beiden Eckpunkte ein. Der Markierungsrahmen wird in der Zeichnung gestrichelt angezeigt (siehe Abbildung 7.10). Er bleibt so lange in der Zeichnung, bis er gelöscht oder an anderer Stelle ein neuer aufgezogen wird.

Wie bei der Auswahl haben Sie auch beim Markierungsrahmen die Möglichkeit, diesen mit einem unregelmäßigen Vieleck zu setzen. Wählen Sie den Befehl UNREGELMÄSSIGER MARKIERUNGSRAHMEN:

- Abrollmenü BEARBEITEN, Untermenü WÄHLEN, Funktion UNREGELMÄSSIGER MARKIERUNGSRAHMEN
- Symbol in einem Flyout-Menü der Universal-Symbolleiste
- Symbol in der Symbolleiste AUSWÄHLEN

```
> [Fläche eingeben] Scheitelpunkt eingeben
> [Fläche eingeben] Scheitelpunkt eingeben
  (Entf: Letzten Scheitelpunkt löschen)
```

Wie bei der Auswahl mit einem Polygon können Sie ein Vieleck durch Eingabe der Eckpunkte aufspannen. Falsch gesetzte Punkte entfernen Sie mit der Taste Entf. Mit der rechten Maustaste beenden Sie die Eingabe, und der Markierungsrahmen wird angezeigt.

Mit dem Befehl MARKIERUNGSRAHMEN LÖSCHEN können Sie einen Markierungsrahmen aus der Zeichnung entfernen. Sie finden den Befehl wie folgt:

- Abrollmenü BEARBEITEN, Untermenü WÄHLEN, Funktion MARKIERUNGSRAHMEN LÖSCHEN
- Symbol in einem Flyout-Menü der Universal-Symbolleiste
- Symbol in der Symbolleiste AUSWÄHLEN

Der Markierungsrahmen wird gelöscht. In einer Zeichnung kann es nur einen Markierungsrahmen geben. Sie können einen neuen Markierungsrahmen zeichnen; dabei wird ein bereits vorhandener automatisch gelöscht.

Befehl STRECKEN

Wir benötigen den Markierungsrahmen, um die Objekte zu bestimmen, die beim Befehl STRECKEN bearbeitet werden. Mit dem Befehl können Sie alle Objekte verschieben, die sich im Markierungsrahmen befinden. Die Objekte, die der Rahmen schneidet, werden gestreckt oder gestaucht. Wählen Sie den Befehl:

- Abrollmenü BEARBEITEN, Untermenü TRANSFORMIEREN, Funktion STRECKEN
- Symbol in einem Flyout-Menü der Universal-Symbolleiste
- Symbol in der Symbolleiste TRANSFORMIEREN
- Symbol in der Symbolleiste mit den ASSISTENTENWERKZEUGEN

> [Strecken] Ausgangspunkt eingeben
> [Strecken] Zielpunkt eingeben

Alles, was Sie jetzt noch tun müssen, ist, zwei Punkte einzugeben. Alles, was im Markierungsrahmen ist, wird um diese Strecke verschoben, und die geschnittenen Objekte werden gestreckt oder gestaucht.

Objekte strecken

- Ziehen Sie einen Markierungsrahmen um den unteren Teil des Flußdiagramms (siehe Abbildung 7.10).

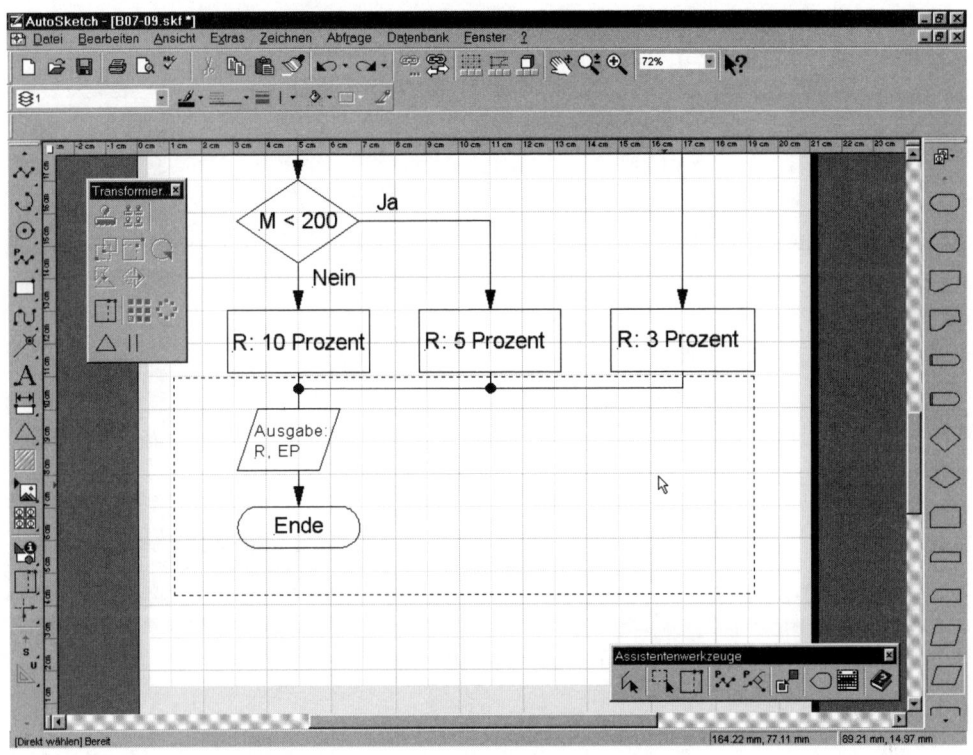

Abbildung 7.10: Markierungsrahmen für den Befehl STRECKEN

- Wählen Sie dann den Befehl STRECKEN, und geben Sie die Verschiebungskoordinaten ein (siehe Abbildung 7.10).

> [Strecken] Ausgangspunkt eingeben
> Klicken Sie einen beliebigen Punkt im Rahmen an.
> [Strecken] Zielpunkt eingeben
> Drücken Sie die Taste R, und tragen Sie
> die relative Koordinate 0,-5 im Dialogfeld ein.

- Der eingerahmte Bereich wird um 5 nach unten geschoben. Nehmen Sie jetzt nur die beiden unteren Symbole in einen unregelmäßigen Markierungsrahmen (siehe Abbildung 7.11).

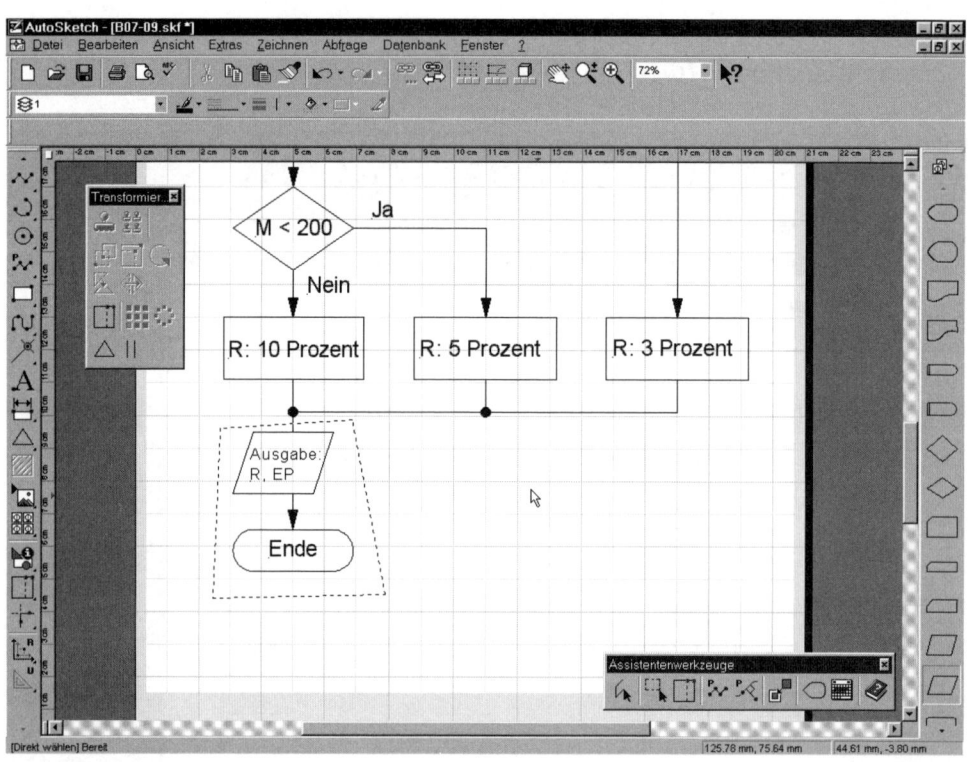

Abbildung 7.11: Unregelmäßiger Markierungsrahmen

- Strecken Sie den Bereich um 35 nach unten. Löschen Sie den Markierungsrahmen wieder. Schalten Sie den Rasterfang ein, und platzieren Sie das Symbol Rechteck-n an der Stelle, wo gestreckt wurde.

- Löschen Sie die Verbindungslinien, und zeichnen Sie neue. Beschriften Sie das neue Symbol wie in Abbildung 7.12. Fügen Sie als zusätzliche Markierungen die beiden Pfeile ein.

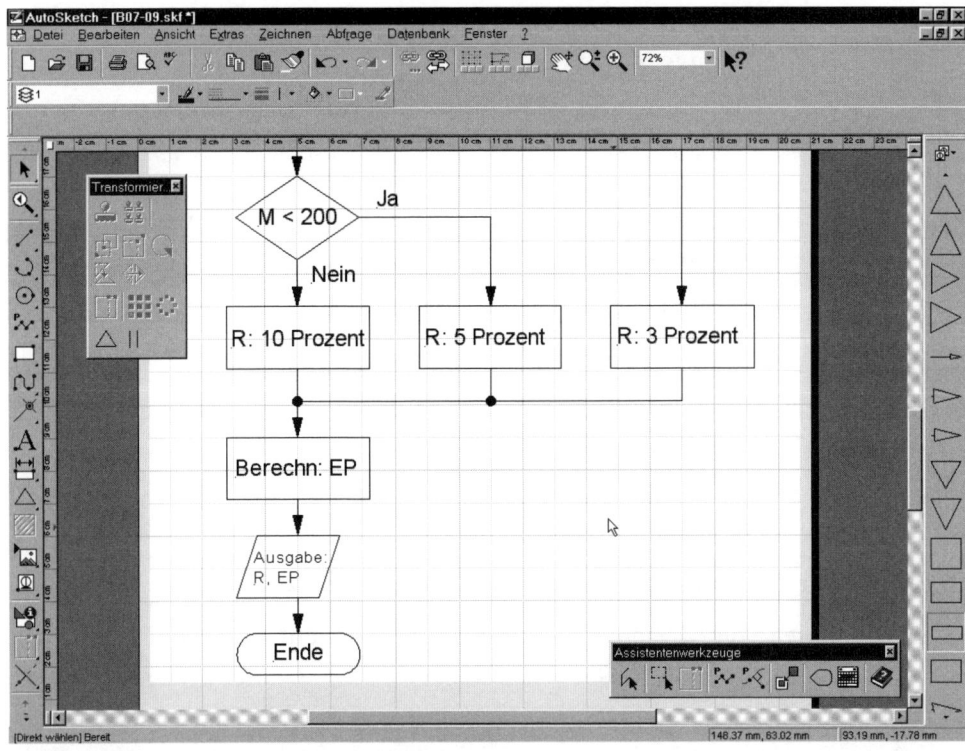

Abbildung 7.12: Das korrigierte Flußdiagramm

- Ihr Flußdiagramm ist korrigiert, eine Version davon finden Sie in Ihrem Aufgabenordner, die Zeichnungsdatei L07-02.SKF.

7.5 Befehle zum Transformieren

Neben dem Befehl STRECKEN haben Sie noch eine Reihe weiterer Befehle, um Objekte zu transformieren. Diese Befehle benötigen alle eine Auswahl und keinen Markierungsrahmen. Sie können Objekte verschieben, skalieren, drehen, ausrichten und spiegeln. Den Befehl MEHRFACH KOPIEREN haben Sie schon in Kapitel 3 kennengelernt. Einen Teil dieser Funktionen können Sie auch mit den Griffen ausführen. Wenn Sie aber genau nach Koordinaten arbeiten wollen, kommen Sie mit den speziellen Befehlen zum Transformieren besser zurecht.

Befehl VERSCHIEBEN

Um die Objekte einer Auswahl zu verschieben, wählen Sie den Befehl VERSCHIEBEN:

- Abrollmenü BEARBEITEN, Untermenü TRANSFORMIEREN, Funktion VERSCHIEBEN
- Symbol in einem Flyout-Menü der Universal-Symbolleiste
- Symbol in der Symbolleiste TRANSFORMIEREN

Bevor Sie den Befehl wählen können, müssen Sie eine Auswahl festgelegt haben. Danach geben Sie zwei Punkte für die Verschiebung ein:

> [Verschieben] Ausgangspunkt eingeben
> [Verschieben] Zielpunkt eingeben

Die beiden Punkte können Sie auf verschiedene Arten bestimmen:

- Zwei Punkte in der Zeichnung anklicken: Die Auswahl wird um die Differenz der beiden Punkte verschoben.

- Punkt in der Zeichnung anklicken und Taste [R] drücken: Auswahl wird um den im Dialogfeld für die relative Koordinateneingabe eingetragenen Wert verschoben.

- Beide Punkte mit Objektfang anklicken: Ausgangspunkt wird auf dem Zielpunkt plaziert.

Wenn Sie in der Symbolleiste BEARBEITEN das Häkchen im Feld KOPIEREN eingeschaltet haben, dann wird mit jeder Verschiebung eine Kopie erzeugt.

Befehl VERSCHIEBEN

- Öffnen Sie die Zeichnung A07-03.SKF aus dem Ordner \Aufgaben.
- Nehmen Sie die Objekte links oben in die Auswahl, und verschieben Sie den Endpunkt der Pfeilspitze an den oberen Eckpunkt der Raute. Wählen Sie den Befehl VERSCHIEBEN und die Punkte wie in Abbildung 7.13.

> [Verschieben] Ausgangspunkt eingeben
>   Taste E für den Fang Endpunkt drücken und Punkt P1 anklicken.
> [Verschieben] Zielpunkt eingeben Punkt P2 anklicken.

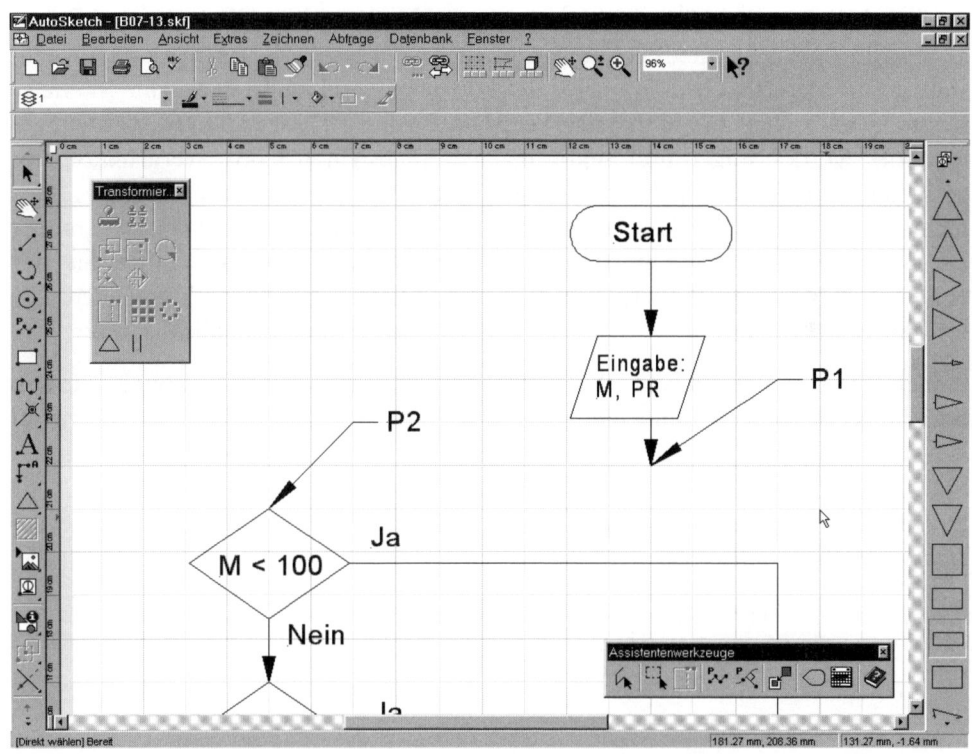

Abbildung 7.13: Auswahl verschieben durch Eingabe zweier Punkte

- Schließen Sie die Zeichnung. Das Ergebnis müssen Sie nicht speichern.

Befehl SKALIEREN

Um die Objekte einer Auswahl zu vergrößern oder zu verkleinern, verwenden Sie den Befehl SKALIEREN. Im Gegensatz zu der Arbeit mit den Griffen haben Sie mit diesem Befehl die Möglichkeit, einen Bezugspunkt und einen Faktor einzugeben.

- Abrollmenü BEARBEITEN, Untermenü TRANSFORMIEREN, Funktion SKALIEREN
- Symbol in einem Flyout-Menü der Universal-Symbolleiste
- Symbol in der Symbolleiste TRANSFORMIEREN

Auch bei diesem Befehl ist zuerst eine Auswahl zu bilden. Wenn Sie den Befehl angewählt haben, können Sie die Parameter in der Symbolleiste BEARBEITEN einstellen. Ist das Häkchen im Feld KOPIEREN eingeschaltet, wird eine skalierte Kopie erstellt. Klicken Sie auf das Feld UM BASISPUNKT SKALIEREN, werden nur Symbole, Markierungen und Texte um den eingestellten Faktor vergrößert bzw. verkleinert. Sie bleiben jedoch an ihrer Position in der Zeichnung. Falls Sie das nicht haben wollen, klicken Sie den Punkt für die Skalierung in der Zeichnung an. In das Feld ganz rechts tragen Sie den Skalierfaktor ein. Haben Sie das Häkchen davor eingeschaltet, können Sie einen Faktor für X und Y eingeben. Die Objekte werden dann in den Koordinatenrichtungen unterschiedlich skaliert.

Haben Sie nicht auf das Feld UM BASISPUNKT SKALIEREN geklickt, können Sie den Basispunkt in der Zeichnung eingeben.

> [Skalieren] Basispunkt eingeben

Der Basispunkt ist der Bezugspunkt für die Skalierung. Um diesen Punkt herum wird vergrößert bzw. verkleinert.

Befehle zum Transformieren **239**

✋ *Befehl* SKALIEREN

- Öffnen Sie die Zeichnung A07-04.SKF aus dem Ordner \Aufgaben.
- Der untere Teil des Flußdiagramms ist in diesem Fall etwas zu klein geraten. Nehmen Sie ihn in die Auswahl. Ziehen Sie das Fenster von links nach rechts auf. Wählen Sie dann den Befehl SKALIEREN, und tragen Sie den Faktor 2 ein. Wählen Sie den Basispunkt wie in Abbildung 7.14.

> [Skalieren] Basispunkt eingeben
> Taste E für den Fang ENDPUNKT drücken und Punkt P1 anklicken.

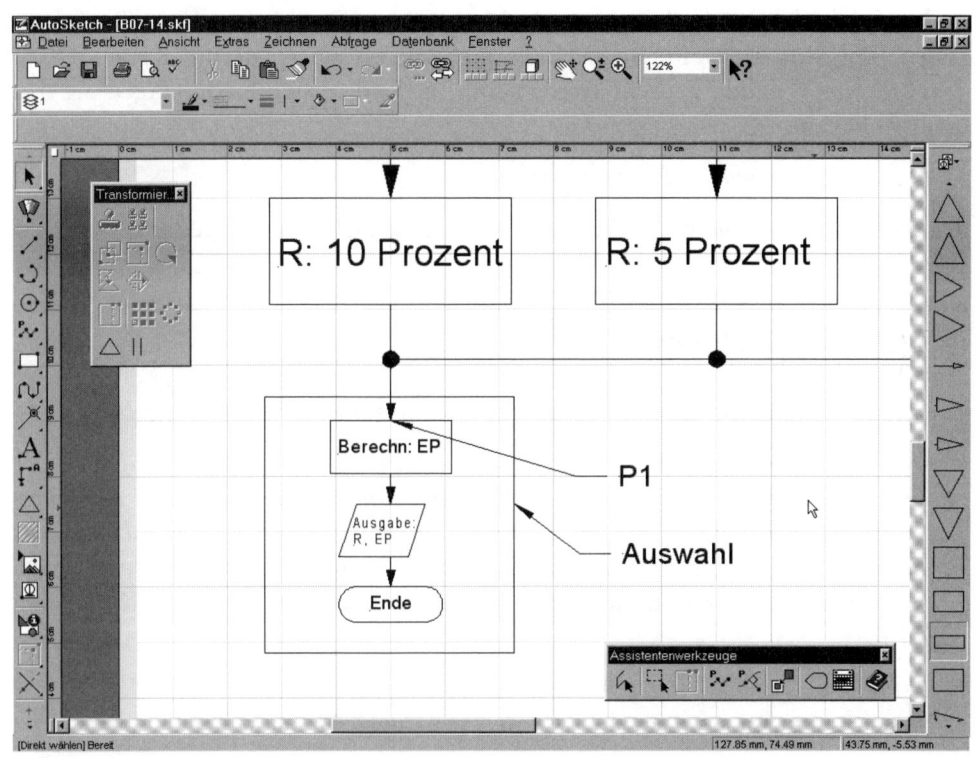

Abbildung 7.14: Skalieren um Basispunkt

- Schließen Sie die Zeichnung. Auch diese Änderungen müssen Sie nicht speichern.

Befehl DREHEN

Mit dem Befehl DREHEN können Sie ein Objekt oder eine Auswahl um einen Punkt in der Zeichnung, den Basispunkt, drehen. Sie finden den Befehl wie folgt:

- Abrollmenü BEARBEITEN, Untermenü TRANSFORMIEREN, Funktion DREHEN
- Symbol in einem Flyout-Menü der Universal-Symbolleiste
- Symbol in der Symbolleiste TRANSFORMIEREN

Wieder bilden Sie zuerst eine Auswahl und wählen danach den Befehl. Dann finden Sie in der Symbolleiste BEARBEITEN wieder die üblichen Einstellmöglichkeiten. Das Feld KOPIEREN ganz links gibt an, ob eine gedrehte Kopie erstellt oder nur das Original gedreht werden soll. Im Feld rechts davon tragen Sie den Drehwinkel ein.

> `[Drehen] Basispunkt für die Drehung`

Um den Punkt, den Sie daraufhin eingeben, werden die Objekte gedreht.

Befehl DREHEN

- *Öffnen Sie jetzt die Zeichnung A07-05.SKF aus dem Ordner \Aufgaben.*
- *Der obere Teil des Flußdiagramms ist versehentlich umgeknickt; richten Sie ihn wieder gerade. Wählen Sie die Objekte aus. Ziehen Sie aber vorsichtshalber das Fenster von links nach rechts, um nicht noch andere Objekte mit auszuwählen. Wählen Sie den Befehl DREHEN, und tragen Sie einen Winkel von 90° ein. Klicken Sie den Basispunkt mit dem Fang an (siehe Abbildung 7.15).*

> `[Drehen] Basispunkt für die Drehung`
> `Taste` E `für den Fang` ENDPUNKT `drücken und Punkt P1 anklicken.`

- *Schließen Sie die Zeichnung, speichern Sie die Änderungen nicht.*

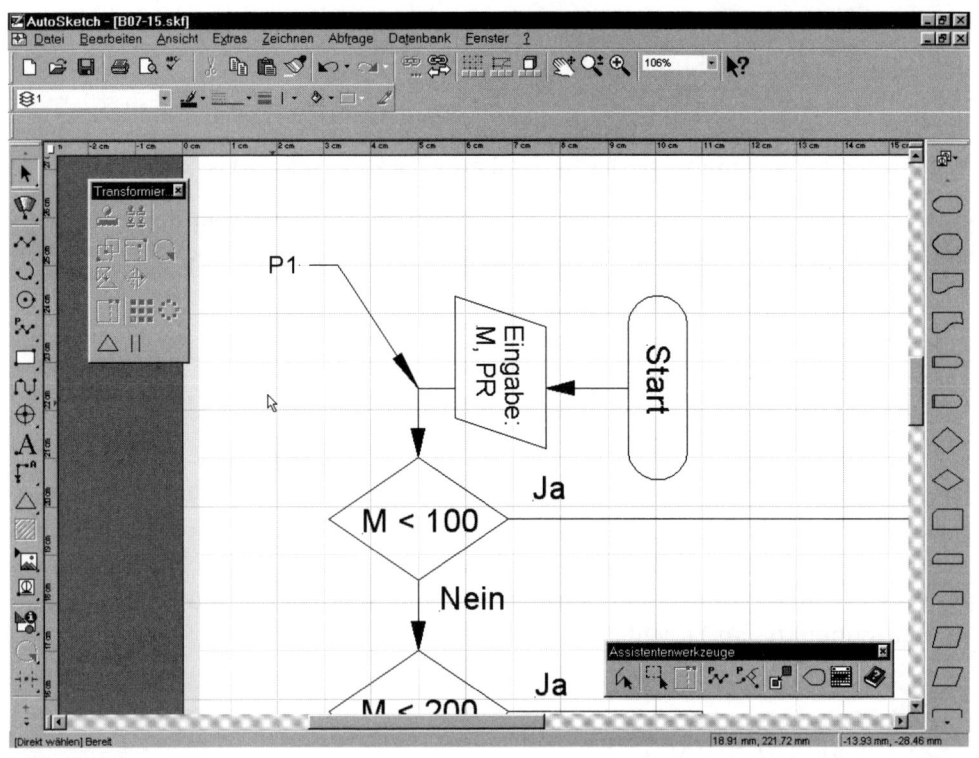

Abbildung 7.15: Drehen um Basispunkt

Tip

- Sie können auch ohne Befehl drehen. Wählen Sie die Objekte aus, und drücken Sie die Taste F5 oder +. Die Auswahl wird in 45°-Schritten um den Mittelpunkt der Auswahl entgegen dem Uhrzeigersinn gedreht. Mit den Tasten ⇧ + F5 oder - wird im Uhrzeigersinn gedreht. Die Größe der Drehschritte lassen sich in den Zeichenoptionen einstellen, dazu erfahren Sie später mehr.

Befehl AUSRICHTEN

Der Befehl AUSRICHTEN kombiniert die Funktionen der Befehle SCHIEBEN und DREHEN. Er ist vor allem dann geeignet, wenn Objekte, die in einem beliebigen Winkel in der Zeichnung liegen, exakt in einem bestimmten Winkel ausgerichtet werden sollen. Wählen Sie den Befehl:

- Abrollmenü BEARBEITEN, Untermenü TRANSFORMIEREN, Funktion AUSRICHTEN
- Symbol in einem Flyout-Menü der Universal-Symbolleiste
- Symbol in der Symbolleiste TRANSFORMIEREN

Zuerst bilden Sie eine Auswahl, danach wählen Sie den Befehl. In der Symbolleiste BEARBEITEN finden Sie diesmal nur das Feld KOPIEREN. Klicken Sie es an, wenn Sie eine ausgerichtete Kopie haben wollen.

> [Ausrichten] Originalen Achsenstartpunkt eingeben
> [Ausrichten] Originalen Achsenendpunkt eingeben
> [Ausrichten] Neuen Achsenstartpunkt eingeben
> [Ausrichten] Neuen Achsenendpunkt eingeben

Klicken Sie zwei Punkte auf dem Originalobjekt an, die der momentanen Ausrichtung entsprechen, und klicken Sie dann zwei Punkte an, die der neuen Ausrichtung entsprechen sollen. Die Auswahl wird vom originalen Achsenstartpunkt zum neuen Achsenstartpunkt verschoben und dort in Richtung des neuen Achsenendpunktes ausgerichtet.

Befehl AUSRICHTEN

- *Öffnen Sie jetzt die Zeichnung A07-06.SKF aus dem Ordner \Aufgaben.*
- *Diesmal liegt der obere Teil des Flußdiagramms irgendwo in der Landschaft. Sie sollen es wieder senkrecht stellen und gleich an den richtigen Punkt bringen. Wählen Sie die Objekte mit einem Fenster aus. Klicken Sie dann den Befehl AUSRICHTEN an.*

> [Ausrichten] Originalen Achsenstartpunkt eingeben
  P1 mit dem Fang Endpunkt anklicken.
> [Ausrichten] Originalen Achsenendpunkt eingeben
  P2 mit dem Fang Mittelpunkt anklicken.
> [Ausrichten] Neuen Achsenstartpunkt eingeben
  P3 mit dem Fang Endpunkt anklicken.
> [Ausrichten] Neuen Achsenendpunkt eingeben
  Taste S drücken, um den Fang auszuschalten, Taste O drücken, um die orthogonale Fixierung einzuschalten, und P4 irgendwo oberhalb von P3 anklicken.

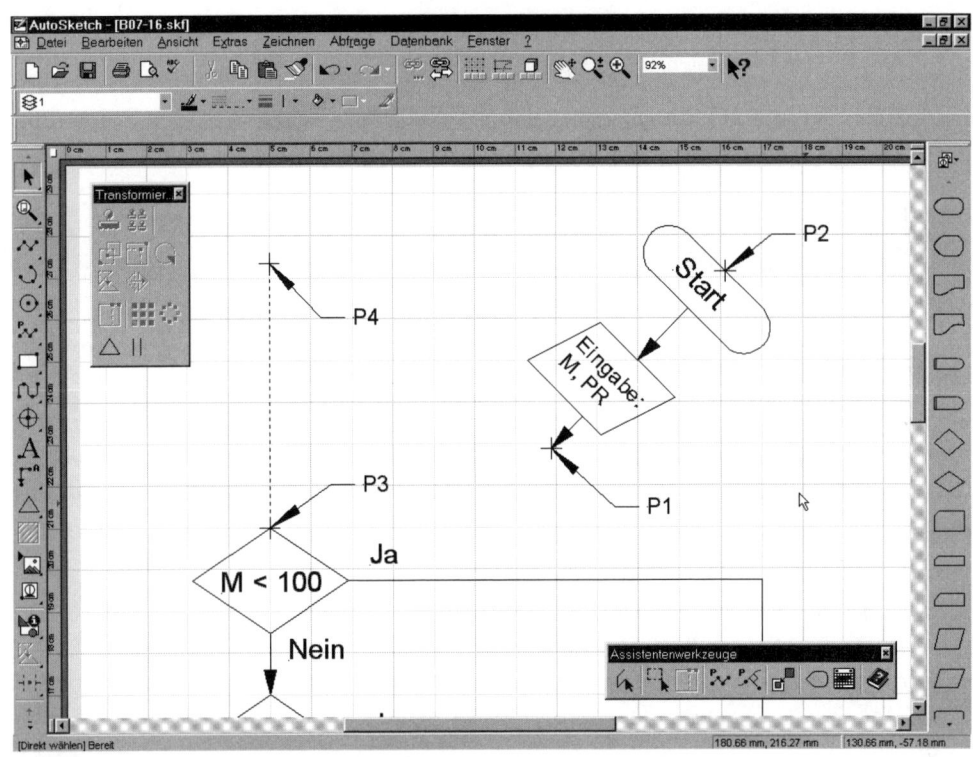

Abbildung 7.16: Ausrichten mit vier Punkten

- Die Auswahlobjekte werden an P3 und P4 ausgerichtet. Schließen Sie die Zeichnung, speichern Sie die Änderungen nicht.

Befehl SPIEGELN

Der letzte Befehl in dieser Serie ist der Befehl SPIEGELN. Damit lassen sich einzelne Objekte oder eine ganze Auswahl um eine beliebige Achse in der Zeichnung spiegeln. Wählen Sie den Befehl:

- Abrollmenü BEARBEITEN, Untermenü TRANSFORMIEREN, Funktion SPIEGELN
- Symbol in einem Flyout-Menü der Universal-Symbolleiste
- Symbol in der Symbolleiste TRANSFORMIEREN

Auch dabei muß zuerst die Auswahl definiert werden. Danach kann der Befehl gewählt werden. In der Symbolleiste BEARBEITEN ist auch diesmal nur das Feld KOPIEREN für eine gespiegelte Kopie. Wenn Sie nur das gespiegelte Original brauchen, lassen Sie es aus.

> [Spiegeln] Achsenstartpunkt eingeben
> [Spiegeln] Achsenendpunkt eingeben

Die beiden Punkte bilden die Spiegelachse. Sie kann beliebig in der Zeichnung liegen. An ihr werden die gewählten Objekte gespiegelt.

Befehl SPIEGELN

- Öffnen Sie jetzt die Zeichnung A07-07.SKF aus dem Ordner \Aufgaben. Diesmal ist es die Originalzeichnung.

- Spiegeln Sie das komplette Flußdiagramm um eine senkrechte Achse in der Blattmitte. Wählen Sie alle Objekte im Abrollmenü BEARBEITEN, Untermenü WÄHLEN mit der Funktion ALLES. Sie können dazu auch die Tastenkombination [Strg] + [A] verwenden.

> [Spiegeln] Achsenstartpunkt eingeben
> Punkt in der Blattmitte ohne Fang anklicken.
> [Spiegeln] Achsenendpunkt eingeben
> Taste [O] drücken, um die orthogonale Fixierung einzuschalten, und einen zweiten Punkt irgendwo oberhalb oder unterhalb vom ersten anklicken.

- Das Flußdiagramm wird gespiegelt, aber der Text paßt nicht mehr in die Symbole. Das kommt daher, dass der Text am linken Punkt angesetzt ist und an diesem Punkt gespiegelt wird. In diesem Fall wären größere Korrekturarbeiten erforderlich.

- Schließen Sie die Zeichnung, speichern Sie die Änderungen nicht.

Zeichnung automatisch anpassen

- Symbol in der Symbolleiste ASSISTENTENWERKZEUGE

Mit der Funktion ZEICHNUNG AUTOMATISCH EINPASSEN wird die komplette Zeichnung so verschoben und skaliert, dass sie genau auf die Seite passt. Da Schemapläne und Diagramme ja nicht maßstäblich gezeichnet werden, kann ein fertiger Plan damit sehr schnell auf einer Seite untergebracht werden. Bei technischen Zeichnungen würde mit dieser Methode ein willkürlicher Maßstab entstehen. Deshalb ist diese Methode dafür nicht geeignet.

7.6 Arbeiten mit dem Symbolmanager

Um Symbole in eine Zeichnung einzufügen, stehen Ihnen mit dem Symbolmanager weitere Funktionen zur Verfügung. Damit haben Sie alle Symbole im Zugriff, die mit AutoSketch geliefert werden und die Sie selber erzeugen.

Symbolmanager aufrufen

- Damit Sie die im Folgenden beschriebenen Funktionen gleich ausprobieren können, schließen Sie alle noch offenen Zeichnungen.
- Laden Sie dann aus ihrem Ordner \Aufgaben die Zeichnung L07-02.SKF und die Zeichnung L07-03.SKF, ebenfalls eine Zeichnung, die mit dem Assistenten DIAGRAMM erstellt wurde.
- Beginnen Sie eine neue Zeichnung. Verwenden Sie im Dialogfeld NEU die FUNKTION MIT LEERER ZEICHNUNG BEGINNEN. Sie haben nun das neue leere Blatt oben auf dem Zeichnungsstapel des Bildschirms.
- Testen Sie alle unten beschriebenen Funktionen an diesen Zeichnungen. Spezielle Übungen finden Sie in diesem Kapitel nicht mehr.

Jetzt können Sie mit dem Befehl SYMBOLMANAGER diesen starten. Sie finden den Befehl wie folgt:

- Abrollmenü ZEICHNEN, Untermenü SYMBOL, Funktion SYMBOLMANANGER...
- Symbol in der Symbolleiste SYMBOL
- Rechtsklick auf ein beliebiges Feld in der Symbolbibliotheksleiste, aus dem Pop-up-Menü den Eintrag SYMBOLMANANGER... wählen (siehe Abbildung 7.17).

Wenn Sie den Befehl gewählt haben, bekommen Sie das Dialogfeld für den Symbolmanager auf den Bildschirm (siehe Abbildung 7.18).

246 Diagramme zeichnen und die Arbeit mit Symbolen

Abbildung 7.17: Symbolmanager aus dem Pop-up-Menü starten

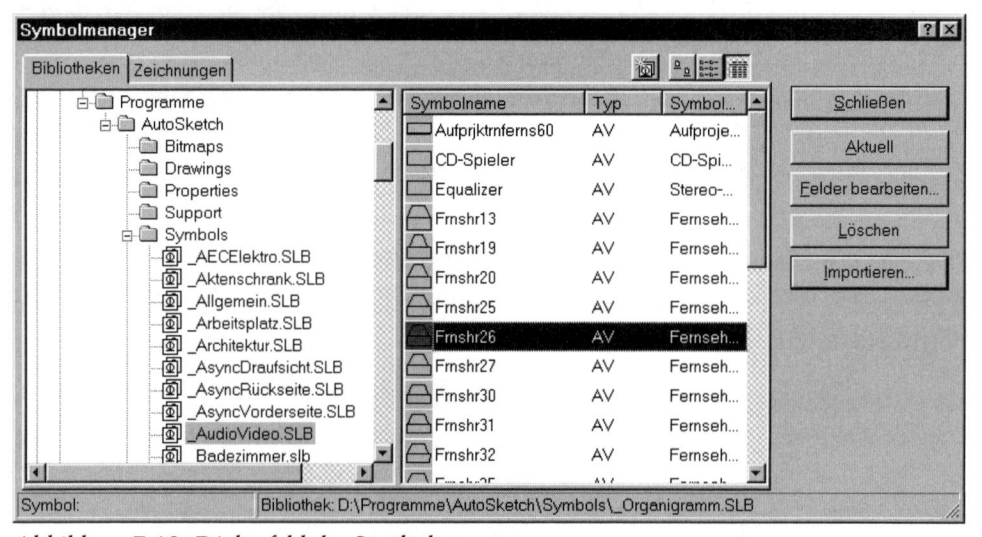

Abbildung 7.18: Dialogfeld des Symbolmanagers

Beim Start ist immer das Register BIBLIOTHEKEN aktiv. In diesem haben Sie im linken Fenster eine Exploreransicht Ihres Arbeitsplatzes. Der Ordner *Programme* *AutoSketch**Symbols* ist aufgeklappt. Dort befinden sich die Symbolbibliotheken, die mit AutoSketch standardmäßig geliefert werden. Diese sind vor dem Dateinamen mit dem Bibliothekssysmbol markiert. Jede Symbolbibliothek entspricht einer Datei auf der Festplatte, die die Dateierweiterung *.SLB* hat. Das rechte Fenster enthält die Symbole, die sich in der gerade gewählten Symbolbibliothek befinden. Auch dort ist das aktuelle Symbol markiert.

Aktuelle Symbolbibliothek wechseln: Die aktuelle Symbolbibliothek ist im linken Fenster markiert. Klicken Sie einen Eintrag in der Liste an, wählen Sie die Schaltfläche AKTUELL, und diese Symbolbibliothek wird zur aktuellen Bibliothek.

Wenn Sie den Symbolmanager jetzt verlassen, sind die Symbole dieser Bibliothek in der Symbolbibliotheksleiste am rechten Rand der Zeichenfläche. Sie können die Symbolbibliothek auch mit einem Doppelklick wechseln. Die dritte Möglichkeit ist folgende: Sie markieren eine Bibliothek und drücken die rechte Maustaste. In dem daraufhin eingeblendeten Pop-up-Menü wählen Sie den Eintrag AKTUELLE BIBLIOTHEK. Die aktuelle Symbolbibliothek wird mit einem Pfeil markiert.

Aktuelles Symbol ändern: Das aktuelle Symbol ist im rechten Fenster markiert. Klicken Sie einen Eintrag im Fenster an und wählen die Schaltfläche AKTUELL, wird dieses Symbol zum aktuellen Symbol. Wenn Sie dann in der Zeichnung, aus der Sie den Symbolmanager aufgerufen haben, einen Befehl zum Einfügen eines Symbols verwenden, wird dieses Symbol genommen. Auch dafür können Sie einen Doppelklick verwenden. Bei dieser Aktion wird die aktuelle Bibliothek nicht gewechselt. Damit ändert sich auch der Inhalt der Symbolbibliotheksleiste nicht.

Anzeige im rechten Fenster ändern: Wie im Windows Explorer können Sie die Anzeige wechseln. Dazu haben Sie drei Symbole über dem Fenster. Das linke Symbol schaltet auf die Anzeige mit großen Symbolen, das mittlere bringt kleine Symbole ins Fenster und das rechte eine Liste mit Detailangaben zu den Symbolen.

FELDER BEARBEITEN...: Mit der Schaltfläche FELDER BEARBEITEN können Sie den Namen und die Beschreibungsfelder für das Symbol ändern.

LÖSCHEN: Wollen Sie eine Bibliothek oder ein Symbol aus einer Bibliothek löschen, markieren Sie einen Eintrag im linken oder rechten Fenster und klicken auf die Schaltfläche LÖSCHEN. Nach einem Warnhinweis, den Sie bestätigen müssen, wird der gewählte Eintrag gelöscht. Achtung, dieser Vorgang kann nicht rückgängig gemacht werden.

Tip

- Ein Symbol aus dem Symbolmanager zu wählen und einzufügen, benötigt immer zwei Aktionen: Symbol zum aktuellen Symbol machen und Befehl zum Einfügen wählen. Wenn Sie in der Symbolleiste SYMBOL den Befehl SYMBOL AUSWÄHLEN anklicken, wird der Symbolmanager gestartet, und Sie können dort wie beschrieben das gewünschte Symbol zum aktuellen machen. Wenn Sie ihn schließen, wird der Befehl SYMBOL AN PUNKT aktiviert, und Sie können das gewählte Symbol einfügen.

Symbole in den geöffneten Zeichnungen

Beim Start ist immer das Register BIBLIOTHEKEN aktiv; es werden die Inhalte der Symbolbibliotheken angezeigt. Schalten Sie auf das Register ZEICHNUNGEN, wird umgeschaltet. Die aktuellen Zeichnungen und deren Symbole finden Sie dann in den Fenstern (siehe Abbildung 7.19).

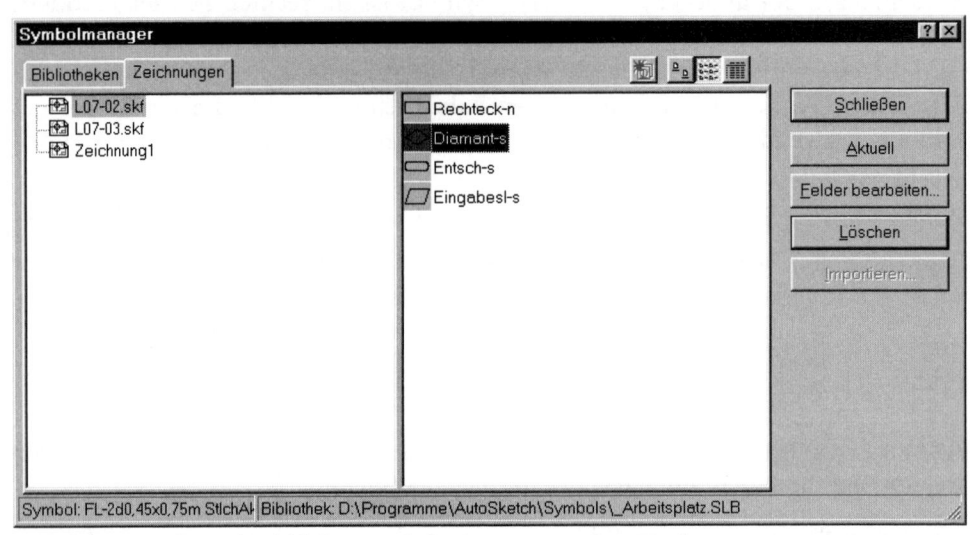

Abbildung 7.19: Dialogfeld des Symbolmanagers mit den Zeichnungen

Im linken Fenster haben Sie alle Zeichnungen aufgelistet, die Sie in Ihrer AutoSketch-Sitzung geöffnet haben. Markieren Sie eine der Zeichnungen, und Sie haben im rechten Fenster alle Symbole, die in diese Zeichnung eingefügt oder dort erstellt wurden. Jetzt können Sie hier ein Symbol zum aktuellen Symbol machen und es erneut in die Zeichnung einfügen.

Änderungen im Symbolmanager

Bibliotheken lassen sich im Symbolmanager anlegen und löschen. Außerdem können Sie die Inhalte dort ändern. Rufen Sie dazu wieder den Symbolmanager auf. Folgende Aktionen sind im Register BIBLIOTHEKEN möglich:

Löschen einer Symbolbibliothek: Bibliothek markieren und Schaltfläche LÖSCHEN anklicken oder Taste [Entf] drücken. Sie können auch eine Bibliothek mit der rechten Maustaste anklicken und aus dem Pop-up-Menü die Funktion LÖSCHEN wählen.

Umbenennen einer Symbolbibliothek: Rechtsklick auf eine Bibliothek und aus dem Pop-up-Menü die Funktion UMBENENNEN wählen und den Namen der Bibliothek korrigieren.

Neue Symbolbibliothek anlegen: Ordner im linken Fenster öffnen, in dem die Symbolbibliothek gespeichert werden soll und Symbol aus der rechten oberen Symbolleiste wählen. Die neue Bibliothek bekommt den Namen *NeueSLB*, den Sie übertippen können. Symbolbibliotheken bekommen die Dateierweiterung *SLB*. Diese müssen Sie aber nicht eingeben, er wird automatisch angehängt.

Symbole verschieben bzw. löschen: Ziehen Sie ein Symbol mit gedrückter Maustaste aus der Symbolliste auf eine Bibliothek, wird es in diese Bibliothek kopiert. Mit einem Rechtsklick auf ein Symbol öffnet sich ein Pop-up-Menü (siehe Abbildung 7.20). Wählen Sie das Untermenü SENDEN AN, und Sie können darin das Symbol in die aktuelle Bibliothek kopieren. Der Eintrag LÖSCHEN im Pop-up-Menü löscht das Symbol aus der Bibliothek.

Sie können ein Symbol aus diesem Menü auch in eine der gerade geöffneten Zeichnungen kopieren, ohne dass es dort sichtbar ist. Es ist aber dort gespeichert, und Sie können es später jederzeit einfügen, ohne dass Sie alle Bibliotheken durchsuchen. Sie finden es im Abrollmenü in der Symbolleiste BEARBEITEN, wenn Sie den Befehl SYMBOL EINFÜGEN in dieser Zeichnung aufrufen. Wenn Sie das Symbol aber nicht in die Zeichnung einfügen, wird es beim Speichern der Zeichnung entfernt. Wenn Sie die Zeichnung wieder öffnen, haben Sie nur noch die benützten Symbole im Menü.

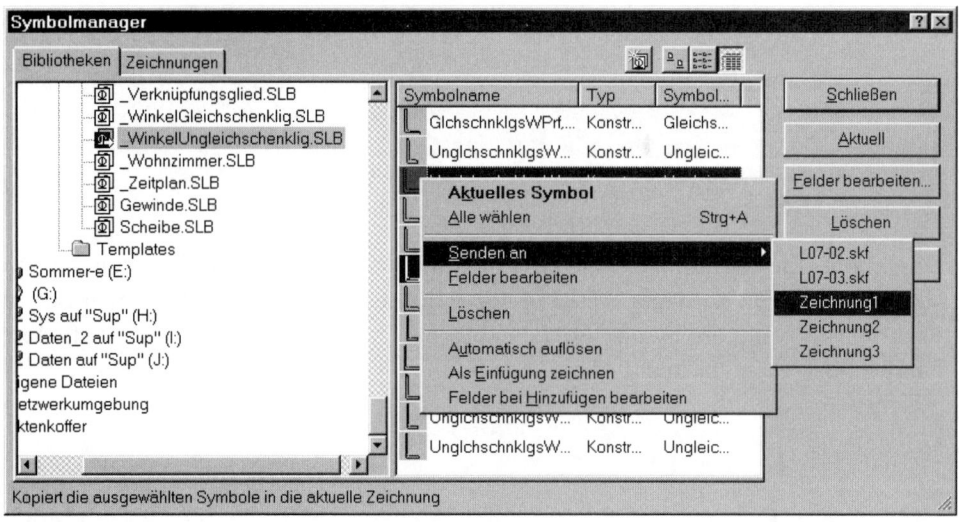

Abbildung 7.20: Pop-up-Menü in der Symbolliste

Für alle Funktionen können Sie auch mehrere Symbole anklicken, wenn Sie dabei die Taste ⇧ oder Strg drücken. Der Eintrag ALLES WÄHLEN markiert alle Symbole in der Liste.

7.7 Symbole auflösen

Ist ein Symbol in die Zeichnung eingefügt, ist es dort ein Objekt. An den einzelnen Elementen kann nichts geändert werden, Sie können nur das Symbol insgesamt verschieben, drehen, kopieren usw.

In manchen Fällen ist es aber erforderlich, ein Symbol wieder in seine Bestandteile zu zerlegen.

Befehl AUFLÖSEN

Mit dem Befehl AUFLÖSEN können Sie verschiedene Objektarten in ihre Bestandteile zerlegen, zum Beispiel auch Symbole. Wählen Sie zuerst das Objekt aus, das Sie auflösen wollen. Sie finden den Befehl wie folgt:

- Abrollmenü BEARBEITEN, Funktion AUFLÖSEN
- Symbol in der Symbolleiste BEARBEITEN
- Symbol im Pop-up-Menü, das Sie mit einem Rechtsklick aktivieren können

Der Befehl wird ohne weitere Anfragen ausgeführt.

Tip

- Symbole, die Sie einmal in eine Zeichnung eingefügt haben, finden Sie im Abrollmenü in der Symbolleiste BEARBEITEN aufgelistet, wenn Sie einen Befehl zum Einfügen von Symbolen gewählt haben. Wenn Sie es aber aufgelöst haben, ist es nicht mehr dort, wenn Sie Ihre Zeichnung das nächste Mal öffnen.

Symbole auflösen

- Fügen Sie verschiedene Symbole aus dem Symbolmanager in eine leere Zeichnung ein, und zerlegen Sie einige davon mit dem Befehl AUFLÖSEN. Versuchen Sie Teile davon zu löschen, einmal bei den Originalsymbolen und dann bei den aufgelösten Symbolen.

7.8 Eigene Symbole definieren

Nachdem Sie sich so lange mit Symbolen beschäftigt haben, wollen Sie sicher wissen, ob und wie Sie selbst Symbole erstellen können. Selbstverständlich ist das in AutoSketch möglich. Sie haben dafür verschiedene Möglichkeiten.

Befehl SYMBOL ERSTELLEN

Mit dem Befehl SYMBOL ERSTELLEN können Sie aus Objekten in der Zeichnung Symboldefinitionen erstellen. Wählen Sie zunächst die Objekte aus, aus denen Sie ein Symbol erstellen wollen. Sie finden den Befehl wie folgt:

- Abrollmenü ZEICHNEN, Untermenü SYMBOL, Funktion ERSTELLEN
- Symbol in einem Flyout-Menü der Universal-Symbolleiste
- Symbol in der Symbolleiste SYMBOL

Wenn Sie den Befehl gewählt haben, bekommen Sie ein Dialogfeld angezeigt, in das Sie die Parameter für die Symboldefinition eingeben können (siehe Abbildung 7.21).

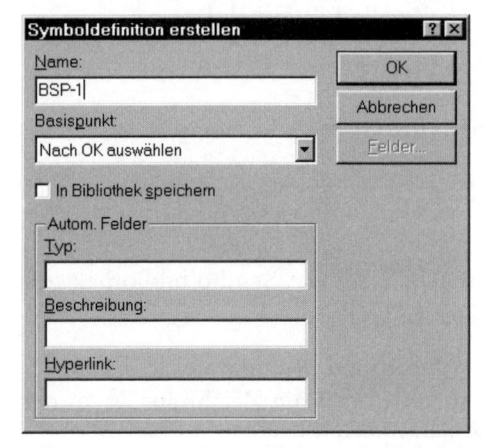

Abbildung 7.21:
Dialogfeld zur
Erstellung von
Symboldefinitionen

Gehen Sie wie folgt vor: Tragen Sie einen Namen für die Symboldefinition ein. Wählen Sie aus dem Abrollmenü BASISPUNKT, wie der Basispunkt für das Symbol gebildet werden soll, also der Punkt, mit dem Sie es später einfügen können. Die Auswahl NACH OK AUSWÄHLEN bewirkt, dass Sie den Basispunkt in der Zeichnung bestimmen können, nachdem Sie das Dialogfeld mit OK beendet haben. Außerdem können Sie wählen, dass der Basispunkt in die Symbolmitte oder die linke untere Ecke gesetzt wird. Kreuzen Sie die Funktion In BIBLIOTHEK SPEICHERN an, wenn Sie das Symbol gleich in einer Bibliothek speichern wollen. In diesem Fall wählen Sie nach dem OK zuerst die Symbolbibliothek aus. In die unteren Felder können Sie eine Beschreibung für das Symbol eintragen. Nachdem Sie OK angeklickt haben, ist das Symbol in der Zeichnung verfügbar und eventuell auch in der gewählten Bibliothek gespeichert.

Wenn Sie das Symbol nicht in die Bibliothek aufnehmen, können Sie es aus dem Abrollmenü der Symbolleiste BEARBEITEN wählen, wenn Sie den Befehl SYMBOL AN PUNKT angewählt haben.

Symbol in Bibliothek aufnehmen

Haben Sie das Symbol nicht gleich bei der Symboldefinition in eine Bibliothek aufgenommen, können Sie es auch später noch machen. Gehen Sie so vor:

- Wählen Sie den Symbolmanager, und machen Sie die Symbolbibliothek zur aktuellen, in die Sie das Symbol aufnehmen wollen. Wenn Sie es in eine neue Bibliothek aufnehmen wollen, erstellen Sie diese zuerst und machen sie zur aktuellen Bibliothek.

- Wechseln Sie dann zum Register ZEICHNUNGEN, und wählen Sie die Zeichnung aus, in der das Symbol definiert wurde. Klicken Sie das Symbol in der Liste an, und drücken Sie die rechte Maustaste. Wählen Sie aus dem Pop-up-Menü die Funktion SENDEN AN und aus dem Untermenü den Eintrag AKTUELLE BIBLIOTHEK. Das Symbol wird in die aktuelle Bibliothek kopiert.

Zeichnung in Bibliothek aufnehmen

Wollen Sie eine komplette Zeichnung als Symbol in eine Symbolbibliothek aufnehmen, gehen Sie so vor:

- Wählen Sie den Symbolmanager, und machen Sie die Symbolbibliothek zur aktuellen, in die Sie die Zeichnung aufnehmen wollen.

- Klicken Sie auf die Schaltfläche IMPORTIEREN, und wählen Sie im Explorerfenster die Zeichnung aus. Klicken Sie auf OK, und die Zeichnung ist in der Bibliothek. Das Symbol bekommt den Zeichnungsnamen.

- Markieren Sie die Zeichnung, und klicken Sie auf die Schaltfläche FELDER BEARBEITEN... Sie bekommen ein Dialogfeld, in dem Sie die Symbolfelder für die Beschreibung des Symbols ausfüllen können (siehe Abbildung 7.22). Hier können Sie auch einen anderen Namen eingeben.

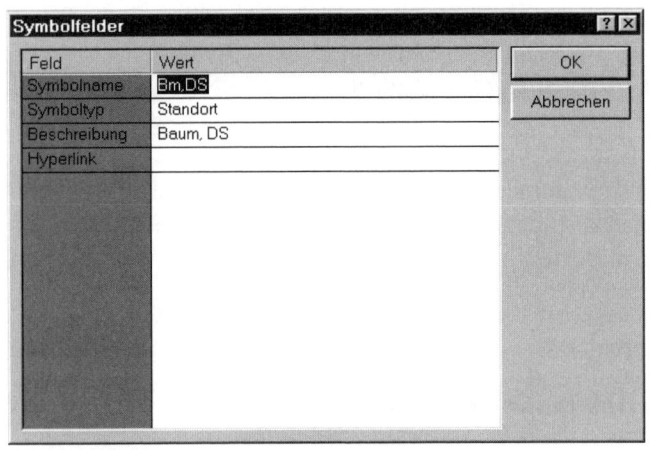

Abbildung 7.22: Dialogfeld zur Bearbeitung von Symbolfeldern

Die Einstellung VON SYMBOL

- Sicher ist es ihnen schon aufgefallen, dass es bei der Farbe, beim Stiftstil und bei der Breite die Einstellmöglichkeit *Von Symbol* gibt. Was hat es damit auf sich? Wenn Sie ein Symbol erstellen, können Sie es in einer bestimmten Farbe oder mit der Farbe *Von Layer* zeichnen. Legen Sie das Symbol in der Bibliothek ab und fügen es später wieder ein, wird es in diesen Farben gezeichnet.

- Zeichnen Sie das Symbol aber in der Farbe *Von Symbol*, wird es zunächst schwarz gezeichnet. Wenn Sie es dann in der Bibliothek ablegen und später wieder einfügen, bekommt es die aktuelle Farbe bzw., wenn die Farbe auf *Von Layer* eingestellt ist, die Farbe des aktuellen Layers.

- Beide Möglichkeiten können Sie auch bewusst kombinieren. Sie können Objekte mit einer Farbe zeichnen; diese kommen dann später auch in dieser Farbe, und Sie können Objekte mit der Farbe *Von Symbol* zeichnen. Diese bekommen dann die aktuelle Farbe bei der Einfügung.

- Alles, was zur Farbe gesagt wurde, gilt auch für den Stil und die Breite.

7.9 Diagramme automatisch erstellen

Zum Schluß dieses Kapitels noch zwei Varianten des Diagramm-Assistenten, mit dem Sie Diagramme weitgehend automatisch erstellen können.

Organigramm automatisch erstellen

Organigramme lassen sich fast wie von selbst erstellen. Die Vorgaben für das Diagramm können Sie in einer kommagetrennten Datei hinterlegen. Diese Datei können Sie in Microsoft Excel erstellen und im CSV-Format speichern. Hier das Vorgehen an einem Beispiel mit einer solchen Datei, die mit den Beispieldateien von AutoSketch mitgeliefert wird.

Organigramm aus Datei erstellen

- Starten Sie eine neue Zeichnung mit dem Befehl NEU aus dem Abrollmenü DATEI.
- Wählen Sie aus dem Dialogfeld NEU (siehe Abbildung 7.23) den Assistenten DIAGRAMM.

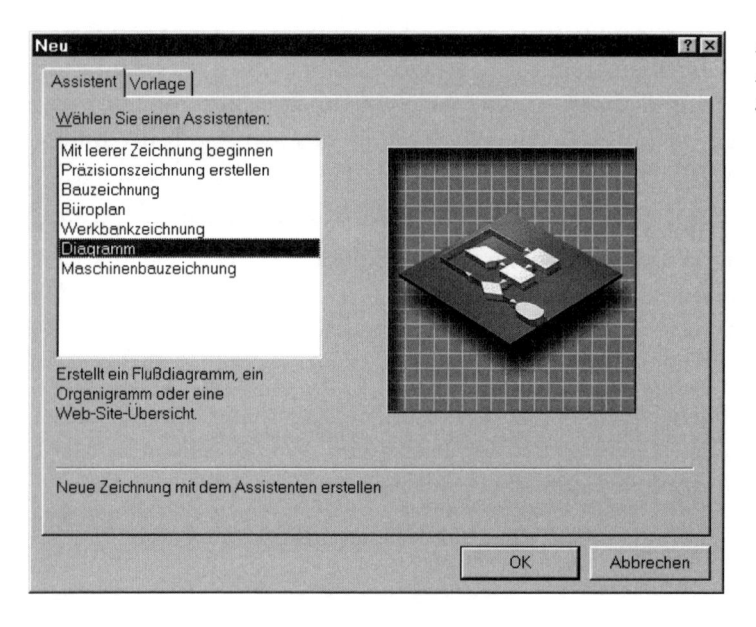

Abbildung 7.23: Auswahl des Assistenten DIAGRAMM

- Wählen Sie im nächsten Dialogfeld des Diagramm-Assistenten den Eintrag ORGANIGRAMM (siehe Abbildung 7.24), um ein Organigramm (Organisationsdiagramm) zu erstellen.

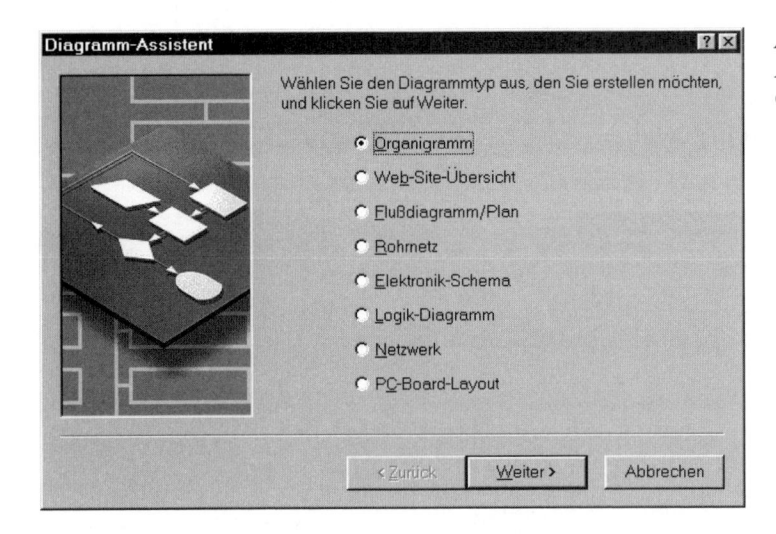

Abbildung 7.24: Erstellung eines Organisationsplans

- Im nächsten Dialogfeld können Sie wählen, ob Sie ein Diagramm komplett neu oder aus einer CSV-Datei automatisch erstellen wollen. Haben Sie den Schalter AUS EINER DATEI ERSTELLEN eingeschaltet, können Sie mit der Schaltfläche DURCHSUCHEN eine CSV-Datei auswählen. Wählen Sie die Datei OrgTree.csv aus dem Ordner C:\Programme\AutoSketch\Drawings (siehe Abbildung 7.25) aus. Falls Sie die Beispieldateien nicht installiert haben, finden Sie diese Datei auch in dem Ordner Aufgaben. Dabei handelt es sich um eine Beispieldatei, die mit AutoSketch geliefert wird. Wie eine solche Datei aussieht und wie Sie sie erstellen können, dazu später mehr.

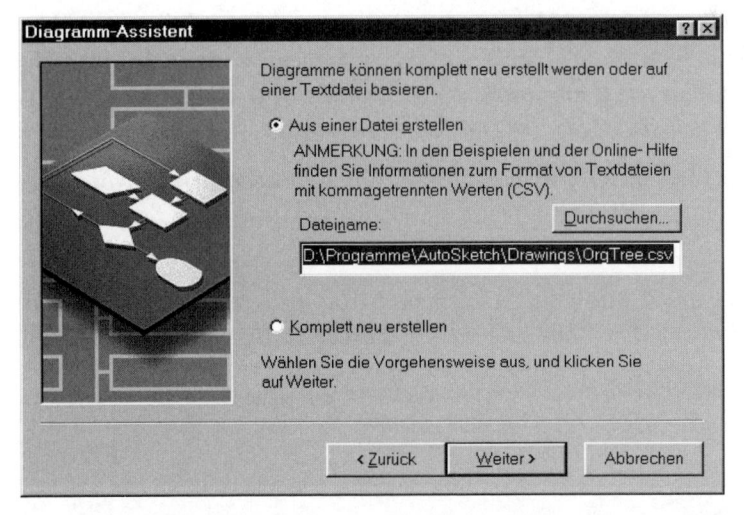

Abbildung 7.25: Textdatei zur Erstellung eines Organigramms verwenden

- In einem weiteren Dialogfeld bekommen Sie die Baumstruktur des neuen Organigramms mit seinen Einträgen in einem Fenster angezeigt (siehe Abbildung 7.26).

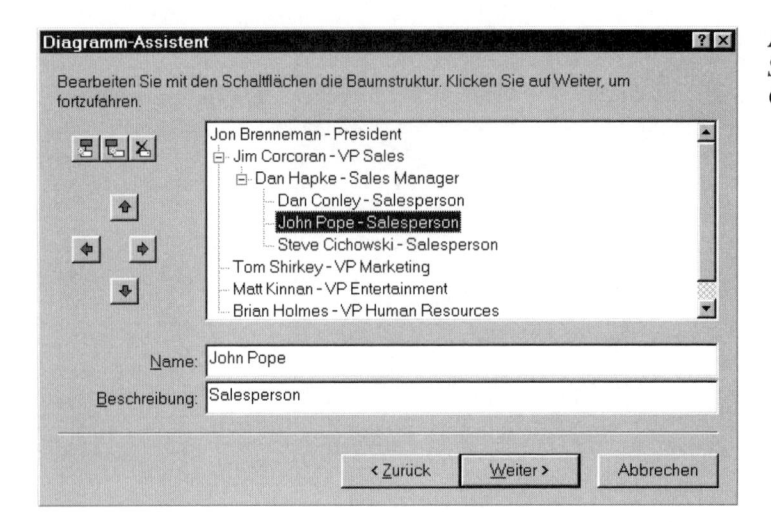

Abbildung 7.26: Struktur des neuen Organigramms

- Markieren Sie einen Eintrag in dem Fenster, und tragen Sie den Namen des Angestellten und die Beschreibung seiner Position bzw. Funktion ein.

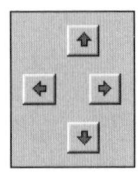

- Klicken Sie auf eine der Pfeiltasten nach rechts oder links, wenn Sie einen Mitarbeiter in der Hierarchie verschieben wollen. Klicken Sie auf eine der Pfeiltasten nach oben oder unten, wenn Sie einen Mitarbeiter innerhalb einer Hierarchie in seiner Position verändern wollen.

- In der Symbolleiste links oben können Sie Angestellte hinzufügen. Mit dem Symbol ganz links fügen Sie einen Angestellten auf der gleichen Hierarchie wie die markierte Zeile dazu. Mit dem Symbol in der Mitte fügen Sie einen Angestellten eine Stufe unter dem markierten Eintrag ein. Mit dem Symbol rechts löschen Sie den markierten Eintrag.

- Bearbeiten Sie das Organigramm nach Ihren Vorstellungen. Tragen Sie Namen und Funktionen ein. Wenn Sie fertig sind, klicken Sie auf die Schaltfläche WEITER.

- Wählen Sie im nächsten Dialogfeld Schriftart, Farbe und Texthöhe (in % zur Höhe des Rahmens) für den Namen und die Beschreibung (siehe Abbildung 7.27).

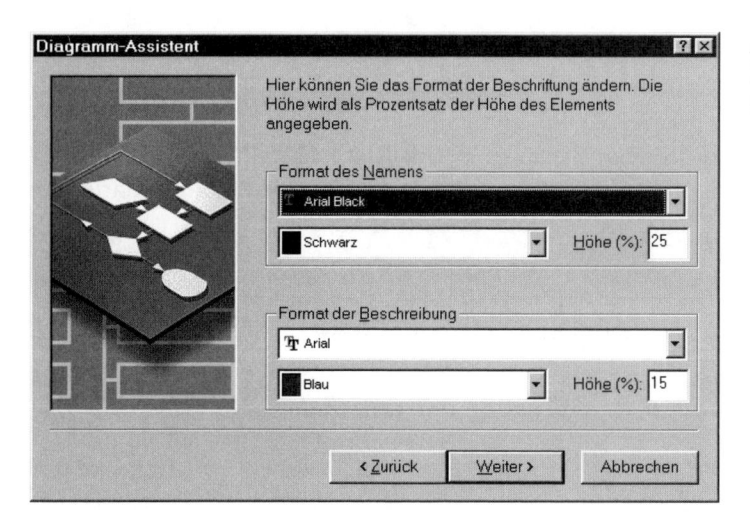

Abbildung 7.27: Format des Organigramms wählen

- Wählen Sie dann noch in den nächsten beiden Dialogfeldern die Papierausrichtung (Hoch- oder Querformat) und die Symbolleisten, die Sie in der Zeichnung haben wollen, und Sie haben das fertige Organigramm auf dem Bildschirm (siehe Abbildung 7.28). Eine Beispiellösung finden Sie in Ihrem Ordner Aufgaben, die Zeichnung L07-04.SKF.

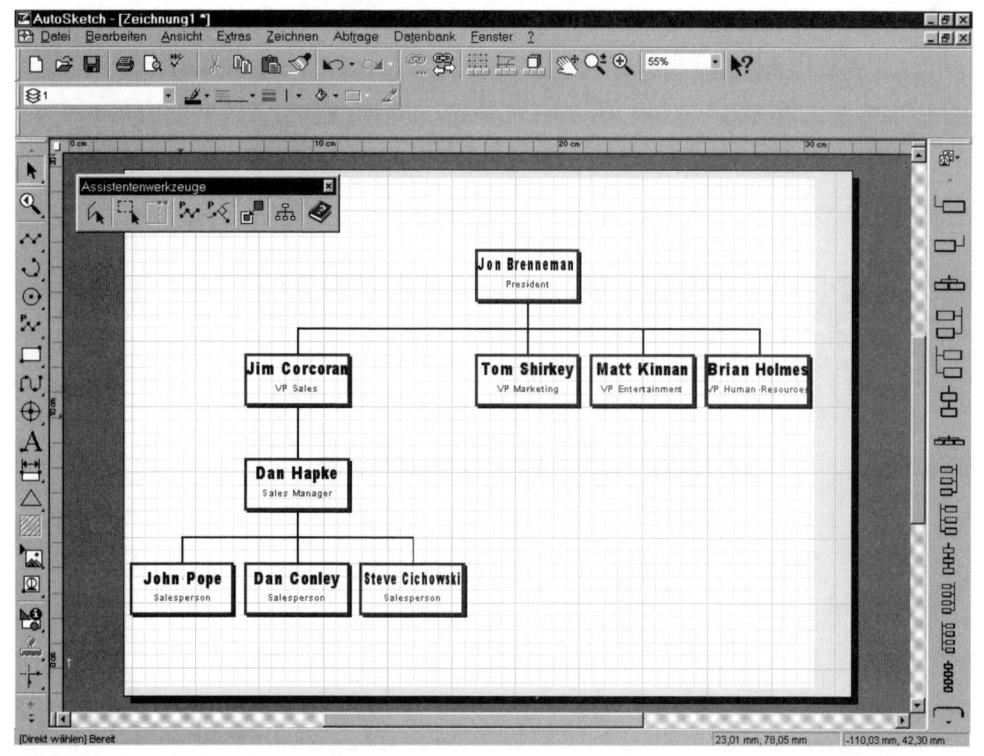

Abbildung 7.28: Das fertige Organigramm

Web-Seite automatisch erstellen

Wie gerade beschrieben, können Sie auch den Aufbau einer Web-Seite in einer Grafik darstellen. Auch hierfür können Sie eine CSV-Datei zur automatischen Erstellung verwenden. Auch diese Variante an einem Beispiel.

Web-Seiten-Struktur aus Datei erstellen

- Starten Sie wieder eine neue Zeichnung mit dem Befehl NEU aus dem Abrollmenü DATEI.

- Auch hierzu benötigen Sie den Assistenten DIAGRAMM; wählen Sie ihn aus dem Dialogfeld NEU (siehe Abbildung 7.23).

- Wählen Sie im nächsten Dialogfeld des Diagramm-Assistenten den Eintrag WEB-SITE-ÜBERSICHT (siehe Abbildung 7.24), um eine Web-Seite grafisch darzustellen.

- Im nächsten Dialogfeld wählen Sie ebenfalls wieder, dass Sie das Diagramm aus einer CSV-Datei erstellen wollen. Wählen Sie die Datei SITEMAP.CSV aus dem Ordner C:\Programme\AutoSketch\Drawings oder aus dem Übungsordner \Aufgaben.

- Genau wie im vorherigen Beispiel können Sie auch hier die Struktur bearbeiten. Verwenden Sie die Symbolleisten und die Pfeiltasten. Diesmal haben Sie das Feld SEITENNAMEN und URL um die Einträge in der Zeichnung zu ändern (siehe Abbildung 7.29).

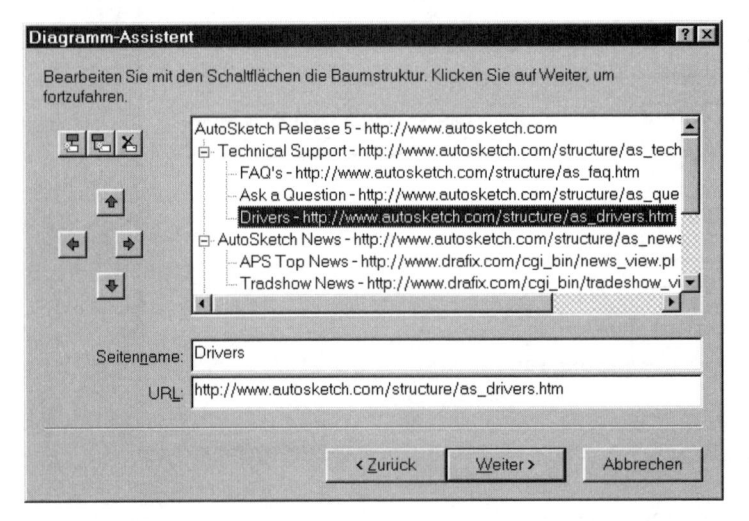

Abbildung 7.29: Struktur der neuen Web-Seite bearbeiten

- Bearbeiten Sie die Struktur, und klicken Sie auf die Schaltfläche WEITER, wenn sie Ihren Vorstellungen entspricht.

- Formatieren Sie die Grafik wie im vorigen Beispiel, wählen Sie die Papierausrichtung, und die Grafik wird automatisch erstellt (siehe Abbildung 7.30). Sie finden eine Beispielzeichnung in Ihrem Ordner \Aufgaben, die Zeichnung L07-05.SKF.

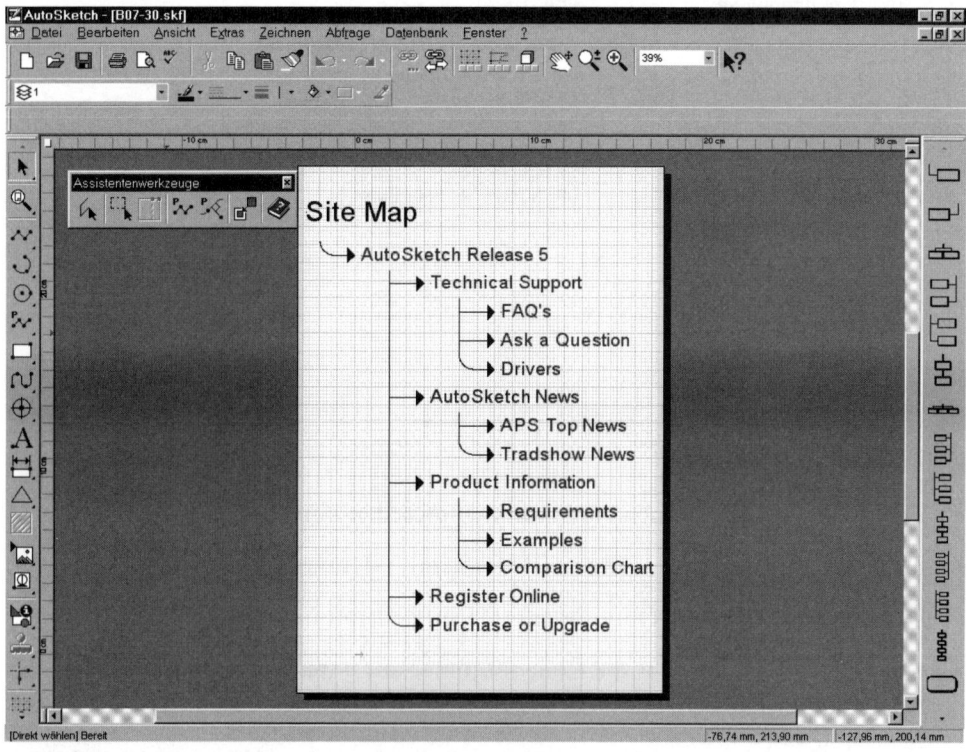

Abbildung 7.30: Grafische Darstellung der Web-Seite

Aufbau der CSV-Datei

Die CSV-Datei, die Sie zum automatischen Aufbau eines Organigramms oder einer Web-Seite benötigen, können Sie in Microsoft Excel erstellen und im CSV-Format abspeichern.

Wenn Sie sich eine der beiden Beispieldateien (*ORGTREE.CSV* oder *SITEMAP.CSV*) in Microsoft Excel oder auch mit dem Windows-Texteditor NOTEPAD (siehe Abbildung 7.31) anschauen, können Sie die Struktur leicht erkennen.

Diagramme zeichnen und die Arbeit mit Symbolen

```
// Sample text input for the AutoSketch Organizational Tree Wizard
// Format: R, T, Name[, Desc]
//        where
//          R = The row number of this node
//          T = The row number that this node's parent
//          Name = The name of this node
//          Desc = Optional description for the node

1, 0, Jon Brenneman,        President
2, 1, Jim Corcoran,         VP Sales
3, 1, Tom Shirkey,          VP Marketing
4, 1, Matt Kinnan,          VP Entertainment
5, 2, Dan Hapke,            Sales Manager
6, 5, John Pope,            Salesperson
7, 5, Dan Conley,           Salesperson
8, 5, Steve Cichowski,      Salesperson
9, 1, Brian Holmes,         VP Human Resources
```

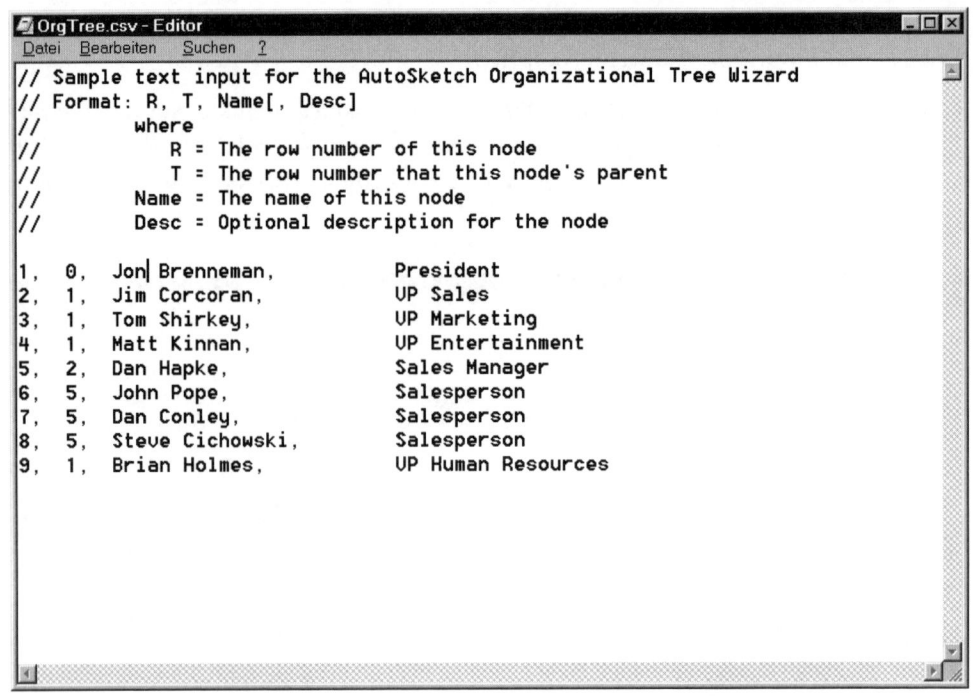

Abbildung 7.31: Datei OrgTree.csv *im Texteditor* NOTEPAD

- Zeilen, die mit // beginnen sind Kommentarzeilen ohne Funktion.
- Eine Textzeile entspricht einem Feld in dem Organigramm.
- Die Textzeilen sind durchnummeriert. Der Zeilennummer folgt ein Komma.
- Die zweite Nummer gibt die Zeilennummer an, unter der dieser Eintrag steht. Auch diese Angabe wird mit einem Komma abgeschlossen.
- Danach kommt der Name, gefolgt von einem Komma. Der Name ist der Text, der in das entsprechende Feld des Organigramms eingetragen werden soll.
- Optional kommt dann noch die Beschreibung. Das ist der Text, der unter den Namen im Organigramm gesetzt werden soll.
- Danach folgt ein Zeilenumbruch und in der nächsten Zeile die Definition für das nächste Feld im Organigramm.
- Wie schon erwähnt, können Sie eine solche Datei in einem Texteditor oder in Microsoft Excel erstellen. Wenn Sie mit Excel arbeiten, müssen Sie die Datei unter dem Dateityp CSV (TRENNZEICHEN GETRENNT) (*.CSV) abspeichern.
- Den gleichen Aufbau hat die Datei *SiteMap.csv*. Laden Sie diese in den Texteditor NOTEPAD, und Sie sehen, dass auch hier die Struktur gleich ist (siehe Abbildung 7.32).

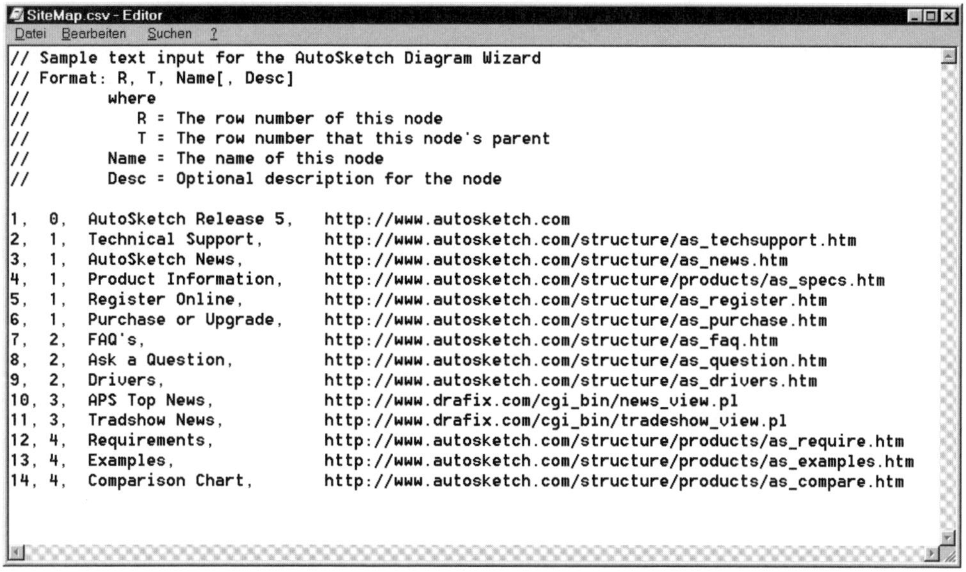

```
// Sample text input for the AutoSketch Diagram Wizard
// Format: R, T, Name[, Desc]
//        where
//            R = The row number of this node
//            T = The row number that this node's parent
//            Name = The name of this node
//            Desc = Optional description for the node

1,  0, AutoSketch Release 5,  http://www.autosketch.com
2,  1, Technical Support,     http://www.autosketch.com/structure/as_techsupport.htm
3,  1, AutoSketch News,       http://www.autosketch.com/structure/as_news.htm
4,  1, Product Information,   http://www.autosketch.com/structure/products/as_specs.htm
5,  1, Register Online,       http://www.autosketch.com/structure/as_register.htm
6,  1, Purchase or Upgrade,   http://www.autosketch.com/structure/as_purchase.htm
7,  2, FAQ's,                 http://www.autosketch.com/structure/as_faq.htm
8,  2, Ask a Question,        http://www.autosketch.com/structure/as_question.htm
9,  2, Drivers,               http://www.autosketch.com/structure/as_drivers.htm
10, 3, APS Top News,          http://www.drafix.com/cgi_bin/news_view.pl
11, 3, Tradshow News,         http://www.drafix.com/cgi_bin/tradeshow_view.pl
12, 4, Requirements,          http://www.autosketch.com/structure/products/as_require.htm
13, 4, Examples,              http://www.autosketch.com/structure/products/as_examples.htm
14, 4, Comparison Chart,      http://www.autosketch.com/structure/products/as_compare.htm
```

Abbildung 7.32: Datei SiteMap.csv *im Texteditor* NOTEPAD

- Im letzten Feld jeder Zeile steht in dieser Datei eine URL. Diese wird dann auch als Hyperlink in die Zeichnung eingetragen. Näheres zu Hyperlinks erfahren Sie in Kapitel 9.

Kapitel 8

Das Eigenheim planen

Planen Sie Ihre eigenen vier Wände, oder haben Sie beruflich mit Einrichtungsplanung zu tun? Mit AutoSketch haben Sie die Möglichkeit, schnell und einfach einen Grundriß zu zeichnen, zu ändern und zu möblieren. In diesem Kapitel werden wir mit dem Assistenten für Bauzeichnungen beginnen und nach und nach daraus den Plan für das Eigenheim entwickeln. Sie lernen,

- wie Sie eine Bauzeichnung mit den Assistenten beginnen
- was eine Polylinie ist und wie Sie diese zeichnen
- auf welche Arten Sie Polylinien ändern können
- was es mit den Scheitelpunkten auf sich hat und wie diese bearbeitet werden
- wie Sie Objekte in Polylinien umwandeln
- wie Polylinien miteinander verbunden werden
- welche Befehle es für Polylinien noch gibt
- wie Sie Türen und Fenster einsetzen und dabei die Polylinie automatisch aufbrechen
- wie Sie ihr Eigenheim möblieren können

8.1 Der Assistent für Bauzeichnungen

Beginnen Sie neu, schließen Sie alle noch geöffneten Zeichnungen, und wählen Sie aus dem Abrollmenü DATEI den Befehl NEU. Sie erhalten wieder das bekannte Dialogfeld auf dem Bildschirm (siehe Abbildung 8.1).

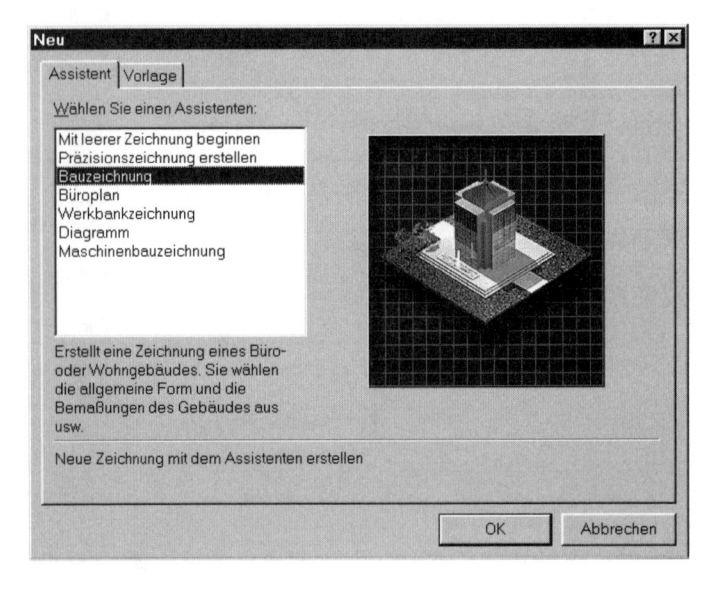

Abbildung 8.1: Dialogfeld des Befehls NEU

Einstellungen für die Bauzeichnung

Wählen Sie in diesem Dialogfeld den Eintrag BAUZEICHNUNG, und klicken Sie auf OK. Sie bekommen gleich das erste Dialogfeld des Bauzeichnungsassistenten auf den Bildschirm, in dem Sie schon die grobe Kontur und die Außenabmessungen für Ihren Grundriß eingeben können (siehe Abbildung 8.2).

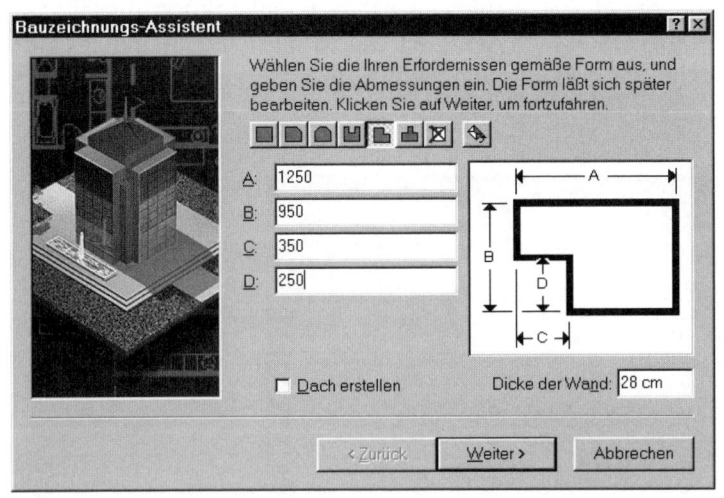

Abbildung 8.2: Bauzeichnungsassistenten, Form und Abmessungen

Im ersten Dialogfeld des Assistenten können Sie mit den Symbolen in der oberen Symbolleiste die etwaige Form Ihres Grundrisses wählen. Keine Angst, Sie müssen sich jetzt noch nicht endgültig festlegen, Änderungen sind später immer noch möglich. Wählen Sie also die Form, die Ihren Vorstellungen am nächsten kommt. In den Feldern tragen Sie die Außenmaße des Grundrisses ein. Im Voransichtsfenster können Sie sehen, um welches Maß es sich dabei handelt. Die Werte geben Sie in cm ein. Mit dem Symbol ganz rechts in der Leiste können Sie die gewählte Grundform in 90°-Schritten drehen, bis Sie die gewünschte Ausrichtung festgelegt haben. Haben Sie den Schalter DACH ERSTELLEN angekreuzt, wird statt des Grundrisses ein Walmdach erstellt. Leider ist nur diese Dachform möglich, die heute selten ist. In der unteren rechten Ecke tragen Sie die Wandstärke ein. Diese Angabe ist ebenfalls in cm.

Wollen Sie sich zunächst noch nicht zu Form und Größe festlegen, wählen Sie das zweite Symbol von rechts mit dem roten Kreuz. Die Eingabefelder und die Voransicht verschwinden, und Sie beginnen ohne eine Vorgabe.

Form und Abmessungen festlegen

- Wählen Sie eine Grundrissform wie in Abbildung 8.2, und tragen Sie auch diese Maße ein: A = 1250 cm, B = 950 cm, C = 350 cm, D = 250 cm und eine Wandstärke von 28 cm. Drehen Sie den Grundriß um 180°, so dass die Voransicht wie in Abbildung 8.2 aussieht.

Im nächsten Dialogfeld können Sie wählen, welche Datenbankberichte Sie zur Zeichnung hinzufügen möchten. Mehr zu Datenbanken und Datenbankberichten später. Lassen Sie deshalb alle Berichte ausgewählt, und klicken Sie auf WEITER (siehe Abbildung 8.3).

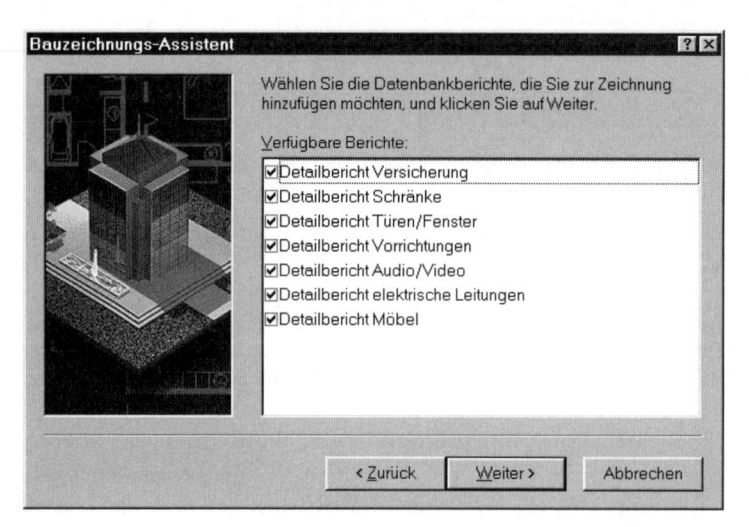

Abbildung 8.3:
Datenbankberichte
für die Zeichnung
wählen

Danach erscheint ein weiteres Dialogfeld. In diesem werden in der linken Liste die Layer vorgeschlagen, die gleich in der Zeichnung angelegt werden. In der rechten Liste sind die Datenbankfelder aufgelistet, die in die Zeichnung übernommen werden. Sollten Sie einige davon nicht benötigen, klicken Sie diese aus. Lassen Sie die Vorgaben eingeschaltet, und klicken Sie auf WEITER (siehe Abbildung 8.4).

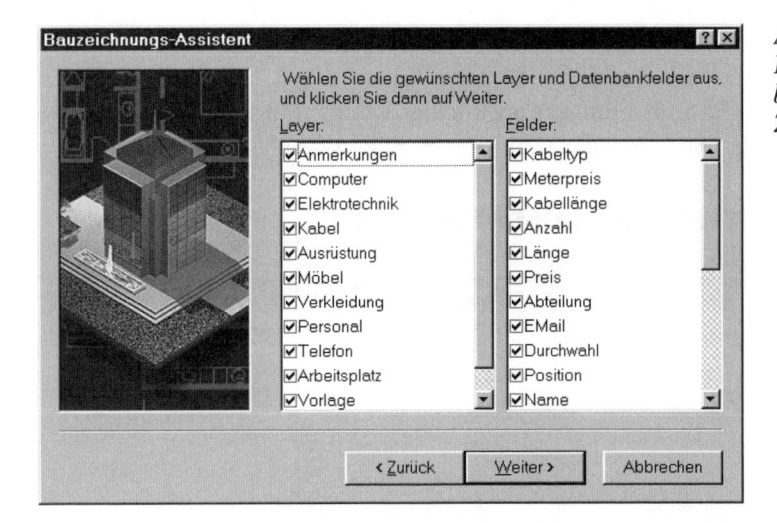

*Abbildung 8.4:
Layer und Datenbankfelder für die Zeichnung wählen*

Wählen Sie im nächsten Dialogfeld die Papierausrichtung. Da unser Grundriss quer angelegt ist, eignet sich das Querformat besser. Wählen Sie es aus, und klicken Sie auf WEITER (siehe Abbildung 8.5).

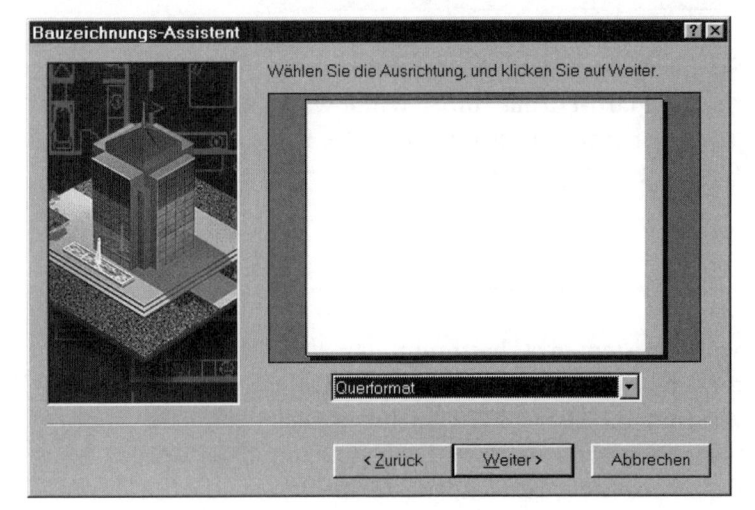

*Abbildung 8.5:
Papierformat wählen*

Im letzten Dialogfeld wählen Sie, welche Symbolleisten Sie haben wollen und ob das Hilfefenster am rechten Rand eingeblendet werden soll. Lassen Sie bei den Symbolleisten die Vorgabeeinstellung, und klicken Sie das Hilfefenster aus (siehe Abbildung 8.6). Wählen Sie dann die Schaltfläche FERTIG STELLEN.

Abbildung 8.6: Symbolleisten wählen

Danach bekommen Sie die Außenwand des Grundrisses auf ein DIN-A4-Blatt, genauer gesagt, auf das Standard-Format Ihres Windows-Standarddruckers, das ist in der Regel das DIN-A4-Format. Den Ursprung des Koordinatensystems hat der Assistent auf die Blattmitte gelegt. Doch wie sieht es mit dem Maßstab aus?

Maßstab und Raster der Zeichnung

Der Maßstab wurde vom Assistenten so bestimmt, dass die Grundrissgrenzen auf das Papier passen und noch etwas Rand darum frei ist. Da natürlich ein Maßstab von 1 : 67.56 nicht sehr sinnvoll ist, wird der nächstmögliche Standard-Maßstab gewählt. Das hat aber einen Schönheitsfehler. Bei Bauzeichnungen werden Maßstäbe im englischen Einheitensystem verwendet. Überprüfen Sie dies, wählen Sie im Abrollmenü EXTRAS die Funktion ZEICHENOPTIONEN.... Im Dialogfeld klicken Sie dann auf das Register MASSSTAB, und Sie bekommen den aktuellen Maßstab angezeigt.

Im Unterdialogfeld ist das Register ARCHITEKTUR aktiv, und dort werden Maßstäbe in Fuß und Zoll angegeben. Es wurde ein Maßstab von 3/16" : 1' (3/16 Zoll : 1 Fuß) gewählt, was einem metrischen Maßstab von 1 : 64 entspricht. Wechseln Sie ins Register METRISCH, und stellen Sie den Maßstab 1 : 100 ein (siehe Abbildung 8.7).

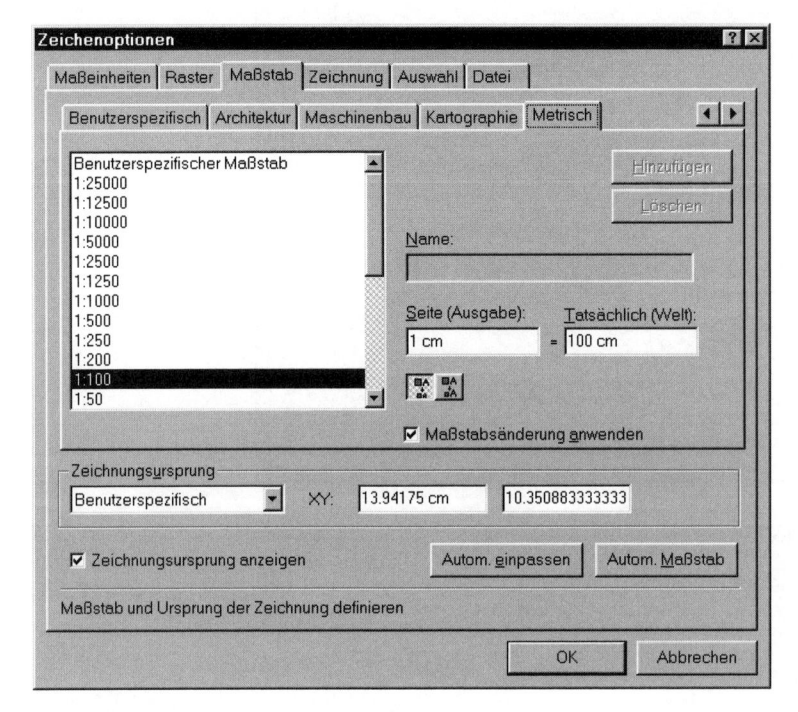

Abbildung 8.7: Maßstab der Zeichnung einstellen

Um einen besseren Überblick zu bekommen und nachher die Möbel besser platzieren zu können, stellen Sie bei dieser Gelegenheit gleich das Raster ein. Wählen Sie in der oberen Registerleiste das Register RASTER. Im Unterdialogfeld bleiben Sie im Register RECHTECKIG und stellen im Feld OBJEKTFANGINTERVALL 12,5 cm und im Feld HAUPTINTERVALL 100 cm ein. Wählen Sie als NEBENSTIL die Methode UNTERTEILUNG und eine NEBENUNTERTEILUNG von 2. Ihr Dialogfeld sollte dann wie in Abbildung 8.8 aussehen.

Nachdem Sie alle Einstellungen gemacht haben, lassen Sie sich die ganze Seite anzeigen, Ihr Bildschirm sollte wie in Abbildung 8.9 aussehen.

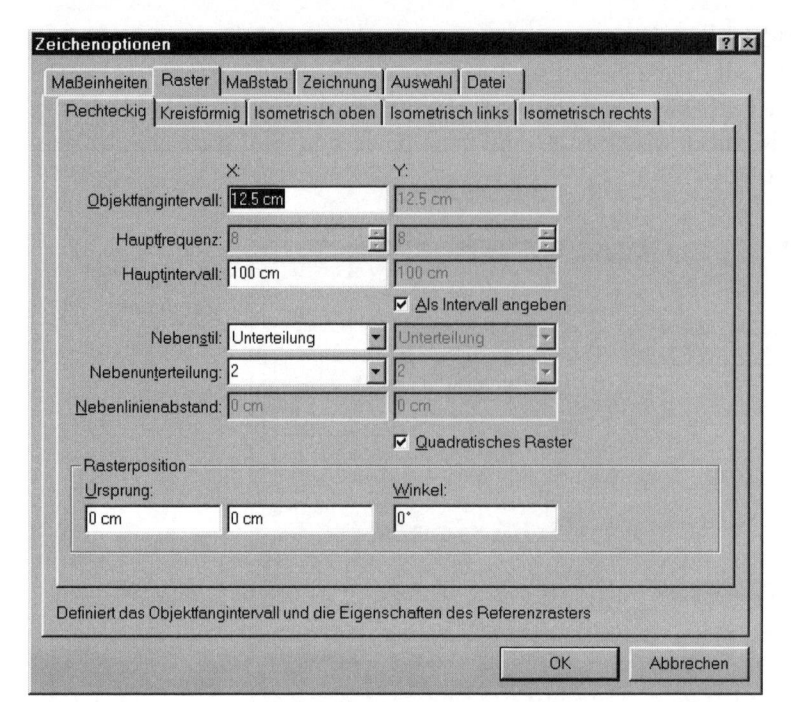

Abbildung 8.8: Raster einstellen

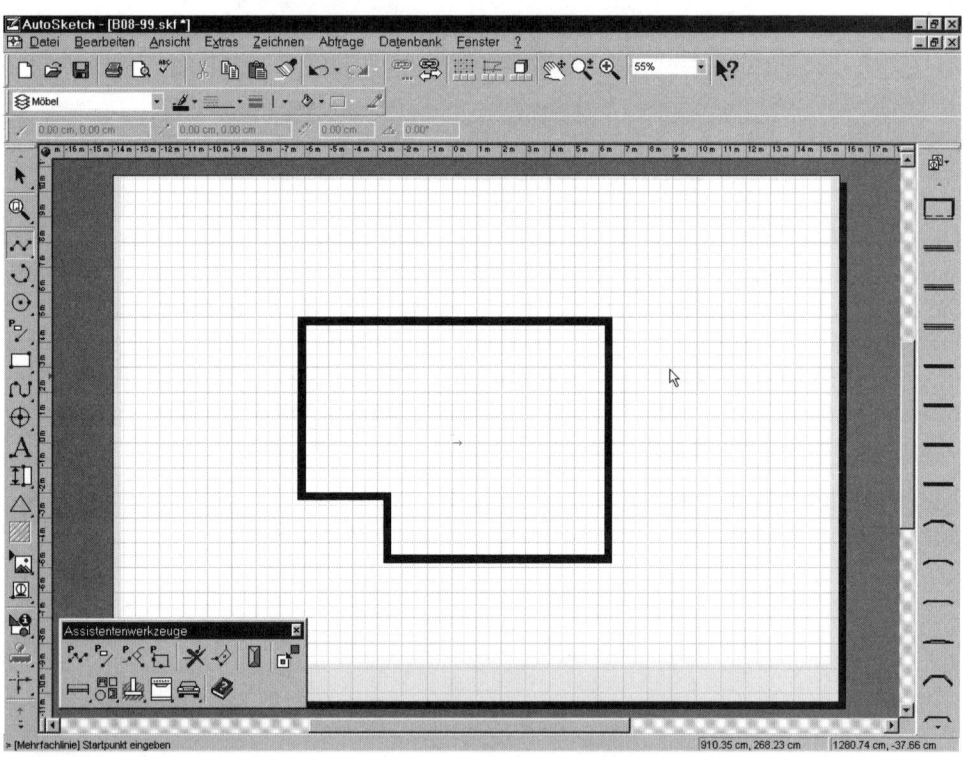

Abbildung 8.9: Zeichnung im Maßstab 1 : 100 auf einem DIN-A4-Blatt

8.2 Polylinien zeichnen

Die Außenwand des Grundrisses wurde vom Assistenten mit einer Polylinie gezeichnet. Bevor wir mit der Bearbeitung des Grundriss beginnen, wollen wir uns erst einmal Polylinien genauer ansehen.

Eigenschaften von Polylinien

- Polylinien sind Einzelobjekte, die sich aus mehreren Segmenten zusammensetzen können. Eine Polylinie kann aus einem einzigen Segment bestehen, ist aber in der Regel aus mehreren Linien- und Bogensegmenten zusammengesetzt.

- Polylinien lassen sich insgesamt bearbeiten, beispielsweise um einen bestimmten Abstand oder durch einen Punkt versetzen usw.

- Polylinien lassen sich mit einer Breite zeichnen, und es ist auch möglich, jedes Segment mit einer unterschiedlichen Anfangs- und Endbreite zu zeichnen. Diese Breite ist unabhängig von der eingestellten Linienbreite. Ist die Breite der Polylinie 0, gilt die eingestellte bzw. die für diesen Layer zugeordnete Linienbreite.

- Regelmäßige und unregelmäßige Vielecke sowie Kurven und Freihandlinien sind ebenfalls Polylinien.

- Die Stützpunkte von Polylinien lassen sich bearbeiten. Außerdem können beliebig viele nachträgliche Stützpunkte eingefügt werden.

- Polylinien lassen sich mit dem Befehl AUFLÖSEN wieder in Linien- und Bogensegmente zerlegen.

- Einzelne Linien oder Bögen, deren Endpunkte zusammenfallen, lassen sich in Polylinien umwandeln und so leichter mit einer Breite versehen.

Zeichnen von Polylinien

Mit dem Befehl POLYLINIE – EINZELN zeichnen Sie eine Polylinie durch Eingabe der Stützpunkte. Sie finden den Befehl wie folgt:

- Abrollmenü ZEICHNEN, Untermenü POLYLINIE, Funktion EINZELN
- Symbol in einem Flyout-Menü der Universal-Symbolleiste
- Symbol in der Symbolleiste ASSISTENTENWERKZEUGE
- Symbol in der Symbolleiste POLYLINIE

Haben Sie den Befehl gewählt, können Sie in die Symbolleiste BEARBEITEN im linken Eingabefeld die Breite eingeben. Dieses Feld können Sie beim Zeichnen jederzeit ändern. Die neue Breite gilt dann ab dem nächsten Segment. Ist das Häkchen vor dem Breitenfeld gesetzt, gibt es nur eine Breitenangabe. Ist es aus, können Sie zwei Breitenangaben (getrennt durch Semikolon) machen. Der erste Wert gilt dann für die Startbreite, der zweite für die Endbreite. Geben Sie auf die Anfrage die einzelnen Stützpunkte ein:

> [Polylinie - Einzeln] Scheitelpunkt eingeben
> [Polylinie - Einzeln] Scheitelpunkt eingeben (Entf: Letzten Scheitelpunkt löschen)

Geben Sie nacheinander die Scheitelpunkte ein. Einen falsch gesetzten Punkt löschen Sie mit der Taste Entf.

WÖLBUNGSFAKTOR: Ist der Wölbungsfaktor 0, werden Liniensegmente aneinandergesetzt. Tragen Sie in das rechte Feld in der Symbolleiste einen Wölbungsfaktor ein, werden Bogensegmente an die Polylinie angehängt. Der Wölbungsfaktor gibt das Verhältnis der doppelten Wölbungshöhe zum Abstand von Startpunkt zum Endpunkt des Bogens an. Bei einem Halbkreis ist die Wölbungshöhe 1. Beide Werte entsprechen in diesem Spezialfall dem Durchmesser. Je kleiner der Wölbungsfaktor ist, desto flacher wird der Bogen; bei 1 erhalten Sie einen Halbkreis, bei Faktoren größer 1 entstehen Bögen größer 180°.

Der Wölbungsfaktor kann auch als Tangens von einem Viertel des Wölbungswinkels angegeben werden. Bei einem Halbkreis beträgt der Wölbungswinkel 180°. Ein Viertel davon sind 45°. Der Tangens von 45° ist 1.

Polylinien

- *Starten Sie eine neue Zeichnung. Wählen Sie im Dialogfeld des Befehls* NEU *den Assistenten* MIT LEERER ZEICHNUNG BEGINNEN.
- *Stellen Sie ein Fangraster von 10 mm ein. Wählen Sie den Befehl* POLYLINIE EINZELN. *Zeichnen Sie eine Kontur ähnlich wie in Abbildung 8.10, A. Drücken Sie die Taste* G *für den Rasterfang, und klicken Sie die Punkte »freihändig«.*
- *Versetzen Sie die Kontur mit dem Befehl* ABSTAND *um 5 mm. Zur Erinnerung: Wählen Sie den Befehl im Abrollmenü* ZEICHNEN, *Untermenü* DUPLIZIEREN, *Funktion* ABSTAND *(siehe Abbildung 8.10, B).*
- *Zeichnen Sie eine Polylinie mit der Breite 5 ähnlich wie in Abbildung 8.10, C.*

- *Zeichnen Sie eine Polylinie mit Bogensegmenten ähnlich wie in Abbildung 8.10, D. Stellen Sie bei den Halbkreisen einen Wölbungsfaktor von –1 bzw. 1 ein, je nachdem in welcher Richtung Sie zeichnen.*
- *Zeichnen Sie eine Polylinie, bei der die Segmente unterschiedliche Start- und Endbreiten haben. In Abbildung 8.10, E hat das erste Segment Startbreite 0 und Endbreite 15, das zweite Start- und Endbreite 0 und das dritte Startbreite 15 und Endbreite 0.*
- *Diese Figuren finden Sie in Ihrem Ordner \Aufgaben in der Zeichnung L08-01.SKF.*

Abbildung 8.10: Übungen zu Polylinien

Bearbeiten von Polylinien

Klicken Sie eine Polylinie an, können Sie sie in der Symbolleiste BEARBEITEN ändern. Folgende Möglichkeiten haben Sie:

Polylinientyp ändern: Im Abrollmenü links (siehe Abbildung 8.11) können Sie den Polylinientyp wählen: POLYLINIE, UNREGELMÄSSIGES POLYGON und verschiedene Kurventypen. Zu Kurven erfahren Sie später mehr.

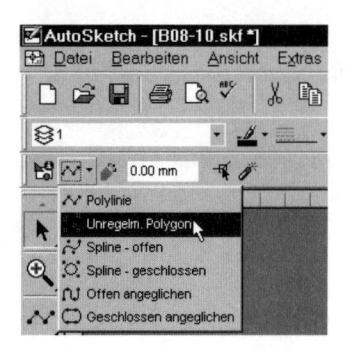

Abbildung 8.11:
Änderung des
Polylinientyps

Breite ändern: In das Eingabefeld rechts daneben können Sie eine einheitliche Breite für die gesamte Polylinie eingeben.

- **Polylinie auflösen:** Mit diesem Symbol können Sie die Polylinie wieder in ihre Bestandteile zerlegen. Breiteninformationen gehen beim Auflösen einer Polylinie verloren.

Ein Symbol haben wir jetzt ausgelassen, damit lassen sich die Scheitelpunkte einer Polylinie bearbeiten. Dazu gleich mehr im nächsten Abschnitt.

Tips

- Wenn Sie eine geschlossene Polylinie erstellen wollen, zeichnen Sie das letzte Segment zum Startpunkt nicht. Mit dem Fang ENDPUNKT würden Sie diesen Punkt auch gar nicht fangen können. Machen Sie es trotzdem, sieht die Polylinie zwar geschlossen aus, wenn Sie aber eine Parallele erzeugen, klafft Sie am Startpunkt auseinander.

- Gehen Sie anders vor. Zeichnen Sie das letzte Segment nicht. Klicken Sie die Polylinie nachher an, und wählen Sie im Abrollmenü den Polylinientyp UNREGELMÄSSIGES POLYGON. Die Polylinie wird geschlossen, und es lassen sich auch geschlossene Parallelen erzeugen.

8.3 Scheitelpunkte an Objekten

Eine Möglichkeit haben wir bisher ausgelassen. Wenn Sie ein Objekt markiert haben, können Sie die Scheitelpunkte des Objekts bearbeiten. Noch einmal zur Wiederholung: Ein markiertes Objekt oder mehrere markierte Objekte bekommen Griffe. Die Griffe befinden sich an den Eckpunkten, den Mittelpunkten der Seiten und im Mittelpunkt des imaginären Rechtecks, das die Objekte umschließt. Wie in Kapitel 3 beschrieben, können Sie mit den Griffen die Auswahl skalieren, verschieben, kopieren, drehen usw. Das hat aber nichts mit den Scheitelpunkten zu tun. Mit der Funktion SCHEITELPUNKTE BEARBEITEN stehen Ihnen weitere Möglichkeiten zur Verfügung.

Vorgang: Scheitelpunkte bearbeiten

Mit der Funktion SCHEITELPUNKTE BEARBEITEN können Sie die Geometrie eines gewählten Objekts bearbeiten. Wählen Sie **ein** Objekt und dann die Funktion:

- Symbol in der Funktionsleiste BEARBEITEN
- Rechtsklick innerhalb der Griffe und Auswahl aus dem Pop-up-Menü (siehe Abbildung 8.12). Bei Anwahl von Kreisen oder Bögen steht diese Funktion nicht im Pop-up-Menü
- Doppelklick auf das Objekt

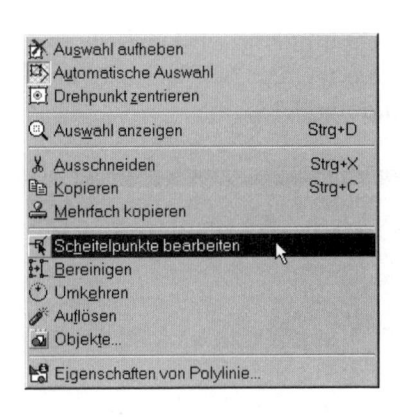

Abbildung 8.12: Pop-up-Menü mit der Funktion SCHEITELPUNKT BEARBEITEN

Ähnlich wie die Griffe hat das Objekt an wichtigen Geometriepunkten, den Scheitelpunkten, kleine Rechtecke, die bearbeitet werden können:

Linie: Am Start- und Endpunkt

Kreis: Auf der Kreislinie bei 0°

Bogen: Am Start- und Endpunkt sowie in der Bogenmitte

Polylinie: An jedem Stützpunkt

Ziehen Sie den Scheitelpunkt mit gedrückter Maustaste an eine neue Stelle, und das Objekt ändert sich entsprechend. Beim Ziehen können Sie auch eine Fangfunktion aktivieren (z.B.: Taste E für Endpunkt) und den Scheitelpunkt auf den Geometriepunkt eines anderen Objekts ziehen. So können Sie beispielsweise den Endpunkt einer Linie auf den Endpunkt einer anderen Linie oder das Zentrum eines Kreises ziehen usw. Mit der rechten Maustaste oder der Taste Esc verschwinden die Scheitelpunkte, und Sie haben wieder die Griffe. Ein weiterer Klick auf irgendeine Maustaste außerhalb der Griffe oder die Taste [Esc] läßt auch die Griffe verschwinden.

Scheitelpunkte bei Polylinien bearbeiten

Noch mehr Möglichkeiten zur Bearbeitung von Scheitelpunkten haben Sie bei Polylinien. Aktivieren Sie die Scheitelpunkte:

Scheitelpunkt ziehen: Ziehen Sie die Scheitelpunkte an eine andere Stelle, wird die Polylinie entsprechend korrigiert.

Scheitelpunkte einfügen: Ziehen Sie an einer beliebigen Stelle eines Segments der Polylinie, wird ein Scheitelpunkt eingefügt und an die Stelle geschoben, an den Sie den Punkt ziehen.

Scheitelpunkt markieren: Klicken Sie einen Scheitelpunkt an, wird dieser markiert, und in der Symbolleiste BEARBEITEN haben Sie weitere Bearbeitungsfunktionen für den gewählten Scheitelpunkt (siehe Abbildung 8.13).

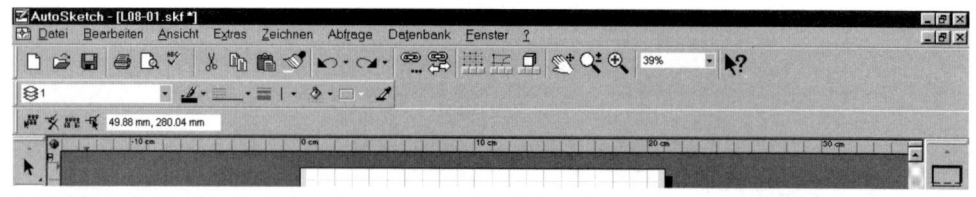

Abbildung 8.13: Symbolleiste BEARBEITEN bei Scheitelpunkten von Polylinien

Mit dem linken Symbol können Sie alle Scheitelpunkte der Polylinie markieren. Das Symbol rechts davon löscht den markierten Scheitelpunkt der Polylinie und verbindet die beiden benachbarten mit einem Liniensegment. Wieder ein Symbol weiter rechts dient dazu, eine Polylinie an dem markierten Scheitelpunkt zu trennen. In dem Eingabefeld ganz rechts können Sie die Koordinaten des Scheitelpunkts durch Eingabe neuer Werte ändern.

Scheitelpunkte bearbeiten

- Öffnen Sie die Zeichnung A08-02.SKF. Bearbeiten Sie jeweils die linke Figurenreihe in Abbildung 8.14, so dass Sie wie die rechte aussieht.

- Klicken Sie die Polylinie A an, und wählen Sie in der Symbolleiste BEARBEITEN im Abrollmenü POLYLINIENTYP den Eintrag UNREGELMÄSSIGES POLYGON. Aus der offenen Polylinie wird eine geschlossene.

- Machen Sie einen Doppelklick auf die Polylinie B. Klicken Sie den Scheitelpunkt links oben an, und ziehen Sie ihn nach rechts. Der Scheitelpunkt wird verschoben.

- Klicken Sie die Polylinie C doppelt an. Klicken Sie auf das obere Segment, und ziehen Sie den Punkt nach unten. Ein neuer Scheitelpunkt wird eingefügt.

- Klicken Sie jetzt noch die Polylinie D doppelt an. Markieren Sie den rechten oberen Scheitelpunkt, und löschen Sie diesen mit dem Symbol in der Symbolleiste BEARBEITEN.

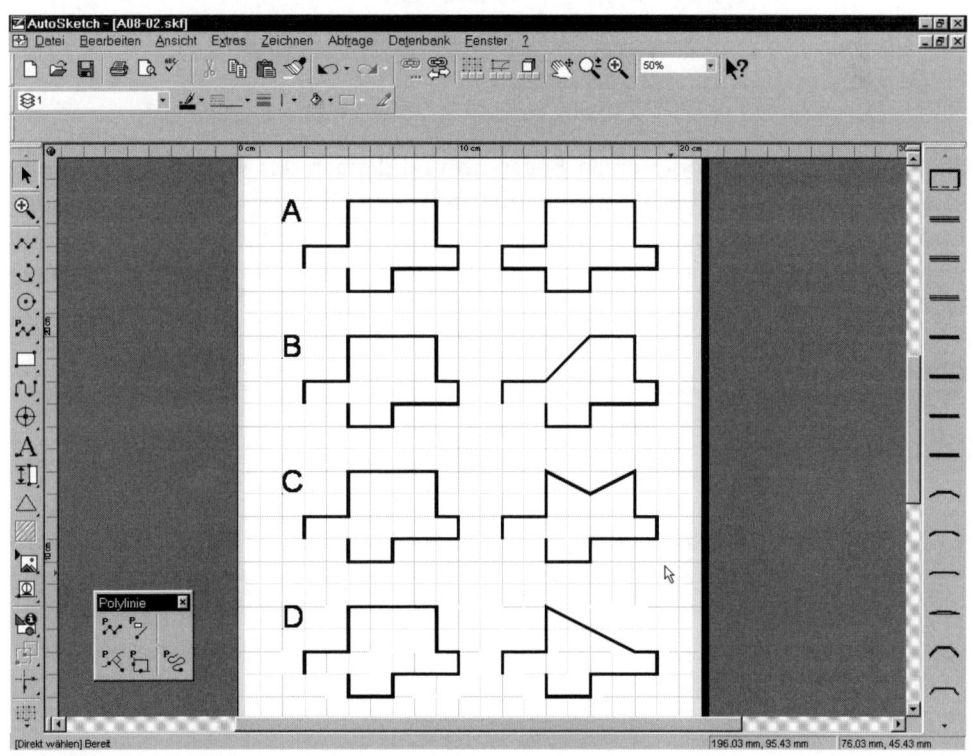

Abbildung 8.14: Übungen zum Bearbeiten von Polylinien

8.4 Umwandlung von Objekten in Polylinien

Wollen Sie Objekte in Ihrer Zeichnung nachträglich in Polylinien umwandeln, haben Sie auch dazu noch Möglichkeiten.

Befehl STUTZEN – VERBINDEN

Eine Kontur, die Sie aus Linien und Bögen gezeichnet haben, können Sie mit dem Befehl STUTZEN – VERBINDEN in eine Polylinie umwandeln. Sie finden den Befehl wie folgt:

- Abrollmenü BEARBEITEN, Untermenü STUTZEN, Funktion VERBINDEN
- Symbol in einem Flyout-Menü der Universal-Symbolleiste
- Symbol in der Symbolleiste STUTZEN

> [Stutzen - Verbinden] Linie, Bogen oder Polylinie auswählen
  ([Strg]: Alle verknüpften verbinden)
> [Stutzen - Verbinden] 2. Linie, Bogen oder Polylinie auswählen

Wählen Sie eine Linie oder einen Bogen an und danach das Objekt, das mit diesem zu einer Polylinie verbunden werden soll. Die Objekte müssen gemeinsame Endpunkte haben. Drücken Sie bei der Wahl des ersten Objekts die Taste [Strg], werden alle Objekte, die mit diesem in einer Kette liegen, in eine Polylinie umgewandelt.

Tip

- Mit diesem Befehl lassen sich auch mehrere Polylinien zu einer gemeinsamen verbinden.

Bögen und Kreise in Polylinien umwandeln

Wollen Sie einen einzelnen Bogen oder einen Kreis in eine Polylinie umwandeln, steht ihnen eine weitere Funktion zur Verfügung:

- Wählen Sie den Bogen oder den Kreis aus.
- Drücken Sie die rechte Maustaste, und Sie bekommen ein Pop-up-Menü. Wählen Sie daraus das Untermenü KONVERTIEREN und dann die Funktion BOGEN/KREISE IN POLYLINIEN/POLYGONE.

Das gewählte Objekt wird in eine Polylinie umgewandelt.

8.5 Weitere Polylinien-Befehle

Nach diesem relativ langen Ausflug zu den Polylinien wollen wir uns wieder um unseren Grundriss kümmern. Schließen Sie die Übungszeichnungen bis auf die mit dem Grundriss. Wir wollen jetzt die Innenwände einzeichnen.

Befehl POLYLINIE – ECKE

Mit dem Befehl POLYLINIE – ECKE können Sie zwei rechtwinklige Wandsegmente in wählbarem Abstand von einer Ecke setzen. Wählen Sie den Befehl:

- Abrollmenü ZEICHNEN, Untermenü POLYLINIE, Funktion ECKE
- Symbol in einem Flyout-Menü der Universal-Symbolleiste
- Symbol in der Symbolleiste POLYLINIE
- Symbol in der Symbolleiste ASSISTENTENWERKZEUGE

Haben Sie den Befehl angewählt, können Sie in der Symbolleiste BEARBEITEN die Breite der Polylinie und die beiden Abstände vom Eckpunkt einstellen (siehe Abbildung 8.15).

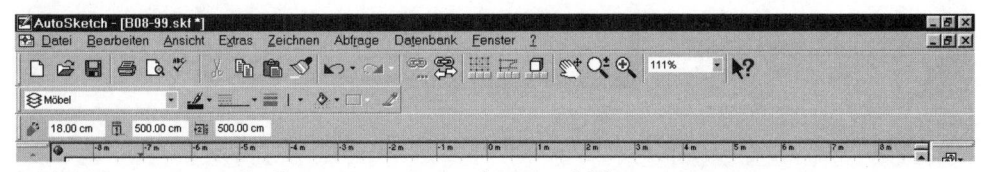

Abbildung 8.15: Symbolleiste BEARBEITEN beim Befehl POLYLINIE – ECKE

> [Polylinie - Ecke] Erste Linie oder erstes Polyliniensegment auswählen
> [Polylinie - Ecke] Zweite Linie oder erstes Polyliniensegment auswählen

Wählen Sie die beiden Linien oder Polyliniensegmente an, die die Wandecke angeschlossen werden soll, und sie wird eingezeichnet.

Eckwände Zeichnen

- Setzen Sie in der Symbolleiste EIGENSCHAFTEN die Farbe, den Stil und die Breite auf die Einstellung Von Layer. Machen Sie den Layer 1 zum aktuellen Layer, wenn er es nicht mehr ist.

- Wählen Sie den Befehl Polylinie – Ecke. Tragen Sie in die Symbolleiste BEARBEITEN eine Breite von 18 ein. Für den ersten Abstand geben Sie 450 und für den zweiten 275 ein. Klicken Sie dann P1 und P2 an (siehe Abbildung 8.16).

- Tragen Sie jetzt in der Symbolleiste BEARBEITEN die Abstände 425 und 350 ein. Klicken Sie dann P3 und P4 sowie P5 und P6 an (siehe Abbildung 8.16). Ihr Grundriß sollte wie in Abbildung 8.16 aussehen.

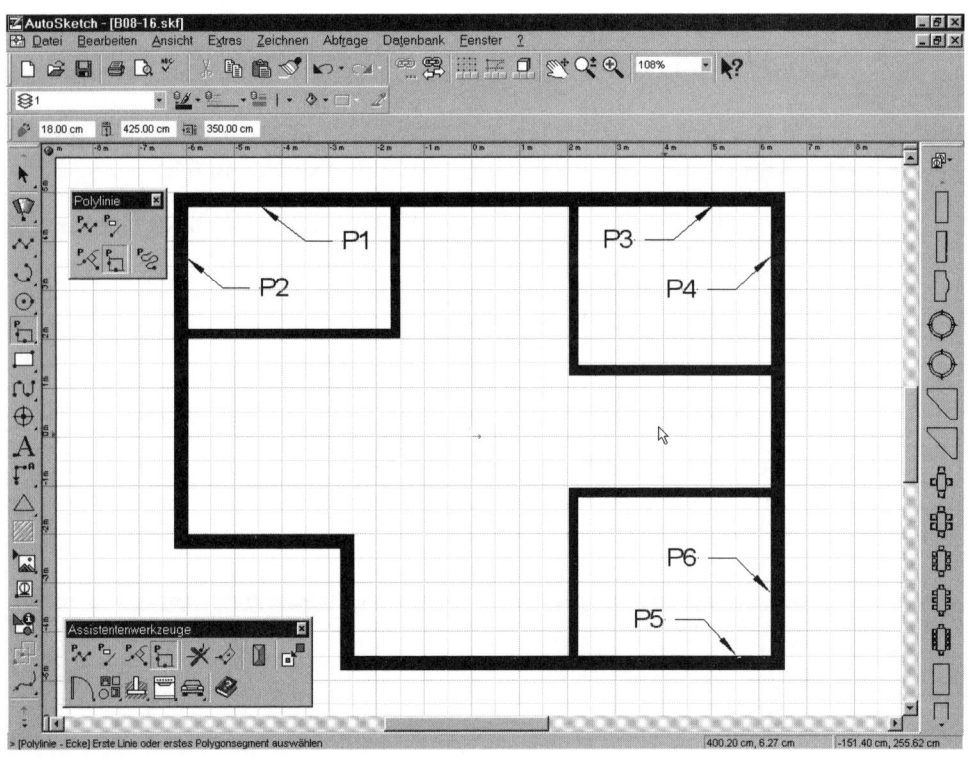

Abbildung 8.16: Eckwände einsetzen

Befehl POLYLINIE – SENKRECHT

Mit dem Befehl POLYLINIE – SENKRECHT setzen Sie ein Polyliniensegment im rechten Winkel zu einem bestehenden Objekt. Sie finden den Befehl wie folgt:

- Abrollmenü ZEICHNEN, Untermenü POLYLINIE, Funktion SENKRECHT
- Symbol in einem Flyout-Menü der Universal-Symbolleiste
- Symbol in der Symbolleiste POLYLINIE
- Symbol in der Symbolleiste ASSISTENTENWERKZEUGE

```
> [Polylinie - Senkrecht] Punkt eingeben
> [Polylinie - Senkrecht] Punkt eingeben
```

Klicken Sie eine Polylinie an und einen zweiten Punkt. Es wird ein Poyliniensegment im rechten Winkel zum ersten gezeichnet.

Zwischenwand zeichnen

- Setzen Sie eine Verbindungswand ein. Wählen Sie den Befehl POLYLINIE – SENKRECHT.
- Klicken Sie die Wand an einer beliebigen Stelle an (z.B. an P1 in Abbildung 8.17). Drücken Sie die Taste G für den RASTERFANG, und klicken Sie die andere Wand an P2 an. Die Wand ist eingezogen. Nur der Abstand von der Außenwand ist jetzt nicht festgelegt. Aber auch dafür haben Sie einen Befehl. Dazu gleich mehr.

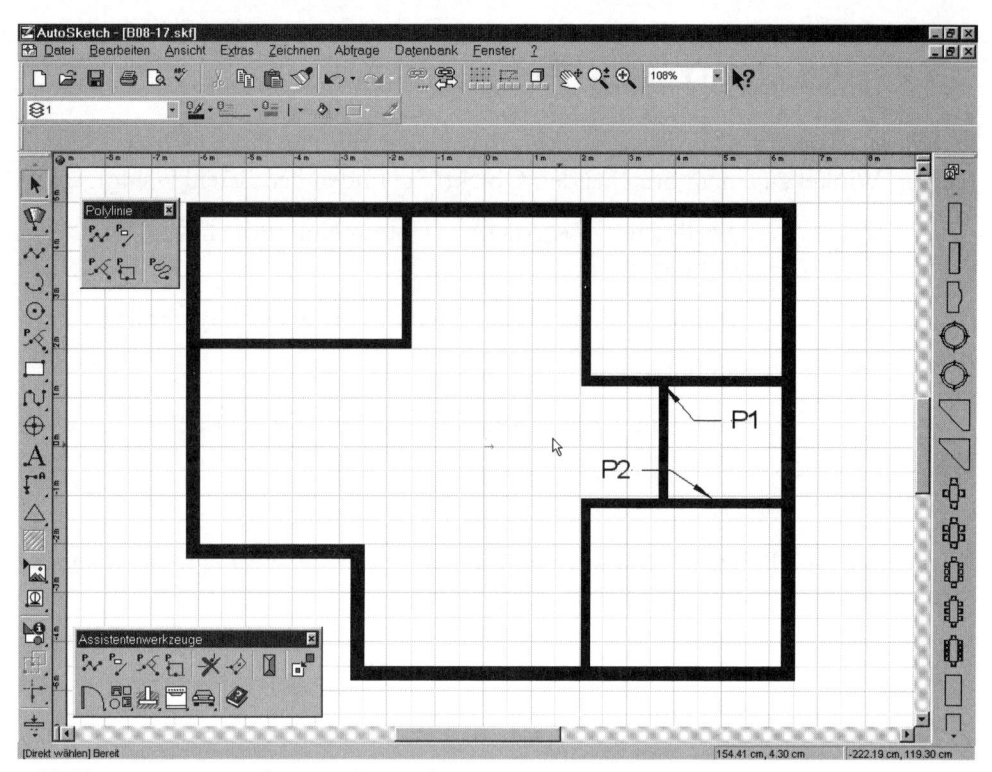

Abbildung 8.17: Zwischenwand einziehen

Befehl POLYLINIENSEGMENT

Mit dem Befehl POLYLINIENSEGMENT können Sie ein Segment verschieben und die anhängenden Objekte mit korrigieren. Sie finden den Befehl wie folgt:

- Symbol in der Symbolleiste ASSISTENTENWERKZEUGE

> [Polyliniensegment] Zu verschiebendes Polysegment auswählen
> [Segment verschieben] Zielpunkt eingeben

Klicken Sie ein Polyliniensegment an, und ziehen Sie es an den gewünschten Zielpunkt. Die Maße für die Verschiebung werden Ihnen angezeigt.

Zwischenwand verschieben

- Wählen Sie den Befehl POLYLINIENSEGMENT. Drücken Sie die Taste G für den RASTERFANG. Klicken Sie die gerade gezeichnete Zwischenwand an, und verschieben Sie sie so weit, bis das Maß rechts von der Wand 289 anzeigt (siehe Abbildung 8.18); klicken Sie diesen Punkt an. Jetzt haben Sie einen definierten Abstand.

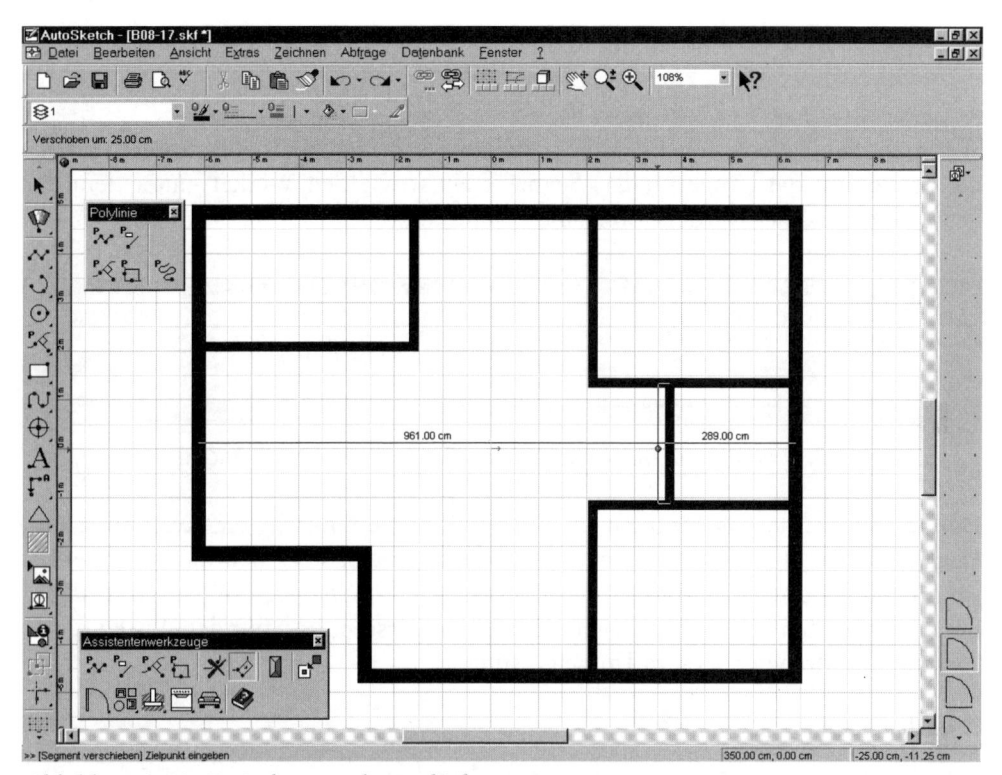

Abbildung 8.18: Zwischenwand verschieben

Befehl POLYLINIE – SEGMENT

Mit dem Befehl POLYLINIE – SEGMENT können Sie ein Segment mit einstellbarer Länge in die Zeichnung einfügen. Sie finden den Befehl wie folgt:

- Abrollmenü ZEICHNEN, Untermenü POLYLINIE, Funktion SEGMENT
- Symbol in einem Flyout-Menü der Universal-Symbolleiste
- Symbol in der Symbolleiste POLYLINIE
- Symbol in der Symbolleiste ASSISTENTENWERKZEUGE

Wenn Sie den Befehl gewählt haben, stellen Sie in der Symbolleiste BEARBEITEN die Breite und die Länge für das Segment ein sowie den Winkel, unter dem das Segment gezeichnet werden soll (siehe Abbildung 8.19).

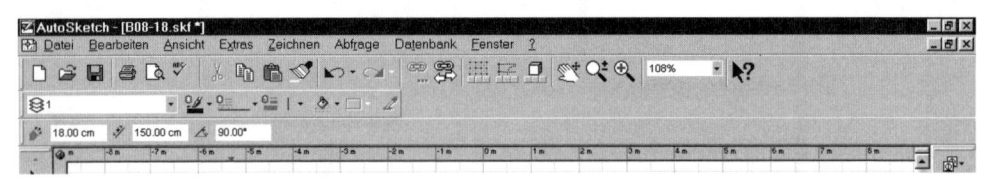

Abbildung 8.19: Symbolleiste BEARBEITEN beim Befehl POLYLINIE – SEGMENT

Danach fügen Sie das Segment an seinem Einfügepunkt in die Zeichnung ein. Haben Sie den Winkel falsch eingestellt, können Sie das Segment noch um seinen Einfügepunkt drehen. Drücken Sie die Tasten [F5] oder [+], drehen Sie das Segment in Schritten von 45° entgegen dem Uhrzeigersinn, und mit den Tasten [⇧] + [F5] oder [-] drehen Sie es im Uhrzeigersinn.

Segmente einfügen und verbinden

- Wählen Sie den Befehl POLYLINIE SEGMENT. Stellen Sie eine Länge von 75 ein, lassen Sie die Breite auf 18 und den Winkel auf 0°. Drücken Sie die Taste [E] für den Fang ENDPUNKT. Klicken Sie den Punkt P1 (siehe Abbildung 8.20).

- Stellen Sie jetzt für die Länge 150 ein, drehen Sie das Segment, bis es senkrecht nach unten zeigt, und fügen Sie es am Punkt P2 ein. Drehen Sie das Segment, bis es waagrecht nach links zeigt, und fügen Sie es am Punkt P3 mit gleicher Länge ein (siehe Abbildung 8.20).

- Zeichnen Sie jetzt mit dem Befehl Polylinie ein Segment vom Endpunkt P4 nach Endpunkt P5.

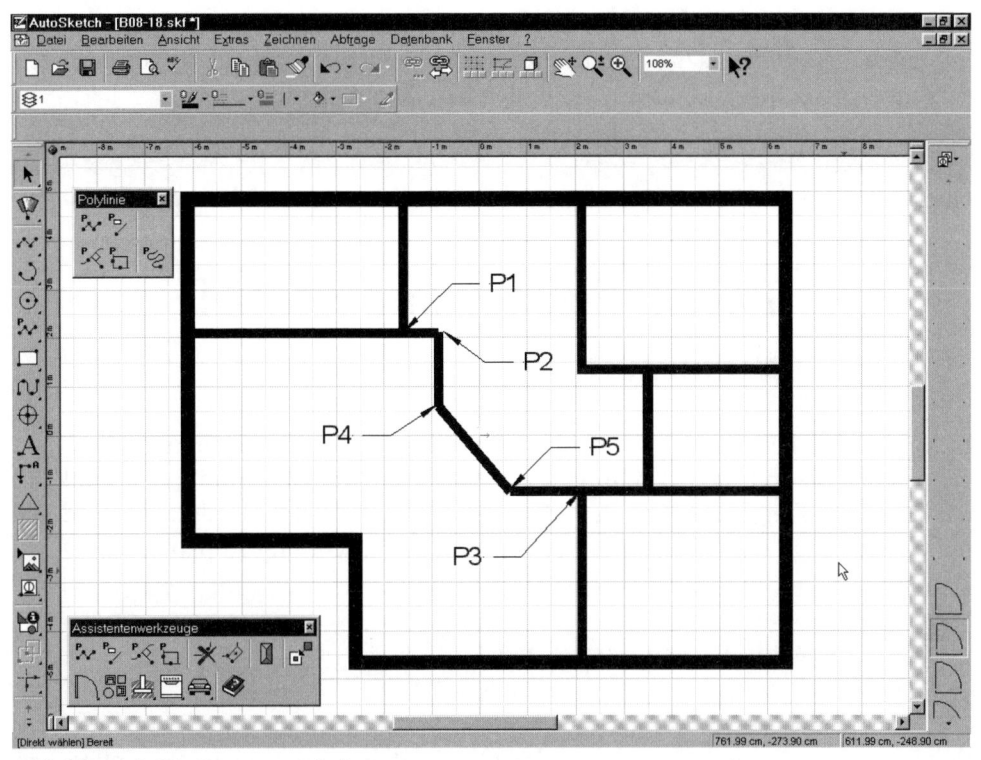

Abbildung 8.20: Segmente einfügen

- Jetzt haben Sie nur noch einen Schönheitsfehler in der Zeichnung. Die zuletzt gezeichneten Segmente sind nicht zusammenhängend. Das sehen Sie daran, dass die Eckpunkte nicht korrekt miteinander verbunden sind. Wählen Sie den Befehl STUTZEN – VERBINDEN (z.B. aus dem Abrollmenü BEARBEITEN, Untermenü STUTZEN, Funktion VERBINDEN), und klicken Sie mit gedrückter Taste [Strg] zum Beispiel die Schräge an, und die Segmente werden korrekt miteinander verbunden. Die Ecken sind rechtwinklig.

- Der Grundriß ist fertig. Sie finden diesen Stand der Zeichnung auch in ihrem Ordner mit den Aufgaben. Es ist die Zeichnung L08-03.SKF.

Befehl SEGMENT LÖSCHEN

Mit dem Befehl SEGMENT LÖSCHEN können Sie ein Segment aus einer Polylinie herauslöschen, ohne dazu komplizierte Funktionen zur Bearbeitung von Scheitelpunkten verwenden zu müssen. Sie finden den Befehl wie folgt:

- Symbol in der Symbolleiste ASSISTENTENWERKZEUGE

Klicken Sie ein Polyliniensegment an, und es wird aus der Polylinie gelöscht.

8.6 Türen, Fenster und Möbel einsetzen

In Kapitel 7 haben Sie gesehen, wie Symbole in eine Zeichnung eingefügt werden. Dies haben Sie mit dem Befehl SYMBOL AN PUNKT gemacht und einen Punkt in der Zeichnung angegeben, an dem der Basispunkt des Symbols platziert wird. Sie haben aber noch einen Befehl, um Symbole in der Zeichnung zu platzieren.

Befehl SYMBOL EINFÜGEN

Mit dem Befehl SYMBOL EINFÜGEN können Sie ein Symbol auf einer Linie oder Polylinie einfügen und gleichzeitig das Objekt dabei auftrennen. Sie finden den Befehl wie folgt:

- Abrollmenü ZEICHNEN, Untermenü SYMBOL, Funktion EINFÜGEN
- Symbol in einem Flyout-Menü der Universal-Symbolleiste
- Symbol in der Symbolleiste SYMBOL

Das Symbol sieht fast gleich aus wie das des Befehls SYMBOL AN PUNKT. Lediglich die angedeutete Linie unter dem Symbol bei diesem Befehl unterscheidet die beiden.

Die Einstellungen für diesen Befehl nehmen Sie ebenfalls in der Symbolleiste BEARBEITEN vor (siehe Abbildung 8.21).

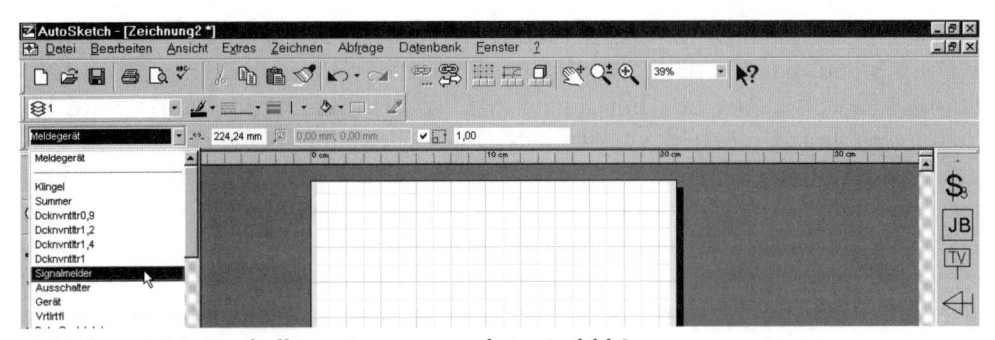

Abbildung 8.21: Symbolleiste BEARBEITEN beim Befehl SYMBOL EINFÜGEN

Wählen Sie aus dem Abrollmenü das aktuelle Symbol, also das Symbol, das Sie einfügen wollen. Im Eingabefeld rechts daneben bekommen Sie angezeigt, wie groß die Lücke wird, die das Symbol aus dem Objekt ausbricht, auf dem es eingefügt wird. Das Eingabefeld für den Einfügepunkt ist deaktiviert. Sie können mit diesem Befehl das Symbol nur in der Zeichnung platzieren. Ganz rechts können Sie den Skalierfaktor einstellen.

Wenn Sie alle Werte eingestellt haben, klicken Sie das Objekt in der Zeichnung an, auf dem das Symbol eingefügt werden soll, und geben mit dem Fadenkreuz die Richtung vor.

```
> [Symbol einfügen] Punkt auf der Linie oder Polylinie eingeben
> [Symbol einfügen] Richtung
```

Klicken Sie beide Punkte an; das Objekt wird aufgebrochen und das Symbol an dieser Stelle eingefügt. Ist das Segment, auf dem eingefügt werden soll, zu kurz, wird es mit einer Fehlermeldung angezeigt, nachdem Sie die Richtung angegeben haben (siehe Abbildung 8.22).

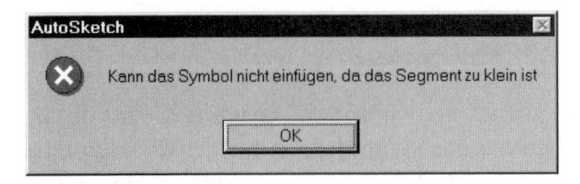

Abbildung 8.22: Fehlermeldung bei der Wahl eines zu kurzen Segments

Symbol aus der Symbolleiste einfügen

Wenn Sie ein Symbol aus der Bibliotheksleiste anwählen, wird bei manchen Symbolen der Befehl SYMBOL AN PUNKT aktiviert und bei den anderen der Befehl SYMBOL EINFÜGEN. Wie kommt das, und wo ist dies einstellbar?

Dazu müssen wir noch einmal einen kleinen Ausflug zum Symbolmanager machen. Aktivieren Sie den Symbolmanager, und wählen Sie eine Bibliothek.

Machen Sie dann einen Rechtsklick in der Symbolliste im rechten Fenster. In dem Pop-up-Menü, das Sie dann bekommen, finden Sie unten den Eintrag ALS EINFÜGUNG ZEICHNEN (siehe Abbildung 8.23). Ist der Eintrag angekreuzt, wird bei diesem Symbol der Befehl SYMBOL EINFÜGEN verwendet (Objekte werden aufgebrochen), wenn das Symbol aus der Bibliotheksleiste gewählt wird. Ist der Eintrag nicht angekreuzt, wird statt dessen der Befehl SYMBOL AN PUNKT verwendet. Diese Vorgabe kann für jedes Symbol gemacht werden.

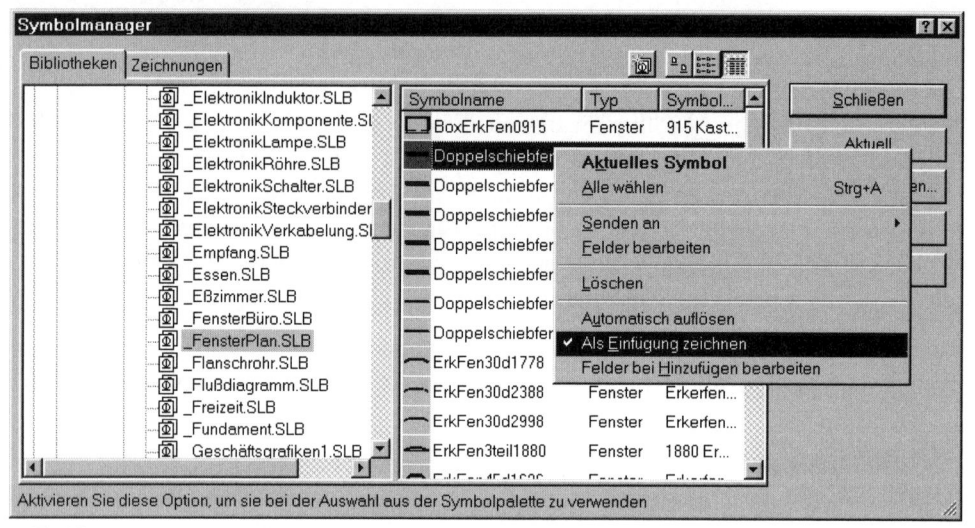

Abbildung 8.23: Einstellungen im Symbolmanager

Wundern Sie sich also nicht, wenn ein Symbol anders als das andere eingefügt werden kann. Der Grund liegt im Symbolmanager verborgen.

Symbolbibliotheken wählen

Kommen wir zurück zu unserem Grundriss. In dieser Zeichnung haben Sie die Symbolleiste mit den Assistentenwerkzeugen auf dem Bildschirm. Dort können Sie in der unteren Leiste in Fly-out-Menüs alle Bibliotheken wählen, die Sie für die Erstellung von Grundrissen benötigen.

Klicken Sie auf das oberste Symbol in der Bibliotheksleiste, können Sie in den Menüs ebenfalls die Symbolbibliotheken wählen (siehe Abbildung 8.24), die mit den Assistentenwerkzeugen gewählt werden können. Das Symbol ist nur dann vorhanden, wenn die Zeichnung mit dem Assistenten gestartet wurde.

*Abbildung 8.24:
Menü zur Auswahl
der Symbolbibliothek*

Türen und Fenster einzeichnen

- *Wählen Sie mit dem oberen Symbol in der Bibliotheksleiste STRUKTURELE-MENTE, TÜREN (PLAN).*

- *Schalten Sie den Rasterfang mit der Taste G ein. Plazieren Sie die Türen in dem Grundriss. Dabei werden die Wände ausgeschnitten. Orientieren Sie sich an Abbildung 8.25.*

- *Wählen Sie dann die Bibliothek STRUKTURELEMENTE, FENSTER (PLAN), und setzen Sie die Fenster ein (siehe Abbildung 8.25).*

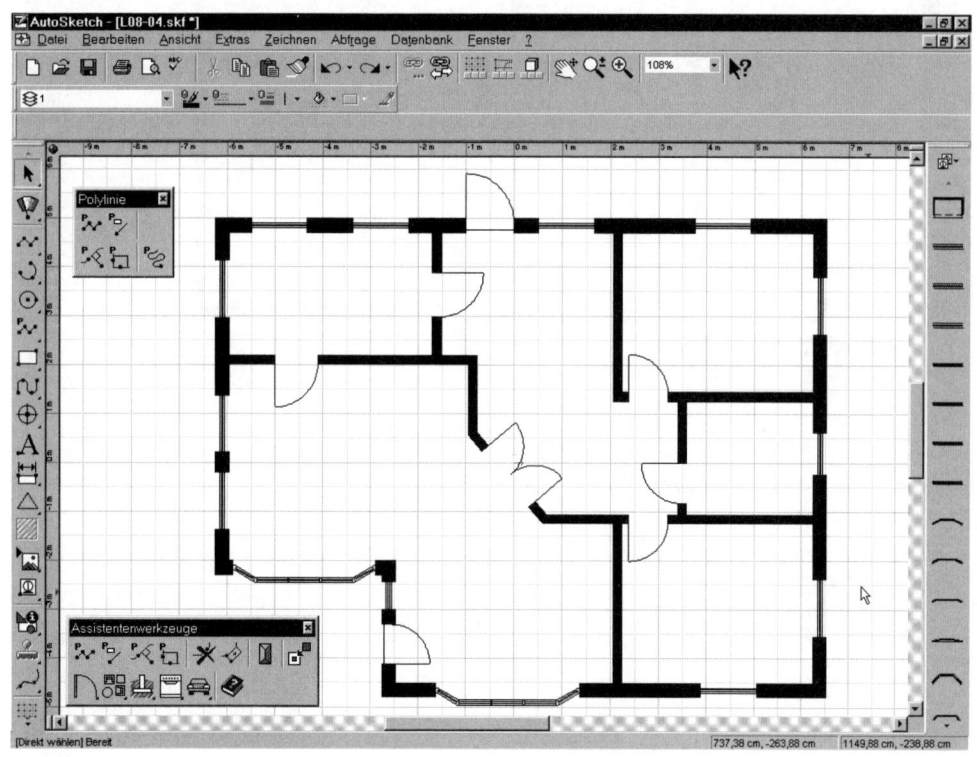

Abbildung 8.25: Der Grundriß mit Türen und Fenstern

Das Eigenheim planen

- *Eine Beispiellösung finden Sie in ihrem Ordner \Aufgaben, die Zeichnung L08-04.SKF.*

Grundriss möblieren

- *Bauen Sie eine Treppe ein. Schalten Sie den Layer Möbel ein, und möblieren Sie alle Zimmer; sorgen Sie auch für die Gartenmöbel. Wählen Sie die Symbole aus der Bibliotheksleiste, und drehen Sie diese mit den Tastenfunktionen. Schalten Sie dazu den Rasterfang aus, um besser platzieren zu können. Orientieren Sie sich an Abbildung 8.26.*

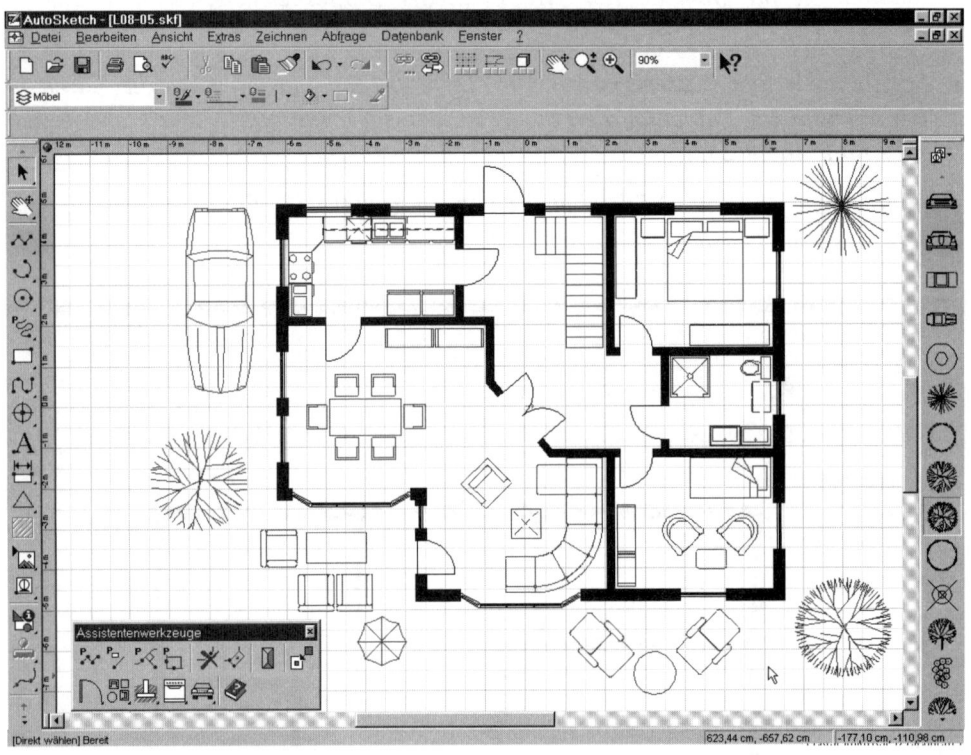

Abbildung 8.26: Der möblierte Grundriss

- *Eine Beispiellösung finden Sie in Ihrem Ordner \Aufgaben, die Zeichnung L08-05.SKF.*
- *Das Eigenheim ist fertig, speichern Sie Ihr Ergebnis, und drucken Sie es aus.*

Kapitel 9

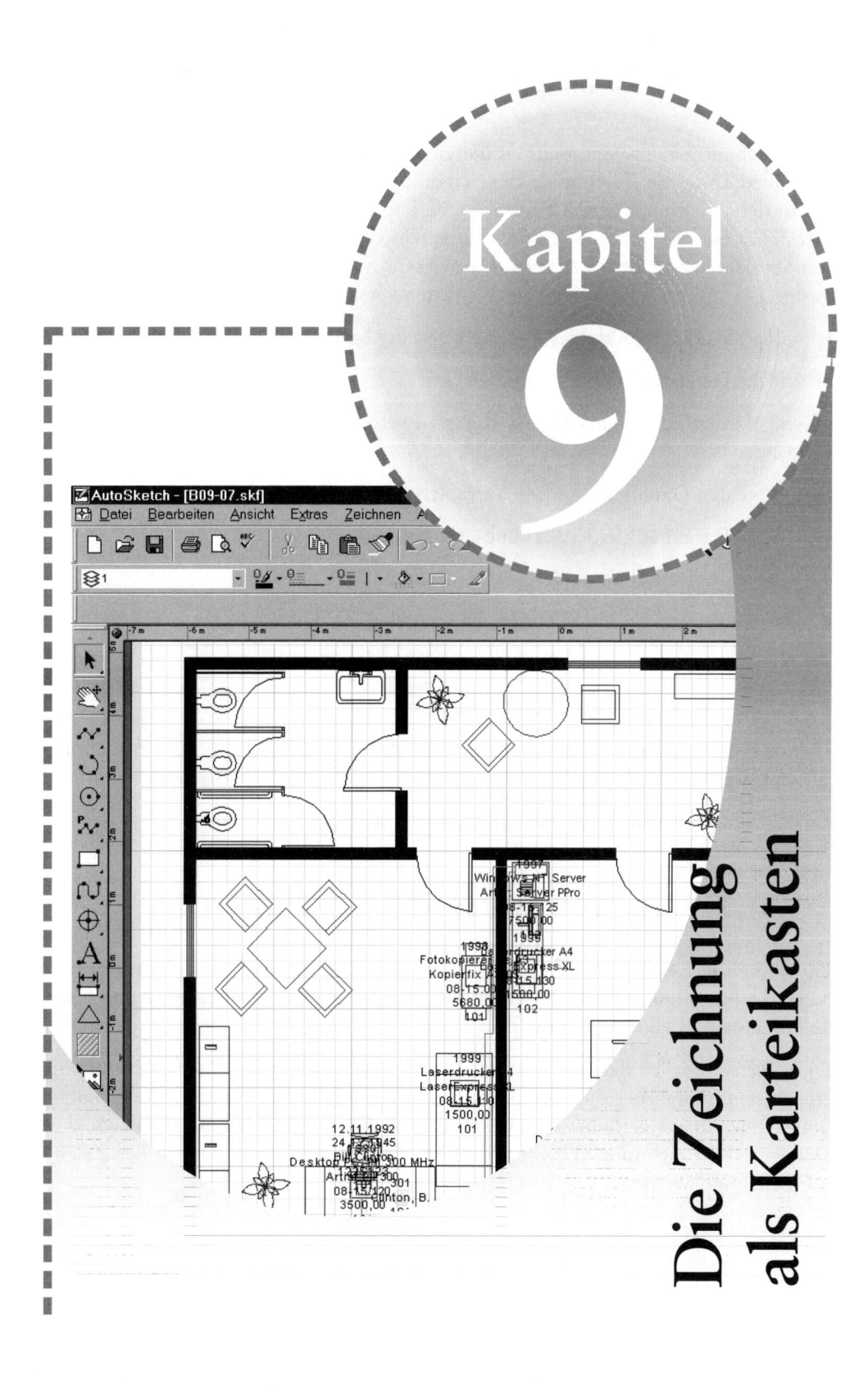

Die Zeichnung als Karteikasten

Die Zeichnung als Karteikasten

Ihre Zeichnung kann weit mehr enthalten als das, was Sie auf dem Blatt sehen. In AutoSketch ist jede Zeichnung zugleich eine Datenbank. Sie können den Objekten in der Zeichnung Daten zuweisen. Sie können beispielsweise eine Zeichnung Ihres Hauses erstellen und den darin abgebildeten Möbelstücken und Wertgegenständen Daten für die Versicherung zuweisen. In diesem Kapitel wollen wir eine fertige Zeichnung nehmen und sie mit Daten versehen. Sie lernen dabei,

- wozu Sie Datenbankfelder in der Zeichnung brauchen
- wie Sie Datenbankfelder definieren
- wie Sie den Datenbankfeldern Werte zuweisen und diese auch wieder ändern können
- wie Sie den Datenbankfeldern Variablen zuweisen
- wie Sie Datenbankfelder ein- und ausschalten
- wie Sie die Datenbankfelder aus der Zeichnung exportieren
- was ein Bericht ist und wie man ihn erstellt
- wie Berichte verwendet werden
- wie Berichte zu globalen Berichten werden
- was ein Hyperlink ist und wie man ihn mit einem Objekt in der Zeichnung verknüpft
- wie man Hyperlinks aus der Zeichnung heraussucht

9.1 Datenbankfelder festlegen

Laden Sie die Zeichnung *A09-01.SKF* aus dem Ordner *\Aufgaben*. Darin finden Sie einen Büroplan mit fünf Arbeitsplätzen, einer Computerausstattung und einer Telefonanlage (siehe Abbildung 9.1).

Diese Zeichnung wollen wir mit Daten versehen, so dass Sie aus der Zeichnung eine Inventarliste über die vorhandenen Bürogeräte und Computer, die Verkabelungslänge, eine Telefonliste oder eine Personalliste erstellen können. Bevor wir Daten in der Zeichnung vergeben können, müssen die Datenfelder in der Zeichnung definiert werden.

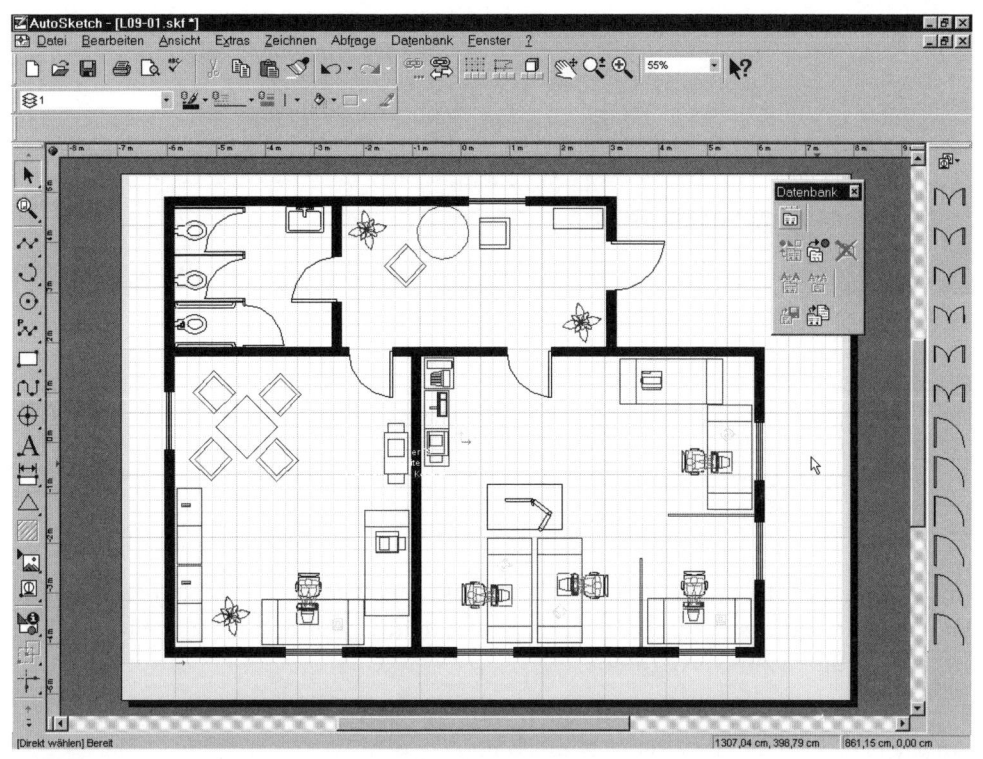

Abbildung 9.1: Büroplan mit technischer Ausstattung

Befehl DATENBANKOPTIONEN

Sie können jedem Objekt in der Zeichnung beliebig viele Daten anhängen, außer Texte und Bemaßungen, dafür aber ein Symbol oder auch nur eine einfache Linie oder einen Kreis. Soll ein PC-Symbol Informationen über den PC enthalten, so können diese Daten dem Symbol zugewiesen werden. Eine Polylinie in der Zeichnung kann ein Kabel darstellen. Die Informationen über dieses Kabel (Kabeltyp, Zahl der Adern und Länge) können als Felder angehängt werden.

Alle Daten, die in einer Zeichnung gespeichert werden sollen, müssen zuvor als Datenfelder definiert werden. Dafür haben Sie den Befehl DATENBANKOPTIONEN zur Verfügung. Wählen Sie diesen:

- Abrollmenü DATENBANK, Funktion OPTIONEN
- Symbol in der Symbolleiste DATENBANK

Alle Einstellungen nehmen Sie in einem Dialogfeld mit zwei Registern vor (siehe Abbildung 9.2).

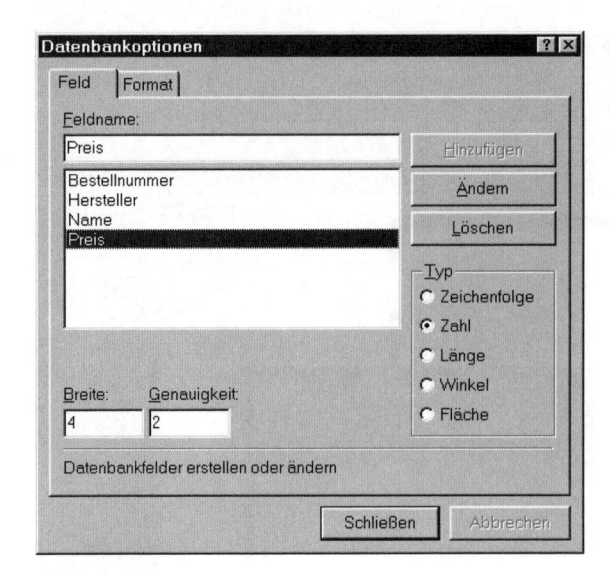

Abbildung 9.2:
Datenbankoptionen,
Definition von
Datenbankfeldern

Im Register FELD finden Sie das Listenfeld FELDNAME. Dort haben Sie alle Datenfelder aufgelistet, die in der Zeichnung definiert sind. Folgende Möglichkeiten stehen Ihnen zur Verfügung:

Feld hinzufügen: Feldname eintragen, Typ, Breite und Genauigkeit wählen und auf die Schaltfläche HINZUFÜGEN klicken.

Feld ändern: Feldname in der Liste markieren, Feldname, Typ, Breite und Genauigkeit ändern und auf die Schaltfläche ÄNDERN klicken.

Feld löschen: Feldname in der Liste markieren und auf die Schaltfläche LÖSCHEN klicken.

Bei TYP können Sie wählen, welche Art von Daten in dem Feld gespeichert werden soll. Sie haben die Auswahl zwischen:

- Zeichenfolge: Textfeld
- Zahl: Numerisches Feld
- Länge: Numerisches Feld für Längenangaben aus der Zeichnung
- Winkel: Numerisches Feld für Winkelangaben aus der Zeichnung
- Fläche: Numerisches Feld für Flächenangaben aus der Zeichnung

Im Feld BREITE geben Sie an, wie viele Stellen das Feld speichern können soll. Bei Zahlenfeldern geben Sie zusätzlich die GENAUIGKEIT an, also die Zahl der Nachkommastellen, die in diesem Feld gespeichert werden sollen.

Tips

- Jede Zeichnung kann beliebig viele Felder enthalten, doch jedes Feld muß einen eindeutigen Namen haben.

- Da der Feldname beim Abrufen von Daten angezeigt wird, sollte er die im Feld enthaltenen Daten beschreiben. Feldnamen können Buchstaben, Zahlen, Leerzeichen und Sonderzeichen enthalten. Um keine Schwierigkeiten beim Export der Daten in andere Programme zu bekommen, sollten Sie, wenn möglich, auf Sonderzeichen in Feldnamen verzichten.

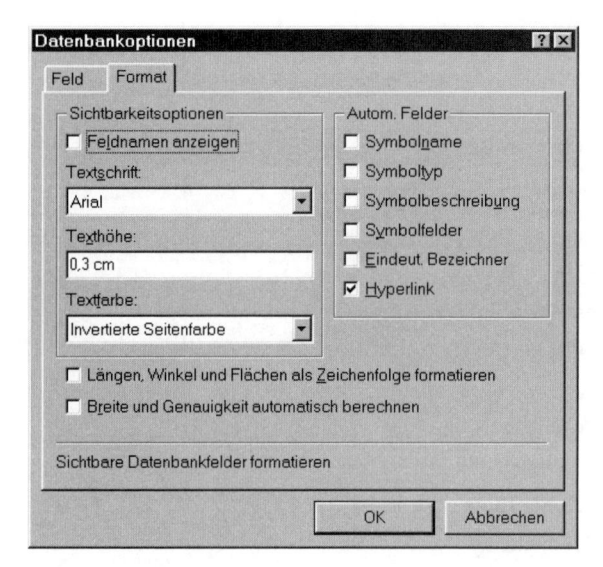

Abbildung 9.3: Datenbankoptionen, Format der Datenbankfelder

Im Register FORMAT des Dialogfelds legen Sie das Format für die Datenfelder fest (siehe Abbildung 9.3):

SICHTBARKEITSOPTIONEN: Legen Sie mit dem Schalter FELDNAMEN ANZEIGEN fest, ob bei sichtbaren Datenbankfeldern Feldname und Inhalt angezeigt werden sollen oder nur der Inhalt. Zudem können Sie die Schriftart, die Texthöhe und die Textfarbe für sichtbare Datenfelder bestimmen.

AUTOMATISCHE FELDER: In der rechten Spalte kreuzen Sie an, welche Felder automatisch in der Zeichnung angelegt werden sollen. In Symbolen sind drei Felder definiert: SYMBOLNAME, SYMBOLTYP und SYMBOLBESCHREIBUNG. Zudem lassen sich zusätzliche Felder in Symbolen definieren.

Anlegen von Datenbankfeldern

- *Legen Sie Datenbankfelder an. Details entnehmen Sie der Tabelle 9.1.*

Feldname	Typ	Breite	Genauigkeit
Felder für die Inventarliste:			
Bezeichnung	Zeichenfolge	35	--
Beschreibung	Zeichenfolge	35	--
Baujahr	Zahl	4	0
Inventarnummer	Zeichenfolge	12	--
Raumnummer	Zahl	3	0
Neupreis	Zahl	10	2
Felder für Verkabelungsplan:			
Kabeltyp	Zeichenfolge	10	--
Kabellänge	Länge	8	2
Felder für die Telefonliste:			
Name	Zeichenfolge	50	--
Raumnummer	siehe oben		
Durchwahl	Zahl	3	0
Felder für die Personalliste:			
Name	siehe oben		
Raumnummer	siehe oben		
Personalnummer	Zeichenfolge	10	--
Einstellungsdatum	Zeichenfolge	10	--
Geburtsdatum	Zeichenfolge	10	--

Tabelle 9.1: Datenbankfelder in der Beispielzeichnung

- *Stellen Sie das Format wie in Abbildung 9.3 ein.*
- *Eine Zeichnung mit den fertigen Datenfeldern finden Sie im Ordner \Aufgaben, die Zeichnung L09-01.SKF.*

9.2 Datenbankfeldern Werte zuweisen

Nun sind zwar in der Zeichnung die Datenbankfelder definiert, aber für die einzelnen Objekte müssen noch Werte eingegeben werden. Das ist die Hauptarbeit, dafür können Sie aber nachher jederzeit die aktuellen Informationen abfragen.

Um Werte in die Felder zu bekommen, haben Sie zwei Möglichkeiten: Sie können alle Felder eines Objekts bearbeiten oder einen Feldinhalt auf verschiedene Objekte übertragen. Haben Sie beispielsweise mehrere Compaq-PCs im Büro, ist es einfacher, in die Datenbankfelder BEZEICHNUNG der PC-Symbole den Inhalt COMPAQ einzutragen, als jedes Symbol anzuklicken und jedes Mal im Feld BEZEICHNUNG den Wert einzutragen.

Befehl OBJEKTFELDER BEARBEITEN

Den Befehl OBJEKTFELDER BEARBEITEN verwenden Sie, wenn Sie alle Felder eines Objekts bearbeiten wollen. Wählen Sie ihn wie folgt:

- Abrollmenü DATENBANK, Funktion OBJEKTFELDER BEARBEITEN...
- Symbol in der Symbolleiste DATENBANK

> [Objekt eingeben] Objekt auswählen

Klicken Sie das Objekt mit der Auswahlbox an, und Sie können in einem Dialogfeld Werte für alle Felder eintragen, die in dieser Zeichnung definiert wurden (siehe Abbildung 9.4).

Abbildung 9.4: Objektfelder bearbeiten

Wenn Sie Werte eintragen, ist die Eingabe auf die Länge begrenzt, die Sie für die Felder vorgegeben haben. Haben Sie den Typ ZAHL definiert und geben eine Zeichenfolge ein, wird dies zunächst akzeptiert. Erst wenn Sie das Dialogfeld beenden, wird die falsche Eingabe markiert und das Dialogfeld nicht beendet. Zur Kontrolle werden im Feld EIGENSCHAFTEN der Feldname und der Feldtyp des Feldes angezeigt, in dem sich gerade der Cursor befindet.

Befehl FELD ZUWEISEN

Wenn Sie einem Feld bei mehreren Objekten den gleichen Wert zuweisen wollen, verwenden Sie besser den Befehl FELD ZUWEISEN... Sie finden den Befehl wie folgt:

- Abrollmenü DATENBANK, Funktion FELD ZUWEISEN...
- Symbol in der Symbolleiste DATENBANK

Bevor Sie den Befehl anwählen, müssen die Objekte markiert sein, denen Sie einen Wert zuweisen wollen. Sobald Sie dann den Befehl wählen, kommt ein Dialogfeld auf den Bildschirm (siehe Abbildung 9.5).

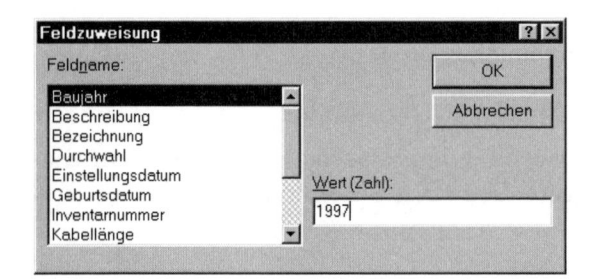

*Abbildung 9.5:
Feldinhalte
zuweisen*

Klicken Sie in der linken Liste ein Datenbankfeld an, und tragen Sie dafür im Feld WERT den entsprechenden Wert ein. Auch hier ist die Eingabe auf die Feldlänge begrenzt. Über dem Eingabefeld wird der Feldtyp auch hier zur Kontrolle angezeigt. Falsche Datentypen werden nicht angenommen.

Befehl FELD LÖSCHEN

Wie Sie gerade Werte bestimmten Datenbankfeldern zugeordnet haben, so können Sie diese auch wieder löschen. Dazu haben Sie den Befehl FELD LÖSCHEN... Sie finden ihn:

- Abrollmenü DATENBANK, Funktion FELD LÖSCHEN...
- Symbol in der Symbolleiste DATENBANK

Hier ist der Vorgang der gleiche wie beim vorherigen Befehl: Wählen Sie die Objekte aus, bei denen Sie Felder löschen wollen, und wählen Sie dann den Befehl. Markieren Sie das Feld in der Liste des Dialogfelds (siehe Abbildung 9.6), dessen Inhalte Sie löschen wollen, und klicken Sie auf OK.

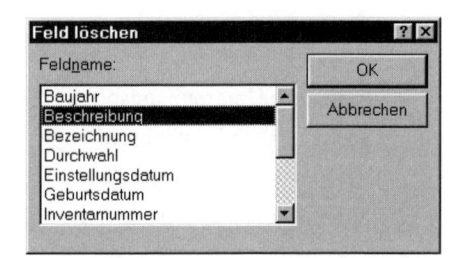

Abbildung 9.6:
Feldinhalte löschen

Berechnete Werte zuweisen

Anstatt einen Wert in ein Feld einzugeben, können Sie dem Feld auch einen berechneten Wert zuweisen. Bei Änderungen in der Zeichnung wird der Wert aktualisiert. Mit dem Wert %LENGTH wird beispielsweise die Länge einer Linie, eines Bogens, eines Kreises, einer Polylinie oder eines Polygons im Feld gespeichert. Wenn Sie die Länge des betreffenden Objekts ändern, wird der Wert entsprechend korrigiert. Wenn das Feld auf der Zeichnung sichtbar ist, wird die Änderung sofort angezeigt.

Berechnete Werte können Sie genauso wie oben beschrieben eingeben. Statt eines festen Wertes geben Sie den Variablennamen ein, dem das Zeichen % vorangestellt ist. Sie können in ein Feld für Zeichenfolgen nur Textvariablen eintragen und in ein Feld für eine Zahl nur Zahlenwerte usw. Die Eingabe wird ignoriert, wenn er dem Feldtyp nicht entspricht, wenn Sie beispielsweise %LENGTH in ein für Zeichenfolgen reserviertes Feld eingeben.

Tabelle 9.2 zeigt, welche Variablen es gibt, welchen Objekttypen und welchem Typ von Datenbankfeldern sie zugewiesen werden können und welcher Wert in das Datenbankfeld eingetragen wird.

Variable	Objekttyp	Wert
Variablen für Felder vom Typ ZEICHENFOLGE:		
%Layer	jeder	Layername
%Color	jeder	Farbbezeichnung
%Style	jeder	Stilbezeichnung
%Width	jeder	Breitenbezeichnung
Variablen für Felder vom Typ ZAHL:		
%Color	jeder	Farbnummer
%Width	jeder	Breitennummer
%SX	Symbol oder Markierung	Maßstab in X
%SY	Symbol oder Markierung	Maßstab in Y
Variablen für Felder vom Typ LÄNGE:		
%Length	Linie, Bogen, Kreis, Polylinie oder Polygon	Länge des Objekts
%Height	jeder	Höhe der Umgrenzungsbox
%Width	jeder	Breite der Umgrenzungsbox
%X	Symbol oder Markierung	X-Koordinate Basispunkt
%X	Bogen oder Kreis	X-Koordinate Zentrum
%Y	Symbol oder Markierung	Y-Koordinate Basispunkt
%Y	Bogen oder Kreis	Y-Koordinate Zentrum
%Radius	Bogen oder Kreis	Radius
%XRadius	Ellipse	Hauptradius
%YRadius	Ellipse	Nebenradius
%XStart	Linie	X-Koordinate Startpunkt
%YStart	Linie	Y-Koordinate Startpunkt
%XEnd	Linie	X-Koordinate Endpunkt
%YEnd	Linie	Y-Koordinate Endpunkt
Variablen für Felder vom Typ WINKEL:		
%Angle	Linie, Markierung oder Symbol	Winkel zu X-Achse
%Alpha	Bogen	Winkel zwischen Mittelpunkt und Startpunkt
%Delta	Bogen	Eingeschlossener Winkel
Variable für Felder vom Typ FLÄCHE:		
%Area	Polylinie oder Polygon	Eingeschlossene Fläche

Tabelle 9.2: Variablen für die Eingabe in Datenfelder

Tip

- Mit den Befehlen OBJEKTFELDER BEARBEITEN und FELD ZUWEISEN lassen sich auch bereits ausgefüllte Felder ändern.

Datenbankfelder ausfüllen

- *Füllen Sie die Datenbankfelder aus. Bei der technischen Ausstattung (Computer, Drucker, Server, Fotokopierer) füllen Sie die Felder Baujahr, Beschreibung, Bezeichnung, Inventarnummer, Neupreis und Raumnummer aus (siehe Tabelle 9.1).*

- *Bei den Symbolen mit den Personen (Angestellte des Büros) füllen Sie die Felder Einstellungsdatum, Geburtsdatum, Name, Personalnummer und Raumnummer aus.*

- *Für die Telefonliste benötigen wir die Felder Name, Durchwahl und Raumnummer. Füllen Sie diese Felder bei den Telefonsymbolen aus.*

- *Der Verkabelungsplan enthält das durchgehende Kabel. Füllen Sie die Felder Kabeltyp und Kabellänge aus. Klicken Sie dazu das Kabel an. Für die Kabellänge tragen Sie die Variable %Length ein.*

- *Falls Ihnen das zu viel Arbeit ist, finden Sie mit der Zeichnung L09-02.SKF im Ordner \Aufgaben eine Zeichnung, in der diese Angaben schon gemacht sind.*

9.3 Datenbankfelder anzeigen und ausblenden

Den Inhalt der Datenbankfelder können Sie sich in der Zeichnung auch anzeigen lassen. Haben Sie beim Befehl DATENBANKOPTIONEN den Schalter FELDNAMEN ANZEIGEN eingeschaltet, wird der Feldname in der Zeichnung mit angezeigt. Die Anzeige erfolgt mit der Schrift in der Höhe und in der Farbe, die Sie ebenfalls beim Befehl DATENBANKOPTIONEN gewählt haben. Bei Symbolen werden die Symbolfelder mit angezeigt, die Sie beim Befehl DATENBANKOPTIONEN gewählt haben.

Befehl ANZEIGEN

Mit dem Befehl ANZEIGEN können Sie die Datenbankfelder der ausgewählten Objekte in der Zeichnung anzeigen lassen. Wählen Sie den Befehl:

- Abrollmenü DATENBANK, Funktion ANZEIGEN
- Symbol in der Symbolleiste DATENBANK

Wählen Sie zuerst die Objekte aus, und klicken Sie dann den Befehl an. Alle Datenbankfelder der gewählten Objekte, in denen Werte eingetragen wurden, werden angezeigt

Befehl AUSBLENDEN

Wollen Sie die Datenbankfelder wieder aus der Zeichnung verschwinden lassen, wählen Sie den Befehl AUSBLENDEN:

- Abrollmenü DATENBANK, Funktion AUSBLENDEN
- Symbol in der Symbolleiste DATENBANK

Wählen Sie die Objekte, und klicken Sie dann den Befehl an. Die Datenbankfelder der gewählten Objekte werden ausgeblendet.

Datenbankfelder anzeigen und ausblenden

- *Wählen Sie alle Objekte aus, und lassen Sie sich die Datenbankfelder anzeigen. Die Zeichnung sieht reichlich verwirrend aus (siehe Abbildung 9.7).*

- *Blenden Sie anschließend die Felder wieder aus. Lassen sich die Felder für einzelne Objekte anzeigen.*

- *Lassen Sie sich die Datenbankfelder des Kabels anzeigen, ändern Sie den Standort eines Computers mit dem Befehl STRECKEN, und beobachten Sie die Veränderung an der Kabellänge. Blenden Sie zum Schluß alle Datenbankfelder wieder aus.*

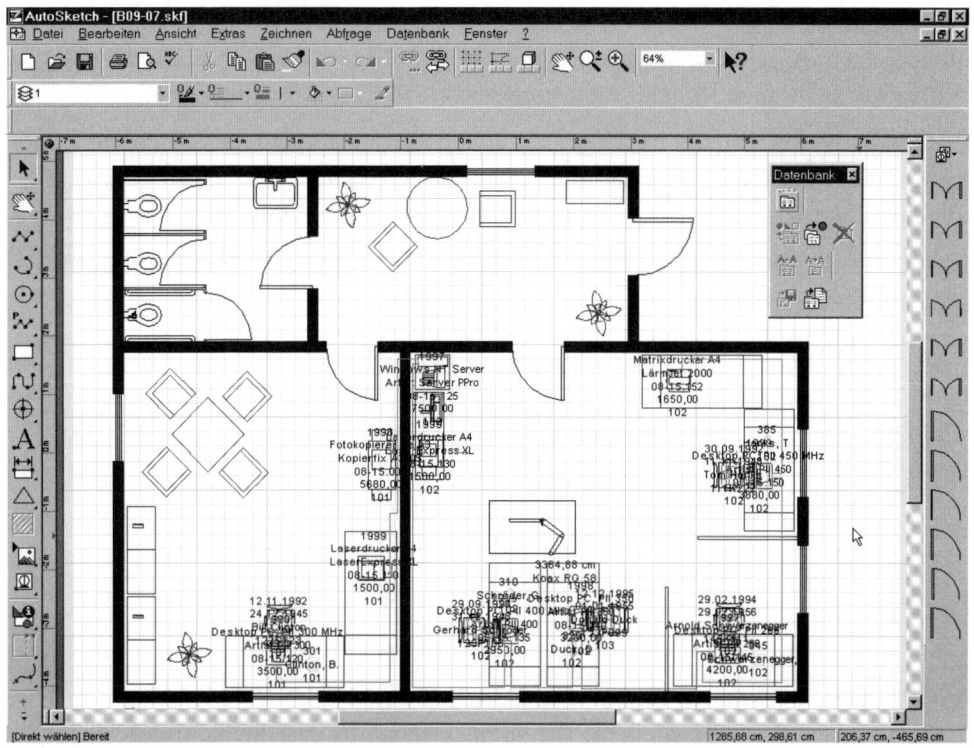

Abbildung 9.7: Datenbankfelder angezeigt

9.4 Datenexport

Haben Sie alle Felder eingegeben, wollen Sie natürlich auch die Daten auswerten. Dazu haben Sie mehrere Möglichkeiten. Sie können die Daten exportieren und in einem anderen Programm auswerten, beispielsweise in Microsoft Excel.

Befehl DATENBANK EXPORTIEREN

Mit dem Befehl DATENBANK EXPORTIEREN können Sie die Datenbankfelder der ausgewählten Objekte in einer Datei speichern. Wählen Sie den Befehl:

- Abrollmenü DATENBANK, Funktion DATENBANK EXPORTIEREN
- Symbol in der Symbolleiste DATENBANK

Wählen Sie die Objekte aus, und klicken Sie dann den Exportbefehl an. Für jedes Objekt, das Werte in einem Datenbankfeld enthält, wird ein Datensatz geschrieben. Bei der Ausgabe stehen Ihnen folgende Formate zur Verfügung:

Kommagetrennte Werte (*.CSV): Eine ASCII-Datei, in der Datenelemente durch Kommas getrennt sind. Zeichenfolgen werden in Anführungszeichen gesetzt. Das folgende Listing zeigt einen Ausschnitt aus einer solchen Datei.

```
"Baujahr","Beschreibung","Bezeichnung","Durchwahl","Einstellungs-
datum","Geburtsdatum"
1998,"Desktop PC, PII 300 MHz","Artist PII 300",0," "," "
1999,"Desktop PC, PII 450 MHz","Artist PII 450",0," "," "
1997,"Desktop PC, PII 266","Artist PII 266",0," "," "
1999,"Desktop PC, PII 400 MHz","Artist PII 400",0," "," "
1999,"Laserdrucker A4","LaserExpress XL",0," "," "
1999,"Laserdrucker A4","LaserExpress XL",0," "," "
0," "," ",385," "," "
0," "," ",345," "," "
0," "," ",320," "," "
0," "," ",310," "," "
```

ASCII - Festes Format (*.SDF): Eine ASCII-Datei, in der Datenelemente in Feldern mit fester Breite erscheinen. Die Breite entspricht der, die Sie mit dem Befehl DATENBANKOPTIONEN festgelegt haben. Das Listing unten zeigt einen Ausschnitt aus einer Datei mit diesem Format.

```
BaujBeschreibung                    Bezeichnung
1998Desktop PC, PII 300 MHz         Artist PII 300
1999Desktop PC, PII 450 MHz         Artist PII 450
1997Desktop PC, PII 266             Artist PII 266
1999Desktop PC, PII 400 MHz         Artist PII 400
1999Laserdrucker A4                 LaserExpress XL
1999Laserdrucker A4                 LaserExpress XL
   0
   0
   0
```

Excel - Binärdatei (*.XLS): Eine speziell für Microsoft Excel formatierte Binärdatei. Eine solche Datei kann direkt in Excel geöffnet und bearbeitet werden. Abbildung 9.8 zeigt einen Ausschnitt aus dieser Datei in Microsoft Excel.

Abbildung 9.8: Datenbankfelder in Microsoft Excel exportiert

Tips

- Das Format der Ausgabe kann mit dem Befehl DATENBANKOPTIONEN beeinflusst werden. Im Register FORMAT des Dialogfelds dieses Befehls haben Sie Einstellmöglichkeiten (siehe Abbildung 9.9).

- Stellen Sie ein, welche Felder von Symbolen automatisch übernommen und ob die berechneten Werte von Zahlen in Texte umgewandelt werden sollen.

Daten exportieren

- *Stellen Sie das Format der Ausgabe wie in Abbildung 9.9 ein.*
- *Wählen Sie alle Objekte der Zeichnung an, und erstellen Sie Ausgabedateien in den verschiedenen Formaten.*

- Wenn Sie Microsoft Excel haben, können Sie die Dateien mit der Dateierweiterung *.CSV und *.XLS direkt öffnen.
- In ihrem Ordner \Aufgaben finden Sie Ausgabedateien in allen Formaten: L09-02.CSV, L09-02.SDF und L09-02.XLS.

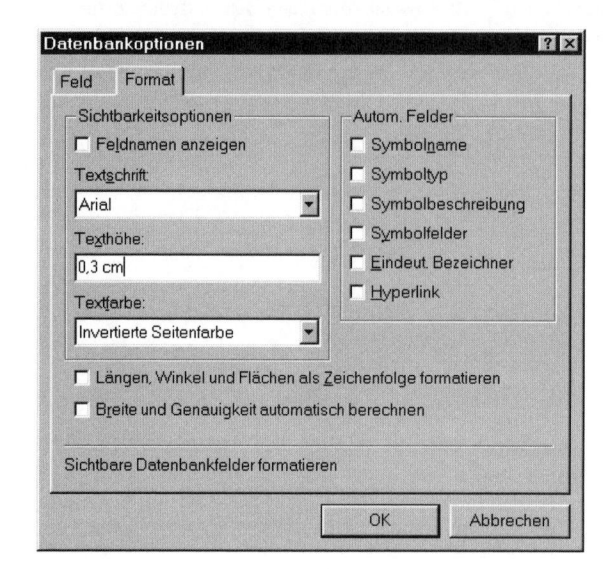

Abbildung 9.9:
Formateinstellung
für den Datenexport

9.5 Berichte

Neben der Möglichkeit, die Daten zu exportieren, können Sie diese auch direkt in AutoSketch auswerten. Sie können in Berichten die Daten nach den verschiedensten Kriterien auswerten und diese Berichte ausdrucken oder auch wieder in Microsoft Excel oder andere Tabellenkalkulationsprogramme exportieren.

Befehl DATENBANKBERICHT

Der Befehl DATENBANKBERICHT ermöglicht es Ihnen, ohne weitere Programme in AutoSketch Berichte zusammenzustellen und direkt auszuwerten, zu drucken oder abzuspeichern. Wählen Sie den Befehl:

- Abrollmenü DATENBANK, Funktion DATENBANKBERICHT
- Symbol in der Symbolleiste DATENBANK

In einem Dialogfeld können Sie die Berichte verwalten. Zunächst ist das Fenster noch leer, da in der Zeichnung noch keine Berichte definiert wurden (siehe Abbildung 9.10).

Abbildung 9.10: Dialogfeld zur Verwaltung von Berichten

Schauen wir uns den Vorgang an Beispielen an:

Definition eines Berichts:

Klicken Sie die Schaltfläche ERSTELLEN an, und Sie bekommen ein weiteres Dialogfeld, in dem Sie den Bericht erstellen können.

Es gibt zwei Arten von Berichten: In Übersichtsberichten werden nur Symbole und deren Datenfelder ausgewertet. Außerdem werden dort gleiche Symbole aufsummiert und deren Zahlenfelder addiert. In einem detaillierten Bericht können Sie alle Objekte der Zeichnung mit ihren Datenfeldern auswerten. Alle Objekte werden in dem Bericht einzeln aufgeführt.

Erstellen wir zunächst die Inventarliste. Diese soll die Symbole einzeln aufgelistet enthalten; wählen Sie deshalb einen detaillierten Bericht. Er soll die Felder in dieser Reihenfolge enthalten: Bezeichnung, Beschreibung, Baujahr, Inventarnummer, Raumnummer und Neupreis. Tragen Sie einen Titel und eine Beschreibung ein. Wählen Sie nacheinander die Felder, die in den Bericht aufgenommen werden sollen, und klicken Sie auf die Schaltfläche HINZUFÜGEN (am Ende der Liste einfügen) oder EINFÜGEN (vor der Markierung einfügen). Ein detaillierter Bericht muß das Feld UID enthalten, die eindeutige Identifikationsnummer des Objekts in der Zeichnung. Fügen Sie dieses Feld am Beginn der Liste ein. Das Dialogfeld sollte dann wie in Abbildung 9.11 aussehen.

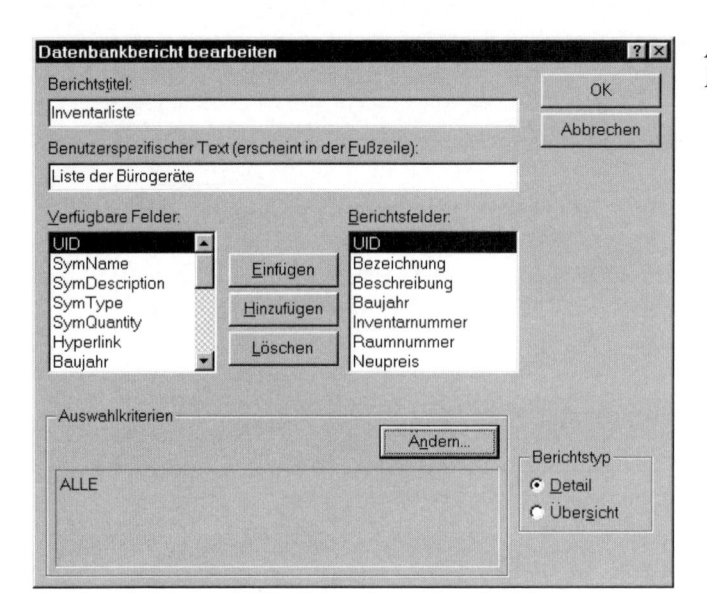

Abbildung 9.11:
Bericht Inventarliste

Wenn Sie den Bericht erstellen und Sie haben keine Objekte angewählt, werden alle Symbole aus der Zeichnung in den Bericht aufgenommen. Wenn Sie vorher Objekte ausgewählt haben, werden nur diese in den Bericht übertragen. Da es aber nicht sinnvoll ist, immer vorher alle Objekte zu wählen, können Sie auch vorgeben, dass nur Objekte ausgewertet sollen, die bestimmten Kriterien entsprechen. Klicken Sie deshalb im Feld AUSWAHLKRITERIEN auf die Schaltfläche ÄNDERN. In einem weiteren Dialogfeld können Sie die Auswahlkriterien festlegen. Wählen Sie im Abrollmenü KRITERIEN den Eintrag LAYER und aus der Liste den Layer *Computer* aus (siehe Abbildung 9.12).

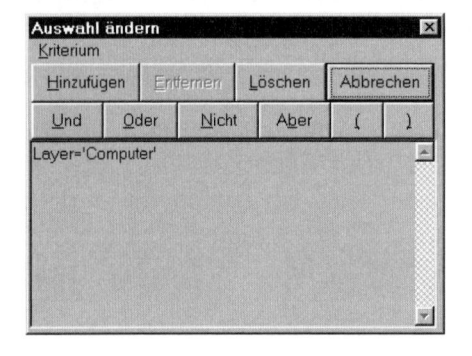

Abbildung 9.12:
Auswahlkriterien
für den Bericht

Klicken Sie dann auf die Schaltfläche HINZUFÜGEN, und diese Bedingung wird als Auswahlkriterium in den Bericht aufgenommen. Das heißt, es werden für diesen Bericht nur Objekte ausgewertet, die sich auf dem Layer *Computer* befinden (siehe Abbildung 9.13).

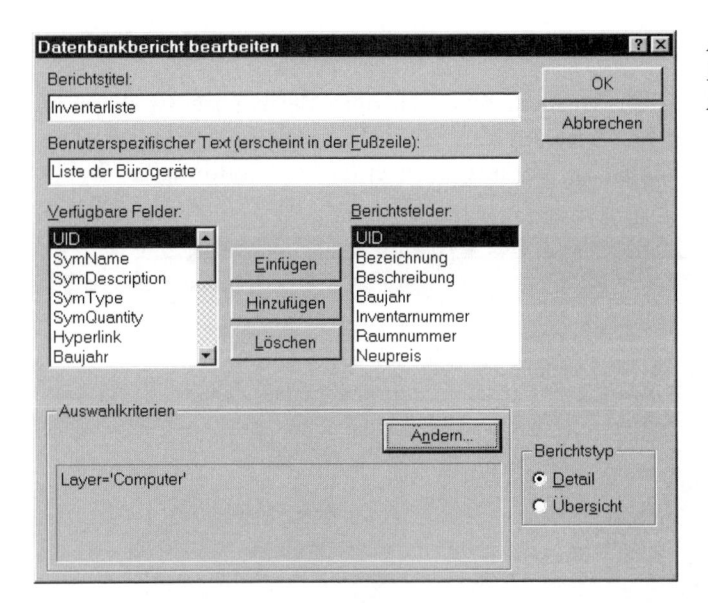

Abbildung 9.13:
Bericht Inventarliste mit Auswahlkriterien

Klicken Sie dann auf die Schaltfläche OK. In einem weiteren Dialogfeld können Sie jetzt noch die Bezeichnung der Titelfelder ändern und wählen, ob die Felder nachher im Bericht noch verändert werden dürfen (Spalte BEARBEITBAR ankreuzen). Ändern Sie die Bezeichnung für das Feld UID, und machen Sie das Feld BESCHREIBUNG bearbeitbar (siehe Abbildung 9.14).

Abbildung 9.14:
Konfiguration des Berichts Inventarliste

Wenn Sie die Änderungen vorgenommen haben, klicken Sie auf die Schaltfläche SCHLIESSEN, und der Bericht wird in das Dialogfeld zur Verwaltung von Berichten (siehe Abbildung 9.10) übernommen.

Erstellen eines Berichts:

Da der Bericht Inventarliste im Moment unser einziger Bericht ist, ist dieser in der Liste markiert. Klicken Sie jetzt auf die Schaltfläche BERICHT, und Sie bekommen in einem Dialogfeld den Bericht ausgewertet (siehe Abbildung 9.15).

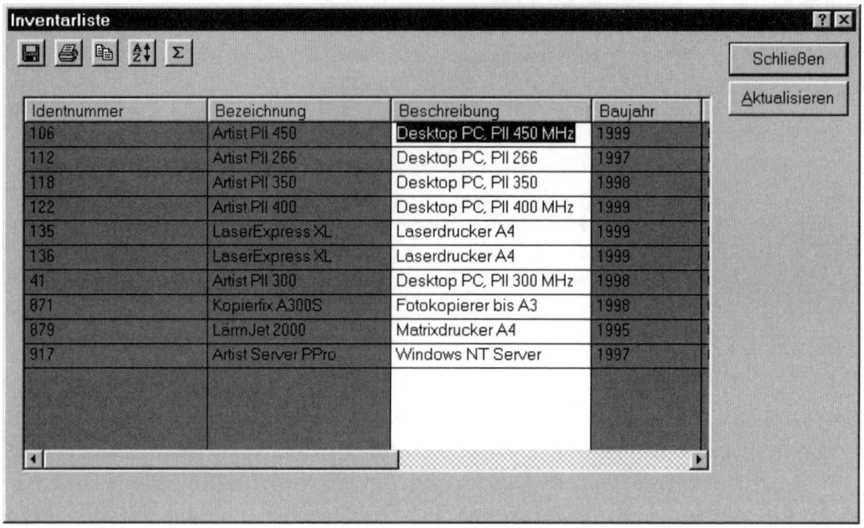

Identnummer	Bezeichnung	Beschreibung	Baujahr
106	Artist PII 450	Desktop PC, PII 450 MHz	1999
112	Artist PII 266	Desktop PC, PII 266	1997
118	Artist PII 350	Desktop PC, PII 350	1998
122	Artist PII 400	Desktop PC, PII 400 MHz	1999
135	LaserExpress XL	Laserdrucker A4	1999
136	LaserExpress XL	Laserdrucker A4	1999
41	Artist PII 300	Desktop PC, PII 300 MHz	1998
871	Kopierfix A300S	Fotokopierer bis A3	1998
879	LärmJet 2000	Matrixdrucker A4	1995
917	Artist Server PPro	Windows NT Server	1997

Abbildung 9.15: Auswertung Bericht Inventarliste

Die Felder, die Sie vorher auf BEARBEITBAR gesetzt haben, können Sie jetzt noch ändern. In der Symbolleiste können Sie mit den entsprechenden Symbolen wählen, ob Sie den Bericht in einer Datei speichern, drucken oder in die Windows-Zwischenablage kopieren wollen. Auch hier haben Sie wieder die Möglichkeit, den Bericht im Microsoft-Excel-Format zu speichern und dort weiterzubearbeiten oder auszuwerten.

Mit zwei weiteren Symbolen können Sie die Sortierung ändern und Zahlenfelder aufsummieren lassen. Da alle Zahlenfelder summiert werden, kommen nicht immer sinnvolle Ergebnisse dabei heraus, beispielsweise wenn das Baujahr summiert wird.

Definition weiterer Berichte

- Erstellen Sie den Bericht für den Verkabelungsplan, die Telefonliste und die Personalliste entsprechend den Vorgaben in Tabelle 9.1. Erstellen Sie detaillierte Berichte.

- In der Zeichnung L09-03.SKF haben Sie diese Berichte gespeichert. Wenn Sie bei dieser Zeichnung den Befehl DATENBANKBERICHT wählen, bekommen Sie die Liste der Berichte, die in dieser Zeichnung definiert sind (siehe Abbildung 9.16).

Abbildung 9.16: Liste der Berichte in der Zeichnung

- Erstellen Sie Berichte aus der Zeichnung. Drucken Sie die Berichte aus, oder exportieren Sie diese in Microsoft Excel. Öffnen Sie sie dort, um sie weiterzubearbeiten.

Berichte verwalten

In dem Dialogfeld in Abbildung 9.16 können Sie die vorhandenen Berichte bearbeiten und verwalten.

BERICHT: Erstellen des Berichts, der in der Liste markiert ist.

BEARBEITEN: Bearbeiten eines bereits erstellten Berichts. Der Bericht, der in der Liste markiert ist, wird bearbeitet.

ERSTELLEN: Erstellen eines neuen Berichts.

UMBENENNEN: Umbenennen des markierten Berichts.

LÖSCHEN: Löschen des markierten Berichts.

VERWALTEN

In der Registerkarte VERWALTEN (siehe Abbildung 9.17) können Sie aus den in einer Zeichnung erstellten Berichten globale Berichte machen. Ein globaler Bericht kann in jede neue oder vorhandene Zeichnung übernommen werden. Wenn Sie also immer wieder gleichartige Zeichnungen anfertigen, können Sie einmal erstellte Berichte in anderen Zeichnungen weiterverwenden.

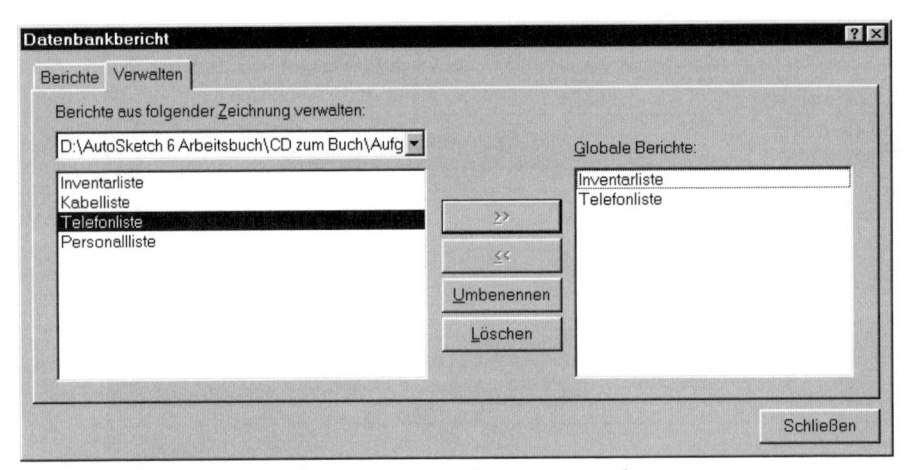

Abbildung 9.17: Registerkarte zum Verwalten von Berichten

Im Abrollmenü können Sie eine der gerade geöffneten Zeichnungen auswählen. In der Liste darunter bekommen Sie alle Berichte in dieser Zeichnung aufgelistet. Markieren Sie einen Bericht, und klicken Sie auf die Schaltfläche >>. Der Bericht wird in das Feld der globalen Berichte übertragen und steht somit für alle Zeichnungen zur Verfügung.

Wollen Sie einen globalen Bericht in die Zeichnung übernehmen, markieren Sie ihn in der rechten Liste, und klicken Sie auf die Schaltfläche <<. Der Bericht wird in die linke Liste übernommen und steht somit in der Zeichnung zur Verfügung.

Mit der Schaltfläche UMBENENNEN kann der markierte Bericht umbenannt und mit der Schaltfläche LÖSCHEN gelöscht werden.

9.6 Hyperlinks in der Zeichnung

Mit Hilfe der in AutoSketch integrierten Hyperlink-Funktion können Sie den Objekten in Ihrer Zeichnung Querverweise zuordnen, sogenannte Hyperlinks. Diese funktionieren ähnlich wie die automatischen Querverweise in einer Online-Hilfe. Sie klicken das Objekt an, und es wird automatisch das Dokument in dem Programm geöffnet, in dem es erstellt wurde.

Mit Hyperlinks können Sie beispielsweise Verbindungen zu anderen AutoSketch-Zeichnungen herstellen. Wenn Sie dann das Objekt mit dem Hyperlink in der Zeichnung anklicken, wird automatisch die Detailzeichnung davon geöffnet. Sie können aber auch ein Textdokument, eine Tabelle oder eine Bilddatei öffnen. Haben Sie in Ihrem PC eine Soundkarte, können Sie auch eine Sound-Datei abspielen. Mit der entsprechenden Software können Sie auch einen Video-Film abspielen. Haben Sie einen Internet-Zugang, können Sie einen Hyperlink zu einer URL-Adresse herstellen und damit Web-Seiten aus dem Internet in Ihrem Browser anzeigen. Ein URL (Uniform Resource Locator) stellt die Adresse eines Objekts im Internet dar (zum Beispiel www.sup-gmbh.de). Dies kann die Adresse einer Homepage, einer Grafik oder eines Verzeichnisses sein.

Somit steht Ihnen direkt in der AutoSketch-Zeichnung die Verbindung zu jeder Art von Datei und der Zugang zur ganzen Internet-Welt offen. Dazu benötigen Sie in AutoSketch nur zwei Befehle.

Befehl HYPERLINK BEARBEITEN

Mit dem Befehl HYPERLINK BEARBEITEN können Sie einem Objekt in der Zeichnung einen Hyperlink zuordnen. Wählen Sie den Befehl:

- Symbol in der Standard-Symbolleiste

Bevor Sie den Befehl anwählen können, müssen Sie das Objekt oder die Gruppe von Objekten markiert haben, denen Sie den Hyperlink zuordnen wollen. In einem Dialogfeld tragen Sie den Hyperlink ein (siehe Abbildung 9.18).

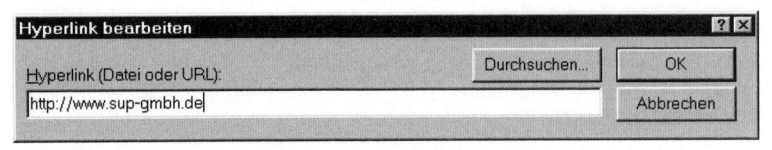

Abbildung 9.18: Dialogfeld zur Eingabe des Hyperlinks

Tippen Sie den Dateinamen mit der Pfadangabe ein, oder Sie klicken auf die Schaltfläche DURCHSUCHEN und wählen die gewünschte Datei aus. Sie können aber auch die URL eintragen, um einen Hyperlink zu einer Web-Seite im Internet herzustellen.

Befehl HYPERLINK SUCHEN

Mit dem Befehl HYPERLINK SUCHEN können Sie einen Hyperlink in der Zeichnung suchen und die Verbindung per Mausklick herstellen. Wählen Sie den Befehl:

- Symbol in der STANDARDSYMBOLLEISTE

Wenn Sie den Befehl gewählt haben, bekommen Sie die Auswahlbox in der Zeichnung. Fahren Sie damit über ein Objekt, dem ein Hyperlink zugeordnet ist, wird das Objekt markiert, und es kommt ein Handcursor an dieser Stelle. Klicken Sie das Objekt mit der Hand an, wird die Verbindung hergestellt. Das Objekt wird mit dem Programm geöffnet, in dem es erstellt wurde, oder ihr Internet-Explorer wird gestartet und die entsprechende Web-Seite geöffnet.

Sie können aber auch zu einem Hyperlink springen, wenn Sie mit der Maus auf ein Objekt zeigen und die rechte Maustaste drücken. Ist dem Objekt ein Hyperlink hinterlegt, erscheint im Pop-up-Menü der Eintrag SPRUNG ZU HYPERLINK (siehe Abbildung 9.19). Klicken Sie diesen Eintrag an, wird zu dem Hyperlink verzweigt.

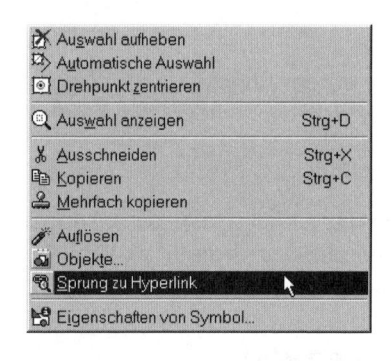

Abbildung 9.19: Pop-up-Menü mit dem Sprung zum Hyperlink

Hyperlinks zuordnen

- Öffnen Sie die Zeichnung L09-03.SKF, den Grundriss, den Sie gerade erstellt haben.

- Klicken Sie einen Stuhl im Foyer an. Wählen Sie den Befehl HYPERLINK BEARBEITEN, und tragen Sie den Hyperlink C:\Aufgaben\H09-01.SKF ein. Haben Sie Ihre Aufgaben in einen anderen Ordner kopiert oder den Ordner auf einem anderen Laufwerk, korrigieren Sie die Angaben entsprechend.

- Klicken Sie auf eine der Pflanzen im Foyer. Wählen Sie wieder den Befehl HYPERLINK BEARBEITEN, und tragen Sie den Hyperlink C:\Aufgaben\H09-02.PCX ein.

- Erstellen Sie weitere Hyperlinks.

Hyperlinks suchen

- Wählen Sie den Befehl HYPERLINKS SUCHEN, und klicken Sie die Objekte an. Die entsprechende Datei wird geöffnet.

- Laden Sie die Zeichnung L09-04.SKF. Diese Zeichnung enthält eine Menge Hyperlinks. Suchen Sie diese heraus. Die entsprechenden Dateien werden geöffnet (siehe Abbildung 9.20).

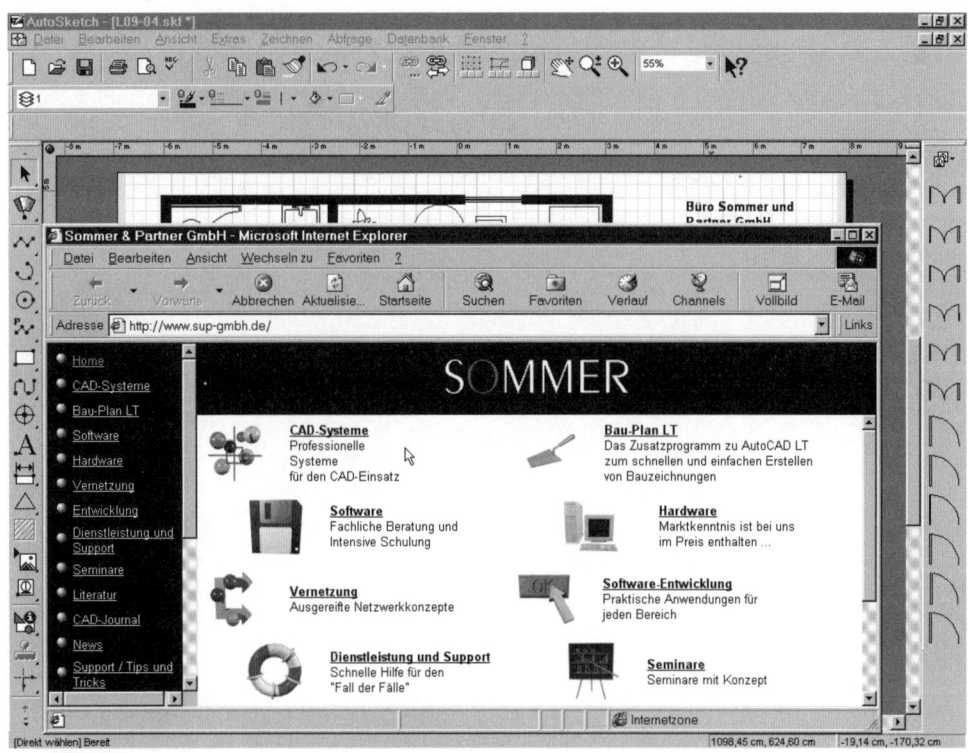

Abbildung 9.20: Hyperlink auf eine Web-Seite

Kapitel 10

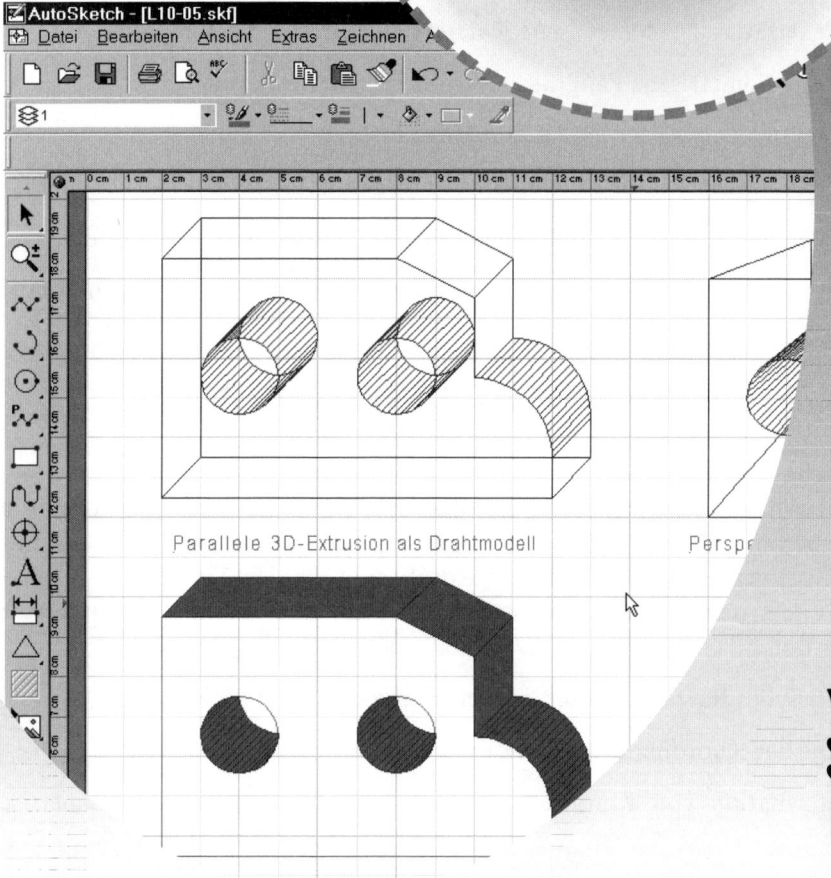

3D-Effekte

In 3D-CAD-Programmen haben Sie die Möglichkeit, ein vollständiges dreidimensionales Datenmodell eines realen Gegenstandes zu erstellen. Diesen können Sie dann von beliebigen Seiten im Raum betrachten und drehen. Zudem können Sie jede gewünschte Ansicht aus dem Modell ableiten. AutoSketch dagegen ist kein 3D-Programm. Trotzdem bleibt Ihnen die dritte Dimension nicht ganz verschlossen. Es stehen Ihnen Funktionen und Zeichenhilfen zur Verfügung, um 3D-Effekte in Ihre zweidimensionale Zeichnung zu bekommen. Isometrische Ansichten und Extrusionseffekte verleihen Ihren 2D-Zeichnungen einen 3D-Effekt. Sie lernen in diesem Kapitel,

- was isometrische Darstellungen sind
- wie Sie normale Konturen in isometrische Ebenen transformieren können
- wie Sie daraus eine isometrische Darstellung zusammenbauen können
- wozu das isometrische Fangraster verwendet werden kann
- wie man das Fangraster in der Isometrie einstellt
- wie Sie in diesem Raster Koordinaten eingeben können
- wie Sie in den isometrischen Ebenen zeichnen und konstruieren können
- wie Sie mit den Extrusionsbefehlen sehr einfach 3D-Effekte erzeugen können

10.1 Isometrische Darstellungen

Isometrische Darstellungen verschaffen dem Betrachter der Zeichnung einen räumlichen Eindruck. Vor allem Betrachter, die im Umgang mit technischen Zeichnungen nicht geübt sind, können sich so einen besseren Eindruck des dargestellten Gegenstandes verschaffen. In AutoSketch werden Sie bei der Erstellung solcher isometrischer Darstellungen durch verschiedene Funktionen unterstützt, und zwar durch:

- Isometrisches Raster in verschiedenen Ebenen
- Eingabe der Koordinaten in den isometrischen Ebenen
- Transformation von Konturen und einzelnen Objekten in die isometrische Ebene

AutoSketch unterstützt eine bestimmte Art der isometrischen Darstellung (siehe Abbildung 10.1).

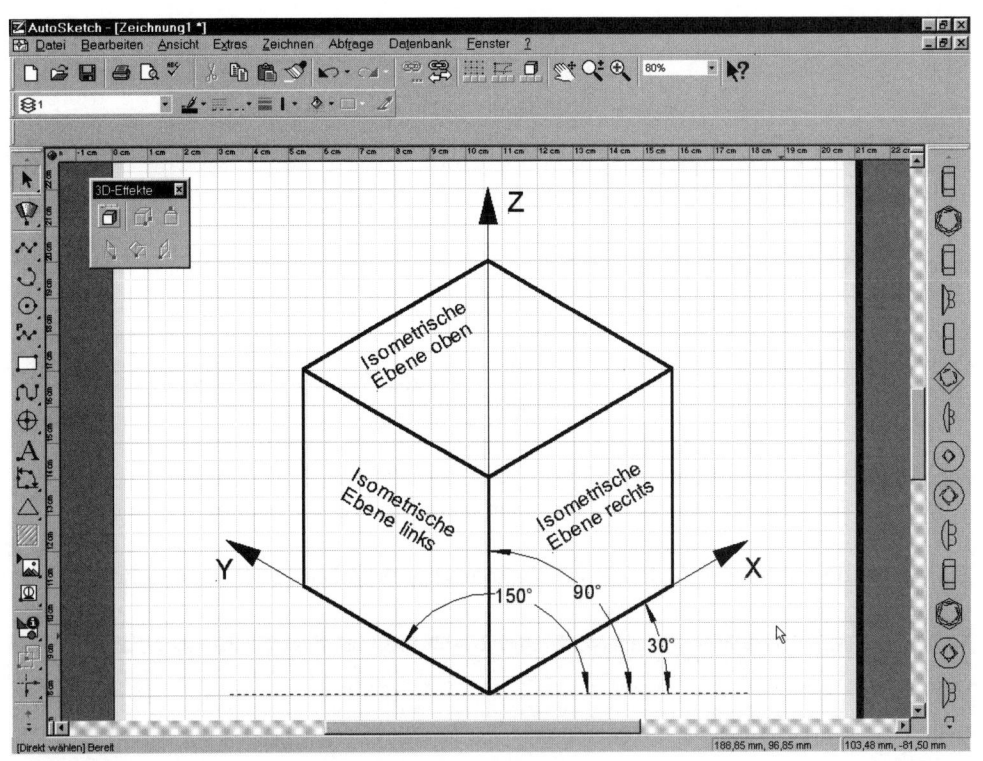

Abbildung 10.1: Isometrische Projektion in AutoSketch

Bei dieser Darstellung ist die XY-Ebene geneigt. Die X-Achse verläuft unter einem Winkel von 30°, die Y-Achse unter 150°. Die Z-Achse steht senkrecht. Beim Zeichnen können Sie das Raster an den isometrischen Ebenen ausrichten: links, rechts oder oben.

In diesem Kapitel wollen wir uns das Zeichnen von Isometrien an einem Beispiel ansehen. Ausgehen wollen wir von einer technischen Zeichnung, die ein mechanisches Teil enthält (siehe Abbildung 10.2).

320 3D-Effekte

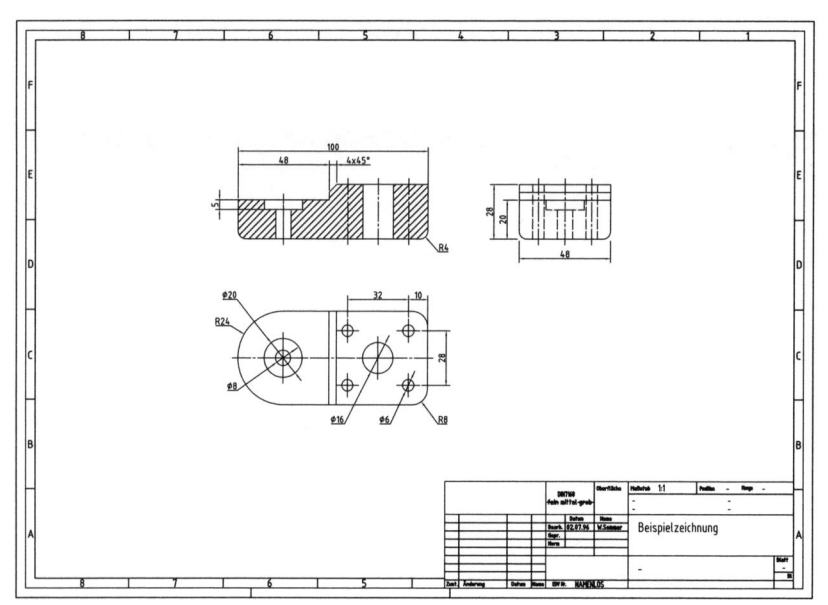

Abbildung 10.2: Beispiel zur Erstellung einer isometrischen Darstellung

Daraus soll eine isometrische Darstellung wie in Abbildung 10.3 entstehen.

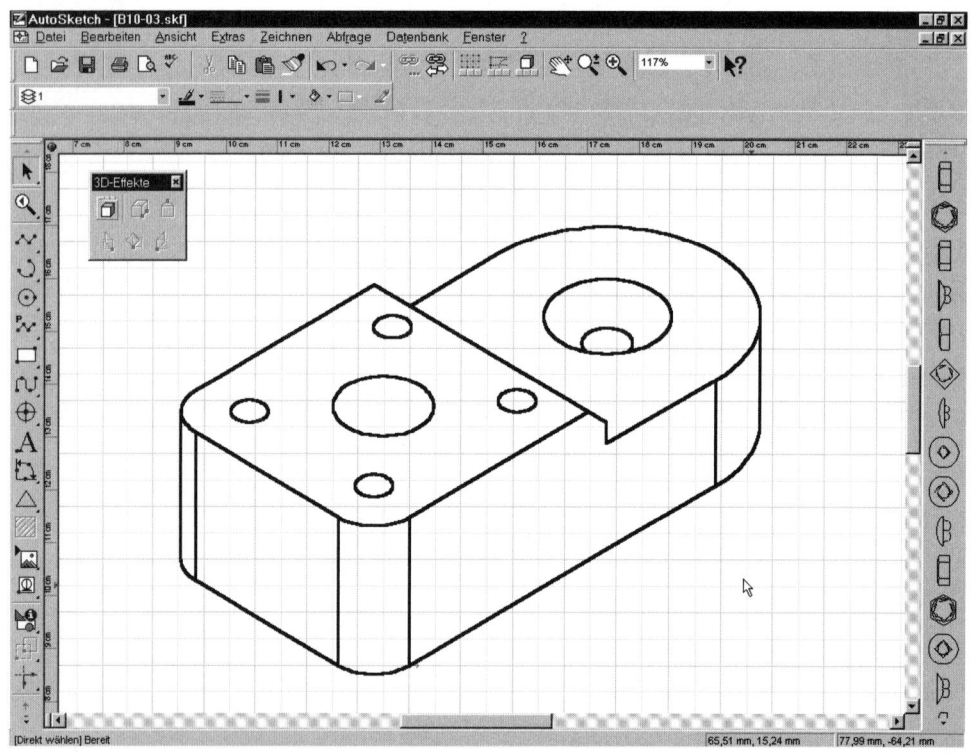

Abbildung 10.3: Isometrische Darstellung des Teils

10.2 Isometrische Transformationen

Haben Sie das Teil in drei Ansichten erstellt, ist schon ein Teil der Arbeit erledigt. Sie müssen diese nicht neu zeichnen, Sie können diese Ansichten in die isometrischen Ebenen transformieren.

Für das Beispiel finden Sie die Konturen der Ansichten in Ihrem Ordner *Aufgaben*. Öffnen Sie die Zeichnung *A10-01.SKF* aus dem Ordner (siehe Abbildung 10.4).

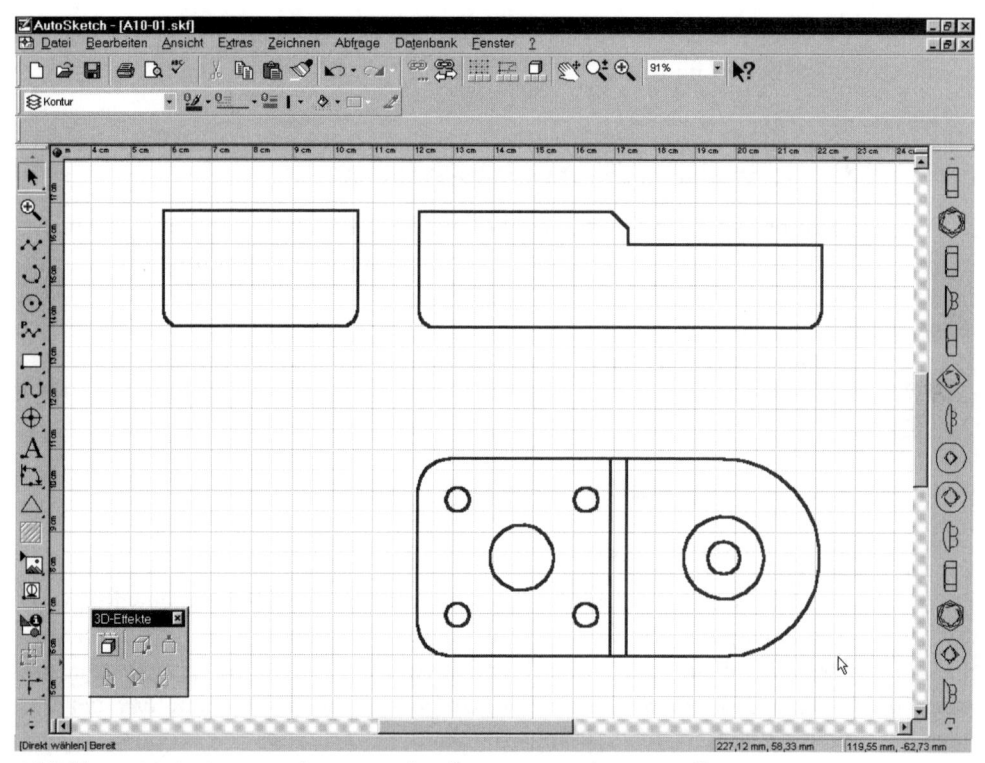

Abbildung 10.4: Ausgangskonturen für die isometrische Darstellung

Isometrische Transformation

Um die Ansichten in die entsprechende Ebene zu bekommen, stehen Ihnen drei Befehle zur Verfügung:

- TRANSFORMATION: ISOMETRISCH LINKS: zur Transformation der Objekte in die linke isometrische Ebene

- TRANSFORMATION: ISOMETRISCH OBEN: zur Transformation der Objekte in die obere isometrische Ebene

- TRANSFORMATION: ISOMETRISCH RECHTS: zur Transformation der Objekte in die rechte isometrische Ebene

Sie finden die Befehle:

- Symbol in der STANDARD-SYMBOLLEISTE

Mit diesem Symbol bringen Sie die Symbolleiste 3D-EFFEKTE auf den Bildschirm, in der Sie die Symbole für die 3D-Funktionen finden (siehe Abbildung 10.5).

Abbildung 10.5:
Symbolleiste 3D-EFFEKTE

Darin finden Sie die Transformationsbefehle:

- Symbole in der Symbolleiste 3D-EFFEKTE

Bevor Sie einen der Befehle anwählen können, müssen die Objekte gewählt werden, die in die entsprechende Ebene transformiert werden sollen. Erst dann sind die Symbole aktiv. Wenn Sie eines davon anwählen, wird die Transformation ausgeführt. Dazu müssen Sie noch den Ursprungspunkt angeben, der bei der neuen Darstellung an der gleichen Stelle bleibt.

Transformation in die isometrischen Ebenen

- Wählen Sie die untere Kontur (siehe Abbildung 10.4), und transformieren Sie diese in die obere isometrische Ebene.

- Wählen Sie dann die obere rechte Kontur, und transformieren Sie diese in die rechte isometrische Ebene.

- Wählen Sie zuletzt die obere linke Kontur, und transformieren Sie diese in die linke isometrische Ebene.

- Sie haben jetzt drei Konturen in verschiedenen isometrischen Ebenen verteilt auf dem Blatt (siehe Abbildung 10.6). Diese müssen jetzt noch zusammenmontiert und bearbeitet werden.

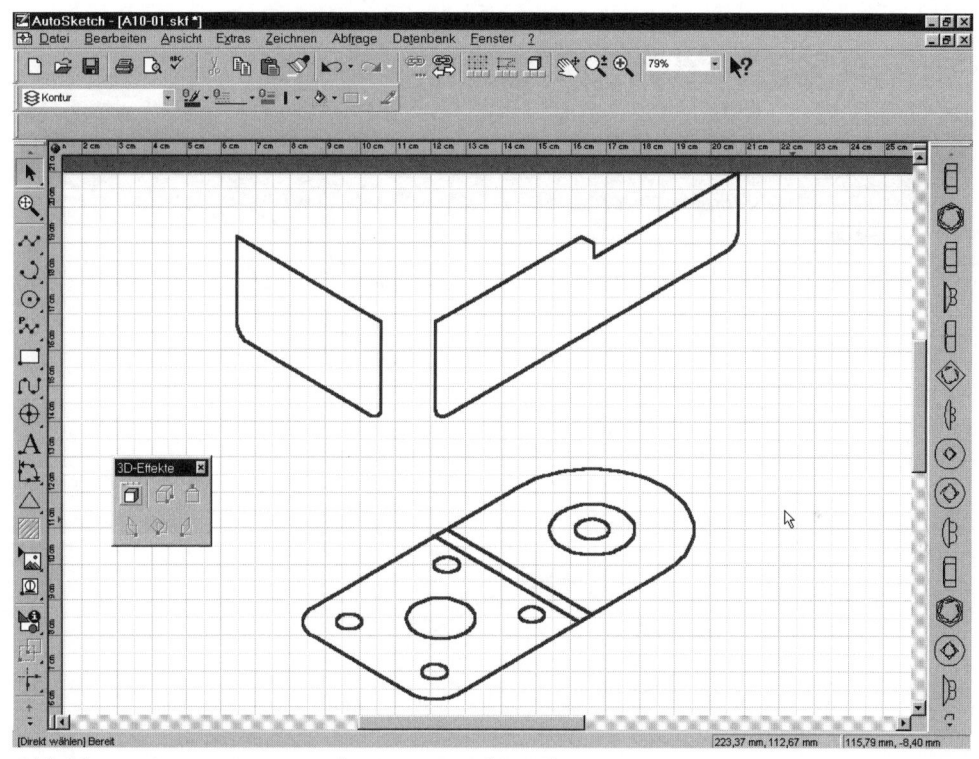

Abbildung 10.6: Konturen in den isometrischen Ebenen

3D-Effekte

⚡ Fehler

- Haben Sie versehentlich die falsche Transformation gewählt, können Sie nicht einfach eine andere wählen. Die Kontur würde dann verzerrt dargestellt werden. Machen Sie zuerst die falsche Transformation rückgängig, und versuchen Sie es noch einmal.

👉 Montage der Ebenen

- *Verschieben Sie die obere rechte Kontur mit dem Befehl* VERSCHIEBEN *(Abrollmenü* BEARBEITEN*, Untermenü* TRANSFORMIEREN*, Funktion* VERSCHIEBEN*). Bringen Sie dabei den Punkt P1 (siehe Abbildung 10.7) auf den Punkt P2.*

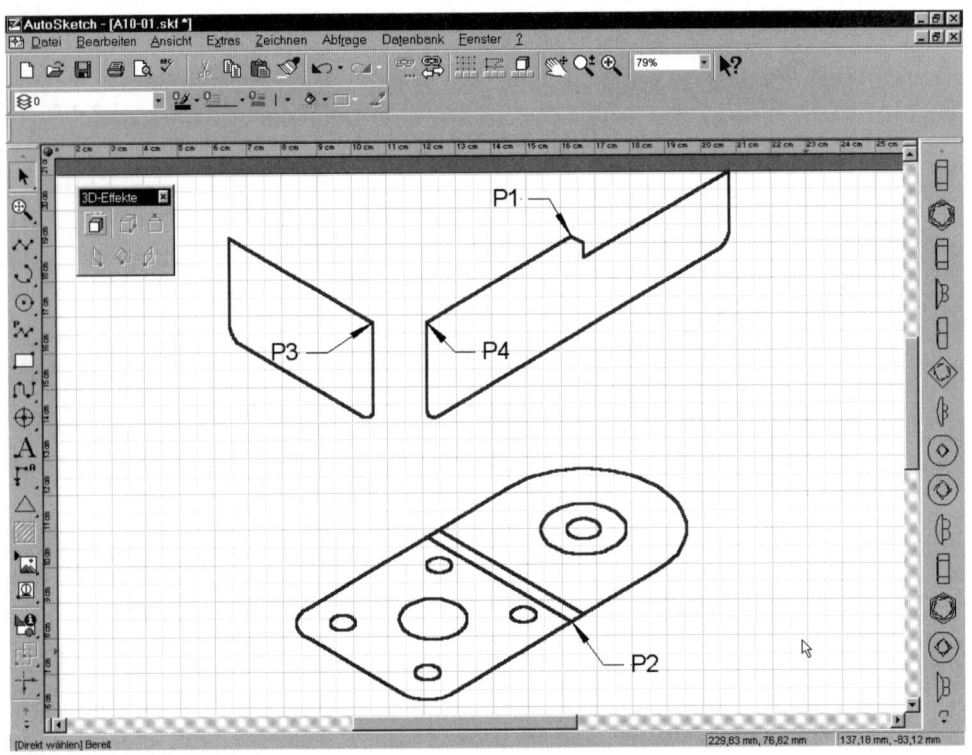

Abbildung 10.7: Montage der isometrischen Ebenen

- *Verschieben Sie die obere linke Kontur. Bringen Sie dabei den Punkt P3 auf den Punkt P4. Das Ergebnis sollte wie in Abbildung 10.8 aussehen. Falls nicht, haben Sie in Ihrem Ordner \Aufgaben die Zeichnung L10-01.SKF. Darin ist der Stand der Zeichnung in Abbildung 10.8.*

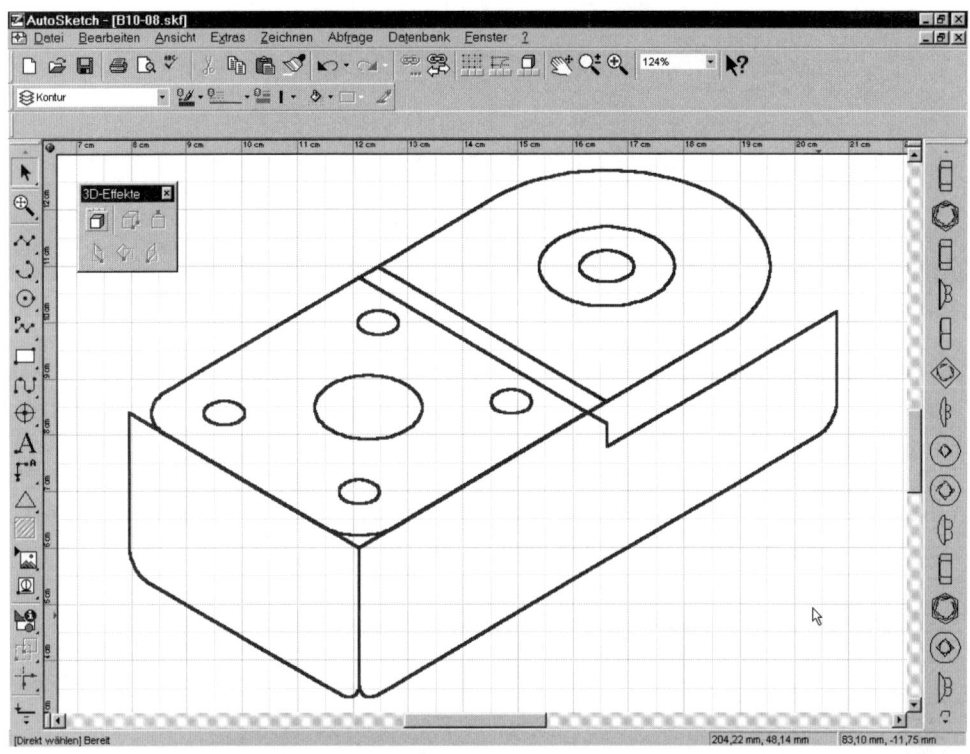

Abbildung 10.8: Isometrische Ebenen montiert

- Noch haben wir keine korrekte Darstellung; jetzt beginnt die Feinarbeit, die wesentlich aufwendiger ist als die Transformation. Da die Draufsicht des Teils flach ist, müssen Sie hier noch durch entsprechende Verschiebungen die Tiefe darstellen. Außerdem stellen die anderen Konturen die Außenabmessungen des Teils dar, die in der Isometrie so nicht sichtbar sind. Um hier besser arbeiten zu können, wollen wir uns zunächst das isometrische Raster anschauen, ein Hilfsmittel zur Bearbeitung der Ebenen.

10.3 Das isometrische Fangraster

Um in den isometrischen Ebenen besser arbeiten zu können, steht Ihnen das isometrische Fangraster zur Verfügung. Damit können Sie erreichen, dass die Koordinatenrichtungen nicht mehr waagrecht und senkrecht verlaufen, sondern in Richtung der isometrischen Achsen. Auch die Fixierung beim Zeichnen wirkt sich in Richtung der isometrischen Achsen aus.

Sie haben zwei Möglichkeiten, das Fangraster einzustellen.

Isometrisches Fangraster im Dialogfeld einstellen

In einem Dialogfeld des Befehls ZEICHENOPTIONEN können Sie alle Einstellungen für das Fangraster vornehmen. Sie finden den Befehl wie folgt:

- Abrollmenü EXTRAS, Funktion ZEICHENOPTIONEN...

In diesem Dialogfeld mit sechs Registern, die wiederum Unterregister haben, lässt sich praktisch alles einstellen, was es an einer Zeichnung einzustellen gibt. Uns interessieren jetzt das Register RASTER und in dem Unterregister die drei rechten Karten. Die drei Karten, ISOMETRISCH OBEN, ISOMETRISCH LINKS und ISOMETRISCH RECHTS, sind sich ziemlich ähnlich, nur dass Sie damit einmal die Einstellungen für X und Y vornehmen können (oben), in den anderen dann für Y und Z (links) und X und Z (rechts). Die Einstellmöglichkeiten kennen Sie teilweise schon vom rechtwinkligen Fang. Sehen wir uns die Registerkarte für die obere isometrische Ebene an (siehe Abbildung 10.9).

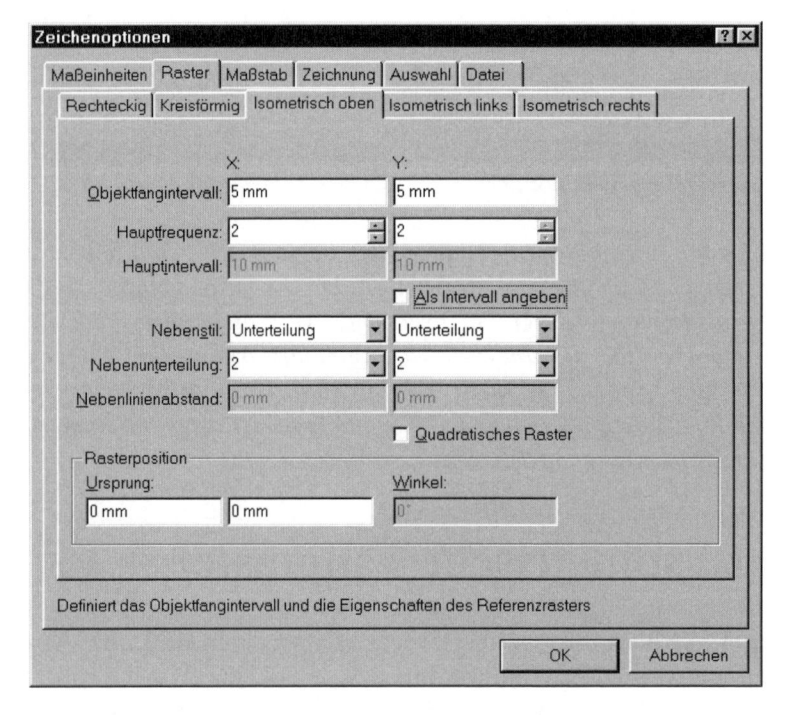

Abbildung 10.9: Isometrisches Raster einstellen

OBJEKTFANGINTERVALL: Schrittweite des Rasterfangs in Zeichnungseinheiten.

HAUPTFREQUENZ: Gibt an, bei jedem wievielten Fangpunkt eine Rasterlinie gezeichnet wird. Ist das OBJEKTFANGINTERVALL auf 5 mm eingestellt und die HAUPTFREQUENZ auf 2, wird alle 10 mm eine Rasterlinie gezeichnet.

HAUPTINTERVALL: Abstand der Rasterlinien in Zeichnungseinheiten. Es ist jeweils nur eine Einstellung möglich, HAUPTFREQUENZ oder HAUPTINTERVALL, die andere ist deaktiviert.

ALS INTERVALL ANGEBEN: Ist dieser Schalter ein, können Sie das HAUPTINTERVALL angeben, ansonsten die HAUPTFREQUENZ.

NEBENSTIL: Falls Sie sich nicht mehr an Kapitel 3 erinnern, der Nebenstil gibt an, wie das Raster mit weiteren dünner gezeichneten Nebenrasterlinien unterteilt ist. Folgende Möglichkeiten stehen zur Auswahl: keine weitere Unterteilung, Unterteilung in gleich großen Schritten, Nebenrasterlinie im vorgegebenen Abstand oder beidseitige Nebenrasterlinien im vorgegebenen Abstand.

NEBENUNTERTEILUNG: Zahl der Nebenrasterlinien. Eine Einstellung ist nur möglich, wenn beim Nebenstil die Einstellung UNTERTEILUNG gewählt wurde.

NEBENLINIENABSTAND: Abstand der Nebenrasterlinien zum Hauptraster. Eine Einstellung ist nur möglich, wenn bei der Nebenunterteilung ABSTAND oder DOPPELTER ABSTAND gewählt wurde.

QUADRATISCHES RASTER: Ist dieser Schalter ein, lassen sich nur Werte für X einstellen; diese werden für Y übernommen. Ist der Schalter aus, können Sie für Y getrennte Einstellungen vornehmen.

RASTERPOSITION: In diesem Feld können Sie den Rasterursprung einstellen. Dieser Punkt ist nicht der Koordinatennullpunkt, nur der Startpunkt für das Raster. Den Winkel können Sie beim isometrischen Raster nicht einstellen, er ergibt sich aus der entsprechenden Ebene.

Isometrisches Fangraster in der Symbolleiste BEARBEITEN einstellen

Wie Sie schon in Kapitel 3 gesehen haben, können Sie das Raster auch in der Symbolleiste BEARBEITEN einstellen. Wählen Sie dazu:

- Symbol in der STANDARD-SYMBOLLEISTE

3D-Effekte

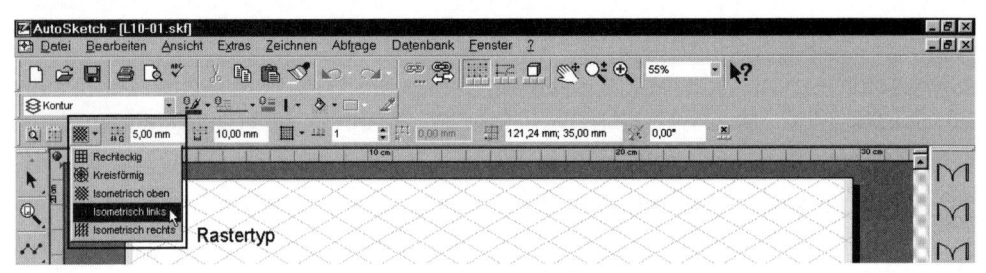

Abbildung 10.10: Rastereinstellungen in der Symbolleiste BEARBEITEN

In dem Abrollmenü in der Symbolleiste links können Sie den Rastertyp wählen. Dort finden Sie auch die drei isometrischen Einstellungen. Die restlichen Einstellungen entsprechen denen im Dialogfeld.

Die Einstellung des Rasterursprungs können Sie hier einfacher als im Dialogfeld vornehmen. Klicken Sie mit der rechten Maustaste in dieses Feld, und Sie können die Ursprungsverschiebung in einem Pop-up-Menü wählen (siehe Abbildung 10.11).

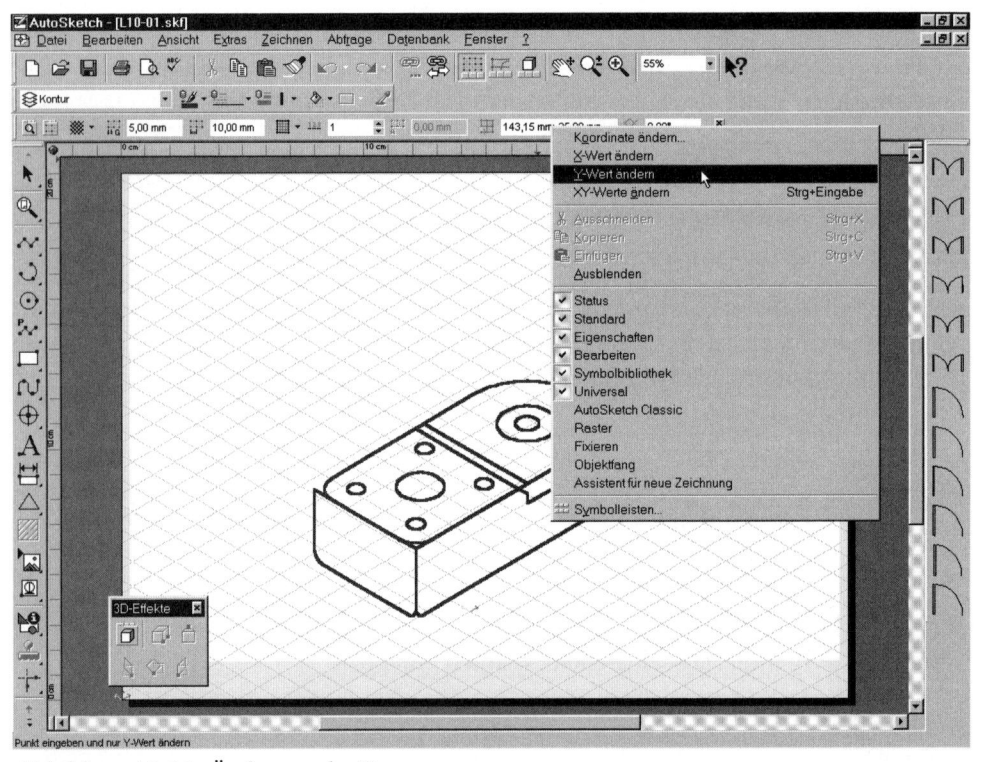

Abbildung 10.11: Änderung des Rasterursprungs

Wählen Sie, welchen Wert Sie ändern wollen, und klicken Sie einen Punkt in der Zeichnung an. Mit der Auswahl KOORDINATE ÄNDERN... bekommen Sie ein

Dialogfeld auf den Bildschirm, in das Sie die Koordinate eintragen können (siehe Abbildung 10.12).

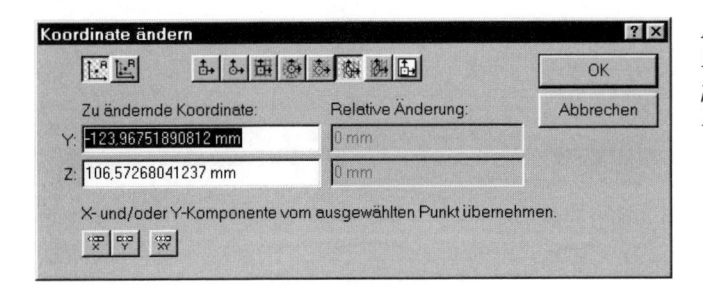

Abbildung 10.12: Eingabefeld für den Rasterursprung

Wählen Sie mit den Schaltern ganz links oben, ob Sie die Koordinate des Ursprungs absolut oder relativ eingeben wollen. Je nach Auswahl wird das linke oder rechte Eingabefeld freigegeben.

Einstellung des isometrischen Fangrasters

- Wählen Sie im Abrollmenü BEARBEITEN das Fangraster für die obere isometrische Ebene. Stellen Sie den Rasterfang auf 2 mm und die Rasterlinien auf 10 mm. Für die Nebenunterteilung können Sie 5 eingeben, dann haben Sie alle 2 mm eine Rasterlinie.

- Setzen Sie den Rasterursprung auf die vordere obere Kante (siehe Abbildung 10.13).

10.4 Koordinateneingabe im isometrischen Fangraster

In den verschiedenen Ebenen des isometrischen Fangrasters können Sie beim Bearbeiten der Kontur die Koordinaten in diesem Koordinatensystem einstellen. Doch bevor wir das machen, muß zuerst die Kontur noch bearbeitet werden.

Bearbeiten der Draufsicht

- Wählen Sie den Befehl STUTZEN – TRENNEN (Abrollmenü BEARBEITEN, Untermenü STUTZEN, Funktion TRENNEN). Wählen Sie die Linien an den Punkten P1 und P2, um sie an den Schnittpunkten in einzelne Lininensegmente zu trennen (siehe Abbildung 10.13).

- Machen Sie dasselbe bei P2 und P3, P4 und P5, P6 und P7 (siehe Abbildung 10.13).

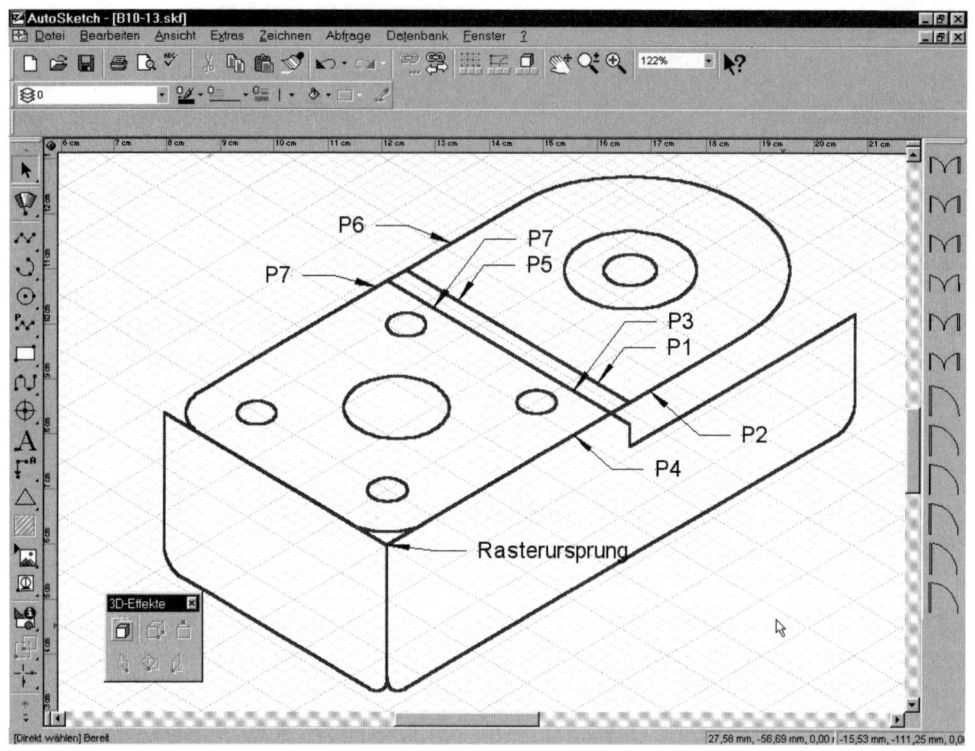

Abbildung 10.13: Bearbeiten der Kontur

Vorgang: Koordinaten im Fangraster

Die Koordinateneingabe in der isometrischen Ebene sehen wir uns an einem Beispiel an. Der vordere Teil der Kontur mit dem Halbkreis und der Senkung soll um 8 mm in Z-Richtung nach unten geschoben werden. Wählen Sie diesen Teil der Kontur an, samt der linken Begrenzungslinie, und dann den Befehl VERSCHIEBEN (Abrollmenü BEARBEITEN, Untermenü TRANSFORMIEREN, Funktion VERSCHIEBEN).

```
> [Verschieben] Ausgangspunkt eingeben
  Klicken Sie einen beliebigen Punkt in der Zeichnung ohne Fang an.
> [Verschieben] Zielpunkt eingeben
  Drücken Sie die Taste R, um eine relative Koordinate eingeben zu können.
```

Im Eingabefeld für Koordinaten können Sie jetzt die relative Koordinate im entsprechenden Koordinatensystem eingeben (siehe Abbildung 10.14).

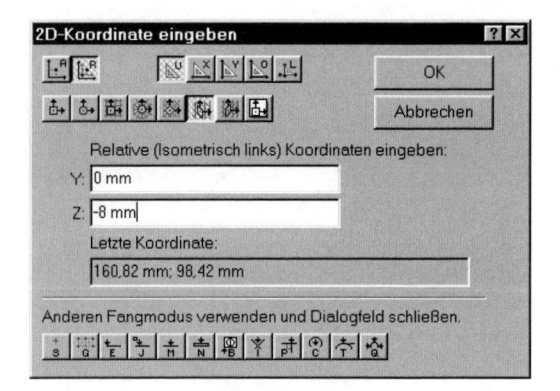

Abbildung 10.14:
Eingabe einer relativen Koordinate im isometrischen Koordinatensystem

Da Sie die Kontur in Z-Richtung nach unten verschieben wollen, müssen Sie das entsprechende Koordinatensystem wählen, um die Verschiebung bestimmen zu können. In der zweiten Symbolleiste von oben können Sie mit drei Symbolen zwischen den isometrischen Ebenen umschalten (fünftes, sechstes und siebtes Symbol von links). Je nachdem welche Ebene Sie gewählt haben, können Sie XY-, YZ- oder XZ-Koordinaten eingeben.

Schalten Sie für unseren Fall auf die rechte oder linke Ebene um, und tragen Sie für Z den Wert –8 mm ein (siehe Abbildung 10.14). Klicken Sie auf OK, und die Kontur wird in Z-Richtung um diesen Wert nach unten verschoben.

Verschieben der Senkung

- *Verschieben Sie auf die gleiche Art den inneren Kreis der Senkung um 5 mm nach unten.*

- *Löschen Sie die Überstände und die unsichtbare Linie, die diagonal durch das Teil verläuft. Verwenden Sie, wo erforderlich, den Befehl* STUTZEN – TRENNEN *noch einmal.*

- *Korrigieren Sie den inneren Kreis bei der Senkung; er steht vorne über den großen hinaus. Verwenden Sie den bereits bekannten Befehl* STUTZEN – KANTE. *Das Ergebnis sollte wie in Abbildung 10.15 aussehen, falls nicht, laden Sie die Zeichnung L10-02.SKF aus dem Ordner \Aufgaben.*

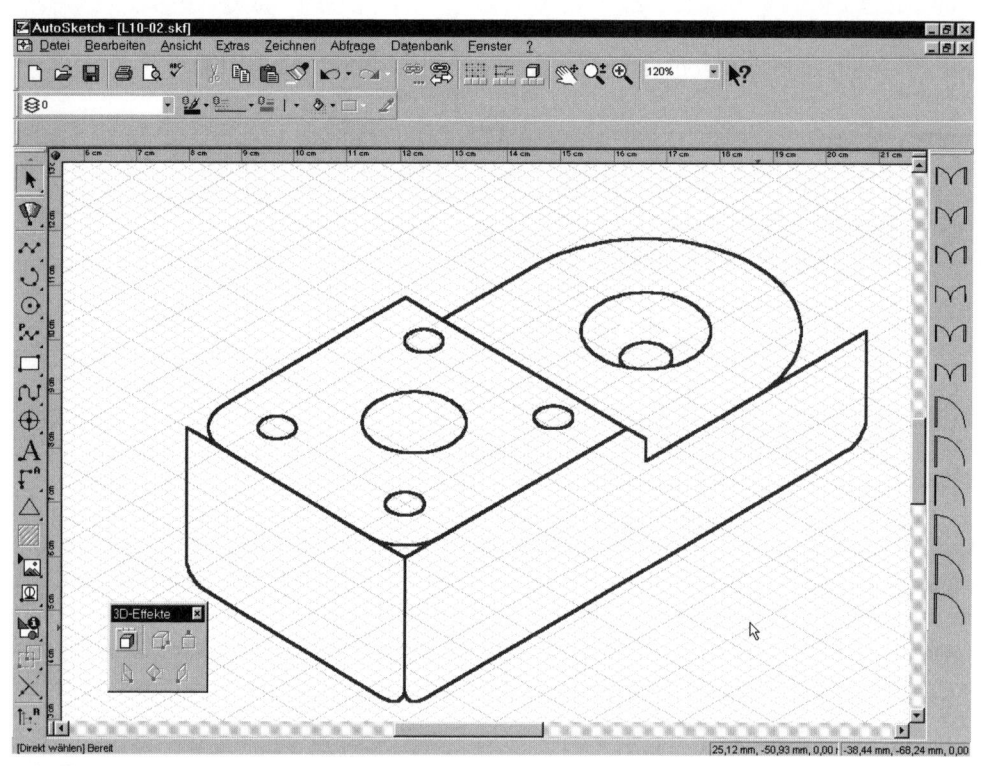

Abbildung 10.15: Die Draufsicht korrigiert

10.5 Konstruieren in der Isometrie

An der Darstellung in Abbildung 10.15 gibt es in den anderen Ebenen noch einiges zu korrigieren. Das können wir mit den schon bekannten Funktionen machen. Gehen Sie wie folgt vor.

Bearbeiten der anderen Ansichten

- Schalten Sie zur linken isometrischen Ebene um. Zeichnen Sie von P1 (Quadrantenpunkt des linken oberen Bogens) eine Linie senkrecht nach unten (siehe Abbildung 10.16).
- Zeichnen Sie weitere Linien von P2 und P3 (Endpunkt) und auf der rechten isometrischen Ebene von P4, P5 (Endpunkt) und P6 (Quadrantenpunkt) senkrecht nach unten.

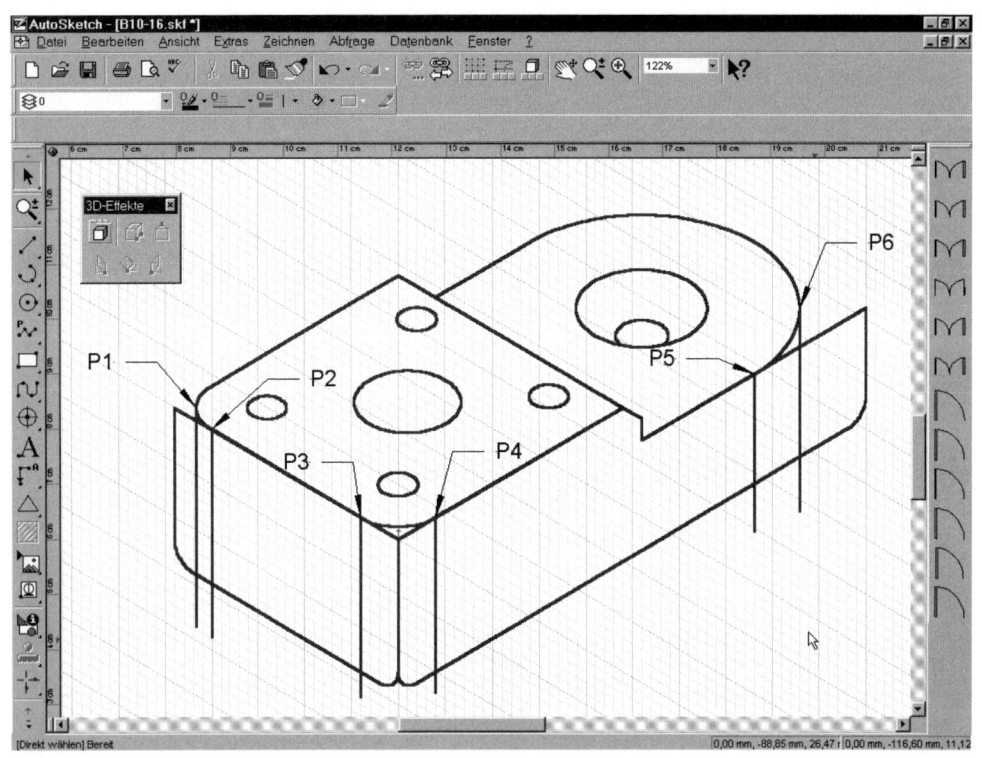

Abbildung 10.16: Zeichnen der sichtbaren Kanten

- Die gezeichneten Hilfslinien ergeben die senkrechten sichtbaren Kanten für die anderen Ebenen.

- Stutzen Sie alle überflüssigen Linien heraus. Dazu benötigen Sie nur den Befehl STUTZEN – TRENNEN, den aber ziemlich oft. Löschen Sie die abgestutzen Enden.

- Das Ergebnis sollte wie in Abbildung 10.17 aussehen.

- Jetzt fehlen noch die Bogenstücke an der unteren Kontur. Leider können Sie hier nicht einfach die Funktion zum Abrunden verwenden, da in der Isometrie aus Bögen Ellipsenbögen werden. Kopieren Sie deshalb die Bögen von der oberen Kante nach unten. Dazu können Sie den Befehl MEHRFACH KOPIEREN verwenden. Leider können Sie bei diesem Befehl nur einen Zielpunkt eingeben. Dadurch können Sie die Objekte nicht exakt an den richtigen Punkt kopieren. Kopieren Sie deshalb die Bögen an eine beliebige Stelle.

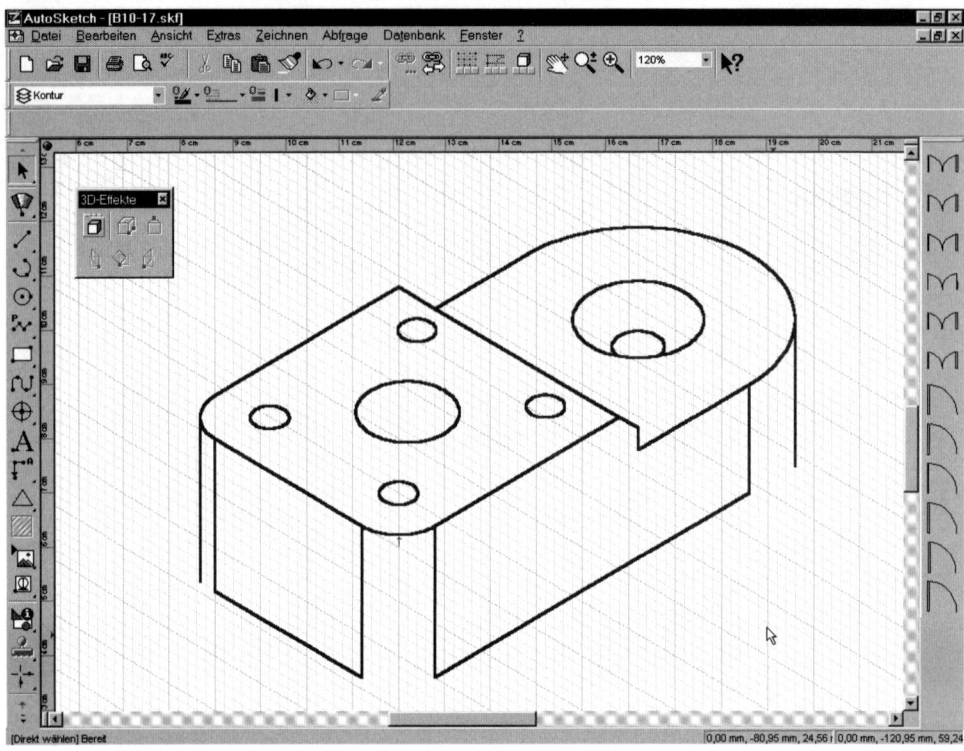

Abbildung 10.17: Korrektur der Ansichten

- Nehmen Sie dann den Befehl VERSCHIEBEN, und schieben Sie die Bögen von Endpunkt zu Endpunkt an die richtige Stelle.

- Die Überstände trennen Sie dann noch mit dem Befehl STUTZEN – TRENNEN und löschen sie heraus.

- Damit haben Sie die korrekte Ansicht. Sie sollte wie in Abbildung 10.18 aussehen. Falls dies nicht der Fall ist, finden Sie die Lösung in Ihrem Ordner \Aufgaben, die Zeichnung L10-03.SKF.

Das Teil ist fertig. Sie haben aber kein dreidimensionales Teil erstellt. AutoSketch ermöglicht es nur, mit den entsprechenden Hilfsfunktionen die Isometrie leichter zu erstellen. Hätten Sie ein echtes 3D-Modell, könnten Sie jetzt die Ansicht beliebig wechseln.

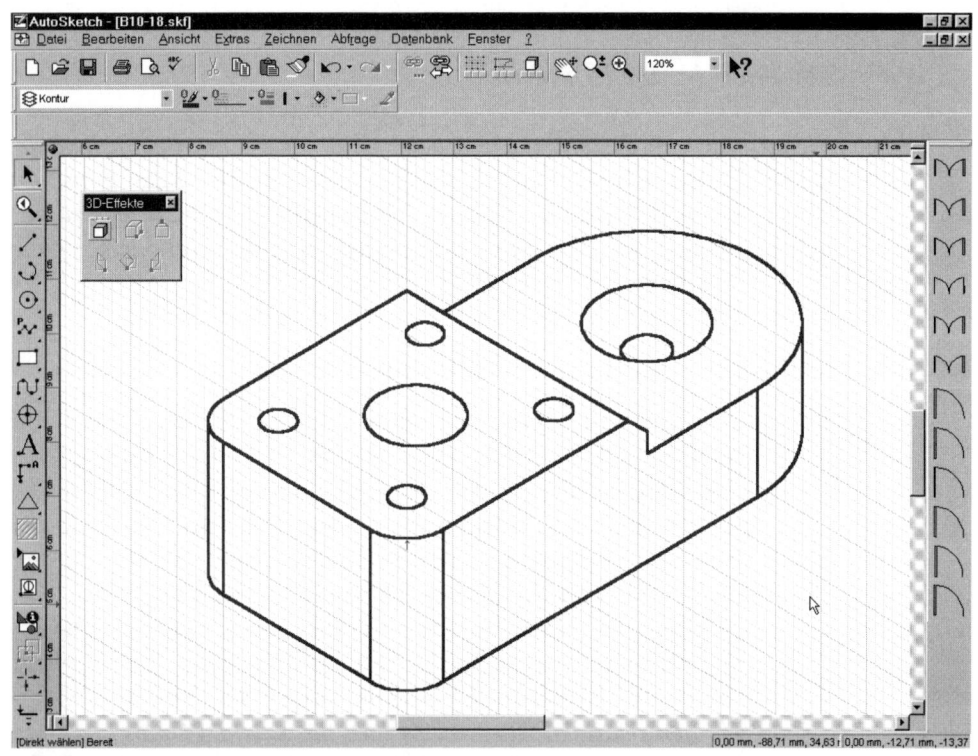

Abbildung 10.18: Das fertige Teil in der Isometrie

10.6 Zeichnen auf den isometrischen Ebenen

Haben Sie nachträglich noch irgendwelche Änderungen an den isometrischen Ebenen anzubringen, können Sie auch auf den Ebenen zeichnen. Die Objekte werden allerdings in der normalen Ansicht erstellt. Sie müssen sie nachträglich auf die Ebene transformieren. Machen wir zwei Versuche: Auf der rechten Ebene soll noch eine Bohrung mit dem Durchmesser 8 angebracht werden und auf der linken Ebene dieselbe Bohrung in der Mitte der Fläche (siehe Abbildung 10.21).

Das ist jetzt die »Hohe Kunst« des Zeichnens in AutoSketch. Hier kommen alle bisher behandelten Zeichenfunktionen in Kombination vor. Verzweifeln Sie nicht, wenn es bei den ersten Versuchen nicht klappt. Halten Sie sich genau an die Anleitung.

Zeichnen in der Isometrie

- Schalten Sie auf die rechte isometrische Ebene. Wählen Sie den Befehl KREIS – MITTELPUNKT, RADIUS (Abrollmenü ZEICHNEN, Untermenü KREIS, Funktion MITTELPUNKT, RADIUS). Sollte jetzt gleich das Eingabefeld für die Koordinaten erscheinen, klicken Sie das Symbol S in der unteren Symbolleiste ganz links an, das Eingabefeld verschwindet. Tragen Sie in der Symbolleiste BEARBEITEN den Radius 4 ein. Wählen Sie dann den Mittelpunkt.

> [Kreis - Mittelpunkt, Radius] Mittelpunkt eingeben

- Der Kreis soll relativ zum unteren Eckpunkt im Abstand von 24 mm in X-Richtung und 14 mm in Z-Richtung entfernt sein. Wählen Sie deshalb die Fangfunktion FANG – LETZTER PUNKT aus dem Flyout-Menü der Universal-Symbolleiste. Drücken Sie dann die Taste E für den Fang ENDPUNKT, und klicken Sie den Endpunkt P1 (siehe Abbildung 10.21) an. Drücken Sie dann die Taste R für eine relative Abstandsangabe, und schalten Sie im Dialogfeld auf die Koordinateneingabe für die rechte Ebene um. Tragen Sie dann im Dialogfeld den relativen Abstand 24 mm für X und 14 mm für Z ein (siehe Abbildung 10.19). Klicken Sie dann auf die Schaltfläche ABBRECHEN. Der Kreis sitzt an der richtigen Stelle, ist aber noch falsch ausgerichtet.

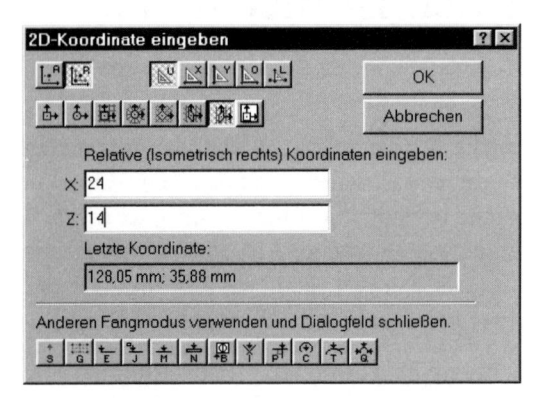

Abbildung 10.19: Koordinateneingabe auf der rechten isometrischen Ebene

- Klicken Sie den Kreis an, und wählen Sie den Befehl TRANSFORMATION: ISOMETRISCH RECHTS aus der Symbolleiste 3D-EFFEKTE. Der Kreis wird in die isometrische Ebene transformiert und als Ellipse dargestellt (siehe Abbildung 10.21).

- Schalten Sie jetzt zur linken isometrischen Ebene, und wählen Sie den Befehl KREIS – MITTELPUNKT, RADIUS (Abrollmenü ZEICHNEN, Untermenü KREIS, Funktion MITTELPUNKT, RADIUS) wieder. Klicken Sie das Eingabefeld für die Koordinaten mit dem Symbol S in der unteren Symbolleiste weg, wenn es jetzt schon kommt. Wählen Sie den Mittelpunkt des Kreises.

> [Kreis - Mittelpunkt, Radius] Mittelpunkt eingeben

- Der Kreis soll auf der Mitte der Fläche platziert werden. Wählen Sie deshalb auch hier die Fangfunktion FANG – LETZTER PUNKT aus dem Flyout-Menü der Universal-Symbolleiste. Drücken Sie dann die Taste M für den Fang MITTELPUNKT, und klicken Sie den Mittelpunkt P2 (siehe Abbildung 10.21) an. Jetzt brauchen Sie wieder das Dialogfeld, damit Sie den Abstand der Bohrung vom letzten Punkt eingeben können. Drücken Sie die Taste R für das Dialogfeld. Schalten Sie auf die Koordinateneingabe für die linke Ebene um, und tragen Sie den relativen Abstand 0 mm für Y und 14 mm für Z ein (siehe Abbildung 10.20). Klicken Sie dann auf die Schaltfläche ABBRECHEN. Der Kreis ist gezeichnet.

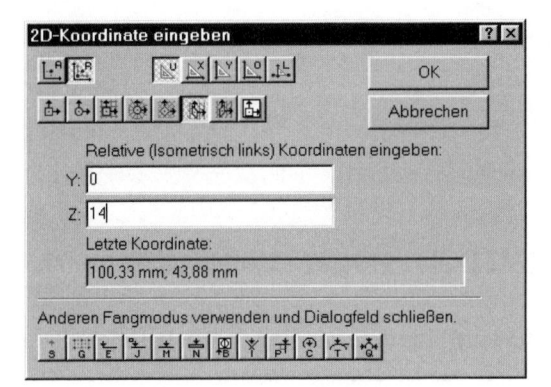

Abbildung 10.20:
Koordinateneingabe
auf der linken
isometrischen Ebene

- Klicken Sie jetzt den linken Kreis an, und wählen Sie den Befehl TRANSFORMATION: ISOMETRISCH LINKS aus der Symbolleiste 3D-EFFEKTE. Der Kreis wird in die linke isometrische Ebene transformiert (siehe Abbildung 10.21).

- Falls es Ihnen nicht gelungen ist: Auch diese Zeichnung finden Sie in Ihrem Ordner \Aufgaben, die Zeichnung L10-04.SKF.

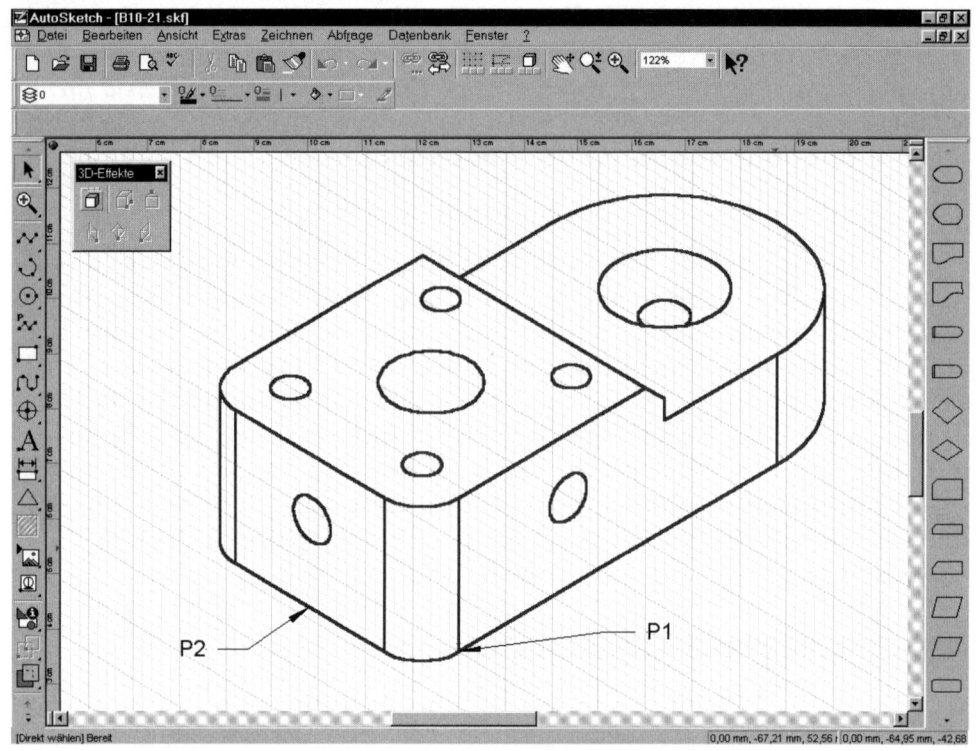

Abbildung 10.21: Das Teil mit den zusätzlichen Bohrungen

10.7 3D-Effekte durch Extrusionen

Neben den beschriebenen Möglichkeiten zur Erzeugung von isometrischen Ansichten können Sie auch für Illustrationen 3D-Effekte erzeugen, indem Sie vorhandene Konturen extrudieren. Zwei Befehle stehen Ihnen dabei zur Verfügung: PARALLELE 3D-EXTRUSION und PERSPEKTIVISCHE 3D-EXTRUSION. Die Effekte wollen wir uns am Schluß dieses Kapitels an zwei Beispielen ansehen.

Befehl PARALLELE 3D-EXTRUSION

Mit dem Befehl PARALLELE 3D-EXTRUSION können Sie Objekte in einer parallelen Projektion in die Tiefe ziehen und dadurch einen dreidimensionalen Effekt erzielen. Wählen Sie den Befehl:

- Symbol in der Symbolleiste 3D-EFFEKTE

Bevor Sie den Befehl ausführen können, müssen Sie Objekte in der Zeichnung angewählt haben. Danach werden zwei Punkte angefragt:

> [Parallele 3D-Extrusion] Ausgangspunkt eingeben
> [Parallele 3D-Extrusion] Zielpunkt eingeben

Die Objekte werden um die Distanz und Richtung dieser beiden Punkte in die Tiefe gezogen. Die Darstellung bestimmen Sie mit dem Befehl OPTIONEN FÜR 3D-EFFEKTE (siehe unten).

Befehl PERSPEKTIVISCHE 3D-EXTRUSION

Mit dem Befehl PERSPEKTIVISCHE 3D-EXTRUSION werden die Objekte mit einer perspektivischen Verjüngung in die Tiefe gezogen. Wählen Sie den Befehl:

- Symbol in der Symbolleiste 3D-EFFEKTE

Wählen Sie zuerst die Objekte in der Zeichnung und dann den Befehl. Dieser Befehl fragt nur einen Punkt an:

> [Perspektivische 3D-Extrusion] Zielpunkt eingeben

Die Objekte werden um diesen Betrag perspektivisch in die Tiefe gezogen. Auch für diesen Befehl legen Sie die Darstellung mit dem Befehl OPTIONEN FÜR 3D-EFFEKTE fest (siehe unten).

Befehl OPTIONEN FÜR 3D-EFFEKTE

Mit dem Befehl OPTIONEN FÜR 3D-EFFEKTE legen Sie das Aussehen der extrudierten Objekte fest. Sie finden den Befehl wie folgt:

- Symbol in der Symbolleiste 3D-EFFEKTE

In einem Dialogfeld (siehe Abbildung 10.22) stellen Sie die Optionen ein.

RENDERANZEIGE: Bei der Einstellung DRAHTMODELL werden die Seitenwände der Objekte durchsichtig dargestellt; es erscheinen nur Linien, die in die Tiefe gehen. Bei der Einstellung AUSGEBLENDETE LINIE werden die Seitenwände als Flächen dargestellt, die dahinterliegende Objekte verdecken. Dadurch ergibt sich ein realistischer 3D-Eindruck. Zudem können Sie einstellen, ob die Seitenflächen als Linien oder Polygone erzeugt werden sollen. Haben Sie die Polygone eingestellt, können Sie beim Abrollmenü KOMPAKTE FÜLLUNG (siehe unten) eine Füllfarbe einstellen.

3D-Effekte

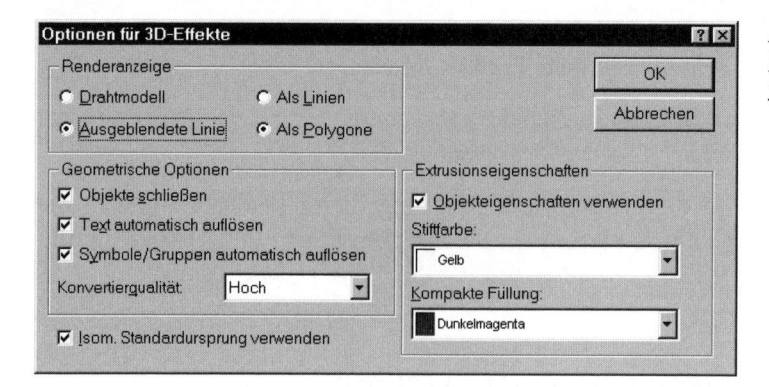

Abbildung 10.22:
Dialogfeld für die
3D-Optionen

GEOMETRISCHE OPTIONEN: Hier wählen Sie, ob Objekte geschlossen und Texte, Symbole und Gruppen mit bearbeitet werden sollen und in welcher Auflösung gekrümmte Linien dargestellt werden sollen.

EXTRUSIONSEIGENSCHAFTEN: Hier können Sie eine Farbe für die Objekte vorgeben oder es bei der Objektfarbe belassen. Haben Sie den Schalter OBJEKTFARBE VERWENDEN ausgeschaltet, können Sie eine Farbe für die Linien und eine Füllfarbe vorgeben.

3D-Effekte

- Laden Sie die Zeichnung A10-05.SKF aus dem Ordner \Aufgaben.

- Testen Sie die verschiedenen Effekte. Stellen Sie bei den Optionen die Darstellung als Drahtmodell ein, und wählen Sie eine mittlere Auflösung. Wählen Sie die Darstellung ALS POLYGONE. Schalten Sie den Schalter OBJEKTFARBE VERWENDEN aus, und stellen Sie eine Füllfarbe ein.

- Erzeugen Sie bei den oberen Figuren einen parallelen und perspektivischen 3D-Effekt.

- Stellen Sie auf die Darstellung mit den ausgeblendeten Linien um, und machen Sie dasselbe in der Zeile darunter.

- Das Ergebnis sehen Sie in Abbildung 10.23, und Sie finden es in der Zeichnung L10-05.SKF in ihrem Ordner mit den Aufgaben.

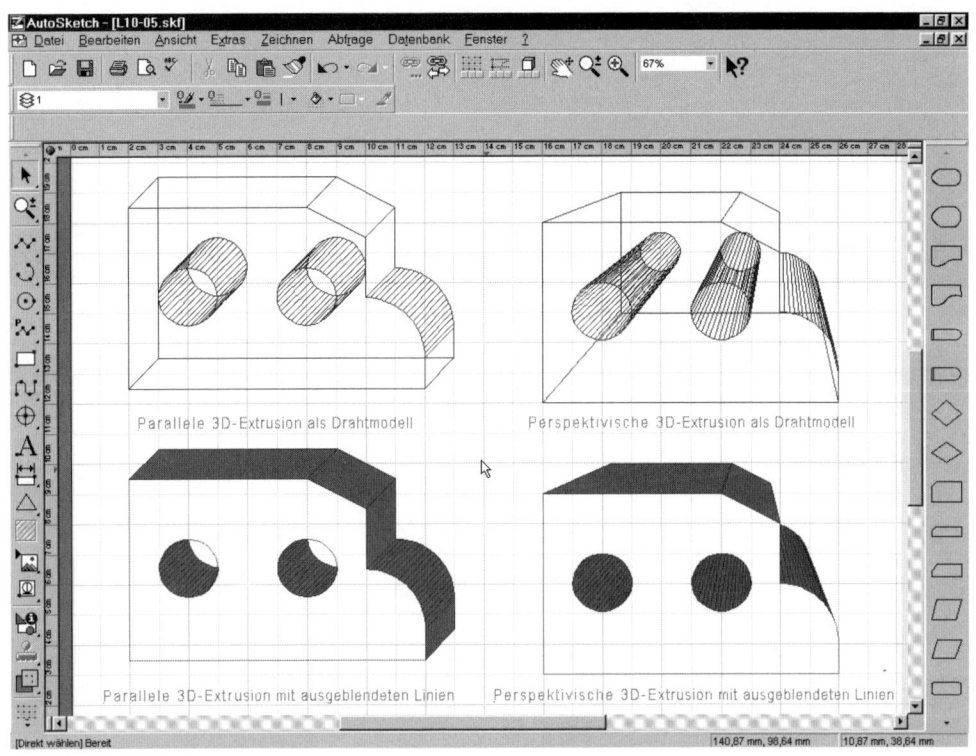

Abbildung 10.23: 3D-Effekte in verschiedener Darstellung

Teil III

Weitere Befehle in AutoSketch 6

Kapitel II

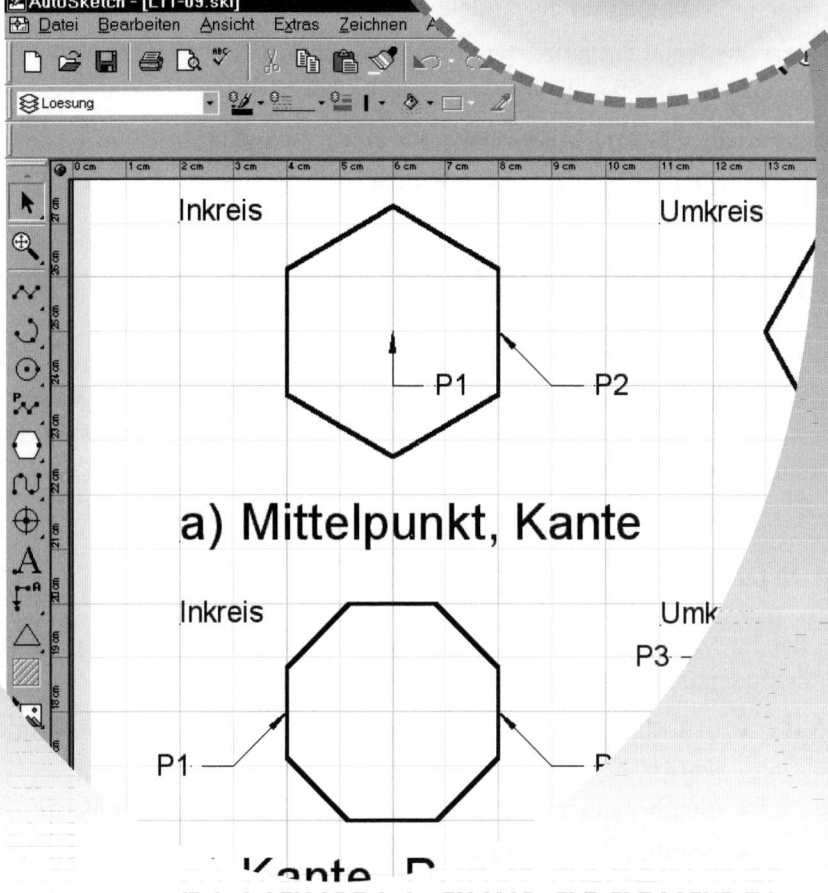

a) Mittelpunkt, Kante

Zeichenbefehle

Ein Teil der Zeichenbefehle wurde schon im Teil II dieses Buches behandelt. Doch AutoSketch bietet noch eine ganze Reihe mehr an Zeichenfunktionen. Sie lernen in diesem Kapitel,

- was es noch für Linienbefehle gibt
- welche Bogenbefehle Sie zur Verfügung haben
- wie Sie elliptische Bögen zeichnen können
- auf welche Arten Sie Kreise zeichnen können
- wie Ellipsen gezeichnet werden
- wie Sie Freihandlinien zeichnen können
- welche Arten von Kurven es gibt
- wie Kurven in Polylinien umgewandelt werden
- wie die verschiedenen Polygonarten ineinander umgewandelt werden
- wie Sie Rechtecke und Parallelogramme zeichnen können
- auf welche Arten Sie regelmäßige Polygone zeichnen können
- wie Sie ein unregelmäßiges Polygon zeichnen

11.1 Linienbefehle

Sie haben bereits Linienobjekte mit dem Befehl EINZELNE LINIE gezeichnet. Nachteilig daran ist, dass Sie, wenn Sie zusammenhängende Linienzüge benötigen, bei jedem Liniensegment wieder Start- und Endpunkt eingeben müssen. Hier hilft Ihnen die Mehrfachlinie weiter.

Befehl MEHRFACHLINIE

Mit dem Befehl MEHRFACHLINIE können Sie zusammenhängende Linienzüge zeichnen. Sie finden den Befehl wie folgt:

- Abrollmenü ZEICHNEN, Untermenü LINIE, Funktion MEHRFACH
- Symbol in einem Flyout-Menü der Universal-Symbolleiste
- Symbol in der Symbolleiste LINIE

> [Mehrfachlinie] Startpunkt eingeben
> [Mehrfachlinie] Endpunkt eingeben ([Strg]: Verschieben)

Geben Sie nacheinander die einzelnen Stützpunkte des Linienzugs ein. Halten Sie die Taste [Strg] gedrückt (nicht beim ersten Punkt), kommen Sie automatisch zur Option VERSCHIEBEN.

> [Mehrfachlinie] Neuen Startpunkt eingeben

Sie können einen neuen Startpunkt eingeben; von diesem wird dann ein neuer Linienzug begonnen. Den neuen Startpunkt können Sie so lange noch wechseln, wie Sie die Taste gedrückt halten.

Befehl DOPPELTE LINIE

Mit dem Befehl DOPPELTE LINIE zeichnen Sie zusammenhängende parallele Linienzüge. Wählen Sie den Befehl:

- Abrollmenü ZEICHNEN, Untermenü LINIE, Funktion DOPPELT
- Symbol in einem Flyout-Menü der Universal-Symbolleiste
- Symbol in der Symbolleiste LINIE

In der Symbolleiste BEARBEITEN können Sie die Parameter für den Befehl einstellen (siehe Abbildung 11.1).

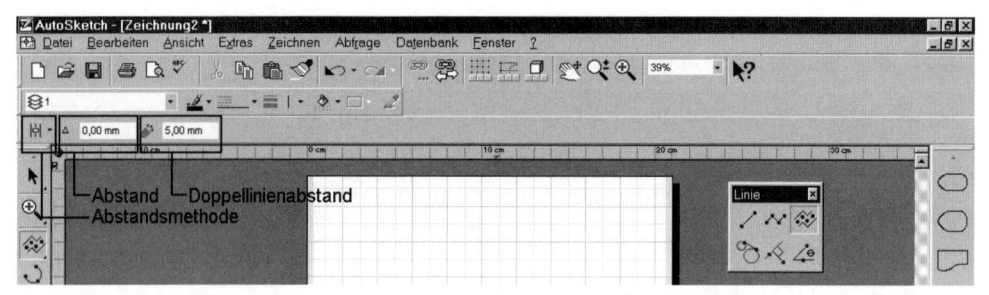

Abbildung 11.1: Einstellungen für die doppelte Linie in der Symbolleiste BEARBEITEN

Folgende Einstellmöglichkeiten haben Sie:

ABSTANDSMETHODE: Geben Sie an, ob Sie die Punkte auf der Mittelachse, die rechten oder linken Stützpunkte beim Zeichnen vorgeben wollen. Außerdem haben Sie die Möglichkeit, die Methode BENUTZERDEFINIERT zu wählen. Dabei geben Sie den Abstand der Stützpunkte von der Mittellinie vor.

ABSTAND: Dieses Eingabefeld ist nur dann aktiv, wenn Sie die Abstandsmethode BENUTZERDEFINIERT gewählt haben. Dann können Sie hier den Abstand der Stützpunkte von der Mittellinie vorgeben.

DOPPELLINIENABSTAND: Eingabe des Abstands der Doppellinien.

Haben Sie die Parameter für den parallelen Linienzug eingestellt, geben Sie die Stützpunkte des Linienzugs ein:

> [Doppelte Linie] Startpunkt eingeben
> [Doppelte Linie] Endpunkt eingeben ([Strg]: Verschieben)

Auch hier kommen Sie mit der Taste ⌈Strg⌉ zur Option VERSCHIEBEN.

> [Doppelte Linie] Neuen Startpunkt eingeben

Geben Sie einen neuen Startpunkt ein, und beginnen Sie damit einen neuen Linienzug.

Tip

- Sie geben mit den beiden Befehlen zwar einen zusammenhängenden Linienzug ein, es werden aber einzelne Linienobjekte erzeugt, die auch einzeln bearbeitet werden können.

Befehl TANGENTIALLINIE

Wollen Sie zwei Kreise oder Bögen mit einer tangentialen Linie verbinden, wählen Sie den Befehl TANGENTIALLINIE. Sie finden ihn:

- Abrollmenü ZEICHNEN, Untermenü LINIE, Funktion TANGENTIAL
- Symbol in einem Flyout-Menü der Universal-Symbolleiste
- Symbol in der Symbolleiste LINIE

> [Tangentiallinie] Kreis/Bogen auswählen
> [Tangentiallinie] Kreis/Bogen auswählen

Wählen Sie die beiden Kreise oder Bögen mit der Auswahlbox an, und es wird eine tangentiale Verbindungslinie gezeichnet.

Befehl SENKRECHTE LINIE

Mit dem Befehl SENKRECHTE LINIE zeichnen Sie eine Linie, die senkrecht zu einem Objekt in der Zeichnung steht. Sie finden den Befehl wie folgt:

- Abrollmenü ZEICHNEN, Untermenü LINIE, Funktion SENKRECHT
- Symbol in einem Flyout-Menü der Universal-Symbolleiste
- Symbol in der Symbolleiste LINIE

> [Senkrechte Linie] Linie, Bogen oder Kreis auswählen
> [Senkrechte Linie] Punkt eingeben

Wählen Sie ein Objekt in der Zeichnung (Linie, Bogen oder Kreis) und einen weiteren Punkt. Es wird eine Linie von dem Punkt als Lot auf das Objekt gezeichnet.

Befehl LINIE IM WINKEL

Wollen Sie eine Linie in einem festen Winkel zu einer anderen Linie zeichnen, verwenden Sie den Befehl LINIE IM WINKEL:

- Abrollmenü ZEICHNEN, Untermenü LINIE, Funktion WINKEL
- Symbol in einem Flyout-Menü der Universal-Symbolleiste
- Symbol in der Symbolleiste LINIE

> [Linie im Winkel] Linie auswählen
> [Linie im Winkel] Punkt eingeben

Klicken Sie eine Linie in der Zeichnung an. Eine neue Linie wird vom nächsten Endpunkt der bestehenden Linie gezeichnet. Geben Sie dann einen zweiten Punkt ein. Die Länge der neuen Linie entspricht dem Abstand des Endpunkts zum eingegebenen Punkt.

Verschiedene Linien zeichnen

- *Laden Sie die Zeichnung A11-01.SKF aus Ihrem Ordner \Aufgaben.*
- *Drücken Sie die Taste [G], um den Rasterfang einzuschalten. Verbinden Sie die beiden Kreise mit tangentialen Linien (siehe Abbildung 11.2, a).*
- *Ziehen Sie senkrechte Linien von der waagrechten Linie nach oben (siehe Abbildung 11.2, b).*
- *Zeichnen Sie Linien im Winkel von der waagrechten Linie weg, links unter 30° und rechts unter 45° (siehe Abbildung 11.2, c). Ein Lösungsbeispiel finden Sie in ihrem Ordner \Aufgaben, die Zeichnung L11-01.SKF.*

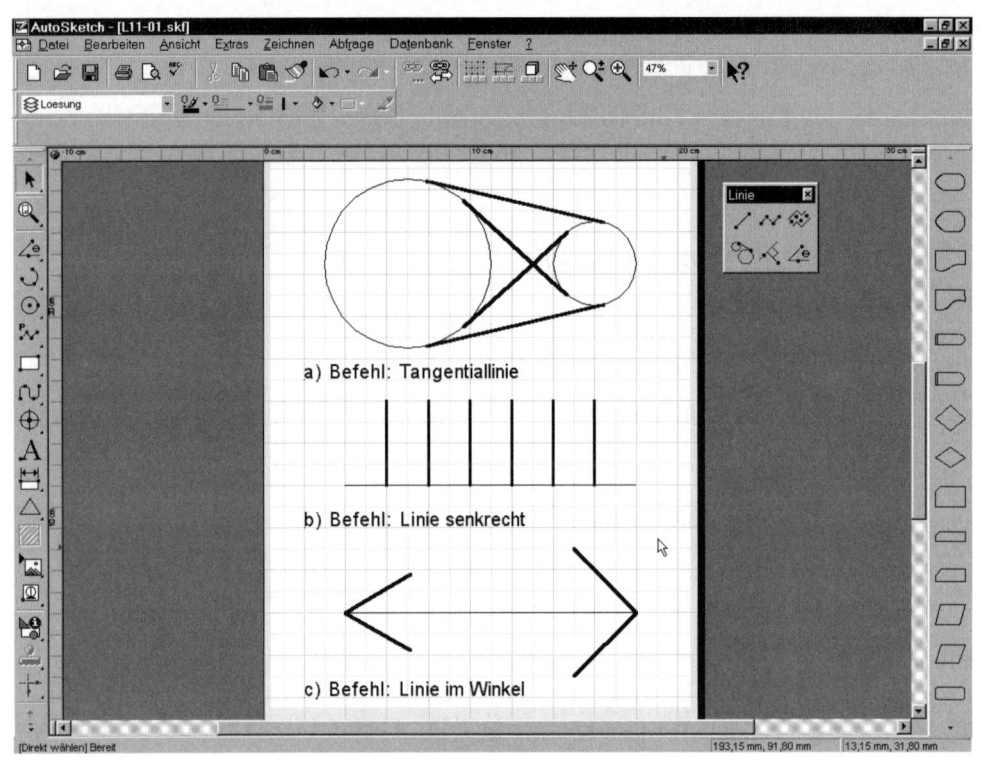

Abbildung 11.2: Zeichnen von speziellen Linien

11.2 Bogenbefehle

Zum Zeichnen von Bögen haben Sie in AutoSketch diverse Befehle zur Auswahl. Damit lassen sich Kreisbögen und elliptische Bögen zeichnen.

Befehl BOGEN – 3 PUNKTE

Mit dem Befehl BOGEN – 3 PUNKTE können Sie zur Konstruktion eines Bogens drei Punkte auf der Bogenlinie eingeben:

- Abrollmenü ZEICHNEN, Untermenü BOGEN, Funktion 3 PUNKTE
- Symbol in einem Flyout-Menü der Universal-Symbolleiste
- Symbol in der Symbolleiste BOGEN

> [Bogen - 3 Punkte] Ersten Punkt eingeben
> [Bogen - 3 Punkte] Zweiten Punkt eingeben
> [Bogen - 3 Punkte] Endpunkt eingeben (Strg: Mittleren Punkt eingeben)

Geben Sie den Startpunkt ein, einen Punkt auf dem Bogen und den Endpunkt. Drücken Sie bei der Eingabe des letzten Punktes die Taste Strg, wird der zweite Punkt als Endpunkt genommen, und Sie können den zweiten Punkt neu eingeben.

Befehl BOGEN – 2 PUNKTE, MITTELPUNKT

Wenn Sie bei dem Bogen zwei Punkte und den Mittelpunkt bestimmen wollen wählen Sie den Befehl BOGEN – 2 PUNKTE, MITTELPUNKT:

- Abrollmenü ZEICHNEN, Untermenü BOGEN, Funktion 2 PUNKTE, MITTELPUNKT
- Symbol in einem Flyout-Menü der Universal-Symbolleiste
- Symbol in der Symbolleiste BOGEN

> [Bogen - 2 Punkte, Mittelpunkt] Ersten Punkt eingeben
> [Bogen - 2 Punkte, Mittelpunkt] Zweiten Punkt eingeben
> [Bogen - 2 Punkte, Mittelpunkt] Mittelpunkt eingeben (Strg: Endpunkt Punkt eingeben)

Geben Sie den Startpunkt ein, den Endpunkt und den Mittelpunkt. Drücken Sie bei der Eingabe des Mittelpunkts die Taste Strg, wird der zweite Punkt als Startpunkt genommen, und Sie können den Endpunkt neu eingeben.

Befehl BOGEN – 2 PUNKTE, WINKEL

Sie können den Bogen auch mit Startpunkt und Endpunkt zeichnen und den eingeschlossenen Winkel in der Symbolleiste BEARBEITEN eintragen. Wählen Sie dazu den Befehl BOGEN – 2 PUNKTE, WINKEL:

- Abrollmenü ZEICHNEN, Untermenü BOGEN, Funktion 2 PUNKTE, WINKEL
- Symbol in einem Flyout-Menü der Universal-Symbolleiste
- Symbol in der Symbolleiste BOGEN

Bevor Sie den Bogen zeichnen, tragen Sie in die Symbolleiste BEARBEITEN den Winkel für den Bogen ein.

> [Bogen - 2 Punkte, Winkel] Ersten Punkt eingeben
> [Bogen - 3 Punkte, Winkel] Zweiten Punkt eingeben ([Strg]: Umkehren)

Geben Sie den Startpunkt und den Endpunkt ein. Der Bogen wird entgegen dem Uhrzeigersinn gezeichnet. Drücken Sie bei der Eingabe des zweiten Punktes die Taste [Strg], wird der Bogen im Uhrzeigersinn gezeichnet.

Bögen zeichnen

- *Laden Sie die Zeichnung A11-02.SKF aus Ihrem Ordner \Aufgaben.*
- *Schalten Sie mit der Taste [G] den Rasterfang ein. Zeichnen Sie einen Bogen mit drei Punkten. Klicken Sie die bezeichneten Punkte an (siehe Abbildung 11.3, a).*
- *Zeichnen Sie einen Bogen mit Startpunkt, Endpunkt und Mittelpunkt (siehe Abbildung 11.3, b).*

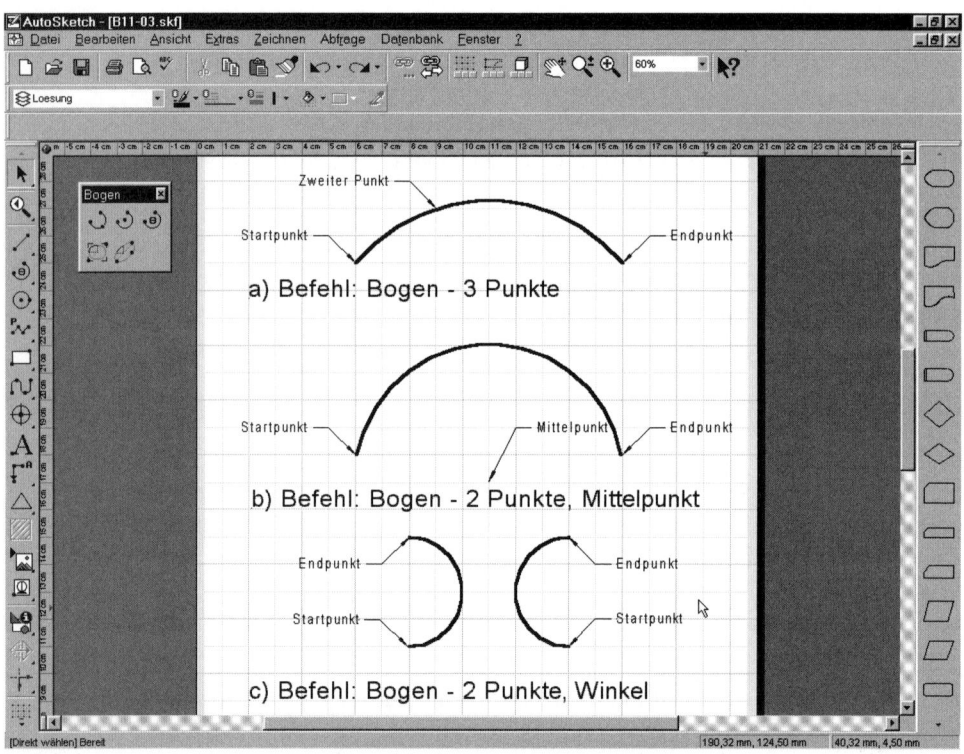

Abbildung 11.3: Zeichnen von Bögen

- *Zeichnen Sie einen Bogen mit Startpunkt, Endpunkt und einem Winkel von 180°. Wählen Sie die markierten Punkte (siehe Abbildung 11.3, b). Zeichnen Sie einen weiteren Bogen. Drücken Sie bei der Eingabe des Endpunkts die Taste* Strg*, um den Bogen in die andere Richtung zu zeichnen. Eine Lösung finden Sie in der Zeichnung L11-02.SKF.*

Befehl ELLIPTISCHER BOGEN IN RECHTECK

Benötigen Sie einen Ellipsenbogen, können Sie ein Rechteck vorgeben und den Start- und Endwinkel für den Bogen. Wählen Sie dazu den Befehl ELLIPTISCHER BOGEN IM RECHTECK:

- Abrollmenü ZEICHNEN, Untermenü BOGEN, Funktion ELLIPTISCH IN RECHTECK
- Symbol in einem Flyout-Menü der Universal-Symbolleiste
- Symbol in der Symbolleiste BOGEN

> [Elliptischer Bogen in Rechteck] Punkt eingeben
> [Elliptischer Bogen in Rechteck] Punkt eingeben
> [Elliptischer Bogen in Rechteck] Startwinkel eingeben
> [Elliptischer Bogen in Rechteck] Endwinkel eingeben

Mit der Eingabe der ersten beiden Punkte ziehen Sie ein Rechteck auf, das die Begrenzung für die Ellipse bildet. Danach geben Sie den Start- und den Endwinkel ein. Der Bogen wird entgegen dem Uhrzeigersinn gezeichnet.

Befehl ELLIPTISCHER BOGEN AUS ACHSEN

Sie können einen elliptischen Bogen auch zeichnen, indem Sie eine Achse der Ellipse und den Endpunkt der anderen Achse bestimmen. Wählen Sie dazu den Befehl ELLIPTISCHER BOGEN AUS ACHSEN:

- Abrollmenü ZEICHNEN, Untermenü BOGEN, Funktion ELLIPTISCHE ACHSEN
- Symbol in einem Flyout-Menü der Universal-Symbolleiste
- Symbol in der Symbolleiste BOGEN

> [Elliptischer Bogen aus Achsen] Punkt eingeben
> [Elliptischer Bogen aus Achsen] Punkt eingeben
> [Elliptischer Bogen aus Achsen] Punkt eingeben (Strg : Neigungspunkt eingeben)

> [Elliptischer Bogen aus Achsen] Startwinkel eingeben
> [Elliptischer Bogen aus Achsen] Endwinkel eingeben

Mit der Eingabe des ersten Punktes geben Sie den Startpunkt einer Achse der Ellipse ein, danach den Endpunkt dieser Achse und den Endpunkt der anderen Achse. Wenn Sie bei der Eingabe des zweiten Achsenendpunktes die Taste [Strg] drücken, können Sie den Neigungswinkel der Ellipse bei der Punkteingabe noch verändern. Danach geben Sie Start- und Endwinkel ein. Der Bogen wird entgegen dem Uhrzeigersinn gezeichnet.

Elliptische Bögen zeichnen

- Laden Sie die Zeichnung A11-03.SKF aus Ihrem Ordner \Aufgaben.
- Schalten Sie mit der Taste [G] den Rasterfang ein. Zeichnen Sie einen elliptischen Bogen in einem Rechteck. Klicken Sie die bezeichneten Punkte an (siehe Abbildung 11.4, a).

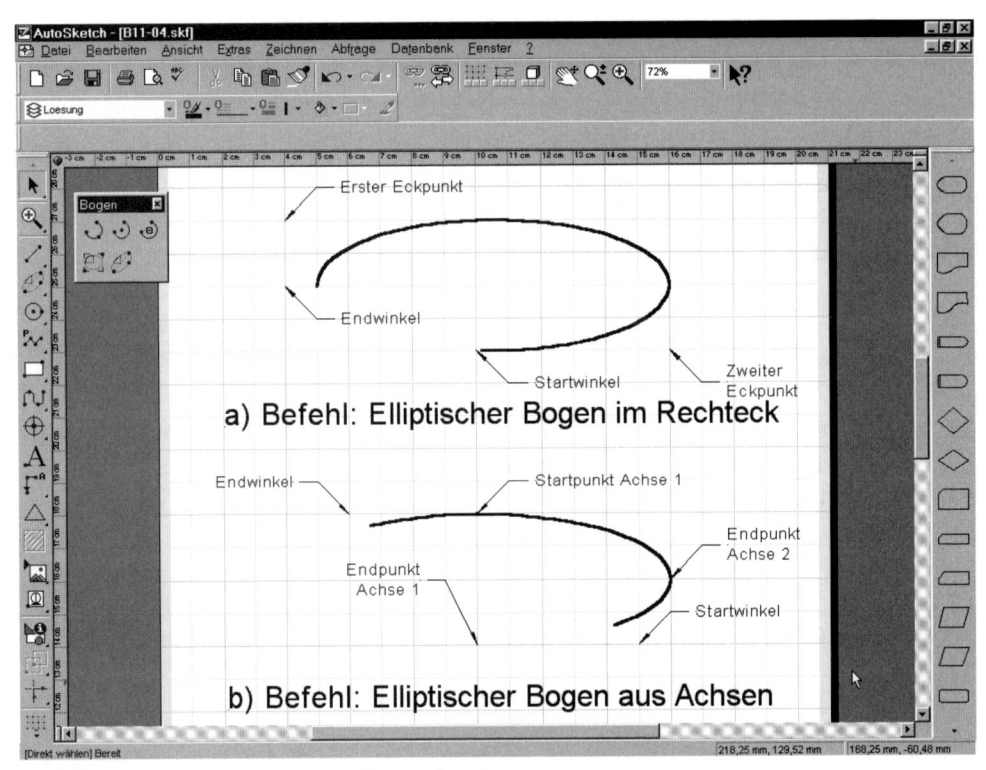

Abbildung 11.4: Zeichnen von elliptischen Bögen

- Zeichnen Sie einen elliptischen Bogen mit den Achsen an den bezeichneten Punkten (siehe Abbildung 11.4, b). Eine Lösung finden Sie in der Zeichnung L11-03.SKF.

11.3 Kreisbefehle

Die einfachste Art, Kreise zu zeichnen, haben Sie bereits in Kapitel 3 kennengelernt. AutoSketch hat aber noch eine ganze Reihe weiterer Befehle zur Verfügung.

Befehl KREIS – SEITE, SEITE

Mit dem Befehl KREIS – SEITE, SEITE können Sie einen Kreis zeichnen, indem Sie zwei Durchmesserendpunkte eingeben. Sie finden den Befehl wie folgt:

- Abrollmenü ZEICHNEN, Untermenü KREIS, Funktion SEITE, SEITE
- Symbol in einem Flyout-Menü der Universal-Symbolleiste
- Symbol in der Symbolleiste KREIS

```
> [Kreis - Seite, Seite] Ersten Punkt eingeben
> [Kreis - Seite, Seite] Zweiten Punkt eingeben
```

Geben Sie die beiden Punkte ein, und der Kreis wird dazwischen eingepasst. Die eingegebenen Punkte sind Durchmesserendpunkte.

Befehl KREIS – 3 PUNKTE

Mit drei Punkten auf der Kreislinie ist ein Kreis eindeutig definiert. Mit dem Befehl KREIS – 3 PUNKTE können Sie auf diese Art einen Kreis zeichnen. Sie finden den Befehl wie folgt:

- Abrollmenü ZEICHNEN, Untermenü KREIS, Funktion 3 PUNKTE
- Symbol in einem Flyout-Menü der Universal-Symbolleiste
- Symbol in der Symbolleiste KREIS

```
> [Kreis - 3 Punkte] Ersten Punkt eingeben
> [Kreis - 3 Punkte] Zweiten Punkt eingeben
> [Kreis - 3 Punkte] Dritten Punkt eingeben
```

Geben Sie drei Punkte ein, und der Kreis wird durch diese drei Punkte gezeichnet.

Befehl KREIS – MITTELPUNKT, RADIUS

Haben Sie mehrere Kreise zu zeichnen, die alle den gleichen Radius bekommen sollen, dann verwenden Sie den Befehl KREIS – MITTELPUNKT, RADIUS:

- Abrollmenü ZEICHNEN, Untermenü KREIS, Funktion MITTELPUNKT, RADIUS
- Symbol in einem Flyout-Menü der Universal-Symbolleiste
- Symbol in der Symbolleiste KREIS

> [Kreis - Mittelpunkt, Radius] Mittelpunkt eingeben

Tragen Sie in das Eingabefeld in der Symbolleiste BEARBEITEN den gewünschten Radius ein. Danach können Sie in Serie Mittelpunkte eingeben.

Befehl KREIS – TANGENTIAL 2

Wollen Sie einen Kreis zeichnen, der tangential an zwei Linien, Bögen oder Kreise anschließt und einen bestimmten Radius hat, verwenden Sie den Befehl KREIS – TANGENTIAL 2:

- Abrollmenü ZEICHNEN, Untermenü KREIS, Funktion TANGENTIAL ZU 2 OBJEKTEN
- Symbol in einem Flyout-Menü der Universal-Symbolleiste
- Symbol in der Symbolleiste KREIS

> [Kreis - Tangential 2] Ersten Punkt eingeben
> [Kreis - Tangential 2] Zweiten Punkt eingeben

Tragen Sie in das Eingabefeld in der Symbolleiste BEARBEITEN den gewünschten Radius ein. Klicken Sie danach zwei Linien, Kreise, Bögen oder Polyliniensegmente an, und der Kreis wird im gewählten Radius tangential an die Objekte angeschlossen.

Befehl KREIS – TANGENTIAL 3

Mit dem Befehl KREIS – TANGENTIAL 3 können Sie einen Kreis zeichnen, der tangential an drei Objekte anschließt. Wählen Sie den Befehl:

- Abrollmenü ZEICHNEN, Untermenü KREIS, Funktion TANGENTIAL ZU 3 OBJEKTEN
- Symbol in einem Flyout-Menü der Universal-Symbolleiste
- Symbol in der Symbolleiste KREIS

```
> [Kreis - Tangential 3] Ersten Punkt eingeben
> [Kreis - Tangential 3] Zweiten Punkt eingeben
> [Kreis - Tangential 3] Dritten Punkt eingeben
```

Klicken Sie danach drei Linien, Kreise, Bögen oder Polyliniensegmente an, und der Kreis wird tangential an die Objekte angeschlossen. Der Radius ergibt sich aus den Abständen.

Tangentiale Kreise zeichnen

- *Laden Sie die Zeichnung A11-04.SKF aus Ihrem Ordner \Aufgaben.*
- *Zeichnen Sie in die Ecken des Dreiecks Kreise mit dem Radius 10. Zeichnen Sie an die beiden Kreise weitere Kreise im Radius 10. Es wird jeweils auf die Seite gezeichnet, an der Sie die vorhandenen Kreise anklicken (siehe Abbildung 11.5, a).*
- *Zeichnen Sie in das Dreieck einen Inkreis (siehe Abbildung 11.5, b).*
- *Zeichnen Sie an die vorhandenen Kreise weitere tangentiale Kreise. Welcher Kreis dabei gezeichnet wird, ist abhängig davon, wo Sie die vorhandenen Kreise anwählen. Leider ist das Ergebnis nicht immer genau vorhersagbar. Oft hilft nur mehrmaliges Probieren (siehe Abbildung 11.5, b).*
- *Eine Lösung finden Sie in der Zeichnung L11-04.SKF im Ordner \Aufgaben.*

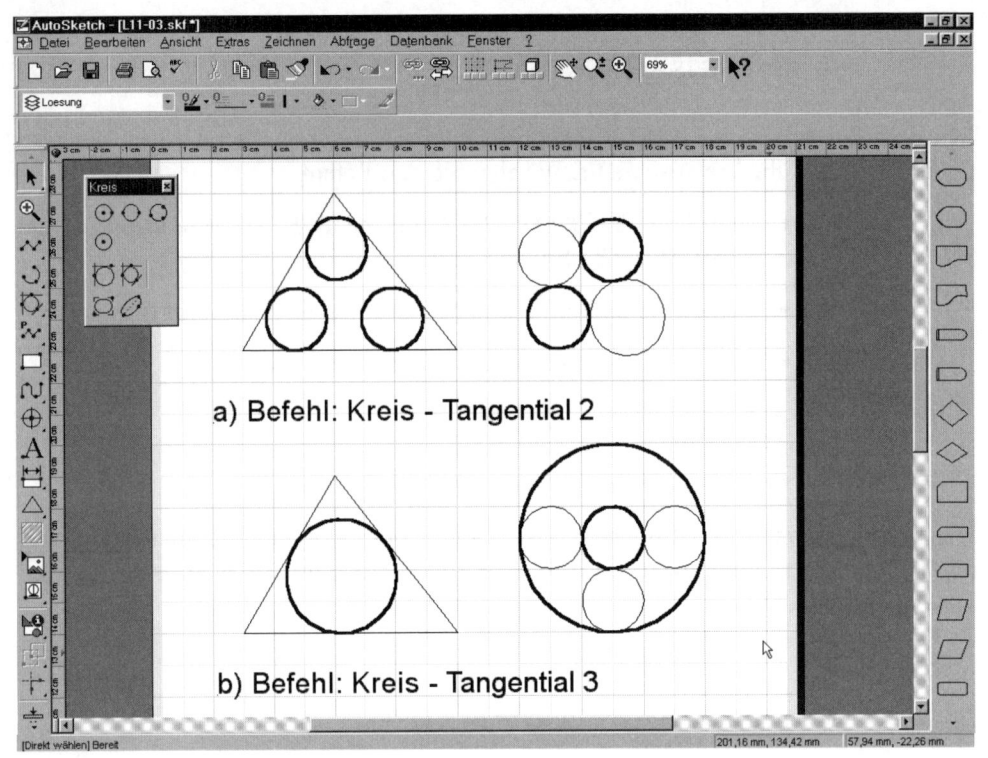

Abbildung 11.5: Zeichnen von tangentialen Kreisen

Befehl ELLIPSE: RECHTECK

Benötigen Sie eine Ellipse, können Sie die Maße dafür durch ein Rechteck bestimmen. Wählen Sie dazu den Befehl ELLIPSE: RECHTECK:

- Abrollmenü ZEICHNEN, Untermenü KREIS, Funktion ELLIPSE: RECHTECK
- Symbol in einem Flyout-Menü der Universal-Symbolleiste
- Symbol in der Symbolleiste BOGEN

> [Ellipse: Rechteck] Punkt eingeben
> [Ellipse: Rechteck] Punkt eingeben

Mit der Eingabe der ersten beiden Punkte ziehen Sie ein Rechteck auf, das die Begrenzung für die Ellipse bildet.

Befehl ELLIPSE: ACHSEN

Die andere Methode, eine Ellipse zu zeichnen, ist die, eine Achse der Ellipse und den Endpunkt der anderen Achse zu bestimmen. Wählen Sie dazu den Befehl ELLIPSE: ACHSEN:

- Abrollmenü ZEICHNEN, Untermenü KREIS, Funktion ELLIPSE: ACHSEN
- Symbol in einem Flyout-Menü der Universal-Symbolleiste
- Symbol in der Symbolleiste BOGEN

\> [Ellipse: Achsen] Punkt eingeben
\> [Ellipse: Achsen] Punkt eingeben
\> [Ellipse: Achsen] Punkt eingeben ([Strg]: Neigungspunkt eingeben)

Wie beim elliptischen Bogen geben Sie den Startpunkt einer Achse der Ellipse ein, danach den Endpunkt dieser Achse und den Endpunkt der anderen Achse. Wenn Sie bei der Eingabe des zweiten Achsenendpunktes die Taste [Strg] drücken, können Sie den Neigungswinkel der Ellipse bei der Punkteingabe noch verändern.

Ellipsen zeichnen

- Laden Sie die Zeichnung A11-05.SKF aus Ihrem Ordner \Aufgaben.
- Zeichnen Sie eine Ellipse in ein Rechteck. Drücken Sie dazu die Taste [E] für den Objektfang ENDPUNKT. Klicken Sie die Punkte P1 und P2 an (siehe Abbildung 11.6, a).
- Zeichnen Sie eine Ellipse durch Angabe der Achsenlage. Klicken Sie die Punkte P1, P2 und P3 mit dem Objektfang ENDPUNKT an (siehe Abbildung 11.6, b).
- Eine Lösung finden Sie in der Zeichnung L11-05.SKF im Ordner \Aufgaben.

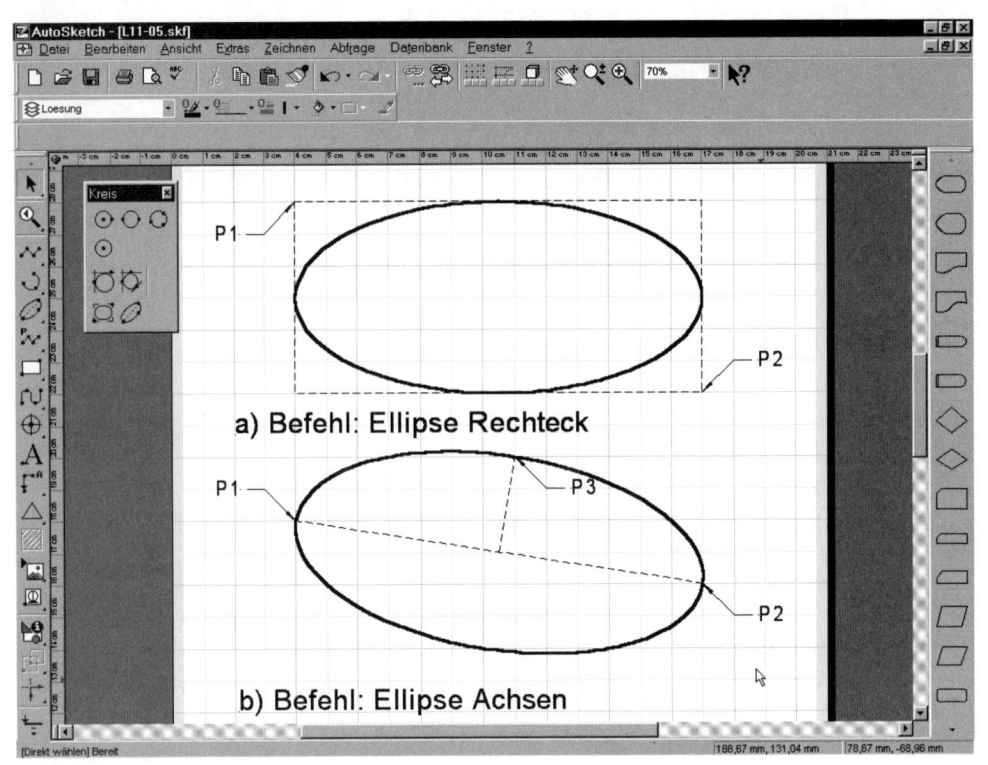

Abbildung 11.6: Zeichnen von Ellipsen

11.4 Polylinien- und Kurvenbefehle

Über Polylinien haben Sie fast alles schon in Kapitel 8 erfahren: wie Sie Polylinien zeichnen, wie Sie Polylinien bearbeiten, wie Sie die Scheitelpunkte der Polylinien verändern und wie Sie andere Objekte in Polylinien umwandeln können. Lediglich den Befehl für die Freihandlinien haben Sie noch nicht kennengelernt.

Zudem gibt es in AutoSketch auch die Möglichkeit, verschiedene Kurvenarten zu zeichnen.

Befehl POLYLINIE – FREIHAND

Mit dem Befehl POLYLINIE – FREIHAND können Sie eine Freihandlinie zeichnen. Wählen Sie den Befehl:

- Abrollmenü ZEICHNEN, Untermenü POLYLINIE, Funktion FREIHAND
- Symbol in einem Flyout-Menü der Universal-Symbolleiste
- Symbol in der Symbolleiste POLYLINIE

> [Polylinie - Freihand] Maus ziehen, um Scheitelpunkte hinzuzufügen

Zeichnen Sie die Freihandlinie mit gedrückter Maustaste (siehe Abbildung 11.7). Es entsteht dabei eine Polylinie mit engen Stützpunkten. Mit einem Doppelklick auf die Freihandlinie können Sie die Scheitelpunkte wie in Kapitel 8 beschrieben bearbeiten (siehe Abbildung 11.7).

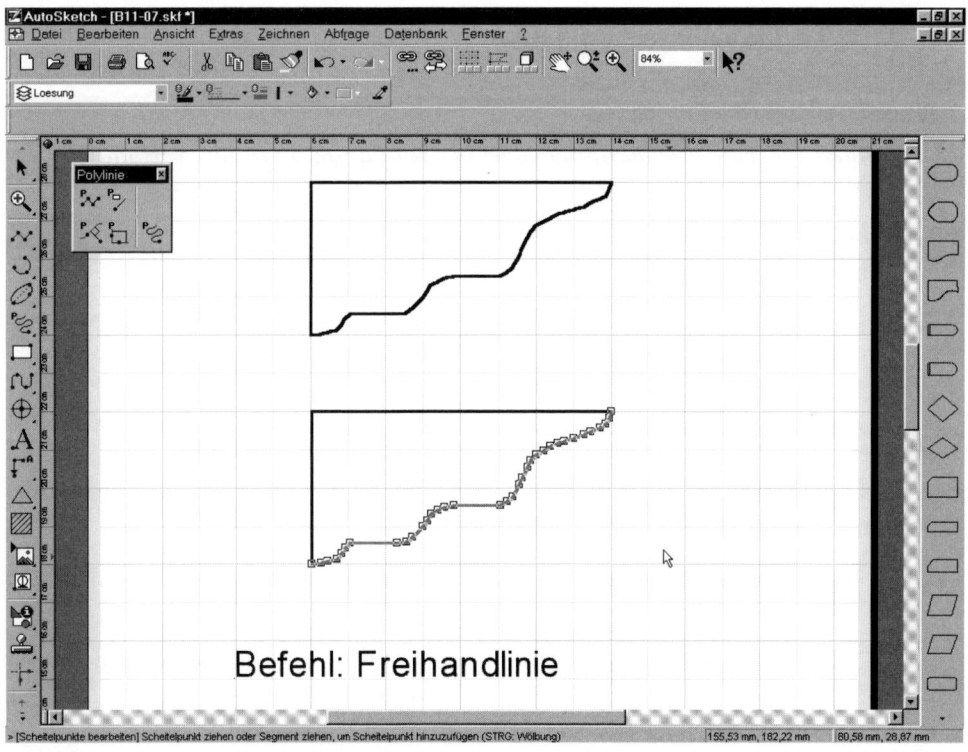

Abbildung 11.7: Zeichnen von Freihandlinien

Tips

- Beim Zeichnen einer Freihandlinie können Sie keinen Fang verwenden, weder Objektfang noch Rasterfang.
- Wollen Sie eine Freihandlinie an Endpunkte anschließen (wie in Abbildung 11.7), zeichnen Sie sie ungefähr an die Endpunkte.
- Klicken Sie dann die Freihandlinie doppelt an, so dass die Scheitelpunkte angezeigt werden.
- Klicken Sie den letzten Scheitelpunkt an, der dann markiert wird. Drücken Sie die Taste für den gewünschten Fangmodus, zum Beispiel die Taste E für den Objektfang ENDPUNKT. Ziehen Sie dann den Scheitelpunkt mit gedrückter Maustaste auf den gewünschten Endpunkt.

Freihandlinien zeichnen

- *Laden Sie die Zeichnung A11-06.SKF aus Ihrem Ordner Aufgaben.*
- *Zeichnen Sie eine Freihandlinie wie in Abbildung 11.7 als Verbindung der Endpunkte.*
- *Bearbeiten Sie die Endpunkte der Freihandlinie wie oben beschrieben, so dass eine geschlossene Kontur entsteht.*
- *Eine Lösung finden Sie in der Zeichnung L11-06.SKF im Ordner Aufgaben.*

Befehl ANGEGLICHENE KURVE

Mit dem Befehl ANGEGLICHENE KURVE können Sie eine Kurve durch Eingabe der Stützpunkte zeichnen. Wählen Sie den Befehl:

- Abrollmenü ZEICHNEN, Untermenü KURVE, Funktion ANGE-GLICHEN
- Symbol in einem Flyout-Menü der Universal-Symbolleiste
- Symbol in der Symbolleiste KURVE

```
> [Angeglichene Kurve] Scheitelpunkt eingeben
> [Angeglichene Kurve] Scheitelpunkt eingeben
> [Angeglichene Kurve] Scheitelpunkt eingeben
...
```

Geben Sie beliebig viele Scheitelpunkte ein. Beenden Sie die Eingabe mit der rechten Maustaste. Die eingegebenen Punkte werden durch eine Kurve verbunden. Die Punkte liegen auf der Kurve (siehe Abbildung 11.9, a).

Befehl SPLINE-KURVE

Mit dem Befehl SPLINE-KURVE zeichnen Sie ebenfalls eine Kurve durch die Eingabe der Stützpunkte. Wählen Sie den Befehl:

- Abrollmenü ZEICHNEN, Untermenü KURVE, Funktion SPLINE
- Symbol in einem Flyout-Menü der Universal-Symbolleiste
- Symbol in der Symbolleiste KURVE

```
> [Spline-Kurve] Scheitelpunkt eingeben
> [Spline-Kurve] Scheitelpunkt eingeben
> [Spline-Kurve] Scheitelpunkt eingeben
...
```

Geben Sie die Scheitelpunkte ein. Beenden Sie die Eingabe mit der rechten Maustaste. Es wird eine Kurve gezeichnet, die vom Anfangs- zum Endpunkt läuft. Die Scheitelpunkte dazwischen werden von der Kurve nicht angefahren. Sie bildet den Mittelwert (siehe Abbildung 11.9).

Tips

- Haben Sie einen der Kurvenbefehle angewählt, können Sie in der Symbolleiste BEARBEITEN auch eine Breite für die Kurve eintragen. Wie eine Polylinie kann auch eine Kurve mit einer Breite gezeichnet werden (siehe Abbildung 11.8).

- Haben Sie keine Breite eingetragen, wird die Kurve in der aktuellen Breite gezeichnet oder der Breite, die für den Layer zugeordnet ist.

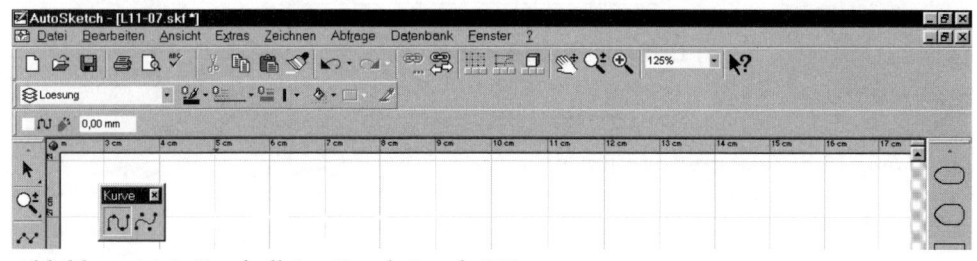

Abbildung 11.8: Symbolleiste Bearbeiten bei Kurven

- Klicken Sie das erste Feld an (siehe Abbildung 11.8), wird eine geschlossene Kurve gezeichnet. Damit werden meist seltsame Gebilde erzeugt. Benötigen Sie aber Sprechblasen oder Wolken, können Sie geschlossene Kurven zeichnen.

Kurven zeichnen

- *Laden Sie die Zeichnung A11-07.SKF aus Ihrem Ordner Aufgaben.*
- *Schalten Sie mit der Taste* G *den Rasterfang ein. Zeichnen Sie eine angeglichene Kurve durch die Markierungen (siehe Abbildung 11.9, a).*
- *Durch die unteren Markierungen zeichnen Sie dann eine Spline-Kurve (siehe Abbildung 11.9, b). Sie sehen den Unterschied zwischen den beiden Kurvenarten an diesem Beispiel deutlich.*
- *Eine Lösung finden Sie in der Zeichnung L11-07.SKF im Ordner Aufgaben.*

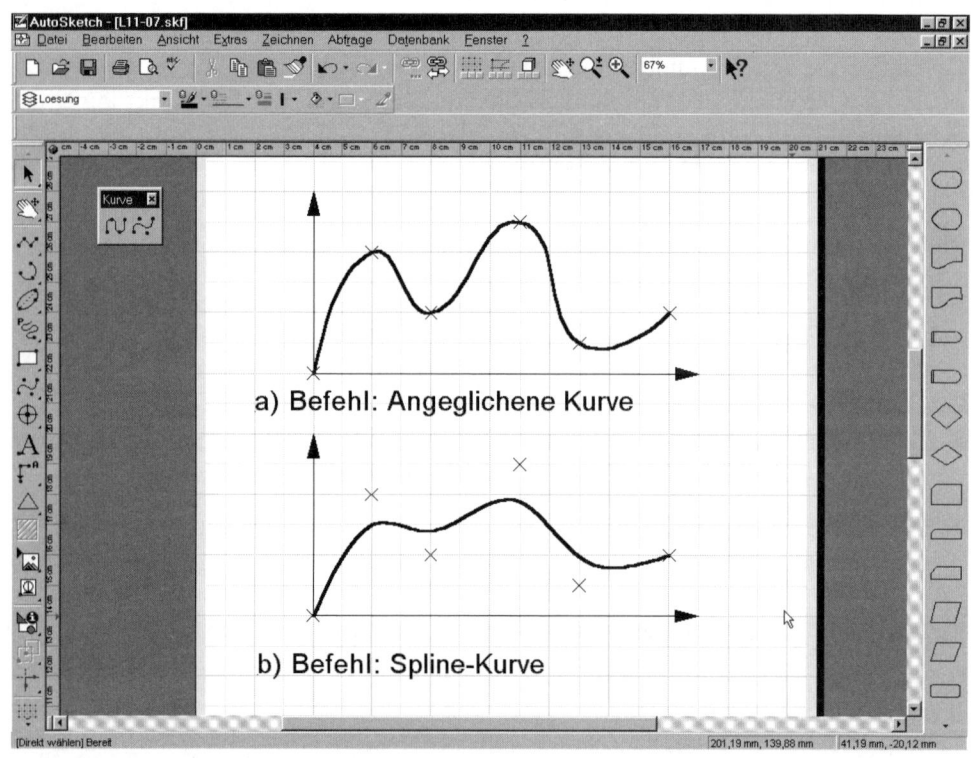

Abbildung 11.9: Zeichnen von Kurven

11.5 Kurven bearbeiten und umwandeln

Wie Polylinien lassen sich auch Kurven bearbeiten. Zudem ist es möglich, Kurven in Polylinien umzuwandeln und umgekehrt.

Kurven bearbeiten

Kurven können wie Polylinien bearbeitet werden. Folgende Möglichkeiten stehen Ihnen zur Verfügung:

- Klicken Sie die Kurve doppelt an, und die Scheitelpunkte der Kurve werden mit einer Linie verbunden und mit einem Quadrat markiert (siehe Abbildung 11.10).

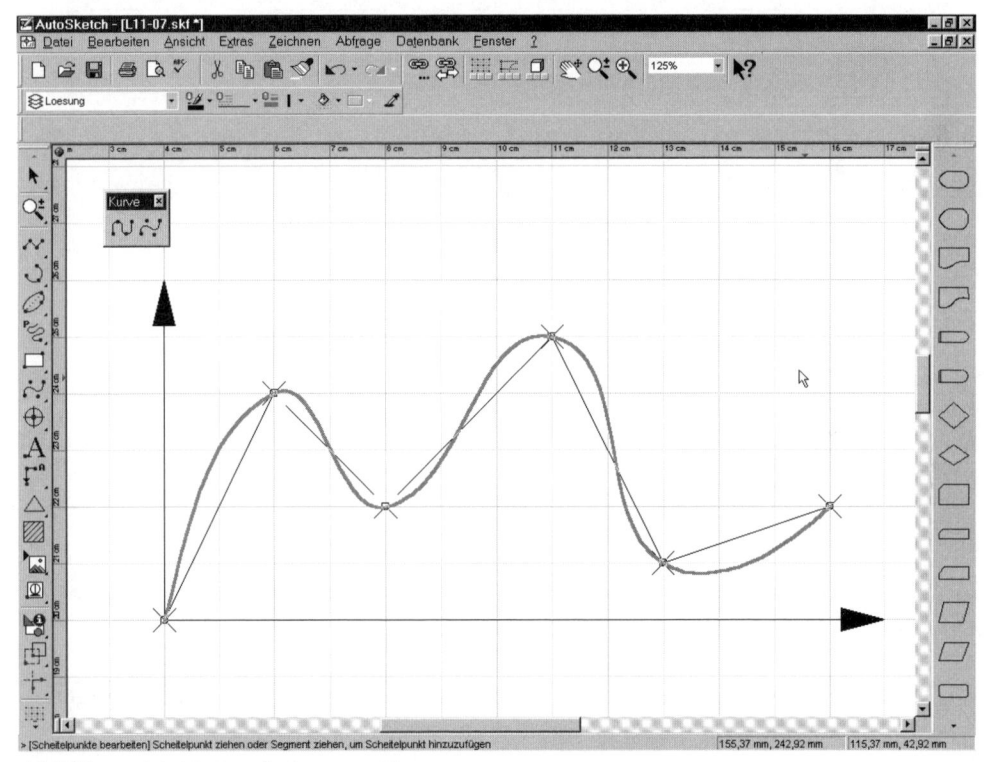

Abbildung 11.10: Bearbeiten von Kurven

- Klicken Sie einen Scheitelpunkt an, und ziehen Sie ihn mit gedrückter Maustaste an eine andere Stelle. Die Kurve wird entsprechend nachgezogen (siehe Abbildung 11.11).

- Wenn ein Scheitelpunkt markiert ist, können Sie in der Symbolleiste BEARBEITEN eine neue Koordinate für den Scheitelpunkt eintragen oder ihn mit dem zweiten Symbol von links löschen.

- Klicken Sie auf die Verbindungslinie zwischen zwei Scheitelpunkten, und ziehen Sie diese mit gedrückter Maustaste an eine andere Stelle. Ein Scheitelpunkt wird eingefügt und die Kurve entsprechend neu gezeichnet (siehe Abbildung 11.11).

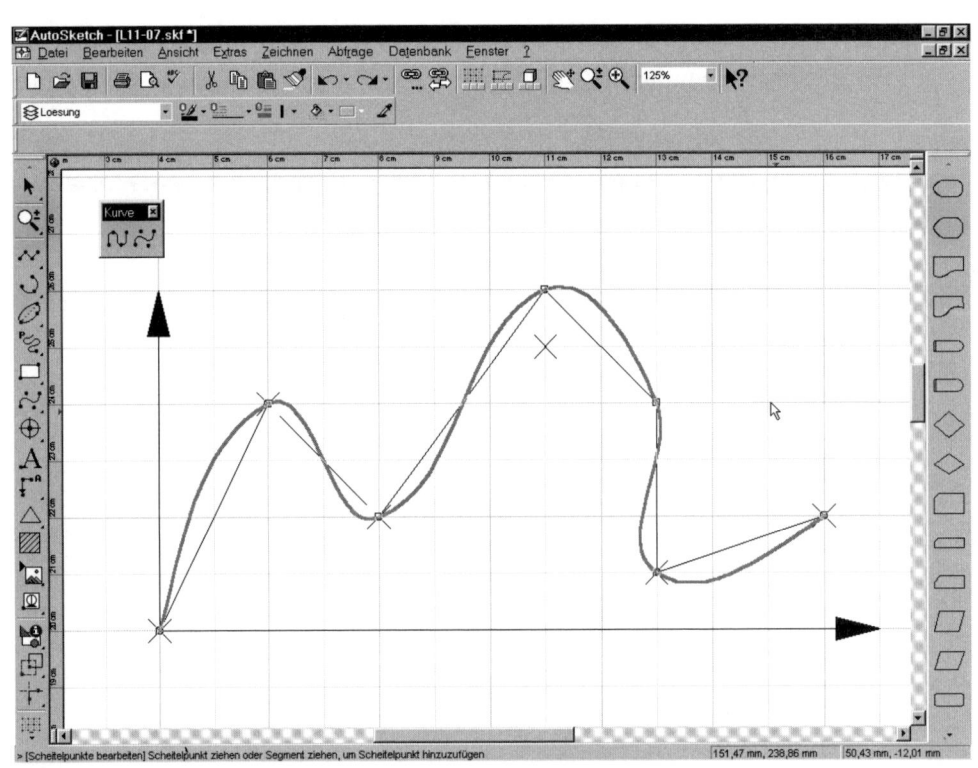

Abbildung 11.11: Scheitelpunkte einfügen und verschieben

- Drücken Sie zweimal die Taste Esc, und die Markierung wird wieder aufgehoben. Klicken Sie jetzt die Kurve einmal an, so dass sie markiert wird.

- Jetzt können Sie in der Symbolleiste BEARBEITEN eine neue Breite für die Kurve eintragen. Mit dem Symbol rechts daneben können Sie zur Bearbeitung von Scheitelpunkten umschalten.

- Mit dem Symbol ganz rechts können Sie die Kurve in eine Polylinie umwandeln. Wenn Sie dann die Scheitelpunkte bearbeiten (Doppelklick auf das Objekt) sehen Sie, dass es jetzt eine Polylinie mit vielen Stützpunkten ist (siehe Abbildung 11.12).

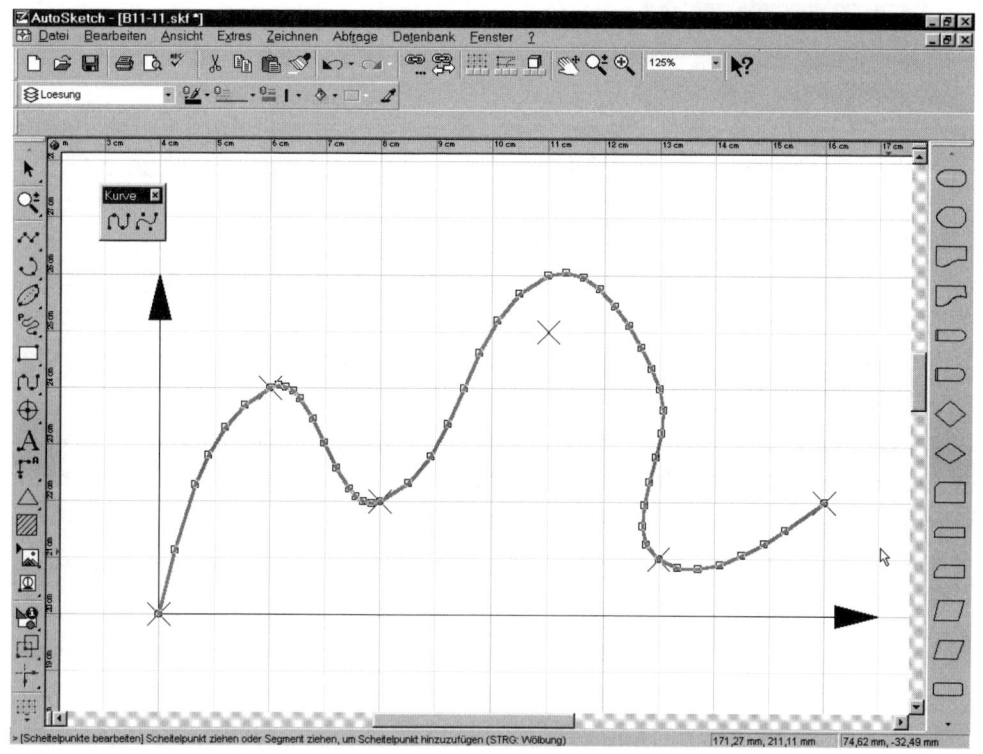

Abbildung 11.12: Kurve in Polylinie umgewandelt

- Beachten Sie, dass Sie die Polylinie zwar wieder in eine Kurve zurückverwandeln können, dabei werden allerdings die Stützpunkte der Polylinie zu Stützpunkten der Kurve. Damit erhöht sich die Anzahl, und sie kann nicht mehr so leicht bearbeitet werden. Haben Sie den Befehl schon ausgeführt, dann machen Sie ihn wieder rückgängig. Wir wollen uns mit der Kurve noch etwas weiter beschäftigen.
- Haben Sie die Kurve markiert, können Sie mit der rechten Maustaste ein Popup-Menü aktivieren. Dort finden Sie ebenfalls die Menüpunkte zur Bearbeitung von Scheitelpunkten und zur Umwandlung in Polylinien.

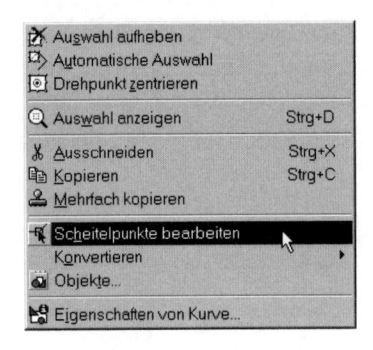

Abbildung 11.13:
Pop-up-Menü
zur Bearbeitung
von Kurven

- Haben Sie die Kurve, eine Polylinie oder ein Polygon markiert, können Sie im Abrollmenü BEARBEITEN den sogenannten Poylgontyp ändern (siehe Abbildung 11.14). Es stehen zur Auswahl:

POLYLINIE: Kurve wird in eine Polylinie umgewandelt. Bei dieser Funktion wird im Gegensatz zu oben die Kurve durch einen Linienzug ersetzt. Haben Sie eine geschlossene Kurve oder ein Polygon markiert, wird das letzte Segment entfernt.

UNREGELMÄSSIGES POLYGON: Umwandlung in ein unregelmäßiges Polygon. Die Funktion entspricht der vorherigen, nur dass Anfangs- und Endpunkt durch ein Liniensegment geschlossen werden.

SPLINE OFFEN: Umwandlung in einen offenen Spline. Bei geschlossenen Objekten wird das letzte Segment entfernt.

SPLINE GESCHLOSSEN: Umwandlung in einen geschlossenen Spline. Bei offenen Objekten wird die Kurve geschlossen.

OFFEN ANGEGLICHEN: Umwandlung in eine offene angeglichene Kurve. Bei geschlossenen Objekten wird das letzte Segment entfernt.

GESCHLOSSEN ANGEGLICHEN: Umwandlung in eine geschlossene angeglichene Kurve. Bei offenen Objekten wird die Kurve geschlossen.

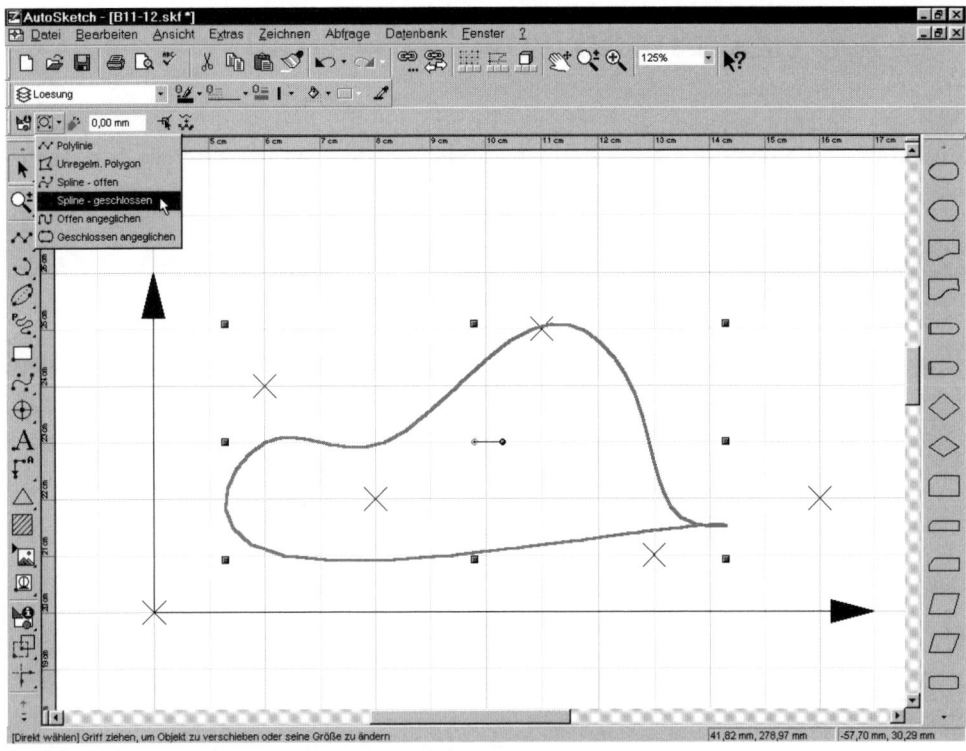

Abbildung 11.14: Umwandlung in einen geschlossenen Spline

Umwandlung von Kurven

- Wandeln Sie die Kurven, die Sie in der letzten Übung erstellt haben, in verschiedene andere Polygontypen um.
- Löschen Sie Scheitelpunkte, fügen Sie neue an anderen Stellen ein, und verschieben Sie bestehende.

11.6 Zeichnen von Polygonen

Mit den Polygonbefehlen können Sie Rechtecke, Parallelogramme, regelmäßige und unregelmäßige Vielecke zeichnen. Lediglich den Standardbefehl für Rechtecke haben Sie bis jetzt kennengelernt.

Befehl GEDREHTES RECHTECK

Mit dem Befehl GEDREHTES RECHTECK können Sie ebenfalls ein Rechteck zeichnen, es aber gleichzeitig drehen oder zu einem Parallelogramm verschieben. Wählen Sie den Befehl:

- Abrollmenü ZEICHNEN, Untermenü POLYGON, Funktion GEDREHTES RECHTECK
- Symbol in einem Flyout-Menü der Universal-Symbolleiste
- Symbol in der Symbolleiste POLYGON

```
> [Gedrehtes Rechteck] Punkt eingeben
> [Gedrehtes Rechteck] Punkt eingeben
> [Gedrehtes Rechteck] Punkt eingeben (Strg: Neigungswinkel eingeben)
```

Mit den ersten beiden Punkten geben Sie eine Seite des Rechtecks vor. Mit dem dritten Punkt wird die zweite Seite rechtwinklig zur ersten festgelegt. Drücken Sie bei der Eingabe des dritten Punktes die Taste Strg, können Sie diesen an einer beliebigen Stelle setzen, und Sie erhalten ein Parallelogramm (siehe Abbildung 11.15).

Rechteck und Parallelogramm

- *Laden Sie die Zeichnung A11-08.SKF aus Ihrem Ordner Aufgaben.*
- *Zeichnen Sie ein gedrehtes Rechteck. Geben Sie dazu die Punkte P1, P2 und P3 ein (siehe Abbildung 11.15, a). Drücken Sie die Taste G für den Rasterfang.*
- *Zeichnen Sie ein Parallelogramm an den Punkten P1, P2 und P3 (siehe Abbildung 11.15, b). Die Lösung finden Sie in der Zeichnung L11-08.SKF.*

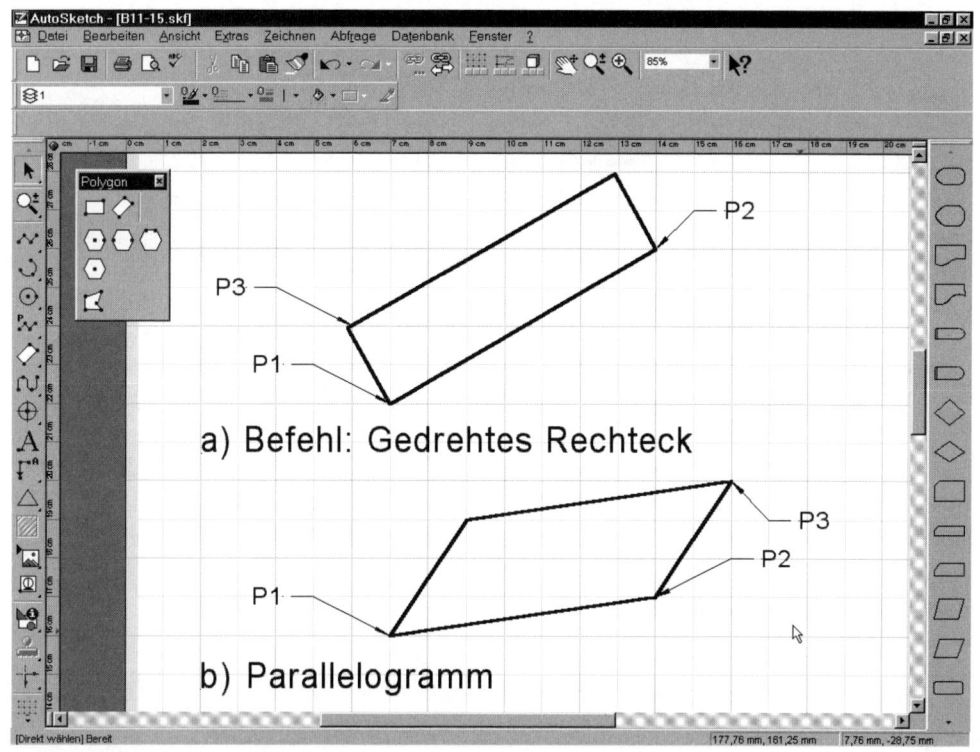

Abbildung 11.15: Rechteck und Parallelogramm

Befehl REGELMÄSSIG: MITTELPUNKT, KANTE

Mit den folgenden Befehlen können Sie regelmäßige Vielecke erstellen. Dabei haben Sie verschiedene Möglichkeiten. Mit dem Befehl REGELMÄSSIG: MITTELPUNKT, KANTE geben Sie den Mittelpunkt und eine Kante ein. Sie finden den Befehl wie folgt:

- Abrollmenü ZEICHNEN, Untermenü POLYGON, Funktion REGELMÄSSIG: MITTELPUNKT, KANTE
- Symbol in einem Flyout-Menü der Universal-Symbolleiste
- Symbol in der Symbolleiste POLYGON

In der Symbolleiste BEARBEITEN können Sie die Parameter für das Vieleck einstellen (siehe Abbildung 11.16).

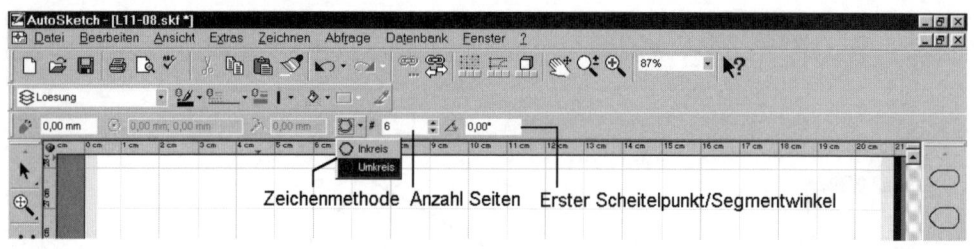

Abbildung 11.16: Einstellung der Parameter für das Vieleck

INKREIS/UMKREIS: Stellen Sie in diesem Abrollmenü ein, ob Sie als Maß für das Vieleck den Radius für den Inkreis oder den Umkreis eingeben wollen.

ANZAHL SEITEN/SEGMENTE: Stellen Sie hier die Zahl der Seiten ein.

ERSTER SCHEITELPUNKT/SEGMENTWINKEL: Hier können Sie den Winkel eintragen, an dem ein Seitenmittelpunkt (bei der Methode INKREIS) bzw. ein Scheitelpunkt (bei der Methode UMKREIS) liegen soll. Bei diesem Befehl ist diese Einstellung beim Zeichnen ohne Bedeutung. Sie können den Winkel aber nachträglich ändern, um das Vieleck auszurichten.

> [Regelmäßig: Mittelpunkt, Kante] Mittelpunkt eingeben
> [Regelmäßig: Mittelpunkt, Kante] Kantenpunkt eingeben ([Strg]: Mittelpunkt eingeben)

Geben Sie den Mittelpunkt und danach den Mittelpunkt einer Seite (bei der Methode INKREIS) bzw. einen Scheitelpunkt (bei der Methode UMKREIS) ein. Das Vieleck wird so gedreht, dass es durch den eingegebenen Punkt läuft. Den Winkel können Sie nachträglich ändern. Markieren Sie das Vieleck, und ändern Sie den Wert in der Symbolleiste BEARBEITEN.

Halten Sie bei der Eingabe des zweiten Punktes die Taste [Strg] gedrückt, wird die Eingabereihenfolge umgedreht. Der erste Punkt wird als Kantenpunkt genommen und der zweite als Mittelpunkt.

Befehl REGELMÄSSIG: KANTE, PUNKT GEGENÜBER

Mit dem Befehl REGELMÄSSIG: KANTE, PUNKT GEGENÜBER können Sie ein Vieleck zeichnen, indem Sie zwei gegenüberliegende Punkte eingeben. Wählen Sie den Befehl:

- Abrollmenü ZEICHNEN, Untermenü POLYGON, Funktion REGELMÄSSIG: KANTE, PUNKT GEGENÜBER
- Symbol in einem Flyout-Menü der Universal-Symbolleiste
- Symbol in der Symbolleiste POLYGON

Stellen Sie auch bei diesem Befehl die Parameter in der Symbolleiste BEARBEITEN ein (siehe Abbildung 11.16).

> [Regelmäßig: Kante, Punkt gegenüber] Kantenpunkt eingeben
> [Regelmäßig: Kante, Punkt gegenüber] Gegenüberliegenden Kantenpunkt eingeben

Geben Sie die Mittelpunkte zweier gegenüberliegender Seiten (bei der Methode INKREIS) bzw. zwei gegenüberliegende Scheitelpunkte (bei der Methode UMKREIS) ein. Das Vieleck wird an den beiden Punkten ausgerichtet. Auch dieses Vieleck kann nachträglich gedreht werden.

Vielecke zeichnen

- Laden Sie die Zeichnung A11-09.SKF aus Ihrem Ordner Aufgaben.
- Zeichnen Sie jeweils ein Sechseck mit dem Befehl REGELMÄSSIG: MITTELPUNKT, KANTE und der Methode INKREIS und UMKREIS. Drücken Sie die Taste G für den Rasterfang, und klicken Sie die Punkte P1 bis P4 an (siehe Abbildung 11.17, a).

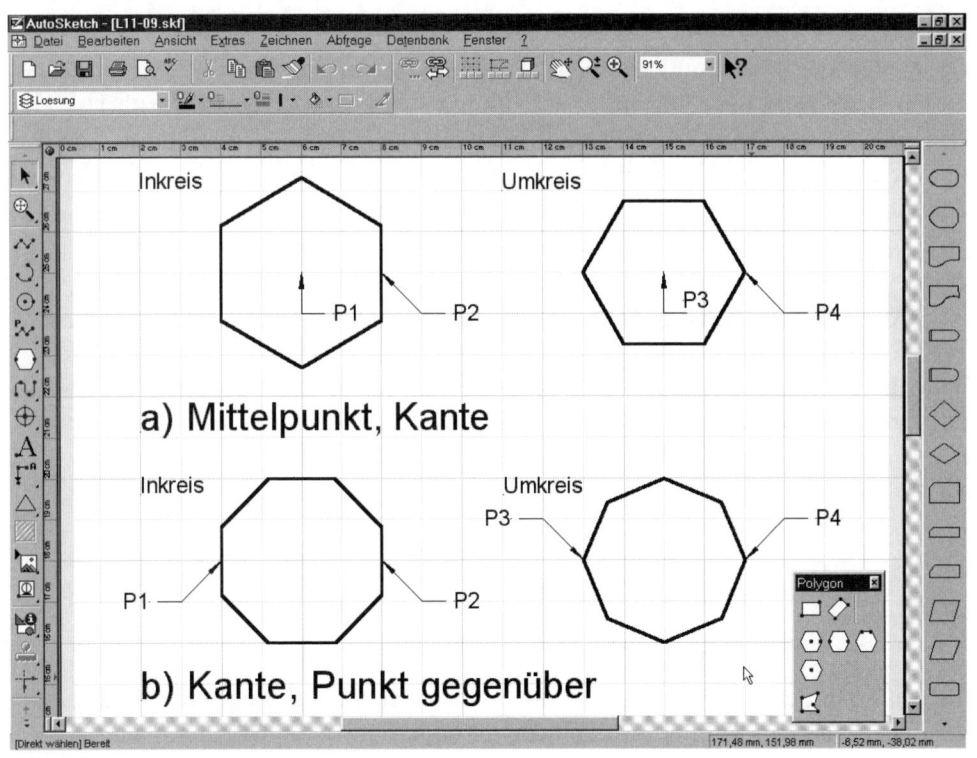

Abbildung 11.17: Zeichnen von Vielecken

- Zeichnen Sie jeweils ein Achteck mit dem Befehl REGELMÄSSIG: KANTE, PUNKT GEGENÜBER und der Methode INKREIS und UMKREIS. Klicken Sie die Punkte P1 bis P4 an (siehe Abbildung 11.17, b). Eine Lösung finden Sie in der Zeichnung L11-09.SKF.

Befehl REGELMÄSSIG: KANTE, NÄCHSTER PUNKT

Mit dem Befehl REGELMÄSSIG: KANTE, NÄCHSTER PUNKT können Sie ein Vieleck zeichnen, indem Sie zwei Punkte einer Seite eingeben. Wählen Sie den Befehl:

- Abrollmenü ZEICHNEN, Untermenü POLYGON, Funktion REGELMÄSSIG: KANTE, PUNKT GEGENÜBER
- Symbol in einem Flyout-Menü der Universal-Symbolleiste
- Symbol in der Symbolleiste POLYGON

Stellen Sie auch bei diesem Befehl die Parameter in der Symbolleiste BEARBEITEN ein (siehe Abbildung 11.16).

> [Regelmäßig: Kante, nächster Punkt] Kantenpunkt eingeben
> [Regelmäßig: Kante, nächster Punkt] Benachbarten Kantenpunkt eingeben
    (Strg : Umkehren)

Geben Sie die Mittelpunkte zweier benachbarter Seiten (bei der Methode IN-KREIS) bzw. zwei benachbarte Scheitelpunkte (bei der Methode UMKREIS) ein. Das Vieleck wird im Uhrzeigersinn aufgebaut, ausgehend von diesen beiden Punkten. Drücken Sie bei der Eingabe des zweiten Punktes die Taste Strg , wird das Vieleck entgegen dem Uhrzeigersinn aufgebaut.

Befehl REGELMÄSSIG: MITTELPUNKT, RADIUS

Beim Befehl REGELMÄSSIG: MITTELPUNKT, RADIUS stellen Sie alle Parameter in der Symbolleiste BEARBEITEN vorher ein und geben nur noch den Mittelpunkt ein. Wählen Sie den Befehl:

- Abrollmenü ZEICHNEN, Untermenü POLYGON, Funktion REGELMÄSSIG: MITTELPUNKT, RADIUS
- Symbol in einem Flyout-Menü der Universal-Symbolleiste
- Symbol in der Symbolleiste POLYGON

Geben Sie in der Symbolleiste BEARBEITEN vorher die Zeichenmethode, die Zahl der Seiten und den Winkel für den Scheitelpunkt ein (siehe Abbildung 11.16).

> [Regelmäßig: Mittelpunkt, Radius] Mittelpunkt eingeben

Geben Sie nur noch den Mittelpunkt ein, und das Vieleck wird gezeichnet.

Vielecke zeichnen

- Laden Sie die Zeichnung A11-10.SKF aus Ihrem Ordner Aufgaben.
- Zeichnen Sie jeweils ein Achteck mit dem Befehl REGELMÄSSIG: KANTE, NÄCHSTER PUNKT und der Methode INKREIS und UMKREIS. Zeichnen Sie mit dem Rasterfang. Klicken Sie die Punkte P1 bis P4 an (siehe Abbildung 11.18, a).
- Zeichnen Sie jeweils ein Sechseck mit dem Befehl REGELMÄSSIG: MITTELPUNKT, RADIUS und der Methode INKREIS und UMKREIS. Tragen Sie für den Radius 15 mm und einen Winkel von 0° ein. Klicken Sie nur noch die Mittelpunkte P1 und P2 an (siehe Abbildung 11.18, b). Eine Lösung finden Sie in der Zeichnung L11-10.SKF.

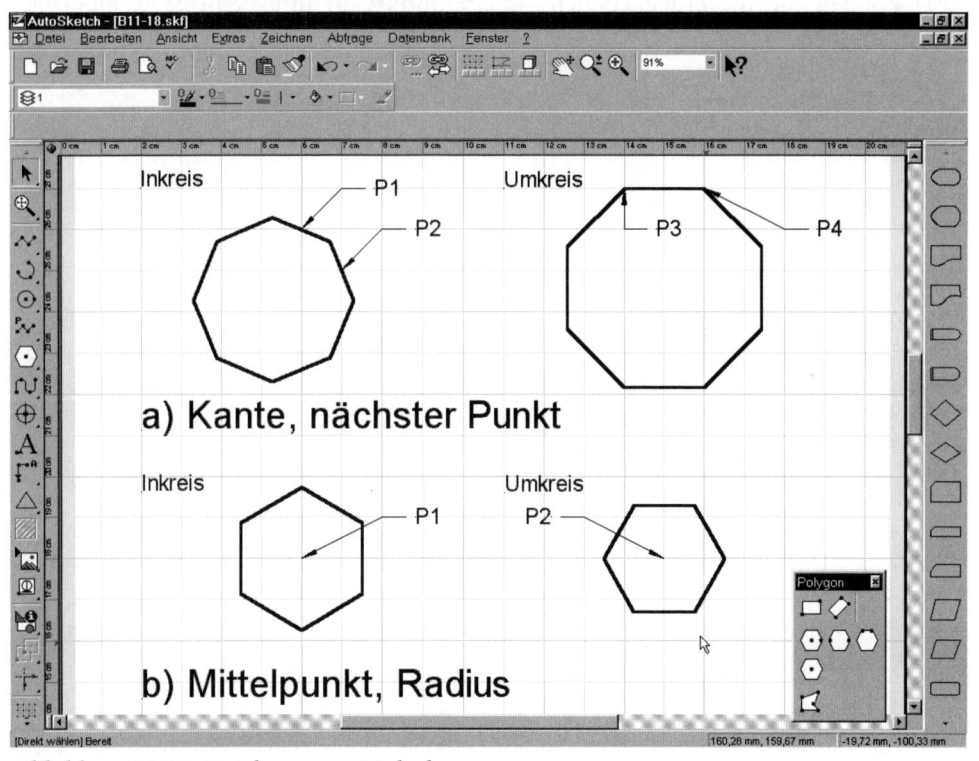

Abbildung 11.18: Zeichnen von Vielecken

Befehl UNREGELMÄSSIGES POLYGON

Beim Befehl UNREGELMÄSSIGES POLYGON können Sie ein Vieleck mit beliebigen Eckpunkten zeichnen. Wählen Sie den Befehl:

- Abrollmenü ZEICHNEN, Untermenü POLYGON, Funktion UNREGELMÄSSIG
- Symbol in einem Flyout-Menü der Universal-Symbolleiste
- Symbol in der Symbolleiste POLYGON

Geben Sie in der Symbolleiste BEARBEITEN vorher die Zeichenmethode, die Zahl der Seiten und den Winkel für den Scheitelpunkt ein (siehe Abbildung 11.16).

> [Unregelmäßiges Polygon] Scheitelpunkt eingeben
> [Unregelmäßiges Polygon] Scheitelpunkt eingeben (Entf: Letzten Scheitelpunkt löschen)

Geben Sie nacheinander die Scheitelpunkte für das Polygon ein; mit der Taste Entf können Sie die eingegebenen Scheitelpunkte in umgekehrter Reihenfolge wieder löschen.

Kapitel 12

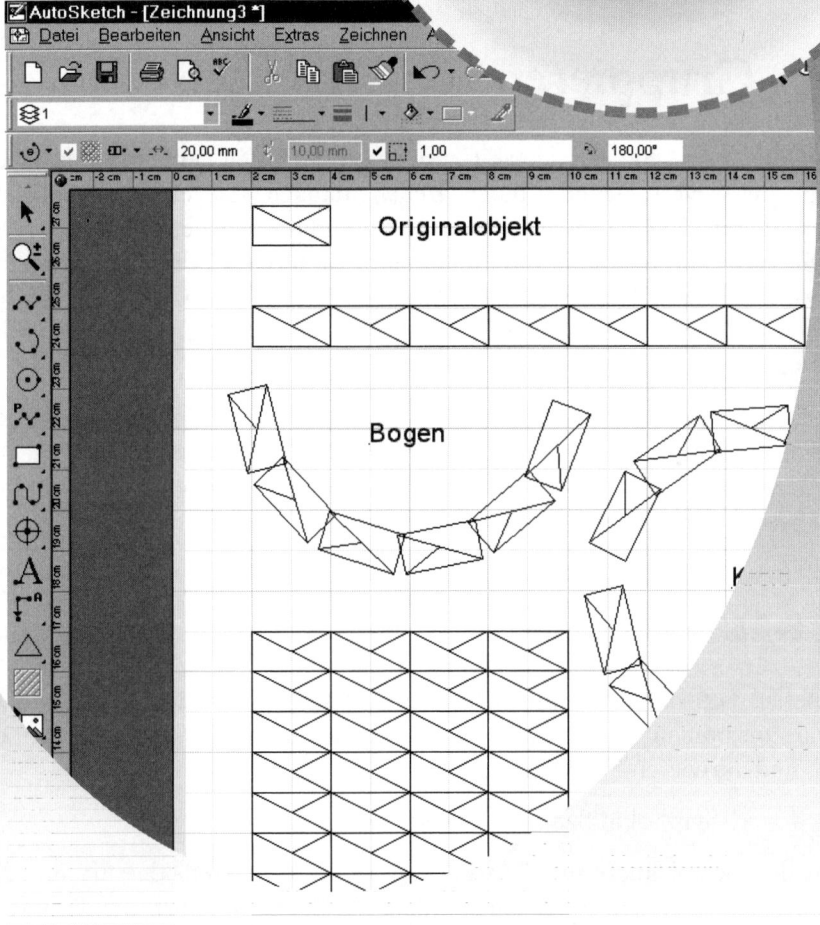

Regelmäßige Anordnungen

Sowohl mit normalen Objekten aus der Zeichnung als auch mit Symbolen lassen sich in AutoSketch regelmäßige Anordnungen erstellen. Sie lernen in diesem Kapitel,

- was eine Gruppe ist und wie man sie bildet
- wie eine Gruppe wieder aufgelöst werden kann
- was eine rechteckige Anordnung ist und wie man sie erstellt
- was eine kreisförmige Anordnung ist und wie man dazu kommt
- wie eine Anordung kopierter Objekte erzeugt wird
- was eine Symbolanordnung ist

12.1 Gruppieren von Objekten

Oft kommt es vor, dass Sie eine ganze Gruppe von Objekten gemeinsam bearbeiten müssen, zuerst verschieben, später drehen, danach spiegeln und vielleicht auch noch skalieren. Dabei müssen Sie die Objekte immer wieder vorher auswählen, wenn Sie nicht alle Aktionen hintereinander ausführen. In diesen Fällen ist es einfacher, wenn Sie die Objekte vorher gruppieren. Gruppierte Objekte verhalten sich wie ein Objekt. Wenn Sie sie an irgendeiner Stelle anklicken, wird die ganze Gruppe gewählt.

Sollten Sie danach die Gruppe nicht mehr benötigen, können Sie sie auch sehr schnell wieder auflösen. Gruppen sind, ähnlich wie Symbole, zusammenhängende Objekte. Sie werden aber in der Zeichnung nicht unter einem Namen geführt, und es gibt auch keinen speziellen Einfügebefehl dafür.

Befehl GRUPPIEREN

Mit dem Befehl GRUPPIEREN können Sie einzelne Objekte in der Zeichnung zu einer Gruppe zusammenfassen. Wählen Sie die Objekte an, die Sie zusammenfassen wollen, und aktivieren Sie den Befehl:

- Symbol in der Symbolleiste BEARBEITEN

Sie können den Befehl auch aus dem Pop-up-Menü aktivieren, das Sie mit der rechten Maustaste auf den Bildschirm holen. Wählen Sie dort die Funktion GRUPPIEREN (siehe Abbildung 12.1).

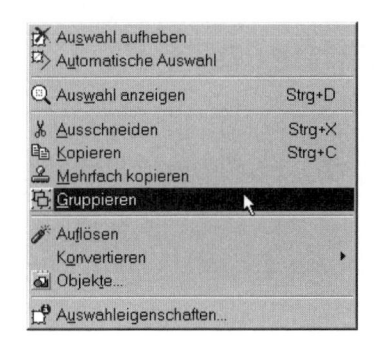

Abbildung 12.1:
Pop-up-Menü
mit der Funktion
GRUPPIEREN

Wenn Sie den Befehl gewählt haben, werden die markierten Objekte ohne weitere Anfrage zu einer Gruppe zusammengefasst.

Befehl AUFLÖSEN

Mit dem Befehl AUFLÖSEN können Sie eine Gruppe wieder in einzelne Objekte zerlegen. Wählen Sie die Gruppe an, und aktivieren Sie den Befehl:

- Symbol in der Symbolleiste BEARBEITEN

Auch diesen Befehl können Sie aus dem Pop-up-Menü wählen, das Sie mit der rechten Maustaste auf den Bildschirm holen können. Wählen Sie dort die Funktion AUFLÖSEN (siehe Abbildung 12.2).

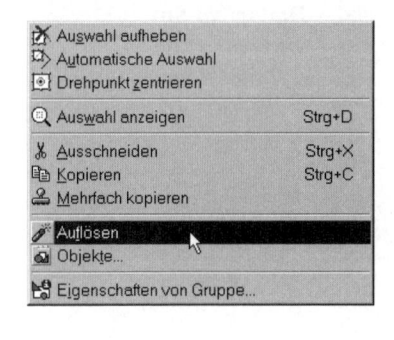

Abbildung 12.2:
Pop-up-Menü
mit der Funktion
AUFLÖSEN

Die Gruppe wird wieder in ihre einzelnen Objekte aufgelöst.

12.2 Rechteckige Anordnungen

Mit einem speziellen Bearbeitungsbefehl können Sie ein einzelnes Objekt aus der Zeichnung, eine Gruppe, eine Markierung oder ein Symbol in eine matrixförmige Anordnung kopieren.

Befehl RECHTECKIGE ANORDNUNG

Mit dem Befehl RECHTECKIGE ANORDNUNG können Sie diese Aktion ausführen. Sie finden den Befehl wie folgt:

- Abrollmenü BEARBEITEN, Untermenü TRANSFORMIEREN, Funktion RECHTECKIGE ANORDNUNG
- Symbol in einem Flyout-Menü der Universal-Symbolleiste
- Symbol in der Symbolleiste TRANSFORMIEREN

Bevor Sie den Befehl wählen, müssen Sie die Objekte gewählt haben, die Sie rechteckig anordnen wollen. Sobald Sie den Befehl aktiviert haben, erscheint ein Dialogfeld, in das Sie alle Parameter für die Anordnung eingeben können (siehe Abbildung 12.3).

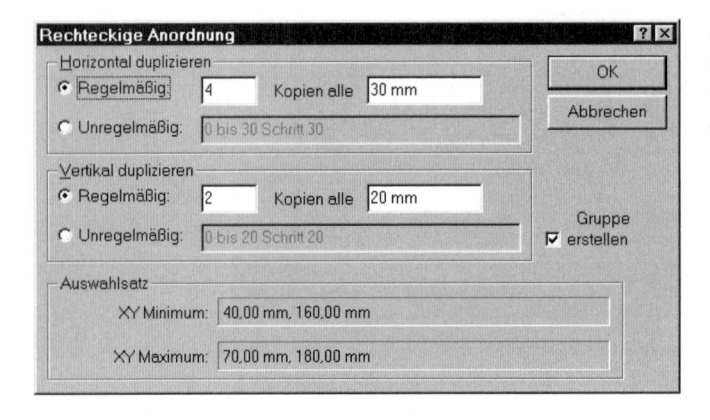

Abbildung 12.3: Dialogfeld für die rechteckige Anordnung

In diesem Dialogfeld stellen Sie ein:

HORIZONTAL DUPLIZIEREN: Geben Sie in das Feld REGELMÄSSIG die Zahl der Kopien ein, die in horizontaler Richtung erstellt werden sollen. Weiterhin müssen Sie den Abstand angeben, den die Objekte voneinander haben sollen. Der Abstand wird von Mitte zu Mitte gemessen. Vorgabeabstand ist die Breite des gewählten Auswahlsatzes, so dass die Objekte unmittelbar aneinandergesetzt werden. Geben Sie einen negativen Abstand ein, werden die Kopien nach links gesetzt.

VERTIKAL DUPLIZIEREN: Machen Sie es genauso wie im Feld darüber. Hier bewirkt ein positiver Abstand eine Kopie nach oben und ein negativer eine Kopie nach unten.

Einstellung UNREGELMÄSSIG: Kreuzen Sie in den obigen Feldern die Einstellung UNREGELMÄSSIG an, können Sie den Abstand jeder Kopie separat eingeben; die Abstände werden durch Leerzeichen getrennt. Die Eingabe von:

10 50 70

würde drei Kopien erzeugen. Diese haben den Abstand von 10, 50 und 70 Einheiten, jeweils vom Originalobjekt aus gemessen. Wollen Sie die Abstände jeweils relativ zum vorhergehenden Objekt eingeben, können Sie mit den Zeichen »+ +« (getrennt durch Leerzeichen) in den Relativmodus umschalten. Geben Sie die Zeichenfolge wieder ein, wird in den Absolutmodus zurückgeschaltet. Die Eingabe von:

10 + + 50 60 + + 200

bewirkt, dass die erste Kopie einen Abstand von 10 Einheiten vom Original hat, die zweite 50 von der ersten Kopie oder 60 vom Original. Die dritte Kopie hat einen Abstand von 60 Einheiten von der zweiten Kopie und 120 vom Original. Der Abstand der letzten Kopie ist dann wieder absolut, und zwar 200 Einheiten vom Original.

Die Abstände können auch in Schleifen eingegeben werden. Schleifenangaben werden durch den Operator »bis« getrennt und die Schrittweite durch den Operator »Schritt«. Die Eingabe von:

10 bis 100 Schritt 30

würde eine Kopie im Abstand von 10, 40, 70 und 100 erzeugen, also von 10 bis 100 in Schrittweiten von 30.

Tips

- Bei der Anzahl der Kopien wird das Original nicht mitgezählt. Die Angabe von einer horizontalen und einer vertikalen Kopie würde mit dem Originalobjekt eine Matrix von 2 mal 2 ergeben.
- Wenn Sie die Zahl der Kopien mit 0 angeben, werden in dieser Richtung keine Kopien erzeugt. Es bleibt nur das Original.

Rechteckige Anordnung erzeugen

- Laden Sie die Zeichnung A12-01.SKF aus dem Ordner Aufgaben.
- Machen Sie aus den Objekten eine Gruppe, um sie leichter wählen zu können.
- Erzeugen Sie eine rechteckige Anordnung mit vier horizontalen Kopien im Abstand von 30 mm und drei vertikalen Kopien im Abstand von 20 mm. Aus dem Ergebnis soll eine Gruppe erstellt werden.
- Das Ergebnis sollte wie in Abbildung 12.4 aussehen. Eine Lösung finden Sie in der Zeichnung L12-01.SKF.

Abbildung 12.4: Rechteckige Anordnung

12.3 Kreisförmige Anordnungen

Mit einem weiteren Befehl für regelmäßige Anordnungen können Sie ein einzelnes Objekt aus der Zeichnung, eine Gruppe, eine Markierung oder ein Symbol in eine kreisförmige Anordnung kopieren.

Befehl KREISFÖRMIGE ANORDNUNG

Verwenden Sie dazu den Befehl KREISFÖRMIGE ANORDNUNG. Sie finden ihn:

- Abrollmenü BEARBEITEN, Untermenü TRANSFORMIEREN, Funktion KREISFÖRMIGE ANORDNUNG
- Symbol in einem Flyout-Menü der Universal-Symbolleiste
- Symbol in der Symbolleiste TRANSFORMIEREN

Bevor Sie den Befehl wählen, müssen Sie die Objekte gewählt haben, die Sie anordnen wollen. Alles weitere stellen Sie im Dialogfeld ein (siehe Abbildung 12.5).

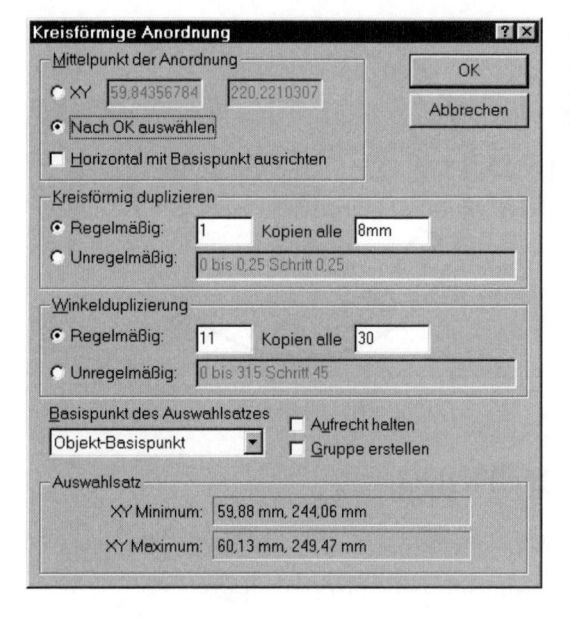

Abbildung 12.5: Dialogfeld für die kreisförmige Anordnung

MITTELPUNKT DER ANORDNUNG: Tragen Sie den Mittelpunkt, um den herum die Anordnung aufgebaut werden soll, als Koordinate ein. Wenn Sie die Einstellung NACH OK AUSWÄHLEN aktivieren, wird der Mittelpunkt angefragt, wenn Sie das Dialogfeld mit OK beendet haben. Die Einstellung HORIZONTAL MIT BASISPUNKT AUSRICHTEN bewirkt, dass der Mittelpunkt der Anordnung immer die gleiche Y-Koordinate bekommt wie der Basispunkt (Mitte) der ausgewählten Originalobjekte, egal wo Sie den Punkt anklicken. Vom eingegebenen Punkt wird nur die X-Koordinate übernommen.

KREISFÖRMIG DUPLIZIEREN: Die kreisförmige Anordnung kann mehrere Ringe haben (siehe Abbildung 12.6). Im Feld REGELMÄSSIG geben Sie die Zahl der zusätzlichen Ringe ein. Im Feld KOPIEN ALLE tragen Sie den Abstand der Ringe zueinander ein. Ein positiver Wert kopiert die Ringe nach außen, ein negativer nach innen. Tragen Sie hier 0 ein, wird nur ein Ring erzeugt.

WINKELDUPLIZIERUNG: Tragen Sie hier ein, wie viele Kopien innerhalb eines Rings erzeugt werden und welchen Winkelabstand die Kopien zueinander haben sollen (siehe Abbildung 12.6). In beiden Feldern kann auch die Einstellung UNREGELMÄSSIG gewählt werden. Die Einstellungen entsprechen dann denen bei der rechteckigen Anordnung.

Abbildung 12.6: Kreisförmige Anordnung mit einem und mehreren Ringen

BASISPUNKT DES AUSWAHLSATZES: Bei der Erzeugung der Anordnung wird der Basispunkt des Auswahlsatzes, also des Originals, auf die Ringe kopiert. Im Abrollmenü BASISPUNKT DES AUSWAHLSATZES können Sie wählen, was als Basispunkt genommen werden soll. Folgende Möglichkeiten stehen zur Auswahl: UNTERE LINKE ECKE, MITTE, OBJEKT-BASISPUNKT (entspricht der Mitte bei normalen Objekten, nur bei Symbolen oder Markierungen kann dies ein anderer Punkt sein) oder NACH OK AUSWÄHLEN (der Punkt wird nach dem Beenden des Dialogfeldes abgefragt). Diese Einstellung ist nur dann von Bedeutung, wenn das Feld AUFRECHT HALTEN angekreuzt ist (siehe Abbildung 12.7).

AUFRECHT HALTEN: Ist dieses Feld angekreuzt, werden die Objekte in der gleichen Ausrichtung wie das Original erzeugt (siehe Abbildung 12.7), falls nicht, werden die Objekte zum Mittelpunkt hin ausgerichtet.

GRUPPE ERSTELLEN: Ist dieses Feld angekreuzt, wird aus den Kopien eine Gruppe erzeugt, falls nicht, bleiben es Einzelobjekte.

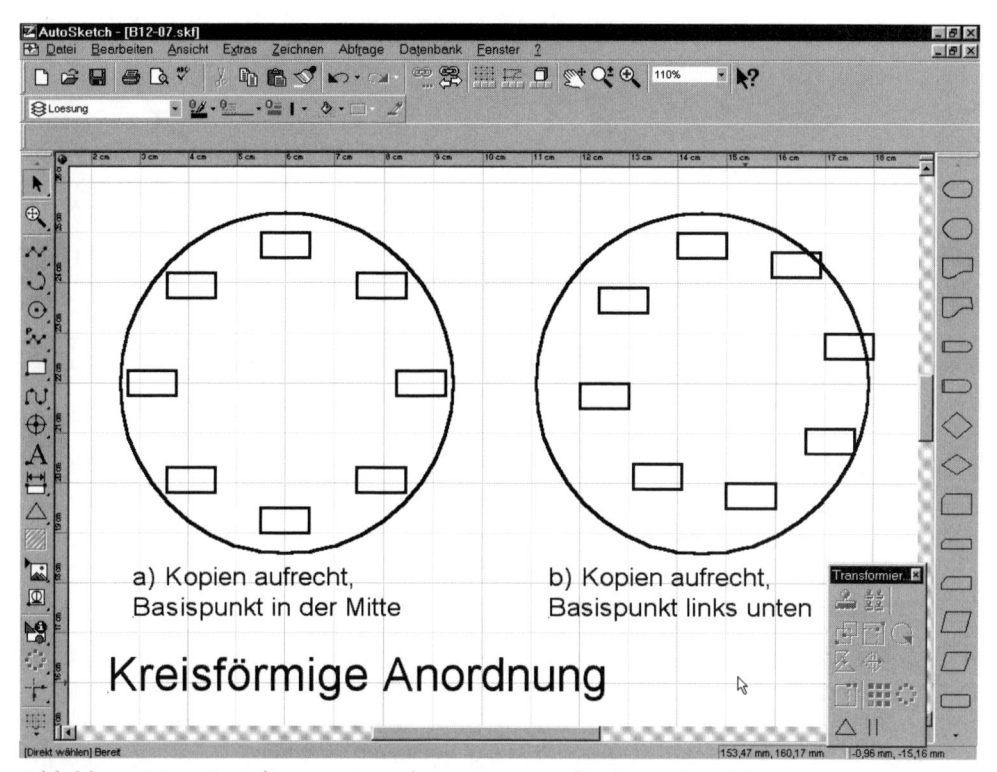

Abbildung 12.7: Kreisförmige Anordnung mit verschiedenen Ausrichtungen

Kreisförmige Anordnung erzeugen

- Laden Sie die Zeichnung A12-02.SKF aus dem Ordner Aufgaben (siehe Abbildung 12.8).

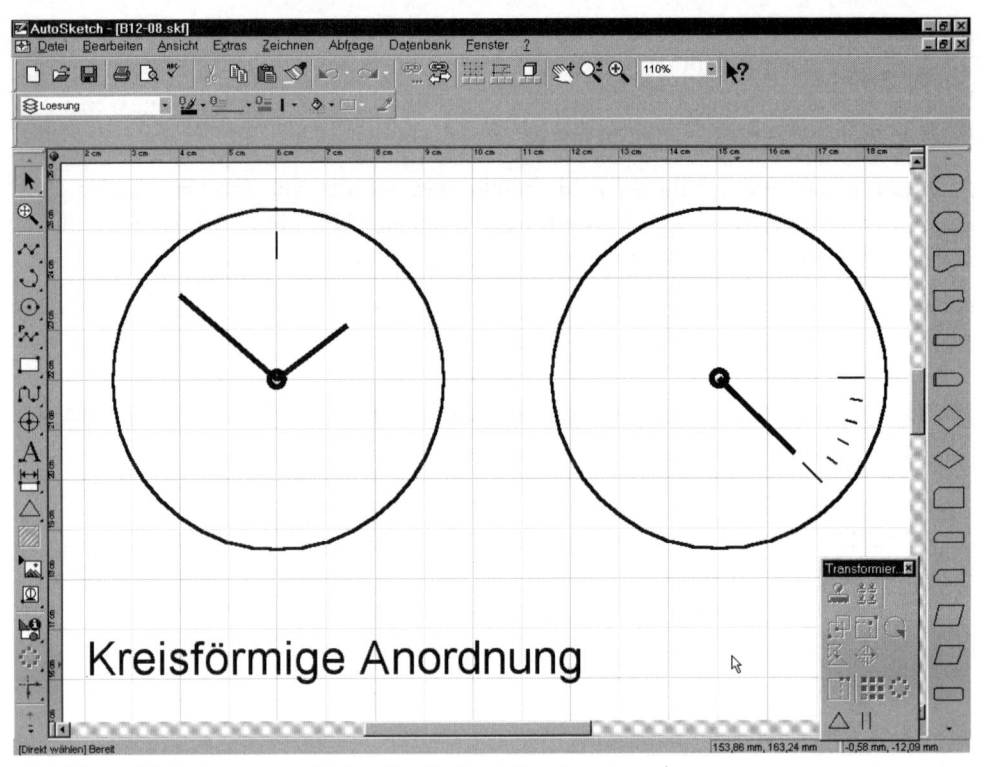

Abbildung 12.8: Ausgangsobjekte für die kreisförmige Anordnung

- Wählen Sie bei der Uhr links den Stundenstrich bei 12 Uhr an. Erstellen Sie eine kreisförmige Anordnung. Die Zahl der zusätzlichen Ringe lassen Sie bei 0. Bei der WINKELDUPLIZIERUNG stellen Sie elf Kopien im Winkel von 30° ein. Als Mittelpunkt der Anordnung wählen Sie das Zentrum der Uhr. Das Ergebnis sehen Sie in Abbildung 12.9.

- Wählen Sie bei dem Drehzahlmesser rechts die Markierungen. Sie wurden zu einer Gruppe zusammengefasst und können mit einem Klick gewählt werden. Erstellen Sie eine kreisförmige Anordnung. Die Zahl der zusätzlichen Ringe bleibt bei 0. Bei der WINKELDUPLIZIERUNG stellen Sie jetzt fünf Kopien im Winkel von 45° ein. Als Mittelpunkt der Anordnung wählen Sie das Zentrum des Drehzahlmessers. Das Ergebnis sehen Sie in Abbildung 12.9. Eine Musterlösung finden Sie in der Zeichnung L12-02.SKF.

Abbildung 12.9: Kreisförmige Anordnungen erstellt

12.4 Kopierte Objekte anordnen

Eine weitere Möglichkeit, Objekte regelmäßig anzuordnen, haben Sie mit einer speziellen Variante des Kopierbefehls.

Befehl ANORDNUNG KOPIERTER OBJEKTE

Mit dem Befehl ANORDNUNG KOPIERTER OBJEKTE können Sie einen Auswahlsatz in verschiedenen Formen regelmäßig anordnen. Sie finden den Befehl wie folgt:

- Abrollmenü BEARBEITEN, Untermenü TRANSFORMIEREN, Funktion ANORDNUNG KOPIERTER OBJEKTE
- Symbol in einem Flyout-Menü der Universal-Symbolleiste
- Symbol in der Symbolleiste TRANSFORMIEREN

Bevor Sie den Befehl wählen können, müssen Sie die Objekte wählen, die Sie in eine Anordnung kopieren wollen. Nachdem Sie den Befehl gewählt haben, stellen Sie in der Symbolleiste BEARBEITEN die Parameter für die Anordnung ein (siehe Abbildung 12.10 und 12.11).

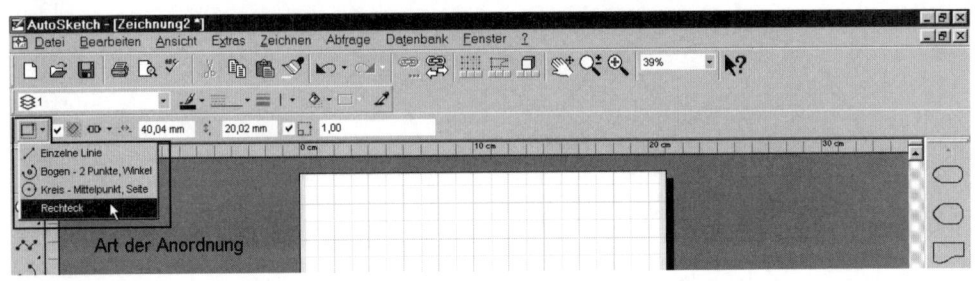

Abbildung 12.10: Art der Anordnung im Abrollmenü der Symbolleiste BEARBEITEN

Art der Anordnung: Die gewählten Objekte können Sie entlang einer Linie, eines Bogens, eines Kreises oder innerhalb eines Rechtecks anordnen (siehe Abbildung 12.12). Wählen Sie die Art der Anordnung im Abrollmenü (siehe Abbildung 12.10).

Abbildung 12.11: Weitere Parameter für die Anordnung

Ausrichtung am Raster: Klicken Sie dieses Feld an, wenn die einzelnen Objekte der Anordnung am Raster ausgerichtet werden sollen (siehe Abbildung 12.11).

Art der Lücken: Wählen Sie aus dem Abrollmenü eine der Optionen KEINE LÜCKEN, LÜCKEN IN MITTE oder LÜCKEN AUSSEN. KEINE LÜCKEN bedeutet, dass ein weiteres Objekt eingefügt wird, wenn die Lücke größer als der Mindestabstand (siehe unten) wird. Ansonsten bleibt der Platz frei. LÜCKEN IN MITTE bedeutet, dass die Objekte in gleichmäßigen Abständen entlang des Objekts verteilt werden, wobei Objekte am Start- und am Endpunkt sitzen. Dazwischen befinden sich Lücken. Werden diese insgesamt größer als der Mindestabstand, wird ein weiteres eingefügt. LÜCKEN AUSSEN bedeutet, dass die Objekte in gleichmäßigen Abständen verteilt werden. Am Start- und Endpunkt bleiben Lücken, bis sie größer werden als der Mindestabstand. Dann wird ein weiteres Objekt eingesetzt (siehe Abbildung 12.11).

AM RASTER AUSRICHTEN: Klicken Sie dieses Feld an, wenn die einzelnen Objekte der Anordnung am Raster ausgerichtet werden sollen (siehe Abbildung 12.11).

MINDESTABSTAND X: Mindestabstand der Objekte der Anordnung zueinander, gemessen von Objektmittelpunkt zu Objektmittelpunkt. Dieser Abstand gilt auch für Objekte entlang von Bögen und Kreisen (siehe Abbildung 12.11).

MINDESTABSTAND Y: Mindestabstand der Objekte in der anderen Richtung bei einer Anordnung innerhalb eines Rechtecks (siehe Abbildung 12.11).

SKALIERFAKTOR: Skalierfaktor der Objekte in der Anordnung. Ist das Häkchen vor dem Eingabefeld gesetzt, gibt es nur einen Skalierfaktor, ansonsten kann für X und Y ein gesonderter Faktor eingestellt werden (siehe Abbildung 12.11).

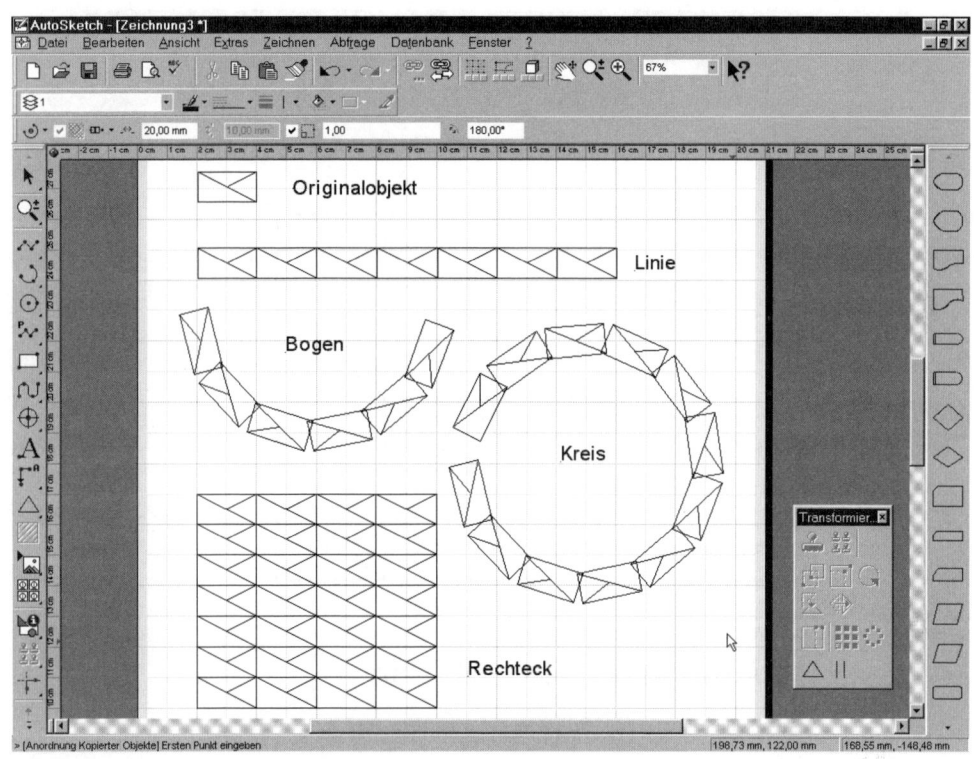

Abbildung 12.12: Beispiele für Anordnungen kopierter Objekte

Anordnung kopierter Objekte

- Laden Sie die Zeichnung A12-03.SKF aus dem Ordner Aufgaben (siehe Abbildung 12.13).

- Wählen Sie das Rechteck links unten und dann den Befehl ANORDNUNG KOPIERTER OBJEKTE.

- Stellen Sie in der Symbolleiste BEARBEITEN die Form RECHTECK ein, und ziehen Sie ein Rechteck von P1 nach P2 auf (siehe Abbildung 12.13). Es entsteht eine Tabelle. Falls nicht, laden Sie die Lösung L12-03.SKF.

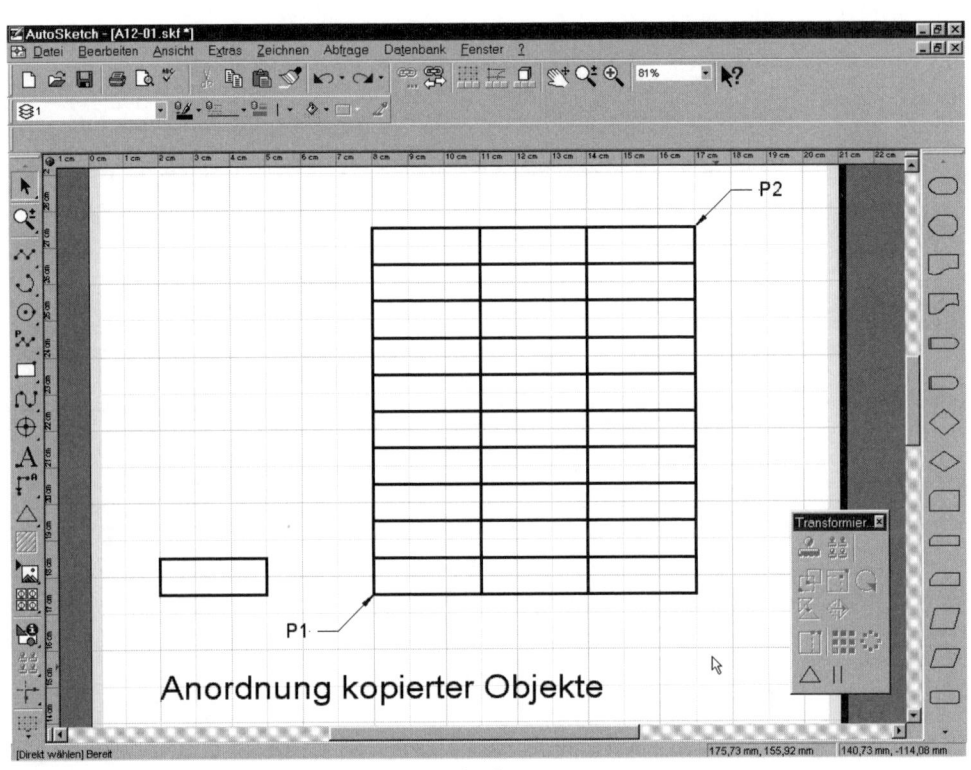

Abbildung 12.13: Anordnung kopierter Objekte

12.5 Symbolanordnung

Die gleiche Funktion haben Sie auch zum Anordnen von Symbolen.

Befehl SYMBOLANORDNUNG

Mit dem Befehl SYMBOLANORDNUNG haben Sie die gleichen Möglichkeiten wie mit dem Befehl ANORDNUNG KOPIERTER OBJEKTE. Nur dass Sie bei diesem Befehl ein Symbol verwenden, um es in eine Anordnung zu kopieren. Sie finden den Befehl wie folgt:

- Abrollmenü ZEICHNEN, Untermenü SYMBOL, Funktion ANORDNUNG
- Symbol in einem Flyout-Menü der Universal-Symbolleiste
- Symbol in der Symbolleiste SYMBOL

Mit dem Befehl können Sie wie mit dem vorhergehenden arbeiten. Der Unterschied besteht darin, dass kein Auswahlsatz gebildet werden muß. Statt dessen wählen Sie ein Symbol aus dem Abrollmenü in der Symbolleiste BEARBEITEN (siehe Abbildung 2.14).

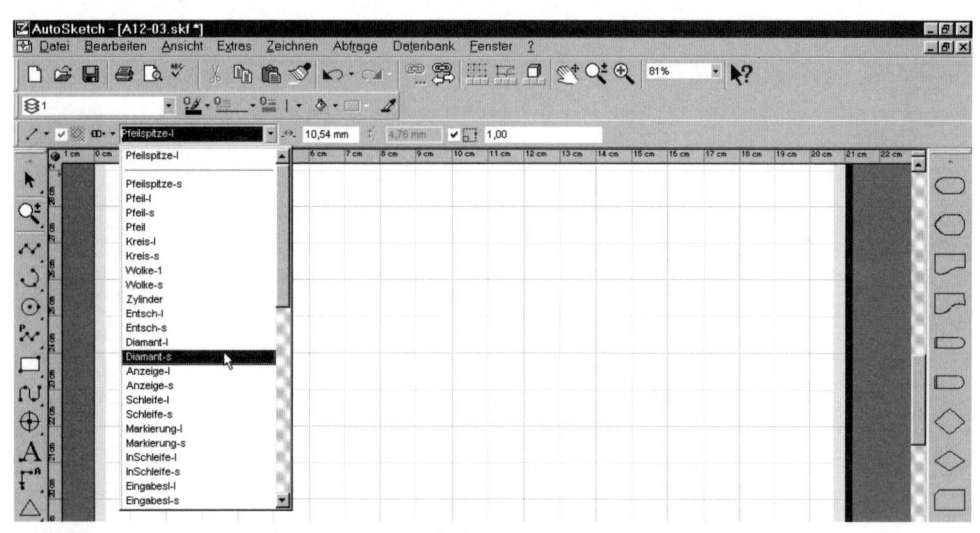

Abbildung 12.14: Anordnung von Symbolen

Kapitel 13

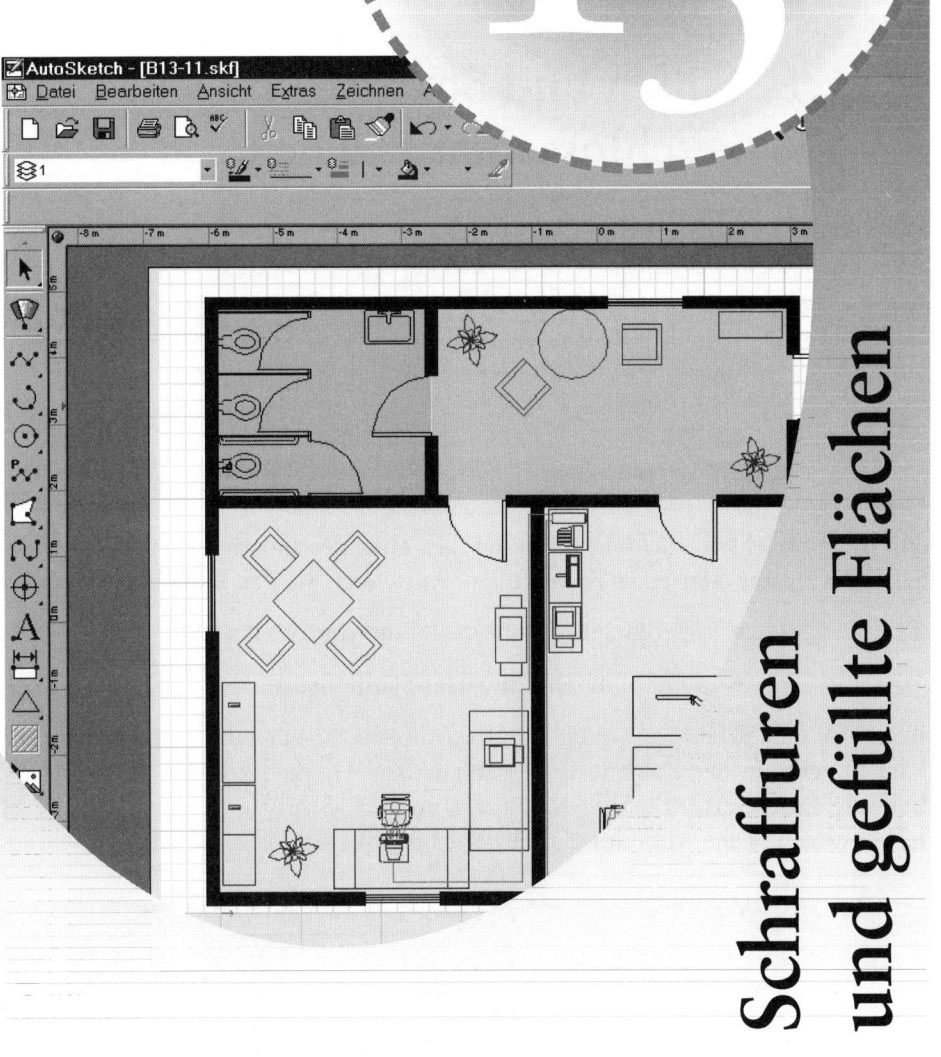

Schraffuren und gefüllte Flächen

In technischen Zeichnungen müssen Sie häufig Flächen schraffieren. In Auto-Sketch haben Sie einen Befehl, um Flächen schraffiert oder mit einer Füllfarbe zu zeichnen bzw. nachträglich zu füllen. Sie lernen in diesem Kapitel,

- wie Sie Polygone füllen oder schraffieren können
- wie Sie diese Objekte gleich gefüllt zeichnen können
- welche Grundeinstellungen für gefüllte Flächen möglich sind
- wie Sie Schraffuren ändern können
- warum es sinnvoll sein kann, Objekte anzuordnen

13.1 Füllen und Schraffieren von geschlossenen Flächen

Geschlossene Flächen werden in AutoSketch als Polygone gezeichnet. Das können geschlossene Polylinien sein, Rechtecke, regelmäßige Polygone oder unregelmäßige Polygone. Wie Sie in Kapitel 8 gesehen haben, können Sie auch Linien und Bögen zu geschlossenen Polylinien verbinden. Diese Flächen können mit einem Schraffurmuster oder einer Farbe ausgefüllt werden.

Befehl SCHRAFFUR

Mit dem Befehl SCHRAFFUR können Sie eine geschlossene Fläche mit einem Schraffurmuster oder einer Farbe füllen. Aktivieren Sie den Befehl:

- Abrollmenü ZEICHNEN, Funktion SCHRAFFUR
- Symbol in der Universal-Symbolleiste

Bevor Sie den Befehl anwählen können, müssen Sie ein oder mehrere schraffierbare Objekte in der Zeichnung gewählt haben. Danach können Sie in der Symbolleiste EIGENSCHAFTEN die Musterart und das Schraffurmuster bzw. die Füllfarbe wählen (siehe Abbildung 13.1 bis 13.3).

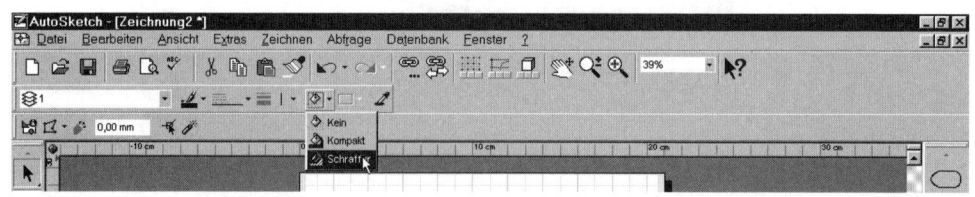

Abbildung 13.1: Auswahl der Musterart

MUSTERART: Wählen Sie in dem Abrollmenü (siehe Abbildung 13.1) KEIN, wenn Sie keine Füllung oder Schraffur haben wollen, KOMPAKT, wenn Sie mit einer Farbe füllen wollen, oder SCHRAFFUR, wenn Sie die Fläche schraffieren wollen.

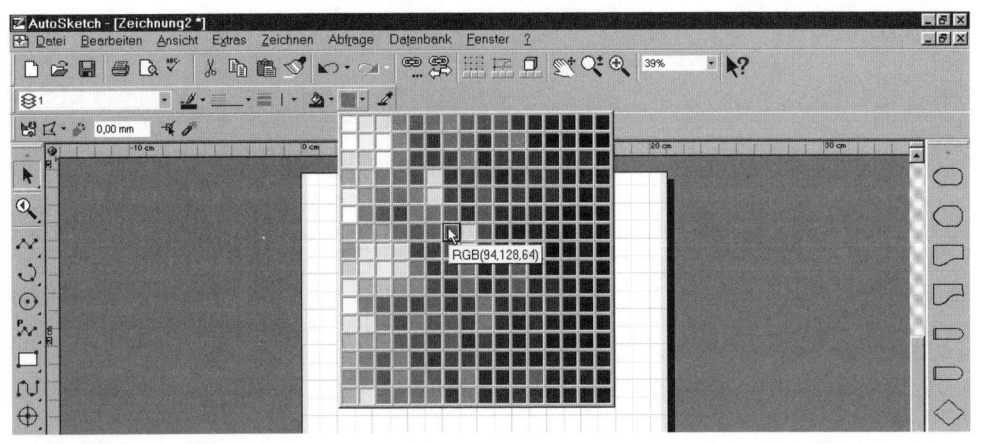

Abbildung 13.2: Auswahl der Füllfarbe

Füllfarbe: Haben Sie die Musterart KOMPAKT gewählt, können Sie im Abrollmenü rechts daneben die Füllfarbe wählen (siehe Abbildung 13.2).

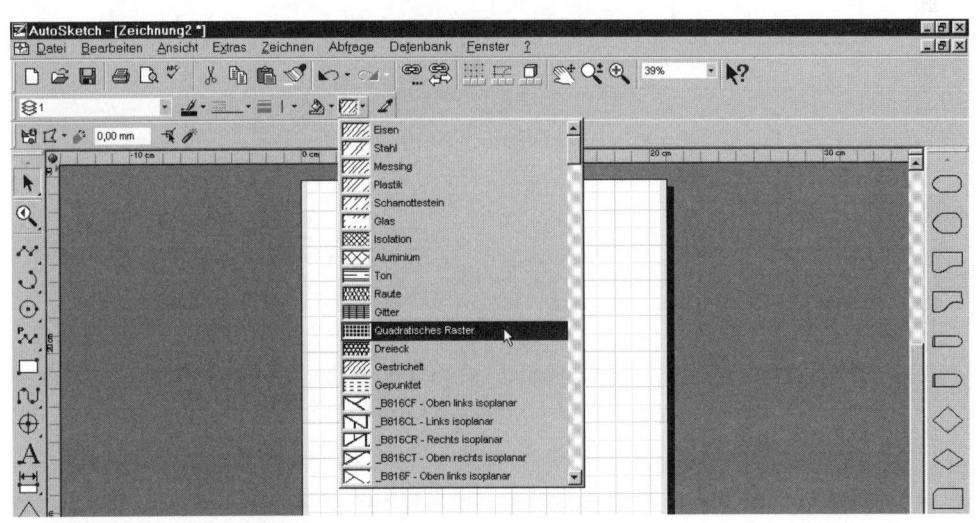

Abbildung 13.3: Auswahl des Schraffurmusters

Schraffurmuster: Haben Sie dagegen die Musterart SCHRAFFUR gewählt, können Sie im gleichen Abrollmenü das Schraffurmuster wählen (siehe Abbildung 13.3). Es stehen Ihnen über 230 Schraffurmuster zur Verfügung.

Nachdem Sie die Einstellungen gewählt haben, werden die markierten Objekte mit einer Farbe oder einem Schraffurmuster gefüllt (siehe Abbildung 13.4).

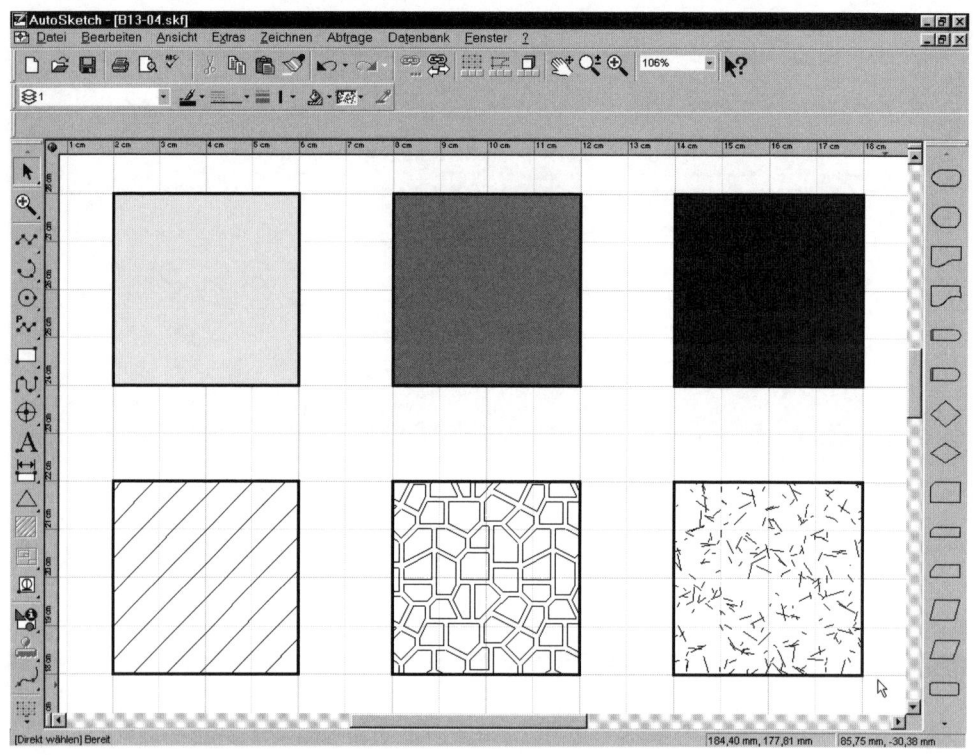

Abbildung 13.4: Füllfarben und verschiedene Schraffurmuster

Tips

- Haben Sie eine Fläche gefüllt, wird diese Einstellung zum aktuellen Muster. Zeichnen Sie danach weitere geschlossene Objekte, werden diese ebenfalls mit diesem Muster gefüllt.

- Haben Sie aus Linien eine geschlossene Kontur gezeichnet, kann diese noch nicht gefüllt werden. Sie müssen die Kontur zuerst mit dem Befehl STUTZEN – VERBINDEN in eine geschlossene Polylinie umwandeln.

- Kreise bilden zwar auch geschlossene Flächen, lassen sich aber nicht füllen. Dazu müssen Sie zuerst in ein Polygon konvertiert werden. Markieren Sie einen Kreis, und drücken Sie die rechte Maustaste. Wählen Sie aus dem Pop-up-Menü das Untermenü KONVERTIEREN und dort die Funktion BOGEN/KREISE IN POLYLINIEN/POLYGONE (siehe Abbildung 13.5).

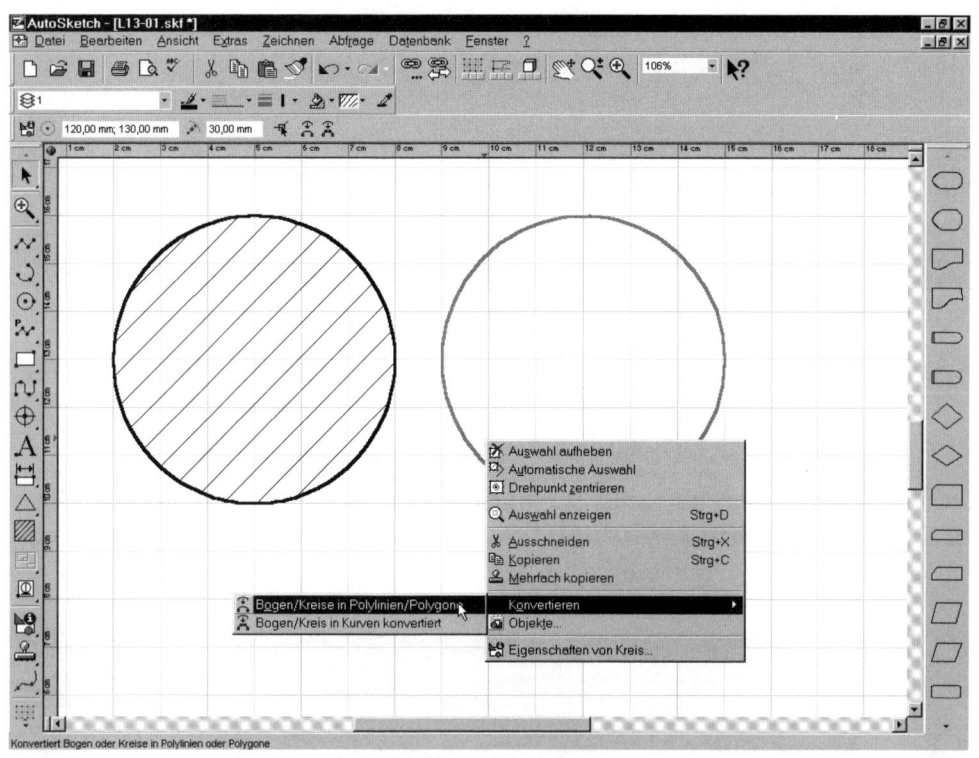

Abbildung 13.5: Konvertieren und Füllen von Kreisen

Füllen bzw. Schraffieren geschlossener Flächen

- Zeichnen Sie Rechtecke wie in Abbildung 13.4.
- Markieren Sie die Rechtecke nacheinander, und wählen Sie verschiedene Füllfarben oder Schraffurmuster für die einzelnen Rechtecke. Ein Beispiel finden Sie in Ihrem Ordner Aufgaben, die Zeichnung L13-01.SKF.

13.2 Zeichnen von gefüllten Flächen und Schraffuren

Wenn Sie in der Symbolleiste EIGENSCHAFTEN das Muster vor dem Zeichnen von geschlossenen Flächen einstellen, werden diese Objekte gleich mit dem eingestellten Muster gefüllt. Wie der aktuelle Layer, die aktuelle Farbe, die aktuelle Breite und der aktuelle Stiftstil (siehe Kapitel 4) gibt es auch ein aktuelles Muster. Alle füllbaren Objekte werden mit dem aktuellen Muster gefüllt.

Wenn Sie, wie oben beschrieben, Objekte füllen, wird das zuletzt verwendete Muster zum aktuellen Muster. Alle danach gezeichneten Muster werden mit diesem gefüllt.

Sie haben aber weit mehr Möglichkeiten, das aktuelle Muster einzustellen bzw. bei bereits gefüllten Objekten zu verändern.

Befehl GRAFIKOPTIONEN

Mit dem Befehl GRAFIKOPTIONEN, den Sie bereits im Kapitel 4 kennengelernt haben, können Sie das aktuelle Muster einstellen. Wählen Sie den Befehl:

- Abrollmenü EXTRAS, Funktion GRAFIKOPTIONEN

Im Dialogfeld des Befehls haben Sie in der Registerkarte AKTUELL in der rechten Hälfte den Bereich MUSTEREINSTELLUNGEN, in dem Sie das aktuelle Muster einstellen können (siehe Abbildung 13.6).

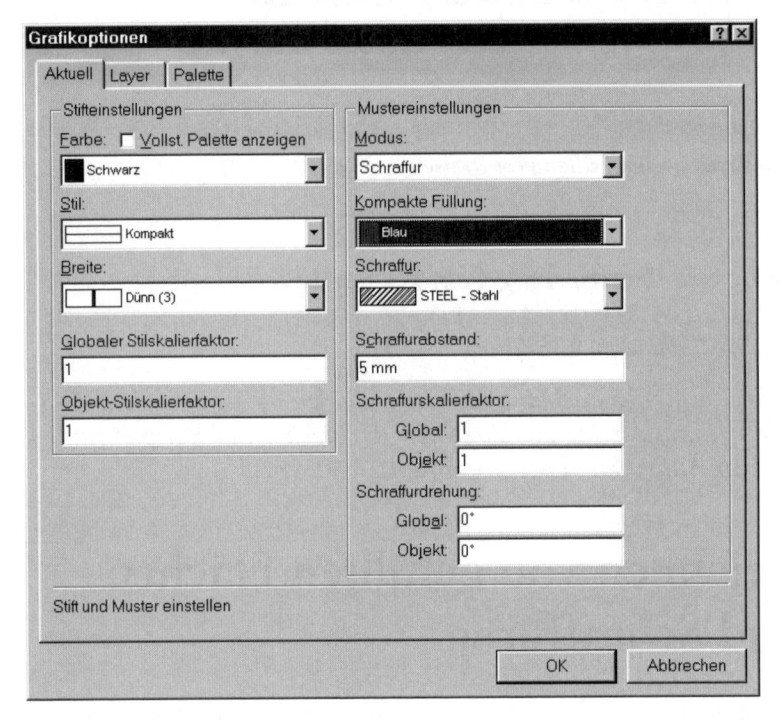

Abbildung 13.6: Einstellung der Eigenschaften des aktuellen Musters

Folgende Einstellungen können Sie am aktuellen Muster vornehmen:

MODUS: Wählen Sie hier zwischen KEIN, KOMPAKT oder SCHRAFFUR (siehe oben). Auch wenn Sie hier die Einstellung KEIN wählen, können Sie Füllfarbe und Schraffurmuster einstellen. Beim Zeichnen kann dann in der Symbolleiste EIGENSCHAFTEN schnell umgeschaltet werden.

KOMPAKTE FÜLLUNG: Wählen Sie aus dem Abrollmenü die aktuelle Füllfarbe.

SCHRAFFUR: Wählen Sie aus dem Abrollmenü das aktuelle Schraffurmuster. In einem kleinen Voransichtsbild wird das Schraffurmuster im Abrollmenü angezeigt.

SCHRAFFURABSTAND: Der Schraffurabstand gibt bei einem einfachen Linienmuster den Abstand der Schraffurlinien zueinander an. Er gibt immer die Maße in Seitenkoordinaten an. Bei einer Maßstabsänderung ändert sich der Abstand auf dem Papier nicht. Bei einer Änderung des Schraffurabstands ändern sich alle Schraffuren der Zeichnung. Bei einem Bildmuster ändert sich mit diesem Faktor die Skalierung des Musters.

SCHRAFFURSKALIERFAKTOR, GLOBAL: Mit diesem Faktor können Sie ebenfalls den Linienabstand für die Schraffur ändern bzw. Bildmuster skalieren. Auch dieser Faktor wirkt sich auf alle Schraffuren in der Zeichnung aus.

SCHRAFFURSKALIERFAKTOR, OBJEKT: Dieser Faktor gibt die aktuelle Skalierung für die Schraffur vor. Alle Schraffuren, die Sie nach einer Änderung dieses Faktors erstellen, werden mit dem neuen Faktor skaliert. Bereits erstellte Schraffuren werden nicht geändert. Dieser Faktor kann später mit der Änderungsfunktion bearbeitet werden (siehe Abbildung 13.7).

SCHRAFFURDREHUNG, GLOBAL: Geben Sie hier einen Winkel ein, wenn Sie die Schraffuren drehen wollen. Der Winkel wirkt sich auf alle Schraffuren in der Zeichnung aus. Der Winkel 0° setzt die Schraffuren so, wie es in dem Voransichtsbild im Feld SCHRAFFUR angezeigt wird. Die Linien bei der Schraffur *Eisen* hat zum Beispiel in dem Bild schon einen Winkel von 45°. Wollen Sie es so in der Zeichnung haben, geben Sie den Winkel 0° ein.

SCHRAFFURDREHUNG, OBJEKT: Dieser Winkel gibt die aktuelle Drehung für die Schraffur an. Alle Schraffuren, die Sie nach einer Änderung dieses Winkels erstellen, werden mit diesem Winkel erzeugt. Bereits erstellte Schraffuren werden nicht geändert. Der Winkel kann später mit der Änderungsfunktion bearbeitet werden (siehe Abbildung 13.7).

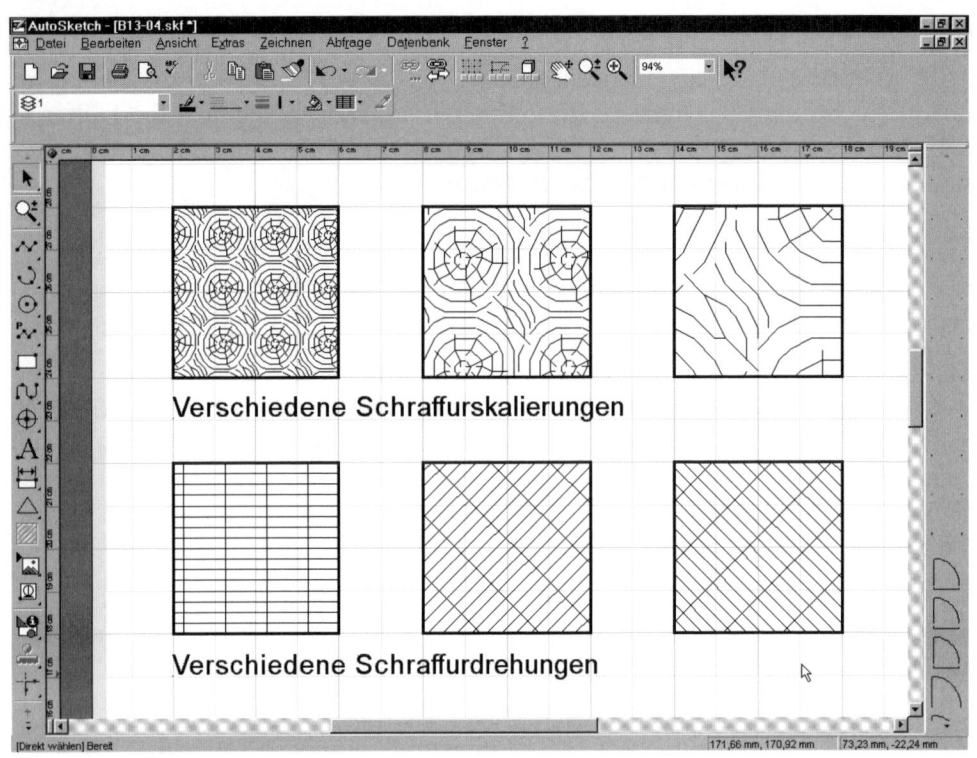

Abbildung 13.7: Verschiedene Schraffureinstellungen

13.3 Ändern von gefüllten Flächen und Schraffuren

Haben Sie bereits Objekte mit Schraffuren oder Farbfüllungen in der Zeichnung, können Sie alle Parameter für das Muster später auch wieder ändern.

Markierte Objekte in der Symbolleiste EIGENSCHAFTEN ändern

Wählen Sie eine oder mehrere Objekte mit Farbfüllungen oder Schraffuren. Ändern Sie dann in der Symbolleiste EIGENSCHAFTEN die gewünschten Einstellungen für die Schraffur. Die markierten Objekte werden geändert. Die Faktoren und der Drehwinkel für die Schraffur lassen sich auf diese Art nicht ändern.

Beachten Sie aber, dass dabei auch gleichzeitig die aktuellen Einstellungen für die Schraffur geändert werden. Alle geschlossenen Polygone, die Sie danach zeichnen, werden mit diesen Einstellungen erstellt.

Befehl OBJEKTE BEARBEITEN

Mit dem Befehl OBJEKTE BEARBEITEN können Sie die Eigenschaften der gerade markierten Objekte ändern, auch die Mustereigenschaften von schraffierten bzw. gefüllten Flächen. Sie finden den Befehl wie folgt:

- Abrollmenü BEARBEITEN, Funktion OBJEKTE...
- Symbol in der Symbolleiste BEARBEITEN (nur dann, wenn Sie mehrere Objekte gewählt haben)
- Pop-up-Menü mit der rechten Maustaste bei markiertem Objekt, Funktion OBJEKTE... (siehe Abbildung 13.8).

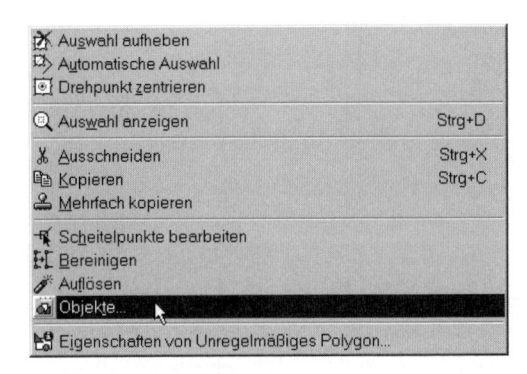

Abbildung 13.8:
Pop-up-Menü mit der Funktion OBJEKTE...

In dem Dialogfeld können Sie Eigenschaften und Geometrie der gewählten Objekte bearbeiten. Haben Sie schraffierte Flächen gewählt, können Sie im Register POLY die Mustereigenschaften ändern (siehe Abbildung 13.9).

Folgende Einstellungen können Sie in dem Dialogfeld ändern:

MUSTER: Ändern Sie hier die Art des Musters. Wählen Sie zwischen KEIN, KOMPAKT und SCHRAFFUR.

KOMPAKTE FÜLLUNG: Ändern Sie im Abrollmenü die Füllfarbe, wenn Sie bei der Art des Musters KOMPAKT gewählt haben.

SCHRAFFUR: Ändern Sie in diesem Abrollmenü das Schraffurmuster, wenn Sie bei der Art des Musters SCHRAFFUR gewählt haben.

SCHRAFFURSKALIERUNG: Ändern Sie hier die Skalierung für das Schraffurmuster.

SCHRAFFURDREHUNG: Ändern Sie hier den Drehwinkel für das Schraffurmuster.

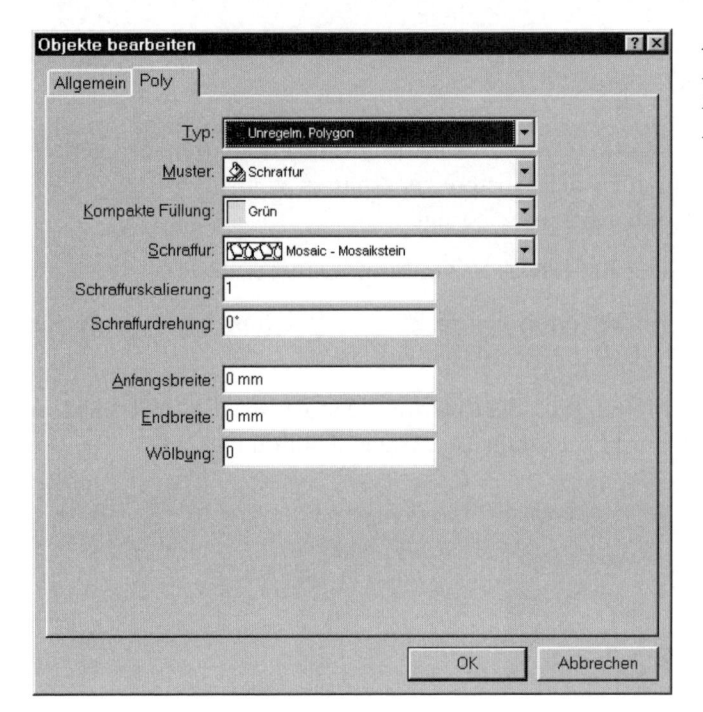

Abbildung 13.9:
Dialogfeld OBJEKT
BEARBEITEN, *Register*
POLY

13.4 Anordnen von gefüllten Flächen

Verwenden Sie in der Zeichnung Polygone, die Sie mit einer Farbfüllung versehen haben, kann es sinnvoll sein, die Objekte über- oder untereinander anzuordnen. Zum Beispiel dann, wenn Sie einen Text vor einer gefüllten Fläche haben wollen oder einen bestimmten Bereich in der Zeichnung farbig unterlegen wollen.

In AutoSketch können Sie Objekte in den Vordergrund bzw. in den Hintergrund schieben. Das ist zwar mit allen Objekten möglich, in der Praxis ist es aber meist nur dann sinnvoll, wenn Flächen mit Farbfüllungen mit im Spiel sind.

Befehl IN DEN VORDERGRUND

Mit dem Befehl IN DEN VORDERGRUND holen Sie die gerade markierten Objekte in den Vordergrund. Sie finden den Befehl wie folgt:

- Abrollmenü BEARBEITEN, Untermenü ANORDNEN, Funktion IN DEN VORDERGRUND

Die markierten Objekte werden vor alle anderen Objekte gelegt, die sie damit verdecken.

Befehl IN DEN HINTERGRUND

Mit dem Befehl IN DEN HINTERGRUND schieben Sie die gerade markierten Objekte in den Hintergrund. Sie finden den Befehl wie folgt:

- Abrollmenü BEARBEITEN, Untermenü ANORDNEN, Funktion IN DEN HINTERGRUND

Die markierten Objekte werden hinter die anderen Objekte gelegt. Sie werden von den anderen Objekten überdeckt.

Tip

- Wenn Sie ein Objekt markieren, kommt es zunächst immer in den Vordergrund. Erst wenn der Bildschirm neu aufgebaut wird, werden die Objekte in der richtigen Reihenfolge angezeigt. Verwenden Sie, um sicher zu sein, den Befehl NEU ZEICHNEN im Abrollmenü ANSICHT.

Fehler

- Haben Sie Objekte auf verschiedenen Layern, werden die Objekte auf dem aktuellen Layer im Vordergrund angezeigt, auch wenn Sie in den Hintergrund geschoben wurden. Machen Sie einen anderen Layer zum aktuellen Layer, damit die Anzeige richtig ist.

Objekte anordnen

- *Laden Sie die Zeichnung A13-02.SKF aus dem Ordner Aufgaben.*
- *Sortieren Sie die Objekte, so dass der Text in den Vordergrund kommt und die Flächen wie in Abbildung 13.10 angeordnet werden.*
- *Eine Lösung finden Sie in der Zeichnung L13-02.SKF, ebenfalls in dem Ordner Aufgaben.*
- *Laden Sie die Zeichnung L13-03.SKF aus dem Ordner Aufgaben. In dieser Zeichnung sind die verschiedenartigen Flächen des Grundrisses farbig unterlegt (siehe Abbildung 13.11). Dazu wurden Polygone mit kompakter Füllung in den Hintergrund gelegt.*

404 Schraffuren und gefüllte Flächen

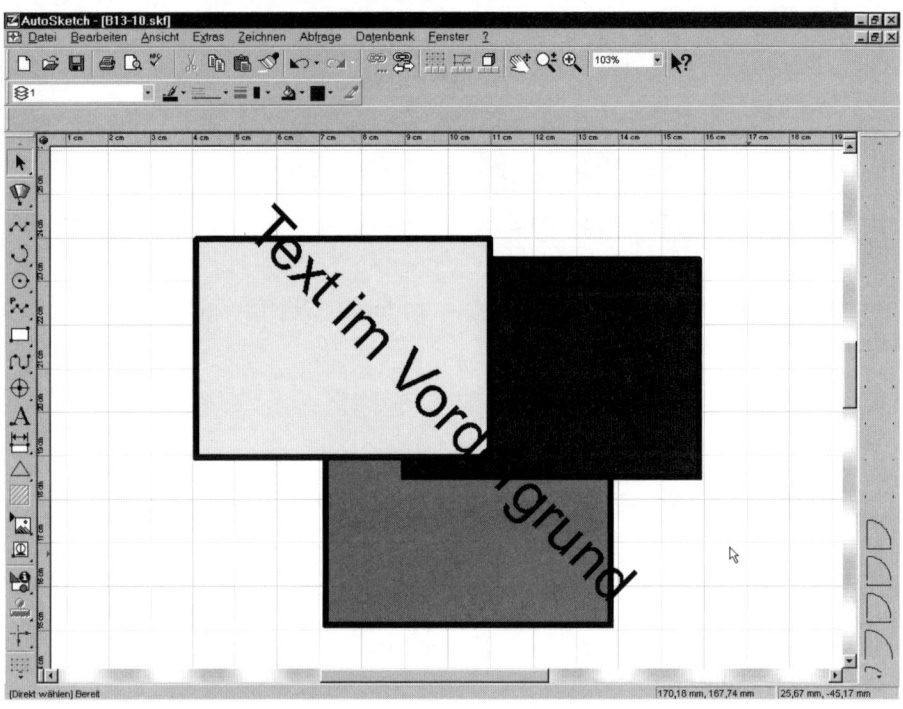

Abbildung 13.10: Objekte angeordnet

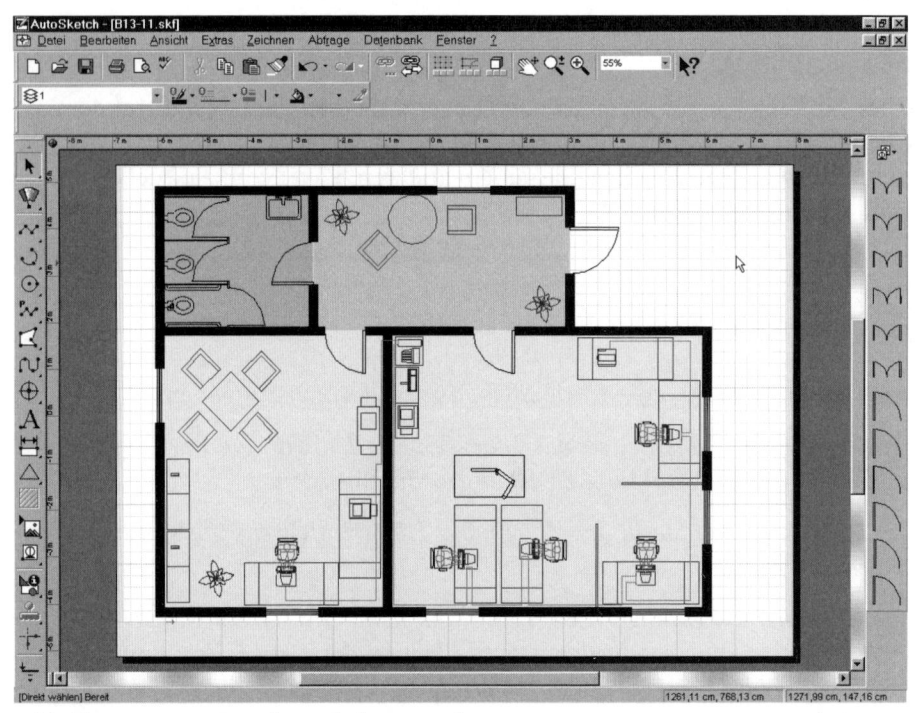

Abbildung 13.11: Grundriss, farbig unterlegt

Kapitel 14

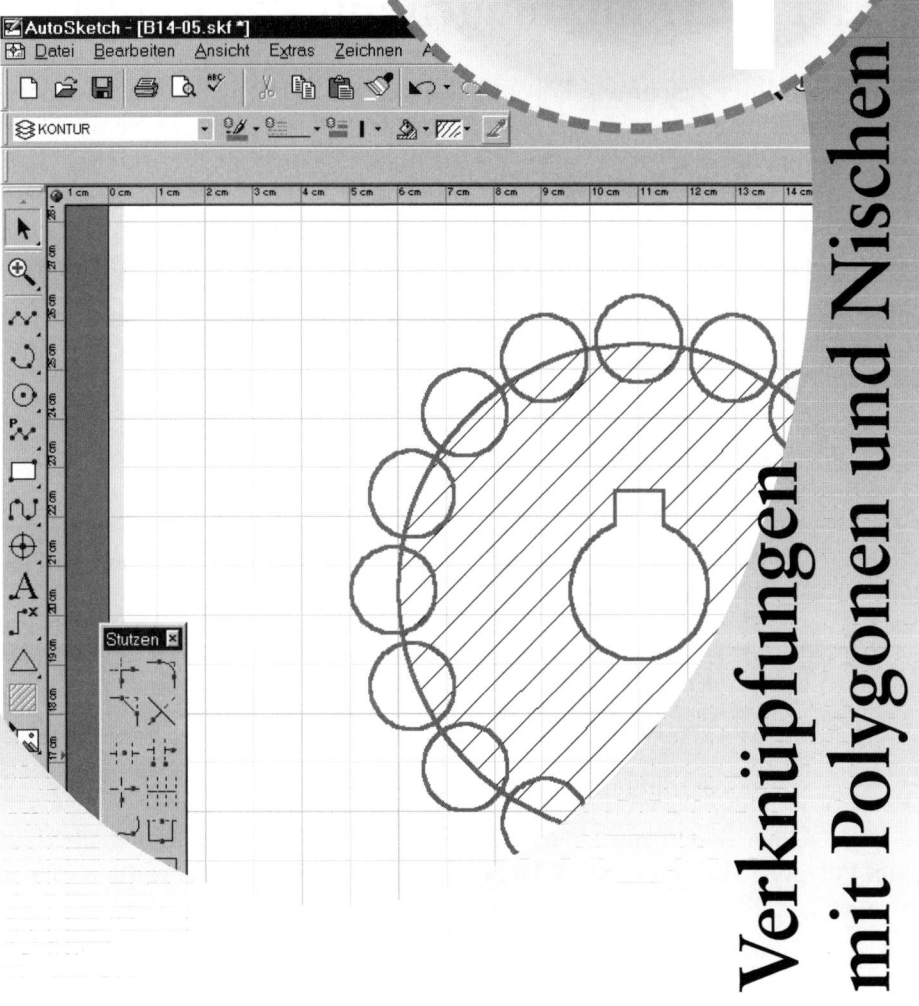

Verknüpfungen mit Polygonen und Nischen

Polygone in der Zeichnung lassen sich in AutoSketch mit Bool'schen Funktionen miteinander verknüpfen. Damit ergeben sich in vielen Fällen einfachere Konstruktionsmöglichkeiten. Sie lernen in diesem Kapitel,

- wie Sie Polygone miteinander vereinigen
- wie Sie die Differenz zweier Polygone bilden
- wie Sie die Schnittmenge zweier Polygone bilden
- wie Sie mit diesen Möglichkeiten zeichnen können
- wie Sie Nischen in Polygonen anbringen können

14.1   Verknüpfungen mit Polygonen

Haben Sie in Ihrer Zeichnung Polygone verwendet, können Sie diese miteinander verknüpfen. Dazu können Sie wie beim Schraffieren geschlossene Polylinien, Rechtecke, regelmäßige Polygone oder unregelmäßige Polygone verwenden. Kreise lassen sich in geschlossene Polylinien umwandeln. Haben Sie eine geschlossene Kontur aus unterschiedlichen Linien- und Bogensegmenten, können Sie sie mit dem Befehl STUTZEN – VERBINDEN in eine geschlossene Polylinie konvertieren.

Haben Sie in ihrer Zeichnung Polygone miteinander verknüpft, entstehen dabei wieder geschlossene Polygone. Diese können Sie wieder schraffieren und mit einer Farbe füllen.

Befehl STUTZEN – VEREINIGUNG

Mit dem Befehl STUTZEN – VEREINIGUNG können Sie zwei Polygone zu einem gemeinsamen Polygon vereinigen. Aktivieren Sie den Befehl:

- Abrollmenü BEARBEITEN, Untermenü STUTZEN, Funktion VEREINIGUNG
- Symbol in einem Flyout-Menü der Universal-Symbolleiste
- Symbol in der Symbolleiste STUTZEN

Sie können den Befehl nur dann wählen, wenn in Ihrer Zeichnung überhaupt schon Polygone vorhanden sind. Haben Sie den Befehl gewählt, werden folgende Anfragen gestellt:

> [Stutzen - Vereinigung] Erstes Polygon auswählen
> [Stutzen - Vereinigung] Zweites Polygon auswählen

Wählen Sie zwei Polygone. Sie werden zu einem gemeinsamen vereinigt (siehe Abbildung 14.1).

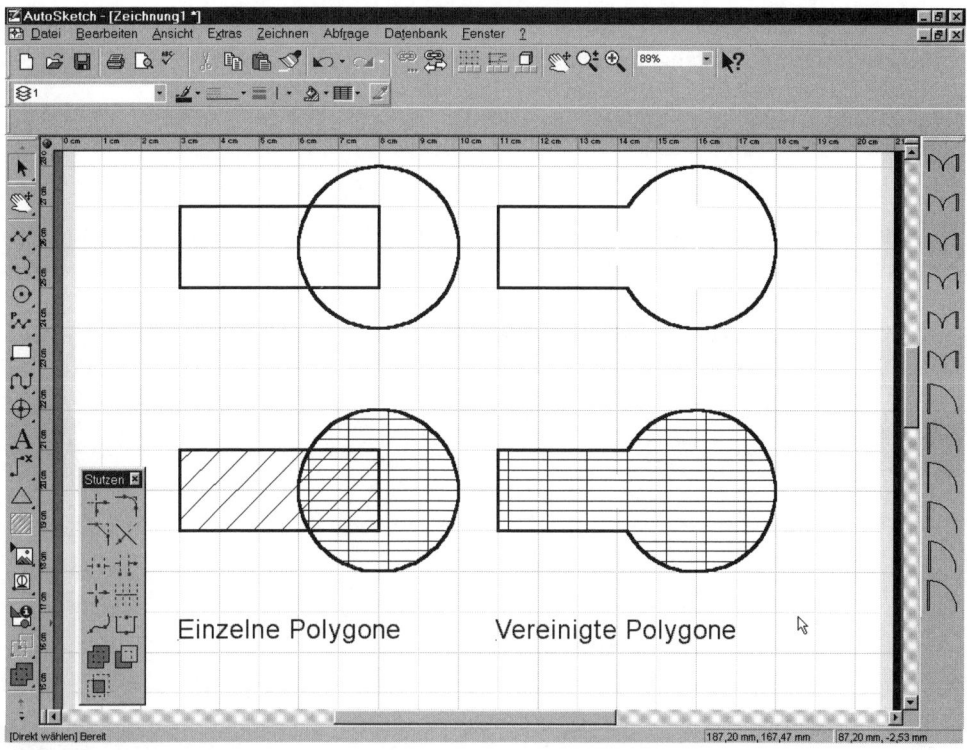

Abbildung 14.1: Vereinigung von Polygonen

Tip

- Sind die Polygone unterschiedlich schraffiert, oder haben sie eine unterschiedliche Farbfüllung, wird das Muster des zuletzt gewählten Polygons auf das gesamte Polygon übernommen.

Befehl STUTZEN – DIFFERENZ

Mit dem Befehl STUTZEN – DIFFERENZ können Sie ein Polygon von einem anderen abziehen. Es bleibt ein Polygon mit der resultierenden Kontur. Aktivieren Sie den Befehl:

- Abrollmenü BEARBEITEN, Untermenü STUTZEN, Funktion DIFFERENZ
- Symbol in einem Flyout-Menü der Universal-Symbolleiste
- Symbol in der Symbolleiste STUTZEN

Der Befehl ist ebenfalls nur dann wählbar, wenn sich Polygone in der Zeichnung befinden. Folgende Anfragen werden gestellt:

> [Stutzen - Differenz] Polygon auswählen, das aus dem zweiten ausgeschnitten werden soll
> [Stutzen - Differenz] Zweites Polygon auswählen

Wählen Sie zuerst das Polygon, das ausgeschnitten, und dann das Polygon, aus dem es herausgeschnitten werden soll (siehe Abbildung 14.2).

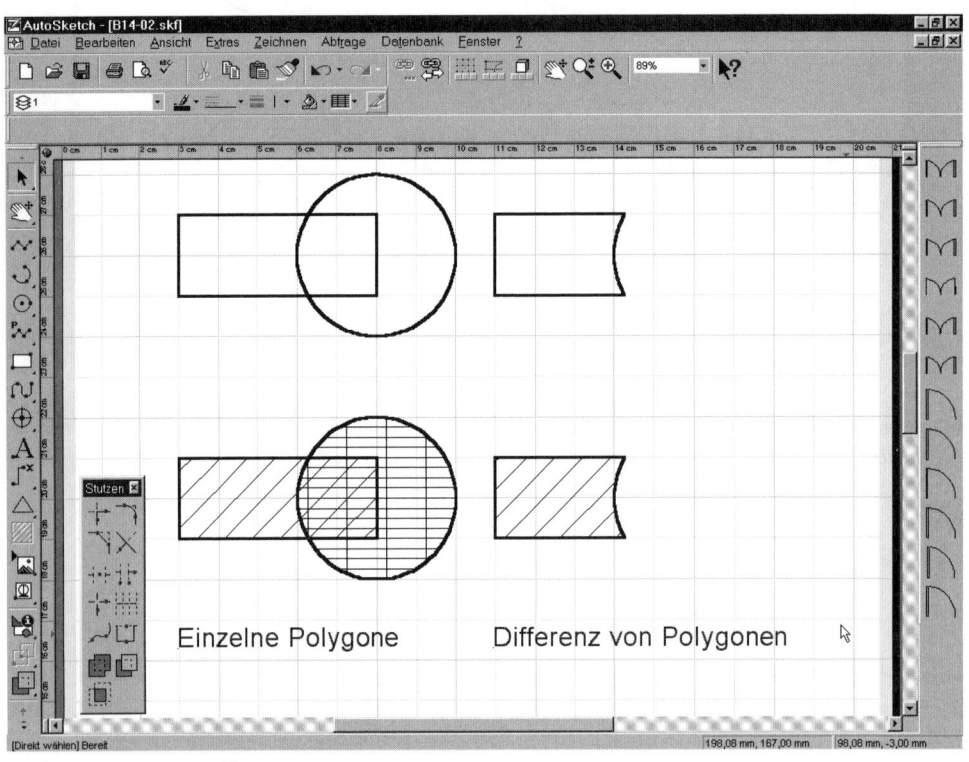

Abbildung 14.2: Differenz von Polygonen

Tip

- Sind die Polygone unterschiedlich schraffiert, oder haben sie eine unterschiedliche Farbfüllung, wird das Muster von dem Polygon übernommen, dessen Rest in der Zeichnung bleibt.

Befehl STUTZEN – SCHNITTPUNKT

Mit dem Befehl STUTZEN – SCHNITTPUNKT können Sie die Schnittmenge (fälschlich hier im Befehlsnamen als Schnittpunkt bezeichnet) zweier Polygone bilden. Aktivieren Sie den Befehl:

- Abrollmenü BEARBEITEN, Untermenü STUTZEN, Funktion SCHNITTPUNKT
- Symbol in einem Flyout-Menü der Universal-Symbolleiste
- Symbol in der Symbolleiste STUTZEN

Auch der Befehl ist nur wählbar, wenn Sie in der Zeichnung schon Polygone verwendet haben. Die Anfragen des Befehls:

> [Stutzen - Schnittpunkt] Erstes Polygon auswählen
> [Stutzen - Vereinigung] Zweites Polygon auswählen

Wählen Sie zwei Polygone, und es wird die Schnittmenge gebildet, also ein Polygon mit der Fläche, die der gemeinsamen Fläche der Ausgangs-Polygone entspricht (siehe Abbildung 14.1).

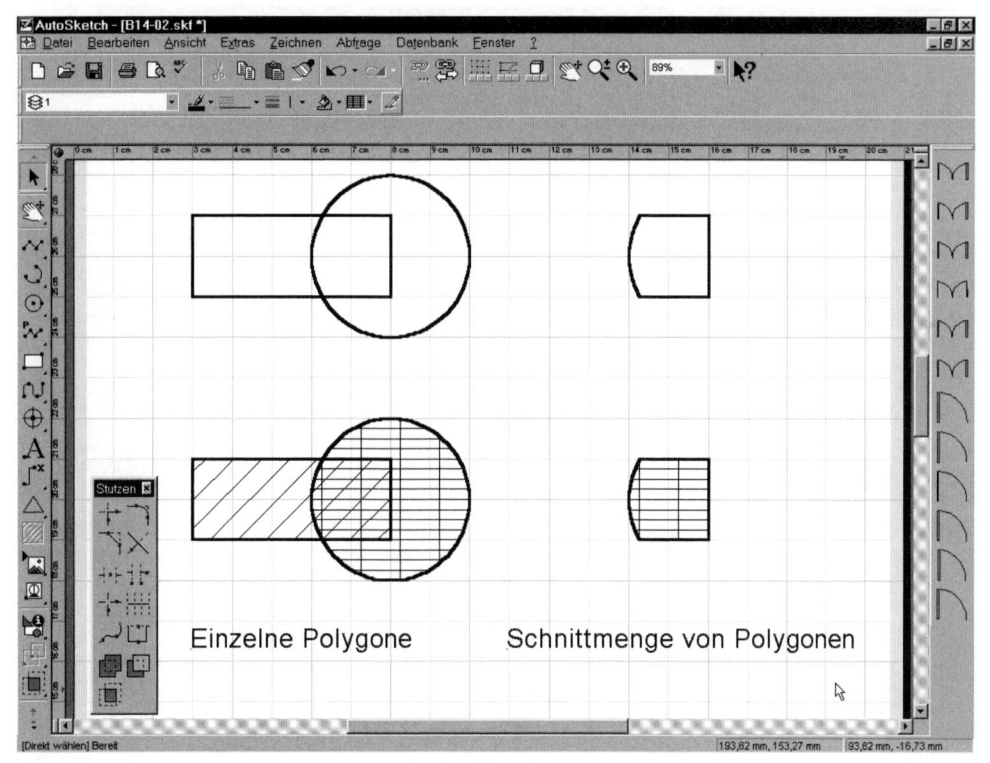

Abbildung 14.3: Schnittmenge von Polygonen

Auch bei dieser Funktion gilt wieder: Sind die Polygone unterschiedlich schraffiert oder haben sie eine unterschiedliche Farbfüllung, wird das Muster des zuletzt gewählten Polygons auf das Polygon der Schnittmenge übernommen.

14.2 Konstruktion eines Zahnrads

Wie Sie die Funktionen zum Verknüpfen von Polygonen beim Zeichnen und Konstruieren nützen können, wollen wir uns an einem Beispiel ansehen. Wir wollen aus Polygonen ein Zahnrad konstruieren.

Zahnrad

- *Laden Sie die Zeichnung A14-01.SKF aus Ihrem Ordner mit den Übungsbeispielen. Darin haben Sie ein paar Kreise und ein Rechteck für die Grundkonstruktion (siehe Abbildung 14.4). Die Kreise wurden schon in geschlossene Polylinien umgewandelt.*

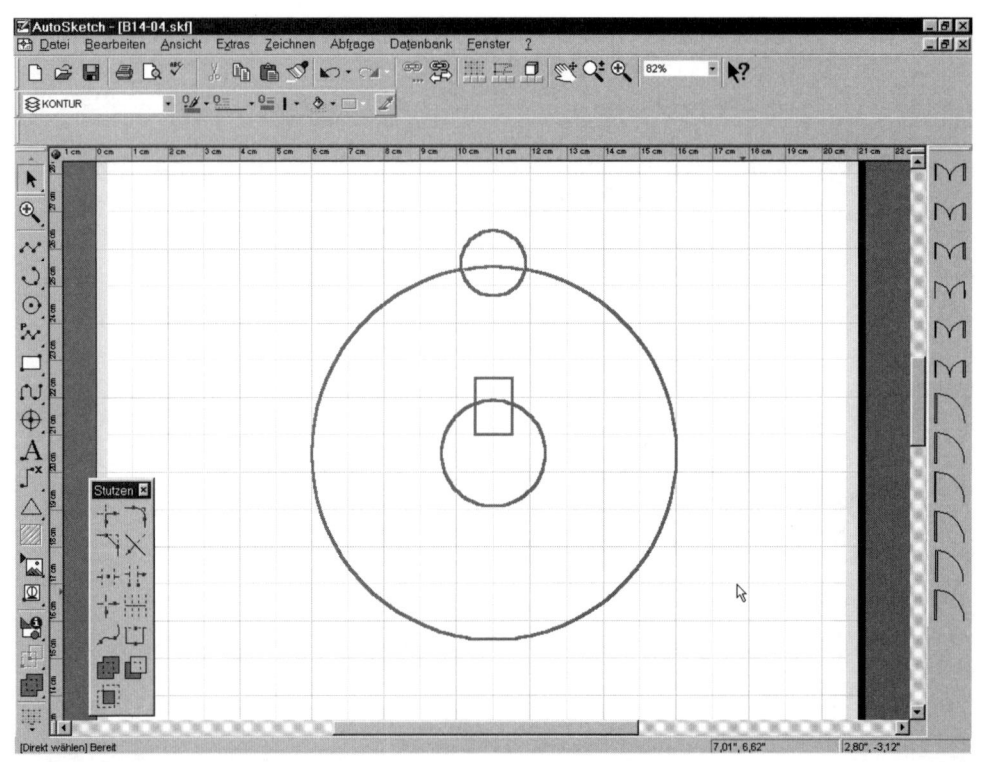

Abbildung 14.4: Grundkonstruktion für das Zahnrad

- Vereinigen Sie den inneren Kreis mit dem Rechteck. Ziehen Sie dieses Gebilde vom äußeren großen Kreis ab.

- Markieren Sie das gesamte Objekt, das dabei entstanden ist, und wählen Sie in der Symbolleiste BEARBEITEN im Abrollmenü für die Füllung die Schraffur. Das Linienmuster ist standardmäßig eingestellt. Das Ergebnis sollte dann wie in Abbildung 14.5 aussehen.

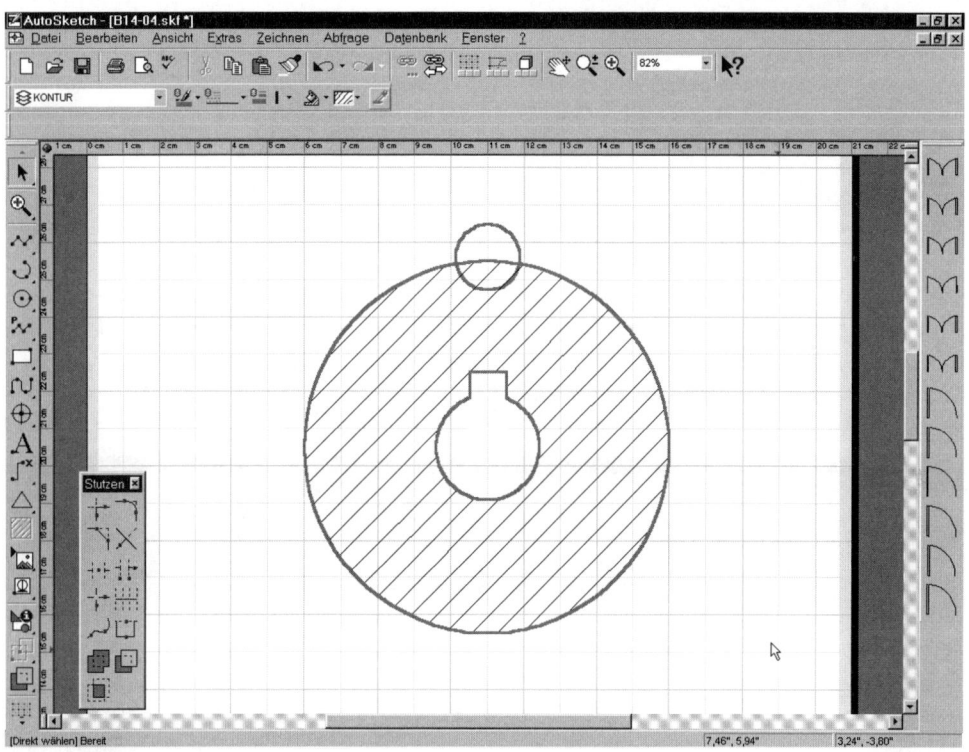

Abbildung 14.5: Addition und Differenz der inneren Konturen

- Markieren Sie den oberen kleinen Kreis, und wählen Sie den Befehl KREISFÖRMIGE ANORDNUNG. Es sollen 15 Kopien erzeugt werden, die einen Winkelabstand von 22,5° haben sollen. Stellen Sie das Dialogfeld wie in Abbildung 14.6 ein.

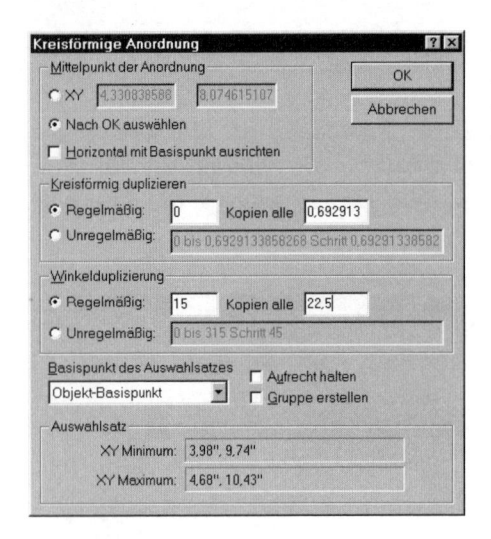

*Abbildung 14.6:
Dialogfeld für
die kreisförmige
Anordnung*

- *Nachdem Sie auf OK geklickt haben, drücken Sie die Taste* C *für den Objektfang* ZENTRUM. *Fahren Sie in die Nähe des inneren Kreises, und das Zentrum wird markiert. Klicken Sie dann den Punkt an. Die kreisförmige Anordnung wird erzeugt (siehe Abbildung 14.7).*

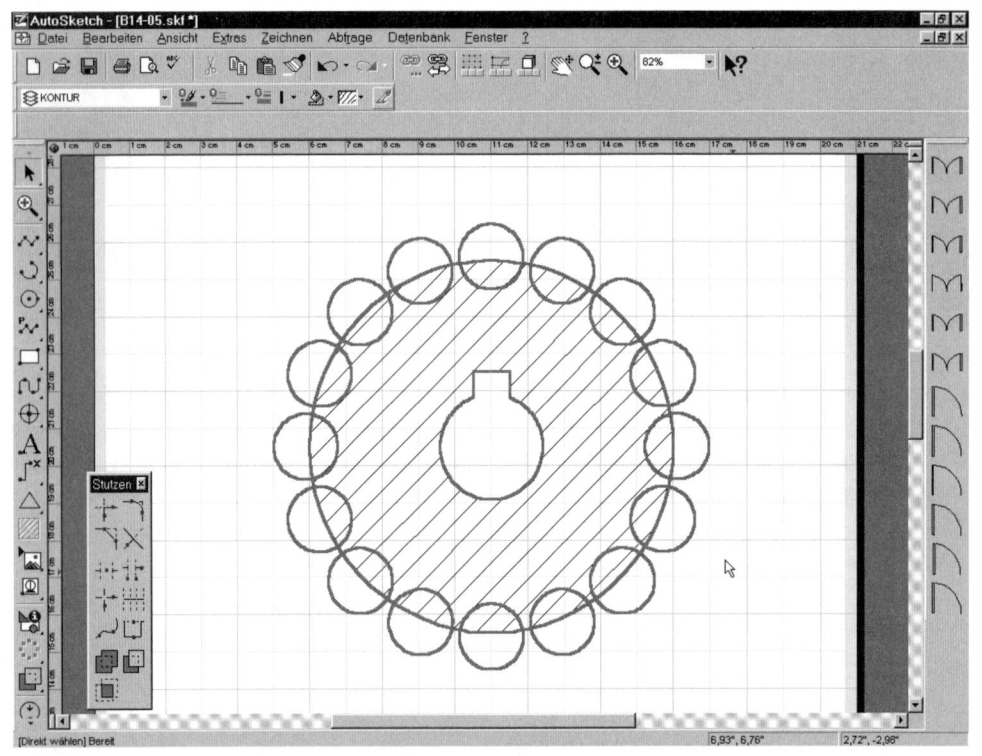

Abbildung 14.7: Kreisförmige Anordnung mit dem Kreis

- Was jetzt folgt, ist noch etwas Kleinarbeit. Wählen Sie den Befehl STUTZEN – DIFFERENZ, und klicken Sie immer abwechselnd einen Kreis und das Gesamtgebilde an. Es wird bei jeder Aktion ein Zahn ausgeschnitten. Das Ergebnis sollte wie in Abbildung 14.8 aussehen. Die Lösung haben Sie auch in einer Beispielzeichnung in Ihrem Ordner Aufgaben. Es ist die Zeichnung L14-01.SKF.

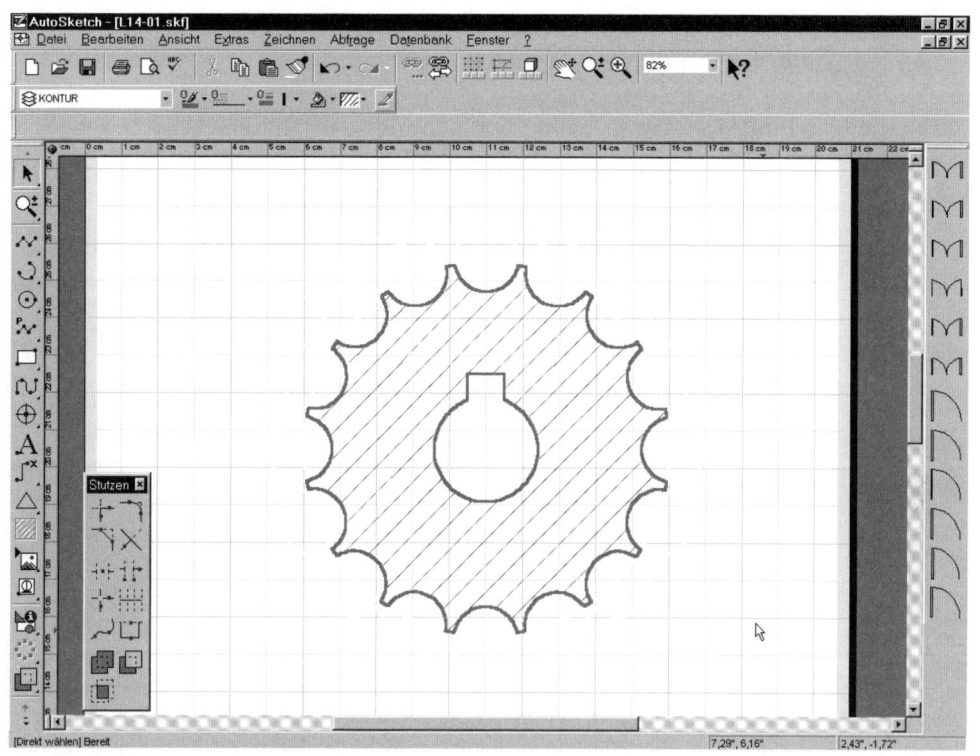

Abbildung 14.8: Das fertige Zahnrad

14.3 Nischen anbringen

In den vorhergehenden Kapiteln haben Sie schon fast alle Befehle im Abrollmenü BEARBEITEN kennengelernt. Nach den Verknüpfungsbefehlen bleibt nur noch die Nische.

Befehl STUTZEN - NISCHE

Wenn Sie eine Linie oder ein Polyliniensegment mit einer Nische versehen wollen, können Sie den Befehl STUTZEN – NISCHE verwenden. Sie finden den Befehl wie folgt:

- Abrollmenü BEARBEITEN, Untermenü STUTZEN, Funktion NISCHE
- Symbol in einem Flyout-Menü der Universal-Symbolleiste
- Symbol in der Symbolleiste STUTZEN

Der Befehl stellt folgende Anfragen:

```
> [Stutzen - Nische] Linie oder Polyliniensegment auswählen
> [Stutzen - Nische] Ausgangspunkt eingeben
> [Stutzen - Nische] Zielpunkt eingeben
> [Stutzen - Nische] Zielpunkt eingeben
```

Wählen Sie zuerst eine Linie, eine Polylinie oder ein Polygon, danach den Punkt, an dem die Nische beginnen soll. Während Sie den zweiten Punkt für die Nische eingeben, läuft zur Kontrolle ein Maß für die Nischenbreite mit (siehe Abbildung 14.9). Auch bei der Eingabe der Tiefe der Nische läuft das Maß mit. Diese geben Sie zuletzt ein.

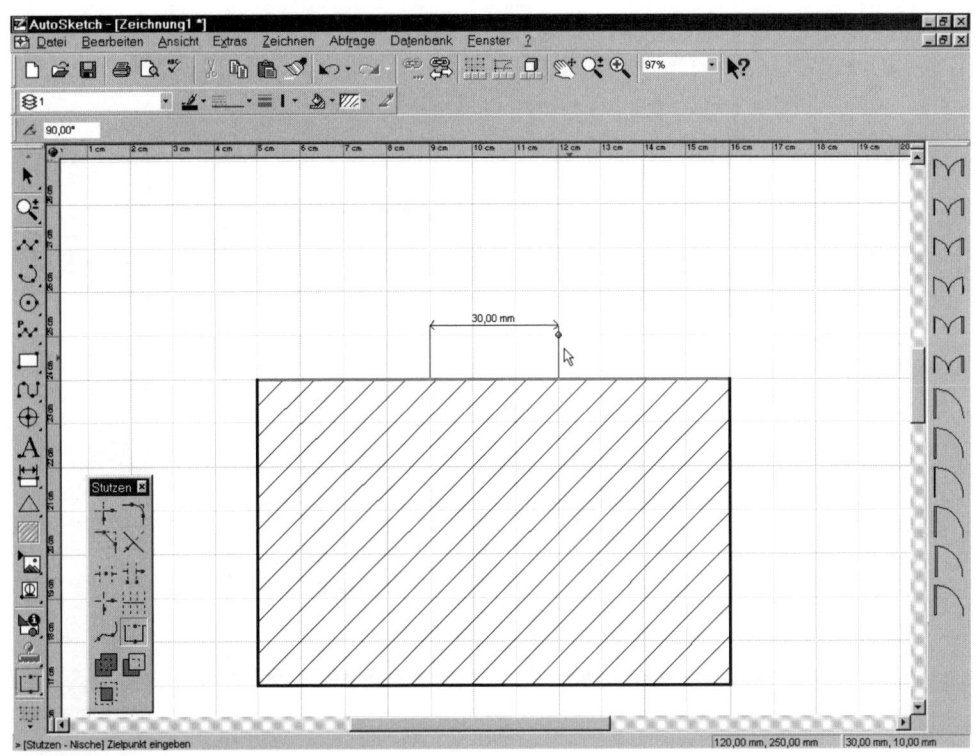

Abbildung 14.9: Nischenbreite eingeben

Nischen zeichnen

- Laden Sie die Zeichnung A14-02.SKF aus dem Ordner mit den Übungsbeispielen.

- Drücken Sie die Taste G für den Rasterfang. Bringen Sie an einem schraffierten Rechteck eine Nische nach außen an (siehe Abbildung 14.10).

- Eine Nische kann auch an einer breit gezeichneten Polylinie angebracht werden. Machen Sie bei der zweiten Figur eine Nische nach innen (siehe Abbildung 14.10).

- Eine Beispiellösung finden Sie in der Zeichnung L14-02.SKF.

416 Verknüpfungen mit Polygonen und Nischen

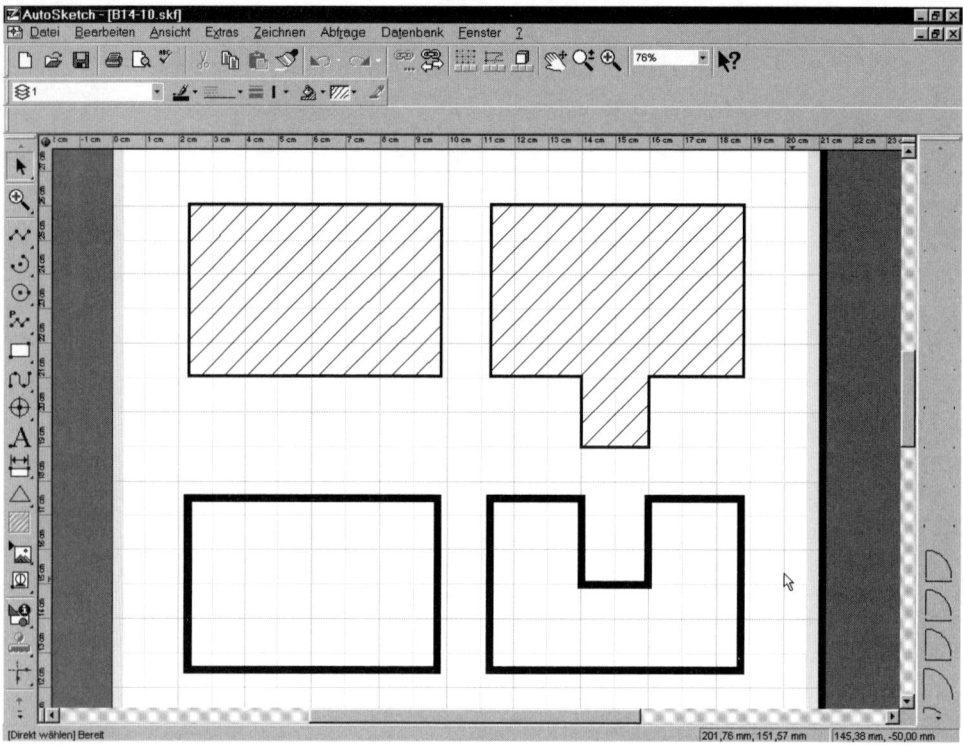

Abbildung 14.10: Nische zeichnen

Kapitel 15

Ansichten, Detailansichten und Bilder

Damit Sie in großen Zeichnungen besser den Überblick behalten, kann es sinnvoll sein, Ansichten zu speichern. Damit es dem Betrachter der Zeichnung ebenso ergeht, können Sie Detailansichten auf der Zeichnung erstellen. Sie lernen in diesem Kapitel,

- wie Sie Ansichten speichern können
- wie Sie auf gespeicherte Ansichten zurückgreifen
- wie Sie mit einer Detailansicht ihre Zeichnung übersichtlicher machen
- wie Sie Bilder in ihrer Zeichnung platzieren
- wie Sie komplette Zeichnungen in anderen Zeichnungen platzieren

15.1 Speichern und Aufrufen von Ansichten

Arbeiten Sie an einer komplizierten Zeichnung mit vielen Einzelheiten, kann es vorkommen, dass Sie häufig den Ausschnitt wechseln müssen. Haben Sie einen Ausschnitt gezoomt und benötigen diesen öfters, können Sie ihn speichern und später wieder darauf zurückgreifen.

Befehl ANSICHT SPEICHERN

Mit dem Befehl ANSICHT SPEICHERN können Sie die aktuelle Ansicht oder den Markierungsrahmen als benutzerspezifische Ansicht speichern. Wählen Sie den Befehl:

- Abrollmenü ANSICHT, Funktion SPEICHERN
- Symbol in einem Flyout-Menü der Universal-Symbolleiste

Bevor Sie den Befehl wählen, zoomen Sie den Bereich der Zeichnung heraus, den Sie als benutzerspezifische Ansicht haben wollen. Wählen Sie dann den Befehl und Sie bekommen ein Dialogfeld auf den Bildschirm (siehe Abbildung 15.1).

Tragen Sie einen Namen in das Feld ALS BENUTZERSPEZIFISCHE ANSICHT ein, und klicken auf die Schaltfläche OK. Der momentane Ausschnitt wird unter dem eingegebenen Namen gespeichert.

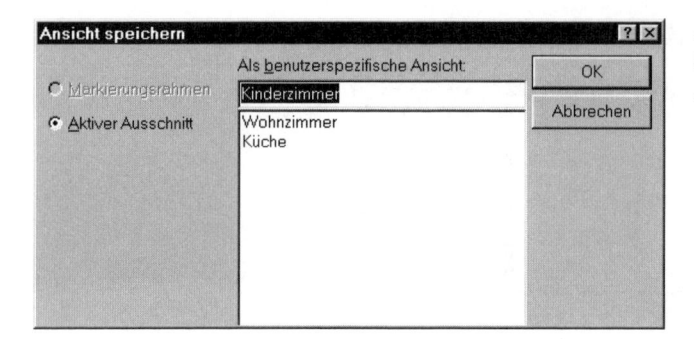

Abbildung 15.1:
Speichern einer Ansicht

Haben Sie einen Markierungsrahmen in der Zeichnung, können Sie den ebenfalls als benutzerspezifische Ansicht speichern (siehe Abbildung 15.2).

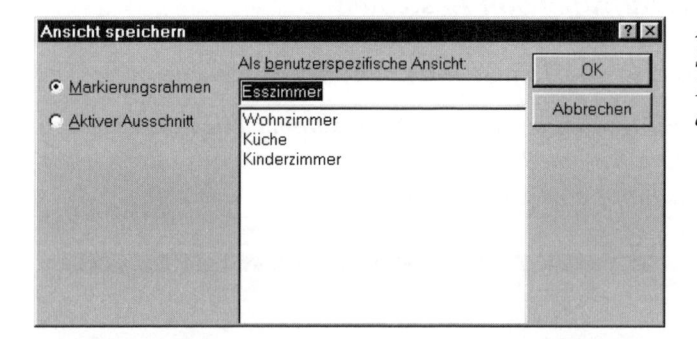

Abbildung 15.2:
Speichern eines Markierungsrahmens als Ansicht

Enthält die Zeichnung einen Markierungsrahmen, können Sie das Feld MARKIERUNGSRAHMEN anwählen. Tragen Sie auch dann wieder den Namen der benutzerspezifischen Ansicht ein, und klicken Sie auf OK. Die Größe des Markierungsrahmens wird als benutzerspezifische Ansicht gespeichert.

Befehl ANSICHT AUFRUFEN

Mit dem Befehl ANSICHT AUFRUFEN können Sie eine gespeicherte benutzerspezifische Ansicht auf den Bildschirm holen. Sie finden den Befehl wie folgt:

- Abrollmenü ANSICHT, Funktion AUFRUFEN
- Symbol in einem Flyout-Menü der Universal-Symbolleiste

In einem Dialogfeld (siehe Abbildung 15.3) markieren Sie die Ansicht, die Sie wieder auf den Bildschirm holen wollen, klicken auf OK und haben diese Ansicht wieder. In einer Voransicht können Sie sich vorher die etwaige Lage der jeweiligen Ansicht ansehen.

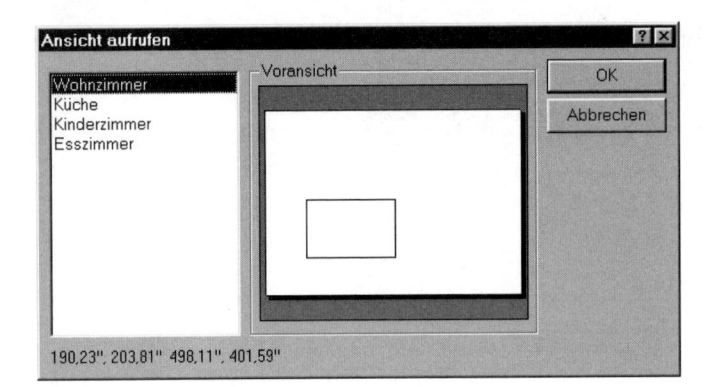

Abbildung 15.3:
Aufrufen einer
gespeicherten
Ansicht

Speichern und Aufrufen von Ansichten

- Laden Sie die Zeichnung A15-01.SKF aus Ihrem Ordner Aufgaben.
- Ziehen Sie einen Markierungsrahmen um das Wohnzimmer links unten (siehe Abbildung 15.4). Speichern Sie eine benutzerspezifische Ansicht in der Größe des Markierungsrahmens unter dem Namen Wohnzimmer.

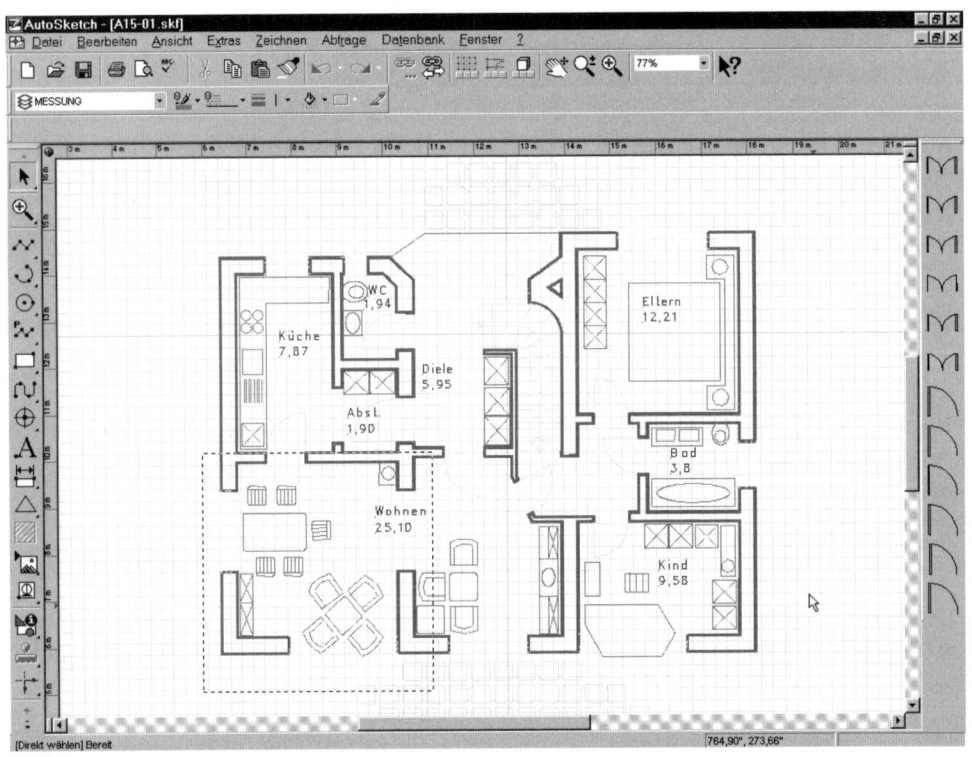

Abbildung 15.4: Zeichnung mit Markierungsrahmen

- Löschen Sie den Markierungsrahmen wieder. Zoomen Sie weitere Zimmer, und speichern Sie die Ausschnitte als Ansichten: Esszimmer, Küche, Eltern, Kind, Diele und Gesamt.

- Rufen Sie die gespeicherten Ausschnitte wieder auf (siehe Abbildung 15.5).

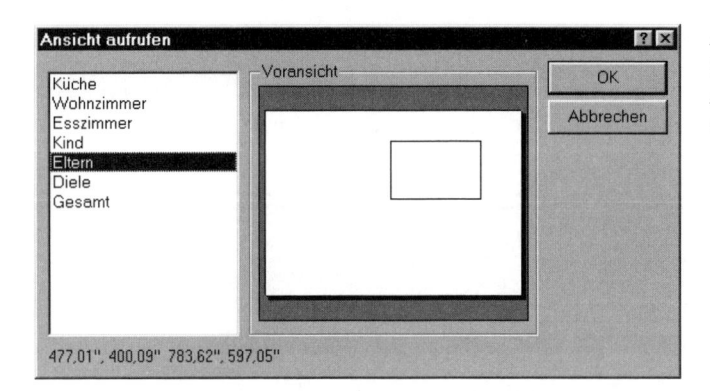

Abbildung 15.5: Gespeicherte Ansichten in der Zeichnung

- Eine Zeichnung, in der diese Ansichten gesichert sind, finden Sie in dem Ordner Aufgaben, die Zeichnung L15-01.SKF.

15.2 Erstellen von Detailansichten

Wollen Sie eine große Zeichnung übersichtlicher gestalten, können Sie Ausschnitte der Zeichnung, als Detailansichten vergrößert, in einem separaten Fenster auf der Zeichnung darstellen.

Befehl DETAILANSICHT

Mit dem Befehl DETAILANSICHT können Sie einen Ausschnitt auf der Zeichnung in einer anderen Vergrößerung als die Gesamtzeichnung erstellen. Wählen Sie den Befehl:

- Abrollmenü ZEICHNEN, Funktion DETAILANSICHT
- Symbol in einem Flyout-Menü der Universal-Symbolleiste

Sie können den Befehl nur dann wählen, wenn Sie in der Zeichnung schon mindestens eine Ansicht gespeichert haben. Nur aus den gespeicherten Ansichten lassen sich Detailansichten auf der Zeichnung erstellen.

Wenn Sie den Befehl gewählt haben, stellen Sie in einem Abrollmenü in der Symbolleiste BEARBEITEN ein, welche gespeicherte Ansicht Sie in der Detailansicht haben wollen (siehe Abbildung 15.6).

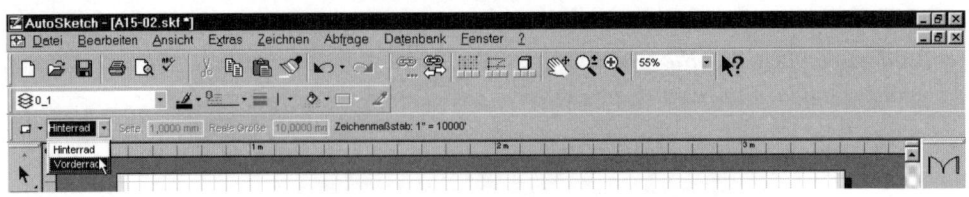

Abbildung 15.6: Wahl der gespeicherten Ansicht für die Detailansicht

Jetzt haben Sie zwei Möglichkeiten. Wählen Sie im ersten Abrollmenü der Symbolleiste BEARBEITEN die Methode, wie Sie das Fenster erstellen wollen.

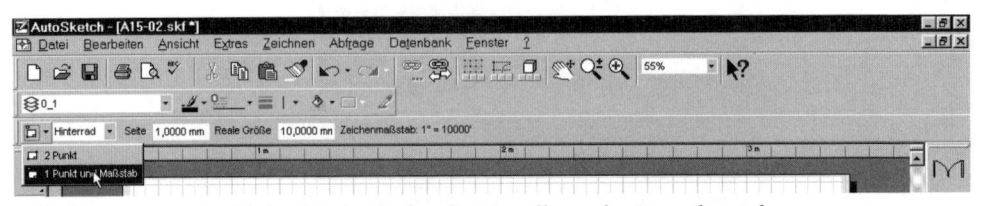

Abbildung 15.7: Wahl der Methode für die Erstellung der Detailansicht

2 PUNKT:

Haben Sie die Methode 2 PUNKT gewählt, geben Sie zwei Eckpunkte eines Fensters an. In dieser Größe wird die Detailansicht erstellt.

> [Detailansicht] Ersten Punkt eingeben
> [Detailansicht] Endpunkt eingeben

Die Detailansicht wird in dieser Größe erstellt. Der Maßstab ergibt sich aus der Größe des Fensters.

1 PUNKT UND MASSSTAB:

Haben Sie die Methode 1 PUNKT UND MASSSTAB gewählt, können Sie in zwei Eingabefelder der Symbolleiste BEARBEITEN den Maßstab eingeben. Tragen Sie diese in das Feld SEITE und REALE GRÖSSE ein, zum Beispiel entspricht die Eingabe SEITE: 1 und REALE GRÖSSE: 2,5 einem Maßstab von 1:2,5. Danach wird der Basispunkt der Detailansicht abgefragt.

> [Detailansicht] Basispunkt eingeben

Die Detailansicht wird in diesem Maßstab erstellt. Die Größe des Fensters ergibt sich aus der Größe der gespeicherten Ansicht und aus dem eingestellten Maßstab.

BENUTZERSPEZIFISCHE ANSICHT: In diesem Abrollmenü wählen Sie die Ansicht, die Sie in der Detailansicht auf der Zeichnung platzieren wollen.

Erstellen von Detailansichten

- Laden Sie die Zeichnung A15-02.SKF aus Ihrem Ordner Aufgaben.
- Die Zeichnung ist im Maßstab 1:10 erstellt. In der Zeichnung sind zwei benutzerspezifische Ansichten gespeichert, die Ansicht Hinterrad und Vorderrad.
- Erstellen Sie zwei Detailansichten jeweils im Maßstab 1:2,5 von der Ansicht Vorderrad und Hinterrad. Platzieren Sie diese auf der Zeichnung wie in Abbildung 15.8.

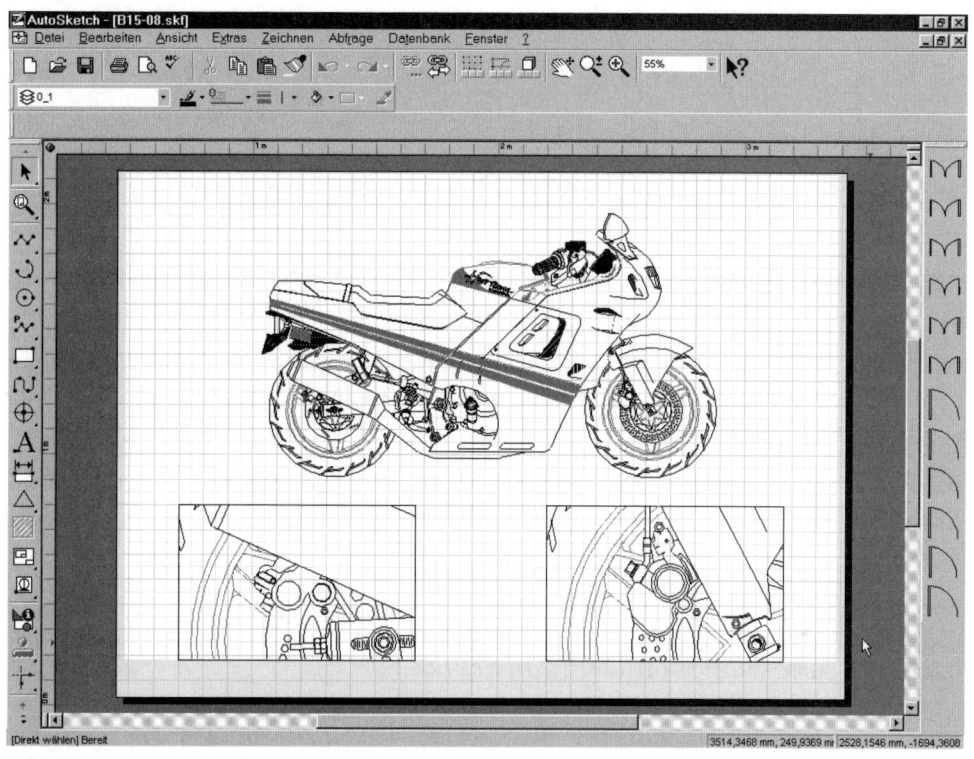

Abbildung 15.8: Zeichnung mit zwei Detailansichten

- Eine Beispiellösung finden Sie im Ordner Aufgaben, die Zeichnung L15-02.SKF. Laden Sie diese bei Bedarf zum Vergleich.

Ändern von Detailansichten

Wenn Sie eine Detailansicht in der Zeichnung an ihrem Rand anklicken, wird sie markiert, und Sie können sie in der Symbolleiste BEARBEITEN ändern (siehe Abbildung 15.9).

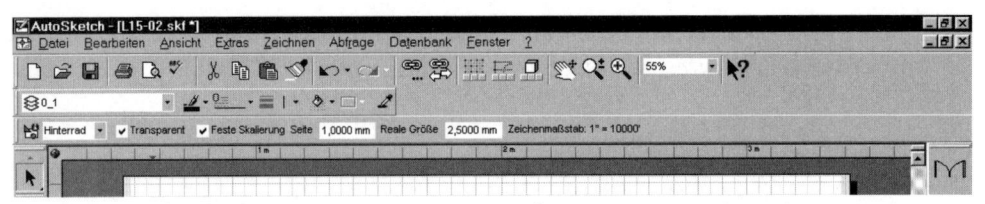

Abbildung 15.9: Symbolleiste BEARBEITEN zum Ändern von Detailansichten

Folgende Änderungen sind möglich:

BENUTZERSPEZIFISCHE ANSICHT: Wechsel der Ansicht für die markierte Detailansicht.

TRANSPARENT: Schaltet die Detailansicht transparent oder nicht transparent. Ist die Ansicht nicht transparent, deckt sie dahinterliegende Zeichnungsteile ab.

FESTE SKALIERUNG: Ist dieses Feld eingeschaltet, gilt der in den Feldern dahinter eingestellte Maßstab. Ist das Feld aus, wird die Ansicht formatfüllend im Fenster der Detailansicht dargestellt.

In die Eingabefelder dahinter können Sie den Maßstab eingeben, wenn Sie die Einstellung FESTE SKALIERUNG gewählt haben (Einstellung des Maßstabs siehe oben).

Änderung von Detailansichten

- *Vertauschen Sie die Position der Details, indem Sie in den Fenstern eine andere benutzerspezifische Ansicht einstellen.*
- *Ändern Sie den Maßstab auf 1:5.*

15.3 Bilder in der Zeichnung

In AutoSketch haben Sie die Möglichkeit, Bilddateien direkt auf der Zeichnung zu platzieren. Haben Sie eine Innenaufnahme Ihres Büros, können Sie diese auf dem Plan mit dem Grundriß platzieren. Erstellen Sie für einen Katalog eine technische Zeichnung mit den Einbaumaßen ihrer Bauteile, können Sie ein Produktfoto daneben einfügen.

Sie haben zwei Möglichkeiten, ein Bild in einer Zeichnung darzustellen: Sie können eine Verknüpfung zur Bilddatei erstellen, oder Sie betten das Bild in die Zeichnung ein.

Wenn Sie die Zeichnung mit einer Bilddatei verknüpfen, besteht eine Verbindung zur ursprünglichen Bilddatei. Da die Bilddaten in der Zeichnung mit der Originaldatei verknüpft sind, muß ständig auf die Bilddatei zugegriffen werden können. Außerdem müssen Sie eine neue Verknüpfung in der Zeichnung erstellen, wenn sich der Name oder der Speicherort der Bilddatei ändert. Wird die Verknüpfung getrennt, verschwindet das Bild auch aus der Zeichnung.

Wird die Bilddatei in die Zeichnung eingebettet, werden die Daten des Bildes direkt in die Zeichnung eingefügt. In diesem Fall besteht keine Beziehung mehr zwischen der Bilddatei und der Zeichnung, da eine Kopie der Bilddatei zum Bestandteil der Zeichnung wird.

Befehl BILD AUS DATEI

Mit dem Befehl BILD AUS DATEI können Sie eine Bilddatei in die Zeichnung einfügen. Wählen Sie den Befehl:

- Abrollmenü ZEICHNEN, Funktion BILD
- Symbol in einem Flyout-Menü der Universal-Symbolleiste

In der Symbolleiste BEARBEITEN können Sie die Parameter für die Bilddatei einstellen und den Dateinamen wählen (siehe Abbildung 15.10).

Abbildung 15.10: Symbolleiste BEARBEITEN beim Einfügen von Bilddateien

Folgende Einstellungen können gemacht werden:

HORIZONTAL UMKEHREN: Haben Sie dieses Feld angekreuzt, wird das Bild um die horizontale Mittelachse gespiegelt.

VERTIKAL UMKEHREN: Kreuzen Sie dieses Feld an, wird das Bild um die vertikale Mittelachse gespiegelt.

BILD EINBETTEN: Wenn Sie dieses Feld ankreuzen, wird das Bild in die Zeichnung eingebettet (siehe oben), ansonsten wird nur eine Verknüpfung zu der Bilddatei hergestellt.

BILDDATEI: Tragen Sie hier den Pfad und den Dateinamen der Bilddatei ein. Wissen Sie diesen nicht, können Sie das Symbol zum Öffnen von Dateien anwählen, das sich rechts neben dem Eingabefeld befindet. Sie bekommen den Dateiwähler auf den Bildschirm, mit dem Sie die Datei auswählen können (siehe Abbildung 15.11).

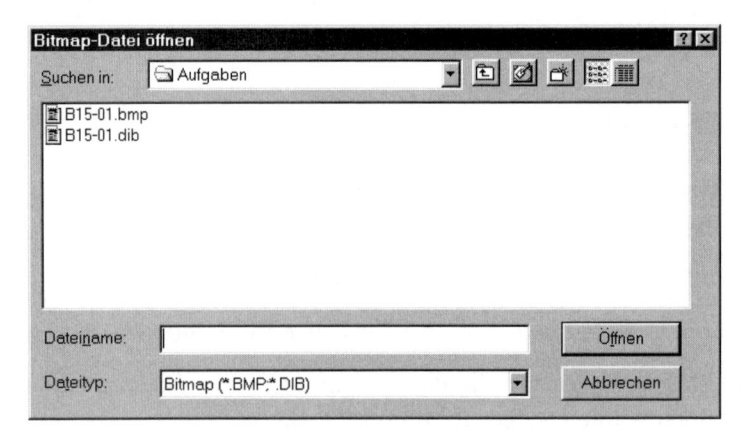

Abbildung 15.11: Dateiwähler zur Auswahl der Bilddatei

Sie können Bilddateien im Bitmap-Format wählen *(*.BMP* und **.DIB)*. Haben Sie gewählt, geben Sie zwei diagonale Eckpunkte des Fensters vor, in das die Bilddatei eingefügt werden soll.

> [Bild aus Datei] Ecken des Bilds eingeben
  (⇧ : Proportional zu den Bildabmessungen)
> [Bild aus Datei] Ecken des Bilds eingeben
  (⇧ : Proportional zu den Bildabmessungen)

Wenn Sie während der Eingabe beider Punkte oder auch nur des zweiten die Taste ⇧ gedrückt halten, wird das Fenster proportional zu den Bildabmessungen aufgezogen. Haben Sie in der Symbolleiste BEARBEITEN noch keine Bilddatei gewählt, dann bekommen Sie jetzt den Dateiwähler auf den Bildschirm, und Sie können sie jetzt noch wählen.

Bilder in der Zeichnung

Einfügen von Bildern

- Laden Sie die Zeichnung A15-03.SKF aus Ihrem Ordner Aufgaben.
- Auf der Zeichnung sehen Sie die Lupe eines Digitalisiertabletts in verschiedenen Ansichten.
- Fügen Sie rechts oben eine Bilddatei ein, ebenfalls in Ihrem Ordner Aufgaben zu finden. Betten Sie das Bild in die Zeichnung ein. Halten Sie beim Einfügen die Taste ⇧ fest, so dass die Proportionen des Bildes erhalten bleiben (siehe Abbildung 15.12).

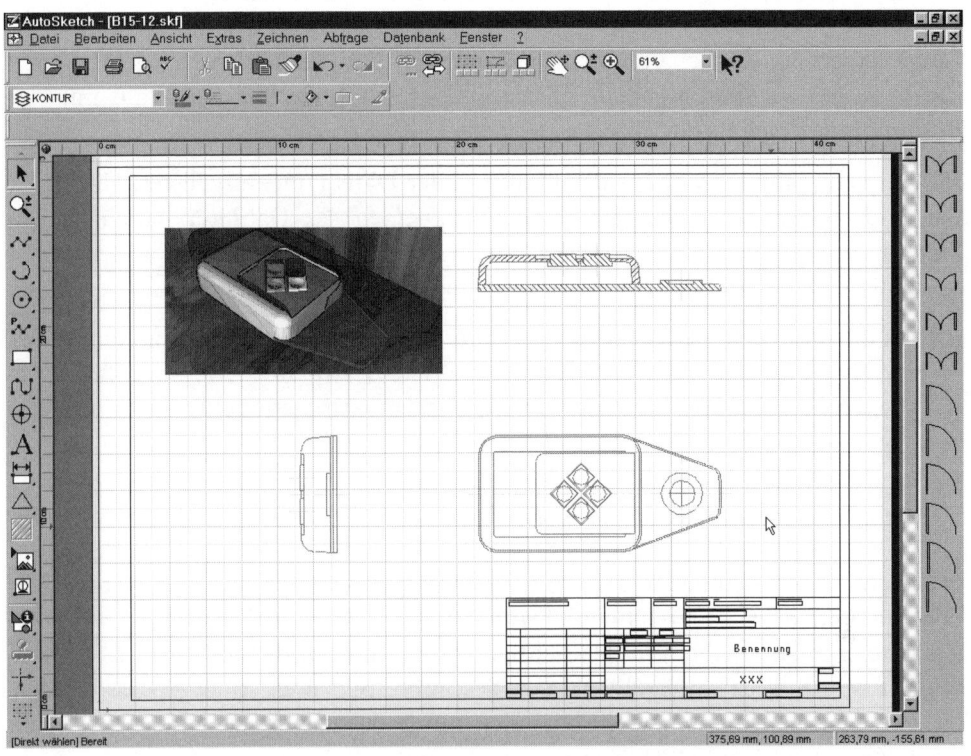

Abbildung 15.12: Zeichnung mit Bilddatei

- Eine Beispielzeichnung ist im Ordner mit den Aufgaben gespeichert, die Zeichnung L15-03.SKF.

Ändern von Bilddateien

Klicken Sie ein Bild in der Zeichnung an, wird es markiert, und Sie können es in der Symbolleiste BEARBEITEN ändern (siehe Abbildung 15.13).

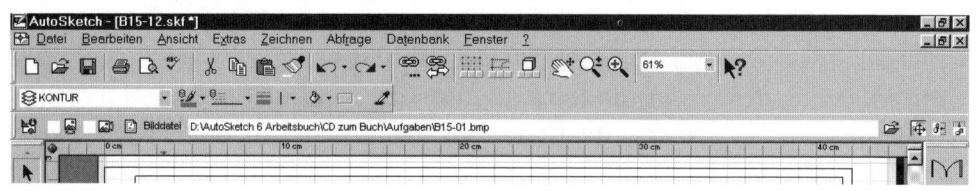

Abbildung 15.13: Symbolleiste BEARBEITEN zum Ändern von Bildern

Links haben Sie die Schalter zum horizontalen und vertikalen Spiegeln. Rechts davon ist der Schalter, mit dem Sie die Bilddatei einbetten können, falls nur eine Verknüpfung erstellt wurde.

In dem Feld dahinter werden der Pfad und der Dateiname aufgelistet. Haben Sie das Bild eingebettet, steht hier nur ** Embedded **. Dahinter haben Sie das Symbol zum Öffnen einer Datei. Klicken Sie dieses an, können Sie eine neue Bilddatei wählen, und das Bild wird durch ein neues ersetzt.

Rechts davon haben Sie das Symbol zum Ausrichten des Bildes (siehe unten) und zwei Symbole zum Ändern der Höhe und Breite des Bildes. Höhe und Breite sowie die Größe des Bildes können Sie auch mit den Griffen ändern.

Ausrichten von Bildern

Haben Sie einen Scanner, können Sie Zeichnungen scannen, in AutoSketch übernehmen und dort nachzeichnen. Dann muß aber gewährleistet sein, dass die Zeichnung in AutoSketch in der richtigen Größe und in den richtigen Koordinaten auf dem Bildschirm erscheint. Das gescannte Bild muß so angepasst werden, dass es dem Koordinatensystem der Zeichnung entspricht. Dies können Sie mit der Funktion BILD AUSRICHTEN erledigen.

Gehen Sie wie folgt vor:

- Markieren Sie das Bild, das Sie ausrichten wollen.
- Klicken Sie das Symbol BILD AUSRICHTEN in der Symbolleiste BEARBEITEN an.

```
> [Bild ausrichten] Ersten Referenzpunkt auf dem Bild auswählen
  [Bild ausrichten] Ersten entsprechenden Punkt auf der Zeichnung eingeben
```

Bilder in der Zeichnung

> [Bild ausrichten] Zweiten Referenzpunkt auf dem Bild auswählen
> [Bild ausrichten] Zweiten entsprechenden Punkt auf der Zeichnung eingeben

- Klicken Sie also zuerst einen Punkt auf dem Bild an, und geben Sie dann die Koordinaten in der Zeichnung an, auf die dieser Punkt ausgerichtet werden soll.
- Machen Sie es mit dem zweiten Punkt genauso. Das Bild wird verschoben und in X- und Y-Richtung so skaliert, dass es auf die beiden Punkte zu liegen kommt und damit angepasst wird.

Ausrichten von Bildern

- Laden Sie die Zeichnung A15-04.SKF aus Ihrem Ordner Aufgaben, ein leerer Zeichnungsrahmen.
- Plazieren Sie die Bilddatei B15-04.BMP in Ihrem Zeichnungsrahmen. Wählen Sie die Option EINGEBETTET. Ziehen Sie ein Fenster auf, das in etwa dem freien Platz im Zeichnungsrahmen entspricht. Das Bild ist in der Zeichnung, die gescannte Datei der Zeichnung aus Übung 5 (siehe Abbildung 15.14), mit Absicht etwas unproportional, denn wir wollen die Zeichnung ja gleich ausrichten.

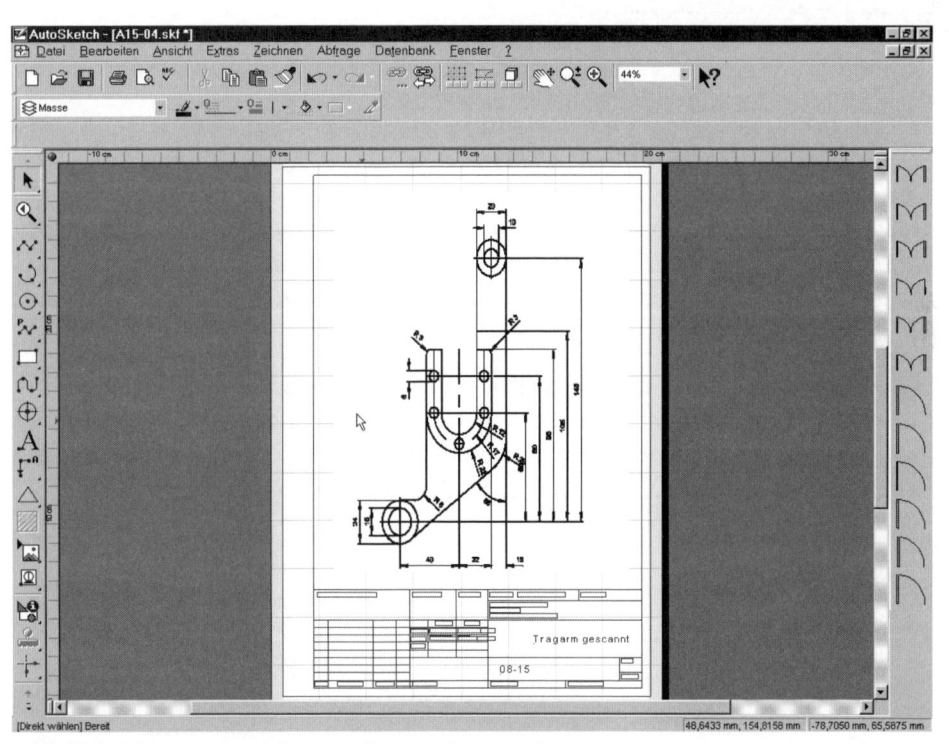

Abbildung 15.14: Scanndatei in der Zeichnung plaziert

Ansichten, Detailansichten und Bilder

- Markieren Sie die gescannte Datei, und klicken Sie auf das Symbol BILD AUSRICHTEN. Geben Sie jetzt ein:

> [Bild ausrichten] Ersten Referenzpunkt auf dem Bild auswählen

Taste ⓢ drücken und etwa die Mitte der unteren linken Bohrung anklicken, eine Objektfangfunktion (z.B.: Schnittpunkt) können Sie in Bilddateien nicht verwenden.
[Bild ausrichten] Ersten entsprechenden Punkt auf der Zeichnung eingeben
Taste Ⓐ für absolute Koordinaten drücken, im Dialogfeld für die Koordinateneingabe die Werte 60 (für X) und 100 (für Y) in die Eingabefelder eintragen und OK anklicken (siehe Abbildung 15.15).

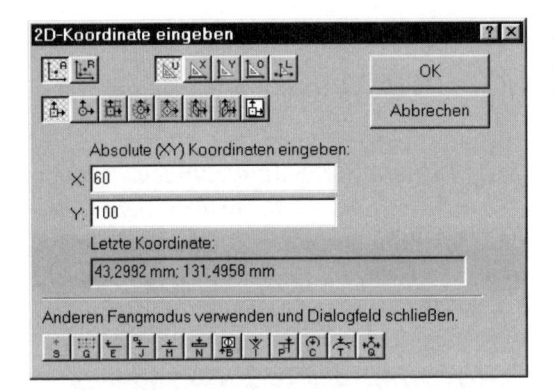

Abbildung 15.15:
Absolute Koordinate
des ersten Punkts

> [Bild ausrichten] Zweiten Referenzpunkt auf dem Bild auswählen

Symbol ⓢ anklicken, damit das Dialogfeld wieder verschwindet, und etwa die Mitte der oberen rechten Bohrung anklicken.
[Bild ausrichten] Zweiten entsprechenden Punkt auf der Zeichnung eingeben
Taste Ⓐ für absolute Koordinaten drücken und im Dialogfeld für die Koordinateneingabe die Werte 122 (für X) und 245 (für Y) in die Eingabefelder eintragen (siehe Abbildung 15.16). Klicken Sie dann auf das Symbol ⓢ, damit das Dialogfeld verschwindet.

- Das beiden Punkte des Bildes werden an den beiden eingegebenen absoluten Koordinaten ausgerichtet, und es erscheint in den richtigen Abmessungen und Proportionen in der Zeichnung (siehe Abbildung 15.17). Eine Beispiellösung finden Sie in dem Ordner Aufgaben, die Zeichnung L15-04.SKF.

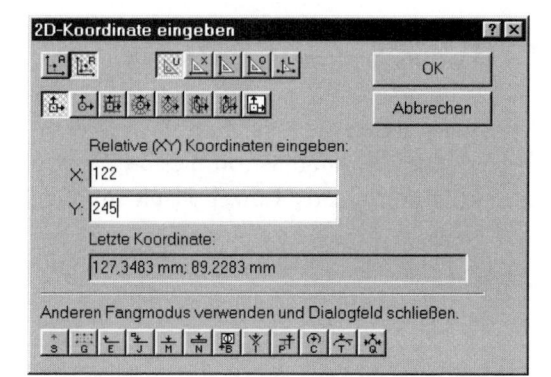

*Abbildung 15.16:
Absolute Koordinate
des zweiten Punkts*

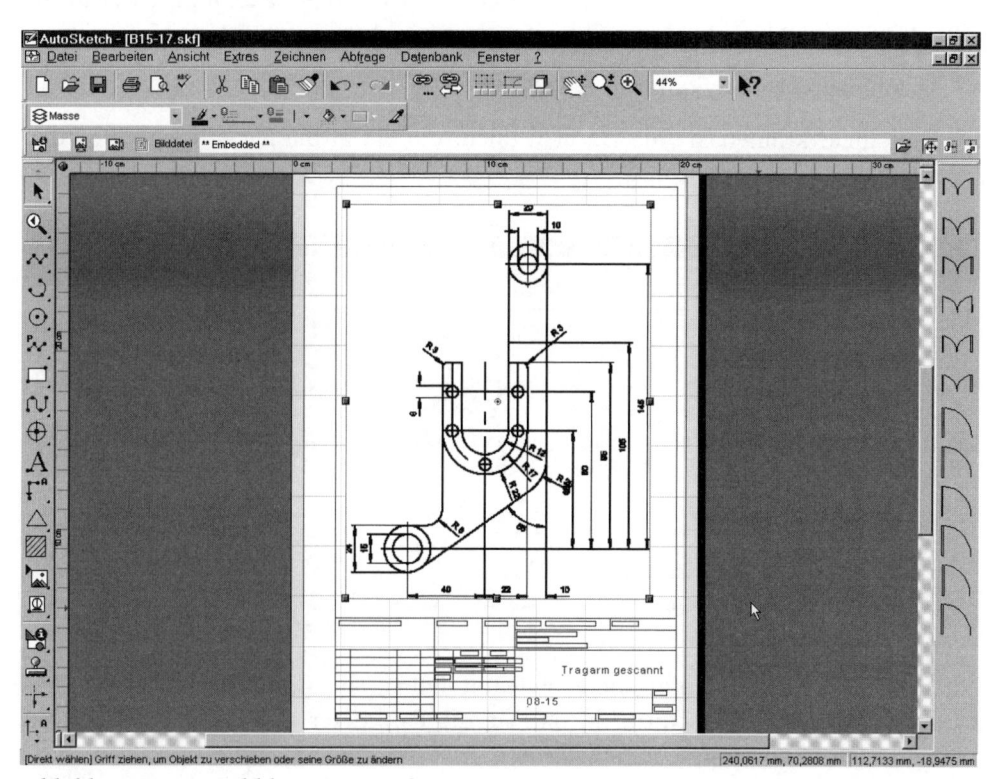

Abbildung 15.17: Bilddatei ausgerichtet

15.4 Zeichnungen in der Zeichnung

Nicht nur Symbole, Markierungen oder Bilder lassen sich in einer AutoSketch-Zeichnung platzieren, Sie können auch fertige Zeichnungen komplett wieder in anderen Zeichnungen verwenden. Damit können Sie aus Einzelteilzeichnungen Zusammenbauten erstellen.

Befehl EINBINDEN

Mit dem Befehl EINBINDEN können Sie eine AutoSketch-Zeichnungsdatei in die aktuelle Zeichnung einfügen. Wählen Sie den Befehl:

- Abrollmenü DATEI, Funktion EINBINDEN

Im Dialogfeld können Sie die Datei wählen, die Sie in die Zeichnung einbinden wollen (siehe Abbildung 15.18).

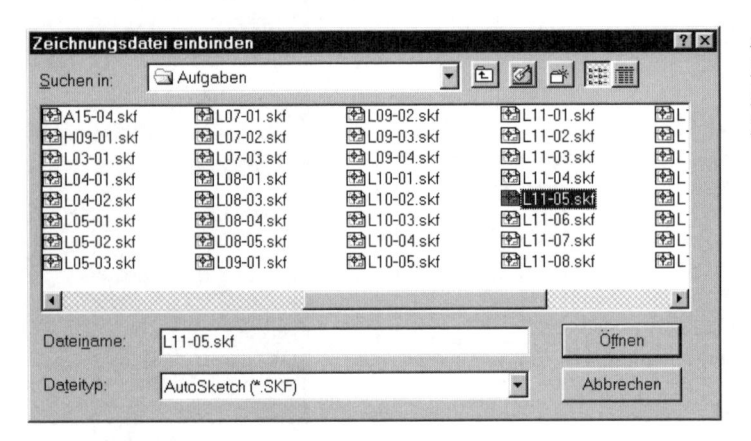

Abbildung 15.18: Dialogfeld zum Einbinden einer Zeichnung

Nachdem Sie die Zeichnungsdatei gewählt haben, bekommen Sie ein weiteres Dialogfeld auf den Bildschirm, in das Sie die Parameter für die Datei eintragen können (siehe Abbildung 15.19).

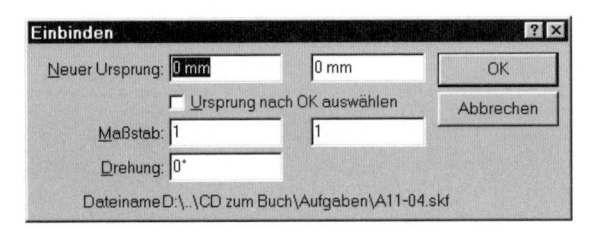

Abbildung 15.19: Parameter zum Einbinden einer Zeichnung

NEUER URSPRUNG: Geben Sie den Punkt in der neuen Zeichnung an, auf den der Punkt 0,0 der einzubindenden Zeichnung platziert werden soll.

URSPRUNG NACH OK AUSWÄHLEN: Haben Sie dieses Feld angewählt, können Sie keinen Wert für den Ursprung eingeben. Sie können ihn in der Zeichnung anklicken.

MASSSTAB: Tragen Sie hier den Maßstab ein. Dieser kann für die X- und Y-Ausdehnung gesondert eingegeben werden.

DREHUNG: Geben Sie hier, falls erforderlich, einen Drehwinkel ein.

Einbinden von Zeichnungen

- Laden Sie die Zeichnung A15-05.SKF aus Ihrem Ordner Aufgaben, ein leerer Zeichnungsrahmen im A4-Format.

- Fügen Sie darauf die Zeichnung A15-06.SKF in den oberen Teil ein. Stellen Sie einen Maßstab von 0,8 in X- und Y-Richtung ein (siehe Abbildung 15.20).

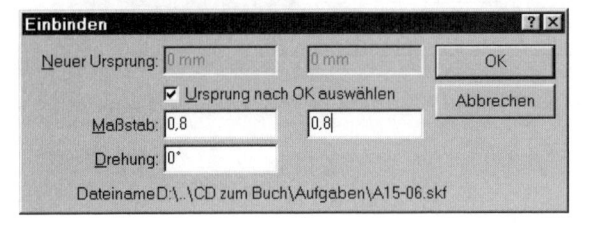

Abbildung 15.20: Zeichnungsdatei einbinden

- Fügen Sie darunter die Zeichnung A15-07.SKF ein. Stellen Sie den Maßstab auf 0,75 in X- und Y-Richtung ein, und geben Sie einen Drehwinkel von –90° an (siehe Abbildung 15.21).

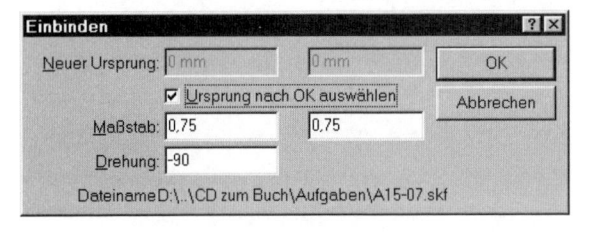

Abbildung 15.21: Weitere Zeichnungsdatei einbinden

- Verschieben Sie die eingebundenen Zeichnungen noch, falls es erforderlich ist, und Ihre Zeichnung sieht wie in Abbildung 15.22 aus.

- Eine Beispielzeichnung finden Sie auch in dem Ordner mit den Aufgaben, die Zeichnung L15-05.SKF.

434 Ansichten, Detailansichten und Bilder

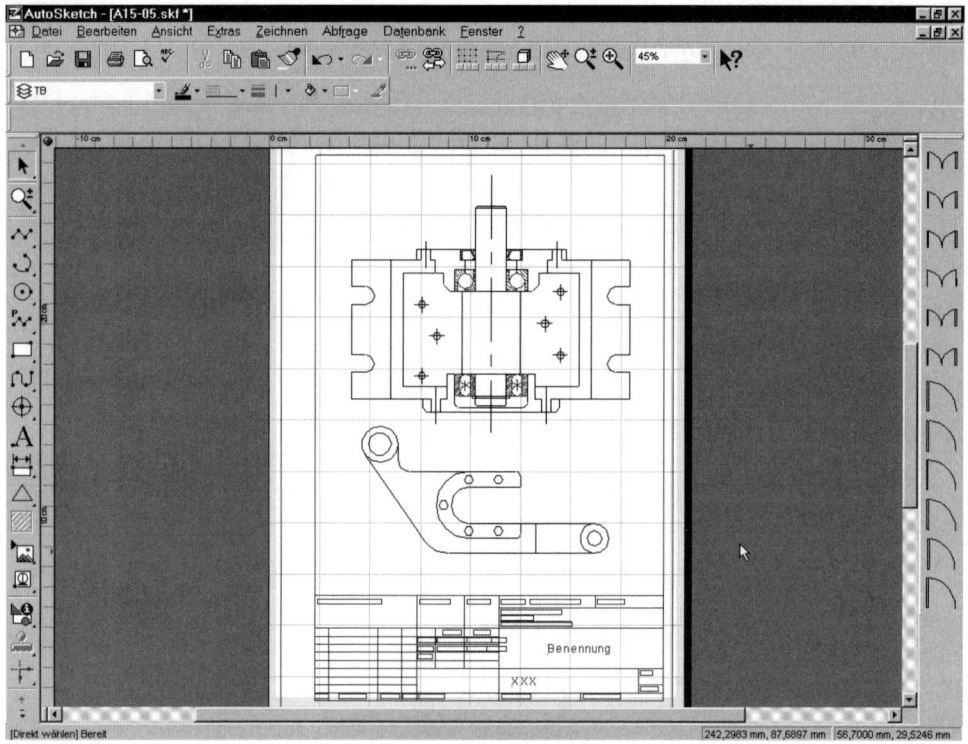

Abbildung 15.22: Zeichnungsdateien, in die Zeichnung eingebunden

Kapitel 16

Zeichnen mit Führungslinien

Mehr Möglichkeiten als mit dem normalen Rasterfang haben Sie mit den Führungslinien. Während der Rasterfang immer nur regelmäßig angeordnet werden kann, haben Sie mit den Führungslinien die Möglichkeit, beliebige Hilfslinien zu setzen. Sie lernen in diesem Kapitel,

- was Führungslinien sind
- welche spezielle Eigenschaften sie haben
- wie sie in die Zeichnung eingefügt werden können
- wie man sie wieder löscht
- wozu man sie gebrauchen kann

16.1 Führungslinien in der Zeichnung

Das Zeichnen mit dem Rasterfang ist immer dann sinnvoll, wenn alle Punkte der Zeichnung in gleichen Intervallen gesetzt werden können. Bei Schemaplänen, Diagrammen usw. ist das meist gewährleistet.

Bei Konstruktionszeichnungen sind solche Regelmäßigkeiten meist nicht gegeben. Hier arbeitet man meist mit Koordinateneingaben und, soweit möglich, mit den Objektfangfunktionen. Oft ist es aber einfacher, mit Hilfskonstruktionen zu arbeiten. Hier bietet Ihnen AutoSketch 6 weitere Möglichkeiten, die Ihnen die Zeichenarbeit vereinfachen. Mit Führungslinien können Sie sich in der Zeichnung Bezugselemente schaffen, auf die der Cursor beim Zeichnen einrastet. Schnittpunkte werden automatisch erkannt, ohne dass Sie die entsprechenden Fangfunktionen wählen müssen.

Eigenschaften von Führungslinien

- Führungslinien können als Linien, horizontal, vertikal, durch zwei Punkte oder in einem bestimmten Winkel gezeichnet werden.
- Führungslinien lassen sich auch als Kreise in der Zeichnung erstellen.
- Sie werden nicht Bestandteil der Zeichnung. Sie dienen nur als Bezugselemente, auf die der Cursor beim Zeichnen wie beim Objektfang NÄCHSTER einrastet. Schnittpunkte von Führungslinien werden ebenfalls erkannt.
- Sie werden normalerweise in der Farbe des Rasters dargestellt. Zur Unterscheidung vom Raster werden sie gestrichelt gezeichnet.
- Führungslinien können in der Zeichnung mit den normalen Befehlen nicht gewählt werden, und sie lassen sich auch nicht bearbeiten oder löschen.

- Führungslinien haben keinen Anfangs- und Endpunkt. Sie reichen über den gesamten Zeichenbereich, egal wie die Zeichnung verkleinert wurde.
- Mit speziellen Funktionen können einzelne oder alle Führungslinien der Zeichnung gelöscht werden.

16.2 Führungslinien erstellen

Alle Arten von Führungslinien können Sie nur mit dem Befehl FÜHRUNGSLINIEN BEARBEITEN erstellen und auch wieder löschen.

Befehl FÜHRUNGSLINIEN BEARBEITEN

Den Befehl FÜHRUNGSLINIEN BEARBEITEN finden Sie:

- Abrollmenü ZEICHNEN, Funktion FÜHRUNGSLINIEN
- Symbol Standard-Symbolleiste

Wenn Sie den Befehl angewählt haben, finden Sie alle weiteren Funktionen in der Symbolleiste BEARBEITEN (siehe Abbildung 16.1).

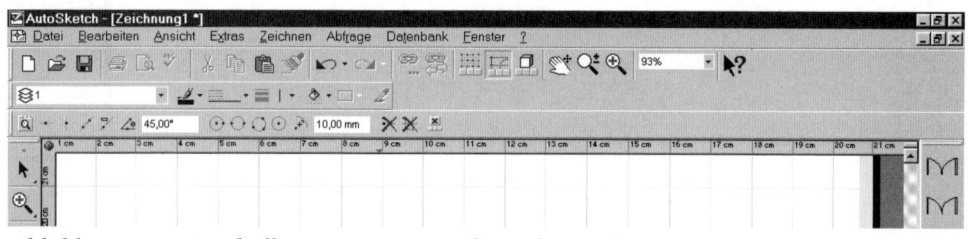

Abbildung 16.1: Symbolleiste BEARBEITEN bei Führungslinien

Die Symbole in der Funktionsleiste haben folgende Funktionen (von links nach rechts):

- ANSICHTSOPTIONEN: Umschalten zum Befehl ANSICHTSOPTIONEN, mehr dazu finden Sie in Kapitel 18.

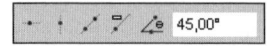

  HORIZONTALE FÜHRUNGSLINIE: Zeichnet eine horizontale Führungslinie durch einen Punkt. Die Punkte können im Wiederholmodus eingegeben werden.

  VERTIKALE FÜHRUNGSLINIE: Zeichnet eine vertikale Führungslinie durch einen Punkt. Mit jeder Punkteingabe wird eine Führungslinie erstellt.

FÜHRUNGSLINIE – ZWEI PUNKTE: Zeichnet eine Führungslinie durch zwei Punkte. Auch diese Funktion arbeitet im Wiederholmodus.

GEDREHTE FÜHRUNGSLINIE: Zeichnet eine Führungslinie im Winkel. Den Wert des Winkels können Sie in das Eingabefeld rechts daneben eintragen. Jede Punkteingabe erzeugt eine Führungslinie.

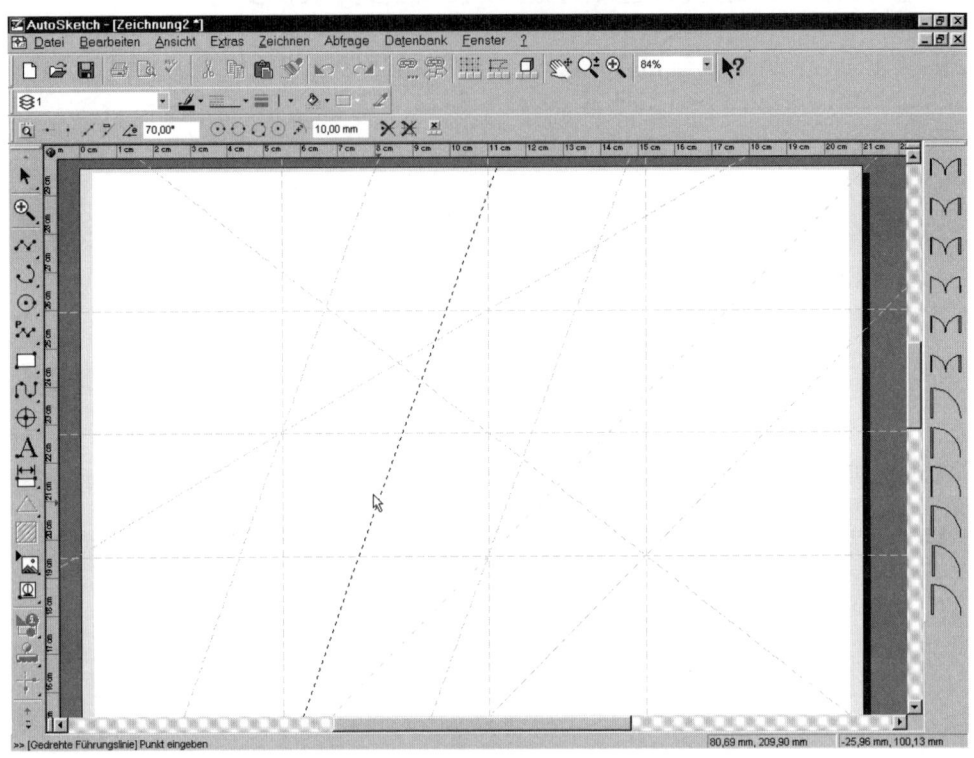

Abbildung 16.2: Führungslinien, Beispiele für Linien

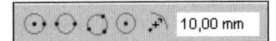

KREIS – MITTELPUNKT, SEITE: Zeichnet einen Kreis als Führungslinie durch Angabe des Mittelpunkts und einem Punkt auf der Kreislinie.

KREIS – SEITE, SEITE: Zeichnet einen Kreis als Führungslinie durch Angabe zweier Durchmesserendpunkte.

KREIS – 3 PUNKTE: Zeichnet einen Kreis als Führungslinie durch Angabe von drei Punkten auf der Kreislinie.

KREIS – MITTELPUNKT, RADIUS: Zeichnet einen Kreis als Führungslinie durch Angabe des Mittelpunkts. Der Radius kann im Feld daneben eingetragen werden.

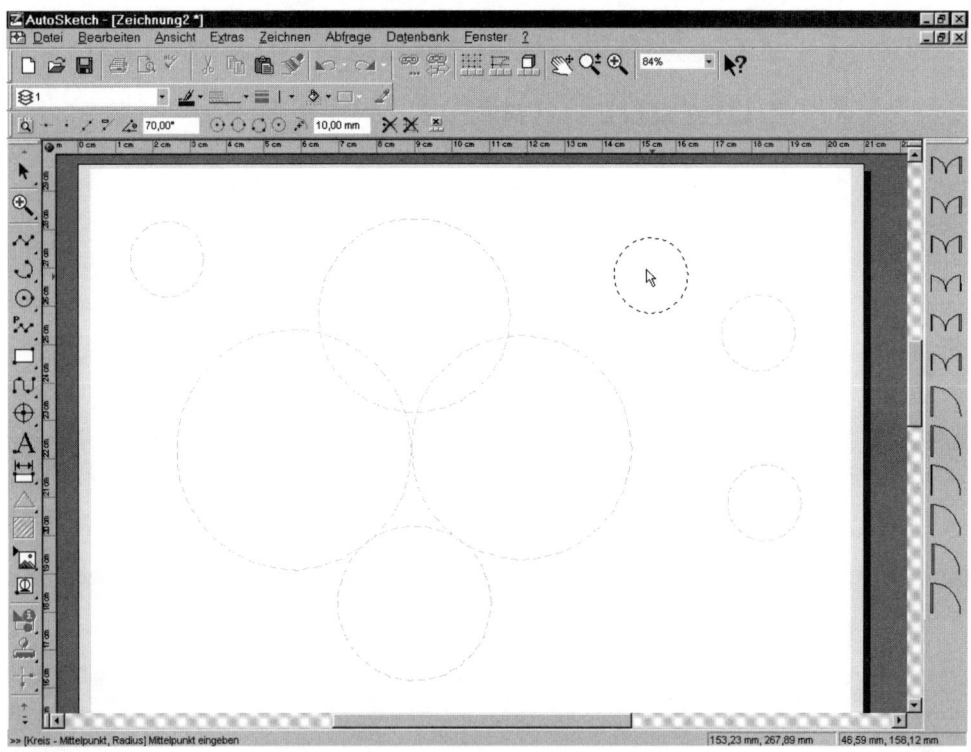

Abbildung 16.3: Führungslinien, Beispiele für Kreise

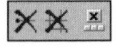

FÜHRUNGSLINIEN LÖSCHEN: Löschen von Führungslinien. Die Auswahl erfolgt mit dem Auswahlfenster.

ALLE FÜHRUNGSLINIEN LÖSCHEN: Löscht alle Führungslinien in der Zeichnung ohne weitere Rückfrage.

SCHLIESSEN: Beendet den Befehl FÜHRUNGSLINIEN BEARBEITEN und löscht die Symbolleiste BEARBEITEN. Der Befehl kann auch, wie alle Befehle in AutoSketch, mit der rechten Maustaste oder mit der Taste [Esc] beendet werden.

16.3 Zeichnen und Konstruieren mit Führungslinien

In diesem Abschnitt wollen wir uns ansehen, wie Sie mit Führungslinien konstruieren können.

Zeichnen von Ansichten

- *Laden Sie die Zeichnung A16-01.SKF aus dem Ordner Aufgaben. Die Zeichnung enthält zwei Ansichten eines Teils (siehe Abbildung 16.4). Rechts daneben soll die dritte Ansicht gezeichnet werden. Dabei sollen Führungslinien verwendet werden.*

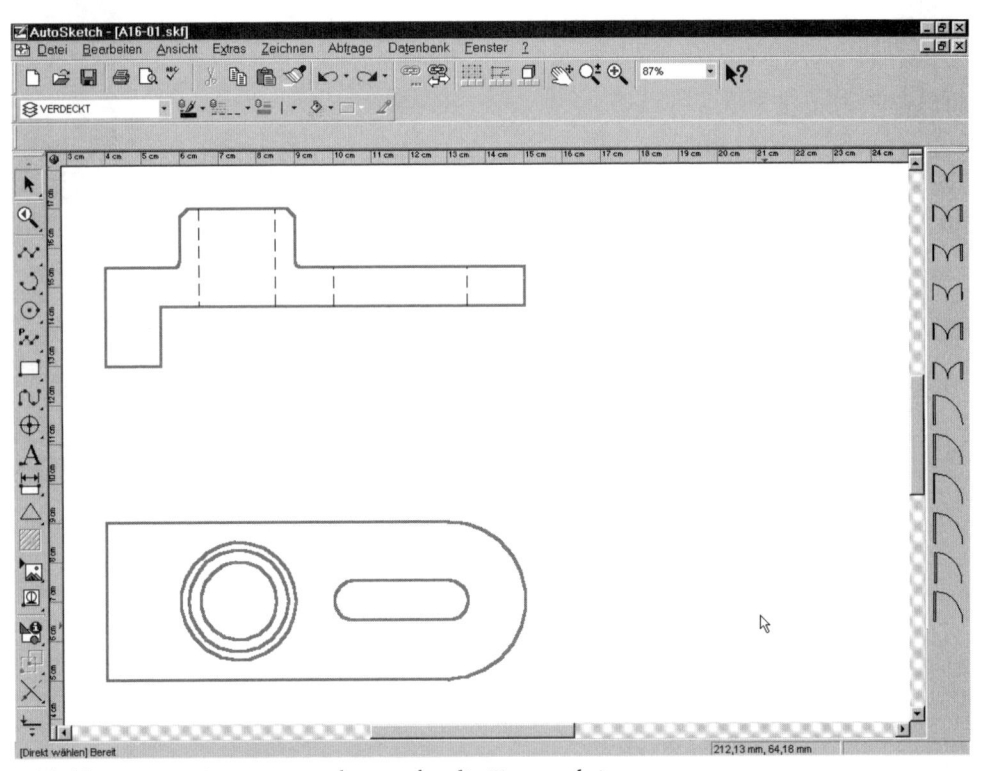

Abbildung 16.4: Ausgangszeichnung für die Konstruktion

Zeichnen und Konstruieren mit Führungslinien

- Zeichnen Sie horizontale Führungslinien durch alle Punkte der Seitenansicht, die Sie in die dritte Ansicht übertragen wollen (siehe Abbildung 16.5). Drücken Sie die Taste E für den Objektfang ENDPUNKT.

- Machen Sie es in der Draufsicht genauso. Bei den Kreisen können Sie die Taste Q für den Objektfang Quadrant verwenden. Damit können Sie die Führungslinien genau an die 90°- und 270°-Punkte der Kreise setzen (siehe Abbildung 16.5).

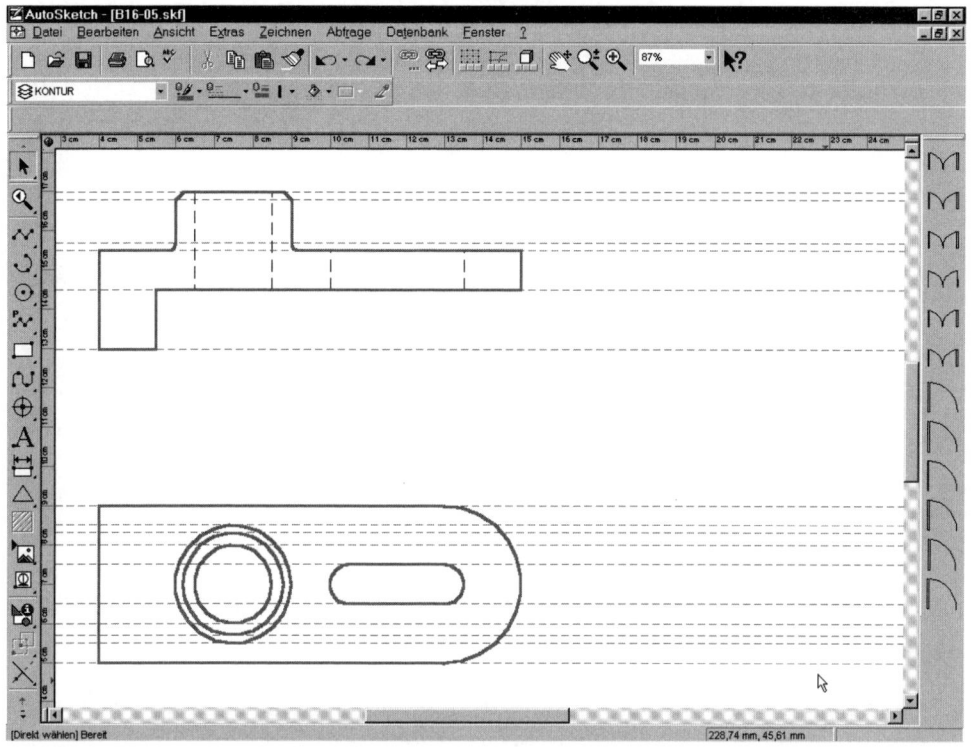

Abbildung 16.5: Horizontale Führungslinien zeichnen

- Zeichnen Sie eine Führungslinie unter 45° durch die horizontalen Führungslinien der Draufsicht (siehe Abbildung 16.6). Drücken Sie dazu die Taste S, um den Objektfang wieder auszuschalten.

Zeichnen mit Führungslinien

- Durch die Schnittpunkte der horizontalen Führungslinien mit der 45°-Führungslinie können Sie jetzt vertikale Führungslinien zeichnen (siehe Abbildung 16.6). Jetzt haben Sie alle Punkte, die Sie zum Nachzeichnen benötigen, mit Führungslinien markiert.

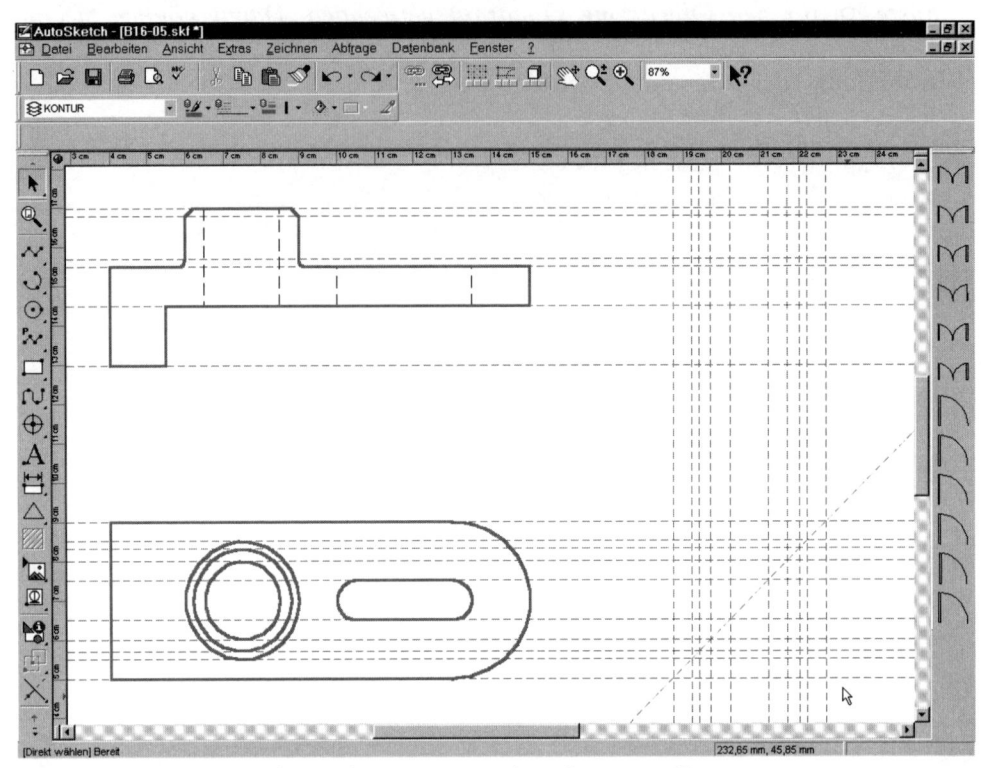

Abbildung 16.6: Alle Führungslinien zum Nachzeichnen erstellt

- Zeichnen Sie die Außenkonturen nach (siehe Abbildung 16.7). Sie können die Schnittpunkte anklicken, ohne eine Objektfang-Funktion vorher wählen zu müssen. Auf Schnittpunkten von Führungslinien rastet der Cursor immer ein.

- Zeichnen Sie die nicht sichtbaren Kanten. Machen Sie dazu den Layer Verdeckt zum aktuellen Layer.

Zeichnen und Konstruieren mit Führungslinien

- Wenn Sie fertig sind, löschen Sie alle Führungslinien, und Sie haben die Ansicht fertig gezeichnet. Ihre Zeichnung sollte wie in Abbildung 16.7 aussehen. Falls nicht, haben Sie auch noch eine Musterlösung, die Zeichnung L16-01.SKF.

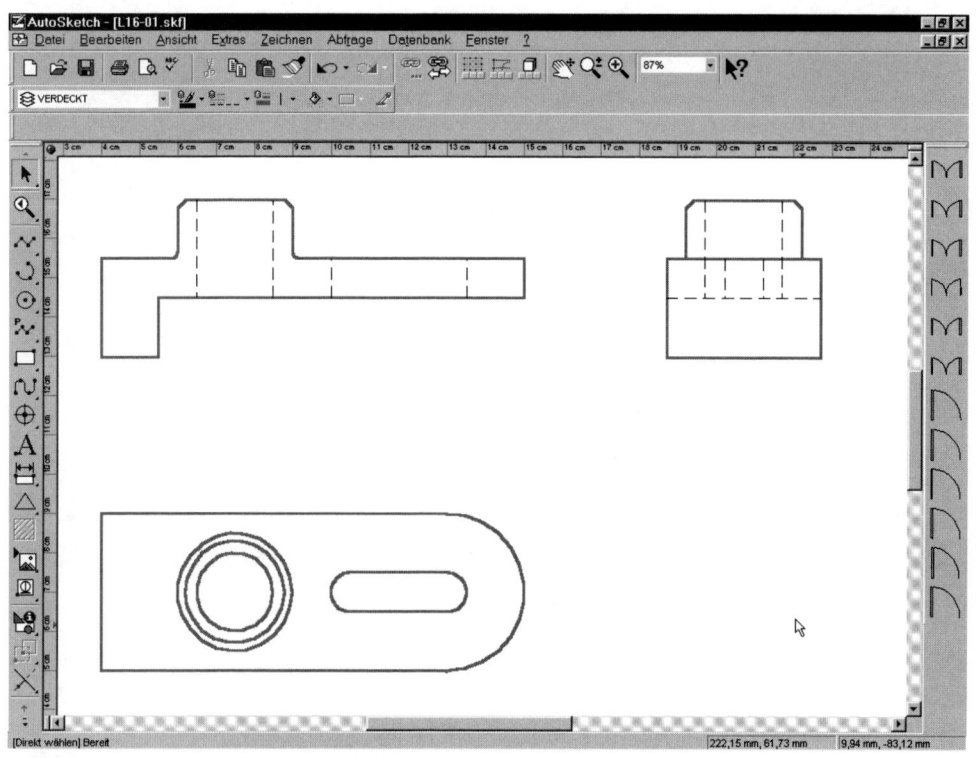

Abbildung 16.7: Die fertige Ansicht

Zeichnen eines Flansches

- Laden Sie die Zeichnung A16-02.SKF aus dem Ordner Aufgaben. Sie bekommen erst einmal nur zwei konzentrische Kreise auf den Bildschirm.

- Zeichnen Sie Führungslinien, eine horizontale, eine vertikale, eine unter 45° und einer unter 135°. Jetzt zeichnen Sie noch einen Kreis mit den Führungslinien-Funktionen. Setzen Sie das Zentrum auf die vorhandenen Kreise. Tragen Sie beim Radius 40 mm ein. Jetzt haben Sie ein Muster wie in Abbildung 16.8.

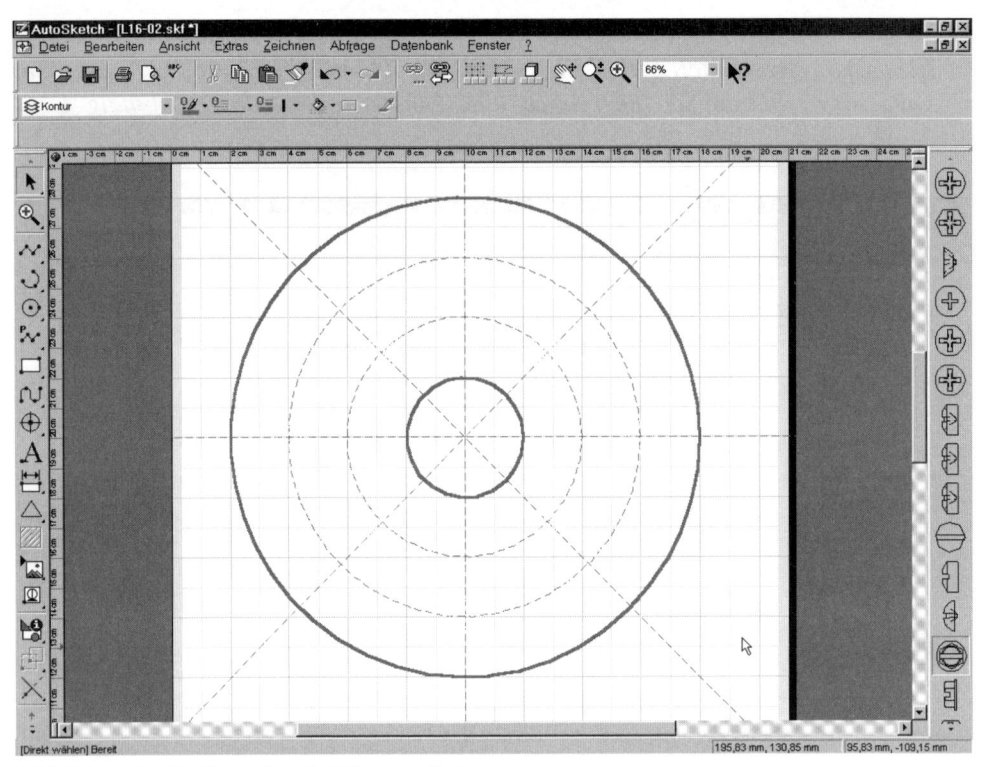

Abbildung 16.8: Flansch mit Führungslinien

- Machen Sie die Symbolbibliothek Maschinenschraube.SLB zur aktuellen Bibliothek. Wählen Sie dazu im Abrollmenü ZEICHNEN, das Untermenü SYMBOL und darin die Funktion SYMBOLMANAGER...

- Klicken Sie im Dialogfeld in der Liste BIBLIOTHEKEN diese Symbolbibliothek doppelt an, damit sie zur aktuellen Bibliothek wird (siehe Abbildung 16.9).

- Wählen Sie ein Schraubensymbol, und platzieren Sie es an dem Schnittpunkt der Führungslinien mit der kreisförmigen Führungslinie. Ihr Flansch mit den Schrauben könnte wie in Abbildung 16.10 aussehen. Diesen haben Sie auch als Musterlösung im Ordner Aufgaben, die Zeichnung L16-02.SKF.

Zeichnen und Konstruieren mit Führungslinien 445

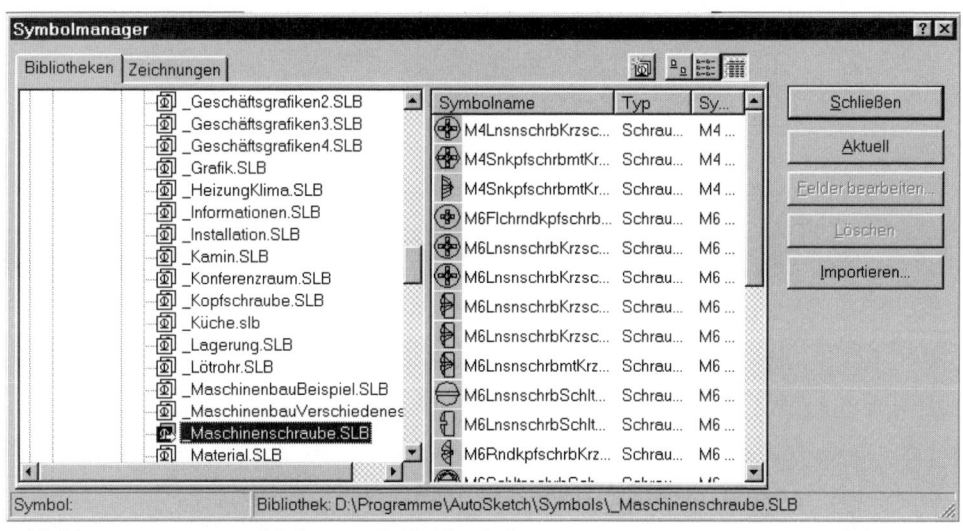

Abbildung 16.9: Auswahl der Symbolbibliothek

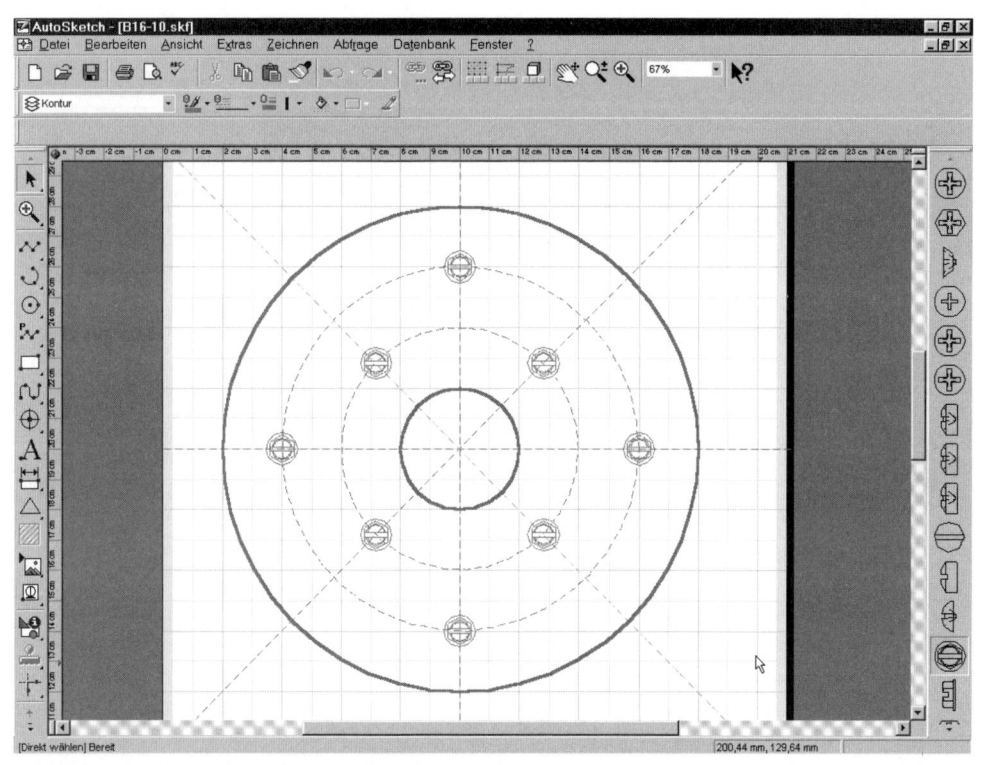

Abbildung 16.10: Flansch mit Schraubensymbolen

- Danach können Sie die Führungslinien wieder löschen. Verwenden Sie auch dazu den Befehl FÜHRUNGSLINIEN BEARBEITEN.

Kapitel 17

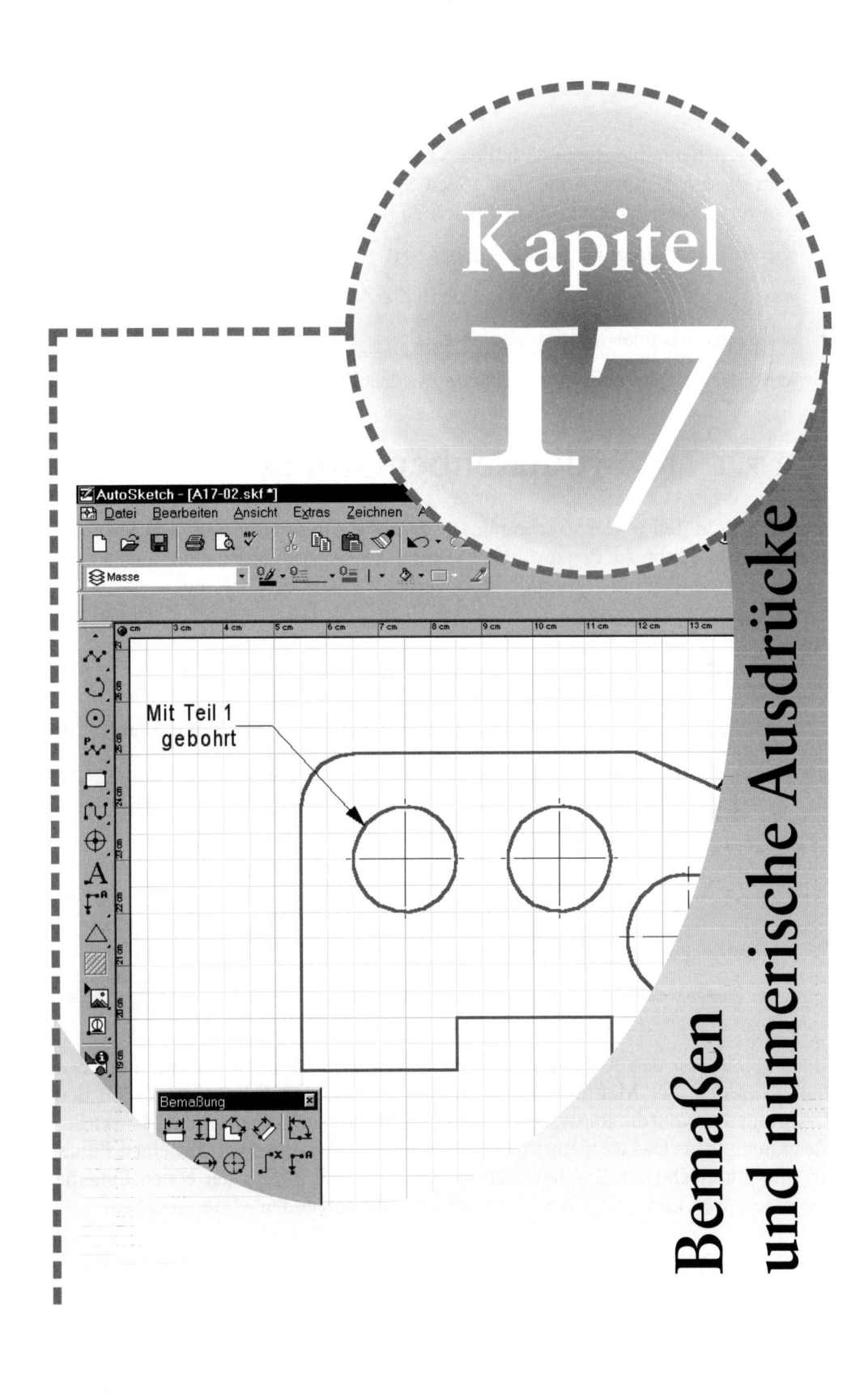

Bemaßen und numerische Ausdrücke

Die meisten Bemaßungsbefehle haben Sie in Kapitel 5 kennengelernt. Der Rest folgt in diesem Kapitel. Außerdem sollen Sie noch sehen, wie numerische Ausdrücke verwendet werden können. Sie lernen in diesem Kapitel,

- wie die Koordinatenbemaßung funktioniert
- was eine Führung ist und wie man sie in die Zeichnung bringt
- wie Sie die Rechnerfunktion aktivieren
- wie Sie in Eingabefeldern numerische Ausdrücke einsetzen können

17.1 Koordinatenbemaßung

Haben Sie ein Teil in der Zeichnung, an dem viele Punkte bemaßt werden müssen, kann es leicht zu Platzproblemen kommen. Koordinatenbemaßungen sind dagegen wesentlich platzsparender und werden deshalb oft verwendet.

Befehl KOORDINATENBEMASSUNG

Mit dem Befehl KOORDINATENBEMASSUNG erstellen Sie solche Maße. Wählen Sie den Befehl:

- Abrollmenü ZEICHNEN, Untermenü Bemaßung, Funktion KOORDINATEN
- Symbol in einem Flyout-Menü der Standard-Symbolleiste
- Symbol in der Symbolleiste BEMASSUNG

Es werden folgende Anfragen gestellt:

> [Koordinatenbemaßung] Koordinatenpunkt eingeben ([Strg]: Ursprung festlegen
> [Koordinatenbemaßung] Basispunkt eingeben

Geben Sie zuerst den Ausgangspunkt für ein Koordinatenmaß ein und dann den Punkt, an dem der Maßtext gesetzt werden soll. Das Maß bezieht sich auf den Ursprung des Koordinatensystems, das in der Regel am linken unteren Punkt der Zeichnung liegt. Das ist meinst nicht sinnvoll, da Sie ja das Maß auf einen Punkt an Ihrem gezeichneten Teil beziehen wollen. Drücken Sie bei der ersten Eingabe die Taste [Strg], können Sie den Nullpunkt für alle folgenden Maße eingeben.

> [Koordinatenbemaßung] Ursprungspunkt eingeben
> [Koordinatenbemaßung] Koordinatenpunkt eingeben
> [Koordinatenbemaßung] Basispunkt eingeben

Geben Sie bei dieser Variante zuerst den Ursprungspunkt ein, dann den Punkt für das Maß und die Position des Maßtextes.

Tips

- Fahren Sie vom Koordinatenpunkt in horizontaler Richtung zum Basispunkt, wird die Y-Koordinate bemaßt. Fahren Sie dagegen in vertikaler Richtung, wird die X-Koordinate bemaßt.

- Liegen die beiden Punkte für das Maß nicht in einer Flucht, wird die Hilfslinie für das Maß abgewinkelt. Drücken Sie die Taste O für die orthogonale Fixierung, wenn Sie dies nicht haben wollen.

- Sie können selbstverständlich auch den Punkt bemaßen, den Sie als Nullpunkt angegeben haben.

Koordinatenbemaßung

- *Laden Sie die Zeichnung A17-01.SKF aus dem Ordner Aufgaben. Sie haben darin ein Teil mit Bohrungen.*

- *Erstellen Sie Koordinatenbemaßungen, die sich auf den linken unteren Punkt des Teils beziehen (siehe Abbildung 17.1). Setzen Sie den Ursprungspunkt beim ersten Maß. Alle Maßpunkte befinden sich in diesem Beispiel auf Rasterpunkten, so dass Sie der Einfachheit halber mit dem Rasterfang arbeiten können.*

- *Zeichnen Sie die Maße für den Nullpunkt und die Punkte in X- und Y-Richtung.*

- *Das fertig bemaßte Teil sollte wie in Abbildung 17.1 aussehen. Eine Musterlösung haben Sie in ihrem Ordner Aufgaben, die Zeichnung L17-01.SKF.*

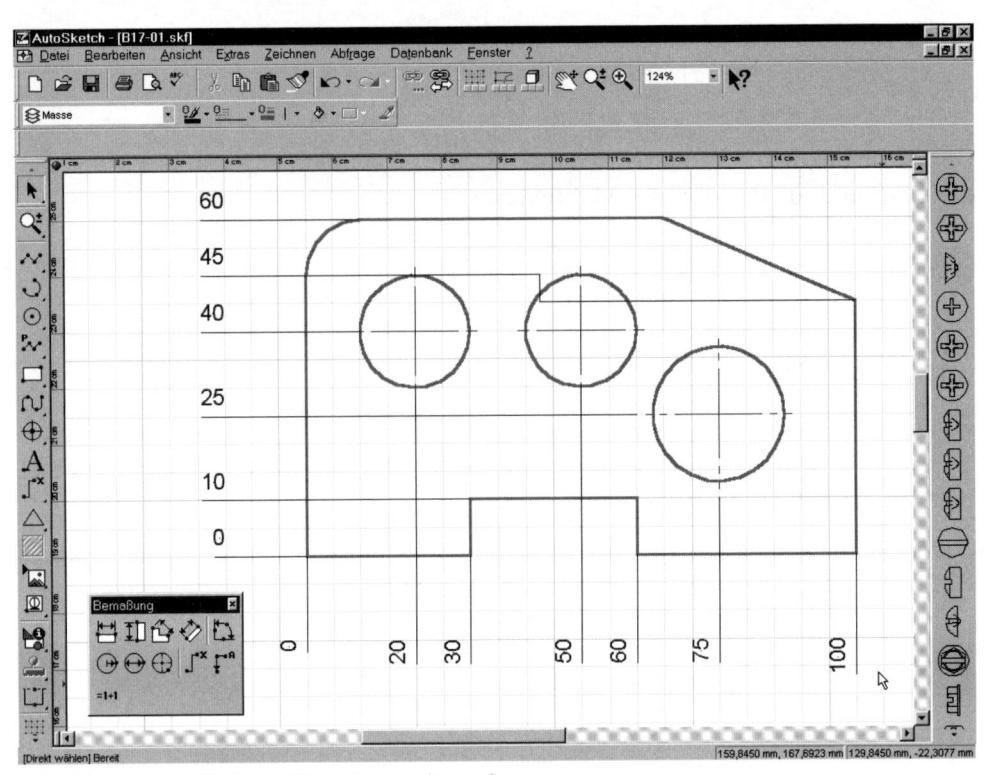

Abbildung 17.1: Teil mit Koordinatenbemaßungen

17.2 Führungen anbringen

Wollen Sie in der Zeichnung einen Hinweistext mit einer Führungslinie und einem Pfeil anbringen, können Sie das mit dem Befehl FÜHRUNG machen.

Befehl FÜHRUNG

Mit dem Befehl FÜHRUNG können Sie Hinweispfeile mit Text erstellen. Wählen Sie den Befehl:

- Abrollmenü ZEICHNEN, Untermenü BEMASSUNG, Funktion FÜHRUNG
- Symbol in einem Flyout-Menü der Standard-Symbolleiste
- Symbol in der Symbolleiste BEMASSUNG

Geben Sie die Stützpunkte für die Führungslinie ein:

> [Führung] Punkt eingeben
> [Führung] Punkt eingeben

In der Regel reichen zwei Punkte für die Führungslinie aus, eine waagrechte Verlängerung für den Text wird automatisch angehängt. Geben Sie dann ⏎ ein, und das Eingabefenster für den Text erscheint (siehe Abbildung 17.2).

Abbildung 17.2: Eingabefenster für den Text

Tragen Sie den Text ein, und klicken Sie auf OK. Haben Sie einen längeren Text oder wollen Sie einen mehrzeiligen Text an die Führungslinie setzen, können Sie mit der Tastenkombination [Alt] + [E] oder der Schaltfläche EDITOR den Texteditor aktivieren (siehe Abbildung 17.3). Die Funktionen im Editor sind identisch mit denen beim Textbefehl.

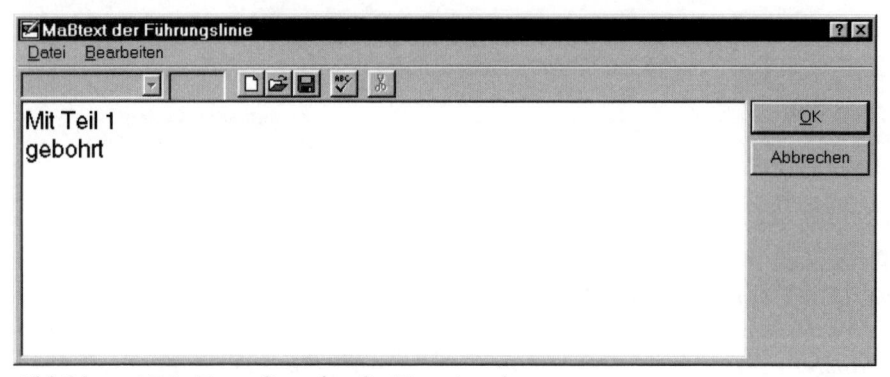

Abbildung 17.3: Texteditor für die Texteingabe

Tip

- Wollen Sie den Pfeil genau auf eine Kante setzen, sollten Sie den Objektfang NÄCHSTER PUNKT verwenden. Aktivieren Sie diesen mit der Taste [N] vor der Eingabe.

Führungen zeichnen

- Laden Sie die Zeichnung A17-02.SKF aus dem Ordner Aufgaben.
- Zeichnen Sie Führungen wie in Abbildung 17.4.

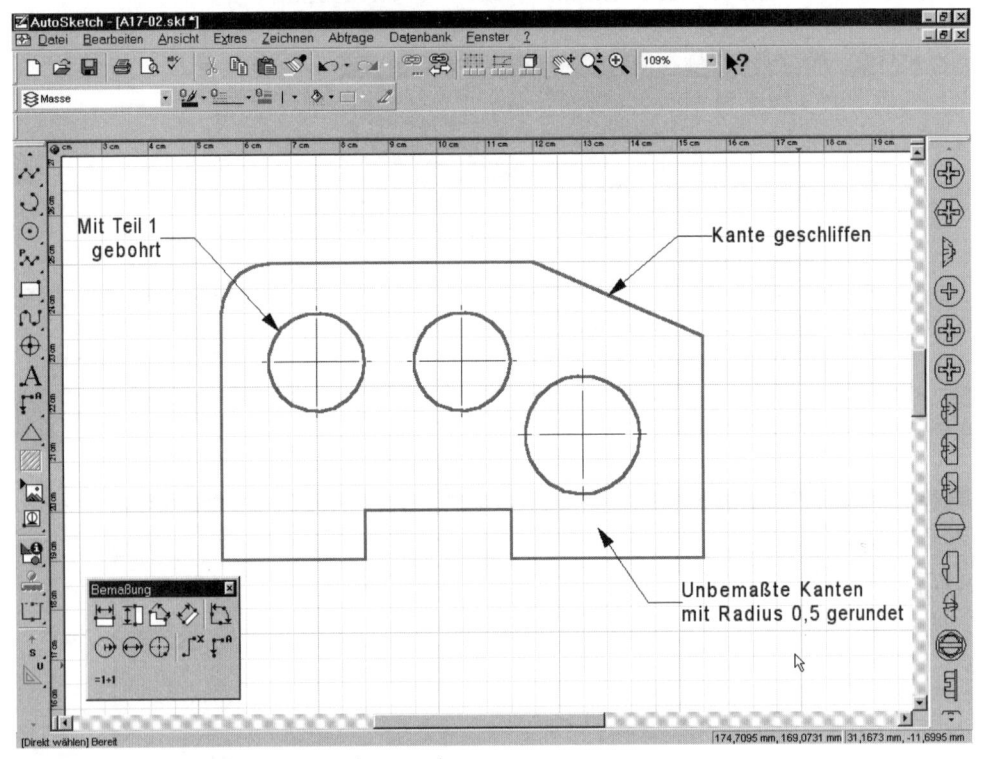

Abbildung 17.4: Führungen in der Zeichnung

- Eine Musterlösung finden Sie in dem Ordner Aufgaben; es ist die Zeichnung L17-01.SKF.

17.3 Numerische Ausdrücke

Den Taschenrechner brauchen Sie beim Zeichnen mit AutoSketch nicht. In jedes Eingabefeld, das einen numerischen Wert verlangt, können Sie auch einen numerischen Ausdruck eingeben. Außerdem können Sie die Rechnerfunktion jederzeit auch ohne Eingabefeld aktivieren.

Numerische Ausdrücke berechnen lassen

Sie können jederzeit die Taschenrechnerfunktion während der Arbeit mit Auto-Sketch aktivieren.

- Taste =) drücken
- Symbol in der Symbolleiste BEMASSUNG

Das Dialogfeld für die Berechnung kommt auf den Bildschirm (siehe Abbildung 17.5).

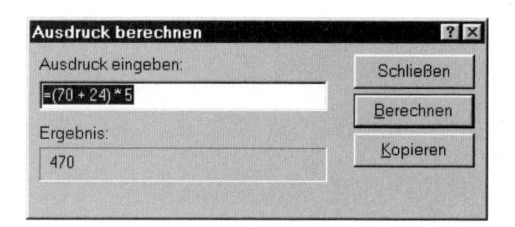

Abbildung 17.5: Dialogfeld für die Rechenfunktion

Geben Sie eine Berechnungsformel in das Feld AUSDRUCK EINGEBEN ein. Klicken Sie dann auf die Schaltfläche BERECHNEN, und das Ergebnis wird im Feld ERGEBNIS angezeigt. Mit der Schaltfläche KOPIEREN kann das Ergebnis in die Windows-Zwischenablage kopiert und kann von dort beispielsweise in den Texteditor übernommen werden.

Rechenoperationen

In dem Feld AUSDRUCK EINGEBEN können Sie Zahlen, Klammern, Rechenoperatoren und Funktionen für die Berechnung eingeben. Ein Rechenausdruck beginnt immer mit dem Zeichen »=«. Die möglichen Rechenoperatoren sind in Tabelle 17.1 aufgelistet.

Operator	Funktion	Beispiel
+	Addition	= 5 + 11
-	Subtraktion oder Negation	= 20 – 4
*	Multiplikation	= 8 * 2
/	Division	= 64 / 4
^	Potenzierung	= 4 ^ 2
'	Umrechnung von Fuß in Zoll	= 1 ' 4

Tabelle 17.1: Operatoren in Rechenausdrücken

Die Funktionen, die Sie in einem Rechenausdruck verwenden können, finden Sie in der Tabelle 17.2.

Funktion	Bedeutung
abs(x)	Absoluter Wert von x
acos(x)	Arkuskosinus von x
asin(x)	Arkussinus von x
atan(x)	Arkustangens von x
cos(x)	Kosinus von Winkel x
cosh(x)	Hyperbelkosinus von Winkel x
exp(x)	Exponentialgröße von x
int(x)	Ganzzahlkomponente von x
log(x)	Natürlicher Logarithmus von x
log10(x)	Logarithmus auf Basis 10 von x
sin(x)	Sinus von Winkel x
sinh(x)	Hyperbelsinus von Winkel x
sqrt(x)	Quadratwurzel aus x
tan(x)	Tangens von Winkel x
tanh(x)	Hyperbeltangens von Winkel x

Tabelle 17.2: Funktionen in Rechenausdrücken

Rechenoperationen in Eingabefeldern

Sie können Rechenoperationen aber nicht nur in dem speziellen Dialogfeld mit den Rechnerfunktionen eingeben. In jedes Eingabefeld, das einen Zahlenwert anfordert, können Sie numerische Ausdrücke eingeben (siehe Abbildung 17.6 und 17.7).

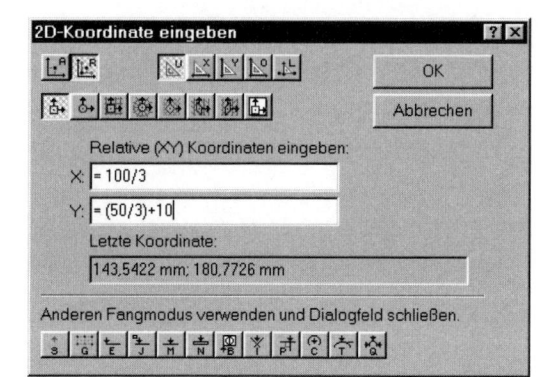

*Abbildung 17.6:
Numerische
Ausdrücke bei der
Koordinateneingabe*

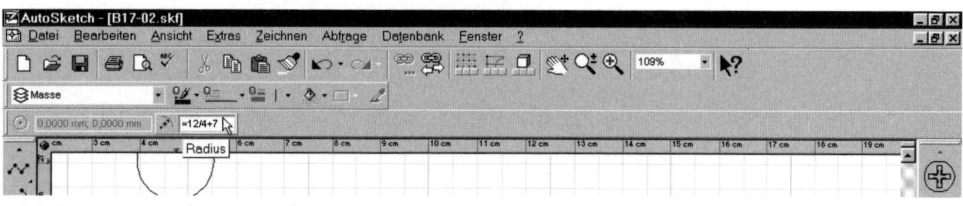

Abbildung 17.7: Numerischer Ausdruck in der Symbolleiste BEARBEITEN

Teil IV

Einstellungen, Datenaustausch, Anpassungen

Kapitel 18

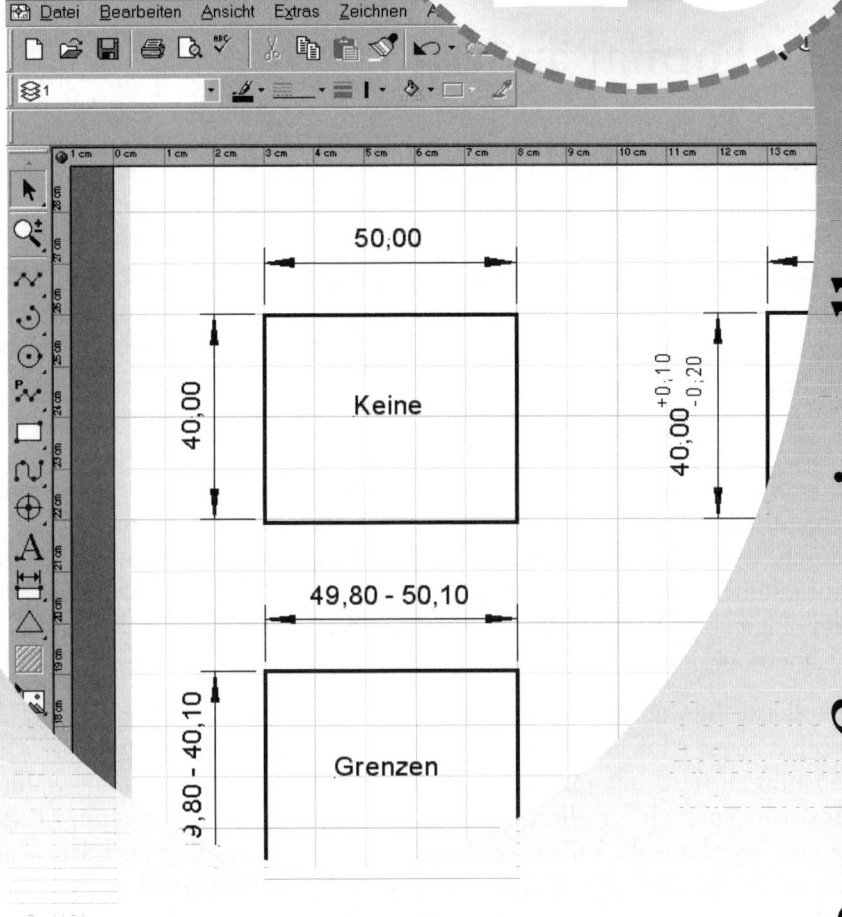

Bemaßungseinstellungen

Bemassungen lassen sich in AutoSketch den verschiedenen Normen und Zeichnungsgepflogenheiten anpassen. In einem Dialogfeld mit verschiedenen Registerkarten können Sie alle Einstellungen vornehmen. Sie lernen in diesem Kapitel,

- was Sie bei den verschiedenen Bemaßungsarten einstellen können
- wie Sie die Maßlinie ändern können
- wie Sie die Hilfslinien ändern können
- wie Sie Form und Inhalt des Maßtextes ändern können
- wie Sie dem Maßtext eine Toleranz anhängen können
- wie Sie bereits gezeichnete Maße ändern können

18.1 Format ändern

Das Format für alle Bemaßungen kann in einem Dialogfeld mit verschiedenen Registerkarten geändert werden.

Befehl BEMASSUNGSFORMAT ÄNDERN

Änderungen am Format führen Sie mit dem Befehl BEMASSUNGSFORMAT ÄNDERN durch. Sie finden den Befehl wie folgt:

- Symbol in der Symbolleiste BEARBEITEN

Sie können den Befehl in der Symbolleiste BEARBEITEN anwählen, nachdem Sie einen Bemaßungsbefehl aktiviert haben. Führen Sie dann Änderungen im Dialogfeld durch, werden alle folgenden Bemaßungsbefehle mit diesen neuen Einstellungen ausgeführt. In diesem Fall muß der Schalter ALS VORLAGE SPEICHERN im Dialogfeld eingeschaltet sein (siehe Abbildung 18.1), sonst werden die Änderungen nicht übernommen.

Die Symbolleiste BEARBEITEN erscheint auch mit diesem Symbol, wenn Sie ein bereits vorhandenes Maß markiert haben. Wenn Sie dann Änderungen im Dialogfeld ausführen, wird das markierte Maß geändert. Sie können dann wählen, ob die Änderungen auch für alle weiteren Maße gelten sollen oder ob nur dieses Maß geändert werden soll. Sollen die Änderungen auch für alle folgenden Maße gelten, muss der Schalter ALS VORLAGE SPEICHERN im Dialogfeld eingeschaltet sein (siehe Abbildung 18.1). Haben Sie mehrere Maße angewählt, sieht die Symbolleiste BEARBEITEN etwas anders aus, und auch dieses Symbol haben Sie dann nicht. Was in diesem Fall zu tun ist, finden Sie in Kapitel 18.6.

Alle Änderungen können Sie in einem Dialogfeld mit verschiedenen Registerkarten durchführen (siehe Abbildung 18.1).

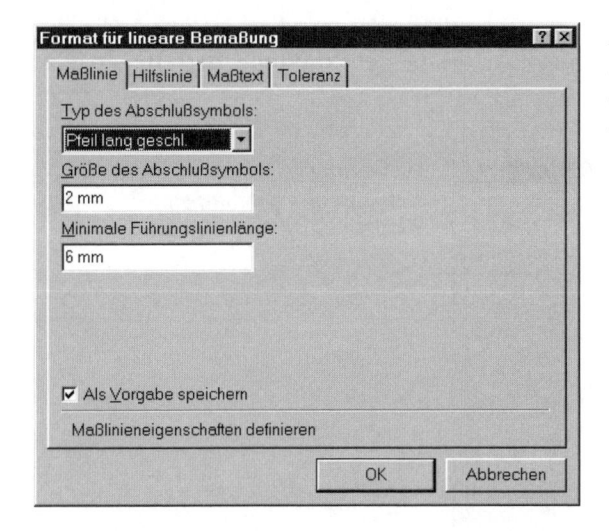

*Abbildung 18.1:
Dialogfeld zur
Änderung des
Bemaßungsformats*

Je nachdem, welchen Bemaßungsbefehl Sie gewählt haben oder welches Maß Sie zum Ändern angeklickt haben, hat das Dialogfeld eine unterschiedliche Anzahl von Registerkarten. In Tabelle 18.1 haben Sie aufgelistet, welche Registerkarten bei welcher Bemaßungsart vorhanden sind.

Bemaßungsart	Register
Lineare Bemaßung	Maßlinie, Hilfslinie, Maßtext, Toleranz
Winkelbemaßung	Maßlinie, Hilfslinie, Maßtext, Toleranz
Radiusbemaßung	Maßlinie, Maßtext, Toleranz
Durchmesserbemaßung	Maßlinie, Maßtext, Toleranz
Mittellinienbemaßung	Maßlinie, Hilfslinie
Koordinatenbemaßung	Maßtext, Toleranz
Führung	Maßlinie, Maßtext

Tabelle 18.1: Änderungsmöglichkeiten bei den verschiedenen Bemaßungsarten

18.2 Registerkarte Maßlinie

In der Registerkarte MASSLINIE können Sie alle Änderungen vornehmen, die die Maßlinie und das Markierungssymbol am Ende der Maßlinie betreffen (siehe Abbildung 18.2).

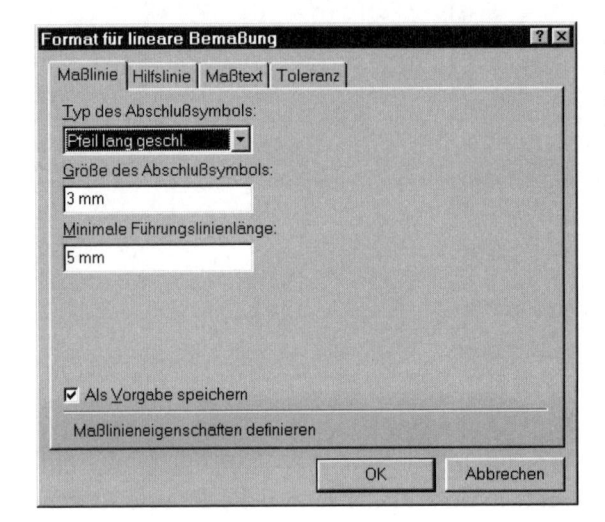

Abbildung 18.2: Bemaßungseinstellungen, Registerkarte MASSLINIE

Folgende Einstellungen können Sie in diesem Register vornehmen:

TYP DES ABSCHLUSSSYMBOLS: Wählen Sie aus dem Abrollmenü das Symbol, das ans Ende der Maßlinie gesetzt werden soll. Neben verschiedenen Pfeilen können Sie auch Schrägstriche, Kreuze, gefüllte Kreise und vieles mehr wählen (siehe Abbildung 18.3).

GRÖSSE DES ABSCHLUSSSYMBOLS: Gibt die Größe des Symbols am Ende der Maßlinie an. Die Angabe entspricht aber nicht in allen Fällen der tatsächlichen Größe des Symbols. Wird mit einer X-Markierung bemaßt, hat das Markierungskreuz auch diese Größe. Wird dagegen ein langer Pfeil verwendet, ist dieser auch länger als das angegebene Maß. In diesem Fall ist die Angabe als relative Größe zu sehen. Die Proportionen bei gleicher Größenangabe stimmen jedoch bei den unterschiedlichen Symbolen überein.

MINIMALE FÜHRUNGSLINIENLÄNGE: Gibt die minimale Länge der Maßlinie innerhalb der Hilfslinien an. Wird diese Länge unterschritten, wird die Maßlinie außen angesetzt (siehe Abbildung 18.3). Die minimale Länge ergibt sich aus dem Abstand der Hilfslinien, abzüglich der Symbole und der Textlänge. Die Textlänge wird nur dann berücksichtigt, wenn der Text zwischen die Maßlinie gesetzt wird.

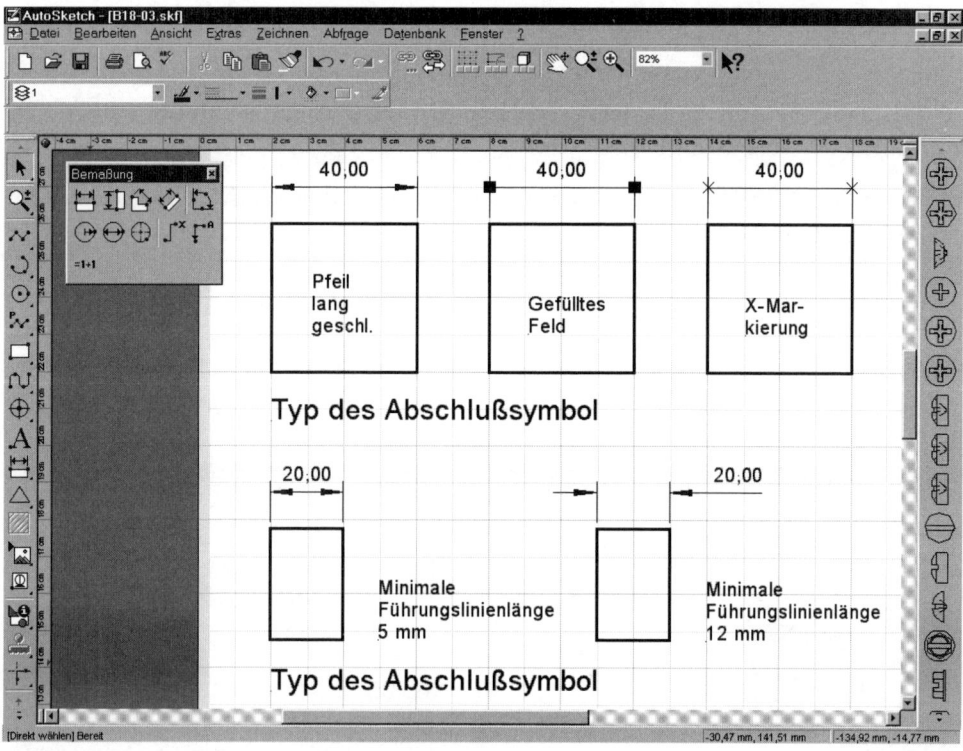

Abbildung 18.3: Einstellungen für die Maßlinie

18.3 Registerkarte Hilfslinie

In der Registerkarte HILFSLINIE können Sie die Einstellungen für die Hilfslinien vornehmen (siehe Abbildung 18.4).

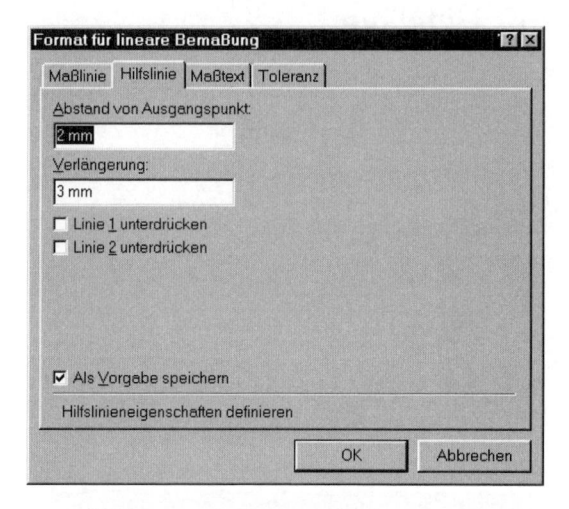

Abbildung 18.4: Bemaßungseinstellungen, Registerkarte HILFSLINIE

Folgende Einstellungen können Sie in diesem Register vornehmen:

ABSTAND VOM AUSGANGSPUNKT: Dieses Maß gibt den Abstand der Hilfslinie von dem bemaßten Punkt an (siehe Abbildung 18.5). Die Angaben werden im Seitenkoordinatensystem angegeben.

VERLÄNGERUNG: Gibt den Überstand der Hilfslinie über die Maßlinie hinaus an (siehe Abbildung 18.5).

HILFSLINIE 1 UNTERDRÜCKEN: Erste Hilfslinie nicht zeichnen. Das ist die Hilfslinie am zuerst gewählten Punkt.

HILFSLINIE 2 UNTERDRÜCKEN: Zweite Hilfslinie nicht zeichnen. Das ist die Hilfslinie am zweiten gewählten Punkt.

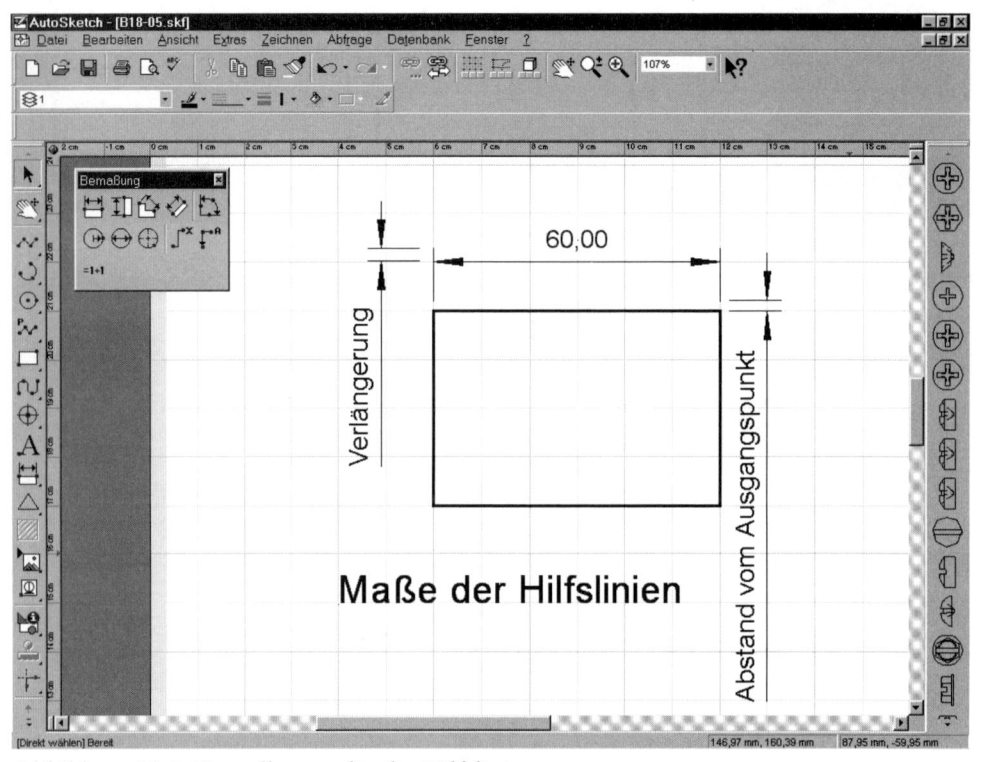

Abbildung 18.5: Einstellungen für die Hilfslinien

18.4 Registerkarte Maßtext

Alle Einstellungen, die den Maßtext betreffen, können Sie in der Registerkarte MASSTEXT vornehmen (siehe Abbildung 18.6).

Abbildung 18.6: Bemaßungseinstellungen, Registerkarte MASSTEXT

Folgende Einstellungen sind möglich:

TEXTSCHRIFT: Auswahl der Schriftart für die Maßtexte im Abrollmenü.

TEXTHÖHE: Eingabe der Texthöhe für den Maßtext. Die Angaben werden im Seitenkoordinatensystem gemacht.

TEXTPROPORTION: Gibt das Verhältnis von Textbreite zu Texthöhe an. Die Einstellung von 0,6 entspricht der normalen Textdarstellung.

AUSRICHTEN: Steuert die Position des Maßtextes auf der Maßlinie (siehe Abbildung 18.7). Sie können wählen zwischen
KEINE: Setzt den Text immer waagrecht zwischen die Maßlinie.
TEXT OBERHALB: Setzt den Text über die Maßlinie, parallel zu dieser.
TEXT INNERHALB: Setzt den Text zwischen die Maßlinie, parallel zu dieser.
TEXT UNTERHALB: Setzt den Text unter die Maßlinie, parallel zu dieser.

EINHEITEN: Gibt an, in welchen Einheiten bemaßt werden soll. Die Einstellung ZEICHENEINHEITEN erstellt das Maß in den Einheiten, in denen die Zeichnung erstellt wurde. Im Abrollmenü können Sie aus der Liste der verfügbaren Einheiten wählen.

GENAUIGKEIT: Gibt an, mit wie vielen Stellen hinter dem Komma bemaßt werden soll. Die Einstellung ZEICHENGENAUIGKEIT erstellt das Maß mit der gleichen Genauigkeit, wie Sie beim Erstellen der Zeichnung verwendet wurde. Im Abrollmenü können Sie zwischen 0 und 7 Stellen hinter dem Komma wählen.

EINHEITEN ANZEIGEN: Ist der Schalter ein, werden den Maßtexten die verwendeten Einheiten angehängt. Ist der Schalter aus, haben die Maße keine Einheiten.

BESCHRIFTUNG: In diesem Feld kann der Maßtext geändert werden. Der Eintrag <> steht als Platzhalter für den gemessenen Text. Entfernen Sie diesen nicht. Sie können aber einen Text davor oder dahinter setzen. Der Eintrag »Länge = <>« setzt vor das Maß den Text »Länge = « und dahinter das gemessene Maß. Nur wenn das Maß nicht maßstäblich ist, können Sie den Platzhalter <> durch eine andere Größe ersetzen.

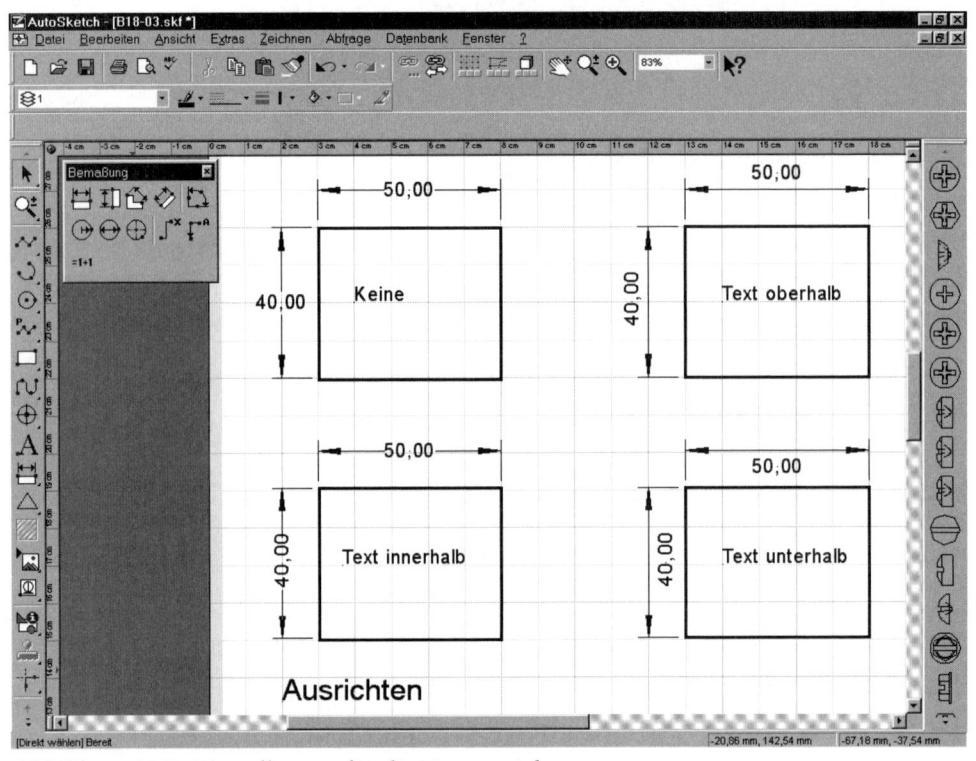

Abbildung 18.7: Einstellungen für die Textausrichtung

18.5 Registerkarte Toleranz

In der Registerkarte TOLERANZ können Sie Einstellungen für Toleranzen vornehmen (siehe Abbildung 18.8).

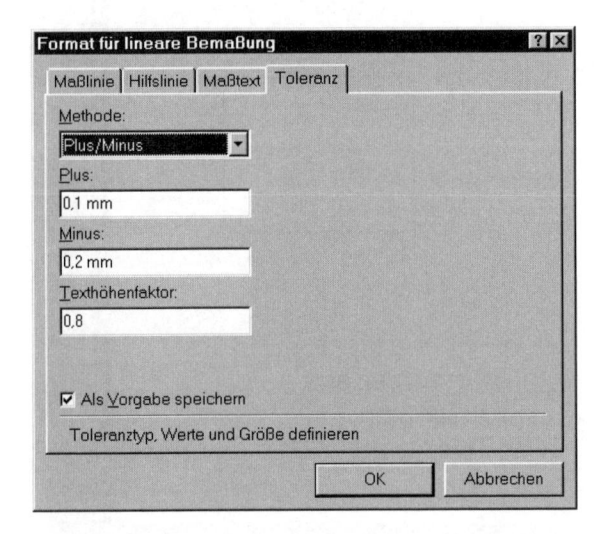

*Abbildung 18.8:
Bemaßungseinstellungen,
Registerkarte TOLERANZ*

Folgende Einstellungen können Sie in diesem Register vornehmen:

METHODE: Steuert die Art der Toleranzangabe (siehe Abbildung 18.9). Sie können wählen zwischen
KEINE: Setzt das Maß ohne Toleranzen.
PLUS/MINUS: Setzt eine positive und negative Abweichung an die Maßzahl.
GRENZEN: Trägt statt einer Maßzahl den Bereich ein, in dem das Maß liegen kann.

TEXTHÖHENFAKTOR: Gibt den Faktor an, um den die Texthöhe der Toleranzen kleiner als die Texthöhe der Maßzahlen ist.

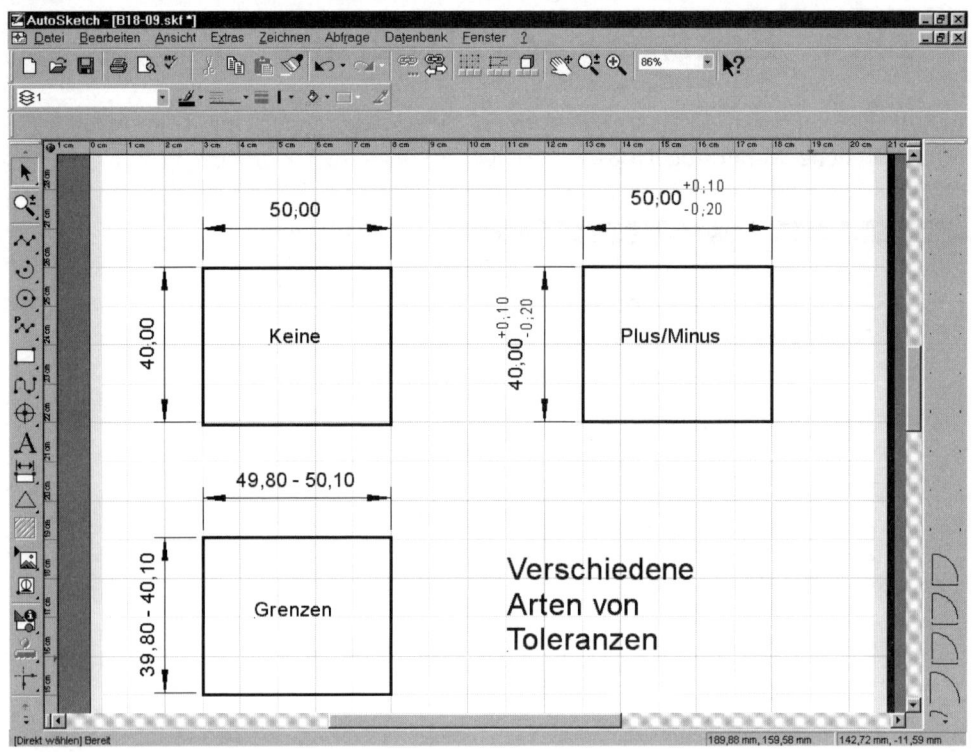

Abbildung 18.9: Bemaßen mit Toleranzen

18.6 Mehrere Maße auf einmal ändern

Haben Sie in der Zeichnung mehrere Maße angewählt, können Sie diese auch auf einmal ändern.

Befehl BEMASSUNGSFORMAT FÜR VORHANDENE MASSE ÄNDERN

Wählen Sie in der Zeichnung mehrere Maße an, und klicken Sie dann in der Symbolleiste das Symbol zum Ändern an:

- Symbol in der Symbolleiste BEARBEITEN

Sie bekommen das Dialogfeld OBJEKTE BEARBEITEN auf den Bildschirm. Wählen Sie darin die Registerkarte BEMASSUNG, und Sie können alle Einstellungen aus den vorherigen Dialogfeldern in einem bearbeiten (siehe Abbildung 18.10).

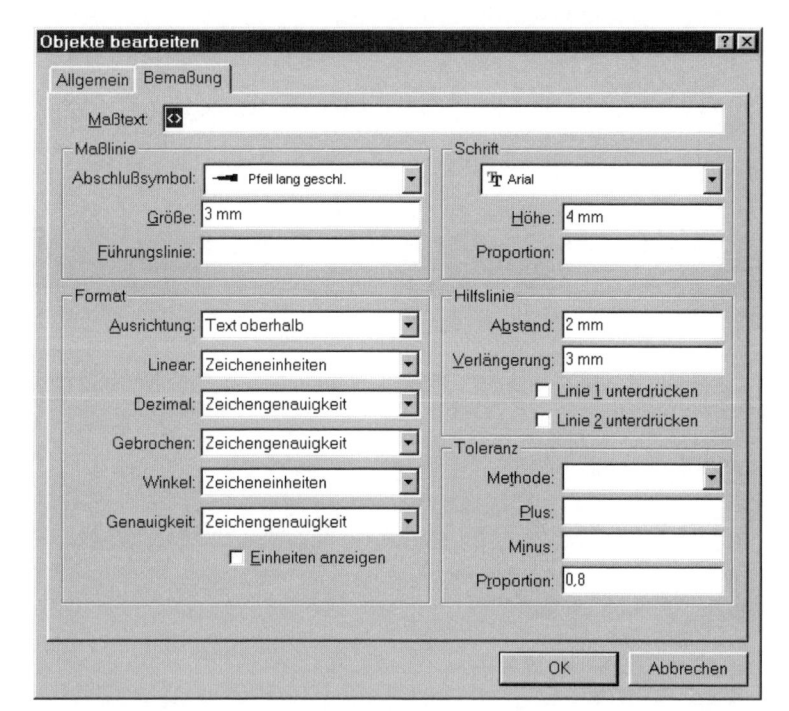

Abbildung 18.10:
Einstellungen für
die Maße

Die aktuellen Einstellungen der angewählten Maße werden angezeigt und können für alle Maße auf einmal geändert werden. In den Feldern, in denen nichts angezeigt wird, haben die gewählten Maße unterschiedliche Einstellungen. Tragen Sie dort einen Wert ein oder wählen Sie einen aus einem Abrollmenü, bekommen alle Maße diese Einstellung.

Kapitel 19

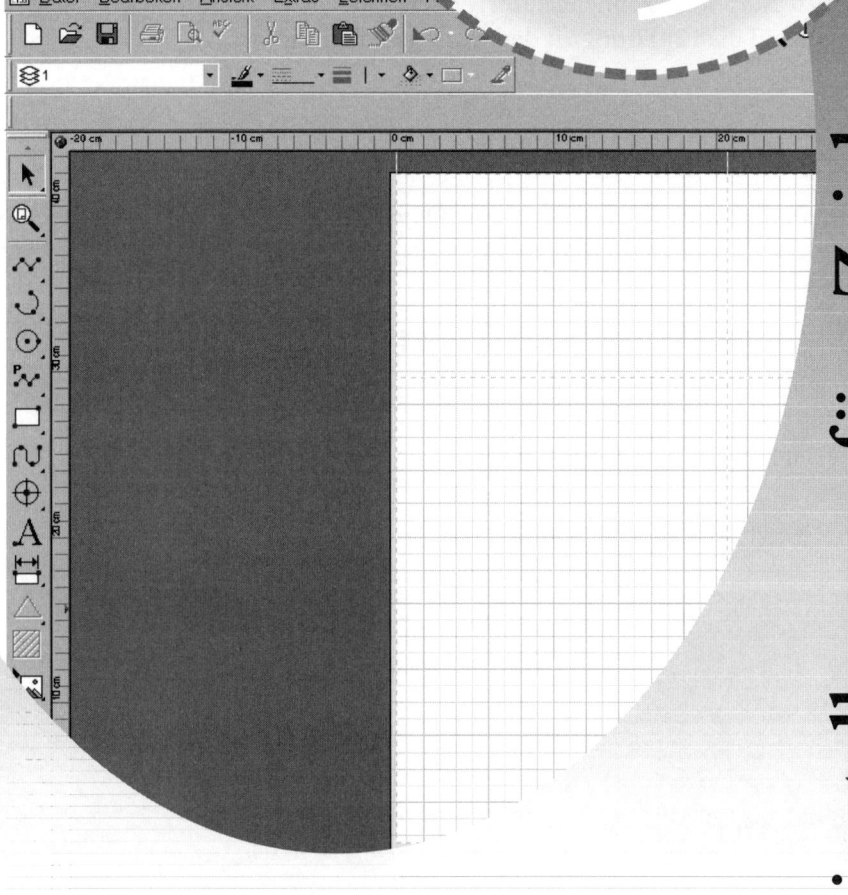

Einstellungen fürs Zeichnen

Alle wichtigen Einstellungen für das Zeichnen und die Darstellung der Zeichnung am Bildschirm lassen sich in drei Dialogfeldern einstellen. Sie lernen in diesem Kapitel,

- was Sie im Dialogfeld für die Grafikoptionen einstellen können
- was im Dialogfeld für die Zeichenoptionen alles möglich ist
- wie Sie die Darstellung der Zeichnung auf dem Bildschirm verändern können

19.1 Dialogfeld für die Grafikoptionen

Die meisten Funktionen in diesem Dialogfeld haben Sie nach und nach in den vergangenen Kapiteln kennengelernt. Hier kurz eine Zusammenfassung der Funktionen und die Erklärung zu den restlichen Funktionen.

Befehl GRAFIKOPTIONEN

Alle Einstellungen für das Erstellen von Objekten in der Zeichnung können Sie im Dialogfeld des Befehls GRAFIKOPTIONEN vornehmen. Sie finden den Befehl wie folgt:

- Abrollmenü EXTRAS, Funktion GRAFIKOPTIONEN
- Rechtsklick auf ein Abrollmenü in der Symbolleiste EIGENSCHAFTEN und aus dem eingeblendeten Pop-up-Menü (siehe Abbildung 19.1) die Funktion GRAFIKOPTIONEN... bzw. LAYEREIGENSCHAFTEN... wählen

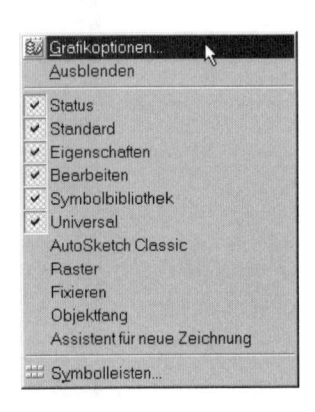

Abbildung 19.1: Pop-up-Menü mit der Funktion für die Grafikoptionen

Ein Dialogfeld mit drei Registerkarten kommt auf den Bildschirm, wenn Sie den Befehl gewählt haben (siehe Abbildung 19.2).

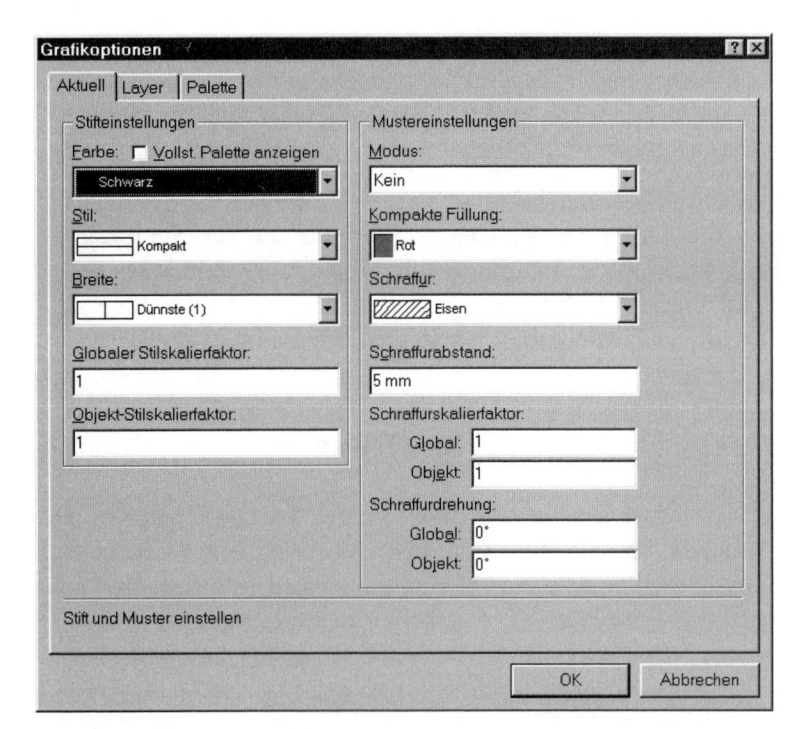

Abbildung 19.2:
Dialogfeld für die Grafikoptionen, Register AKTUELL

Befehl GRAFIKOPTIONEN, Register AKTUELL

In der Registerkarte AKTUELL wählen Sie die aktuellen Einstellungen zum Zeichnen von neuen Objekten. Alle Objekte, die Sie nach einer Änderung erstellen, werden mit diesen Einstellungen gezeichnet.

STIFTEINSTELLUNGEN: In diesem Bereich (linke Hälfte) können Sie die aktuellen Einstellungen für den »Zeichenstift« wählen: FARBE, STIL und BREITE. Wenn Sie mit Layern arbeiten, dann sollten Sie dort aus den Abrollmenüs die Einstellung *Vonlayer* wählen. In diesem Fall wird mit den Einstellungen gezeichnet, die dem aktuellen Layer zugeordnet sind.

GLOBALER SKALIERFAKTOR: Dieser Faktor wirkt sich nur dann aus, wenn Sie beim Stil einen unterbrochenen Linientyp gewählt haben. Dann gibt dieser Faktor den Maßstab für die Strichelung an. Bei allen Objekten, die mit diesem Stil gezeichnet wurden, wird die Weite der Strichelung mit dem Skalierfaktor multipliziert. Somit können Sie die Strichelung an den Zeichnungsmaßstab anpassen. Dies gilt nicht für die ersten neun unterbrochenen Stile. Diese werden automatisch mit dem Zeichnungsmaßstab skaliert. Hier hat der Faktor keine Auswirkungen.

OBJEKT-SKALIERFAKTOR: Zusätzlich gibt es noch einen weiteren Skalierfaktor. Der gilt nicht für alle Objekte in der Zeichnung, sondern nur ab dem Zeitpunkt, ab dem er verändert wurde. Bei den danach gezeichneten Objekten wird der GLOBALE SKALIERFAKTOR um den OBJEKT-SKALIERFAKTOR korrigiert.

MUSTEREINSTELLUNGEN: Im rechten Teil des Dialogfelds stellen Sie das aktuelle Schraffurmuster bzw. die Füllfarbe ein. Wenn Sie dann in der Symbolleiste EIGENSCHAFTEN eine Schraffur oder Füllung wählen bzw. den Befehl SCHRAFFUR aktivieren, werden geschlossene Polygone mit diesem Muster gefüllt. Eine ausführliche Beschreibung dieser Einstellmöglichkeiten finden Sie in Kapitel 13.

Befehl GRAFIKOPTIONEN, Register LAYER

In der Registerkarte LAYER können Sie alle Einstellungen für die Layer vornehmen, einen Layer anlegen, diesem Eigenschaften zuordnen, den Layerstatus ändern und Layer wieder löschen. Alle Funktionen dazu wurden in Kapitel 4 ausführlich beschrieben.

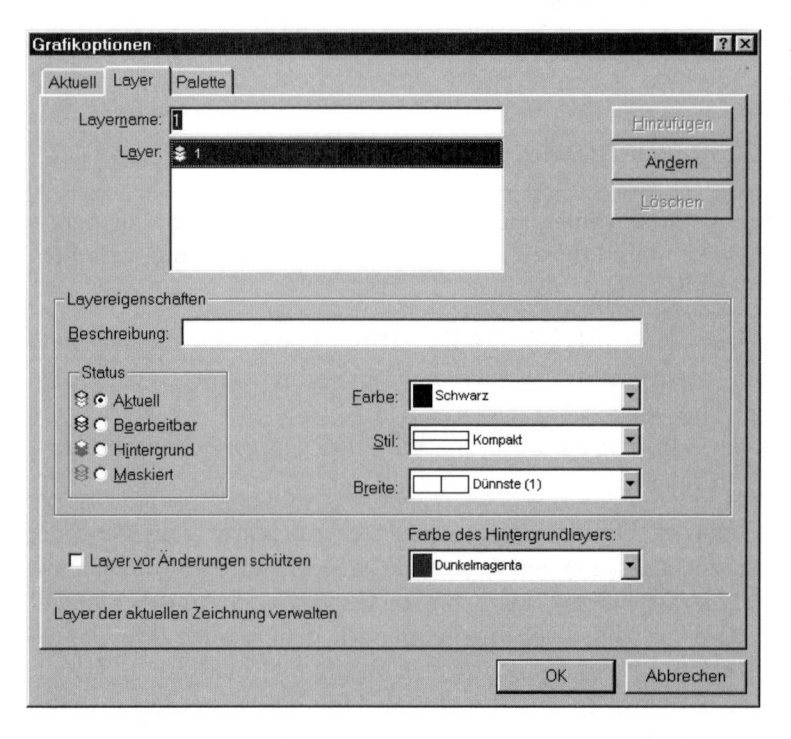

Abbildung 19.3: Dialogfeld für die Grafikoptionen, Register LAYER

Befehl GRAFIKOPTIONEN, Register PALETTE

In AutoSketch kann mit einer Palette von 256 Farben gleichzeitig gezeichnet werden. Die meisten Grafikkarten im Computer haben aber eine höhere Anzahl von Farben, und auch heutige Drucker können Farben differenzierter darstellen. Im Register PALETTE können Sie sich 256 Farben für das Zeichnen in AutoSketch zusammenstellen.

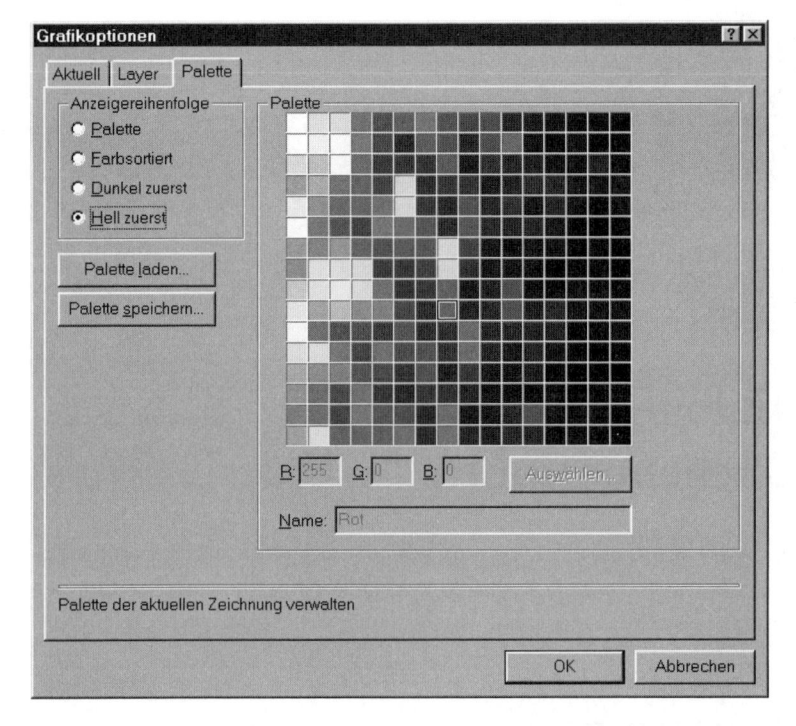

Abbildung 19.4: Dialogfeld für die Grafikoptionen, Register PALETTE

ANZEIGENREIHENFOLGE: Mit den Auswahlschaltern können Sie die Anzeige im rechten Fenster so sortieren, wie Sie zusammengestellt wurde (Einstellung PALETTE), nach Farbe sortiert oder nach Helligkeit der Farben auf- oder absteigend.

PALETTE LADEN bzw. PALETTE SPEICHERN: Mit diesen Schaltern kann die aktuelle Farbpalette gespeichert oder eine schon gespeicherte Palette geladen werden. Palettendateien haben die Dateierweiterung .PAL und werden normalerweise im Ordner \Programme\AutoSketch\Properties gespeichert.

PALETTE: Zeigt die Farben der aktuellen Palette an. Klicken Sie auf ein Farbfeld, können Sie in der Zeile darunter den Anteil der Grundfarben an dieser Farbe einstellen. Ändern Sie in den Feldern R (für Rot), G (für Grün) und B (für Blau) den gewünschten Farbwert. Klicken Sie auf die Schaltfläche AUSWÄHLEN..., dann können Sie die gewünschte Farbe aus dem Windows Dialogfenster für die Farbauswahl wählen (siehe Abbildung 19.5). Zudem können Sie der Farbe auch einen Namen geben, mit dem Sie diese später auswählen können. Die Standardfarben können nicht verändert werden.

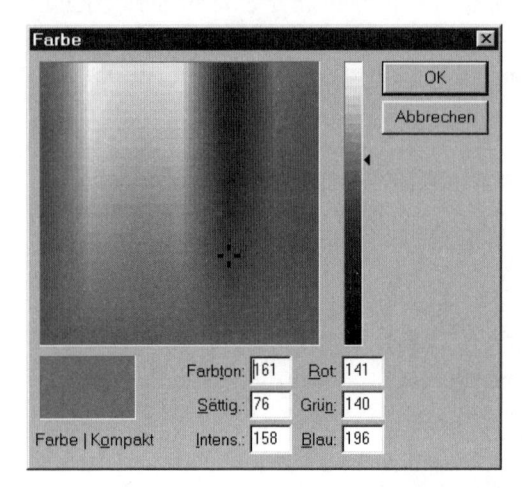

Abbildung 19.5: Windows-Dialogfenster für die Farbauswahl

19.2 Dialogfeld für die Zeichenoptionen

Auch die Funktionen dieses Dialogfeldes wurden schon größtenteils behandelt. Hier noch einmal ein kurzer Überblick und die Erläuterung der noch nicht behandelten Funktionen.

Befehl ZEICHENOPTIONEN

Alle Einstellungen für die Zeichnung können Sie im Dialogfeld des Befehls ZEICHENOPTIONEN vornehmen. Sie finden den Befehl wie folgt:

- Abrollmenü EXTRAS, Funktion ZEICHENOPTIONEN
- Symbol in der Symbolleiste EIGENSCHAFTEN, wenn Sie die Rastereinstellungen aktiviert haben

In einem Dialogfeld mit verschiedenen Registern und Unterregistern können Sie alle Einstellungen vornehmen.

Befehl ZEICHENOPTIONEN, Register MASSEINHEITEN

In der Registerkarte MASSEINHEITEN (siehe Abbildung 19.6) können die Einstellungen für die Maßeinheiten in der Zeichnung eingestellt werden (Beschreibung der Funktionen siehe Kapitel 6).

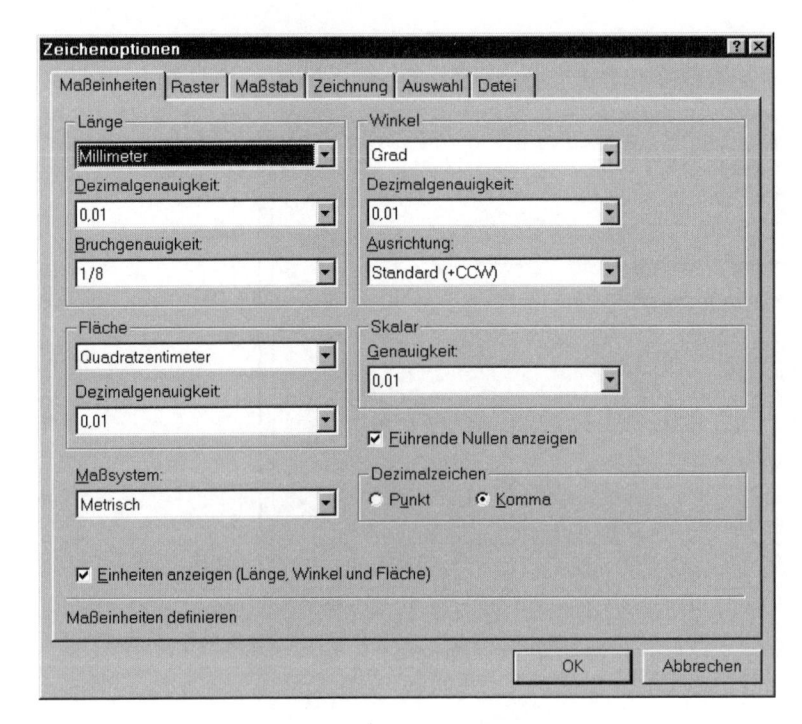

Abbildung 19.6: Dialogfeld für die Zeichenoptionen, Register MASSEINHEITEN

Befehl ZEICHENOPTIONEN, Register RASTER

In der Registerkarte RASTER (siehe Abbildung 19.7) bekommen Sie ein Dialogfeld mit weiteren Unterregistern, in denen Sie das Raster für die Zeichnung einstellen können. Ausführliche Beschreibungen zu diesen Funktionen finden Sie in Kapitel 3 und 10.

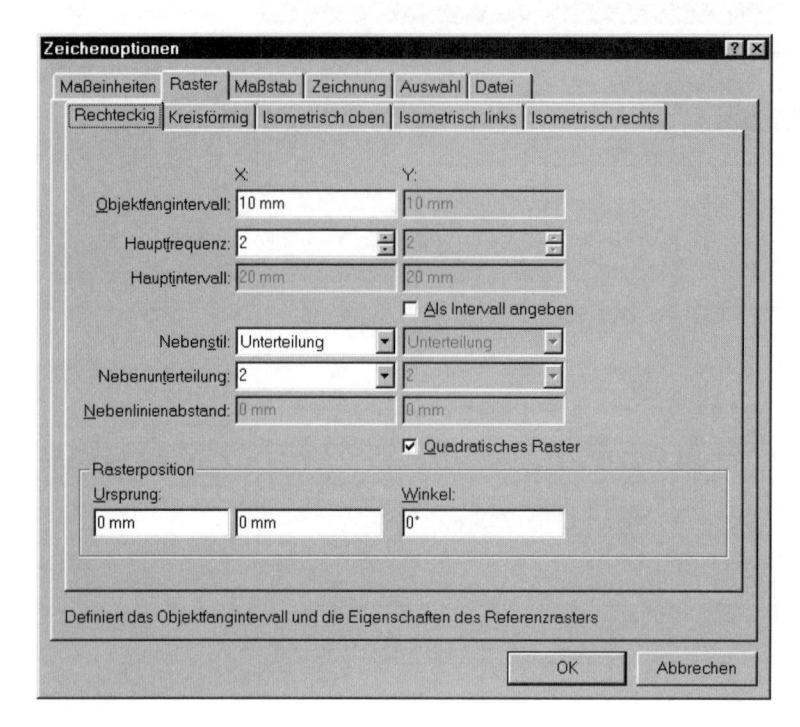

Abbildung 19.7: Dialogfeld für die Zeichenoptionen, Register RASTER

Befehl ZEICHENOPTIONEN, Register MASSSTAB

In der Registerkarte MASSSTAB (siehe Abbildung 19.8) haben Sie alle Einstellungen für den Maßstab der Zeichnung. In einem Dialogfeld mit weiteren Unterregistern können Sie zwischen den verschiedenen Maßstabsarten wählen und diese einstellen. Die Beschreibung dazu finden Sie in Kapitel 6.

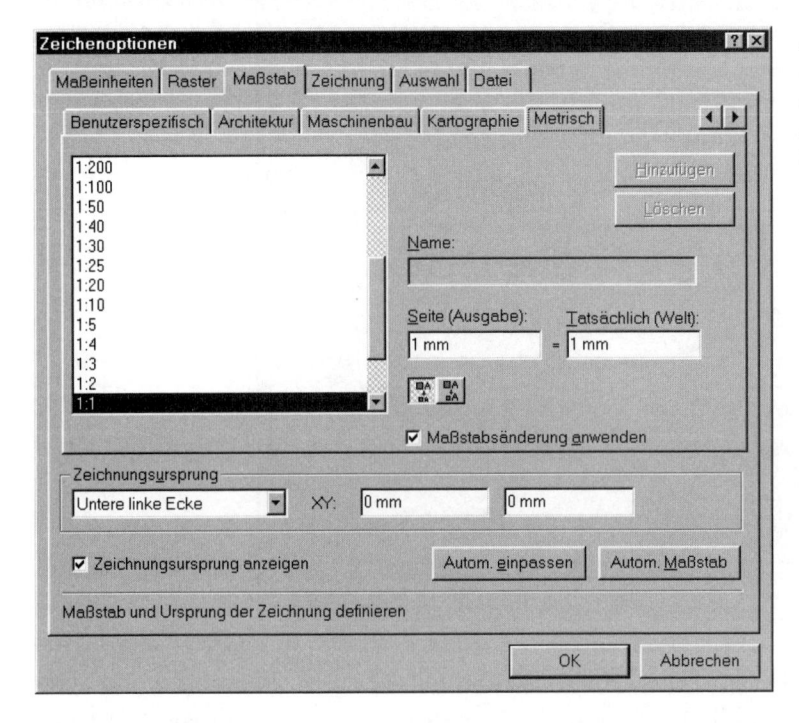

Abbildung 19.8: Dialogfeld für die Zeichenoptionen, Register MASSSTAB

Befehl ZEICHENOPTIONEN, Register ZEICHNUNG

In der Registerkarte ZEICHNUNG (siehe Abbildung 19.9) können Sie die Grundeinstellungen für die Zeichen- und Editierbefehle festlegen.

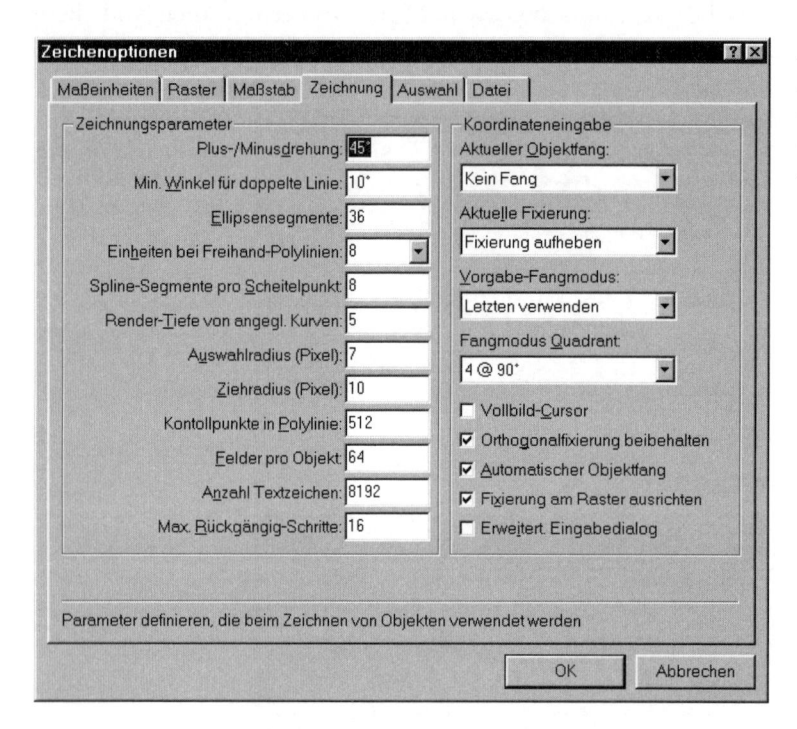

Abbildung 19.9: Dialogfeld für die Zeichenoptionen, Register ZEICHNUNG

PLUS-/MINUSDREHUNG: Legt die Schritte fest, mit denen Markierungen und Symbole beim Einfügen gedreht werden, wenn die Tasten + oder – gedrückt werden.

MIN. WINKEL FÜR DOPPELTE LINIE: Zeichnen Sie eine abgewinkelte Doppellinie, dann werden die äußeren Kanten bis zum Schnittpunkt verlängert. Das kann bei sehr spitzen Winkeln zu großen Überlängen führen. Deshalb ist der Winkel für Doppellinien auf 10° begrenzt. Spitzere Winkel werden beim Zeichnen nicht angenommen. In diesem Feld können Sie den minimalen Winkel ändern.

ELLIPSENSEGMENTE: Ellipsen werden aus Bogensegmenten zusammengesetzt. In diesem Feld wird festgelegt, wie viele Segmente dazu verwendet werden und damit die Genauigkeit der Ellipse. Wenn Sie eine Ellipse in eine Polylinie konvertieren, haben Sie die entsprechende Anzahl von Stützpunkten.

EINHEITEN BEI FREIHAND-POLYLINIEN: Zeichnen Sie Freihandpolylinien, dann gibt das Maß an, wie kurz die Segmente mindestens werden dürfen. Je kleiner der Wert ist, desto genauer wird die Freihandlinie und desto mehr Stützpunkte bekommt sie.

SPLINE-SEGMENTE PRO SCHEITELPUNKT: Mit diesem Wert ändern Sie die Glättung einer Spline-Kurve. Je höher der Wert ist, desto mehr Segmente werden zwischen den einzelnen Stützpunkten gesetzt.

RENDER-TIEFE VON ANGEGLICHENEN KURVEN: Mit diesem Wert ändern Sie die Glättung einer angeglichenen Kurve. Je höher der Wert ist, desto besser wird die Kurve angeglichen.

AUSWAHLRADIUS (PIXEL): Gibt beim Objektfang an, wie nahe man an ein Objekt kommen muß, um einen Punkt auf diesem zu fangen. Die Angabe erfolgt in Pixeln, also in Punkten der Bildschirmauflösung.

ZIEHRADIUS (PIXEL): Gibt beim Verschieben eines Objekts mit den Griffen an, wie weit man ein Objekt von seiner Position weg verschieben muß, um es an eine andere Stelle in der Zeichnung zu ziehen. Die Angabe erfolgt in Pixeln, also in Punkten der Bildschirmauflösung.

KONTROLLPUNKTE IN POLYLINIE: Gibt an, wie viele Kontrollpunkte eine Polylinie maximal haben darf.

FELDER PRO OBJEKT: Gibt an, wie viele Datenbankfelder einem Objekt maximal zugeordnet werden können.

ANZAHL TEXTZEICHEN: Gibt an, wie viele Textzeichen bei einer Texteingabe maximal eingegeben werden dürfen.

MAX. SCHRITTE RÜCKGÄNGIG: Gibt an, wie viele Befehle mit dem Befehl RÜCKGÄNGIG maximal zurückgenommen werden können.

AKTUELLER OBJEKTFANG: Zeigt den momentan eingestellten Objektfang an, der in einem Abrollmenü geändert werden kann.

AKTUELLE FIXIERUNG: Zeigt die momentan eingestellte Fixierung an. In einem Abrollmenü kann diese geändert werden.

VORGABE-FANGMODUS: Gibt an, welcher Fangmodus standardmäßig aktiv ist. Die Einstellung RASTERPUNKT bewirkt, dass der Rasterfang immer aktiv ist. Wenn Sie in einem Befehl einen anderen Fangmodus wählen, gilt dieser nur so lange, bis der Befehl beendet ist. Danach wird wieder zum Rasterfang geschaltet. Haben Sie die Option KEIN FANG eingeschaltet und Sie wählen in einem Befehl einen Fang, wird nach dem Befehl der Fang wieder ausgeschaltet. Bei der Option LETZTEN VERWENDEN bleibt ein einmal gewählter Fangmodus so lange aktiv, bis Sie einen neuen wählen.

FANGMODUS QUADRANT: Gibt an, auf welchen Winkeln bei Bögen und Kreisen der Objektfang QUADRANT einrasten soll. Standardmäßig sind vier Punkte in 90°-Schritten eingestellt. Sie können hier in einem Abrollmenü auch kleinere Winkel wählen.

VOLLBILD CURSOR: Ist dieser Schalter eingeschaltet, wird beim Zeichnen statt des kleinen Cursors ein Fadenkreuz angezeigt, das über die gesamte Zeichenfläche reicht.

ORTHOGONALFIXIERUNG BEIBEHALTEN: Ist dieser Schalter eingeschaltet, wird eine einmal eingeschaltete orthogonale Fixierung auch nach dem Beenden des Befehls beibehalten. Ist der Schalter aus, gilt sie nur für den Befehl, in dem sie eingeschaltet wurde.

AUTOMATISCHER OBJEKTFANG: Ist dieser Schalter eingeschaltet, wird beim Objektfang automatisch das Symbol an dem Fangpunkt angezeigt, wenn man in dessen Nähe kommt oder auf das Objekt zeigt, auf dem sich der Punkt befindet. Ist der Schalter aus, wird der Fangpunkt nicht mit dem roten Punkt angezeigt.

FIXIERUNG AM RASTER AUSRICHTEN: Ist dieser Schalter eingeschaltet, wird die Fixierung am Raster ausgerichtet. Haben Sie ein isometrisches Raster, wirkt die Fixierung entlang der isometrischen Achsen. Ist der Schalter aus, wirkt die Fixierung immer waagrecht und senkrecht, egal welches Raster Sie eingestellt haben.

ERWEITERTERT. EINGABEDIALOG: Gibt an, ob bei der Eingabe von Koordinaten das Standard-Dialogfeld (siehe Abbildung 19.10) oder das erweiterte Dialogfeld (siehe Abbildung 19.11) verwendet werden soll. In dem erweiterten Dialogfeld werden die Eingaben über Abrollmenüs vorgenommen, während Sie im Standard-Dialogfeld nur Symbole benützen können.

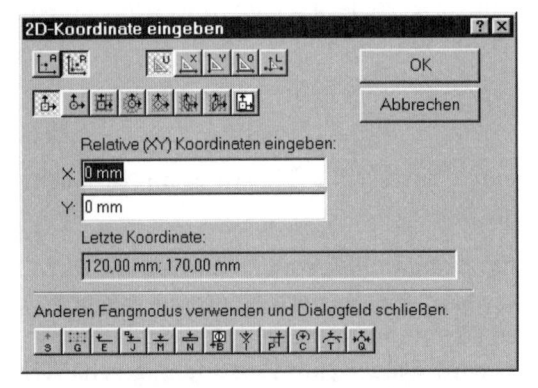

Abbildung 19.10:
Standard-Dialogfeld für
die Koordinateneingabe

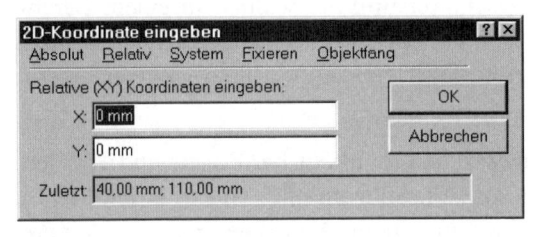

Abbildung 19.11:
Erweitertes Dialogfeld für
die Koordinateneingabe

Befehl ZEICHENOPTIONEN, Register AUSWAHL

In der Registerkarte AUSWAHL (siehe Abbildung 19.12) können Sie die Einstellungen für die Objektauswahl festlegen.

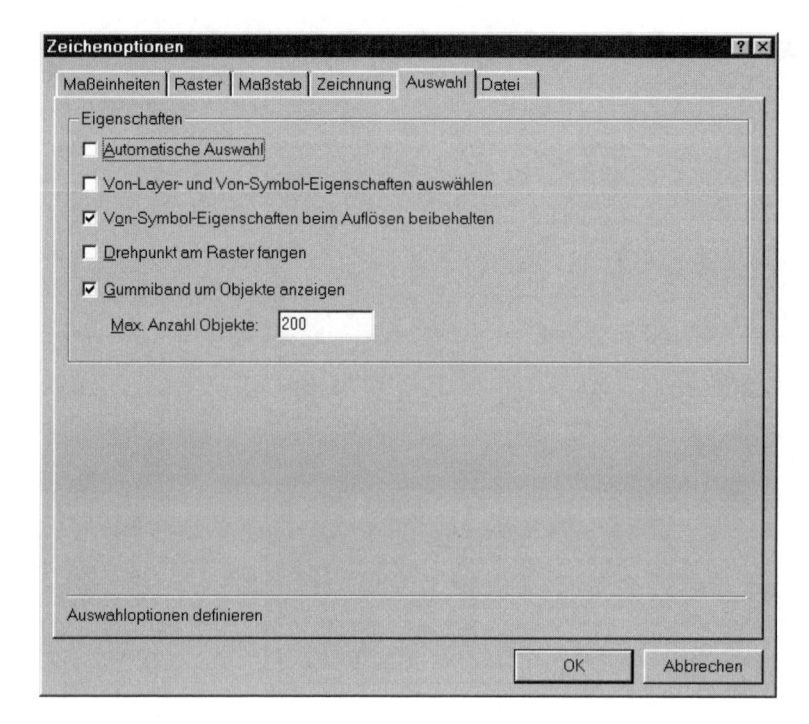

Abbildung 19.12: Dialogfeld für die Zeichenoptionen, Register AUSWAHL

AUTOMATISCHE AUSWAHL: Mit der Funktion wird automatisch das zuletzt gezeichnete oder bearbeitete Objekt markiert, und die dazugehörigen Informationen werden in der Bearbeitungsleiste angezeigt. Änderungen, die Sie in der Bearbeitungsleiste vornehmen, wirken sich auf das gewählte Objekt und auf alle nachfolgend gezeichneten Objekte aus.

GUMMIBAND UM OBJEKTE ANZEIGEN: Wenn dieser Schalter aus ist, werden die Objekte beim Verschieben oder Ändern der Größe mit der Maus nur als Rahmen angezeigt. Ist er eingeschaltet, werden die Objekte in ihrer Originalform angezeigt.

MAX. ANZAHL OBJEKTE: Ist der vorhergehende Schalter ein, bestimmt dieser Wert die maximale Anzahl der Objekte, die beim Verschieben eines Auswahlsatzes angezeigt werden.

Befehl ZEICHENOPTIONEN, *Register* DATEI

In der Registerkarte DATEI (siehe Abbildung 19.13) können Sie Einstellungen für das Speichern und Öffnen von Zeichnungen festlegen.

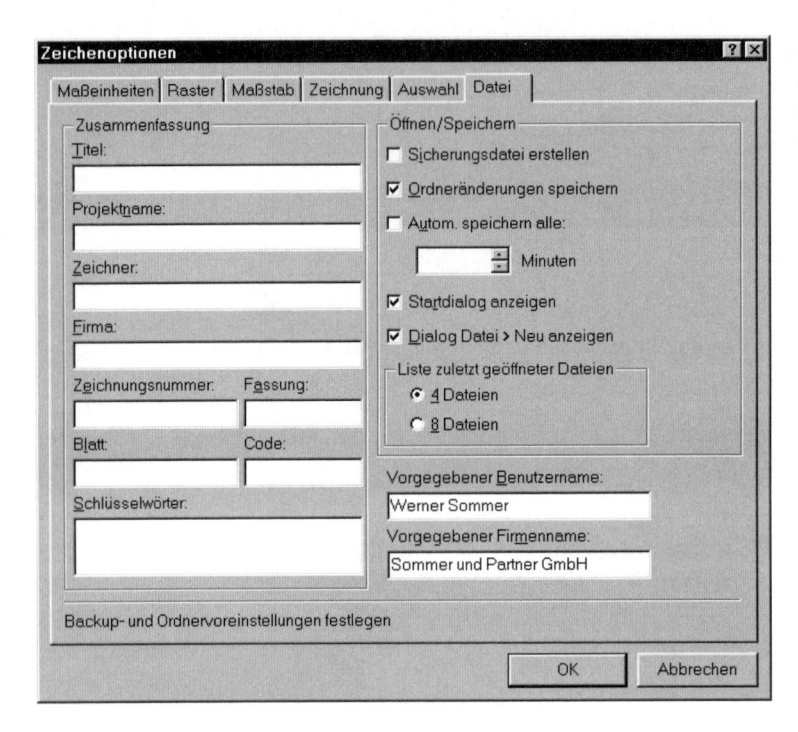

Abbildung 19.13: Dialogfeld für die Zeichenoptionen, Register DATEI

ZUSAMMENFASSUNGEN: In dieses Feld können Sie Daten zur Zeichnung und zum Projekt eingeben. Diese Daten werden mit der Zeichnung gespeichert und können an dieser Stelle jederzeit wieder abgerufen werden.

SICHERUNGSDATEI ERSTELLEN: Ist dieser Schalter eingeschaltet, wird zu jeder Zeichnung auch eine Sicherungsdatei erstellt. In dieser ist der Stand der Zeichnung vor der letzten Sicherung gespeichert. Die Sicherungsdatei hat die Dateierweiterung *.BAK*. Sollte diese Datei wieder benötigt werden, sollte sie zuvor in eine Zeichnungsdatei mit der Dateierweiterung *.SKF* umbenannt werden.

ORDNERÄNDERUNGEN SPEICHERN: Speichert den Ordner, aus dem Sie zuletzt eine Zeichnung geöffnet oder gesichert haben.

Autom. Speichern alle: Wenn dieser Schalter eingeschaltet ist, wird die Zeichnung in gewissen Zeitabständen gesichert. Das Zeitintervall in Minuten für das automatische Speichern tragen Sie in das Feld darunter ein.

Startdialog einzeigen: Ist dieser Schalter eingeschaltet, wird beim Programmstart das Dialogfeld angezeigt. Ist er aus, wird sofort mit einer leeren Zeichnung begonnen.

Dialog Datei > Neu anzeigen: Ist dieser Schalter eingeschaltet, wird bei der Auswahl des Befehls Neu aus dem Abrollmenü Datei ein Dialogfeld angezeigt. Ist er aus, wird sofort mit einer leeren Zeichnung begonnen.

Liste zuletzt geöffneter Dateien: Im Abrollmenü Datei werden die zuletzt geöffneten Zeichnungen angezeigt. In diesem Feld kann festgelegt werden, ob dort vier oder acht Dateien angezeigt werden sollen.

Vorgegebener Benutzername: Name des Benutzers.

Vorgegebener Firmenname: Firmenname des Benutzers.

19.3 Dialogfeld für die Ansichtsoptionen

Die Darstellung der Zeichnung und der Bedienelemente auf dem Bildschirm kann in gewissen Grenzen verändert werden. Auch dazu haben Sie einen Befehl, der ein Dialogfeld mit den Einstellungen auf den Bildschirm bringt.

Befehl Ansichtsoptionen

Alle Einstellungen für die Darstellung wählen Sie mit dem Befehl Ansichtsoptionen. Sie finden den Befehl wie folgt:

- Abrollmenü Ansicht, Funktion Optionen

Sie bekommen ein Dialogfeld mit vier Registerkarten auf den Bildschirm, wenn Sie den Befehl gewählt haben (siehe Abbildung 19.14).

Befehl ANSICHTSOPTIONEN, Register DARSTELLUNG

In der Registerkarte DARSTELLUNG (siehe Abbildung 19.14) können Sie die Darstellung der Bildschirmelemente verändern.

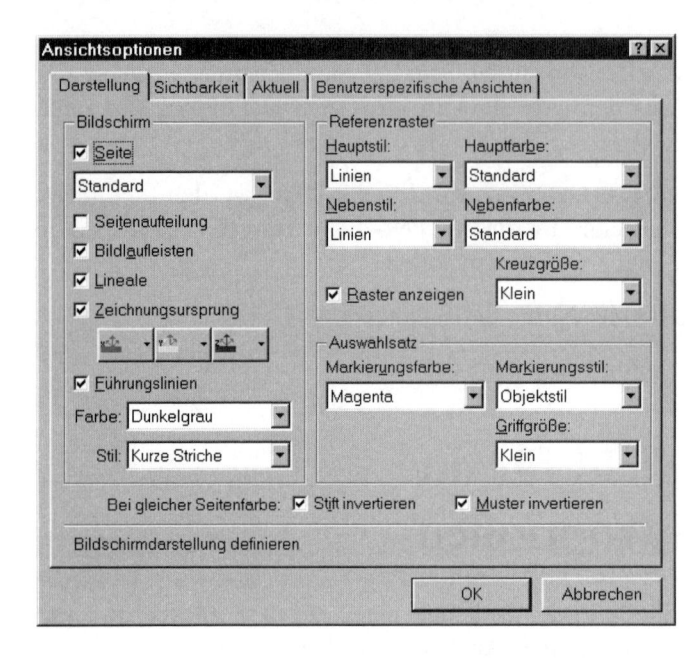

Abbildung 19.14: Dialogfeld für die Ansichtsoptionen, Register DARSTELLUNG

SEITE: Ist dieser Schalter ein, wird die Druckseite angezeigt und das Raster nur dort dargestellt. Ist er aus, wird das Raster immer auf der ganzen Zeichenfläche angezeigt. In dem Abrollmenü darunter kann die Seitenfarbe bzw. die Farbe der Zeichenfläche eingestellt werden.

SEITENAUFTEILUNG: Ist dieser Schalter ein, werden auf der Zeichenfläche die Druckseiten angezeigt, wenn die Seite größer als die Druckseite ist (siehe Abbildung 19.15).

BILDLAUFLEISTEN: Anzeige der Bildlaufleisten am unteren und rechten Rand der Zeichenfläche ein- und ausschalten.

LINEALE: Anzeige der Lineale am linken und oberen Rand der Zeichenfläche ein- und ausschalten.

ZEICHNUNGSURSPRUNG: Anzeige des Symbols für den Zeichnungsursprung ein- und ausschalten. In den Feldern darunter kann eine Farbe für die X-, Y- und Z-Achse gewählt werden.

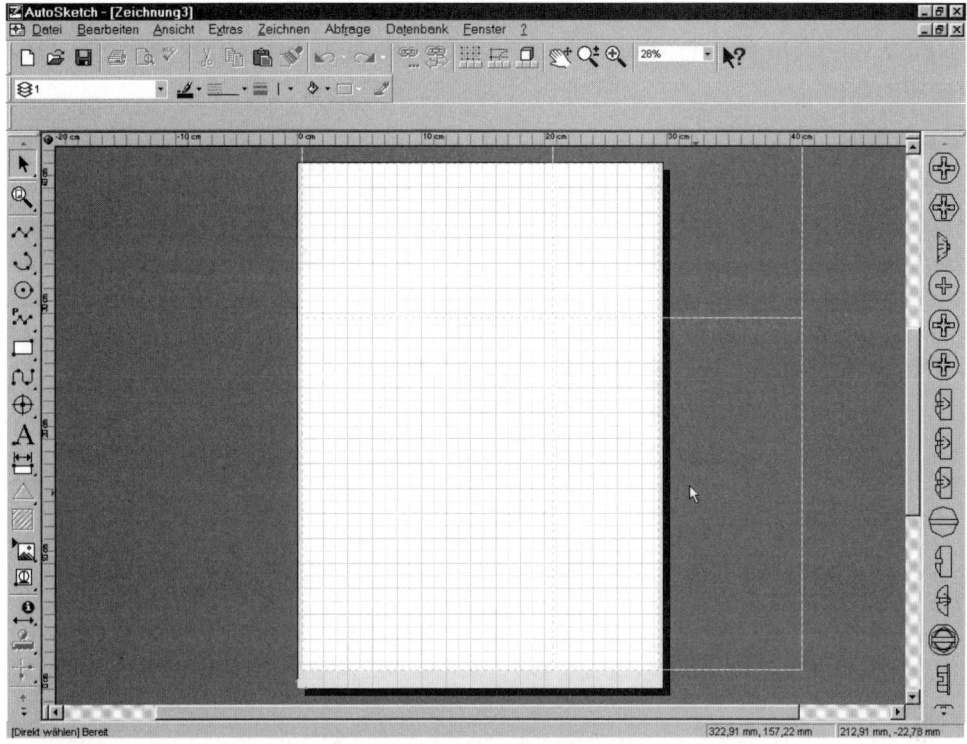

Abbildung 19.15: Seitenaufteilung auf dem Zeichenbildschirm

FÜHRUNGSLINIEN: Anzeige der Führungslinien ein- und ausschalten. Sind die Führungslinien ausgeschaltet, werden Sie nur dann angezeigt, wenn Sie den Befehl für das Zeichnen von Führungslinien gewählt haben.

FARBE: Auswahlmenü für die Farbe der Führungslinien.

STIL: Auswahlmenü für den Stil (Linienart) der Führungslinien.

REFERENZRASTER: Auswahlmenüs zur Einstellung der Farbe und des Stils (Linienart) für das Haupt- und Nebenraster.

RASTER ANZEIGEN: Anzeige des Rasters auf der Zeichenfläche ein- und ausschalten.

KREUZGRÖSSE: Wahl der Größe für das Symbol am Zeichnungsursprung aus einem Abrollmenü. Drei Größen sind möglich.

AUSWAHLSATZ: In diesem Bereich kann festgelegt werden, in welcher Farbe und welchem Stil (Linienart) ein Auswahlsatz dargestellt werden soll. Zudem kann die Größe der Griffe eingestellt werden.

BEI GLEICHER SEITENFARBE: Wird mit einem Stift gezeichnet, der die gleiche Farbe wie die Seite hat, oder wird ein Muster (Füllfarbe) in der Seitenfarbe verwendet, kann eingestellt werden, dass die Farbe invertiert wird. Die Farbe wird dann zwar nicht richtig dargestellt, die Objekte sind aber nur so auf der Seite sichtbar.

Befehl ANSICHTSOPTIONEN, Register SICHTBARKEIT

In der Registerkarte SICHTBARKEIT (siehe Abbildung 19.16) können Sie die Darstellung der Objekte der Zeichnung verändern.

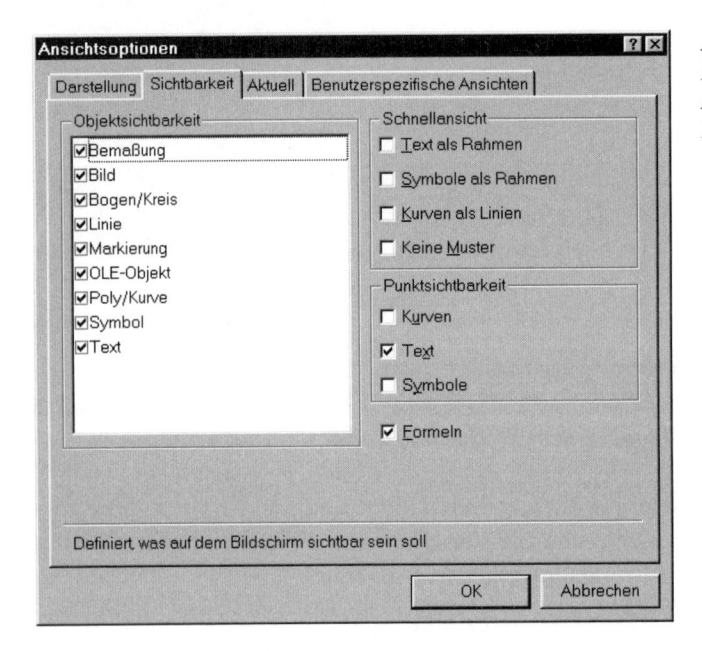

Abbildung 19.16: Dialogfeld für die Ansichtsoptionen, Register SICHTBARKEIT

OBJEKTSICHTBARKEIT: In diesem Bereich des Dialogfelds lassen sich Objektarten sichtbar und unsichtbar schalten. Nur die Objekte, die mit einem Häkchen versehen sind, werden in der Zeichnung angezeigt. Die anderen sind unsichtbar. Die Einstellungen gelten für alle Zeichnungen, die geöffnet werden.

SCHNELLANSICHT, TEXT ALS RAHMEN: Um einen schnelleren Bildaufbau zu erhalten, kann der Text in der Zeichnung nur durch einen Rahmen in den Textabmessungen angezeigt werden. Ist dieser Schalter ein, wird der Bildschirm auf diese Darstellung umgeschaltet.

SCHNELLANSICHT, SYMBOLE ALS RAHMEN: Wie beim Text können auch Symbole vereinfacht durch Rahmen in der Größe der Symbole dargestellt werden. Dazu muß dieser Schalter ein sein.

SCHNELLANSICHT, KURVEN ALS LINIEN: Ist dieser Schalter ein, werden Kurven durch Linien dargestellt. Auch dies dient einem schnelleren Bildaufbau.

SCHNELLANSICHT, KEINE MUSTER: Ist dieser Schalter ein, werden Schraffurmuster und Füllfarben nicht mehr angezeigt. Auch das dient einem schnelleren Bildaufbau.

PUNKTSICHTBARKEIT, KURVEN: Kurven werden durch Eingabe von Stützpunkten gezeichnet. Ist dieser Schalter ein, werden sie auch in der Zeichnung als Punkte dargestellt.

PUNKTSICHTBARKEIT, TEXTE: Ist dieser Schalter ein, werden die Startpunkte von Texten und Maßtexten mit einem Punkt markiert.

PUNKTSICHTBARKEIT, SYMBOLE: Mit diesem Schalter werden die Einfügepunkte von Symbolen mit einem Punkt in der Zeichnung markiert.

FORMELN: Ist dieser Schalter ein, werden Formeln in der Zeichnung dargestellt.

Befehl ANSICHTSOPTIONEN, Register AKTUELL

In der Registerkarte AKTUELL (siehe Abbildung 19.17) sind die restlichen Einstellungen und Anzeigen zusammengefasst.

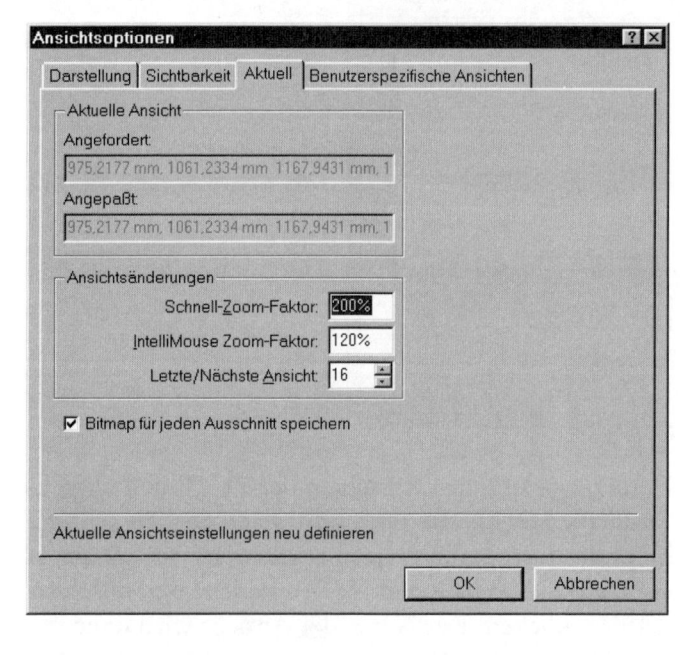

Abbildung 19.17: Dialogfeld für die Ansichtsoptionen, Register AKTUELL

AKTUELLE ANSICHT: Zeigt die Maße der aktuellen Ansicht an.

SCHNELL-ZOOM-FAKTOR: Der Faktor gibt an, wie gut Kreise und Bögen beim Zoomen am Bildschirm angezeigt werden.

IntelliMouse Zoom-Faktor: Mit diesem Faktor wird festgelegt, um welchen Faktor die Vergrößerung geändert wird, wenn das Rad bei der IntelliMouse um eine Stufe gedreht wird.

Letzte/Nächste Ansicht: Gibt an, wie viele Ansichten beim Zoom-Befehl gespeichert werden. Durch diese Ansichten kann mit den Befehlen Zoom Letzte und Zoom Nächste geblättert werden.

Befehl Ansichtsoptionen, *Register* Benutzerspezifische Ansichten

In der Registerkarte Benutzerspezifische Ansichten (siehe Abbildung 19.18) können Sie sich die gespeicherten Ansichten auflisten lassen.

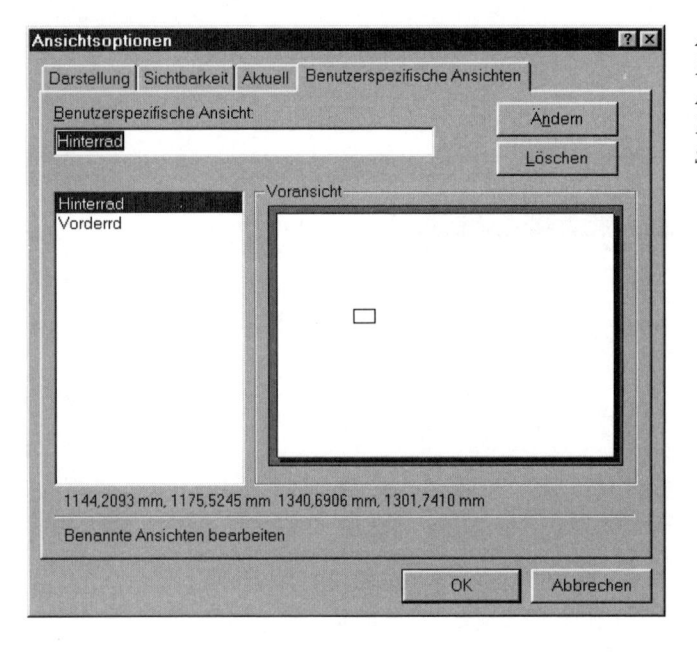

Abbildung 19.18: Dialogfeld für die Ansichtsoptionen, Register Benutzerspezifische Ansichten

In der Liste links sind alle benutzerspezifischen Ansichten der Zeichnung aufgelistet. Im Voransichtsfenster rechts sehen Sie die ungefähre Lage der Ausschnitte auf der Zeichnung. Wenn Sie in der Liste einen Namen markieren, wird dieser in das Textfeld darüber übernommen. Sie können den Namen ändern und anschließend auf die Schaltfläche Ändern klicken. Der Name der Ansicht wird dann geändert. Klicken Sie auf die Schaltfläche Löschen, wird die markierte Ansicht gelöscht.

Kapitel 20

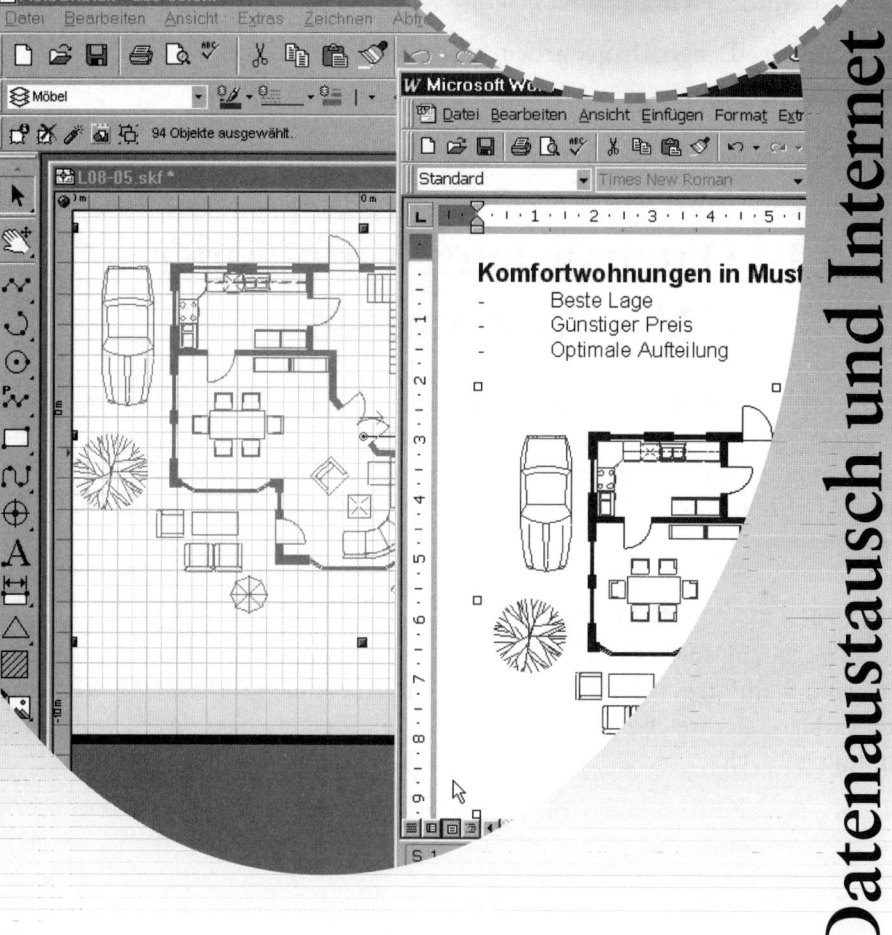

Datenaustausch und Internet

Bis jetzt haben Sie nur mit AutoSketch gearbeitet. Zeichnungen müssen aber oft auch zur Weiterverarbeitung mit anderen Programmen weitergegeben werden. Außerdem können Sie Daten innerhalb von Windows über die Zwischenablage und mit den OLE-Funktionen zwischen den unterschiedlichsten Programmen austauschen. Sie lernen in diesem Kapitel,

- wie Sie Zeichnungen aus anderen CAD-Programmen laden und AutoSketch Zeichnungen in anderen Formaten speichern
- was das DWF-Format ist und wie Sie Zeichnungen in diesem Format speichern können
- was das WHIP!-Plug-In ist und wie es bedient wird
- wie Sie AutoSketch-Zeichnungen im Web veröffentlichen können
- wie Sie mit »Drag&Drop« arbeiten können
- wozu Sie die Windows-Zwischenablage nützen können
- wie Sie AutoSketch-Objekte in andere Programme übernehmen können

20.1 Datenaustausch mit anderen CAD- Programmen

Der Hersteller von AutoSketch ist die Firma Autodesk, die mit AutoCAD groß geworden ist, dem weltweit am meisten verbreiteten CAD-Programm. Nichts liegt deshalb näher, als dass Sie mit AutoSketch Zeichnungen aus AutoCAD oder AutoCAD LT lesen und AutoSketch-Zeichnungen auch in diesem Format abspeichern können.

Vorgang: Zeichnungen aus anderen CAD-Programmen laden

Mit dem Befehl ÖFFNEN können Sie nicht nur AutoSketch-Zeichnungen zur Bearbeitung auf den Bildschirm holen. Im Abrollmenü DATEITYP können Sie auch wählen, aus welchem CAD-Programm Sie Zeichnungen laden wollen (siehe Abbildung 20.1).

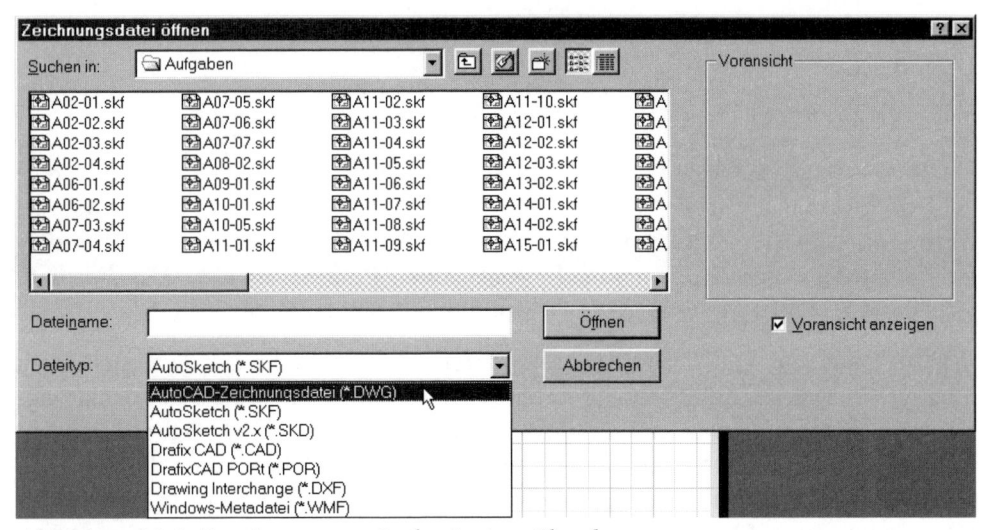

Abbildung 20.1: Dateitypen zum Laden in AutoSketch

Folgende Formate können eingelesen werden:

AUTOCAD ZEICHNUNGSDATEI (*.DWG): Zeichnungsdateien aus allen Versionen von AutoCAD LT bzw. Zeichnungen aus AutoCAD 12 bis 14. Es wird eine Voransicht angezeigt, wenn Sie die Datei markiert haben. Da AutoCAD ohne Dimensionen arbeitet, kommt beim Laden der Zeichnung ein Dialogfeld auf den Bildschirm, in dem Sie einstellen können, mit welchen Maßeinheiten die Zeichnung in AutoSketch übernommen werden soll (siehe Abbildung 20.2).

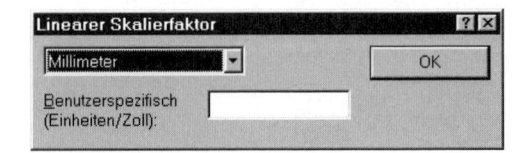

Abbildung 20.2: Übernahme von AutoCAD-Zeichnungen

Alle Einstellungen, wie Layer, Stile usw., werden aus AutoCAD übernommen. Objekte aus der AutoCAD-Zeichnung werden, wenn es diese in AutoSketch nicht gibt, in die entsprechenden AutoSketch-Objekte umgewandelt. Objekte, für die es keine Entsprechungen in AutoSketch gibt (vor allem 3D-Objekte), werden ignoriert.

AUTOSKETCH (*.SKF): Standardmäßig ist das AutoSketch-eigene Format eingestellt (*.SKF).

AUTOSKETCH 2.X (*.SKD): Wollen Sie Zeichnungen aus AutoSketch 2 in AutoSketch 6 verarbeiten, wählen Sie diese Einstellung.

DRAFIXCAD (*.CAD): Übernahme von Zeichnungen aus dem CAD-Programm DrafixCAD.

DRAFIXCAD PORT (*.POR): Übernahme von DrafixCAD-Port-Dateien.

DRAWING INTERCHANGE (*.DXF): Das DXF-Format ist das bekannteste Datenaustauschformat zwischen unterschiedlichen CAD-Programmen. Es wurde von Autodesk, dem Hersteller von AutoCAD und AutoSketch, definiert und ändert sich mit jeder AutoCAD-Version. In AutoSketch können Sie alle DXF-Formate aus AutoCAD oder anderen CAD-Programmen direkt einlesen.

WINDOWS-METADATEI (*.WMF): Ein weiteres Format steht mit dem Austausch über WMF-Dateien (Windows Metafile Format) zur Verfügung. Das Format eignet sich, um Grafiken in ein Windows-Text-, -Grafik- oder -DTP-Programm zu übernehmen. Da es sich dabei um ein Vektorformat handelt, können die Grafiken dort ohne Qualitätsverlust vergrößert werden. Aus AutoSketch lassen sich WMF-Dateien mit dieser Einstellung einlesen.

Vorgang: Zeichnungen in anderen Formaten abspeichern

Mit dem Befehl SPEICHERN UNTER können Sie die Zeichnung nicht nur im AutoSketch-Format abspeichern. Im Dialogfeld des Befehls stehen im Abrollmenü DATEITYP auch die Formate zur Auswahl, in denen die aktuelle Zeichnung gespeichert werden kann (siehe Abbildung 20.3).

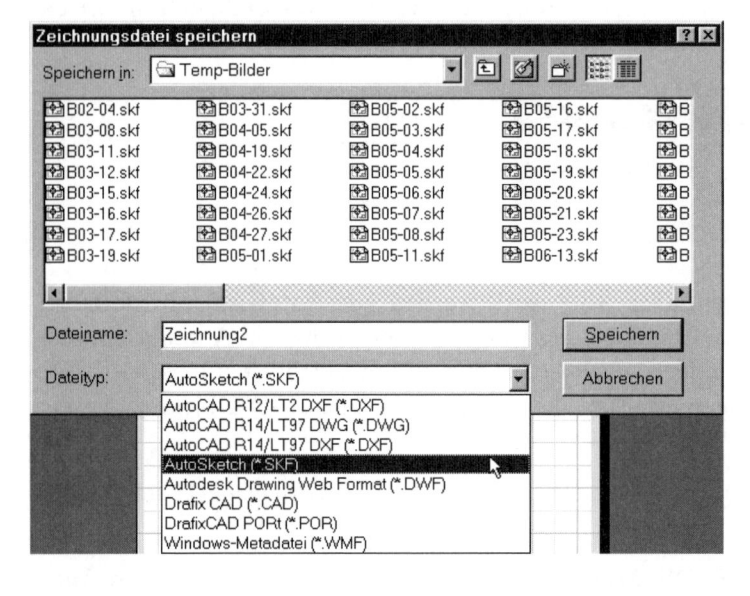

Abbildung 20.3: Speichern der Zeichnung in anderen Formaten

Die Formate entsprechen denen beim Befehl ÖFFNEN. Lediglich beim DXF-Format kann zwischen den Versionen AutoCAD R12/LT2 und AutoCAD 14/LT 97 unterschieden werden. Speichern Sie im AutoCAD-Format ab, können Sie diese Zeichnungen nur mit AutoCAD 14 oder AutoCAD LT 97 bzw. 98 öffnen.

AUTODESK DRAWING WEB FORMAT (*.DWF): AutoSketch-Zeichnungen können Sie mit dieser Einstellung in das Format AutoCAD Drawing Web Format (DWF) exportieren. Dieses Format eignet sich gut für Zeichnungen, die im World Wide Web veröffentlicht werden sollen, weil andere Benutzer sie auch ohne CAD-Anwendung anzeigen können. DWF-Dateien können mit dem Netscape Navigator oder Microsoft Internet Explorer und dem Plug-in Autodesk WHIP! angezeigt werden (siehe unten).

20.2 DWF-Dateien im Browser anzeigen

Wie Sie gesehen haben, können Zeichnungen aus AutoSketch direkt im Browser betrachtet werden. Dies wird durch das Zeichnungsformat, dem Drawing Web Format (*.DWF) ermöglicht. Hierzu wird das WHIP! Plug-in benötigt. Dieses ActiveX-Steuerelement enthält Funktionen, mit denen die Zeichnung im Internet Explorer betrachtet, gezoomt, geplant oder direkt auf der Festplatte gespeichert werden kann. Sie können dieses Plug-in direkt bei Autodesk herunterladen unter:

http://www.autodesk.com/whip

Die letzte deutsche Version (Version 3) und die neuste englische Version (Version 3,1) von WHIP! befindet sich auf der CD zum Buch im Ordner *Internet*. Klicken Sie die Datei *Whip3.exe* bzw. *Whip31.exe* doppelt an, um die Installation zu starten. Es gibt sowohl ein Plug-in für den Netscape Navigator als auch für den Microsoft Internet Explorer. Die Installation auf der CD enthält beide Versionen. Wollen Sie alle unten beschriebenen Versionen testen, installieren Sie die englische Version 3.1.

Nach der Installation von WHIP! können Sie DWF-Dateien, die Sie, wie oben beschrieben, direkt aus Ihrer AutoSketch-Zeichnung erstellen können, im Browser einsehen und zoomen. Sie können somit Zeichnungsdaten anderen Benutzern weltweit zur Verfügung stellen, auch wenn diese kein AutoSketch besitzen.

Die DWF-Datei kann, muß aber nicht, in eine HTML-Seite eingebettet sein. Sie können diese Dateien auch direkt betrachten, wenn Sie im Datei-Explorer auf eine Zeichnung mit der Endung *DWF* doppelklicken oder direkt im Browser öffnen.

Eine DWF-Datei im Browser anzeigen

- Öffnen Sie die Datei A20-01.DWF oder A20-02.DWF aus dem Ordner Aufgaben. Klicken Sie dazu die entsprechende Datei im Windows Explorer doppelt an. Haben Sie einen Internet-Browser und das WHIP! Plug-in installiert, wird die Zeichnung im Browser angezeigt (siehe Abbildung 20.4).

- Sie können auch jede andere Zeichnungsdatei in AutoSketch mit dem Befehl SPEICHERN UNTER im DWF-Format abspeichern und dann mit einem Doppelklick im Internet-Browser anzeigen.

- Klicken Sie mit der rechten Maustaste auf die Zeichnung, um das Pop-up-Menü mit den Funktionen des WHIP! Plug-ins anzuzeigen (siehe Abbildung 20.4).

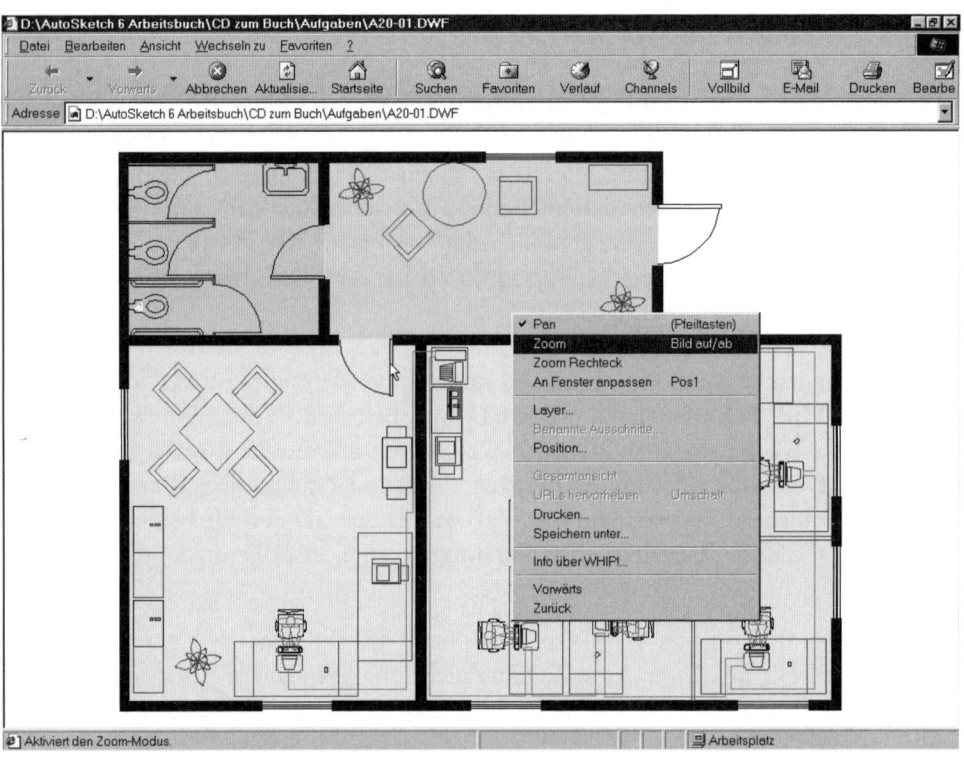

Abbildung 20.4: DWF-Datei im Internet-Browser

Die Funktionen von WHIP!

Haben Sie eine DWF-Datei im Browser geöffnet, können Sie wie oben beschrieben mit einem Rechtsklick das Pop-up-Menü aktivieren. Folgende Funktionen stehen Ihnen dann zur Verfügung:

PAN: Klicken Sie mit der linken Maustaste auf die Zeichnung, und ziehen Sie den Ausschnitt an die gewünschte Stelle. Der Ausschnitt kann auch mit den Pfeiltasten verschoben werden.

ZOOM: Im Zoom-Modus wechselt der Cursor zur Lupe. Wie beim Echtzeit-Zoom in AutoSketch kann mit gedrückter linker Maustaste durch Ziehen des Cursors nach oben oder unten der Ausschnitt vergrößert bzw. verkleinert werden. Sie können die Zeichnung auch mit den Bild-Tasten zoomen.

ZOOM RECHTECK bzw. ZOOM RECTANGLE: Mit gedrückter linker Maustaste wird ein Rechteck um den zu vergrößernden Bereich gezogen. Wenn Sie die Maustaste loslassen, wird der neue Ausschnitt fensterfüllend dargestellt.

AN FENSTER ANPASSEN bzw. FIT TO WINDOW: Mit dieser Funktion wird die gesamte Zeichnung fensterfüllend dargestellt.

LAYER bzw. LAYERS: In einem Dialogfeld (siehe Abbildung 20.5) kann die Sichtbarkeit der Layer eingestellt werden. Sie bekommen alle Layer der Zeichnung angezeigt und können die Glühlampe bei den entsprechenden Layern aus- und einschalten. Die Layer in der Anzeige werden damit ebenfalls aus- und eingeschaltet.

BENANNTE AUSSCHNITTE bzw. NAMED VIEWS: Benannte Ausschnitte der Zeichnung ein- und ausschalten. Wählen Sie im Dialogfeld (siehe Abbildung 20.6) den darzustellenden Ausschnitt.

POSITION bzw. LOCATION: Zeigt die Position des Mauszeigers bezogen auf das Koordinatensystem der Zeichnung an (siehe Abbildung 20.7).

GESAMTANSICHT bzw. FULL VIEW: Stellt die Zeichnung im gesamten Browser-Fenster dar.

498 Datenaustausch und Internet

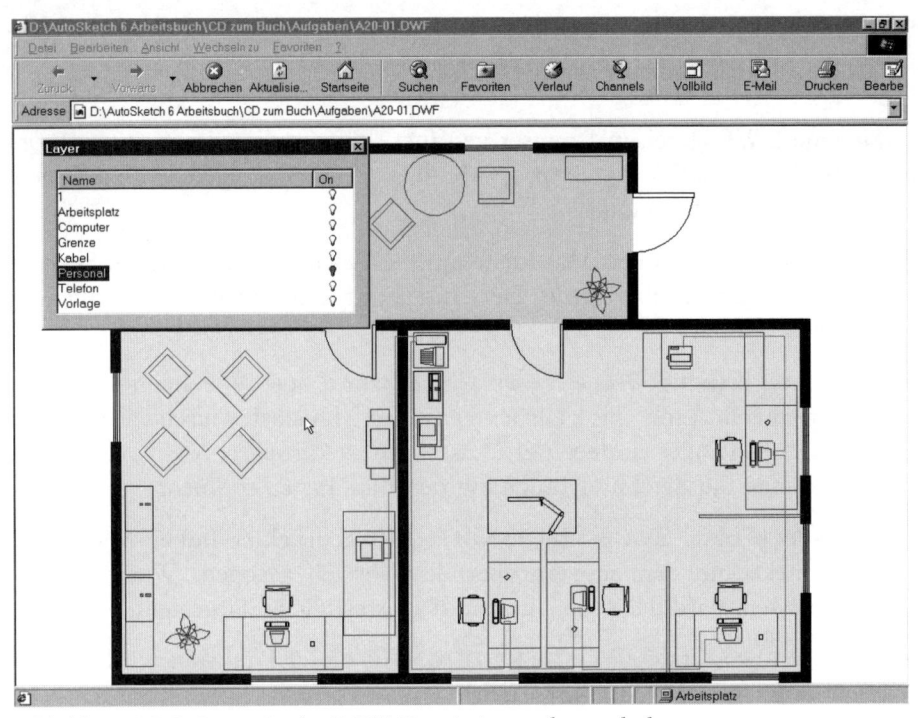

Abbildung 20.5: Layer in der DWF-Datei ein- und ausschalten

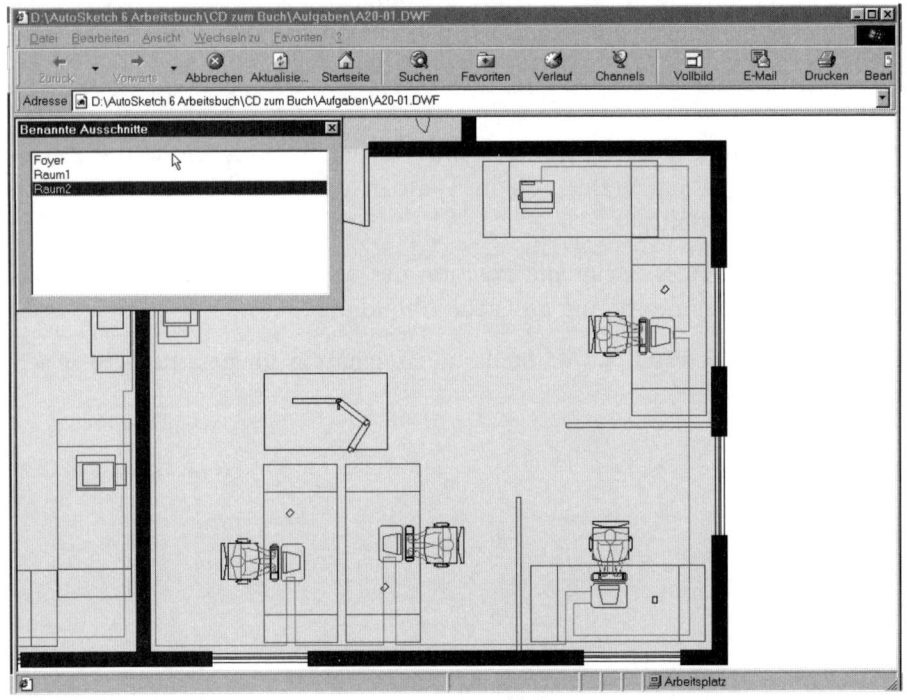

Abbildung 20.6: Benannte Ausschnitte in der DWF-Datei wählen

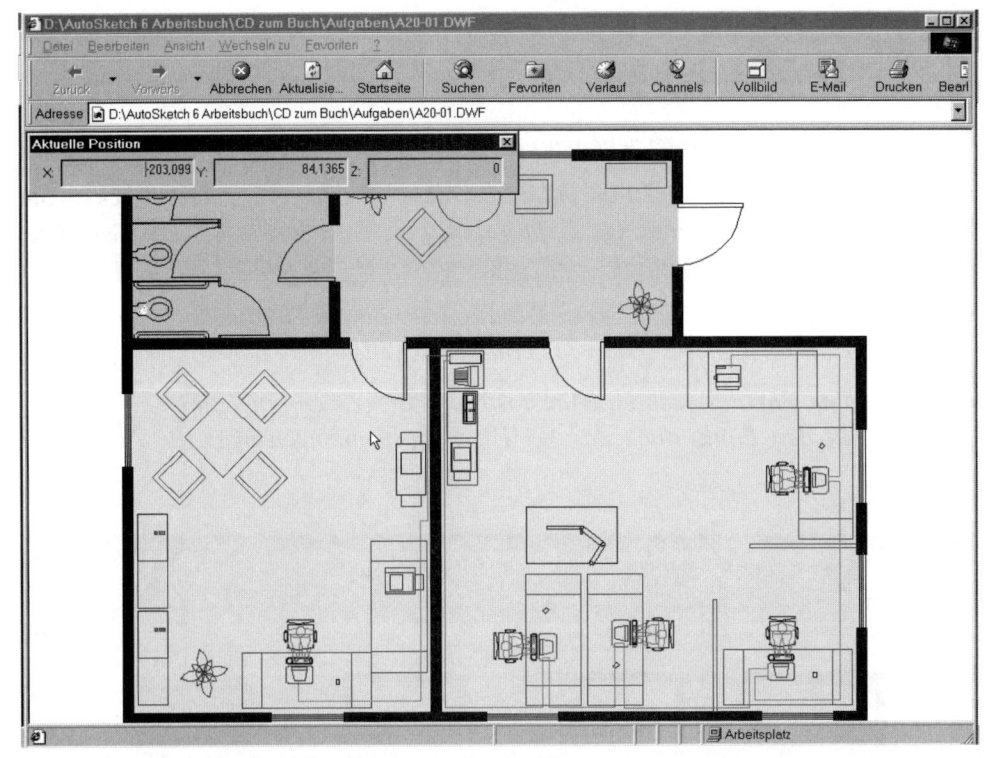

Abbildung 20.7: Position des Cursors in der Zeichnung

URLS HERVORHEBEN bzw. HIGHLIGHT URLS: Stellt Verknüpfungen mit anderen Web-Seiten blinkend dar. Durch Drücken der ⇧-Taste blinken die URLs einmal auf.

DRUCKEN bzw. PRINT: Druckt die aktuelle Ansicht der Zeichnung auf dem Drukker aus.

SPEICHERN UNTER bzw. SAVE AS: Speichert die Zeichnung auf Ihrer Festplatte. Sie können wählen, ob Sie die Zeichnung im DWF- oder BMP-Format abspeichern wollen.

INFO ÜBER WHIP! bzw. ABOUT WHIP!: Zeigt Informationen über die aktuelle Version von WHIP! an.

VORWÄRTS/ZURÜCK bzw. FORWARD/BACK: Entsprechen den Browser-Funktionen ZURÜCK und VORWÄRTS.

Funktionen von WHIP!

- Testen Sie die oben beschriebenen Funktionen von WHIP!

- Öffnen Sie die Datei A20-03.DWF aus dem Ordner Aufgaben. Klicken Sie dazu die Datei im Windows Explorer doppelt an. Es ist eine AutoSketch-Zeichnung, in der Hyperlinks eingefügt wurden (siehe Kapitel 9).

- Die im Folgenden beschriebenen Funktionen können Sie nur dann ausführen, wenn Sie die englische Version 3.1 von WHIP! installiert haben.

- Klicken Sie mit der rechten Maustaste auf die Zeichnung, um das Pop-up-Menü mit den Funktionen des WHIP! Plug-in anzuzeigen (siehe Abbildung 20.8).

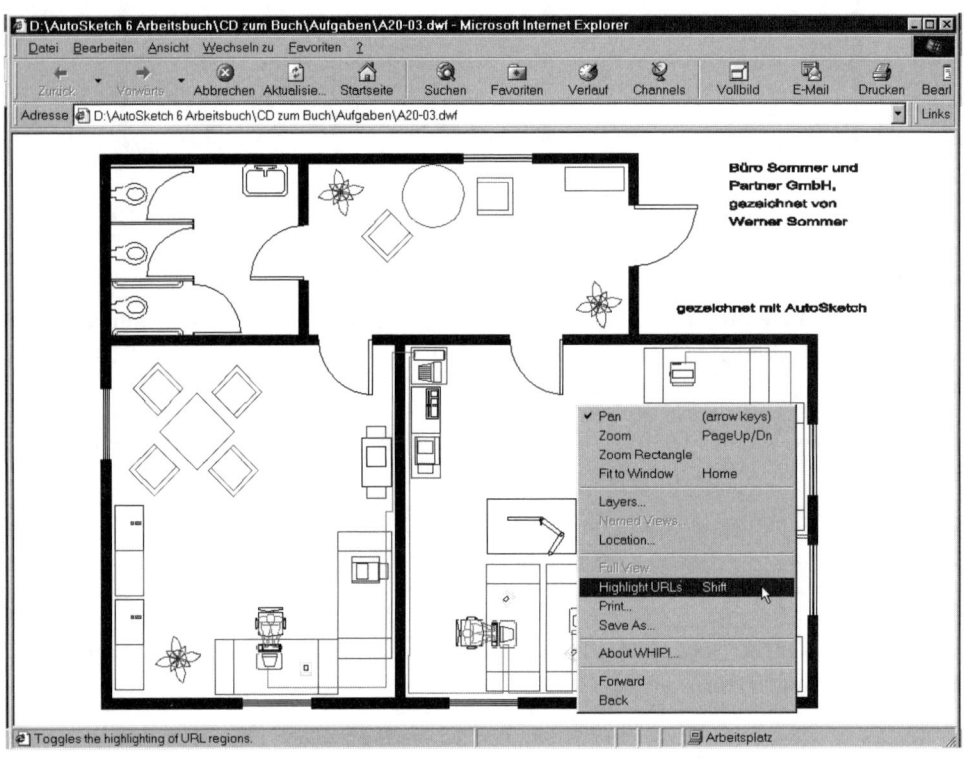

Abbildung 20.8: URLs in der Zeichnung anzeigen

- Wählen Sie die Funktion Highlight URLs, und Sie bekommen alle URLs, die in AutoSketch in die Zeichnung eingefügt wurden. Sie können die URLs auch mit der Taste ⇧ anzeigen lassen. An der Stelle, an der sich URLs in der Zeichnung befinden, blinkt kurz eine graue Fläche auf.

- Bewegen Sie sich mit der Maus über eine URL, bekommen Sie eine Hand als Cursor angezeigt. Klicken Sie die Stelle an, wird zu der URL verzweigt.

- Setzen Sie den Cursor auf einen der Texte in der rechten oberen Ecke und klicken auf die Stelle, verzweigen Sie zu der entsprechenden Seite im Internet.

Tips

- Erstellen Sie eine Zeichnung in AutoSketch, und fügen Sie an den entsprechenden Stellen Hyperlinks hinzu. Tragen Sie eine URL ein.

- Speichern Sie die Zeichnung als DWF-Datei, und Sie haben eine Zeichnung, die Sie im Web veröffentlichen können. Zudem haben Sie die Hyperlinks auch im Web zur Verfügung. Sie können von der DWF-Datei im Browser Links zu einer bestimmten Home Page verzweigen.

20.3 Zeichnungen im Web veröffentlichen

Nun können Sie zwar DWF-Dateien erzeugen und mit Hyperlinks versehen, aber was können Sie damit anfangen? Im Folgenden wird beschrieben, wie Sie eigene HTML-Seiten erstellen können, die DWF-Dateien enthalten.

Hinzufügen von DWF-Dateien zu einer Web-Seite

Wenn Sie eine DWF-Datei erzeugt haben, müssen spezielle HTML-Tags in das HTML-Dokument integriert werden. Da HTML eine sehr umfangreiche Skript-Sprache ist, würden Ausführungen, die über das WHIP! Plug-in hinausgehen, den Umfang des Buches sprengen. Es gibt jedoch eine große Menge an Literatur zu diesem Thema.

Um DWF-Dateien in Web-Seiten anzuzeigen, müssen die folgenden Tags in die HTML-Seite eingefügt werden.

```
<object
    width="200" height="100"
    classid="clsid:B2BE75F3-9197-11CF-ABF4-08000996E931"
    codebase="ftp://ftp.autodesk.com/pub/whip/whip.cab">

    <param
      name="filename" value="test.dwf">

    <embed
        width="200" height="100"
        name="test" src="test.dwf"
        pluginspage="http://www.autodesk.com/whip/">

</object>
```

object: Dieses Tag ist für den Microsoft Internet Explorer und beschreibt die Einbindung eines ActiveX-Steuerelements.

width: Gibt die Breite der darzustellenden Zeichnung in Pixeln an.

height: Gibt die Höhe der darzustellenden Zeichnung in Pixeln an.

classid: Gibt an, welches ActiveX-Steuerelement geladen werden muß (darf nicht geändert werden).

codebase: Die Adresse der aktuellsten Version von WHIP! (optional). Der Microsoft Internet Explorer überprüft beim Anzeigen der Seite automatisch die Versionsnummer und vergleicht sie mit der angegebenen Adresse. Steht eine neuere Version zur Verfügung, wird der Benutzer aufgefordert, diese herunterzuladen.

param: Parameter für die Einstellung des ActiveX-Steuerelements.

name: Name des Parameters (darf nicht geändert werden).

value: Wert des Parameters. Im oberen Beispiel ist das der Dateiname der Zeichnung.

embed: Dieses Tag wird für den Netscape Navigator benötigt.

name: Name der Zeichnung (optional)

src: Dateiname der Zeichnung

pluginspage: Die Adresse der aktuellsten Version von WHIP! (optional).

Damit DWF-Dateien sowohl im Microsoft Internet Explorer als auch im Netscape Navigator angezeigt werden können, müssen beide Tags (object und embed) eingefügt werden.

WHIP! enthält noch eine Vielzahl weiterer Parameter und kann auch direkt über Java verwendet werden. Unter

http://www.autodesk.com/whip

finden Sie weitere Informationen zu diesem Thema.

20.4 Drag&Drop

Mit AutoSketch arbeiten Sie unter der Windows-Oberfläche. Eine wichtige Eigenschaft ist dabei, dass Sie mehrere Programme gleichzeitig starten und benutzen können. Das erleichtert die Arbeit in vielen Fällen. Zeitaufwendige Vorgänge können im Hintergrund ablaufen, während Sie an einem anderen Programm weiterarbeiten.

In AutoSketch können Sie verschiedene Aktionen einfacher ausführen, wenn Sie neben dem AutoCAD Anwendungsfenster auch noch den Explorer in einem Fenster auf dem Bildschirm haben. Mit den Drag&Drop-Funktionen können Sie Zeichnungsdateien aus dem Explorer in die Zeichnung ziehen und damit öffnen.

Genauso können Sie bei mehreren Fenstern in AutoSketch Objekte per Drag& Drop von einer Zeichnung in die andere bekommen. Doch sehen Sie sich das Vorgehen an Beispielen an.

Zeichnungen per Drag&Drop einfügen

- *Falls Sie AutoSketch als Vollbild auf dem Bildschirm haben, schalten Sie es mit der mittleren Schaltfläche in der rechten oberen Ecke des Fensters kleiner. Klicken Sie mit der Maus an den Fensterrand (oben, unten, rechts, links oder in die Ecken). Halten Sie die Maustaste gedrückt, und ziehen Sie dabei das Fenster in die gewünschte Größe. Ziehen Sie das Fenster so, dass es nur noch einen Teil des Bildschirms einnimmt. Wenn das Fenster an der falschen Stelle sitzt, klicken Sie in die Titelzeile, halten die Maustaste fest und ziehen das ganze Fenster an die gewünschte Stelle.*

- *Aktivieren Sie den Windows Explorer aus dem Start-Menü von Windows. Verändern Sie die Fenstergröße so, dass der Explorer den Rest des Bildschirms einnimmt.*

- Aktivieren Sie im Explorer Ihren Ordner Aufgaben mit den Übungszeichnungen. Suchen Sie in der rechten Hälfte des Explorers eine Zeichnungsdatei aus (*.SKF). Klicken Sie die Datei an, halten Sie die Maustaste fest, und ziehen (»Drag«) Sie das Symbol auf die Zeichenfläche von AutoCAD. Lassen Sie das Symbol dort los (»Drop«), und die Zeichnung wird in einem neuen Fenster geöffnet. Ziehen Sie so mehrere Zeichnungsdateien ins AutoSketch-Fenster.

- Wählen Sie dann in AutoSketch im Abrollmenü FENSTER die Funktion VERTIKAL ANORDNEN, und Sie sehen alle Zeichnungen, die Sie geöffnet haben (siehe Abbildung 20.9).

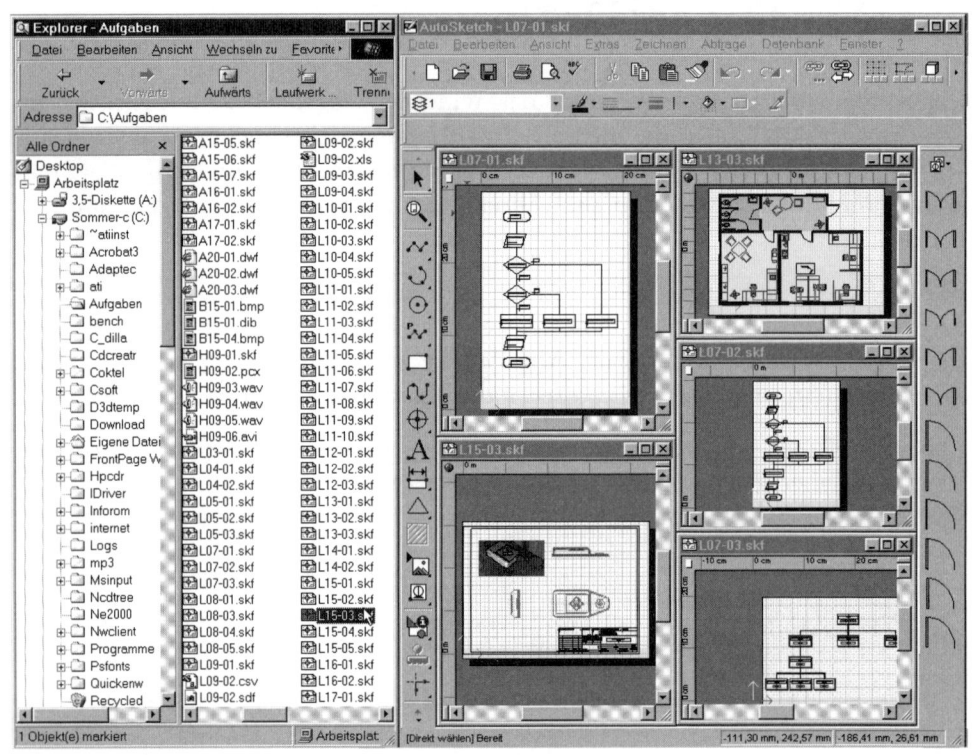

Abbildung 20.9: Zeichnungen per Drag&Drop öffnen

- Sie können auch gleich mehrere Zeichnungen im Explorer markieren. Nehmen Sie dazu beim Markieren die Tasten ⇧ bzw. [Strg] zu Hilfe. Ziehen Sie diese Dateien auf das AutoSketch-Fenster, und alle Zeichnungen werden in einem eigenen Fenster geöffnet.

Objekte per Drag&Drop einfügen

- Schließen Sie alle Zeichnungen wieder. Machen Sie AutoSketch wieder zum Vollbild.
- Öffnen Sie zum Beispiel die Zeichnungen A20-01.SKF und A20-02.SKF aus Ihrem Ordner Aufgaben.
- Wählen Sie dann in AutoSketch im Abrollmenü FENSTER die Funktion VERTIKAL ANORDNEN, und Sie sehen die beiden Zeichnungen in Fenstern nebeneinander (siehe Abbildung 20.10).
- Markieren Sie Objekte in einer Zeichnung. Sie können dann, wie wenn Sie an einer Zeichnung arbeiten würden, die markierten Objekte mit gedrückter Maustaste in das Fenster mit der anderen Zeichnung ziehen, die Maustaste loslassen, und Sie haben die Objekte in der anderen Zeichnung. Wie in AutoSketch können Sie die Taste [Strg] drücken, um eine Kopie zu verschieben.

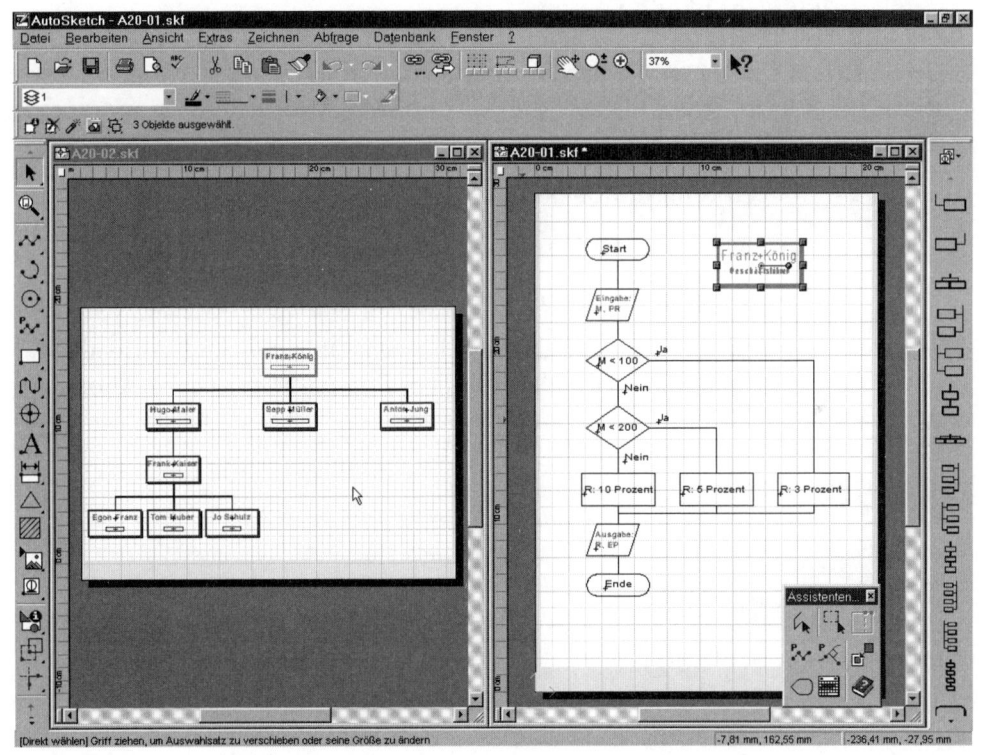

Abbildung 20.10: Objekte per Drag&Drop verschieben und kopieren

- Schließen Sie die beiden Zeichnungen wieder, speichern Sie die Änderungen nicht.

20.5 Die Zwischenablage in AutoSketch

Die Zwischenablage (auch Clipboard genannt) ist ein Hintergrundspeicher, auf den alle Windows-Anwendungen zugreifen können. Allen Windows-Anwendungen gemeinsam ist das Abrollmenü BEARBEITEN. Dort können Objekte in die Zwischenablage kopiert und daraus übernommen werden. Über die Zwischenablage können Sie

- Objekte aus AutoSketch in die Zwischenablage kopieren
- Objekte aus der Zwischenablage in AutoSketch einfügen
- und innerhalb von AutoSketch Objekte von einem Zeichnungsfenster in das andere kopieren.

Befehl KOPIEREN

Mit dem Befehl KOPIEREN werden die markierten Objekte in die Windows-Zwischenablage kopiert. Die Objekte, die Sie kopieren wollen, müssen Sie vorher markieren. Den Befehl finden Sie:

- Abrollmenü BEARBEITEN, Funktion KOPIEREN
- Symbol in der Standard-Symbolleiste
- Tastenkombination [Strg] + [C]
- Rechtsklick auf den markierten Objekten und Auswahl der Funktion KOPIEREN aus dem Pop-up-Menü (siehe Abbildung 20.11)

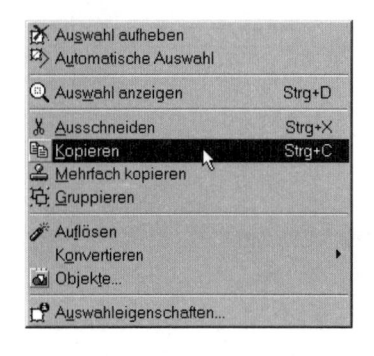

Abbildung 20.11: Pop-up-Menü mit den Funktionen der Zwischenablage

Die gewählten Objekte werden in die Zwischenablage kopiert und können von dort in eine andere Zeichnung oder in ein anderes Programm kopiert werden.

Die Zwischenablage in AutoSketch

Befehl AUSSCHNEIDEN

Mit dem Befehl AUSSCHNEIDEN werden die markierten Objekte aus der Zeichnung entfernt und in die Windows-Zwischenablage verschoben. Die Objekte, die Sie ausschneiden wollen, müssen Sie vorher markieren. Den Befehl finden Sie:

- Abrollmenü BEARBEITEN, Funktion AUSSCHNEIDEN
- Symbol in der Standard-Symbolleiste
- Tastenkombination [Strg] + [X]
- Rechtsklick auf den markierten Objekten und Auswahl der Funktion AUSSCHNEIDEN aus dem Pop-up-Menü (siehe Abbildung 20.11)

Die gewählten Objekte werden in die Zwischenablage übernommen und können von dort wieder eingefügt werden.

Befehl EINFÜGEN

Wollen Sie Objekte aus der Zwischenablage wieder in eine Zeichnung einfügen, verwenden Sie den Befehl EINFÜGEN. Sie finden ihn:

- Abrollmenü BEARBEITEN, Funktion EINFÜGEN
- Symbol in der Standard-Symbolleiste
- Tastenkombination [Strg] + [V]

Den Eintrag EINFÜGEN finden Sie nur dann, wenn sich AutoSketch-Objekte in der Zwischenablage befinden. Ansonsten kann dort zum Beispiel OBJEKT EINFÜGEN stehen.

> [Koordinate eingeben] Einfügepunkt eingeben

Geben Sie den Einfügepunkt an; das ist der Punkt, an dem die Objekte aus der Zwischenablage in der Zeichnung platziert werden.

Objekte zwischen zwei AutoSketch-Zeichnungen austauschen

- Öffnen Sie wieder die Zeichnungen aus der vorherigen Übung: A20-01.SKF und A20-02.SKF im Ordner Aufgaben.

- Wählen Sie dann in AutoSketch im Abrollmenü FENSTER die Funktion ÜBERLAPPEND, und Sie haben die beiden Zeichnungen wieder, diesmal aber in übereinanderliegenden Fenstern (siehe Abbildung 20.12).

- Markieren Sie Objekte in einer Zeichnung. Wählen Sie die Funktion KOPIEREN im Abrollmenü BEARBEITEN.

- Wechseln Sie in das Fenster mit der anderen Zeichnung. Wählen Sie dort die Funktion EINFÜGEN im Abrollmenü BEARBEITEN. Geben Sie einen Einfügepunkt an, und die Objekte aus der anderen Zeichnung werden eingefügt.

- Schließen Sie die beiden Zeichnungen wieder, speichern Sie die Änderungen nicht.

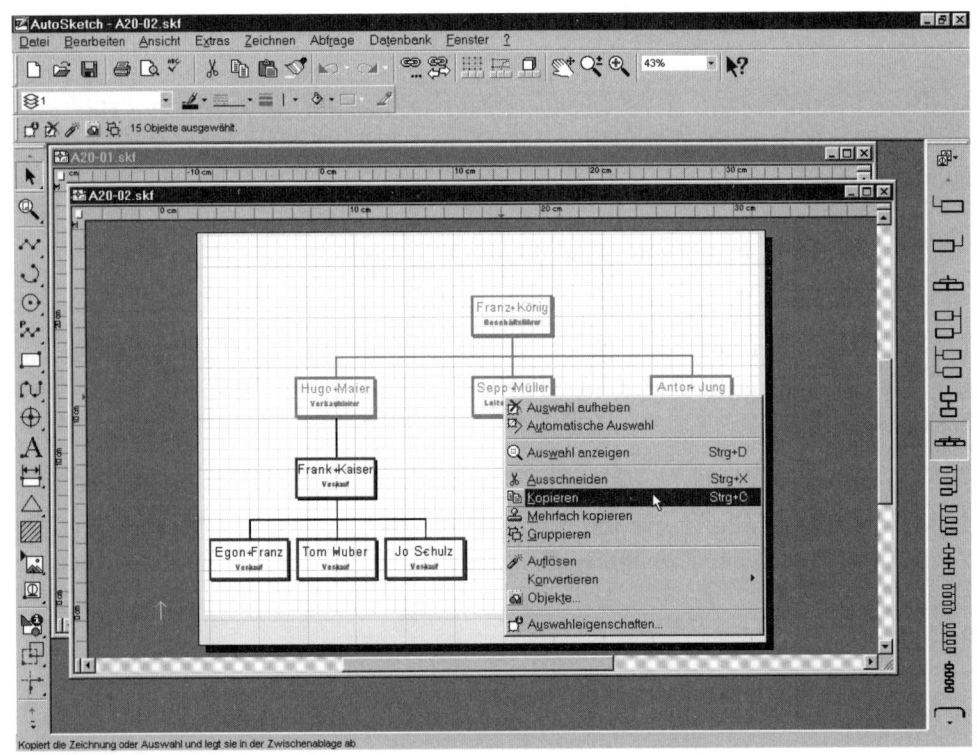

Abbildung 20.12: Objekte über die Zwischenablage austauschen

20.6 AutoSketch-Objekte in anderen Programmen

Genau so, wie Sie von einer Zeichnung zur anderen kopiert haben, können Sie auch AutoSketch-Objekte in andere Programme kopieren. Schauen Sie am folgenden Beispiel, wie es geht:

AutoSketch-Objekte in andere Programme übernehmen

- Öffnen Sie die Zeichnung A20-03.SKF aus dem Ordner Aufgaben.
- Markieren Sie den kompletten Grundriss in der Zeichnung. Wählen Sie dann die Funktion KOPIEREN im Abrollmenü BEARBEITEN.
- Starten Sie jetzt Microsoft Word oder ein anderes Textprogramm, das Sie auf ihrem PC haben.
- Geben Sie Text ein, und wählen Sie dann in einer neuen Zeile aus dem Abrollmenü BEARBEITEN die Funktion EINFÜGEN. Die Objekte aus der AutoSketch-Zeichnung werden eingefügt.
- Mit den Griffen können Sie die Zeichnung auf die gewünschte Größe ziehen. Abbildung 20.13 zeigt die Übernahme einer Zeichnung in Microsoft Word. In dem Dokument L20-01.DOC im Ordner Aufgaben haben Sie Text und Zeichnung wie in Abbildung 20.13.
- Haben Sie beispielsweise CorelDraw auf ihrem PC installiert, können Sie auch dieses Programm starten, um die Zeichnung einzufügen.
- Auch hier können Sie durch Wahl der Funktion EINFÜGEN im Abrollmenü BEARBEITEN die AutoSketch-Zeichnung einfügen. Abbildung 20.14 zeigt die Zeichnung in CorelDraw.

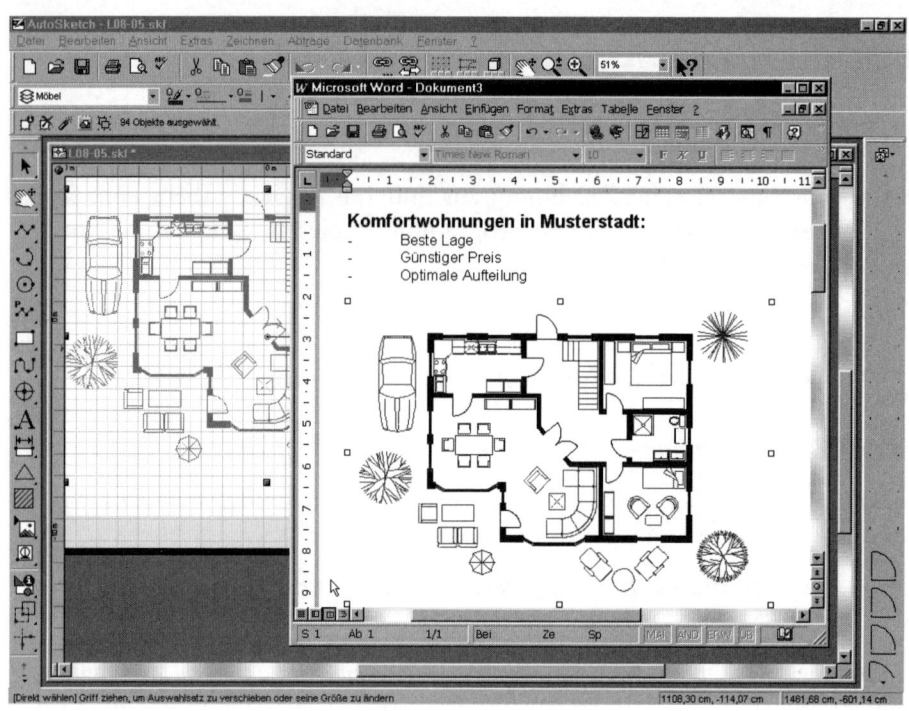

Abbildung 20.13: Übernahme von AutoSketch-Objekten in Microsoft Word

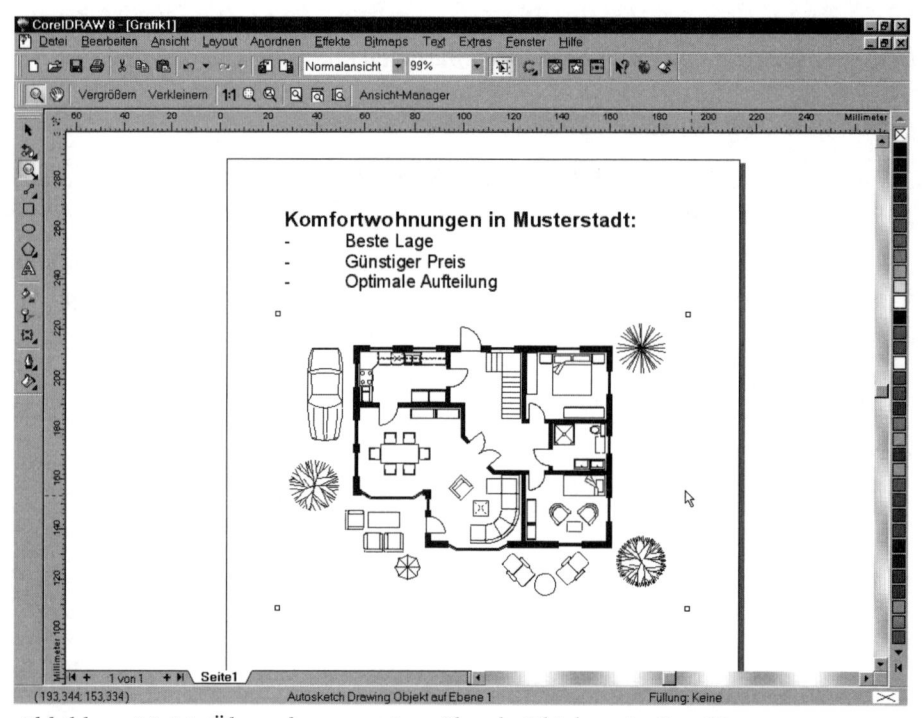

Abbildung 20.14: Übernahme von AutoSketch-Objekten in CorelDraw

Kapitel 21

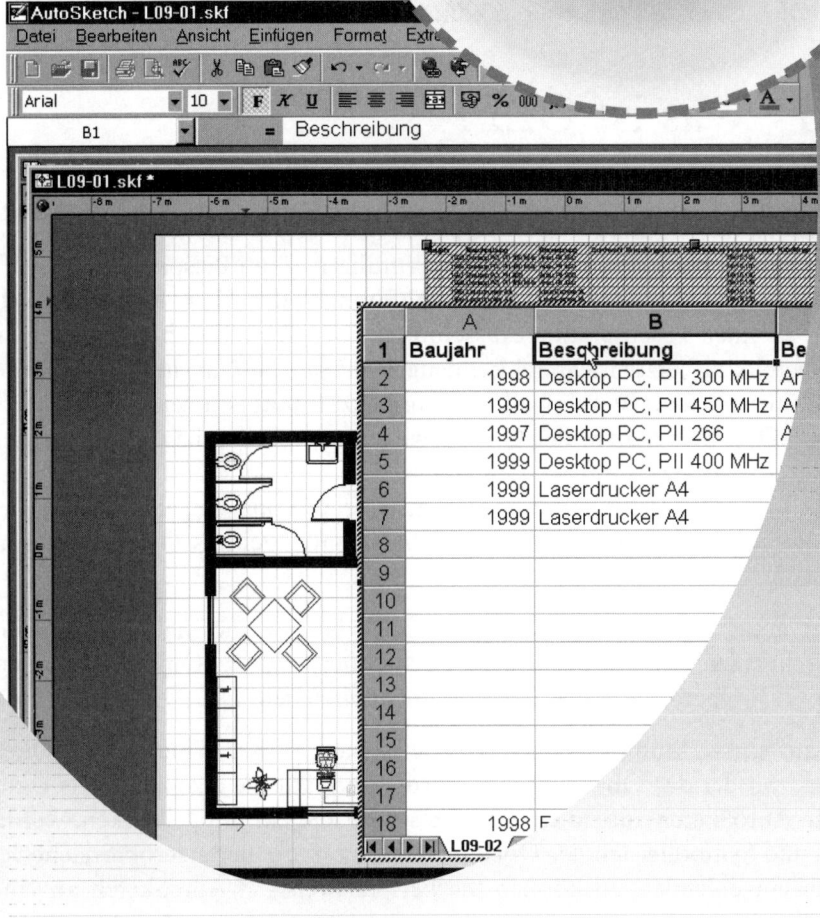

OLE-Operationen

OLE-Operationen

Im letzten Kapitel haben wir schon mit Zwischenablage und Drag&Drop gearbeitet. Jetzt wollen wir noch etwas weiter gehen und uns die OLE-Funktionen in AutoSketch ansehen. Sie lernen in diesem Kapitel,

- was OLE ist und wie Sie diese Funktionen einsetzen
- wie Sie OLE-Objekte in AutoSketch einbetten
- wie Sie OLE-Objekte mit der AutoSketch-Zeichnung verknüpfen
- wie Sie AutoSketch-Objekte in anderen Programmen als OLE-Objekte verwenden können
- wie Sie OLE-Objekte verändern
- wie Sie OLE-Objekte konvertieren können

21.1 Was ist OLE?

Verknüpfen und Einbetten von Objekten (OLE = Objekt Linking and Embedding) sind Windows-Funktionen. Damit lassen sich Objekte aus mehreren Anwendungen in einem Dokument zusammenführen. Zum Beispiel lassen sich in einer AutoSketch Zeichnung Tabellen, Diagramme oder Texte platzieren oder umgekehrt in einer Beschreibung Ausschnitte einer AutoSketch-Zeichnung, so wie Sie es bereits im letzten Kapitel kennengelernt haben. Um mit OLE arbeiten zu können, müssen beide Windows-Programme OLE unterstützen. In einem Programm, dem **OLE-Server** bzw. der **Quellanwendung**, werden die Objekte erstellt, die eingebettet bzw. verknüpft werden sollen. In einem anderen Programm, dem **OLE-Client** bzw. der **Zielanwendung**, werden die Objekte eingebettet bzw. verknüpft. AutoSketch kann sowohl als OLE-Server als auch als OLE-Client agieren.

Vereinfacht gesagt, funktioniert OLE ähnlich wie eine normale Übertragung durch Ausschneiden und Einfügen, denn auch dabei wird das Objekt letztendlich durch eine OLE-Operation in das Zieldokument eingebettet.

Wenn Sie auf ein verknüpftes Objekt doppelklicken, öffnet Windows die Quellanwendung, mit der das Objekt erstellt wurde, und lädt die entsprechende Datei. Wenn Sie in AutoSketch auf ein eingebettetes OLE-Objekt doppelklicken, werden die Menüs und Symbolleisten der Quellanwendung in die Benutzeroberfläche von AutoSketch eingeblendet. So können Sie beispielsweise in AutoSketch an einer Excel-Tabelle arbeiten, und Sie haben die Excel-Oberfläche im AutoSketch-Fenster (siehe Abbildung 21.1). Wenn Sie wieder in die Zeichnung klicken, verschwindet das Excel-Fenster, und Sie haben wieder die AutoSketch-Oberfläche.

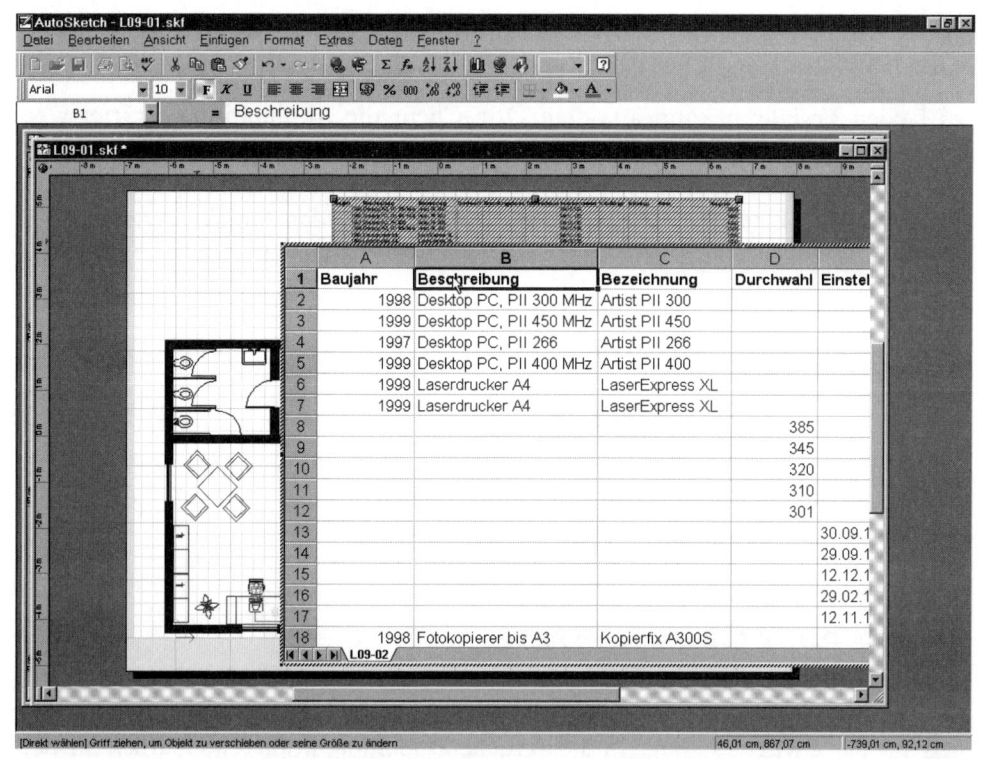

Abbildung 21.1: Excel-Fenster und Oberfläche in AutoSketch

Wichtig ist der Unterschied zwischen Verknüpfen und Einbetten. Bei beiden Vorgängen werden Daten über die Zwischenablage von einem Dokument in ein anderes übertragen und können in dem so entstandenen Mischdokument bearbeitet werden. Der Unterschied liegt darin, wie das Dokument in des Zieldokument eingefügt wird.

EINBETTEN

Die Funktion EINBETTEN erzeugt eine Kopie der Objekte aus dem OLE-Server im OLE-Client. Diese Kopie ist danach unabhängig vom ursprünglichen Dokument. Wird dieses geändert, hat das keine Auswirkungen auf die eingebetteten Objekte. Sollen Änderungen an den eingebetteten Objekten vorgenommen werden, wird der OLE-Server automatisch gestartet, und die Änderungen können ausgeführt werden. Danach kann das Zieldokument aktualisiert werden.

VERKNÜPFEN

Mit der Funktion VERKNÜPFEN wird eine Verbindung zwischen Server und Client hergestellt. Wurde ein Objekt aus einem OLE-Server mit einem OLE-Client ver-

OLE-Operationen

knüpft und wird das Server-Dokument nachträglich geändert, wird das Client-Dokument automatisch beim nächsten Öffnen mit geändert.

Bei beiden Verfahren kann aus dem OLE-Client die Applikation gestartet werden, in der das Dokument erstellt wurde. Am Rahmen eines OLE-Objekts können Sie leicht feststellen, ob das Objekt mit der Zeichnung verknüpft oder darin eingebettet ist. Eine gestrichelte Linie bedeutet, dass das Objekt verknüpft ist. Eine durchgezogene Linie bedeutet, dass das Objekt eingebettet ist.

21.2 OLE-Objekte einbetten und verknüpfen

Um in AutoSketch OLE-Objekte einzufügen, stehen Ihnen die im Folgenden beschriebenen Befehle zur Verfügung.

Befehl INHALTE EINFÜGEN

Mit dem Befehl INHALTE EINFÜGEN können Sie Objekte von anderen Programmen aus der Zwischenablage in die aktuelle Zeichnung kopieren. Wählen Sie den Befehl:

- Abrollmenü BEARBEITEN, Funktion INHALTE EINFÜGEN...

In einem Dialogfeld (siehe Abbildung 21.2) können Sie wählen, wie Sie die Objekte einfügen wollen. Haben Sie beispielsweise vorher in Microsoft Word einen Text in die Zwischenablage kopiert, stehen Ihnen in der Liste folgende Möglichkeiten zur Auswahl: MICROSOFT WORD-DOKUMENT, BILD (METADATEI) und TEXT.

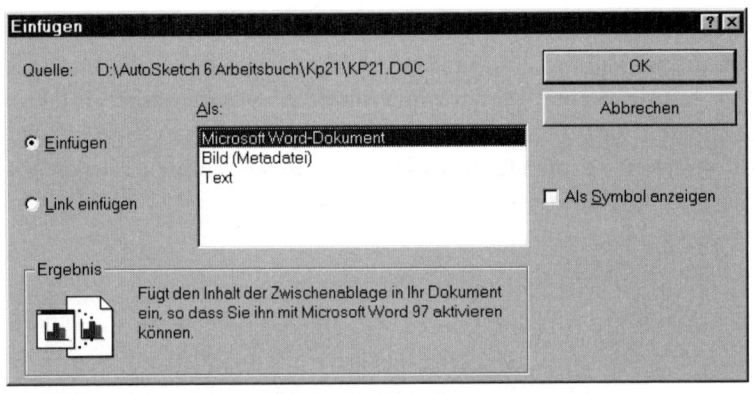

Abbildung 21.2: Dialogfeld des Befehls INHALTE EINFÜGEN

Nur wenn Sie MICROSOFT WORD-DOKUMENT anwählen, wird der Inhalt als OLE-Objekt eingefügt. Ansonsten wird ein Bild oder ein AutoSketch-Text-Objekt eingefügt.

Mit dem Schalter EINFÜGEN wird das Objekt in AutoSketch **eingebettet**. Klicken Sie jedoch den Schalter LINK EINFÜGEN an, wird eine **Verknüpfung** mit dem Originalobjekt erstellt. Änderungen am Originalobjekt werden nachgeführt. Ist der Schalter SYMBOL eingeschaltet, wird in der Zeichnung nur ein Symbol als Platzhalter angezeigt.

In jedem Fall müssen Sie das Objekt noch in der Zeichnung platzieren:

> [Koordinate eingeben] Einfügepunkt eingeben

Plazieren Sie das OLE-Objekt an der gewünschten Stelle. Es wird mit einem Rahmen in der Zeichnung angezeigt. Ist der Rahmen durchgezogen, wurde das Objekt eingebettet, ist er dagegen gestrichelt, wurde das Objekt verknüpft.

Wenn Sie das OLE-Objekt markieren, bekommt es wie ein AutoSketch-Objekt Griffe, an denen Sie es skalieren können. Klicken Sie in das Objekt, kann es mit gedrückter Maustaste verschoben werden.

Befehl OBJEKT EINFÜGEN

Den vorherigen Befehl INHALTE EINFÜGEN können Sie nur dann benützen, wenn Sie die Objekte in einem anderen Programm in die Zwischenablage kopiert haben. Mit dem Befehl OBJEKT EINFÜGEN können Sie dagegen ein OLE-Objekt einfügen, das Sie erst neu erstellen, oder Sie können eine Datei als OLE-Objekt einfügen. Sie können auch bei diesem Befehl wählen, ob Sie das Objekt in AutoSketch einbetten oder mit AutoSketch verknüpfen wollen. Sie finden den Befehl wie folgt:

- Abrollmenü BEARBEITEN, Funktion OBJEKT EINFÜGEN...

Sie erhalten ein Dialogfeld (siehe Abbildung 21.3 und 21.4), mit dem Sie wählen können, was eingebettet oder verknüpft werden soll.

NEU ERSTELLEN

Schalten Sie im Dialogfeld (siehe Abbildung 21.3) den Schalter NEU ERSTELLEN ein. Wählen Sie in der Liste die Applikation, mit der Sie es erstellen wollen, und klicken Sie auf OK. Die Applikation wird gestartet. Wählen Sie beispielsweise MICROSOFT EXCEL-TABELLE, und Excel wird gestartet. Erstellen Sie eine Excel-Tabelle, und beenden Sie dann Excel. Die Tabelle wird in AutoSketch als OLE-Objekt **eingebettet**.

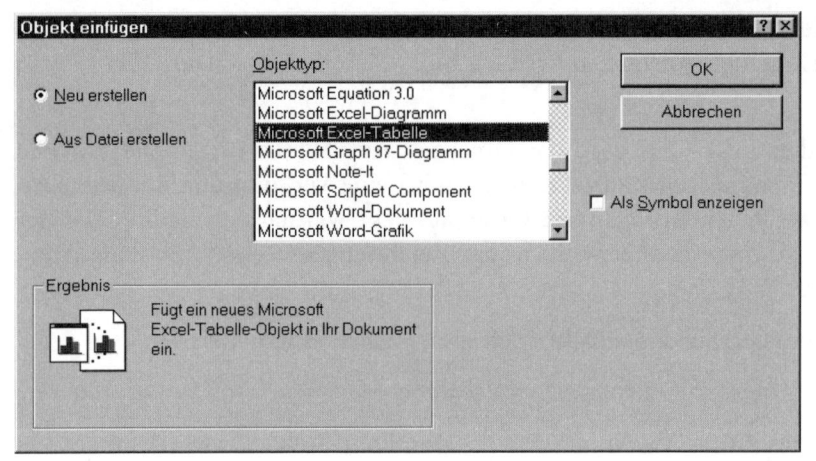

Abbildung 21.3: Dialogfeld des Befehls OBJEKT EINFÜGEN, NEU ERSTELLEN

AUS DATEI ERSTELLEN

Schalten Sie im Dialogfeld (siehe Abbildung 21.3 bzw. 21.4) den Schalter AUS DATEI ERSTELLEN ein, können Sie die Datei wählen, die Sie als OLE-Objekt einbetten wollen. Mit dem Schalter DURCHSUCHEN... können Sie die Datei mit dem Dateiwähler aussuchen. Ist der Schalter LINK eingeschaltet, wird das Objekt mit AutoCAD LT 97 **verknüpft,** ansonsten wird es **eingebettet.**

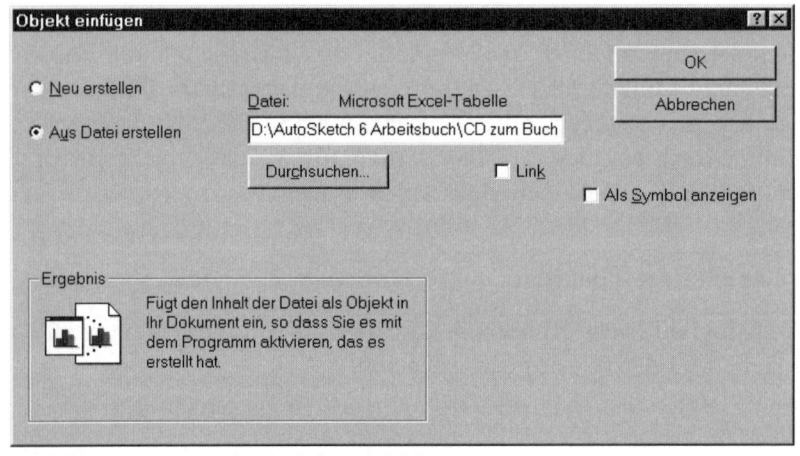

Abbildung 21.4: Dialogfeld des Befehls OBJEKT EINFÜGEN, AUS DATEI ERSTELLEN

AutoSketch-Objekte in anderen Programmen

AutoSketch-Objekte können auch in anderen Programmen eingebettet und verknüpft werden. Kopieren Sie dazu die Objekte in AutoSketch in die Zwischenablage. Verfahren Sie dann in den Programmen genauso wie oben beschrieben. Den Befehle INHALTE EINFÜGEN gibt es in den meisten Windows-Programmen ebenfalls. Außerdem können Sie in anderen Programmen auch AutoSketch starten und ein OLE-Objekt erstellen und einfügen oder eine AutoSketch-Datei als OLE-Objekt einfügen.

Sie können also in der umgekehrten Richtung genauso wie oben beschrieben verfahren. Im Folgenden finden Sie Beschreibungen der Vorgehensweise für die unterschiedlichen Aktionen.

Einbetten von Objekten aus anderen Anwendungen in eine AutoSketch-Zeichnung

- In AutoSketch eine Zeichnung öffnen, in die Objekte übernommen werden sollen (OLE Client). In einem anderen Fenster eine weitere Windows-Anwendung öffnen (OLE Server).

- Die einzubettenden Objekte im OLE-Server markieren und im Abrollmenü BEARBEITEN die Funktion KOPIEREN wählen. Die markierten Objekte werden in die Zwischenablage kopiert.

- In die AutoSketch-Zeichnung wechseln und im Abrollmenü BEARBEITEN die Funktion INHALT EINFÜGEN wählen.

- Im Dialogfeld den Schalter EINFÜGEN anwählen und die Objekte in der Zeichnung platzieren. Sie können auch wählen, dass sie nur als Symbol eingefügt werden sollen.

- Die Objekte werden auch dann eingebettet, wenn Sie im Abrollmenü BEARBEITEN die Funktion EINFÜGEN wählen.

- Wollen Sie eine komplette Datei einfügen oder die OLE-Objekte erst erstellen, wählen Sie nur den Befehl OBJEKT EINFÜGEN. Alle Aktionen lassen sich dort ausführen.

Verknüpfen von Objekten aus anderen Anwendungen mit AutoSketch-Zeichnungen

- In AutoSketch eine Zeichnung öffnen, in die Objekte übernommen werden sollen (OLE Client). In einem anderen Fenster eine weitere Windows-Anwendung öffnen (OLE-Server).

- Die Objekte im OLE-Server markieren und im Abrollmenü BEARBEITEN die Funktion KOPIEREN wählen. Die markierten Objekte werden in die Zwischenablage kopiert.

- Zu AutoSketch wechseln und im Abrollmenü BEARBEITEN die Funktion INHALTE EINFÜGEN... wählen. Im Dialogfeld die Funktion LINK EINFÜGEN einschalten und die Objekte in der Zeichnung platzieren.

- Wollen Sie eine komplette Datei einfügen, wählen Sie auch hier den Befehl OBJEKT EINFÜGEN. Alle Aktionen lassen sich dort ausführen.

Einbetten oder Verknüpfen von AutoSketch-Objekten in andere Anwendungen

- AutoSketch starten und gewünschte Zeichnung laden (OLE-Server).

- In einem anderen Fenster eine andere Anwendung starten (OLE-Client, z.B.: Textverarbeitung).

- In AutoSketch die gewünschten Objekte und im Abrollmenü DATEI die Funktion KOPIEREN oder AUSSCHNEIDEN wählen. Die Objekte werden in die Zwischenablage kopiert.

- In den OLE-Client genauso wie oben beschrieben einfügen.

21.3 Änderungen an OLE-Objekten

Der Vorteil von OLE-Objekten ist, dass Sie Änderungen leicht ausführen können, ohne zu wissen, mit welchem Programm das Objekt erstellt wurde.

Änderungen an einem OLE-Objekt

Haben Sie in Ihrer AutoSketch-Zeichnung OLE-Objekte, können Sie mit einem Doppelklick die Anwendung starten, in der das Objekt erstellt wurde. Haben Sie beispielsweise eine Excel-Tabelle in AutoSketch eingefügt, gehen Sie wie folgt vor:

- Klicken Sie das Objekt in AutoSketch doppelt an; Excel wird in AutoSketch geöffnet und die Tabelle in ein Fenster übernommen.
- Bearbeiten Sie das Objekt, und beenden Sie Excel, indem Sie einfach wieder auf die Zeichenfläche klicken. Das Objekt wird in AutoSketch aktualisiert.

Dabei ist es ohne Bedeutung, ob das Objekt eingebettet oder verknüpft ist. Der Unterschied besteht darin, dass bei einem verknüpften Objekt die Originaldatei geöffnet wird und die Änderungen an der Originaldatei vorgenommen werden können und bei einem eingebetteten Objekt das Objekt aus der Zeichnung in das ursprüngliche Programm kopiert wird und dort geändert werden kann.

Griffe bei OLE-Objekten

Wenn Sie ein eingefügtes Objekt anklicken, bekommt es Griffe an den Ecken und an den Seitenmittelpunkten. Wie bei den AutoSketch-Griffen kann das Objekt mit diesen Griffen geändert werden:

- Klicken Sie an einen Seitenmittelpunkt, halten Sie die Maustaste fest, und ziehen Sie den Griff. Das Objekt wird in dieser Richtung gestreckt. Dabei erhalten Sie einen Doppelpfeil.
- Klicken Sie einen Eckpunkt an, halten Sie die Maustaste fest, und ziehen Sie den Griff. Das Objekt wird diagonal auseinandergezogen. Die Proportionen bleiben erhalten. Bei dieser Aktion erhalten Sie einen diagonalen Doppelpfeil.
- Klicken Sie in die Mitte des Objekts, halten Sie die Maustaste fest, und schieben Sie das Objekt an die gewünschte Stelle. Beim Ziehen erhalten Sie einen vierfachen Pfeil.

Die Griffe verschwinden wieder, wenn Sie an einer anderen Stelle in die Zeichnung klicken.

Befehl VERKNÜPFUNGEN

Mit dem Befehl VERKNÜPFUNGEN können Sie Verknüpfungen in der Zeichnung bearbeiten. Wählen Sie den Befehl:

- Abrollmenü BEARBEITEN, Funktion VERKNÜPFUNGEN

In einem Dialogfeld können Sie die Einstellungen vornehmen (siehe Abbildung 21.5).

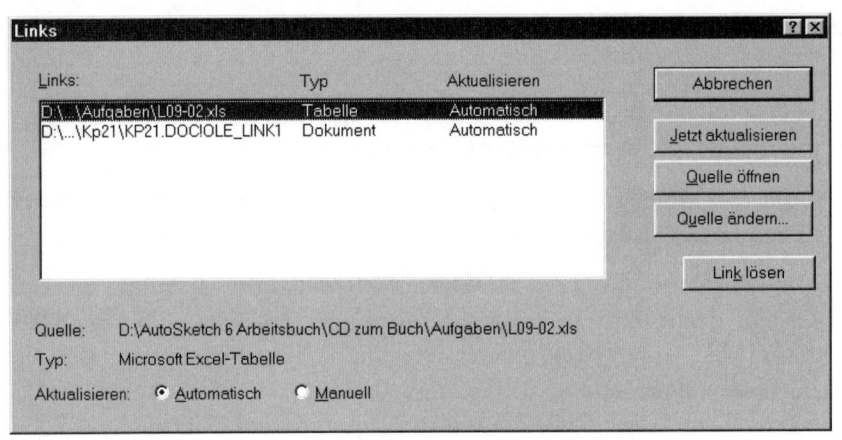

Abbildung 21.5: Verknüpfung bearbeiten

In der Liste finden Sie alle Verknüpfungen der Zeichnung. Dort sind der Pfad der Originaldatei, der Dateityp und die Art der Aktualisierung aufgelistet.

Wenn Sie eine Verknüpfung markieren, können Sie mit der Schaltfläche JETZT AKTUALISIEREN den aktuellen Stand der Datei neu laden. Die Schaltfläche QUELLE ÖFFNEN startet das Programm, mit dem die Datei erstellt wurde, und lädt die Datei. Mit der Schaltfläche QUELLE ÄNDERN... können Sie eine neue Datei wählen. Das Objekt wird durch die neue Datei ersetzt. Wollen Sie die Verbindung zum Originalobjekt lösen, klicken Sie auf die Schaltfläche LINK LÖSEN.

In der untersten Zeile können Sie einstellen, ob die AutoSketch-Zeichnung beim Laden automatisch aktualisiert werden soll, wenn die Ausgangsdatei verändert wurde. Haben Sie MANUELL gewählt, wird bei Änderungen angefragt, ob aktualisiert werden soll.

Befehl OBJEKT KONVERTIEREN

Haben Sie eine OLE-Objekt in der Zeichnung und die Anwendung, in der das Objekt erstellt wurde, ist auf ihrem PC nicht installiert, können Sie das Objekt konvertieren, so dass es mit einer anderen Anwendung bearbeitet werden kann. Dazu wählen Sie den Befehl OBJEKT KONVERTIEREN:

- Abrollmenü BEARBEITEN, Funktion OBJEKT KONVERTIEREN

In einem Dialogfeld können Sie wählen, mit welcher Anwendung Sie das Programm in Zukunft bearbeiten wollen (siehe Abbildung 21.6).

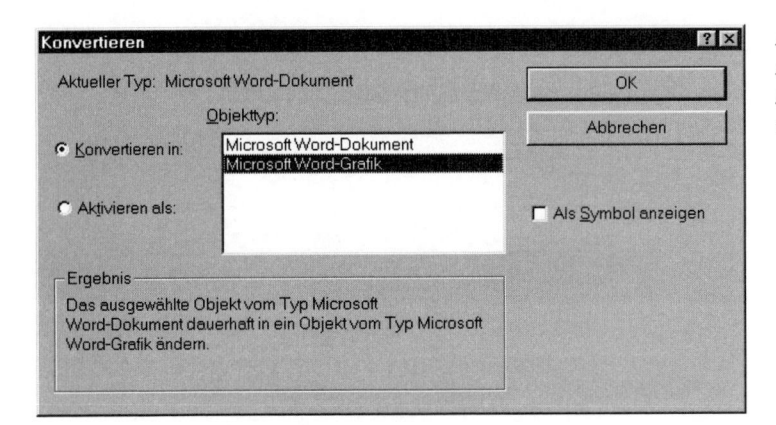

Abbildung 21.6:
Andere Anwendung
zur Bearbeitung
wählen

Aktivieren Sie das OLE-Objekt später mit einem Doppelklick, wird die Anwendung zur Bearbeitung des Objekts gestartet.

Kapitel 22

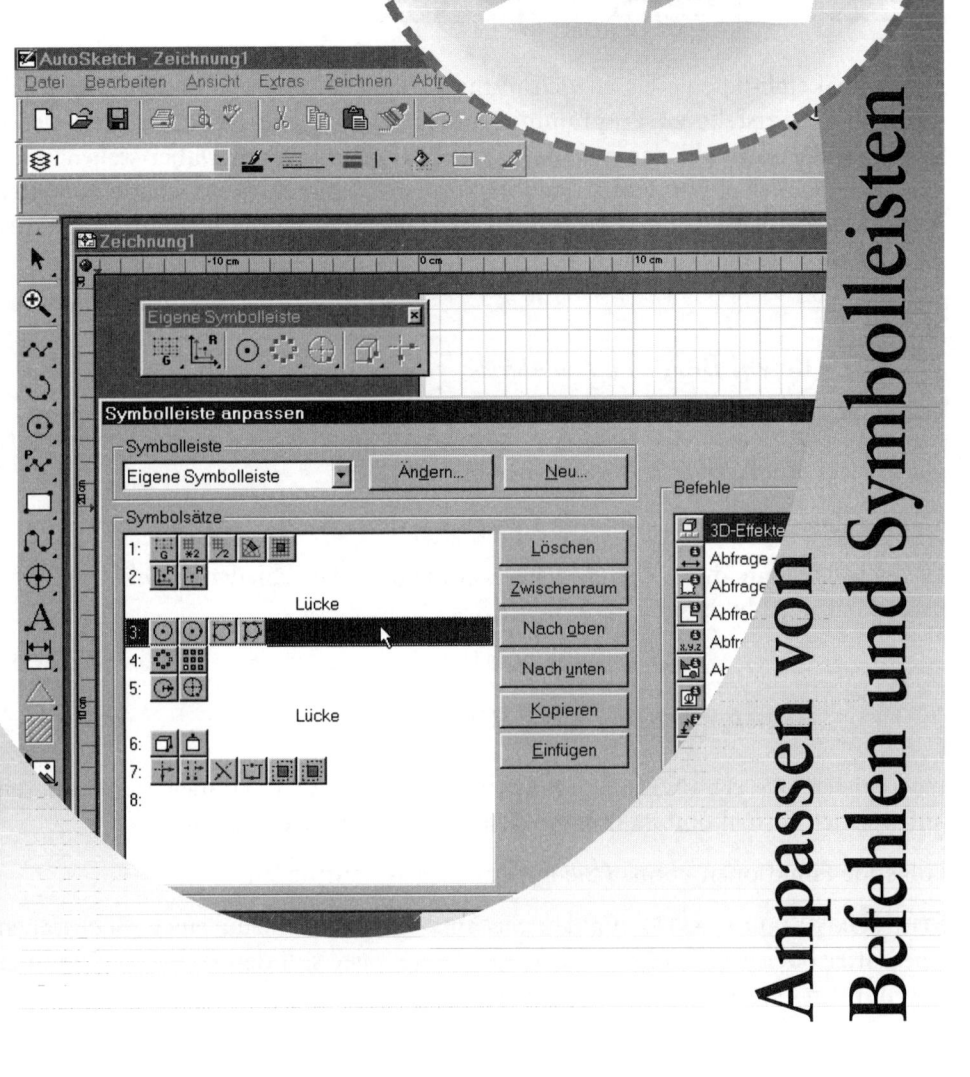

Anpassen von Befehlen und Symbolleisten

Anpassen von Befehlen und Symbolleisten

Nichts ist so perfekt, dass es nicht verbessert werden kann. Für häufig benützte Befehle lassen sich Tastenkombinationen definieren oder Symbolleisten erstellen. Sie lernen in diesem Kapitel,

- wie Sie Tastaturkürzel für häufig benötigte Befehle definieren können
- wie Sie eigene Bilder auf die Symbolknöpfe legen können
- wie Sie sich eigene Symbolleisten zusammenstellen können, in denen Sie Ihre wichtigsten Befehle zusammenfassen können

22.1 Befehle anpassen

Die AutoSketch-Befehle lassen sich in ihrer Funktion nicht verändern. Auch gibt es keine Schnittstelle zu Programmiersprachen, um neue Befehle zu definieren. Lediglich die Auswahl der Befehle kann verändert werden. Dabei stehen Ihnen zwei Möglichkeiten zur Verfügung: Sie können Tastaturkürzel für eine schnellere Bedienung definieren, und Sie können sich eigene Symbolleisten zusammenstellen, in denen Sie die von Ihnen am meisten benötigen Befehl zusammenstellen.

Befehl BEFEHLE ANPASSEN

Mit dem Befehl BEFEHLE ANPASSEN können Sie unter anderem die Tastaturbelegung erweitern. Aktivieren Sie den Befehl:

- Abrollmenü EXTRAS, Funktion BEFEHLE ANPASSEN

In einem Dialogfeld mit drei Registern können Sie verschiedene Funktionen ausführen (siehe Abbildungen 22.1 bis 22.3).

Register TASTENZUWEISUNGEN

Im Register TASTENZUWEISUNGEN (siehe Abbildung 22.1) können Sie definieren, mit welcher Tastenkombination ein Befehl ausgeführt werden soll.

Folgende Funktionen können Sie in dem Register ausführen.

STRG+UMSCHALT+TASTE: Wählen Sie aus dem Abrollmenü einen Buchstaben, eine Ziffer oder eine Funktionstaste aus. Diese Taste soll den Befehl in Kombination mit den Tasten [Strg] und [⇧] auslösen.

AKTUELLE ZUWEISUNG: In diesem Feld wird Ihnen angezeigt, ob ein Befehl und welcher Befehl auf diese Tastenkombination gelegt ist.

BEFEHLE: In diesem Abrollmenü können Sie wählen, welchen AutoSketch-Befehl Sie auf die oben gewählte Tastenkombination legen wollen.

ZUWEISEN: Mit dieser Schaltfläche weisen Sie der gewählten Tastenkombination den Befehl zu.

LÖSCHEN: Mit dieser Schaltfläche löschen Sie die im Abrollmenü gewählte Tastenkombination.

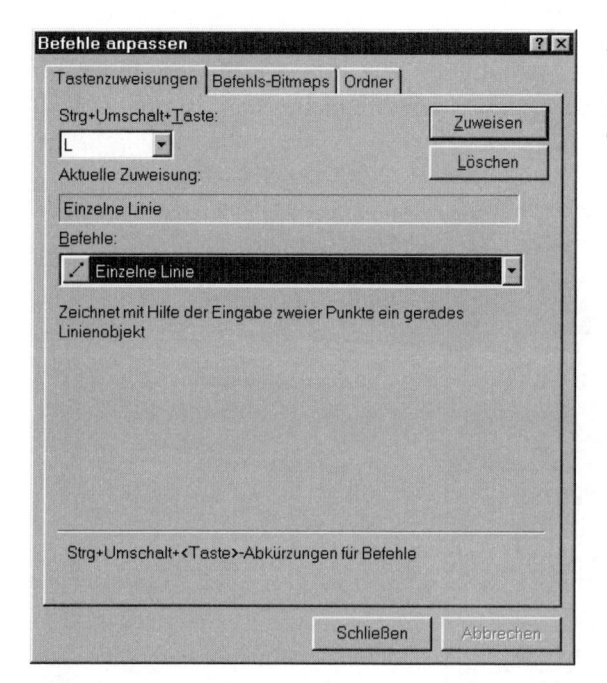

Abbildung 22.1:
Befehle mit Tasten-
kombinationen
auslösen

Tip

- Sie können Tastenzuweisungen nur mit Tasten in Kombination mit [Strg] und [⇧] definieren. Andere Kombinationen können nicht verwendet werden. Damit können Sie auch die vordefinierten Tastenkombinationen von AutoSketch nicht ändern.

Eigene Tastenzuweisungen

- Definieren Sie die Befehle, die Sie beim Zeichnen am häufigsten verwenden, als Tastenkombination, zum Beispiel [Strg] + [⇧] + [L] für den Befehl EIN-ZELNE LINIE oder [Strg] + [⇧] + [K] für den BEFEHL KREIS – MITTELPUNKT, Seite usw.

Register BEFEHLS-BITMAPS

Im Register BEFEHLS-BITMAPS (siehe Abbildung 22.2) können Sie die Bilder auf den Symbolen in den Symbolleisten und vor den Menüeinträgen in den Abrollmenüs ändern.

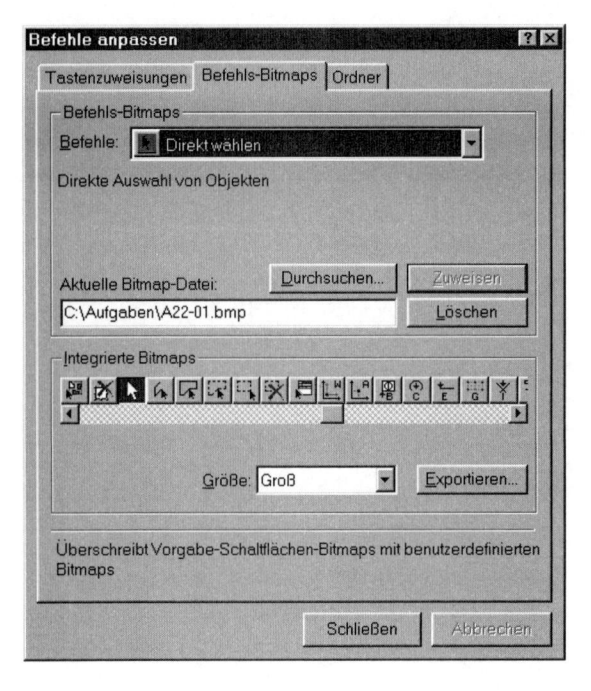

Abbildung 22.2:
Bitmaps in den Symbolleisten und Abrollmenüs ändern

Folgende Funktionen können Sie in dem Register ausführen.

BEFEHLE: Wählen Sie aus dem Abrollmenü den Befehl, dessen Bild Sie in den Symbolleisten ändern wollen. Im Feld darunter wird angezeigt, welche Funktion der Befehl ausführt.

AKTUELLE BITMAP-DATEI: In diesem Feld können Sie den Pfad und den Namen einer Bitmap-Datei eintragen. Das Symbol in der Symbolleiste und im Abrollmenü vor dem Befehlsnamen wird mit diesem Bild belegt.

Durchsuchen: Klicken Sie auf diese Schaltfläche, um eine Bitmap-Datei (*.BMP* oder *.DIB*) mit dem Dateiwähler auszusuchen. Wählen Sie die Datei aus, und Pfad sowie Dateiname werden im Feld AKTUELLE BITMAP-DATEI eingetragen.

Zuweisen: Mit dieser Schaltfläche legen Sie die ausgewählte Bitmap-Datei auf das Symbol des Befehls.

Löschen: Mit dieser Schaltfläche löschen Sie eine Zuweisung zu einer Bitmap-Datei. Das standardmäßig in AutoSketch festgelegte Bild wird wieder auf dem Symbol angezeigt.

Integrierte Bitmaps: In einer Auswahlleiste finden Sie alle Bitmaps, die in AutoSketch von den Befehlen verwendet werden und im Programm definiert sind.

Exportieren: Wählen Sie in der Auswahlleiste ein Symbol, klicken Sie auf die Schaltfläche EXPORTIEREN, und Sie können das Bild dieses Symbols in einer Bitmap-Datei speichern.

Tips

- Wollen Sie eine der vorhandenen integrierten Bitmaps in anderer Form auf einem Symbol verwenden, gehen Sie wie folgt vor:
- Wählen Sie das Symbol in der Auswahlleiste INTEGRIERTE BITMAPS aus, und klicken Sie auf die Schaltfläche EXPORTIEREN. Speichern Sie das Bild in einer Bitmap-Datei.
- Bearbeiten Sie die Bitmap-Datei mit einem Bildbearbeitungsprogramm, zum Beispiel mit Microsoft PAINT, das Programm aus der Gruppe ZUBEHÖR. Speichern Sie die Datei wieder ab.
- Wechseln Sie wieder zu AutoSketch, und wählen Sie wieder den Befehl BEFEHLE ANPASSEN aus dem Abrollmenü EXTRAS.
- Gehen Sie wieder zum Register BEFEHLS-BITMAPS. Wählen Sie im Abrollmenü BEFEHLE den Befehl aus, auf den Sie die geänderte Bilddatei legen wollen.
- Tragen Sie im Feld AKTUELLE BITMAP-DATEI den Namen der gerade geänderten Datei ein, oder klicken Sie auf den Schalter DURCHSUCHEN, und wählen Sie die Datei mit dem Dateiwähler aus.
- Klicken Sie auf die Schaltfläche ZUWEISEN, und das Bild aus der geänderten Bitmap-Datei wird auf das Symbol gelegt.

Bilder auf den Symbolen ändern

- Speichern Sie integrierte Bitmaps in Dateien ab.
- Ändern Sie die Dateien mit Microsoft Paint, und speichern Sie die Bilder wieder in einer Datei.
- Belegen Sie verschiedene Symbole mit geänderten Bilddateien neu.
- Im Ordner Aufgaben finden Sie verschiedene Bitmap-Dateien (B22-01.BMP bis B22-05.BMP), die Sie auf verschiedene Symbole legen können.
- Stellen Sie nachher die Standard-Belegung wieder her.

Register ORDNER

Im Register ORDNER (siehe Abbildung 22.2) legen Sie die Ordner fest, in dem AutoSketch seine Dateien sucht.

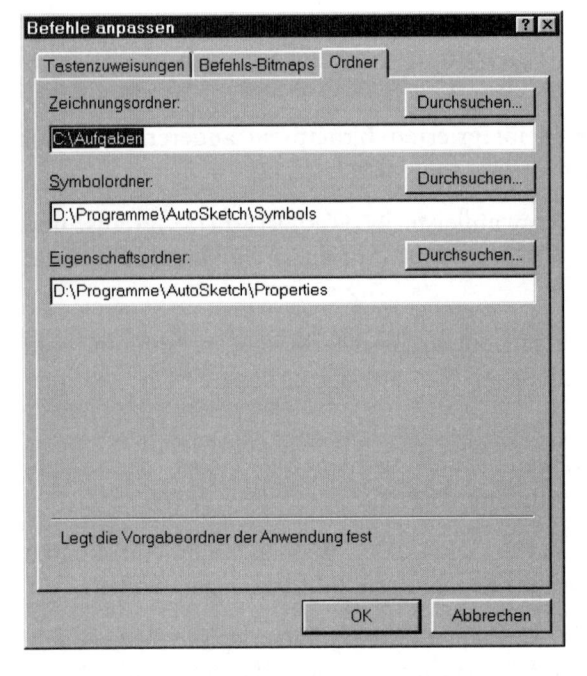

Abbildung 22.3: Ordner für AutoSketch festlegen

In dem Dialogfeld legen Sie fest:

ZEICHNUNGEN: Vorgabe PFAD beim Öffnen und Speichern von Zeichnungsdateien. Es wird jeweils der zuletzt gewählte Pfad gespeichert. Mit der Schaltfläche DURCHSUCHEN können Sie einen anderen Pfad mit dem Dateiwähler bestimmen.

SYMBOLORDNER: Pfad, in dem AutoSketch seine Symbolbibliotheken sucht. Auch dieser Pfad kann mit der Schaltfläche DURCHSUCHEN geändert werden.

EIGENSCHAFTEN: Pfad, in dem AutoSketch Zeichensätze, Stiftstildateien, Schraffurmusterdateien und Palettendateien sucht. Mit der Schaltfläche DURCHSUCHEN kann der Pfad geändert werden.

22.2 Symbolleisten anpassen

Neben den Abrollmenüs sind die Symbolleisten die wichtigsten Bedienelemente von AutoSketch. Die standardmäßigen Symbolleisten können Sie erweitern, und Sie haben die Möglichkeit, neue Symbolleisten zu erstellen.

Befehl SYMBOLLEISTEN

Mit dem Befehl SYMBOLLEISTEN können Sie die vorhandenen Symbolleisten aus- und einschalten, ändern und neue Symbolleisten erstellen. Aktivieren Sie den Befehl:

- Abrollmenü ANSICHT, Funktion SYMBOLLEISTEN
- Rechtsklick auf ein beliebiges Symbol und aus dem Pop-up-Menü (siehe Abbildung 22.4) die Funktion SYMBOLLEISTEN wählen

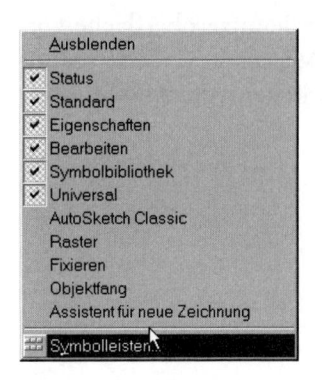

Abbildung 22.4:
Pop-up-Menü
zur Auswahl
des Befehls
SYMBOLLEISTEN

In diesem Pop-up-Menü können Sie außerdem die wichtigsten Symbolleisten aus- und einschalten. Klicken Sie auf den entsprechenden Namen. Ist die Symbolleiste aus, wird sie eingeschaltet und mit einem Häkchen versehen. Mit dem Eintrag AUSBLENDEN wird die Symbolleiste ausgeschaltet, in der das Pop-up-Menü aktiviert wurde.

Haben Sie den Befehl SYMBOLLEISTEN nach einer der beiden beschriebenen Methoden angewählt, bekommen Sie ein Dialogfeld auf den Bildschirm (siehe Abbildung 22.5).

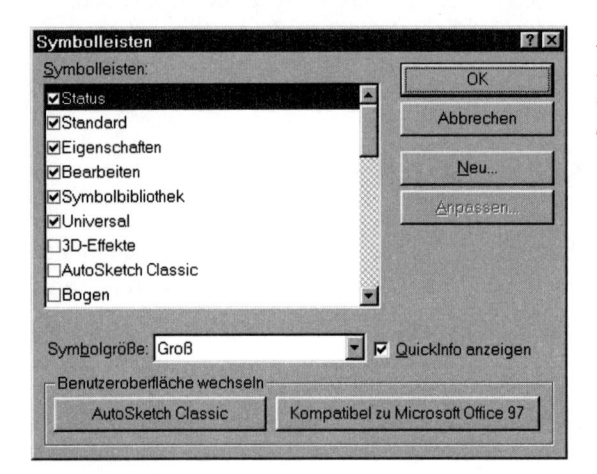

Abbildung 22.5:
Dialogfeld
des Befehls
SYMBOLLEISTEN

Folgende Einstellungen können Sie in diesem Dialogfeld vornehmen:

AUTOSKETCH CLASSIC: Umschalten zur Benutzeroberfläche wie in AutoSketch 2.X (siehe Abbildung 22.6). Haben Sie bisher mit einer dieser Versionen gearbeitet, finden Sie sich vielleicht mit dieser Oberfläche besser zurecht. Sinnvoller ist es aber, wenn Sie sich gleich mit der neuen Oberfläche vertraut machen. Dann haben Sie die neuen Funktionen besser im Zugriff.

KOMPATIBEL ZU MICROSOFT OFFICE 97: Umschalten zur Benutzeroberfläche von AutoSketch 6 mit den Symbolleisten, die kompatibel zu Microsoft Office 97 sind. In diesem Buch wurde immer mit dieser Einstellung gearbeitet. Alle Abbildungen sind mit dieser Oberfläche erstellt worden.

Symbolleisten anpassen

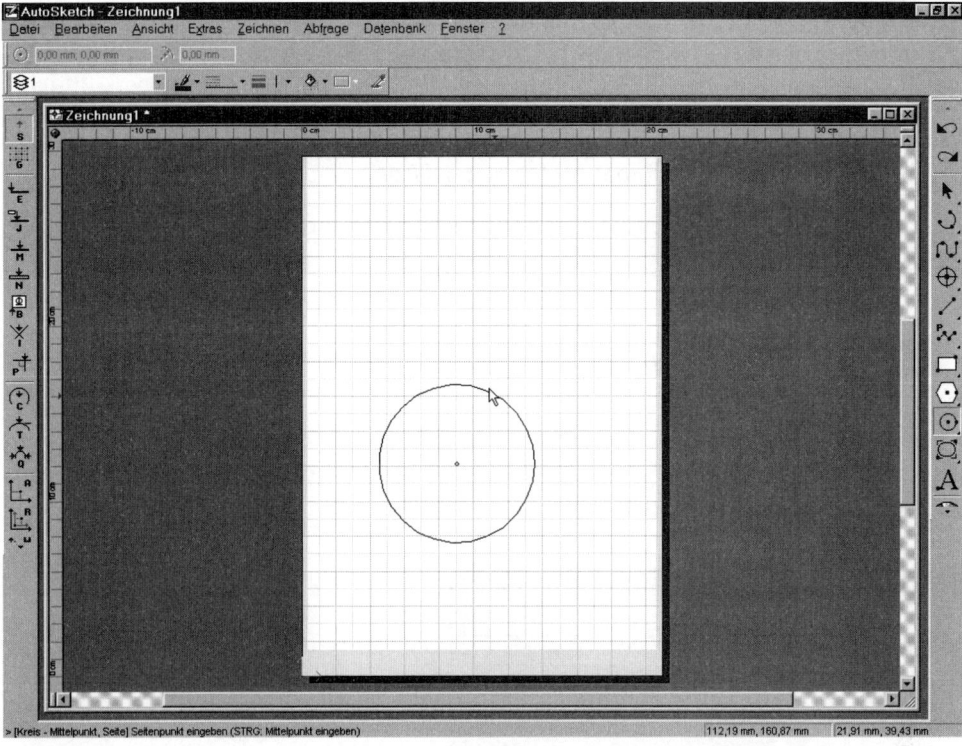

Abbildung 22.6: AutoSketch mit der Bedienoberfläche AUTOSKETCH CLASSIC

Fehler

- Bevor von einer Oberfläche zur anderen umgeschaltet wird, bekommen Sie eine Meldung, dass alle Änderungen an der Position und der Sichtbarkeit von Symbolleisten zurückgenommen werden (siehe Abbildung 22.7). Nur wenn Sie dies akzeptieren, erscheint die neue Oberfläche. Die andere Oberfläche kommt immer mit ihrer Grundeinstellung.

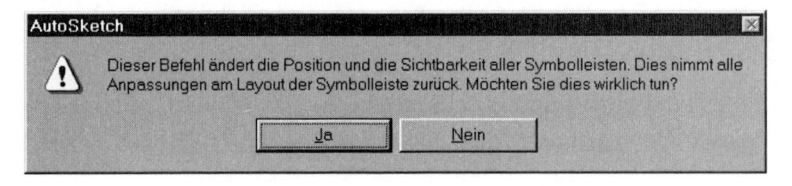

Abbildung 22.7: Warnmeldung beim Umschalten der Bedienoberfläche

SYMBOLLEISTEN: In der Liste finden Sie alle Symbolleisten (siehe Abbildung 22.5). Setzen Sie das Häkchen vor den Namen, und die Symbolleiste wird eingeschaltet. Ansonsten ist sie nicht sichtbar.

SYMBOLGRÖSSE: Wählen Sie im Abrollmenü zwischen kleinen und großen Symbolen oder diesen noch mal in doppelter Größe.

QUICKINFO ANZEIGEN: Wenn dieser Schalter ein ist, wird eine Infozeile angezeigt, wenn man mit dem Mauszeiger auf einem Symbol bleibt.

Neue Symbolleiste erstellen

Klicken Sie auf die Schaltfläche NEU, können Sie eine neue Symbolleiste erstellen. Zuerst bekommen Sie ein Dialogfeld auf den Bildschirm, in dem Sie die Eigenschaften der neuen Symbolleiste eintragen können (siehe Abbildung 22.8).

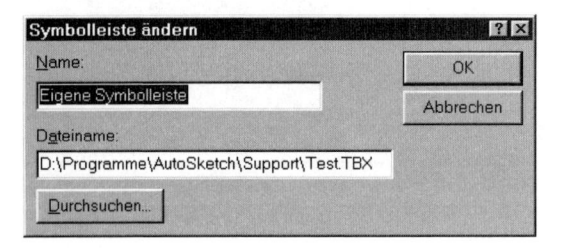

Abbildung 22.8: Neue Symbolleiste erstellen

Tragen Sie im Dialogfeld einen Namen für die neue Symbolleiste in das Feld NAMEN ein. Für neue Symbolleisten wird eine Datei mit der Erweiterung *.TBX angelegt. Wenn Sie keinen Dateinamen eintragen, wird eine neue TBX-Datei angelegt. Sie erhält den Namen der Symbolleiste und wird im aktuellen Zeichnungsverzeichnis abgelegt.

Tragen Sie hier einen Pfad und einen Dateinamen ein, wird die Definition der Symbolliste in dieser TBX-Datei gespeichert. Wählen Sie eine vorhandene Datei mit der Erweiterung *.TBX, wird die Definition der neuen Symbolleiste in dieser Datei gespeichert, die Datei wird entsprechend erweitert. Die neue Symbolleiste erhält die gleichen Einträge wie die zuletzt in dieser Datei erstellte Symbolleiste. Diese können Sie dann ändern.

Haben Sie Namen und Datei eingetragen, bekommen Sie das Dialogfeld zum Erstellen einer neuen Symbolleiste auf den Bildschirm (siehe Abbildung 22.9).

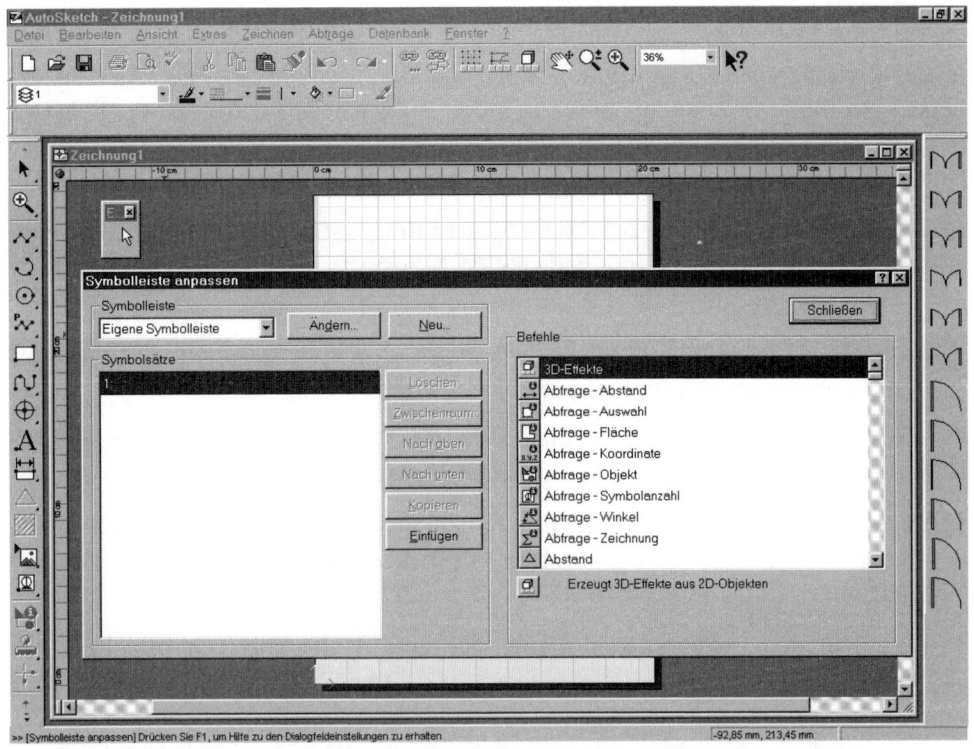

Abbildung 22.9: Dialogfeld zum Erstellen einer neuen Symbolleiste

Die Symbolleiste selber, im Moment noch leer, wird ebenfalls eingeblendet. Im Dialogfeld haben Sie folgende Möglichkeiten:

SYMBOLLEISTE: In einem Abrollmenü können Sie wählen, welche Symbolleiste Sie bearbeiten wollen. Da Sie eine neue Symbolleiste erstellen, steht auch deren Name im Menü.

ÄNDERN: Klicken Sie auf diese Schaltfläche, erhalten Sie wieder das Dialogfeld in Abbildung 22.8. Sie können noch Änderungen am Namen und an der Datei vornehmen.

SCHLIESSEN: Beendet die Bearbeitung. Haben Sie die neue Symbolleiste leer gelassen oder alle Einträge aus einer Symbolleiste entfernt, kommt beim Schließen ein Meldungsfenster (siehe Abbildung 22.10).

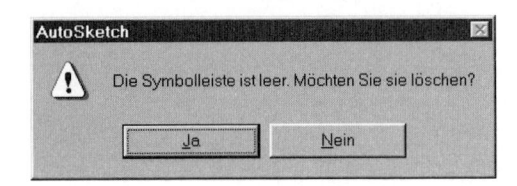

Abbildung 22.10: Meldungsfenster bei leerer Symbolleiste

Klicken Sie auf JA, wenn die leere Symbolleiste entfernt werden soll.

In der Liste SYMBOLSÄTZE (links) haben Sie alle Symbole, die Sie schon in der neuen Symbolleiste haben, untereinander aufgelistet. In der Liste BEFEHLE (rechts) haben Sie alle Befehle, die Sie in einer Symbolleiste verwenden können. Gehen Sie wie folgt vor, wenn Sie sich eine neue Symbolleiste zusammenstellen:

- Wählen Sie in der Liste BEFEHLE einen Eintrag aus, klicken Sie auf das Symbol, und ziehen Sie es mit gedrückter Maustaste auf ein Feld in der Liste SYMBOLSÄTZE.
- Ziehen Sie das Symbol in ein Feld, in dem sich schon eines befindet, wird das neue daneben gesetzt. In der Symbolleiste ergibt dies ein Flyout-Menü.
- Ziehen Sie das Symbol in das letzte Feld, wird es angehängt. In der Symbolleiste wird es dann in ein neues Feld daneben gesetzt.
- Innerhalb der Liste SYMBOLSÄTZE können Sie die Symbole auch noch beliebig umsortieren. Ziehen Sie die Symbole mit gedrückter Maustaste an eine andere Stelle in der Liste, und es wird dort einsortiert.
- Zwischen den beiden Listen haben Sie eine Spalte mit Schaltflächen, mit denen Sie die Anordnung in der Liste SYMBOLSÄTZE bearbeiten können.
- LÖSCHEN: Löscht die markierte Zeile in der Liste SYMBOLSÄTZE.
- ZWISCHENRAUM: Setzt einen Zwischenraum über der markierten Zeile in der Liste SYMBOLSÄTZE ein (siehe Abbildung 22.11).
- NACH OBEN: Rückt die markierte Zeile in der Liste SYMBOLSÄTZE um eine Stelle nach oben. Die vorherige Zeile wird dabei übersprungen.
- NACH UNTEN: Rückt die markierte Zeile in der Liste SYMBOLSÄTZE um eine Stelle nach unten. Die nächste Zeile wird dabei übersprungen.
- KOPIEREN: Kopiert die markierte Zeile mit allen Symbolen.
- EINFÜGEN: Fügt eine kopierte Zeile an der aktuellen Cursorposition ein. So können Sie eine Zeile aus einer Symbolleiste kopieren, im Abrollmenü SYMBOLLEISTE diese wechseln und in der anderen Symbolleiste die Zeile einfügen.

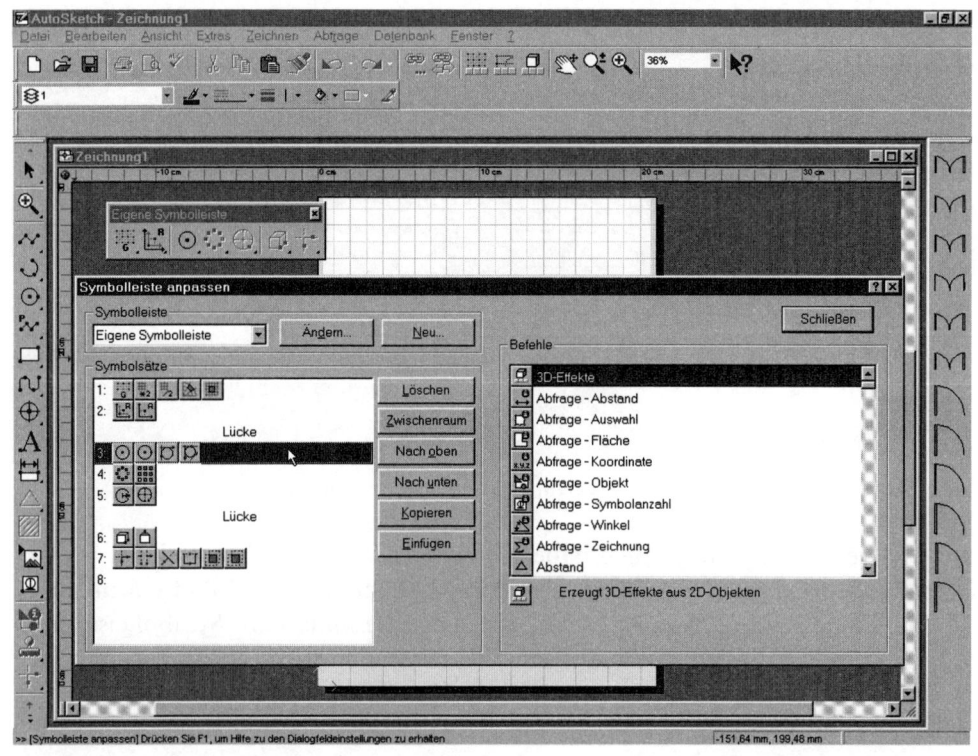

Abbildung 22.11: Symbolleiste neu erstellen

Symbolleiste anpassen

Markieren Sie eine Symbolleiste im Dialogfeld des Befehls SYMBOLLEISTEN (siehe Abbildung 22.5), und klicken Sie auf die Schaltfläche ANPASSEN, dann bekommen Sie das gleiche Dialogfeld, wie Sie es vom Erstellen von Symbolleisten her kennen (siehe Abbildung 22.11). Es stehen Ihnen beim Ändern auch die gleichen Funktionen wie bei der Erstellung zur Verfügung (siehe oben).

Tips

- An den Funktionsleisten, die in AutoSketch standardmäßig vorhanden sind, können Sie keine Änderungen vornehmen. Sie können lediglich Zeilen daraus kopieren und in eine eigene Symbolleiste übernehmen. Alle anderen Funktionen sind deaktiviert (siehe Abbildung 22.12).

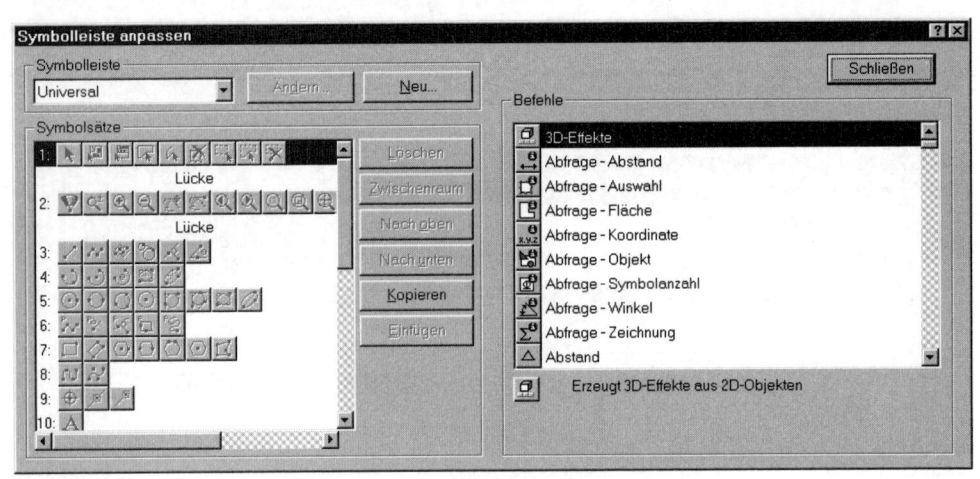

Abbildung 22.12: Versuch, die Universal-Symbolleiste zu ändern

- Wie Sie oben schon gesehen haben, bringt ein Rechtsklick auf einem Symbol einer beliebigen Symbolleiste das Pop-up-Menü auf den Bildschirm (siehe Abbildung 22.13). Wenn es sich dabei um eine änderbare Symbolleiste handelt, finden Sie in der letzten Zeile die Funktion ANPASSEN. Wenn Sie diese wählen, kommen Sie gleich zum Dialogfeld zur Änderung der Symbolleiste.

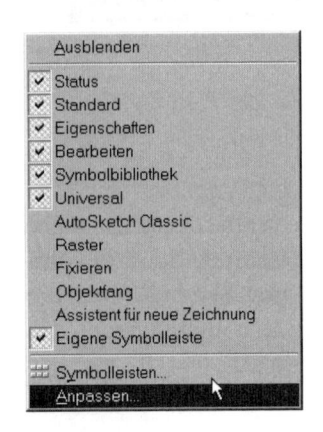

Abbildung 22.13: Pop-up-Menü auf einer änderbaren Symbolleiste

Erstellen neuer Symbolleisten

- *Erstellen Sie eine neue Symbolleiste, in der Sie die wichtigsten Zeichen-, Editier- und Anzeigebefehle jeweils in einem Flyout-Menü anordnen.*
- *Ziehen Sie sich weitere Befehle, die Sie für wichtig halten, in die Symbolleiste.*
- *Testen Sie die Funktion der Symbolleiste.*

Kapitel 23

Eigene Stiftstile und Schraffurmuster

Entsprechen die vorhandenen Stiftstile oder Schraffurmuster nicht Ihren Vorstellungen, können Sie diese jederzeit anpassen oder erweitern. Sie lernen in diesem Kapitel,

- wie Sie ihre eigenen Stiftstile definieren
- wie Sie eigene Schraffurmuster gestalten können

Beim Testen dieser Möglichkeiten ändern Sie die Grundeinstellungen des Programms. Wollen Sie die Möglichkeiten nur testen, sichern Sie vorher die Originaldateien, in denen die Änderungen vorgenommen werden. Es wird darauf hingewiesen, welche Datei verändert werden muß und vorher gesichert werden sollte.

23.1 Stiftstile definieren

AutoSketch wird mit einer ganzen Reihe von Stiftstilen geliefert. Trotzdem kann es sein, dass Sie zusätzliche Muster oder vorhandene Muster in anderen Längen benötigen. Wenn Sie mit der Originaldatei experimentieren, sichern Sie sich vorher die Stiftstildatei *SKETCH.LIN*. Diese Datei finden Sie im Ordner *\Programme\AutoSketch\Properties*, sofern Sie nicht bei der Installation den Programmordner gewechselt haben.

Eigenschaften von Stiftstildateien

- Die standardmäßig gelieferten Stiftstile sind in der Stiftstildatei *SKETCH.LIN* gespeichert, die Sie mit einem Texteditor ändern oder erweitern können.

- Sie können auch eigene neue Stiftstildateien erstellen. Sie müssen die Dateierweiterung *.LIN* erhalten und können beliebig viele Stildefinitionen enthalten. Diese Dateien müssen ebenfalls im Ordner *\Programme\AutoSketch\Properties* abgelegt sein, damit sie von AutoSketch erkannt werden können.

- Haben Sie Änderungen an der Stiftstildatei vorgenommen oder neue Dateien erstellt, müssen Sie AutoSketch beenden und neu starten. Erst dann werden die Änderungen wirksam.

- Die ersten neun Stiftstile im Abrollmenü der Symbolleiste EIGENSCHAFTEN (*Kompakt, Kurze Striche, Lange Striche, Mittellinie, Phantom, Gepunktet, Strichpunkt, Getrennt* und *Rand*) sind nicht über eine Datei definiert. Sie sind fest im Programm enthalten und können nicht geändert werden. Sie werden in AutoSketch auch ohne Änderung der Skalierfaktoren an den jeweiligen Maßstab angepasst.

- Linientypendateien aus AutoCAD bzw. AutoCAD LT können in AutoSketch ebenfalls verwendet werden. Sie müssen sie dann in den Ordner *\Programme*

\AutoSketch\Properties kopieren oder deren Inhalt zu der vorhandenen Datei *SKETCH.LIN* hinzufügen.

- Komplexe Linientypen, wie Sie in AutoCAD bzw. AutoCAD LT verwendet werden können, sind als Stiftstil in AutoSketch nicht möglich. Befinden sich solche in einer Stiftstildatei, werden sie ignoriert.

Stiftstildatei mit dem Texteditor erstellen, erweitern oder ändern

Die Stiftstile sind in Textdateien gespeichert. Sie können mit einem Texteditor, zum Beispiel mit dem Windows-Notepad, die Datei *SKETCH.LIN* ändern bzw. erweitern oder eine komplett neue Stiftstildatei erstellen.

In einer Stiftstildatei finden Sie für jeden Stiftstil eine Definition. Sie besteht aus zwei Zeilen. Die erste Zeile beginnt mit *, gefolgt von dem Namen und nach einem Komma der Beschreibung:

`*Stiftstilname[,Beschreibung]`

zum Beispiel:

`*RAND,__ __ . __ __ . __ __ . __ __ . __ __ .`
`A, 12.7, -6.35, 12.7, -6.35, 0, -6.35`

Beschreibung

Für die Beschreibung können Sie auch einen Text eingeben; maximal darf sie 47 Zeichen umfassen. Der Text ist für die Funktion nicht erforderlich und kann auch weggelassen werden. Dann darf das Komma hinter dem Namen nicht stehen. Als Beschreibung ist in der vorhandenen Datei *SKETCH.LIN* das Muster des Stils mit Textzeichen dargestellt. Dieses Muster wird in AutoSketch nicht ausgewertet. Sie können es also bei eigenen Dateien auch weglassen.

In der zweiten Zeile steht »**A,**« und dahinter die eigentliche Beschreibung des Stiftstils (siehe oben). Sie können bis zu 12 Segmente (Strich, Pause oder Punkt) definieren, die Zeilenlänge ist aber auf 80 Zeichen begrenzt.

A für Ausrichtung

Das Zeichen A in der zweiten Zeile der Stiftstildefinition steht für die Ausrichtung. Momentan ist nur diese Ausrichtung möglich. Es muß also an dieser Stelle immer A stehen.

Linienmuster

Hinter dem A, getrennt durch ein Komma, wird das Linienmuster angegeben. Hier wird eine Periode des Stiftstils mit Zahlenwerten definiert. Begonnen wird immer mit einem Strich, und am Ende steht eine Pause. Tabelle 23.1 zeigt die möglichen Zahlenwerte in der Stiftstildefinition.

Wert > 0:	Strich mit der angegebenen Länge (in Zeichnungseinheiten)
Wert < 0:	Pause mit der angegebenen Länge (in Zeichnungseinheiten)
Wert = 0:	Punkt

Tabelle 23.1: Zahlenwerte in der Stiftstildefinition

Im Listing 23.1 sehen Sie einen Auszug aus der Stiftstildatei *SKETCH.LIN*.

```
...
*RAND,Rand __ __ . __ __ . __ __ . __ __ . __ __ .
A,.5,-.25,.5,-.25,0,-.25
*RAND2,Rand (.5x) __.__.__.__.__.__.__.__.__.
A,.25,-.125,.25,-.125,0,-.125
*RANDX2,Rand (2x) ____ ____ . ____ ____ . ____
A,1.0,-.5,1.0,-.5,0,-.5

*MITTE,Mitte ____ _ ____ _ ____ _ ____ _ ____ _ ____
A,1.25,-.25,.25,-.25
*MITTE2,Mitte (.5x) ___ _ ___ _ ___ _ ___ _ ___ _ ___
A,.75,-.125,.125,-.125
*MITTEX2,Mitte (2x) _____ __ _____ __ _____
A,2.5,-.5,.5,-.5

*STRICHPUNKT,Strichpunkt __ . __ . __ . __ . __ . __
A,.5,-.25,0,-.25
*STRICHPUNKT2,Strichpunkt (.5x) _._._._._._._._._._._._.
A,.25,-.125,0,-.125
*STRICHPUNKTX2,Strichpunkt (2x) ____ . ____ . ____
A,1.0,-.5,0,-.5

*STRICHLINIE,Strichlinie __ __ __ __ __ __ __ __
A,.5,-.25
*STRICHLINIE2,Strichlinie (.5x) _ _ _ _ _ _ _ _ _ _
A,.25,-.125
*STRICHLINIEX2,Strichlinie (2x) ____ ____ ____ __
A,1.0,-.5.
...
```

Listing 23.1: Auszug aus der Datei SKETCH.LIN.

Änderung der Stiftstildatei

- *Sichern Sie die Datei SKETCH.LIN in einem anderen Ordner. Ändern Sie die Datei SKETCH.LIN mit dem Texteditor. Fügen Sie neue Stiftstile hinzu, verändern Sie vorhandene.*

- *Beenden Sie AutoSketch, und starten Sie es neu. Erst dann stehen Ihnen die neuen Stiftstile zur Verfügung. Zeichnen Sie mit den neuen Stiftstilen, und sehen Sie sich die Veränderungen an.*

23.2 Schraffurmuster definieren

Die Schraffurmuster, die Sie bei dem Befehl SCHRAFFUR verwenden und mit denen Sie geschlossene Polygone füllen können, sind in Schraffurmusterdateien mit der Dateierweiterung *.PAT gespeichert. AutoSketch wird mit der Datei SKETCH.PAT geliefert. Um zu AutoCAD kompatibel zu sein, werden die AutoCAD-Schraffurmusterdateien ebenfalls mitgeliefert. Das sind die Dateien ACAD.PAT und ACADISO.PAT. Die Datei ACADISO.PAT wird verwendet, wenn Sie metrische Einheiten gewählt haben, und ACAD.PAT bei englischen Einheiten. Sollten die vorhandenen Muster nicht ausreichen, können Sie eigene Schraffurmuster definieren.

Eigenschaften von Schraffurmusterdateien

- Die Standard-Schraffurmuster sind in der Schraffurmusterdatei SKETCH.PAT gespeichert, die Sie mit einem Texteditor ändern oder erweitern können.

- Zudem können Sie eigene Schraffurmusterdateien erstellen. Sie müssen die Dateierweiterung .PAT, können aber auch mehrere Schraffurmusterdefinitionen enthalten. Diese Dateien müssen wie die Stiftstildateien im Ordner \Programme\AutoSketch\Properties abgelegt sein, damit sie von AutoSketch erkannt werden können.

- Haben Sie Änderungen an der Schraffurmusterdatei vorgenommen oder neue Dateien erstellt, müssen Sie AutoSketch beenden und neu starten. Erst dann stehen Ihnen die neuen Muster zur Verfügung.

- Die Schraffurmusterdateien aus AutoCAD befinden sich ebenfalls im Ordner \Programme\AutoSketch\Properties und können in AutoSketch verwendet werden.

Schraffurmuster mit dem Texteditor erstellen

In den Schraffurmusterdateien *SKETCH.PAT* und *ACADISO.PAT* bzw. *ACAD.PAT* finden Sie die Schraffurmusterdefinitionen aller Schraffuren, die Sie in AutoSketch verwenden können.

Jede Schraffurmusterdefinition besteht aus mindestens zwei Zeilen, die maximale Zahl ist nicht begrenzt. In der ersten Zeile stehen der Name und eine Beschreibung:

`*NAME, [Beschreibung]`

zum Beispiel:

`*DOLMIT,Geologische Gesteinsschichten`

Die Zeile muß mit einem * beginnen. Die Beschreibung ist nicht unbedingt erforderlich, sie wird nur als Kommentar verwendet.

Jede weitere Zeile enthält die Beschreibung einer Linienfamilie, eine periodisch wiederkehrende Folge von Linien. Diese Linien sind ähnlich wie die Stiftstile zum Zeichnen definiert.

Das heißt, ein Schraffurmuster kann nur aus ausgezogenen, gestrichelten, gepunkteten und strichpunktierten Linien in einer periodisch wiederkehrenden Folge aufgebaut sein. Die Linienfamilien werden wie folgt definiert:

`Winkel,X-Koord.Ursprung,Y-Koord.Ursprung,Versatz in Linienrichtung,Abstand,[,Strich1,Strich2, usw.]`

Was die einzelnen Angaben für Funktionen haben, ist in den Tabellen 23.2 und 23.3 aufgelistet.

Winkel	Winkel der Linien dieser Familie zur X-Achse
X-Koord. Ursprung	X-Koordinate des Ursprungs einer Linie aus dieser Linienfamilie
Y-Koord. Ursprung	Y-Koordinate des Ursprungs einer Linie aus dieser Linienfamilie
Versatz in Linienrichtung	Versatz zur Linie aus der vorherigen Linienfamilie in Linienrichtung, bei ausgezogenen Linien ist dieser Faktor 0
Abstand	Abstand zur Linie aus der vorherigen Linienfamilie

Tabelle 23.2: Angaben zur Linienfamilie in Schraffurmusterdefinitionen

Soll die Linienfamilie aus unterbrochenen Linien zusammengesetzt sein, sind weitere Angaben erforderlich. Diese finden Sie in Tabelle 23.3.

Strich-N	Stiftstildefinition der Linienfamilie wie bei den Stifstildefinitionen in den Stiftstildateien (siehe 23.1)
Wert > 0:	Strich in der Länge (in Zeichnungseinheiten)
Wert < 0:	Pause in der Länge (in Zeichnungseinheiten)
Wert = 0:	Punkt

Tabelle 23.3: Angaben zum Stiftstil in der Schraffurmusterdefinition

Die Definition beginnt immer mit einem Strich, danach folgt eine Pause; sie endet mit einer Pause und beschreibt eine Periode dieser Folge. Bei Linienfamilien mit ausgezogenen Linien kann diese Beschreibung komplett entfallen.

Abbildung 23.1 zeigt an verschiedenen Beispielen Schraffuren und die zugehörigen Schraffurmusterdefinitionen.

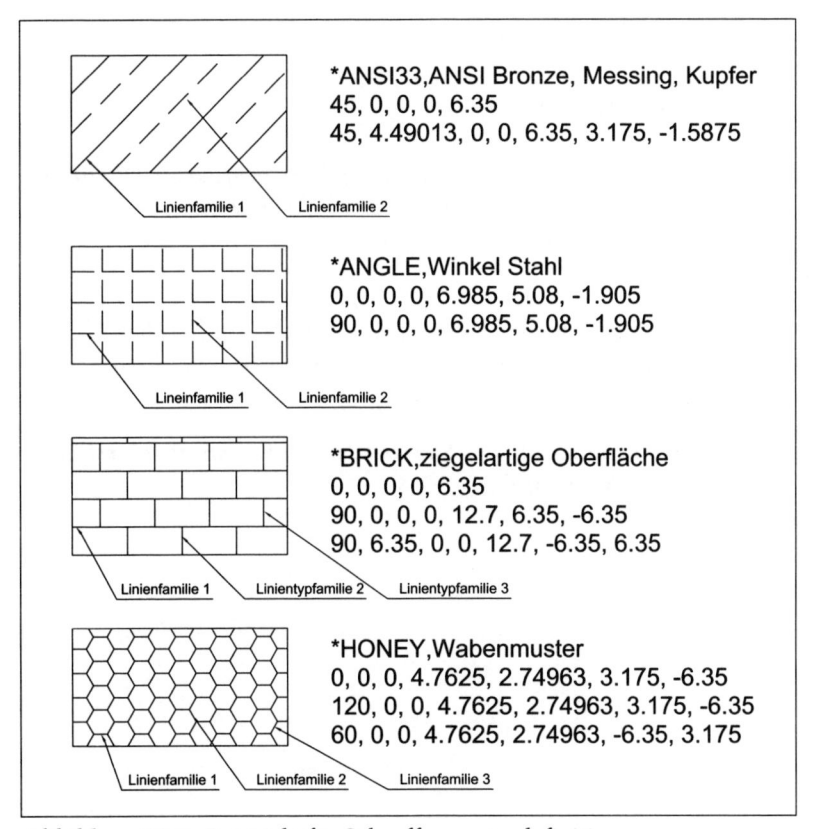

```
*ANSI33,ANSI Bronze, Messing, Kupfer
45, 0, 0, 0, 6.35
45, 4.49013, 0, 0, 6.35, 3.175, -1.5875

*ANGLE,Winkel Stahl
0, 0, 0, 0, 6.985, 5.08, -1.905
90, 0, 0, 0, 6.985, 5.08, -1.905

*BRICK,ziegelartige Oberfläche
0, 0, 0, 0, 6.35
90, 0, 0, 0, 12.7, 6.35, -6.35
90, 6.35, 0, 0, 12.7, -6.35, 6.35

*HONEY,Wabenmuster
0, 0, 0, 4.7625, 2.74963, 3.175, -6.35
120, 0, 0, 4.7625, 2.74963, 3.175, -6.35
60, 0, 0, 4.7625, 2.74963, -6.35, 3.175
```

Abbildung 23.1: Beispiele für Schraffurmusterdefinitionen

Beispiel: Erstellung einer Schraffurmusterdatei ZIEGEL.PAT

- Erstellen Sie ein Schraffurmuster ZIEGEL. Erstellen Sie dazu die Datei ZIEGEL.PAT.

- Die Schraffur soll eine gemauerte Wand darstellen. Im Maßstab 1:1 sollen die horizontalen Linien einen Abstand von 10 Einheiten haben. Es sollen sich die Ziegel mit schmaler und breiter Seite abwechseln. Die breite Seite misst 40, die schmale 20 Einheiten. Die zweite Ziegelreihe soll so angeordnet sein, dass die schmalen Ziegel exakt in der Mitte der breiten liegen (siehe Abbildung 23.2).

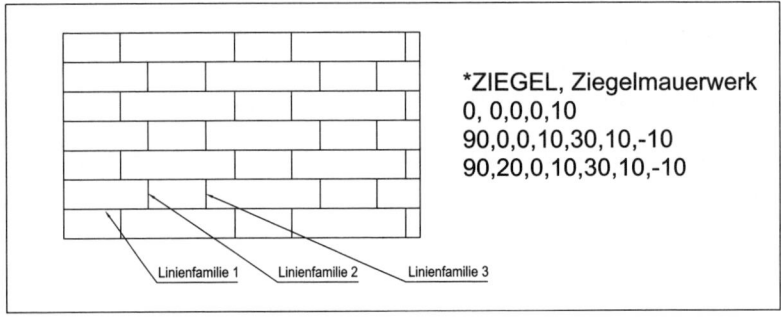

```
*ZIEGEL, Ziegelmauerwerk
0, 0,0,0,10
90,0,0,10,30,10,-10
90,20,0,10,30,10,-10
```

Abbildung 23.2: Schraffurmuster ZIEGEL

- Die Datei ZIEGEL.PAT befindet sich in Ihrem Ordner \Aufgaben. Wenn Sie diese nicht abtippen wollen, verwenden Sie die Datei. Dazu müssen Sie sie in den Ordner \Programme\AutoSketch\Properties kopieren.

- Beenden Sie AutoSketch, und starten Sie das Programm neu. Wählen Sie aus dem Abrollmenü EXTRAS den Befehl GRAFIKOPTIONEN, und stellen Sie als Vorgabemuster das Muster ZIEGEL ein. Stellen Sie für den SCHRAFFUR-SKALIERFAKTOR den Wert 0,05 ein (siehe Abbildung 23.3).

- Zeichnen Sie Rechtecke mit Schraffur. Sie werden mit dem neu erstellten Muster ZIEGEL gefüllt (siehe Abbildung 23.4).

Schraffurmuster definieren

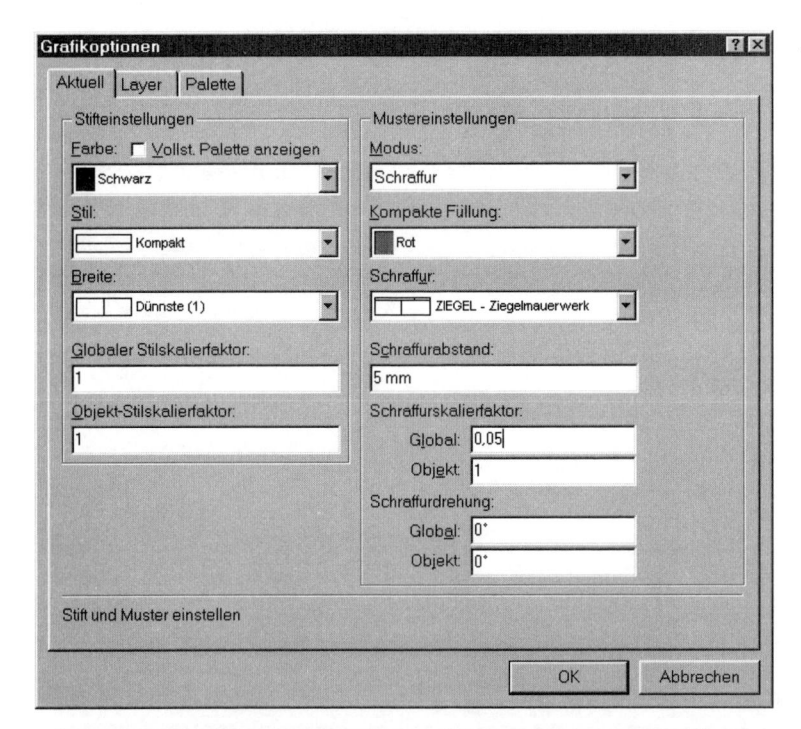

Abbildung 23.3: Einstellung der Skalierung für das Muster ZIEGEL

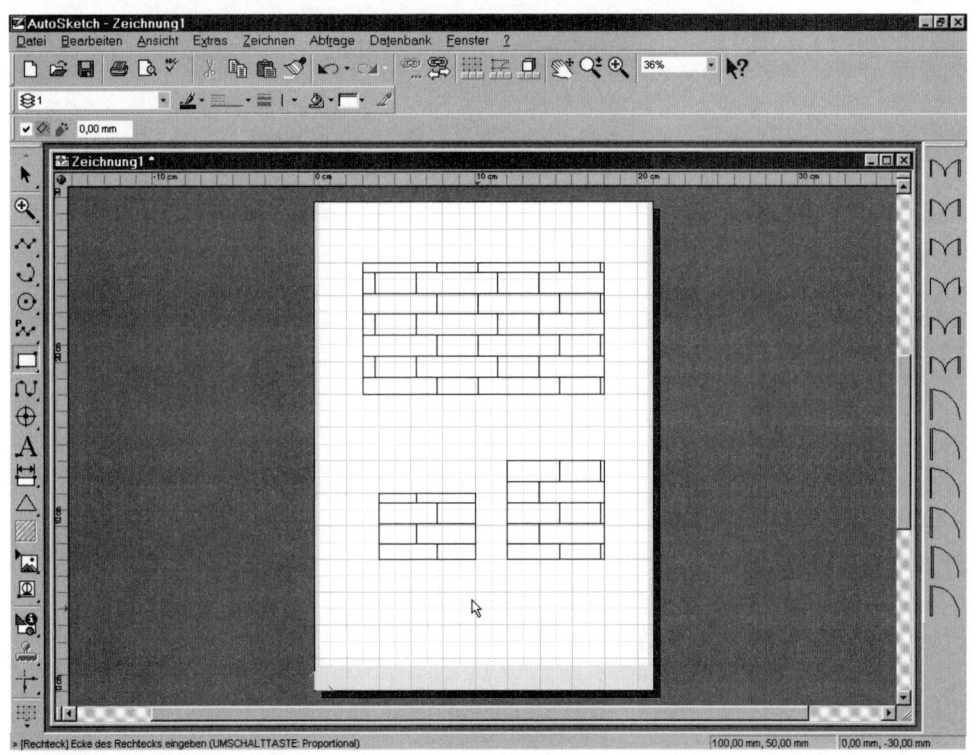

Abbildung 23.4: Schraffuren mit dem Muster ZIEGEL

Teil V

Anhang

A1 Tastaturkürzel

Mit Hilfe von Tastaturkürzeln können Sie Befehle auf der Tastatur mit einer Tastenkombination starten, ohne sich durch Menüs und Symbolleisten zu blättern. Häufig verwendete Befehle lassen sich so schneller aktivieren.

Sie haben es bestimmt schon in den Menüs gesehen. Hinter den entsprechenden Einträgen stehen die Tastaturkürzel; zum Beispiel hinter dem Befehl ÖFFNEN im Abrollmenü DATEI finden Sie den Eintrag Strg+O, das heißt, Sie können den Befehl auch mit der Tastenkombination [Strg] + [O] aktivieren.

Tastaturkürzel gibt es für folgende Befehle und Funktionen:

- Befehle aus dem Abrollmenü DATEI
- Befehle aus dem Abrollmenü BEARBEITEN
- Befehle aus dem Abrollmenü ANSICHT
- zum Verschieben des Auswahlsatzes
- zum Wiederholen von bestimmten Bearbeitungsoperationen
- zum Verschieben des Bildausschnitts
- für diverse weitere Funktionen

Tastaturkürzel für Befehle aus den Abrollmenüs

In den folgenden Tabellen (A1.1 bis A1.3) finden Sie die Tastaturkürzel für die Befehle in den Abrollmenüs.

Tastaturkürzel	Abrollmenü	Funktion
[Strg] + [N]	DATEI	NEU
[Strg] + [O]	DATEI	ÖFFNEN
[Strg] + [P]	DATEI	DRUCKEN
[Strg] + [S]	DATEI	SPEICHERN
[Alt] + [F4]	DATEI	BEENDEN
[Strg] + [F4]	DATEI	SCHLIESSEN
[Strg] + [F6]	DATEI	NÄCHSTES ZEICHNUNGSFENSTER

Tabelle A1.1: Tastaturkürzel der Befehle aus dem Abrollmenü DATEI

Tastaturkürzel	Abrollmenü	Funktion
[F3]	BEARBEITEN	Wiederholen des letzten Berarbeitungsbefehls
[Entf]	BEARBEITEN	LÖSCHEN
[Strg] + [A]	BEARBEITEN	MARKIEREN ALLES
[Strg] + [B]	BEARBEITEN	ANORDNEN, IN DEN HINTERGRUND
[Strg] + [C]	BEARBEITEN	KOPIEREN
[Strg] + [F]	BEARBEITEN	ANORDNEN, IN DEN VORDERGRUND
[Strg] + [M]	BEARBEITEN	WÄHLEN, AUSWAHL ÄNDERN
[Strg] + [V]	BEARBEITEN	EINFÜGEN
[Strg] + [X]	BEARBEITEN	AUSSCHNEIDEN
[Strg] + [Y]	BEARBEITEN	WIEDERHERSTELLEN
[F4]	ZEICHNEN	Wiederholen des letzten Zeichenbefehls

Tabelle A1.2: Tastaturkürzel der Befehle aus den Abrollmenüs BEARBEITEN und ZEICHNEN

Tastaturkürzel	Abrollmenü	Funktion
[Strg] + [D]	ANSICHT	AUSWAHL
[Strg] + [E]	ANSICHT	GRENZEN
[Strg] + [G]	ANSICHT	SEITE
[Strg] + [I]	ANSICHT	VERGRÖSSERN
[Strg] + [L]	ANSICHT	LETZTE
[Strg] + [R]	ANSICHT	NEU ZEICHNEN
[Strg] + [+]	Ansicht	VERGRÖSSERN
[Strg] + [-]	ANSICHT	VERKLEINERN
[F4]	ZEICHNEN	Wiederholen des letzten Zeichenbefehls

Tabelle A1.3: Tastaturkürzel der Befehle aus dem Abrollmenü ANSICHT

Mit den Tastaturkürzeln in Tabelle A1.4 können Sie den letzen Transfomationsbefehl für einen Auswahlsatz (SCHIEBEN, DREHEN, AUSRICHTEN oder SKALIEREN) wiederholen.

Tastaturkürzel	Funktion
[#]	Wiederholt den letzten Transformationsbefehl, die Zahl der Wiederholungen kann in einem Dialogfeld eingegeben werden (siehe Abbildung A1.1)
[*]	Wiederholt den letzten Transformationsbefehl einmal

Tabelle A1.4: Tastaturkürzel für Wiederholungen der Transformationsbefehle

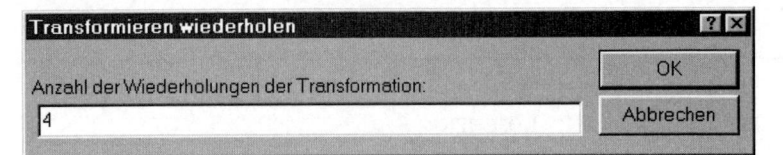

Abbildung A1.1: Anzahl der Wiederholungen für einen Transformationsbefehl

Mit weiteren Tastaturkürzeln kann der Auswahlsatz bearbeitet werden. Tabelle A1.5 zeigt die verschiedenen Möglichkeiten.

Tastaturkürzel	Funktion
⇧ + ←	Verschiebung Auswahl um eine Rasterstufe nach links
⇧ + →	Verschiebung Ausw. um eine Rasterstufe nach rechts
⇧ + ↓	Verschiebung Auswahl um eine Rasterstufe nach unten
⇧ + ↑	Verschiebung Auswahl um ein Rasterstufe nach oben
⇧ + Pos1	Verschiebung Auswahl um eine Fangstufe nach links
⇧ + Ende	Verschiebung Auswahl um eine Fangstufe nach rechts
⇧ + Bild↓	Verschiebung Auswahl um eine Fangstufe nach unten
⇧ + Bild↑	Verschiebung Auswahl um ein Fangstufe nach oben
+ oder F5 +	Drehung Auswahl gegen den Uhrzeigersinn
− oder ⇧ + F5	Drehung Auswahl im Uhrzeigersinn

Tabelle A1.5: Tastaturkürzel der Befehle aus dem Abrollmenü ANSICHT

Mit verschiedenen Funktionstasten können Sie den Bildausschnitt ändern. In Tabelle A1.6 sind diese aufgelistet.

Taste	Funktion
←	Verschiebung des Ausschnitts nach links
→	Verschiebung des Ausschnitts nach rechts
↓	Verschiebung des Ausschnitts nach oben
↑	Verschiebung des Ausschnitts nach unten
Pos1	Verschiebung des Ausschnitts um ganze Bildschirmbreite nach rechts
Ende	Verschiebung des Ausschnitts um ganze Bildschirmbreite nach links
Bild↓	Verschiebung des Ausschnitts um ganze Bildschirmbreite nach unten
Bild↑	Verschiebung des Ausschnitts um ganze Bildschirmbreite nach oben

Tabelle A1.6: Funktionstasten zur Änderung des Bildaussschnitts

Verschiedene weitere Tastaturkürzel sind speziellen Funktionen vorbehalten. in Tabelle A1.7 finden Sie diese aufgelistet.

Tastaturkürzel	Funktion
Strg + Q	Abrollmenü ANSICHT, Befehl ZEICHENOPTIONEN
Strg + T	Umschaltung Tablett-/Mausmodus
Einfg	Automatische Auswahl
=	Dialogfeld zur Berechnung eines Ausdrucks
?	Abrollmenü ABFRAGE, Befehl OBJEKTEIGENSCHAFTEN
F1	Abrollmenü ?, Befehl AUTOSKETCH-HILFE
Strg + F1	Abrollmenü ?, Befehl DIREKTHILFE
Strg + -	ANSICHT VERKLEINERN
F4	ZEICHNEN Wiederholen des letzten Zeichenbefehls

Tabelle A1.7: Tastaturkürzel für verschiedene Funktionen

A2 Symbolleisten

Im Folgenden finden Sie alle Symbolleisten von AutoSketch mit einer Auflistung der hinterlegten Funktionen.

STANDARD-SYMBOLLEISTE und Befehle (von links nach rechts):

Abbildung A2.1: STANDARD-SYMBOLLEISTE

NEU; ÖFFNEN; SPEICHERN; DRUCKEN; SEITENANSICHT; RECHTSCHREIBUNG; AUS-SCHNEIDEN; KOPIEREN; EINFÜGEN; EIGENSCHAFTEN ANWENDEN; RÜCKGÄNGIG; WIEDERHERSTELLEN; HYPERLINK BEARBEITEN; HYPERLINKS SUCHEN; RASTER BEARBEITEN; FÜHRUNGSLINIEN BEARBEITEN; PAN IN ECHTZEIT; ZOOMEN IN ECHTZEIT; VERGRÖSSERN; Abrollmenü für den Zoom-Faktor; DIREKTHILFE

Symbolleiste EIGENSCHAFTEN und Befehle (von links nach rechts):

Abbildung A2.2: Symbolleiste EIGENSCHAFTEN

Auswahlmenü aktueller Layer; Auswahlmenü aktuelle Farbe; Auswahlmenü aktueller Stiftstil; Auswahlmenü aktuelle Breite; Auswahlmenü aktuelles Muster; Auswahlmenü Schraffurstil bzw. Füllfarbe

Symbolleiste BEARBEITEN und Befehle (von links nach rechts):

Abbildung A2.3: Symbolleiste BEARBEITEN

ABFRAGE OBJEKT; die restlichen Eingabefelder und Funktionen sind abhängig vom markierten Objekt

Universal-Symbolleiste und Befehle (von links nach rechts):

Abbildung A2.4: Universal-Symbolleiste

DIREKT WÄHLEN; Flyout-Menü für die Zoom-Befehle; Flyout-Menü für die Linienbefehle; Flyout-Menü für die Bogenbefehle; Flyout-Menü für die Kreisbefehle; Flyout-Menü für die Polylinienbefehle; Flyout-Menü für die Polygonbefehle; Flyout-Menü für die Kurvenbefehle; Flyout-Menü für die Markierungsbefehle; TEXT AN PUNKT; Flyout-Menü für die Bemaßungsbefehle; Flyout-Menü für die Abstandsbefehle; SCHRAFFUR; Flyout-Menü mit BILD AUS DATEI und DETAILANSICHT; Flyout-Menü für die Symbolbefehle; Flyout-Menü für die Abfragebefehle; Flyout-Menü für die Transformationsbefehle; Flyout-Menü für die Stutzenbefehle; Flyout-Menü für die Fangfunktionen; Flyout-Menü für die Fixierungsfunktionen

Symbolleiste SYMBOLBIBLIOTHEK und Befehle (von links nach rechts):

Abbildung A2.5: Symbolleiste SYMBOLBIBLIOTHEK

Einfügen von Symbolen der aktuellen Symbolbibliothek

Symbolleiste 3D-EFFEKTE und Befehle (von links nach rechts):

Abbildung A2.6: Symbolleiste 3D-EFFEKTE

OPTIONEN FÜR 3D-EFFEKTE; PARALLELE 3D-EXTRUSION; PERSPEKTIVISCHE 3D-EXTRUSION; TRANSFORMATION: ISOMETRISCH LINKS; TRANSFORMATION: ISOMETRISCH OBEN; TRANSFORMATION; ISOMETRISCH RECHTS

Symbolleiste ABFRAGE und Befehle (von links nach rechts):

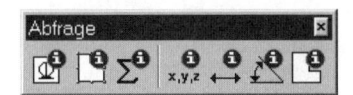

Abbildung A2.7: Symbolleiste ABFRAGE

ABFRAGE – SYMBOLANZAHL; ABFRAGE – AUSWAHL; ABFRAGE – ZEICHNUNG; ABFRAGE – KOORDINATE; ABFRAGE – ABSTAND; ABFRAGE – WINKEL; ABFRAGE - FLÄCHE

Symbolleiste ANORDNEN und Befehle (von links nach rechts):

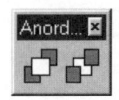

*Abbildung A2.8:
Symbolleiste
ANORDNEN*

IN DEN VORDERGRUND VERSCHIEBEN; IN DEN HINTERGRUND VERSCHIEBEN

Symbolleiste ANPASSUNG und Befehle (von links nach rechts):

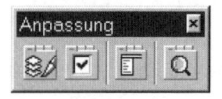

*Abbildung A2.9:
Symbolleiste
ABFRAGE*

GRAFIKOPTIONEN; ZEICHENOPTIONEN; BEFEHLE ANPASSEN; ANSICHTSOPTIONEN

Symbolleiste ANSICHT und Befehle (von links nach rechts):

*Abbildung A2.10:
Symbolleiste
ANSICHT*

NEU ZEICHNEN; ZOOMEN IN ECHTZEIT; VERGRÖSSERN; VERKLEINERN; PAN IN ECHTZEIT; PAN; LETZTE ANSICHT; NÄCHSTE ANSICHT; AUSWAHL ANZEIGEN; ANSICHT SEITE; ANSICHT GRENZEN; ANSICHT SPEICHERN; ANSICHT AUFRUFEN

Symbolleiste ASSISTENT FÜR NEUE ZEICHNUNG und Befehle (von links nach rechts):

*Abbildung A2.11:
Symbolleiste ASSISTENT
FÜR NEUE ZEICHNUNG*

ROHENTWURF; ASSISTENT FÜR NEUE ZEICHNUNG; BAUZEICHNUNGS-ASSISTENT; BÜROPLAN-ASSISTENT; WERKBANK-ASSISTENT; DIAGRAMM-ASSISTENT; MASCHINENBAUZEICHNUNGS-ASSISTENT

Symbolleiste AUSWÄHLEN und Befehle (von links nach rechts):

*Abbildung A2.12:
Symbolleiste
AUSWÄHLEN*

DIREKT WÄHLEN; ALLE WÄHLEN; AUSWAHL ÄNDERN; IN POLYGON WÄHLEN; ZAUN WÄHLEN; AUSWAHL AUFHEBEN; MARKIERUNGSRAHMEN; UNREGELMÄSSIGER MARKIERUNGSRAHMEN; MARKIERUNGSRAHMEN LÖSCHEN

Symbolleiste BEMASSUNG und Befehle (von links nach rechts):

Abbildung A2.13: Symbolleiste BEMASSUNG

HORIZONTALE BEMASSUNG; VERTIKALE BEMASSUNG; BEMASSUNG – GEDREHT; AUSGERICHTETE BEMASSUNG; WINKELBEMASSUNG; RADIUSBEMASSUNG; DURCHMESSERBEMASSUNG; MITTELLINIENBEMASSUNG; KOORDINATENBEMASSUNG; FÜHRUNG; RECHNER

Symbolleiste BOGEN und Befehle (von links nach rechts):

Abbildung A2.14: Symbolleiste BOGEN

BOGEN – 3 PUNKTE; BOGEN – 2 PUNKTE, MITTELPUNKT; BOGEN – 2 PUNKTE, WINKEL; ELLIPTISCHER BOGEN IN RECHTECK; ELLIPTISCHER BOGEN AUS ACHSEN

Symbolleiste DATENBANK und Befehle (von links nach rechts):

Abbildung A2.15: Symbolleiste DATENBANK

DATENBANKOPTIONEN; FELD ZUWEISEN; OBJEKTFELDER BEARBEITEN; FELD LÖSCHEN; ANZEIGEN; AUSBLENDEN; DATENBANK EXPORTIEREN; DATENBANKBERICHT

Symbolleiste FIXIEREN und Befehle (von links nach rechts):

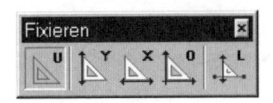

Abbildung A2.16: Symbolleiste FIXIEREN

FIXIERUNG AUFHEBEN; HORIZONTAL FIXIEREN; VERTIKAL FIXIEREN; ORTHOGONAL FIXIEREN; NORMAL FIXIEREN

Symbolleiste HYPERLINK und Befehle (von links nach rechts):

Abbildung A2.17: Symbolleiste HYPERLINK

HYPERLINK BEARBEITEN; HYPERLINK SUCHEN; HYPERLINK-SPRUNG

Symbolleiste KREIS und Befehle (von links nach rechts):

*Abbildung A2.18:
Symbolleiste
KREISE*

KREIS – MITTELPUNKT, SEITE; KREIS – SEITE, SEITE; KREIS – 3 PUNKTE; KREIS – MITTELPUNKT, RADIUS; KREIS – TANGENTIAL 2; KREIS – TANGENTIAL 3; ELLIPSE: RECHTECK; ELLISPE: ACHSEN

Symbolleiste KURVE und Befehle (von links nach rechts):

*Abbildung A2.19:
Symbolleiste
KURVE*

ANGEGLICHENE KURVE; SPLINE-KURVE

Symbolleiste LINIE und Befehle (von links nach rechts):

*Abbildung A2.20:
Symbolleiste
LINIE*

EINZELNE LINIE; MEHRFACHLINIE; DOPPELTE LINIE; TANGENTIALLINIE; SENKRECHTE LINIE; LINIE IM WINKEL

Symbolleiste MARKIERUNG und Befehle (von links nach rechts):

*Abbildung A2.21:
Symbolleiste
MARKIERUNG*

PUNKTMARKIERUNG; MARKIERUNG AM OBJEKT; MARKIERUNG AM ENDPUNKT

Symbolleiste MULTIVIEW und Befehle (von links nach rechts):

*Abbildung A2.22:
Symbolleiste
MULTIVIEW*

ALLE NEU ZEICHNEN; AUSWAHL ÜBERALL ANZEIGEN; SEITENANSICHT ÜBERALL; GRENZENANSICHT ÜBERALL; TEILEN; TEILUNG AUFHEBEN

Symbolleisten 557

Symbolleiste OBJEKTFANG und Befehle (von links nach rechts):

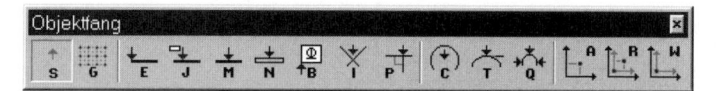

Abbildung A2.23:
Symbolleiste
OBJEKTFANG

KEIN FANG; FANG – RASTERPUNKT; FANG – ENDPUNKT; FANG – ABSTANDSPUNKT; FANG – MITTELPUNKT; FANG – NÄCHSTER PUNKT; FANG – BASISPUNKT; FANG – SCHNITTPUNKT; FANG – SENKRECHT; FANG – ZENTRUM; FANG – TANGENTE; FANG – QUADRANT; FANG – ABSOLUT; FANG – RELATIV; FANG – WINKEL

Symbolleiste POLYGON und Befehle (von links nach rechts):

Abbildung A2.24:
Symbolleiste
POLYGON

RECHTECK; GEDREHTES RECHTECK; REGELMÄSSIG: MITTELPUNKT, KANTE; REGELMÄSSIG: KANTE, PUNKT GEGENÜBER; REGELMÄSSIG: KANTE, NÄCHSTER PUNKT; REGELMÄSSIG: MITTELPUNKT, RADIUS; UNREGELMÄSSIGES POLYGON

Symbolleiste POLYLINIE und Befehle (von links nach rechts):

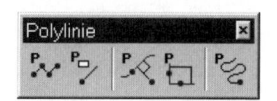

Abbildung A2.25:
Symbolleiste
POLYLINIE

POLYLINIE – EINZELN; SEGMENT; POLYLINIE – SENKRECHT; POLYLINIE – ECKE; POLYLINIE – FREIHAND

Symbolleiste RASTER und Befehle (von links nach rechts):

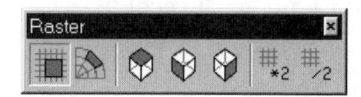

Abbildung A2.26:
Symbolleiste
RASTER

RECHTECKIGES RASTER; KREISFÖRMIGES RASTER; ISOMETRISCH OBEN; ISOMETRISCH LINKS; ISOMETRISCH RECHTS; DOPPELTE RASTERGRÖSSE; HALBE RASTERGRÖSSE

Symbolleiste STUTZEN und Befehle (von links nach rechts):

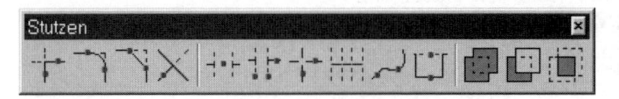

Abbildung A2.27: Symbolleiste STUTZEN

STUTZEN – ECKE; STUTZEN – ABRUNDUNG; STUTZEN – ABSCHRÄGUNG; STUTZEN – KANTE; STUTZEN – BRUCH; STUTZEN – KANAL LEGEN; STUTZEN – TRENNEN; STUTZEN – UNTERTEILEN; STUTZEN – VERBINDEN; STUTZEN – NISCHE; STUTZEN – VEREINIGUNG; STUTZEN – DIFFERENZ; STUTZEN – SCHNITTPUNKT

Symbolleiste SYMBOL und Befehle (von links nach rechts):

Abbildung A2.28: Symbolleiste SYMBOL

SYMBOL ERSTELLEN; SYMBOL AUSWÄHLEN; SYMBOLBIBLIOTHEK ÖFFNEN; SYMBOLMANAGER; SYMBOL AN PUNKT; SYMBOL EINFÜGEN; SYMBOL ANORDNUNG; ABFRAGE SYMBOLANZAHL

Symbolleiste TRANSFORMIEREN und Befehle (von links nach rechts):

Abbildung A2.29: Symbolleiste TRANSFORMIEREN

MEHRFACH KOPIEREN; ANORDNUNG KOPIERTER OBJEKTE; VERSCHIEBEN; SKALIEREN; DREHEN; AUSRICHTEN; SPIEGELN; STRECKEN; RECHTECKIGE ANORDNUNG; KREISFÖRMIGE ANORDNUNG; ABSTAND; PARALLEL

Symbolleiste AUTOSKETCH CLASSIC und Befehle (von links nach rechts):

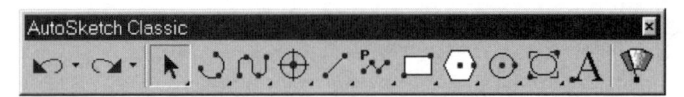

Abbildung A2.30: Symbolleiste AUTOSKETCH CLASSIC

RÜCKGÄNGIG; WIEDERHERSTELLEN; DIREKT WÄHLEN; Flyout-Menü für die Bogenbefehle; Flyout-Menü für die Kurvenbefehle; Flyout-Menü für die Markierungsbefehle; Flyout-Menü für die Linienbefehle; Flyout-Menü für die Polylinienbefehle; Flyout-Menü für die Rechteckbefehle; Flyout-Menü für die Polygonbefehle; Flyout-Menü für die Kreisbefehle; Flyout-Menü für die Ellipsenbefehle; TEXT AN PUNKT; NEU ZEICHNEN

A3 Installationsanleitung

Wenn Ihnen ein fertig installierter und konfigurierter Arbeitsplatz mit AutoSketch zur Verfügung steht, braucht Sie dieser Abschnitt nicht zu interessieren. Wenn Sie aber Ihr Programm bis jetzt noch im Karton vor sich haben, bekommen Sie Informationen zur Installation von AutoSketch.

AutoSketch wird nur auf CD geliefert. Diskettenversionen sind schon allein vom Umfang des Programms nicht mehr möglich. Im Programmpaket finden Sie die Programm-CD. Die Installation erfolgt weitgehend automatisch. Es sind nur einige wenige Angaben erforderlich. Gehen Sie wie folgt vor:

- Legen Sie die CD »AutoSketch 6« in Ihr CD-Laufwerk ein. Auf der CD befindet sich eine Datei zum automatischen Start, die normalerweise beim Schließen des Laufwerkschachts automatisch gestartet wird. Nach kurzer Zeit bekommen Sie den Startbildschirm von AutoSketch (siehe Abbildung A3.1).

Abbildung A3.1: Startbildschirm der AutoSketch-Programm-CD

- Klicken Sie auf AUTOSKETCH INSTALLIEREN, und die Installation wird gestartet. Wenn Sie dagegen auf CD DURCHSUCHEN klicken, erhalten Sie im Explorer den Inhalt der CD.

- Falls die CD nicht automatisch startet, wählen Sie im Menü START von Windows 95 bzw. Windows NT die Funktion AUSFÜHREN. Im Dialogfeld, das dann erscheint, tragen Sie ein X:\SETUP.EXE. Anstelle von X tragen Sie den Laufwerksbuchstaben Ihres CD-ROM Laufwerks ein.
- Daraufhin erhalten Sie das Installationsfenster mit weiteren Hinweisen und dem Copyright-Vermerk (siehe Abbildung A3.2). Klicken Sie auf die Schaltfläche WEITER, wenn Sie die Lizenzbedingungen anerkennen.

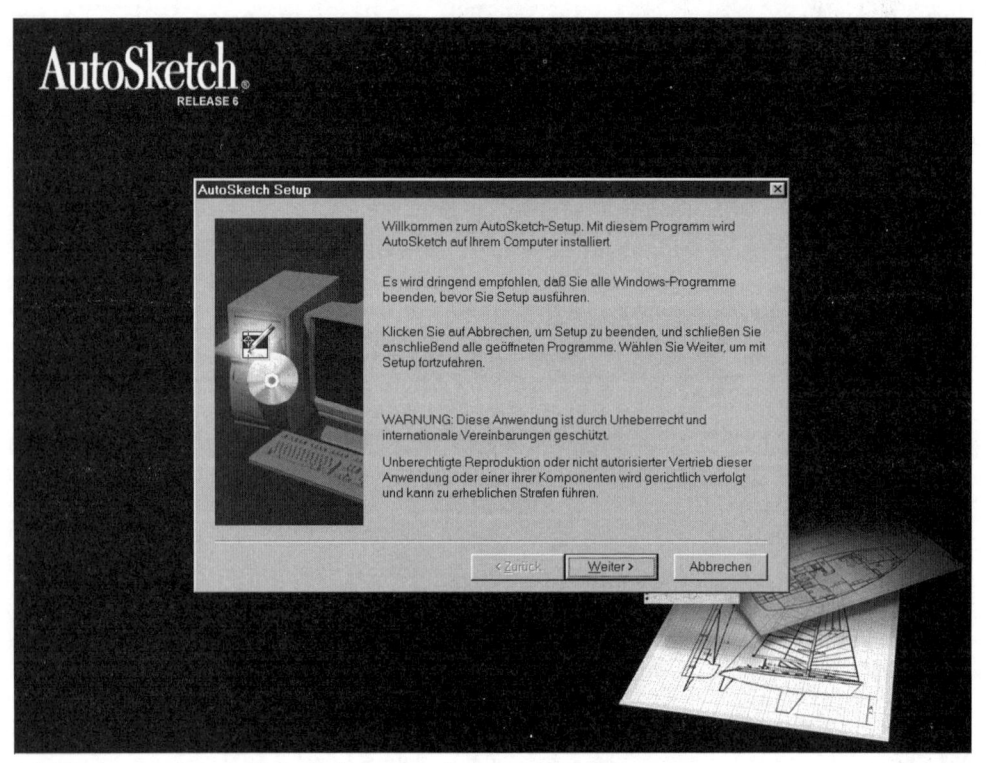

Abbildung A3.2: Installationsfenster mit weiteren Hinweisen

- Tragen Sie im nächsten Fenster (siehe Abbildung A3.3) Ihren Namen und eventuell den Ihrer Firma sowie die Seriennummer von AutoSketch ein. Diese finden Sie auf der Hülle der CD. Wenn alle Angaben korrekt sind, klicken Sie wieder auf die Schaltfläche WEITER.

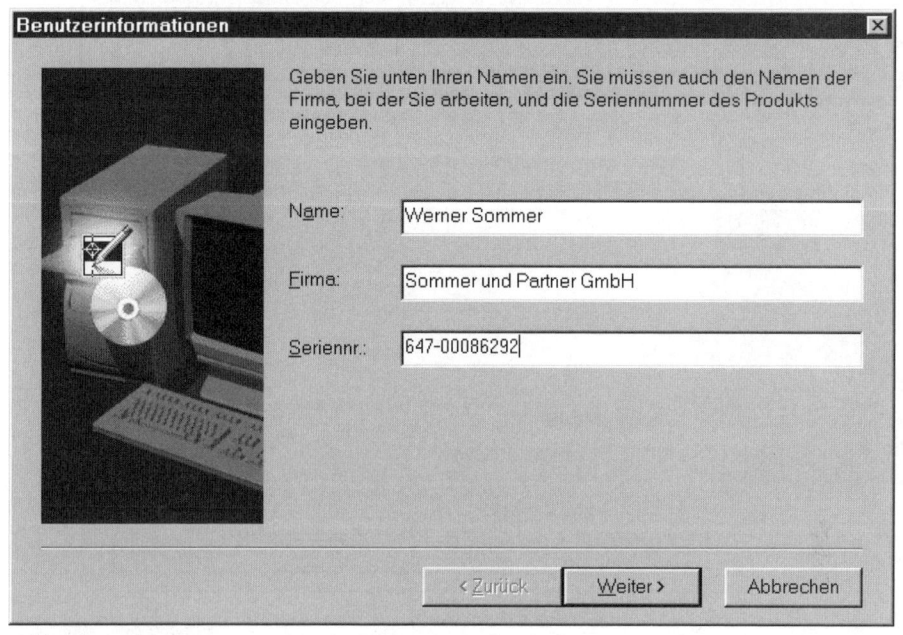

Abbildung A3.3: Fenster mit den Benutzerinformationen

- Daraufhin bekommen Sie einen Hinweis, dass Sie die Seriennummer im Handbuch notieren sollen. Dies ist dann wichtig, wenn Sie die Hotline-Nummer anrufen. Sie werden dann nach der Seriennummer gefragt. Nur wenn Sie diese parat haben, bekommen Sie Informationen.

- Danach bekommen Sie einen Ordner vorgeschlagen, in den AutoSketch installiert wird. Klicken Sie auf die Schaltfläche WEITER, wenn Sie es akzeptieren. Normalerweise ist dies der Ordner C:\Programme\AutoSketch.

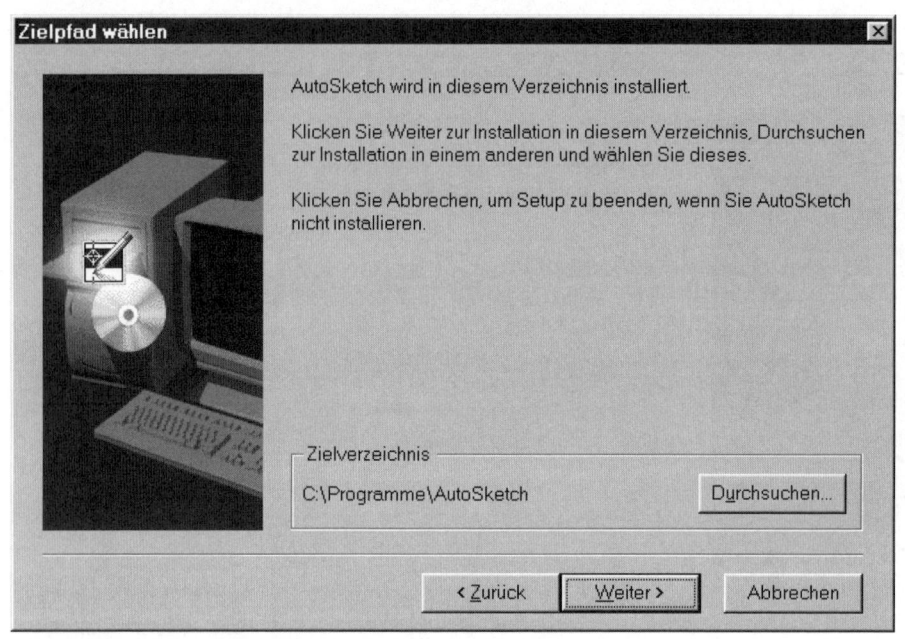

Abbildung A3.4: Ordner für die Installation wählen

- Wenn Sie auf die Schaltfläche DURCHSUCHEN klicken, können Sie ein anderes Laufwerk oder einen anderen Ordner eintragen oder sich diesen im Dateiwähler aussuchen. Klicken Sie danach auf OK.

- Danach wählen Sie den Installationsumfang (siehe Abbildung A3.5) und klicken auf die Schaltfläche WEITER. STANDARD installiert alle wichtigen Komponenten und MINIMAL nur das Notwendigste, was zum Betrieb des Programms erforderlich ist. Haben Sie BENUTZER gewählt, können Sie in einem weiteren Fenster die Komponenten wählen, die Sie für Ihre Installation haben wollen.

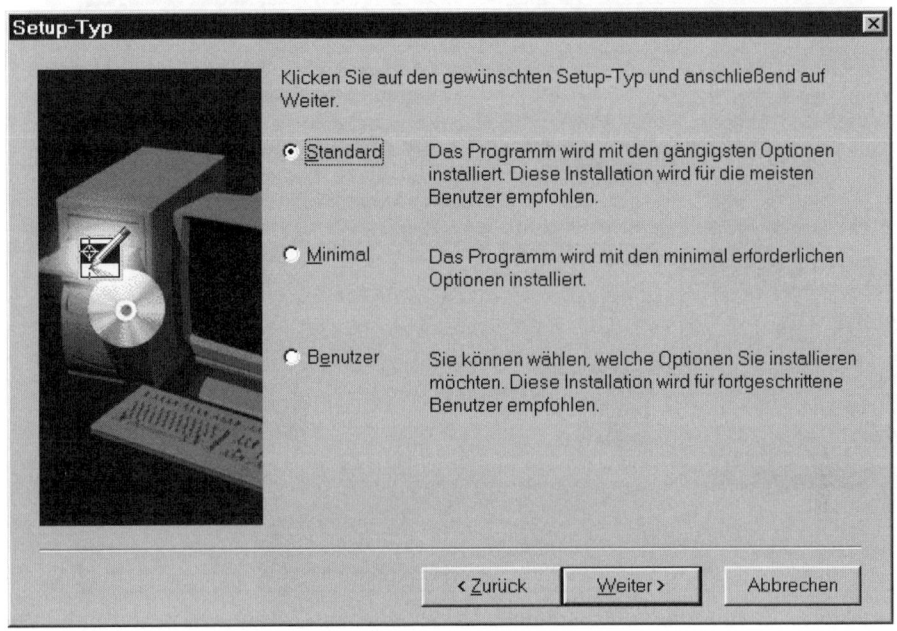

Abbildung A3.5: Installationsumfang wählen

- Geben Sie dann in einem weiteren Fenster (siehe Abbildung A3.6) an, in welchem Programmordner im Menü Programme die Verknüpfung zum Programmstart untergebracht werden soll. *AutoSketch* ist voreingestellt. Bestätigen Sie die Vorgabe, tragen Sie eine andere ein, oder wählen Sie eine vorhandene Programmgruppe in der Liste darunter.

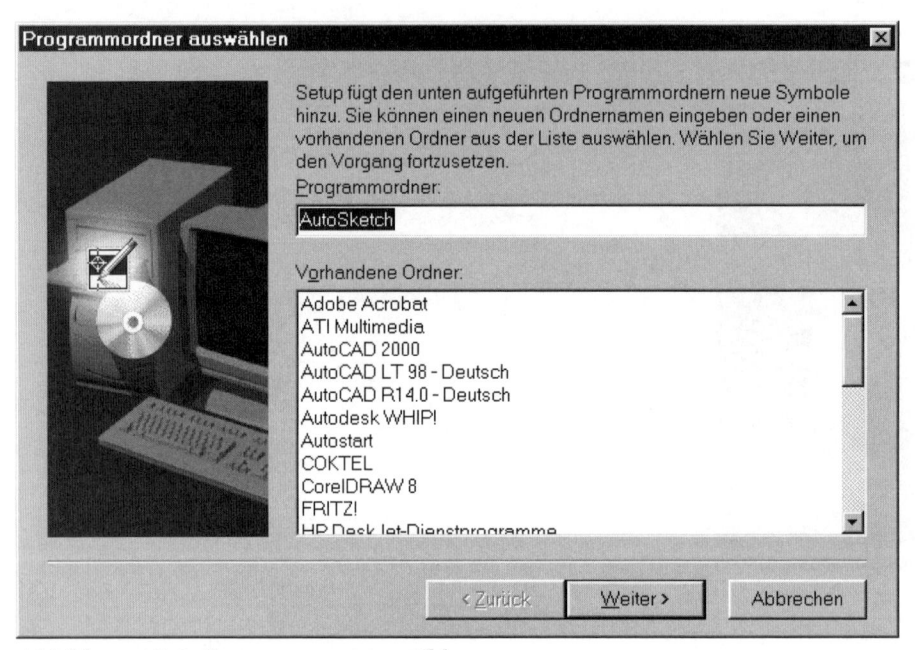

Abbildung A3.6: Programmgruppe wählen

- Danach wird die Installation gestartet. Ein Verlaufsmelder informiert Sie über den Stand. Wenn die Installation abgeschlossen ist, erscheint ein weiteres Fenster. Dort können Sie wählen, ob die Readme-Datei angezeigt und danach AutoSketch gleich gestartet werden soll. In der Readme-Datei finden Sie die aktuellsten Informationen zum Programm, die im Handbuch nicht mehr enthalten sind.

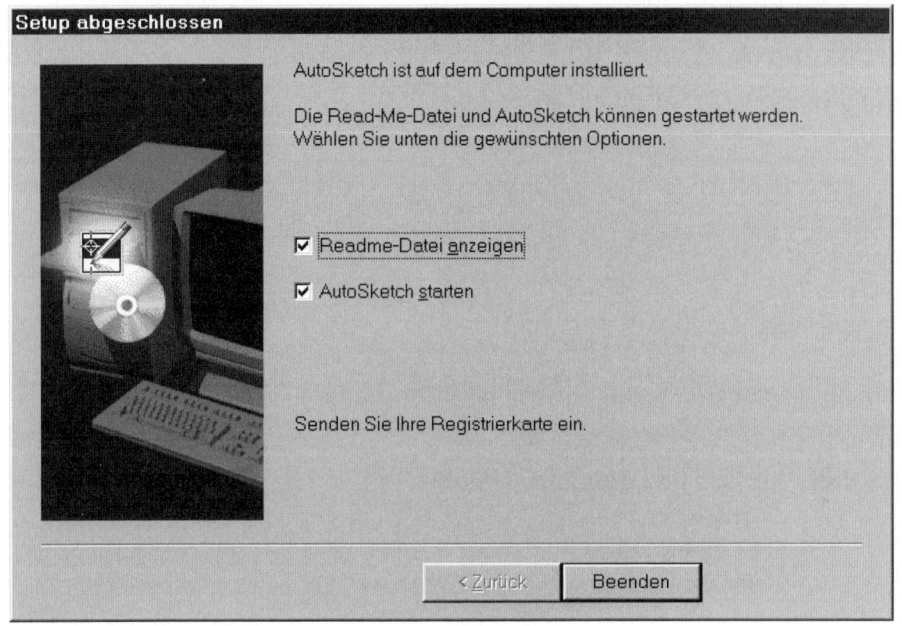

Abbildung A3.7: Readme-Datei und Programm starten

- Weitere Konfigurationen am Programm sind nicht erforderlich. Sie können das Programm starten und sofort mit dem Zeichnen beginnen.

A4 Zusatzprogramme

Da AutoSketch, wie Sie ja bereits im Verlauf dieses Buches erfahren haben, keine integrierte Programmiersprache und auch keine Software-Schnittstelle hat, ist das Angebot an Zusatzprogrammen relativ beschränkt. Es gibt aber ein umfangreiches Angebot an Symbolbibliotheken zu AutoSketch.

Symbolbibliotheken von Mensch und Maschine

Symbolbibliotheken für folgende Anwendungen:

- Architektur – Grundrisse
- Architektur II – Ansichten und Schnitte
- Innenarchitektur
- Haustechnik
- Maschinenbau
- Elektrotechnik
- Elektronik
- Hydraulik/Pneumatik/Verfahrenstechnik/Lufttechnik
- Organisation / Planung

> Hersteller: Mensch und Maschine GmbH
> Argelsrieder Feld 5
> D 82234 Weßling
> www.mum.de

FILOU-Symbol-Bibliotheken

Symbolbibliotheken für folgende Anwendungen:

- Architektur
- Elektrotechnik
- Haustechnik
- Innenarchitektur
- Maschinenbau
- Schemaplan
- Stahlbau

> Hersteller: FILOU Software GmbH
> Schmalenbergstraße 8
> D 33378 Rheda-Wiedenbrück
> www.filou.de

Symbolbibliotheken für die technische Gebäudeausstattung

Symbolbibliotheken für:

- Elektrotechnik
- Messen/Steuern/Regeln
- Verfahrenstechnik
- Heizung
- Lüftung
- Kältetechnik
- Rohrleitungen
- Sanitär
- Küchen
- Abwasser

    Hersteller: ibs – Ingenieurbüro Spatzier
                       Mainblick 2
                       D 61476 Kronberg/Taunus

Symbolbibliotheken für verschiedene Branchen

Symbolbibliotheken für:

- Maschinen
- Hydraulik/Pneumatik
- Elektrotechnik/Installation
- EDV/Organisation

    Hersteller: ibs – Ingenieurbüro Spatzier
                       Mainblick 2
                       D 61476 Kronberg/Taunus

Stichwortverzeichnis

%Alpha 300
%Angle 300
%Area 300
%Color 300
%Delta 300
%Height 300
%Layer 300
%Length 300
%Radius 300
%Style 300
%SX 300
%SY 300
%Width 300
%X 300
%XEnd 300
%XRadius 300
%XStart 300
%Y 300
%YEnd 300
%YRadius 300
%YStart 300
*.CAD 494
*.CSV 304
*.DWF 495
*.DWG 493
*.DXF 494
*.POR 494
*.SDF 304
*.SKD 493
*.TBX 532
*.WMF 494
*.XLS 304
<%date> 103
<%getdata(Variable)> 103
<%scale> 103
<%time> 103
3D-Effekte 317

A

Abfrage – Abstand 186
Abfrage – Auswahl 191
Abfrage – Fläche 189
Abfrage – Koordinate 185
Abfrage – Objekt 190
Abfrage – Symbolanzahl 193
Abfrage – Winkel 188
Abfrage – Zeichnung 192
Abrollmenüs 28
Abrundung 80
Abschlußsymbol 462
Abschrägung 79
Absolute Koordinaten 72
– Polarkoordinaten 137
Abstand 86
– vom Ausgangspunkt 464
Abstandsfang 141
Abstandsmethode 347
ACAD.PAT 541
ACADISO.PAT 541
Aktuelle Breite 116
– Einstellungen 117
– Farbe 113
– Symbolbibliothek 246
Aktueller Layer 123
– Stil 114
Aktuelles Symbol 223, 247
Alle schließen 53
Alles 94
Als neue Vorgabe verwenden 129
Angeglichene Kurve 362
Anordnung kopierter Objekte 387
Ansicht aufrufen 419
–, Datei 41
– speichern 418
Ansichten 418
Ansichtsoptionen 485
–, Register Aktuell 489
–, Register Benutzerspezifische Ansichten 490
–, Register Darstellung 486
–, Register Sichtbarkeit 488
Anzeigen 302
Anzeigenreihenfolge 475
Arbeitsfläche 28
Arbeitsspeicher 19
Art der Anordnung 388
ASCII – Festes Format 304

Stichwortverzeichnis

Assistent 27
– für neue Zeichnung 67, 218
Assistentenwerkzeuge 226
AUFGABEN.EXE 19
Auflösen 92, 250, 379
Auflösung 19
Aufrecht halten 385
Ausblenden 302
Ausdruck eingeben 453
Ausgabegeräte 20
Ausrichten 241
Ausrichtung am Raster 388
Ausschneiden 507
Auswahl 44
– aufheben 94
Auswahlsatz 487
AutoCAD 11
AutoCAD-Zeichnungsdatei 493
Autodesk 11
Autodesk-Drawing-Web-Format 495
Automatisch einpassen 206
Automatische Felder 295
Automatischer Maßstab 206
AutoSketch 2.X 493
AutoSketch Classic 32, 530
AutoSketch-Hilfe 56

B

Basislinienmaße 175
Basispunkt 89, 142
– des Auswahlsatzes 384
Bauzeichnung 219, 264
Bauzeichnungsassistent 265
Bearbeitbare Layer 123
Bearbeiten, Polylinien 273
Bedienelemente 23
Beenden 61
Befehl
–, Abfrage – Abstand 186
–, Abfrage – Auswahl 191
–, Abfrage – Fläche 189
–, Abfrage – Koordinate 185
–, Abfrage – Objekt 190
–, Abfrage – Symbolanzahl 193
–, Abfrage – Winkel 188
–, Abfrage – Zeichnung 192
–, Abrundung 80
–, Abschrägung 79
–, Abstand 86
–, Alle schließen 53

–, Alles 94
–, Angeglichene Kurve 362
–, Anordnung kopierter Objekte 387
–, Ansicht aufrufen 419
–, Ansicht speichern 418
–, Anzeigen 302
–, Auflösen 92, 250, 379
–, Ausblenden 302
–, Ausrichten 241
–, Ausschneiden 507
–, Auswahl 44
–, Auswahl aufheben 94
–, AutoSketch-Hilfe 56
–, Beenden 61
–, Befehle anpassen 524
–, Bemaßung – ausgerichtet 177
–, Bemaßung – gedreht 177
–, Bemaßungsformat 460
–, Bild aus Datei 425
–, Bogen – 2 Punkte, Mittelpunkt 351
–, Bogen – 2 Punkte, Winkel 351
–, Bogen – 3 Punkte 350
–, Datenbank exportieren 303
–, Datenbankbericht 306
–, Datenbankoptionen 293
–, Detailansicht 421
–, Direkt wählen 88
–, Direkthilfe 55
–, Doppelte Linie 347
–, Drehen 240
–, Drucken 209
–, Durchmesserbemaßung 180
–, Eigenschaften anwenden 121
–, Einbinden 432
–, Einfügen 507
–, Einzelne Linie 76
–, Ellipse: Achsen 359
–, Ellipse: Rechteck 358
–, Elliptischer Bogen aus Achsen 353
–, Elliptischer Bogen im Rechteck 353
–, Feld löschen 299
–, Feld zuweisen 298
–, Führung 450
–, Führungslinien 437
–, Gedrehtes Rechteck 370
–, Grafikoptionen 125, 398
–, Grenzen 44
–, Gruppieren 378
–, Horizontal anordnen 53
–, Horizontale Bemaßung 173
–, Hyperlink bearbeiten 313

–, Hyperlink suchen 314
–, In den Hintergrund 403
–, In den Vordergrund 402
–, In Polygon 95
–, Inhalte einfügen 514
–, Isometrische Transformation 322
–, Koordinatenbemaßung 448
–, Kopieren 506
–, Kreis – 3 Punkte 355
–, Kreis – Mittelpunkt, Radius 152, 356
–, Kreis – Mittelpunkt, Seite 77
–, Kreis – Seite, Seite 355
–, Kreis – Tangential 2 356
–, Kreis – Tangential 3 357
–, Kreisförmige Anordnung 383
–, Letzte 44, 46
–, Linie im Winkel 349
–, Löschen 91
–, Markierung am Endpunkt 229
–, Markierung am Objekt 229
–, Markierungsrahmen 208, 231
–, Markierungsrahmen löschen 232
–, Maximieren 52
–, Mehrfach kopieren 87
–, Mehrfachlinie 135, 346
–, Mittellinienbemaßung 162
–, Neu 67
–, Neu Zeichnen 45
–, Neues Fenster 53
–, Objekt bearbeiten 119
–, Objekt einfügen 515
–, Objekt konvertieren 520
–, Objekte bearbeiten 401
–, Objektfelder bearbeiten 297
–, Öffnen 37
–, Optionen für 3D-Effekte 339
–, Pan 46
–, Pan in Echtzeit 43
–, Parallel 84
–, Parallele 3D-Extrusion 338
–, Perspektivische 3D-Extrusion 339
–, Pipette 117
–, Polylinie – Ecke 279
–, Polylinie – Einzeln 271
–, Polylinie – Freihand 361
–, Polylinie – Segment 284
–, Polylinie – Senkrecht 281
–, Polyliniensegment 282
–, Punktmarkierung 227
–, Radiusbemaßung 179
–, Raster bearbeiten 69

–, Rechteck 74
–, Rechteckige Anordnung 380
–, Rechtschreibung 107
–, Regelmäßig: Kante, nächster Punkt 374
–, Regelmäßig: Kante, Punkt gegenüber 372
–, Regelmäßig: Mittelpunkt, Kante 371
–, Regelmäßig: Mittelpunkt, Radius 374
–, Rückgängig 82
–, Schließen 52, 60
–, Schraffur 394
–, Segment löschen 286
–, Seite 44
–, Seite einrichten 197
–, Seitenansicht 216
–, Senkrechte Linie 348
–, Skalieren 238
–, Speichern 108
–, Speichern unter 108
–, Spiegeln 243
–, Spline-Kurve 363
–, Strecken 232
–, Stutzen – Bruch 158
–, Stutzen – Differenz 407
–, Stutzen – Ecke 157
–, Stutzen – Kanal Legen 157
–, Stutzen – Kante 156
–, Stutzen – Nische 414
–, Stutzen – Schnittpunkt 409
–, Stutzen – Trennen 158
–, Stutzen – Verbinden 278
–, Stutzen – Vereinigung 406
–, Symbol an Punkt 222
–, Symbol einfügen 286
–, Symbol erstellen 251
–, Symbolanordnung 391
–, Symbole anordnen 53
–, Symbolleisten 529
–, Tangentiallinie 348
–, Teilen 49
–, Teilung aufheben 50
–, Text an Punkt 99
–, Überlappend 53
–, Unregelmäßiger Markierungsrahmen 231
–, Unregelmäßiges Polygon 376
–, Vergrößern 44, 45
–, Verkleinern 46
–, Verknüpfungen 519
–, Verschieben 236
–, Vertikal anordnen 53

–, Vertikale Bemaßung 167
–, Wiederherstellen 51, 82
–, Wiederholen 84
–, Winkelbemaßung 178
–, Zaun 94
–, Zeichenoptionen 202
–, Zoomen in Echtzeit 43
Befehle anpassen 524
–, Grafikoptionen 472
–, Nächste 46
–, Zeichenoptionen 476
Befehls-Bitmaps 526
Bemaßung – ausgerichtet 177
Bemaßung – gedreht 177
Bemaßung auflösen 183
– bearbeiten 182
Bemaßungseinstellungen 459
Bemaßungsformat 169, 181, 460
Bemaßungsmethode 167
Benutzerinformationen 561
Benutzerspezifische Ansicht 418, 490
– Größe 199
Benutzerspezifischer Maßstab 205
Benutzerwörterbücher 105
Berichte 306
Bezugsmaße 175
Bibliotheken 246
– ändern 225
Bibliotheksleiste 224
Bilder 424
– aus Datei 425
– ausrichten 428
– einbetten 426
Bilddatei 424, 426
– bearbeiten 428
Bildlaufleisten 30, 47, 486
Bildschirm 19, 26, 31
Bogen – 2 Punkte, Mittelpunkt 351
Bogen – 2 Punkte, Winkel 351
Bogen – 3 Punkte 350
Bogen/Kreise in Polylinien/
 Polygone 279
Breite 115
Bruchgenauigkeit 203
Büroplan 219

C

CD zum Buch 18
CD-ROM-Laufwerk 19
Classic 27

Clipboard 506
CSV-Datei 255, 258, 259

D

Dach erstellen 265
Dateiliste 39
Dateityp 109
Datenaustausch 492
Datenbank exportieren 303
Datenbankbericht 306
Datenbankfelder 292
Datenbankoptionen 293
Detailansicht 421
Dezimalzeichen 203
Diagrammassistent 220, 221, 254
Dialogfeld Start 26
Dialogfelder 30
Direkt wählen 88
Direkthilfe 55
Doppellinienabstand 347
Doppelte Linie 347
DrafixCAD 494
DrafixCAD PORT 494
Drag 503
Drawing Interchange 494
Drawing Web Format 495
Drehen 240
Drehpunkt zentrieren 99
Drucken 209
–, Aktuelle Ansicht 210
–, Alles in Schwarz drucken 211
–, Auf Druckseite angeglichen 211
–, Auf Seite angeglichen 211
–, Gesamtansicht 211
–, Gespeicherter Ausschnitt 211
–, Markierungsansicht 211
–, Seitenansicht 211
–, Skaliert 211
Druckseite 198, 200
Durchmesserbemaßung 180
DWF-Dateien 495
– in Web-Seite 501

E

Echtzeit 43
Eigenschaften 112
– ändern 118
– anwenden 121
–, Datei 40

Einbetten 513
Einbinden 432
Einfügen 507
Einfügepunkt, Markierung 228
Einzelne Linie 76
Ellipse: Achsen 359
Ellipse: Rechteck 358
Elliptischer Bogen aus Achsen 353
– im Rechteck 353
E-Mail 40
Endpunkt 141
Excel – Binärdatei 304
Extrusionen 338
Extrusionseigenschaften 340

F

Fangfunktionen 141
Fang-Rasterpunkt 73
Feld löschen 299
– zuweisen 298
Fixieren 146
Fixierung aufheben 146
Fläche 203
Flyout-Menü 35
Formel auswerten 101
Formeln 489
– im Text 103
Freihandlinie 361
Führende Nullen anzeigen 203
Führung 450
Führungslinien 436, 487
–, bearbeiten 437
–, Eigenschaften 436
–, löschen 439
Führungslinienlänge 462
Füllfarbe 395

G

Gedrehtes Rechteck 370
Geometrische Optionen 340
Globaler Skalierfaktor 473
Grafikkarte 19
Grafikoptionen 125, 398, 472
–, Register Aktuell 473
–, Register Layer 474
–, Register Palette 475
Grenzen 44
Griffe 97
–, Objekt dehnen/stauchen 97

–, Objekt drehen 98
–, Objekt skalieren 98
–, Objekt verschieben 98
–, OLE-Objekte 519
Größenanpassung 211
Gruppe erstellen 385
Gruppieren 378

H

Handcursor 43
Hardwarevoraussetzungen 19
Hauptfrequenz 327
Hauptintervall 327
Hauptwörterbuch 105
Hilfe Index 57
Hilfe Inhalt 56
Hilfe Suchen 57
Hilfefenster 57
Hilfslinie 463
Hintergrundlayer 123
Horizontal anordnen 53
– duplizieren 380
– umkehren 426
Horizontale Bemaßung 173
Horizontale Fixierung 146
HTML 501
HTML-Seite 495
Hyperlink 261, 313
– bearbeiten 313
– suchen 314

I

In den Hintergrund 403
In den Vordergrund 402
In Polygon 95
Info über AutoSketch 60
Inhalte einfügen 514, 515
Inkreis 372
Installation 559
Installationsumfang 563
INTEL 19
IntelliMouse 19, 49
–, Zoom-Faktor 490
Isometrische Darstellungen 318
– Transformation 321, 322
Isometrisches Raster 69
– Fangraster 325

K

Kanten abrunden 80
– abschrägen 79
Kein Fang 141
Kettenmaße 174
Kommagetrennte Werte 304
Kompakte Füllung 399
Kompatibel zu Microsoft Office 97 34, 530
Konstruieren in der Isometrie 332
Konvertieren 279
Koordinaten 72
–, absolut 72
– numerisch eingeben 133
–, relativ 72
Koordinatenanzeige 72, 207
Koordinatenbemaßung 448
Koordinatensystem 72
Koordinatenwerte
–, absolut 134
–, polar 138
–, relativ 134
Kopieren 506
– der Beispiele 19
Kreis – 3 Punkte 355
Kreis – Mittelpunkt, Radius 152, 356
Kreis – Mittelpunkt, Seite 77
Kreis – Seite, Seite 355
Kreis – Tangential 2 356
Kreis – Tangential 3 357
Kreisförmig duplizieren 384
Kreisförmige Anordnung 383
Kreisförmiges Raster 69
Kreuzgröße 487
Kurven bearbeiten 365

L

Länge 203
Laserdrucker 20
Laufwerk wechseln 38
Layer 123
– anlegen 125
– löschen 126
Layer 1 123
Layereigenschaften 125
Layers, Whip! 497
Leere Zeichnung 196
Letzte 44, 46
Letzter Punkt 144

Lineale 486
Lineare Maße 166
Linie im Winkel 349
Löschen 91
–, Symbolbibliothek 248
Lücken 388
Lupencursor 43

M

Markierung 227
– am Endpunkt 229
– am Objekt 229
Markierungsgröße 228
Markierungsrahmen 208, 231, 419
– löschen 232
Markierungstypen 228
Maschinenbauzeichnung 220
Maskierte Layer 123
Maßeinheiten 203, 477
Maßlinie 462
Maßstab 204, 479
Maßsystem 203
Maßtext 167, 465
Mauszeiger 28
Maximieren 52
Mehrere Zeichnungen 51
Mehrfach kopieren 87
Mehrfachlinie 135, 346
Menü Programme 24
Menüzeile 28
Methode 467
Metrisch 205
Microsoft Internet Explorer 495
Microsoft Office 97 34
Mindestabstand 389
Mit leerer Zeichnung beginnen 27, 67
Mittellinienbemaßung 162
Mittellinienkreuz 162
Mittelpunkt 141
– der Anordnung 383
Modus 399
Musterart 395
Mustereinstellungen 474

N

Nächste 46
Nächster Punkt 141
Nadeldrucker 20
Nebenlinienabstand 327

Nebenstil 327
Nebenunterteilung 327
Netscape Navigator 495
Neu 67
Neu Zeichnen 45
Neues Fenster 53
Nische 414
Normale Fixierung 147
Numerische Ausdrücke 453

O

Objekt bearbeiten 119, 401
– einfügen 515
– konvertieren 520
Objekt Linking and Embedding 512
Objektdrehpunkt 98
Objektfang 140
Objektfangintervall 327
Objektfarbe 126
Objektfelder bearbeiten 297
Objektgriffe 88, 96
Objektsichtbarkeit 488
Objekt-Skalierfaktor 474
Objektwahl 87, 93
Office 97 Compatible 59
Öffnen 27, 37
– von Zeichnungen 36
OLE 512
OLE-Client 512
OLE-Server 512
Optionen für 3D-Effekte 339
Ordner 528
– für die Installation 562
– wechseln 38
Organigramm 254
Orthogonale Fixierung 147

P

Palette 475
Pan 46
–, Radtaste 49
Pan in Echtzeit 43
Papierausrichtung 200
Papiergröße 200
Papierzufuhr 200
Parallel 84
Parallele 3D-Extrusion 338
Perspektivische 3D-Extrusion 339
Pfeiltasten 47

Pipette 117
Polare Koordinaten 137
Polylinie – Ecke 279
Polylinie – Einzeln 271
Polylinie – Freihand 361
Polylinie – Segment 284
Polylinie – Senkrecht 281
Polylinie 271
– auflösen 274
Polyliniensegment 282
Polylinientyp 273
Präzisionszeichnung 219
Programmgruppe 564
Programmoberfläche 26
Prozessor 19
Punktmarkierung 227
Punktsichtbarkeit 489

Q

Quadrant 142
Quadratisches Raster 327
Quellanwendung 512
Quellobjekt 121
Quickinfo 35
– anzeigen 33

R

Rad IntelliMouse 49
Radiusbemaßung 179
Radtaste IntelliMouse 49
Raster 478
– bearbeiten 69
–, Isometrisch 69
–, Kreisförmig 69
–, Rechteckig 69
–, Unterteilung 70
Rasterfang 70, 141
Rasterlinien 70
Rasterposition 327
Rastertyp 69
Rasterursprung 70
Rasterwinkel 70
Readme 59
Rechenoperationen 453
Rechteck 74
Rechteckige Anordnung 380
Rechteckiges Raster 69
Rechtschreibprüfung 103
Rechtschreibung 107

Referenzraster 487
Regelmäßig: Kante, nächster Punkt 374
Regelmäßig: Kante, Punkt gegenüber 372
Regelmäßig: Mittelpunkt, Kante 371
Regelmäßig: Mittelpunkt, Radius 374
Relative Koordinaten 72
– Polarkoordinaten 137
Renderanzeige 339
Rückgängig 82

S

Scheitelpunkt 274, 372
– bearbeiten 275
– einfügen 276
– markieren 276
– ziehen 276
Schließen 52, 60
– von Zeichnungen 60
Schnellansicht 488
Schnell-Zoom-Faktor 489
Schnittpunkt 142
Schraffur 394, 399
Schraffurabstand 399
Schraffurdrehung 399
Schraffurmuster 395, 541
– erstellen 542
Schraffurskalierfaktor 399
Schreibschutz 42
Schriftart 100
Schriftstil 102
Segment 372
– löschen 286
Segmentwinkel 372
Seite 44
Seitenansicht 211, 216
Seitenaufteilung 199, 486
Seitenfarbe 487
Seitengröße 198
Seitenkoordinaten 207
Seitenränder 200
Senden an 40
Senkrecht 142
Senkrechte Linie 348
Sichtbarkeit 488
Sichtbarkeitsoptionen 295
Skalar 203
Skalieren 238
Skalierfaktor 389
sketch 129
SKETCH.LIN 538

SKETCH.PAT 541
sketchiso 129
SKF 42
SKT 129
SLB 246
Speichern 108
– von Zeichnungen 108
Speichern unter 108
Spiegeln 243
Spline geschlossen 368
– offen 368
Spline-Kurve 363
Standard Symbolleiste 28
Standardgröße 198
Standard-Maßstäbe 205
Starten, AutoSketch 24
Statuszeile 30, 33
Stifteinstellungen 473
Stiftplotter 20
Stiftstil 114, 538
Stiftstildatei 538
Stil 114
Strecken 232
Stutzen – Bruch 158
Stutzen – Differenz 407
Stutzen – Ecke 157
Stutzen – Kanal Legen 157
Stutzen – Kante 156
Stutzen – Nische 414
Stutzen – Schnittpunkt 409
Stutzen – Trennen 158
Stutzen – Verbinden 278
Stutzen – Vereinigung 406
Symbol an Punkt 222
– anordnen 41, 53
– auflösen 250
– einfügen 286
– erstellen 251
– in Bibliothek aufnehmen 252
Symbolanordnung 391
Symbolbibliothek 225, 566
Symbolbibliotheksleiste 224
Symboleinfügefaktor 224
Symboleinfügepunkt 223
Symboleinfügewinkel 224
Symbolgröße 33
Symbolleiste
–, 3D-Effekte 553
–, Abfrage 553
–, Anordnen 554
–, Anpassung 554

–, Ansicht 554
–, Assistent für neue Zeichnung 554
–, Auswählen 554
–, AutoSketch Classic 558
–, Bearbeiten 552
–, Bemaßung 555
–, Bogen 555
–, Datenbank 555
–, Eigenschaften 552
–, Fixieren 555
–, Hyperlink 555
–, Kreis 556
–, Kurve 556
–, Linie 556
–, Markierung 556
–, MultiView 556
–, Objektfang 557
–, Polygon 557
–, Polylinie 557
–, Raster 557
–, Standard 552
–, Stutzen 558
–, Symbol 558
–, Symbolbibliothek 553
–, Transformieren 558
–, Universal 553
Symbolleiste 529, 552
– anpassen 529
– Bearbeiten 29
– Eigenschaften 29
– ein- und ausschalten 31
– erstellen 532
–, plazieren 34
– Symbolbibliotheken 30
Symbolmanager 245

T

Tangente 142
Tangentiallinie 348
Taschenrechner 453
Tastaturkürzel 548
Tastenzuweisungen 524
Tatsächliche Koordinaten 207
TBX-Datei 532
Teilen 49
Teilung aufheben 50
Templates 129
Text an Punkt 99
– ändern 106
– bearbeiten 106

– in der Zeichnung 99
– in Polygone konvertieren 106
Textausrichtung 100
Texteditor 102
Texteinfügewinkel 100
Texteingabefenster 101
Texthöhe 100, 465
Texthöhenfaktor 467
Textproportion 465
Textschrift 465
Tintenstrahldrucker 20
Tintenstrahlplotter 21
Tips beim Start anzeigen 59
Tips und Tricks 59
Toleranz 467
Transformieren 235

U

Überlappend 53
Umbenennen, Symbolbibliothek 249
Umkreis 372
Uniform Resource Locator, URL 313
Universal-Symbolleiste 30
Unregelmäßig 381
Unregelmäßiger Markierungsrahmen 231
Unregelmäßiges Polygon 368, 376
Unterteilung Raster 70
URL 258, 313

V

Vergrößern 44, 45
Verkettet 174
Verkleinern 46
Verknüpfen 513
Verknüpfung 25, 519
Verlängerung 464
Verschieben 236
Vertikal anordnen 53
– duplizieren 381
– umkehren 426
Vertikale Bemaßung 167
– Fixierung 146
Verwalten, Berichte 312
Von Layer 253
Von Symbol 253
Voransicht 42
Voraussetzungen 19
Vorlage 27, 128
– verwalten 131

W

Web-Seite 258
Werkbankzeichnung 219
WHIP! 495, 497
Wiederherstellen 51, 82
Wiederholen 84
Windows Zwischenablage 506
Windows 95 19
Windows NT 19
Windows-Explorer 19
Windows-Metadatei 494
Winkel 203
–, Markierung 228
Winkelbemaßung 178
Winkelduplizierung 384
Wölbungsfaktor 272
World Wide Web 495
Wörterbuch 103

Z

Zaun 94
Zeichenoptionen 202, 326, 476
–, Register Auswahl 483
–, Register Datei 484
–, Register Maßeinheiten 477
–, Register Maßstab 479
–, Register Raster 478
–, Register Zeichnung 480
Zeichnen in der Isometrie 335
Zeichnung auswählen 42
– automatisch einpassen 244
– im Web 501
– in Bibliothek aufnehmen 252
– öffnen 36
– schließen 60
– speichern 108
Zeichnungsursprung 205, 486
– anzeigen 205
Zentrum 142
Zielanwendung 512
Zielobjekt 122
Zoom, Vorher 47
Zoomen in Echtzeit 43
–, Rad 49
Zoom-Faktor 45
Zusatzprogramme 566
Zwischenablage 506